रूस में पच्चीस मास

रूस में पच्चीस मास

राहुल सांकृत्यायन

वाणी प्रकाशन

प्रकाशन के उत्कृष्टतम 61 वर्ष

vaniprakashan.com

पेपरबैक पहला संस्करण : 2024

वाणी प्रकाशन

4695, 21-ए, दरियागंज, नयी दिल्ली-110 002

फ़ोन : +91 11 23273167, 23275710

शाखाएँ

अशोक राजपथ, पटना-800 004, बिहार

कॉफ़ी हाउस कैम्पस, महात्मा गांधी मार्ग, प्रयागराज-211 001, उत्तर प्रदेश

महात्मा गांधी अन्तरराष्ट्रीय हिन्दी विश्वविद्यालय, वर्धा-442 001, महाराष्ट्र

sales@vaniprakashan.in
vaniprakashan@gmail.com

Rus Mein Pachchis Mas
by Rahul Sankrityayan

ISBN : 978-93-6287-608-9
Travelogue

मूल्य : ₹ 950

मुद्रक : ब्लूएज प्रिंटेक प्रा.लि., फेस-1, फरीदाबाद

वाणी प्रकाशन का लोगो मक़बूल फ़िदा हुसैन की कूची से

दो शब्द

यह यात्रा १७ अगस्त १९४७ में समाप्त हुई थी, किन्तु इसके लिखने का काम २५ नवम्बर १९५१ में खतम हुआ। ४ साल बाद इसको लिखा गया, यह आश्चर्य की बात नहीं है। शायद अब भी इसमें हाथ नहीं लगता यदि डायबिटीज ने मुझे मसूरी के साथ चिपका न दिया होता। डायबिटीज को मैं रोग नहीं मानता, यदि यह रोग है तो वैसे ही जैसे अन्धापन और लंगडापन। वह मेरे काम में बाधक नहीं हो रही है, इसका एक उदाहरण तो यही पुस्तक है। रूस के २५ मास के निवास में मैंने जो सामग्री मध्य-एसिया के इतिहास के लिखने के लिये जमा की थी, और जिसके ही कारण एक तरह मैं लंदन के रास्ते आने के लिये मजबूर हुआ, उसका उपयोग भी मैंने इसी साल मसूरी में किया और इस यात्रा से दूने आकार की प्रथम जिल्द "मध्य-एसिया का इतिहास" लिखकर तैयार हो गया है। इसलिये डायबिटीज से मुझे शिकायत करने का कोई हक नहीं। यात्राओं का आकर्षण अब भी मेरे हृदय में कम नहीं है, लेकिन सदा से लिखने-पढने का भी आकर्षण कम नहीं रहा है। यह यात्रा किन परिस्थितियों में और कैसे हुई, इसके बारे में पुस्तक में ही लिखा जा चुका है। ईरान से आगे तो मैंने शृंखलाबद्ध यात्रा लिखने की कोशिश की है, ईरान रास्ते में आया था, और वह यात्रा का कोई मुख्य लक्ष्य भी नहीं था; इसलिये उसके बारे में ज्यादा विस्तार में नहीं लिखा।

यात्रा करने में सहायक होनेवाले कितने ही इष्ट-मित्र रहे, जिनके प्रति कृतज्ञ रहते हुए भी सबका नाम देना यहाँ मुश्किल है। भाई सरदार पृथ्वीसिंह ने ईरान की निराशा की अवस्था में केवल पैसे भिजवाकर ही सहायता नहीं दी, बल्कि वह, और दो एक और मित्रों का अगर आग्रह न होता, तो शायद मैं उतने दिनों तक ईरान में ठहरने के लिये तैयार न होता। मिर्जा

महमूद अस्फहानी जैसे अकारण बन्धु के गुणों के बारे में मैं काफी कह चुका हूँ। भारत में आकर मैंने कलकता में उनसे मिलने की कोशिश की, लेकिन वह मिल नहीं सके। इतना मालूम हुआ, कि उनकी नव परिणिता बीबी इज्जतखानम भारत आयीं थीं और यहा से चली भी गई। एक दो बार पुराने पते पर चिट्ठी लिखी, लेकिन कोई जवाब नहीं मिला। इसमें संदेह है कि वह अब भारत में हैं। शायद पाकिस्तान में हों, या उससे भी अधिक संभावना उनके ईरान में जाने की है। एक पुराने मित्र के उपकारों के प्रति कृतज्ञता प्रकट करने में भी बहुत आनन्द आता है, लेकिन मिर्जा महमूद के प्रति वैसा करने को भी मेरे पास साधन नहीं हैं। यह भी बहुत सदिग्ध है, कि वह मेरी इस पुस्तक में लिखी अपने सम्बन्ध की पंक्तियों को पढ सकेंगे। तो भी महमूद को में उन सहृदय रत्नों में मानता हूँ, जिनके जैसे बहुत थोड़े लोगों से मुझे मिलने का मौका मिला।

क्वेटा में कागज-पत्र ठीक कराने के लिये मुझे अक्तूबर १६४४ में ठहरना पड़ा था, उस वक्त अपने १०–११ वर्ष के सहचर केमरे को मैं आज्ञा न मिलने के कारण छोड गया था। १०–११ वर्ष काम कर चुकने के बाद उस पुराने मोडल के रोलेफ्लैक्स कैमरे का मूल्य निकल आया था, लेकिन उसके साथ कई बार तिब्बत, फिर जापान, कोरिया, रूस, ईरान आदि की यात्रा की थी, इसलिये उसके प्रति एक तरह का कोमल सबध स्थापित हो गया था। जिसके पास उसे अमानत रूप में रख गया था, उसने हमारे बतलाये स्थान पर लौटाने की तकलीफ नहीं की। अब उनसे भी क्या शिकायत हो सकती है। क्वेटा के हजारों हिन्दू जिस तरह अपने आशियाने को छोड़ने के लिये मजबूर हुए और जहां तहा बिखर गये, वही हालत उसकी भी हुई होगी। अब तो वह मेरे दुर्भाव नहीं, बल्कि सहृदयता के पात्र हैं।

यात्रा मे मैंने इस बात को स्वीकार किया है, कि सोवियत के साथ की मेरी मैत्री ३३–३४ वर्षों पुरानी है। यह मेरी तीसरी यात्रा उस देश में थी। यदि मैं कहूं कि मैं वहां के लोगों के बहुत घनिष्ट संबंध में आया, तो शायद इसमें अतिरंजन से काम नहीं ले रहा हूं। मैंने अपनी यात्रा में ऐसी बातों को

भी लिखने में संकोच नहीं किया है, जिनको कि अच्छा नहीं कहा जा सकता। लेकिन वह पृष्ठभूमि का ही काम देती हैं, जिसमें कि वहा के गुणों को अच्छी तरह से देखा जा सकता है। मैंने मुक्तकण्ठ से अपने इस ग्रन्थ में भी स्वीकार किया है और यहां भी स्वीकार करता हू, कि सोवियत जीवन, सोवियत के विशाल निर्माण कार्य से न केवल सोवियत-शासनयुक्त देशों को ही लाभ हुआ है, बल्कि वह नवीन सोवियत राष्ट्र सारी मानवता की आशा है। आज या कल सभी देशों की सारी समस्याओं का हल उसी रास्ते होगा, जिस रास्ते पर १९१७ में रूस पड़ा और जिस रास्ते को उससे ३२ वर्ष बाद चीन ने पाने में सफलता पाई। जो पार्टियां और जननायक अपने को नवीन मानवता का पक्षपाती मानते हैं, संसार को सुख और शान्ति के मार्ग पर लेजानेवाला कहते हैं, यदि वह सोवियत रूस और चीन के साथ शत्रुता रखकर वैसा करना चाहते हैं, तो मैं समझता हू, वह अपने को और अपने पीछे चलनेवाली जनता को धोखा देते हैं। यह पढकर आश्चर्य होता है कि हमारे कितने ही सोसिलिस्ट पार्टी के महानेता पृथ्वी पर सोसिलिज्म लाने के लिये रूस-चीन को बाधक और अमेरिका को साधक समझते हैं।

मैंने जगह जगह पर दिखलाया है, कि कैसे साल भर पहिले कुछ चीजों का अभाव और कुछ बातों में दुर्व्यवस्था देखी जाती थी, लेकिन साल भर बाद ही उसमें भारी परिवर्तन हो गया। मेरे भारत लौटने के ४ महीने बाद सोवियत मे राशनिंग हट गई। युद्धोपरान्त की पंचवार्षिक योजनायें आज मात्रा मे अधिक पूरी हो चुकी हैं। पिछले ४ वर्षों में जहा सुख-समृद्धि के साधनों में रूस ने भारी प्रगति की है, वहा अणुबम जैसे घोर अस्त्रों का भी उसने आविष्कार कर लिया है। सैनिक तौर से वह अब दुनियां की सबसे सबल शक्ति है, लेकिन शान्ति का पक्षपाती जितना आज वह है, उतना दुनिया का कोई देश नहीं है। यह मानवता के लिये बडी प्रसन्नता की बात है, कि मानवप्रगति का सबसे बड़ा समर्थक और सहायक देश समृद्धि और शक्ति में दिन प्रतिदिन आगे बढता जा रहा है। अब वह अकेला नहीं है बल्कि उसके साथ चीन जैसा महान् राष्ट्र है, जो कि दो

पंचवार्षिक योजनाओं को समाप्त करने के बाद रूस की तरह ही समृद्ध और सबल राष्ट्र हो जायेगा ।

अन्त में मैं इस यात्रा के लिखने में सहायक श्री हरिश्चन्द्र पुष्प के प्रति भी कृतज्ञता प्रकट करना चाहता हू, जिन्होंने मेरे बोलने का जल्दी जल्दी टाइप करके पुस्तक को निर्विघ्न समाप्त करने में सहायता की ।

हैपीवेली, मर'''

सूची–

अध्याय	पृष्ठ

★ ★ ★

१—ईरान में

: परदेश में खाली हाथ :

१९४४ के अक्तूबर के अन्त में किसी तरह पासपोर्ट पाकर मैं रूस के लिए रवाना हुआ। स्थल-मार्ग ही सस्ता तथा उस वक्त निरापद था, इसलिये मैंने ईरान की ओर पैर बढ़ाया। वैसे मेरी कोई यात्रा पैसे के बल पर कभी नहीं हुई, किन्तु उनमें यह सुभीता अवश्य था, कि "तेते पांव पसारिये, जेती लांबी सौर" की नीति का पालन कर सकता था। युद्ध के कारण विदेशी विनिमय का मिलना बहुत मुश्किल था, जो मिलता था वह भी खर्च करने को देश के नाम-निर्देश के साथ। मुझे सवा सौ पौंड विनिमय मिला था, जिसमें मैं १०० पौंड रूस में खर्च कर सकता था और २५ ईरान में। सोचा था दस-पांच दिन तेहरान में रहना होगा, जिसके लिये २५ पौंड पर्याप्त होंगे, फिर तो वीज़ा लेकर सोवियत-भूमि में चल देना है, जहां लेनिनग्राद विश्वविद्यालय में संस्कृत की प्रोफेसरी प्रतीक्षा कर रही है।

उस वक्त क्वेटा से ट्रेन सीधे ईरान की सीमा के भीतर जाहिदान (पुराना नाम दुज्दाबअानीचोर) तक जाती थी। रजाशाह ने जर्मन नाजियों की विजय पर विजय देखकर उदीयमान सूर्य का स्वागत करना चाहा, किन्तु जर्मन भुजायें इतनी लम्बी नहीं थीं, कि ईरान तक पहुँच पातीं। रजाशाह पकड़ लिए गये, किन्तु दक्षिणी अफ्रीका में नजरबन्दी कुछ ही महीनों की रही, अल्ला-मियां ने बेचारे को अपने यहां बुला लिया और उनके साहबजादे को तख्त पर बैठा दिया गया। अब ईरान के अलग-अलग भागों पर अंग्रेज, अमेरिकन और रूसी सेनायें नियन्त्रण कर रही थीं। जर्मन सेना की विजय-यात्रा पराजय-यात्रा में परिणत हो चुकी थी। इसी समय २ नवम्बर (१९४४ ई०) को सबेरे ६ बजे हमारी ट्रेन जाहिदान पहुँची। हम समझते थे, पिछली दो यात्राओं की भांति कस्टम वालों से अभी काफी भुगतना होगा, किन्तु राज्य की असली बागडोर परदेशियों के हाथ में हो, तो ईरानी अफसरों को बहुत परेशानी उठाने की क्या आवश्यकता? मैं अभी भी कस्टपरीक्षा की प्रतीक्षा कर रहा था, इसी समय साथ के भाई ने कहा—वह तो मीरजावा (स्टेशन) में ही खत्म हो गया। स्टेशन से लारी ने नगर में पहुँचा दिया। १९३७ से जाहिदान अब बहुत बढ़ गया था—युद्ध की बरक्कत। भारत से कितनी ही चीजें भी इस समय इसी रास्ते से रूस भेजी जा रही थीं। लारी ने एक अरक्षित सी गराज में जो उतारा था। ऐसी कोठरी में सामान रखकर पासपोर्ट, मोटर टिकट आदि के प्रबन्ध के लिए इधर-उधर की दौड़-धूप करने जाना बुद्धिमानी की बात नहीं थी। मैं अपने दूसरे ही पूर्व-परिचित के ख्याल से सरदार मेहरसिंह (चकवाल) के मकान पर जा पहुँचा। अपरिचित होने पर भी वह बहुत प्रेम से मिले। बेटे की कुड़माई (सगाई) थी, दो कमरों में मिठाइयों और फल की तश्तरियां सजी हुई थीं। "मान न मान मैं तेरा मेहमान" तो मैं बनना नहीं चाहता था, किन्तु सुरक्षित स्थान में सामान रखने के लिए लाचार था।

चीजें भारत में भी बहुत मंहगी हो गई थीं, किन्तु यहां तो हमारे यहां का २० रुपयों का बूट १०० में बिक रहा था। चीजों का दाम भारत से

नौगुना पांच गुना था। उस पर "जोई राम सोई राम" अलग। मैं उसी दिन मशहद के लिये रवाना हो जाना चाहता था। दोपहर तक शहरबानी (कोतवाली) के कई चक्कर लगाये, किन्तु वहां पासपोर्ट का पता नहीं था। बतलाया गया, अभी कोरन्तीन से आया ही नहीं। कोरन्तीन के डाक्टर गरवी ने कहा—न मिले तो लारी छूटने से घंटा पहिले आना, मैं तुम्हारा पासपोर्ट दे दूंगा। लेकिन काम इतना आसान नहीं था। किसी ने सरदार लालसिंह का पता दे दिया। उन्होंने ५० तुमान पर (तुमान=एक रुपया, यद्यपि ईरानी बैंक उसे एक रुपये से कुछ अधिक का मानता था) लारी का टिकट खरीद दिया। अगले दिन (२ नवम्बर) को भी सरदार लालसिंह ने दौड़-धूप की, तब दस बजे पासपोर्ट मिल सका, उसके बिना जाहिदान से आगे नहीं बढ़ा जा सकता था। आदमी अतीत के तरद्दुदों को जल्दी भूल जाता है, किन्तु ईरान की बस और लारी की यात्रा तो पूरी तपस्या है—शोफर (ड्राइवर) मुसाफिर की जान-माल के बादशाह हैं, जब मर्जी हुई चल पड़े, जब मर्जी हुई खड़े हो गये। रजाशाही कड़ाई हट गई थीं, इसलिये फिर सड़कों पर बुर्का (पर्दा) आम दिखाई देता था, कितनी ही पगड़ियां भी दिखलाई पड़ती थीं, यद्यपि हैट बिल्कुल उठ नहीं गई थी।

लारी आठ बजे रात को चली। हमारी लारी में २१ बल्ती (काश्मीर) तीर्थयात्री भी थे, जो तिब्बती भाषा ही बोल सकते थे। मुझे कभी-कभी दुभाषिया बनना पड़ता था, वैसे अपनी प्रभुता से वह २६ तुमान में ही लारी का टिकट पा गये थे। ड्राइवर की सीट कह कर मुझ से ५० तुमान लिया गया था, किन्तु वहां भी चार मुसाफिर ठूंसे गये थे। तकलीफ भी बड़े मंहगे भाव मोल लेनी पड़ी थी। नंगी पहाड़ियों की मानसून-वंचित भूमि थी। सड़क बनाने की सामग्री सब जगह मौजूद थी किन्तु सड़कों का भाग्य युद्ध ने ही खोला था। चार बजे रात तक लारी चलती गई, फिर दो घन्टे के लिए खड़ी हो गई। हम लोग बैठे-बैठे ऊंघे। सूर्योदय को फिर चले। चाय के लिए एकाध जगह जरा देर ठहरते एक बजे दिन को बिरजन्द पहुँचे। [illegible] आते ही लारी बिगड़ गई, एक बार तो निराशा छा गई, किन्तु [illegible]

गई। रातों-रात मशहद पहुँचने की बात थी, लेकिन ड्राइवर पर नींद सवार हो गई, हमारे दम में दम आई, जबकि दो बजे रात (५ नवम्बर) को उसने गुनाबाद में विश्राम लेने का निश्चय किया। वह १० बजे दिन तक सोता रहा। फिर बल्ती यात्रियों से बाकी किराये के लिये झंझट शुरु हो गया, उन्होंने कुछ सुन रक्खा होगा। कहते सुनते २७ ने दोपहर तक किराया चुकाया, फिर लारी आगे बढ़ी। लारी पर यह तीसरा दिन था। एक एक बार के खाने पर साढ़े तीन रुपये खर्च हो रहे थे।

अंधेरा हो चला था। दूर मशहद नगर के चिराग दिखलाई देने लगे। ड्राइवर ने यात्रियों को दिखला कर कहा—"शागिर्द (क्लीनर) को चिराग-दिखाई की दक्षिणा दो।" ड्राइवर मानो साथ ही साथ पंडा भी था। लेकिन गरीब बल्तियों ने बड़ी कसाले की कमाई में से कुछ बचाकर मशहद शरीफ में इमाम रजा की समाधि के दर्शन के लिये वह यात्रा की थी, चीजों का दाम भी मंहगा था, फिर वह कैसे हर जगह दक्षिणा देते फिरते? उनके इन्कार करने पर शोफर ने "वहशी, जानवर, वर्बरी" जाने क्या क्या उपाधियां उन्हें दे डालीं। एक जगह रूसी सैनिक ने लाल रोशनी दिखा गाड़ी खड़ी कराई, फिर चलकर नौ बजे रात को हम मशहद-शरीफ पहुँचे। पन्द्रह तुमान और सामान का देना पड़ा। दो एक जगह भटकने पर जब होटल में जगह नहीं मिली, तो पंडाजी मूसा साहिब के प्रस्ताव को स्वीकार करना पड़ा। दुरेश्की (फिटन) ने चार तुमान और मजूर ने दो तुमान लेकर गली में पंडाजी के घर पर पहुँचा दिया। हर जगह के पंडों की भांति यहां के पंडे भी यजमान के आराम का ख्याल रखते हैं और तुरन्त ही सारे सोने के अन्डों को निकलवाने की बात न करने पर भी अधिक से अधिक दक्षिणा पाने की कोशिश करते हैं। मैंने कह दिया— यथाशक्ति तथाभक्ति।

सबेरे (६ नवम्बर) रूसी कोन्सल के पास गया। सोचा कहीं यहीं से अशकाबाद होकर बीजा मिल जाये, तो दिक्कत से बच जाऊँ, किन्तु वह कहां होने वाला था। रुपये के रूप में लाये सिक्के खतम हो गये थे, अब ईरान में खर्च

करने के लिये प्राप्त २५ पौंडों पर हाथ डालना था। १० पौंड के चेक के बंक शाहंशाही से १२८ तुमान मिले, जिसमें ७५ तुमान तो तेहरान की बस का किराया देना पड़ा, तीन तुमान मूसा साहेब को और साढ़े चार तुमान मजूरों को भी। पैसों के पर उग आये थे, उनके उड़ते देर नहीं लग रही थी। सूर्यास्त के समय बस रवाना हुई। ७ नवम्बर के दिन और रात चलते रहे। अत्तारी गांव में बारह बजे रात को आराम के लिए ठहरे। उताक (कमरे) का किराया दो तुमान (रुपया) दे दिया, लेकिन पीछे पिस्सुओं से परास्त हो बाहर लेटना पड़ा।

सवेरे फिर चले। समनान की मँड़इयों का पता नहीं था, अब तो वहां बड़े-बड़े पक्के घर खड़े थे, पेट्रोल जो निकल आया था। रेल भी आ गई थी, किन्तु हमें तो बस ही से तेहरान पहुँचना था। दोपहर बाद हाजियाबाद में रूसी चौकी आई। सोवियत कौंसल का दिया पास यहां दे दिया। पास लेने वाला रूसी सैनिक बहुत रूखा था, यद्यपि वही बात उसके एसियाई साथी की नहीं थी।

हमारी बस में अधिकतर यात्री तब्रेजी तुर्क थे, जिनमें टोपवालों से पगड़ीवाले अधिक थे। साथ में कारतूस-मालाधारी एक सरकारी अफसर साहेब थे जो अपने तिरियाक (अफीम) को बड़े दिखलावे के साथ पीना पसन्द करते थे—कानून के बाबा जो थे। ३०-३२ किलोमीतर तेहरान रह गया था, जब कि उनका तिरियाक पकड़ा गया। पहिले उन्होंने कुछ रोब दिखलाना चाहा, किन्तु उससे कुछ बननेवाला नहीं था। बस रुकी रही। कारतूसी माला डाले अभिमान के पुतले तिरियाकी साहब ने ५०० तुमान रिश्वत के गिन दिए और साथ ही उन्हें अफीम से भी हाथ धोना पड़ा, फिर जाकर छुट्टी मिली। हम सात बजे रात को ईरान की राजधानी (तेहरान) में पहुँचे।

पहिले तो कहीं पैर रखने की जगह बनानी थी, फिर सोवियत वीजा की फिकर में पड़ना था। चिरागबर्क सड़क पर ५ कह कर ६ तुमान रोज का एक कमरा "मुसाफिरखाना तेहरान" में मिला। उसी रात पता लगा, यहां २० तुमान (रुपया) रोज से कम खर्च नहीं पड़ेगा, और हमारे पास थे केवल १५

पौंड या १९२ तुमान अर्थात् सिर्फ दस दिन की खर्ची। बस से यहां पहुँचाने वाले एक सहयात्री अभी और आशा बांधे हुये थे। अगले दिन ५ तुमान देकर उनसे पिंड छुड़ाया।

अगले दिन हम्माम-कोरबी के पास कूचा-उन्सरी में अपने पूर्वपरिचित आगा अमीर अली दीमियाद से मिलने गये। छ ही साल में इतने बूढ़े मालूम होने लगे! फिर सोवियत कौंसल के यहां गये। कहा गया—पहिले अंग्रेजी दूतावास की सिपारिशी चिट्ठी लाओ, फिर बात करो। मनमारे पहुँचे अंग्रेजी दूतावास में, और भारतीय विभाग के मुखिया मेजर नक्वी के सहायक रिज्वी साहेब से मिले। रिज्वी प्रयाग (शाहगंज) के रहने वाले थे, इसलिये प्रदेशभाई और नगरभाई के तौर पर बड़े प्रेम से मिले, अगले सात महीनों तक उनका वैसा ही सौहार्द रहा। उन्होंने सोवियत वीजा का मिलना आसान नहीं बतलाया।

हमारे सामने कड़ी समस्या थी—१९२ तुमान और रोजाना २० तुमान का खर्च! वहीं अब्बासी उर्फ बोस महाशय बैठे थे, उनसे भी परिचय हो गया। वह स्वयं अपनी बीबी-बच्ची (ईरानी) लिवाने आये थे। महीनों बीत जाने पर भी कहीं कूल-किनारा नहीं दिखाई पा रहे थे। मेरी चिन्ता में उन्होंने बड़ी संवेदना प्रकट की। रास्ते में उन्होंने अपने ३० तुमान मासिकवाले कमरे को मेरे हवाले करने का प्रस्ताव किया। मैंने सोचा १५० की जगह मकान का ३० ही तो हुआ। उन्हीं के साथ टैक्सी में सामान रखवा के मैं खयाबान-फरिश्ता के उस घर में चला आया। दीमियाद साहब का मकान भी पास ही था, यह और प्रसन्नता की बात थी। यद्यपि १९२ तुमानों के १५ पौंड के चेक तथा आगे के अनिश्चित समय को देखकर हृदयकम्पन दूर नहीं हुआ था, किन्तु इतना तो समझ गये कि अब २० तुमान से कम शायद १० तुमान में ही रोज का खर्च चल जाये। ६ नवम्बर की रात को बहुत इतमीनान से सोये। अब्बासी अपनी ससुराल में रहते थे, वह वहां चले गये।

अगले दिन चिन्ता दुगने जोर से बढ़ी, जब मालूम हुआ, कि अब्बासी ने दो महीने का किराया मकान, मालकिन को नहीं दिया है। तो भी "दुनिया

था-उम्मीद कायम ।" हम हिसाब बांध रहे थे "रोज डेढ़ तुमान की रोटी, मक्खन, खजूर पर गुजारा और इन्सान के बेटे पर भरोसा । चार तुमान रोज से ज्यादा नहीं खर्च करना होगा । १६० तुमान में १० दिसम्बर तक चलायेंगे । तब भी ३२ तुमान बच जायेंगे । अंगूठी और रिस्टवाच की जंजीर के तीन तोले सोने पर तीन मास और खपा देंगे । १० फरवरी तक यहां इन्तिजार कर सकते हैं ।" बीज़ा न मिला तो ? भविष्य प्रकाशमान नहीं था ।

अगले दिन (११ नवम्बर) १० पौंड भुनाना जरूरी था । अब्बासी का १५ तुमान उधार था, भुनाकर १२८ में से अब्बासी को १५ देने लगा, तो उन्होंने ५० तुमान किसी जल्दी के काम के लिये मांग लिये और मैंने सहज भाव से दे दिये । अब हाथ में ६३ तुमान तथा ५ पौंड का चेक रह गया । बीज़ा के बारे में दौड़-धूप करने पर उस दिन की डायरी में लिखना पड़ा, "अपने बारे में तो अभी आशा की किरण नहीं दिखलाई पड़ती ।"

डेढ़ तुमान रोज पर गुजारा करने का निश्चय कर चुका था, किन्तु (१२ नवम्बर) को तीन तुमान गर्माबा (स्नानागार) को ही देना पड़ा । १३ नवम्बर तक अब्बासी से परिचय चार दिन का हो गया था और उनके कई दोष-गुण मालूम हो गये थे । उनको दिए पचास तुमानों के लौटने की आशा नहीं थी, ऊपर से दो मास के बाकी किराये के ६० तुमान के देनदार भी बनने जा रहे थे ! लेकिन अब्बासी का दूसरा भी पहलू था, जिससे वह सच्चे मानवपुत्र जंचते थे । वह बहुत अधिक नहीं बोलते थे, साथ ही बहुत अल्पभाषी भी नहीं थे । "न एकं अपि सत्यं स्यात्, पुरुषे बहुभाषिणी" के अनुसार उनकी बातों में बिल्कुल सत्य का कोई अंश ही नहीं था, यह बात नहीं थी, तो भी उस जंगल में से सत्य को ढूंढ निकालना मुश्किल काम था । यदि ६ नवम्बर को अब्बासी मिले थे, तो अगले दिन आका दीमियाद के यहां दूसरे मानवपुत्र मिर्जा महमूद अस्पहानी से भी परिचय प्राप्त हुआ ।

: तेहरान में :

मैं सन् १९४४ के जाड़ों में तेहरान पहुँचा था। ७ नवम्बर (१९४४) से २ जून (१९४५) तक वहीं इस आशा में पड़ा रहना पड़ा, कि वीज़ा मिले और सोवियत के लिए रवाना हो जाऊँ। यद्यपि यह आवश्यक तथा बहुत कुछ दुर्भर प्रतीक्षा थी, लेकिन करता तो क्या करता? सोवियत वीजा तभी मिला, जब यूरोप में युद्ध समाप्त हो गया, और जर्मनी ने हथियार डाल दिया, लेकिन इस सात महीने की प्रतीक्षा को बिल्कुल बेकार भी नहीं कहा जा सकता। तेहरान उस वक्त अन्तर्राष्ट्रीय अखाड़ा केवल राजनीतिक बल्कि सैनिक अखाड़ा भी था। राजनीतिक अखाड़ा बल्कि ही नहीं तब नहीं कहा जा सकता था, क्योंकि ईरान के बिल्कुल अमेरिका के हाथ की कठपुतली हो जाने के कारण खेल बराबर पर नहीं हो रहा था।

तेहरान मेरे देखते देखते बहुत बढ़ गया। प्रथम विश्व युद्ध के बाद वह एक लाख से कुछ ही अधिक का पुराने ढंग का नगर था। उसकी गलियां तंग और अंधेरी थीं। चौड़े रास्तों को ही सड़क कहा जाता था, पक्की सड़कों का उस समय कहीं पता नहीं था। १९३५ में जब पहलेपहल मैं तेहरान पहुँचा, तो वह दो लाख से कुछ ऊपर का शहर था। सड़कें चौड़ी, सीधी और पक्की हो चुकी थीं। सड़कों पर विशेष कर केंद्रीय स्थानों में आधुनिक ढंग की इमारतें खड़ी थीं। १९३७ की द्वितीय यात्रा में शहर का आकार काफी बढ़ गया था, भारत से लौटे मेरे ईरानी मित्र आग़ा दीमियाद ने अपना मकान शहर के छोर पर बनवाया था, जहां आसपास बहुत सी खाली जगह पड़ी हुई थी। ७ बरस बाद तीसरी यात्रा में अब उनका मकान घनी बस्ती के भीतर था, और आबादी

७-८ लाख से ऊपर हो चुकी थी, जिसमें मित्र-शक्तियों की सेनायें और वृद्धि कर रही थीं। यद्यपि अंग्रेजी, अमेरिकन और रूसी सेनाओं के रहने के लिये शहर से बाहर अलग-अलग स्थान नियत थे, किन्तु तो भी सेना का शहर से सम्बन्ध तो था ही। साधारण नहीं तो असाधारण शौकीनी की चीजें खरीदने के लिए सैनिकों को वहां जाना पड़ता था। सिनेमा और दूसरी मनोरंजन की सामग्री भी वहीं थी। सड़कों पर अपने-अपने देश की वर्दियां पहिने सैनिक घूमा करते थे।

ऊँचे स्थानों की राजनीति तो यही थी, कि रजाशाह—जिसे नये ईरान का निर्माता कहा जाता है—जर्मन नाज़ियों का पक्षपाती था। उसने मुल्लाओं की धर्मान्धता के विरुद्ध ईरान के जातीय अभिमान को खड़ा किया। हरेक रजाशाही ईरानी तरुण अरबों और अरबी संस्कृति पर ४ लात लगाकर अपने को कोरोश और दारयोश के आर्यत्व का उत्तराधिकारी मानने लगा। हिटलर के आर्यत्व के प्रचार के पहिले ही रजाशाह ने अपने यहां उसकी ध्वजा गाड़ दी थी, इसलिये कोई आश्चर्य नहीं, यदि हिटलर की नीति के साथ ईरान ने भी अपनी नीति को जोड़ दिया। लेकिन यह नीति का जोड़ना केवल आर्यत्व की भावना के कारण नहीं हुआ। जर्मनी ने जिस तरह यूरोप के प्रायः सारे भाग को हड़प कर अफ्रीका की ओर पैर फैलाया था, उससे रजाशाह को विश्वास हो गया था, कि अवश्य विजय जर्मनी की होगी। इसीलिये उसने उगते सूर्य को नमस्कार करना चाहा। चाहे इंगलैंड और अमेरिका अभी अफ्रीका में हिटलर के बढ़ाव को न रोक सकते हों, किन्तु रजाशाह की रक्षा के लिए हिटलर की बांह अभी उतनी बड़ी नहीं थी; इसीलिये एक ही झोंक में मित्र-शक्तियों की सेनाओं ने ईरान को अपने अधीन कर लिया, रजाशाह को बन्दी बना उसे दक्षिण-अफ्रीका भेज दिया। रजाशाह ने एक साधारण तुर्क-परिवार से बढ़कर एक राजवंश की स्थापना की, इसलिये उसका गद्दी से वंचित होना कोई बड़ी बात नहीं थी, लेकिन उसका लड़का (वर्तमानशाह) तो शाहजादा था। हिटलर को हराने के लिये रूस की सहायता की आवश्यकता भलेही मालूम होती हो, किन्तु इंगलैंड और अमेरिका भी साम्यवाद को छूत की बीमारी समझते थे। जिस समय जर्मन सेना रूस के भीतर बढ़

रही थीं, उस समय रूस इस स्थिति में नहीं था, कि अपनी किसी बात के लिये जिद करे। ब्रिटिश तथा अमेरिकन साम्राज्यवादी सिर्फ उस समय होती लड़ाई को जीतने की ही फिक्र में नहीं थे, बल्कि युद्ध के बाद के अपने साम्राज्य की भी चिन्ता करते थे। इसलिये वह किसी तरह का भारी हेरफेर नहीं होने देना चाहते थे। इस प्रकार रजाशाह युद्ध की भेंट हुआ, किन्तु उसका राजवंश बना दिया गया।

तेहरान की सड़कों पर सैकड़ों की तादाद में घूमते इन विदेशी सैनिकों को देखकर मालूम हो जाता था, कि ईरान अपने वश में नहीं है। लेकिन जहां तक रोज-रोज के शासन का सम्बन्ध था, वह ईरानियों के ही हाथ में था। रजाशाह की हकूमत एक तानाशाही या आभिजात्य तानाशाही हकूमत थी। उसमें साधारण जनता या साधारण बुद्धिजीवियों को अपनी आवाज बुलन्द करने का कोई अधिकार अथवा अवसर प्राप्त नहीं था। सारे देश में खुफिया पुलिस का जाल बिछा हुआ था। ईरानी स्त्री-पुरुष देश के भीतर भी एक जगह से दूसरी जगह जाते गिरफ्तार होके रहते, यदि उनके पास अपने चित्र सहित जावाज (पासपोर्ट) न रहता। एक तरफ रजाशाह ने इस तरह सारे देश को जकड़बन्द कर रखा था—जिससे उसके शत्रुओं का सर्वथा उच्छेद भी नहीं हो गया था—, लेकिन दूसरी ओर वह कभी-कभी अपनी निर्भीकता को भी दिखलाना चाहता था। १९३७ में एक बार मैं सरकारी सचिवालय के पास से जाने वाली सड़क पर आ रहा था, उसी समय एक कपड़े के हूडवाली साधारण मोटर पर ड्राइवर के पास बैठे एक आदमी को जाते देखा। तस्वीर देखने से चेहरा परिचित था, इसलिए मुझे संदेह हुआ लेकिन सन्देह की गुन्जाइश नहीं रही, जबकि आसपास और कितने ही लोगों को उधर गौर से देखते तथा "आला हजरत" का नाम लेकर इशारा करते देखा। अब भी जावाज आदि के सम्बन्ध में रजाशाही कानून का ही पालन हो रहा था, किन्तु युद्ध ने बहुत सी बंधी हुई मुश्कों को खोल दिया था। २०-२० बरस तक जेल में सड़ के अनेक देश-भक्त बाहर निकल आये थे। सोवियत की सेनायें पास में मौजूद थीं, जिनसे मजूरों और बुद्धिजीवियों का साहस बढ़ गया था। उनका

संगठन तूदे (जनता) बहुत मजबूत होता जा रहा था। बुद्धिजीवियों पर उसका काफी प्रभाव था—आज तूदा अवैध संस्था है। साम्यवादी असर को बढ़ते देखकर भी ऐंगलो-अमेरिकन साम्राज्यवादी युद्ध के वक्त उसे दबाने के लिये कुछ नहीं कर सके। युद्ध के बाद उन्होंने ईरान को अपने लिये सर्वथा सुरक्षित बनाना चाहा, लेकिन सोवियत के कारण उन्हें साहस नहीं हो रहा था। ईरानी आजुर्बायजान—काकेशश पर्वतमाला तथा कास्पियन समुद्र के बीच में अवस्थित विशाल आजुर्बायजान का ही एक अंश है। इसका उत्तरी भाग अर्थात् सोवियत आजुरबायजान एक स्वतन्त्र प्रजातन्त्र के तौर पर सामूहिक खेती और उद्योग-धंधों में सम्पन्न सुशिक्षित राष्ट्र हो गया है, जब कि ईरानी आजुरबायजान सब तरह से पिछड़ा हुआ प्रदेश था। युद्ध के समय सोवियत के नागरिकों के साथ साक्षात् सम्पर्क हुआ। उन्होंने देखा कि सोवियत सेना में किस तरह आजुरबायजानी, तुर्कमान, उजबेक, काजार, रूसी या उकरैनी सभी एक समान पूर्णबन्धुता के साथ रहते हैं। इसका असर इन पर पड़ना जरूरी था। ईरानी आजुरबायजान ने स्वतन्त्रता की मांग नहीं की, बल्कि अपना स्वायत्त शासन स्थापित कर लिया; जिसे अमेरिका की मदद से ईरानी सरकार ने बड़ी बुरी तरह से दबा दिया। अब देख लिया, कि सोवियत राष्ट्र युद्ध को आगे बढ़ाने का कारण नहीं बन सकता, तो अमेरिका की शह में पड़ कर ईरानी सरकार ने सभी तरह के वामपक्षी संगठनों को नष्ट करने का निश्चय कर लिया। आज जिन संगठनों को लुक-छिप कर ही काम करने का मौका मिलता है, उस समय उन में जान थी।

मित्र-शक्तियों के सैनिकों के सम्बन्ध में ईरानियों की क्या राय थी, इसके बारे में मैं एक ईरानी भद्र महिला की बात सुनाता हूँ। उनके पिता भारत में कई साल से रह रहे थे, और शायद अब भी यहीं हैं। अपनी शिक्षा-दीक्षा से उक्त महिला को अर्ध-भारतीय कहा जा सकता है। वह कह रही थीं; जिस फुट-पाथ पर मैं चल रही हूँ, अगर उसी पर सामने से अमेरिकन या ब्रिटिश सैनिक आता देखूँगी, तो मैं पहिले ही उसे छोड़ कर दूसरी ओर के फुटपाथ से चलने

लगूँगी: लेकिन अगर सामने से कोई रूसी सैनिक आता हो, तो मैं जरा भी नहीं हटूँगी। मैंने कहा—तब तो आप उसको धक्का देती चली जायेंगी। महिला ने हंसते हुए कहा—हां बिल्कुल ठीक है, धक्का लग जाने पर भी कोई डर की बात नहीं है। रूसी सैनिकों के बारे में वहां तरह तरह की दन्त-कथायें प्रचलित थीं। एक दिन भारत से लौटे एक दूसरे ईरानी विद्वान की वृद्धा पत्नी कह रही थीं—हम लोग माजन्दरान के रहने वाले हैं, जो रूसी सीमा के पास है। वहां रूसी सैनिक छावनियां डाले पड़े हुये हैं। एक बात उनके बारे में अभी सुनी, किसी रूसी सैनिक ने किसी के बाग से बिना पूछे बिना दाम दिए एक सेब तोड़ लिया था, जिस पर उसे सरे-बाजार कोड़ा लगाने की सज़ा हुई थी। क्या यह अति नहीं है? मुझे इस घटना की सत्यता-असत्यता का क्या पता था, कि जवाब देता। लेकिन रूसी सैनिकों को लोग भ्रष्ट होने की सीमा से परे समझते थे। अमेरिकन सैनिक दोनों हाथ से पैसे लुटाते थे। ईरानी और उनसे भी ज्यादा रूसी-क्रांति के वक्त भागे श्वेत रूसी तो समझते थे कि उनके पास सोने की खान है। पहिले महीने-दो-महीने तक जिस घर में मैं रहता था, उसके पास के कमरे में एक श्वेत रूसी वृद्धा अपनी तरुणी पुत्री के साथ रहती थी। उनके यहां जब तब कोई अमेरिकन सैनिक आता रहता था। वह तो मना रही थीं, कि मेरी लड़की किसी अमेरिकन के साथ ब्याह कर लेने का सौभाग्य प्राप्त करे, तो भाग्य खुल जाये।

तेहरान में भारतीय सैनिक भी कई हज़ार थे। प्रथम विश्वयुद्ध के समय भी ईरान में कहीं कहीं भारतीय सैनिक रहे थे, किन्तु तब भारतीय केवल सिपाही भर होते थे। अब तो कितने ही कप्तान, मेजर और कर्नल थे। लेकिन अभी हिन्दुस्तान अंग्रेजों का ग़ुलाम था, इसलिये भारतीय सैनिकों के प्रति किसी का कोई भाव-दुर्भाव नहीं था। उनका वेतन भी कम था, इसलिये पैसा खर्च करने में उतनी मुक्तहस्तता नहीं दिखला सकते थे, जितने कि अंग्रेज और अमेरिकन सैनिक।

युद्ध ने सभी जगह चीजों का मोल बढ़ा दिया था। भारत में भी रुपये

का दो सेर आटा हो गया था, १० रुपये के जूते २० रुपये में बिक रहे थे, लेकिन तेहरान में तो वह जूता सौ पर भी नहीं मिलता। वहां सभी चीजें बहुत मंहगी थीं। १९३५ में दो आना या छ पैसा सेर बढ़िया अंगूर बिकता था, और अब वह उसी भाव बिक रहा था, जिस भाव में बम्बई या लाहौर में। खाने की चीजें भी बहुत मँहगी थीं। विदेशी सेनायें अपने देश से पैसा मंगाकर यहां खर्च कर रही थीं, इसलिये पैसों की कमी नहीं थी। रोजगार की भी कमी नहीं थी। सैनिकों के उपयोग की भी बहुत सी चीजें बाजार में चली आती थीं। वहां ब्रिटिश, अमेरिकन, फ्रेंच, भारतीय सभी देशों के बने सिगरेट मिलते थे। सिनेमा खोलने में तो इन देशों ने एक दूसरे से होड़ सी लगा रखी थी। कितने ही सिनेमाघरों को अमेरिकनों ने किराये पर ले लिया था, जहाँ उनके फिल्म चलते थे। अंग्रेजों के भी दो या तीन सिनेमा चल रहे थे। रूसी भी अपना सिनेमा-हाल खोले हुये थे। भारत ने अपनी ओर से कोई सिनेमा नहीं खोला था, क्योंकि भारत की उस वक्त पूछ ही क्या थी, लेकिन हमारे यहां के फिल्म तेहरान में कई सिनेमाहालों में दिखाये जाते थे, और वह होते थे, ज्यादातर "पिस्तौलबाजी" "हन्टरबाली" टाइप के। यद्यपि इस तरह के फिल्मों को देखने के लिये और जगहों से अधिक भीड़ रहती थी, किन्तु भारत के लिए वह गौरव की बात नहीं थी।

: अकारण बन्धु :

८ नवम्बर १९४४ की शाम को करीब करीब खाली हाथ में ईरान की राजधानी तेहरान में बड़ा आशावान पहुँचा था। सोचा था जल्दी ही सोवियत वीजा मिल जायेगा और मैं लेनिनग्राद पहुँच जाऊँगा। उस वक्त कहां मालूम था, कि ३ जून १९४५ को प्राय: सात महीने बाद मैं तेहरान से आगे बढ़ सकूँगा। तेहरान में जो प्रथम भारतीय मित्र मिले थे, उनका असल नाम तो था अभयचरण, किन्तु वह बने थे अब्दुल्लाह या सुकरुल्लाह अब्बासी। उस गाढ़ के समय हाथ में बचे कुछ तुमानों में से भी कितने ही को बात बनाकर ऐंठ लेने से उनके बारे में कोई निर्णय कर बैठना भारी गलती होगी। उनमें परस्पर विरोधी प्रवृत्तियों का अद्भुत संमिश्रण था। कभी वह सोलह-कलापूर्ण देवता बन जाते थे और कभी उनका रूप कुटिल शैतान जैसा मालूम होता था। उनके बारे में आगे कहूँगा। पहिली यात्रा के परिचित वृद्ध आगा अमीरअली दीमियाद हमारे उस घर से नजदीक ही थे, जिसमें कि अब्बासी ने मुझे ले जाकर टिकाया था और जिसके बारे में आगे मालूम हुआ, कि महीनों का बाकी किराया अब मुझे चुकाना पड़ेगा। ९ तारीख को ही दौड़ धूप करने से पता लग गया, कि वीजा इतनी जल्दी मिलने वाला नहीं है। उसी दिन दीमियाद साहब से मिल आया था। १० नवम्बर को ४८ घंटा तेहरान में रहने के बाद अब अपनी आर्थिक कठिनाइयां सामने नंगी खड़ी मालूम हो रही थीं। घबराने से कोई लाभ नहीं था, किन्तु कहीं से भी आशा की किरण दिखलाई नहीं पड़ती थी। मैं १० नवम्बर को सवेरे दीमियाद साहब के घर गया था। वहां एक हंसमुख प्रौढ़ गोरे चहरे वाले पुरुष से मुलाकात हुई। उसकी काली आंखों में एक तरह की विशेष चमक दिखलाई

पड़ती थी, जिससे स्नेह और बुद्धि दोनों का आभास मिलता था। दामियाद साहब, उनकी लड़की ताहिरा और उक्त सज्जन (मिर्जा महमूद अस्पहानी) से दो घन्टे तक बातचीत करने में अपनी सारी चिन्तायें भूल गया था। उन्हीं के साथ मैं सैयद मुहम्मद अली "दाइउल-इस्लाम" के घर गया। दाइउल-इस्लाम कई सालों से हैदराबाद में रहते थे, जहां रहकर उन्होंने "फरहंगे-निज़ाम" नामक एक फारसी कोश लिखा था। उनकी तीन लड़कियां यद्यपि ईरान के पक्षपात के कारण अपने पितृदेश में आ गई थीं, किन्तु उनमें हिन्दुस्तानियत की बू इतनी अधिक थी, कि वह ईरानी बन जाने के लिये तैयार नहीं थीं। दो बड़ी लड़कियों में एक एम० ए० और दूसरी एम० एस्० सी० थी। छोटी जूनियर केम्ब्रीज पास थी। पिता का मकान हैदराबाद में भी था, किन्तु वह चाहते थे, अपनी लड़कियों का ब्याह ईरानियों से करना। मिर्जा महमूद ईरानी-हिन्दुस्तानी थे, इसलिये वह दामाद बनने के योग्य थे। उनकी हिन्दुस्तानी बीबी मर गई थी, इसलिए वह शादी करना चाहते थे, किन्तु बड़ी लड़की से नहीं, जिसे की दोस्त लोग पूरी गो कहते थे। वह सदा नमाज-रोजे रखने वाली भोलीभाली तथा रूप में भी कुछ कम लड़की महमूद को क्यों पसन्द आने लगी? बाकी दोनों में से किसी के साथ विवाह करने को वह तैयार थे, किन्तु पिता अपनी जेठी कन्या को कुमारी रख कर दूसरी का विवाह करने के लिए तैयार नहीं थे। अन्त में उन्हें मझली लड़की का विवाह पहिले करना पड़ा, और महमूद को भी इच्छा या अनिच्छा से अपनी सौतेली मां की छोटी बहन के साथ निकाह कराना पड़ा।

उस दिन हम दोनों आठ-दस घन्टे साथ-साथ रहे। आठ-दस घन्टा आदमी के पहिचानने के लिए काफी नहीं हैं, लेकिन जान पड़ता है खुलकर बातें करते सुनते एक दूसरे के ऊपर विश्वास करने की भूमिका तैयार हो गई थी। महमूद के पिता बड़े व्यापारी थे। कलकत्ते के अस्पहानी ब्रादर्स के पिता और वह दोनों सगे भाई थे। दोनों का कारबार भी बहुत दिनों तक साझे में था। उनका कारबार विलायत तक था। रुपया कमाने और उड़ाने दोनों में वह बड़े बहादुर थे। मदिरा, मदिरेक्षणा के अनन्य साधक थे, जिसके लिये अत्यन्त उपयुक्त स्थान

समझकर बुढ़ापे में उन्होंने तेहरान का निवास स्वीकार किया था। उड़ाते-पड़ाते भी उन्होंने चार-पांच लाख की जायदाद तेहरान नगर में अपने मरने के समय (१६४३ ई०) छोड़ी थी। लड़ाई के समय चीनी का भाव बहुत बढ़ गया, खास कर ईरान में तो वह सोने के मोल बिक रही थी। बूढ़े सौदागर को इसका आभास पहले ही मिल गया था, और उन्होंने दसियों हज़ार बोरा चीनी हिन्दुस्तान से मंगाली, जिसमें तेरह चौदह लाख रुपये का नफा हो गया। चीनी के बोरे हिन्दुस्तान की सीमा (नोककुंडी) में आकर अटके हुए थे, जहां से निकाल लाने के लिये पिता ने कलकत्ते से महमूद को बुलाया। महमूद ने चीनी पार कराई। कह रहे थे; यदि वह चीनी आज रही होती, तो नफा एक करोड़ का होता। महमूद के तेहरान पहुँचने के पांच मास बाद पिता मर गये। अब उनकी जायदाद को बेचने और उसमें से अपना हिस्सा लेने की समस्या महमूद के सामने थी। उनके सौतेले भाइयों और बहनों की संख्या काफी थी, जिनमें से कुछ भारत में और कुछ ईरान में थे।

१७ नवम्बर तक हम दोनों का परिचय घनिष्ठ मित्रता में परिणत हो गया था। महमूद खुले दिल के आदमी थे, जिसका यह अर्थ नहीं, कि समझ में कसर रखते थे। मेरे भीतर भी उन्होंने कुछ समानता देखी और यह जानने में भी दिक्कत नहीं हुई, कि मैं किस कठिनाई में पड़ा हूँ। मेरे पास दो-तीन तोले सोने, तथा एकाध और चीजें थीं, जिनके बेचने की मैं सोच रहा था। इसी समय महमूद ने कहा—चलो फकीरों की झोंपड़ी में, संकोच मत करो। उनके फक्कड़ स्वभाव से भी मैं परिचित हो चुका था। तेहरान विश्वविद्यालय के समीप ही तिमहले पर दो कोठरियां उन्होंने ले रखी थीं। बहुत मामूली सामान था। एक नौकरानी (रुकैया) थी जो खाना बना दिया करती थी। महमूद नौ बजे दफ्तर चले जाते थे, उन्होंने एक ईरानी सौदागर के साथ कुछ कारबार शुरु किया था। मैं या तो बीज़ा के लिए कोशिश करने ब्रिटिश तथा सोवियत-दूतावास का चक्कर लगाता, या कहीं से कुछ पुस्तकें पैदा करके पढ़ता। महमूद के आने पर कभी हम दीमियाद साहब के यहां जाते और कभी दाइउल

इस्लाम के यहां। उनकी सौतेली मां और पिता के घर भी जाते थे। उस समय युद्ध के कारण तेहरान में भारतीय सेना भी काफी संख्या में मौजूद थी, इसलिये कभी कभी भारतीयों से भी मिलने चले जाते। तेहरान में अमेरिकन, अंग्रेजी, फ्रेंच और रूसी ही नहीं कुछ हिन्दी फिल्म भी दिखाये जाते थे। हिन्दी फिल्मों में "पिस्तौलवाली" जैसे बहुत नीचे दर्जे के फिल्म ही अधिक थे।

एक दो सप्ताह तो मुझे यह बहुत बुरा मालूम होता था,— कि मैं क्यों अपने दोस्त पर अपना भार डाल रहा हूँ, किन्तु पीछे उनके स्वभाव से अधिक परिचित होने के बाद वह संकोच जाता रहा। दाइउल्-इस्लाम की ज्येष्ठ कन्या जाहिरा ने एक दिन उस्मानिया विश्वविद्यालय के एम० ए० के अपने निबन्ध को सुनाया। मुलन्टों या पुराने पंडितों जैसी खोज थी—अशोक एकेश्वरवादी था। वह ईरान के अखामनी (दारा) खानदान में पैदा हुआ था। उसने परसेपोलिस के कारीगरों को बुलाकर भारतवर्ष में इमारतें बनवाई थीं। अशोक का दादा चन्द्रगुप्त ईरान के नगर मूरु से भाग कर आया था, जो कि परसेपोलिस (तख्तेजम्शीद) का ही दूसरा नाम था। अशोक बौद्ध नहीं था। अजन्ता की गुफायें बौद्ध विहार नहीं थे, बल्कि पुलकेशी और दूसरे दक्खिनी राजाओं की चित्रशालायें हैं, जिनमें उनकी वास्तविक जीवनी और इतिहास लिखा हुआ है। उनका बुद्ध और बौद्ध भिक्षुओं से कोई सम्बन्ध नहीं, बुद्ध ने तो चित्र और मूर्तियां बनानी मना कर दी थीं, फिर बौद्ध भिक्षु इन्हें कैसे बना सकते थे? यह शृंगारी मूर्तियां और चित्र बौद्ध भिक्षुओं के बनाये कभी नहीं हो सकते। मैंने बड़े धैर्य से जाहिरा खानम् के निबन्ध को सुना। मुझे आश्चर्य होता था, उसमानिया विश्वविद्यालय के उस प्रोफेसर के ऊपर, जिसकी देखरेख में यह निबन्ध लिखा गया।

दाइउल्-इस्लाम साहेब अरबी-फारसी ही नहीं, संस्कृत भी काफी जानते थे। वह तेहरान विश्वविद्यालय में संस्कृत पढ़ा सकते थे, किन्तु "धोबी बस के का करे, दीगम्बर के गांव" वाली कहावत थी। उनके पास भी काफी समय था, मेरे पास भी कोई काम नहीं था और महमूद को भी थोड़ा ही काम था।

इसलिये हर दूसरे-तीसरे हम लोग दाइउल्-इस्लाम के यहां पहुँच जाते थे। अभी भी लोग महमूद से निराश नहीं थे। महमूद की बीवी मर चुकी थीं, किन्तु उनके बच्चे कलकत्ते में थे, जिनसे पिता का काफी प्रेम था। वह विवाह करने के लिये पहिले एक परी की आँखों के शिकार हुये। उसने भी कई महीने उन्हें अपने प्रेम-पाश में बाँध रखा, किन्तु उसके मां-बाप राजी नहीं हुये। लाचार हो उसे उनकी आज्ञा के सामने झुकना पड़ा। अब महमूद के सामने पाँच लड़कियाँ थीं। ताहिरा को वह ज्यादा पसंद करते, किन्तु मेरे आने पर वह समझने लगे, कि वह स्वतंत्र प्रकृति की नारी है, उससे नहीं निभेगी। जाहिरा को वह कहते थे—यह काठ का कुन्दा है, जिसे नमाज पढ़ने से ही फुर्सत नहीं। हमारी उसके साथ संवेदना थी, क्योंकि वह पैंतीस साल की हो चुकी थी। उसका एक ईरानी चचेरा भाई, जो बढ़ई का काम करता था, विवाह करने के लिए तैयार था, किन्तु जाहिरा ने उसे इन्कार कर दिया। मझली सिद्दीका (एम. एस सी.) शुद्ध ईरानी श्वेत रक्त को चाहती थी, और पिता तो "बड़ी लड़की की शादी हुए बिना उसकी शादी कैसे करें" का बहाना कर देते थे। सौतेली मां की छोटी बहन पढ़ी-लिखी नहीं थी, किन्तु अठारह वर्षीया सुन्दरी गोरी थी। महमूद का ख्याल उस पर नहीं जाता था। क्योंकि सौतेली मां के परिवार पर उनका विश्वास नहीं था, बयालीस तथा अठारह बरस के अंतर का भी ख्याल आता था। मैं बाज वक्त कह देता था– कि आदर्श पत्नी तो जाहिरा ही हो सकती है। किन्तु जब तक दूसरी नवतरुणियां हैं, तब तक इस शुष्क चिरतरुणी को कौन पूछेगा? दाइउल्-इस्लाम के पड़ोस में एक और सुशिक्षित संस्कृत महिला थी जिसे मधुभाषिणी काव्यमयी सुन्दरी कहा जा सकता था, किन्तु उनका सम्बन्ध हुआ था ऐसे आदमी के साथ जिसे देखकर महमूद आश्चर्य करते थे। मैंने कहा—अल्लामियां अपने गदहों के सामने अंगूर फेंकता है, इसमें हमारा तुम्हारा क्या?

मेरे आने के महीने भर बाद महमूद की सौतेली मां से सुलह हो गई। यद्यपि वह चाहते थे, कि भाइयों की सहायता करें, किन्तु वह जायदाद के

सम्बन्ध में चाल चल रहे थे। फिर उनको क्या पड़ी थी, खामख्वाह परदेश में आकर झगड़ा मोल लेते? सुलह का मतलब था-- अब शादी इज्जत से होगी। वह मानते थे- कि वह सुन्दर तरुणी है, शिक्षित न होने पर भी और गुण उसमें हो सकते हैं, किन्तु वह शीराज के उसके खानदान पर विश्वास करने के लिए तैयार नहीं थे। लेकिन उनके पिता आगा हाशिम अस्पहानी भी तो उसी खानदान में शादी कर चुके थे।

दिसम्बर के अन्त तक मैं आर्थिक तौर से अब निश्चिन्त हो चुका था। मेरे मित्र सरदार पृथ्वीसिंह ने बम्बई से हजार रुपये भेज दिये थे, उधर प्रकाशक से भी ५०० रुपये आ गये थे। जरूरत पड़ने पर और भी रुपये आ सकते थे। जब सुलह हो चुकी, और छोटी बहन के साथ ब्याह की भी बात तै सी हो चुकी, तो सौतेली मां जोर देने लगी- कि यहीं चले आओ, क्यों अलग रह कर अपना खर्च बढ़ाते हो। १९ दिसम्बर को चारों ओर बरफ फैली हुई थी। आठ-नौ बजे तक हिमवर्षा जारी थी। उसी दिन ग्यारह बजे सामान घोड़ागाड़ी पर लदवा कर हम नाजिमुत्तुज्जार आगा हाशिम अली अस्पहानी के घर पर चले आये। अब से पांच महीने के लिये इस्मत खानम् का यह मकान मेरा भी निवासस्थान बन गया। महमूद अकेले रहते थे, तब तो उनके स्वभाव से परिचित हो जाने के कारण संकोच का कारण नहीं था, किन्तु यहां मेरे सामने फिर समस्या आई—अनिश्चित काल के लिये कैसे मेहमान बनूं। मेरे पास अब पैसा भी था, किन्तु भारतीय शिष्टाचार की तरह पैसा देने वाला मेहमान रखना वहां भी शान के खिलाफ समझा जाता है। भवितव्यता के सामने सिर झुकाना पड़ा। मैं इस्मत खानम् की मेहमानी का प्रतिशोध रुपये पैसे में नहीं कर सकता था। वस्तुतः वह घर थोड़े ही दिनों बाद मेरा घर हो गया। घर के सभी लोगों के बारे में तो नहीं कहा जा सकता, किन्तु गृहस्वामिनी का वर्ताव बहुत ही गम्भीर और मधुर था। इन पांच महीनों में एक ईरानी मध्यमवर्गीय परिवार में चौबीसों घन्टे रहकर मैंने उन्हें बहुत नजदीक से देखा। इस्मत खानम् सितार बहुत सुन्दर बजाती थीं, जिससे

प्रायः रोज ही रात के भोजन के बाद हमारा मनोरंजन हुआ करता था। महमूद जब इज्जत के साथ विवाह करने को तैयार हो गये, तो फिर उनकी बड़ी बहन ने सौदा करना शुरु किया। यह कोई बुरी बात नहीं कही जा सकती। जिस देश में पुरुष किसी भी वक्त स्त्री को तलाक दे सकता है, वहां यदि आर्थिक सुरक्षा की चिन्ता की जायें, तो क्या आश्चर्य है? दिसंबर के अन्त में मोहर्रम का पवित्र महीना आ गया। ईरान शीया देश है। वहां इमाम हुसैन की शहादत (वीरगति) का बहुत मातम मनाया जाता है। २५ दिसम्बर को उस साल इमाम हुसैन का "रोज़ेक़त्ल" और ईसा का भी जन्म-दिन था। नवीन ईरान में अब मोहर्रम के लिये स्त्रियों का "गिरिया" (रोदन) और पुरुषों की "सीनाज़नी" (छाती पीटना) अब बन्द कर दिया गया है। खानम् के घर में एक दिन एक मुल्ला १५ मिनट के लिए आया। उसने कुछ मर्सिया गाये और खानम् ने कपड़े में मुँह छिपा कर रोदन किया।

अब मेरी दिनचर्या थी। सबेरे सात-साढ़े-सात बजे उठ कर हाथ मुँह धोना, हजामत से निबट, फिर परिवार के साथ पनीर-मक्खन-रोटी और तीन गिलास बिना दूध की मीठी चाय पीना। आठ-नौ बजे के करीब मैं उस कमरे में पहुंच जाता था, जहां "कुर्सी" के नीचे परिवार के लोग बैठे रहते थे। सरदी के कारण मकान को गरम करने की आवश्यकता होती है, किन्तु मध्य-एसिया, अफ़गानिस्तान और ईरान में लकड़ी दुर्लभ है, इसलिये लोगों ने "कुर्सी" का तरीका निकाला। गज भर लम्बी गज भर चौड़ी हाथ भर ऊँची चौकी "कुर्सी" है, जिसके ऊपर चौकी से दो दो हाथ बाहर निकली मोटी रजाई रख दी जाती है। चौकी के नीचे अंगीठी में कोयले की आग रहती है, जिससे कुर्सी गरम हो जाती है। लोग उसी चौकी के चारों ओर मसनद के सहारे बैठकर छाती तक शरीर को रजाई के नीचे डुबा देते हैं। बहुत कम खर्च में गरम रखने का यह सुन्दर तरीका है। कुर्सी के नीचे बैठे बैठे पढ़ना या गप्पे मारना यही काम था। मेरे लिये तो इन गप्पों से भी बहुत लाभ था, क्योंकि वहां केवल फारसी में ही बात हो सकती थी। एक बजे रसोईदारिन भोजन तैयार करके

जाती थी, जिसमें तंदूर की मोटी रोटियां, चावल या पुलाव, गोश्त या भाजी, कुछ हरी पत्तियां, सिरका या सिरकावाली प्याज मुख्य तौर से रहते थे। यदि बाहर जाना नहीं होता, तो मध्यान्ह भोजन के बाद, फिर वहीं पढ़ना लेखना या बातें करना; तीन-चार बजे फिर दो-तीन गिलास मीठी चाय पीने को मिलती। शाम को सात-आठ बजे रात्रि-भोजन होता था, जिसमें चावल, मांस, सबजी, सिरका, रोटी, कलबासा (सॉसेज) मुख्य होता। भोजन के बाद पोर्तगाल (मुसंबी) या कोई दूसरा फल भी रहता। फिर ग्यारह बारह बजे रात तक संगीत या गप छिड़ी रहती। महमूद के साथ मेरा और मेरे साथ महमूद का दिल बहलाव ही नहीं होता था, बल्कि हम एक दूसरे की चिन्ता में सहायक होते थे। ब्याह का सौदा कभी कभी कड़ा रुख ले लेता, उस वक्त महमूद बहुत घबड़ा उठते।

जनवरी के अन्त में अभी भी सरदी काफी थी। ईरानी बच्चे सूर्य देवी से प्रार्थना करते थे—

खुर्शीदखानम् आफताब कुन्। यक्सेर बिरंज तूये-आब कुन्।
(सूर्य देवी धूप कर। एक सेर चावल पानी में डाल)
मा बच्चहाये-गुर्ग एम्। अज़- सरमाय मी-मुरेम।
(हम बच्चे भेड़िया के हैं। सरदी से मर रहे हैं)

लेकिन खुर्शीद खानम् में अभी इतनी शक्ति नहीं थी, कि बच्चों को आफताब (धूप) दे सके। २५ मार्च को भी चिनार, सफेदे, अंगूर आदि में कहीं पत्तों का चिन्ह नहीं था। ६ अप्रैल को सफेदे के वृक्षों में अभी पत्ते कलियों की शक्ल में फूट रहे थे। हां कुछ दूसरे वृक्षों में हरे पत्ते निकल आये थे।

एक दिन इस्मत खानम् महमूद के नमाज न पढ़ने की शिकायत कर रही थीं—"गुनाह अस्त, बराय हर मुसलमान नमाज लाजिम अस्त" (पाप है, हर एक मुसलमान के लिए नमाज पढ़ना कर्त्तव्य है)। मेरे मुंह से निकल गया— "हर कसे कि शराब न मीखुरद, बराय उन नमाज माफ अस्त।"

(जो कोई शराब नहीं पीता, उसके लिये नमाज माफ है) । मुझे नहीं मालूम था कि मैंने खानम् के किसी मर्म-स्थान पर चोट पहुँचाई । उन्होंने बड़े उत्तेजित स्वर में कहा—"तू पैगम्बर हस्ती," (तुम पैगम्बर हो ?) उस वक्त ३४-३५ वर्षीया सुन्दरी का तमतमाता चेहरा देखने लायक था । अभी सवेरे की चाय का वक्त था, ओठों पर अधर राग नहीं चढ़ा था, न गालों पर पौडर और रूज ने अपना रंग जमाया था । गरम लोहे से घुंघराले किये बालों में कंघी नहीं फिरी थी और न मोती की दुलड़ी तथा हीरे की गुच्छेदार सेफ्टीपिन सीने पर रखी गई थी । चेहरा फीका होना ही था, क्योंकि उसे चमकाने के लिये अपेक्षित बनाव-शृंगार चाय पीने के बाद की चीज थी । खानम् की जलाप्लुत बड़ी बड़ी आंखों में सुर्खी उतर आई थी । उनके उत्तेजित स्वर में कुछ क्रोध का भी भास हो रहा था । उनको कहना चाहिये था, "शुमा (आप)" । और मैं खुदा नहीं था, क्योंकि नमाज माफ करने का काम खुदा का ही है । फिर वह संभल कर नरमी से कहने लगी—"दुनियां में इस्लाम सबसे अच्छा और अन्तिम मजहब है ।" फिर क्या क्या खुदा और इस्लाम पर उपदेश देने लगी । महमूद और आगा दामियाद जानते थे, कि मैं बड़ा नास्तिक हूं, किन्तु खानम् को यह बात मालूम नहीं थी । वह जानती थी, कि मैं शराब नहीं पीता, बुद्ध मजहब का मानने वाला हूं । बुद्ध मजहब क्या है, इसका भी उन्हें पता नहीं था । मुझे तो अपनी असावधानी पर अफसोस हो रहा था । छैलछबीली इस्मतखानम् शराब की बहुत शौकीन थीं, किन्तु नमाज प्रायः रोज एक-दो बार पढ़ लेती थीं । नमाज पढ़ने वाले के लिये शराब पीना माफ है, यदि यह कहता तो वह पसन्द करतीं । वैसे वह बड़े कोमल हृदय की महिला थीं । इमाम हुसैन के सम्बन्ध में मर्सिया सुनते बहुत रोया करती थीं । जब मैंने अन्त में किसी दूसरी ही जगह जाकर रहने का निश्चय कर लिया—पांच महीने रहने के बाद भी अभी वीजा का कहीं ठौर-ठिकाना नहीं था— तो वह बड़ी चिन्तित हो गईं और जरासा ज्वर आजाने पर अपनी नौकरानी को सेवा के लिये भेजा ।

: दो दोस्त :

दो दोस्त से मतलब यह नहीं कि वह आपस में दोस्त थे। शायद मेरे मिलने से पहले दोनों ने एक दूसरे को देखा भी नहीं था। दोनों का जन्म बंगाल में हुआ था, एक का कलकत्ता में और दूसरे की तीन-चार पीढ़ियों की क़ब्रें हुगली में कहीं पर हैं। सोलह-सत्रह साल से फोटो कैमरा मेरा अभिन्न सहचर हो गया था, किन्तु १९४४ के अक्तूबर में जब हिन्दुस्तान की सीमा पार करने लगा, तो कैमरे को क्वेटा में ही छोड़ जाना पड़ा। इस प्रकार मैं तीसरी बार ईरान में अबके बिना कैमरे ही के दाखिल हुआ था। और अपने इन दोनों दोस्तों का चित्र नहीं ले सका।

(१) दीमियाद—दोनों में एक सत्तर के करीब पहुंच रहा था, और दूसरा तीस साल से कुछ ही ऊपर। बूढ़े आगा अमीरअली दीमियाद सौजन्य और सरलता की साक्षात् मूर्ति थे, किन्तु साथ ही कुछ आदर्शवादी टाइप के आदमी थे, जिसके कारण बुढ़ापे में हिन्दुस्तान को छोड़ कर उन्हें ईरान जाना पड़ा। माना कि वह मूलतः ईरानी थे, यही नहीं अपने ईरानीपन को जागृत रखने की उनके खानदान में कोशिश की गई थी। कह नहीं सकता, उनके घर में हिन्दुस्तान में भी फारसी बोली जाती थी या नहीं। स्वयं दीमियाद साहेब तो फारसी ऐसे बोलते थे, जैसे कि वह उनकी मातृभाषा हो। उनकी पत्नी बेगम दीमियाद उम्र में उनसे बीस-बाईस बरस कम मालूम होती थीं। हो सकता है दोनों की आयु में इतना अन्तर न हो, और अपनी काठी के कारण खानम् दीमियाद कम उम्र की लगती हों। वह भी हिन्दुस्तान ही में पैदा हुई थीं। मैं अब उनके यहां जाता, तो वह कोशिश करतीं कि, कोई

हिन्दुस्तानी खाना खिलायें। एक दिन हँसी हँसी में कह रही थीं—मेरा तो अवध के एक ताल्लुकदार से विवाह होने वाला था। तरुणाई में निश्चय ही वह सुन्दरी होंगी। दीमियाद-दम्पती की संतानें एक लड़का और एक लड़की थीं, जिनकी नसों में माता-पिता से अधिक ईरानी खून जोश मार रहा था। जब उन्होंने सुना और पढ़ा कि रजाशाह पहलवी नवीन ईरान का निर्माण कर रहा है, सासानियों और अखामनियों का ईरान फिर से प्रकट हो रहा है, तो उन्हें भारत में रहना पसन्द नहीं आया। संतान के आग्रह के कारण दीमियाद साहेब अपनी संपत्ति को बेच-बाच कर तेहरान चले गये। वह व्यवहार-कुशल थे, इस पर मेरा कम विश्वास है, किन्तु उन्होंने यह अच्छा ही किया, जो तेहरान में अपने लिये एक घर बनवा लिया। अपनी पहिली ईरान-यात्रा (१९३५) में जब मैं उनसे मिला, तो अभी घर पूरा नहीं बन सका था। उस समय घर के आसपास उजाड़ भूमि पड़ी हुई थी। लेकिन नौ बरस बाद अब तेहरान बहुत बढ़ चुका था और यहां एक अच्छा खासा मोहल्ला आबाद हो गया था। अब इस दुनियां में आगा दीमियाद के होने की आशा नहीं है, और यदि उनका खुदा ठीक है, तो वह उसके बहिश्त में कहीं अच्छे घर में होंगे, जो उनके तेहरान वाले घर से बुरा तो नहीं होगा। मेरा उनके साथ बहुत घनिष्ट सम्बन्ध हो गया था। आश्चर्य तो यह, कि हम दोनों के विचारों में जमीन-आसमान का अन्तर था। उन्हें कट्टर मुसलमान तो नहीं कहना चाहिये, क्योंकि उनमें असहिष्णुता छू नहीं गई थी, लेकिन पक्के खुदा के बन्दे थे। बुढ़ापे में उनके लिये चलना फिरना आसान काम नहीं था, तो भी शायद ही कभी नमाज नागा होती हो। उधर मैं खुदा को सीधे फटकारता था। वह जानते थे कि यदि खुदा मुझे मिल जाता, तो मैं उसके मुँह पर भी चार सुनाये बिना नहीं रहता। तब भी वह मुझे अपना सगा सा समझते थे। जब सात महीने की प्रतीक्षा के बाद मैं रूस जाने लगा था, तो उन्होंने एक लिफाफा मेरे हाथ में चुपके से रख दिया, उसमें अंग्रेजी में लिखी एक कविता थी, जिसे दीमियाद साहेब ने स्वयं रचा था, उसमें मेरे बारे में कसीदाख्वानी की गई थी।

दीमियाद साहेब सुपठित और सुसंस्कृत पुरुष थे। उनके पिता एक अच्छे डाक्टर थे, अच्छी सरकारी नौकरी में थे। पुत्र को विलायत भेजा था कि वहां से बैरिस्टर होकर आयेंगे, लेकिन पिता की मृत्यु के बाद लड़के को पढ़ाई बीच ही में छोड़ कर चला आना पड़ा। अधिकतर उनका सम्बन्ध कलकत्ता से था, किन्तु अन्त में वह लखनऊ में चले आये थे। फारसी तो उनके घर की भाषा थी। लखनऊ शिया कालेज में रहते ख्याल आया, कि उर्दू में एम. ए. कर लें। लखनऊ या आगरा युनिवर्सिटी से एम० ए० करना मुश्किल था। दीमियाद साहेब कह रहे थे—मैंने सोचा कि कलकत्ता अच्छा रहेगा। पढ़ा तो था तेरह-बाईस ही, लेकिन परीक्षार्थी कम थे, अध्यापक को उनका उत्साह बढ़ाना था, अन्यथा परीक्षार्थियों के अभाव में कहीं उनके अपने सिर पर आफत न आवे। खैर, दीमियाद साहेब पास हो गये और कॉलेज छोड़ने के शायद बीस बरस बाद। एक दिन कह रहे थे—कमबख्त ट्रेन ने धोखा दे दिया, नहीं तो बैरिस्टर न सही, पी० एच्० डी० तो बन ही जाता। जर्मनी या हालैंड के किसी शहर का नाम बतला रहे थे, जहां पी० एच्० डी० की डिग्री डाकखाने के टिकट की तरह सुलभ थी।

नौ साल पहले मिलने पर दीमियाद साहेब में अभी पूरी क्रिया-शक्ति थी। उस वक्त मैं उनके घर से दो मील पर ठहरा हुआ था, और वह वहां मेरे पास संस्कृत पढ़ने आते थे। बंगला बहुत अच्छी बोलते थे, संस्कृत भी कभी स्कूल में थोड़ी सी सीखी थी। तेहरान विश्वविद्यालय को ख्याल हुआ था, कि संस्कृत को भी पाठ्य विषय बनाया जाय, उसी सिलसिले में दीमियाद साहेब को शौक हुआ कि संस्कृत थोड़ी-सी सीख लें। लेकिन अब वह अशक्त हो गये थे। आंखों पर भी बुढ़ापे का असर था, स्मृति भी जबाब देती जा रही थी, इंद्रियां शिथिल थीं; यहां तक कि लघुशंका का रोकना भी अपने हाथ में नहीं था। तेहरान युद्ध के दिनों में दुनिया के बहुत मंहगे स्थानों में था। वहां वह किस तरह गुजर कर रहे थे, यह समझना भी मुश्किल था। बेटे का विवाह हो गया था। अंग्रेजी पढ़ने के कारण उसे एंग्लो-ईरानियन पेट्रोल

कम्पनी में नौकरी मिल गई थी, जिससे वह मुश्किल से अपना गुजारा कर पाता था, और पिता से दूर कहीं रहता था। लड़की ताहिरा ने लखनऊ विश्व-विद्यालय से बी० ए० कर लिया था, किन्तु तेहरान में जाकर, उसे फिर से पढ़ना पड़ा, क्योंकि यहां सब कुछ फारसी में पढ़ा जाता था। पिता ने यदि नास्तिक राहुल के लिये कविता की थी, तो पुत्री ने अपने बचपन की सुपरिचिता "रूदगोमती" (गोमती नदी) पर फारसी में एक कविता की थी, जिसे मैंने वहां के एक ईरानी पत्र में पढ़ा था। पिता को खींच कर ईरान पहुँचाने में बेटा-बेटी का बहुत हाथ था। खैर, बेटा तो अब वहीं विवाह करके ईरान का बन गया था, किन्तु ताहिरा ईरान में दस बरस के करीब रह कर इसी निश्चय पर पहुँची थीं—मैं ईरान में शादी नहीं करूँगी। मेरे रहते समय ही हैदराबाद के एक केप्टेन से उनकी शादी हो गई। रह रह कर मेरा ध्यान आगा दीमियाद की ओर जाता था। उनका जीवन बचपन से प्रौढ़ावस्था तक कितना सुखमय रहा, यद्यपि उसका यह अर्थ नहीं, कि वह विलासमय भी था। आज जीवन की संध्या में वह अपने को निस्सहाय पा रहे थे। पत्नी को उपेक्षा करने का दोष नहीं दिया जा सकता, किन्तु जब अमीरी जीवन में पली एक महिला को पीर-बावर्ची भिश्ती-खर सबका काम करना पड़े, तो कुछ नीरसता तो आ ही जाती है। दीमियाद साहेब के कपड़े कुछ अच्छे नहीं थे, वह जीवन भर बड़े आत्मसम्मान वाले व्यक्ति थे, इस वक्त अब वह ऐसे ही मित्रों से मिलना चाहते थे, जो कपड़ों को नहीं बल्कि हृदय को देखें।

(२) अब्बासी—वह हमारे दूसरे दोस्त थे, जिनका परिचय तेहरान पहुँचने के दूसरे ही दिन (६ नवम्बर १६४४) हो गया था। अंग्रेजी दूतावास में रिजवी महाशय ने अब्बासी का परिचय कराया। वहां से हम दोनों साथ बाहर निकले। न उनको कोई काम था, न मुझे, इसलिये बात करते कुछ दूर गये और इतने ही में अब्बासी मेरे गहरे दोस्त हो गये। मेरे पूछने पर उन्होंने कहा, कि पत्नी अपनी मां के साथ रहती हैं, और आजकल मैं भी वहीं रहता हूँ। यह कमरा खाली पड़ा हुआ है। जिसका किराया तीस रुपया

मासिक है। होटल वाले को रात भर रहने के लिए १३) रु० (उस समय ईरानी तुमान और रुपया एक ही भाव था) किराया दे टेक्सी पर सामान रख सायावान फरिश्ता के उस मकान में चला आया। कमरा बुरा नहीं कहा जा सकता। मैंने इतमीनान की सांस ली। तीसरे दिन से मैंने अपना खर्च घटा दिया, और सूखी रोटी पनीर और थोड़े से मक्खन से काम चलाना चाहा, लेकिन उसी दिन बैंक से भुनाकर आये १२८ तुमान में से ५० तुमान उधार और १५ तुमान अपना कर्ज ले लिया। मेरे पास रह गये ६३ तुमान। उस वक्त यह नहीं जानता था, कि जेब में ६३ तुमान और सामने ७ महीने खड़े हैं। एक ही दो दिन बाद मालूम हुआ, अब्बासी ने किराया भी बाकी रखा है। मुझे हँसी भी आने लगी और साथ ही मीठी मीठी टीस भी—रोजा बख्शवाने गये और नमाज़ गले पड़ी। अब्बासी पर कुछ झुंझलाया, लेकिन कुछ ही, क्योंकि यदि अब्बासी ने ५० तुमान नहीं भी लिया होता, तब भी सामने का अंधेरा उजाला नहीं हो जाता।

अब्बासी का यह रूप उस समय कुछ अच्छा तो नहीं लगा।

अब्बासी को कभी आदमी ईमानदारी से पूरा शैतान कह सकता था। क्योंकि वह अंधेरे में छलांग मारने वाला तरुण था। जिस वक्त छलांग मारने की धुन में रहता, उस वक्त उसको परवाह नहीं होती, कि उसके धक्के से कोई दूसरा भी अंधेरी खंदक में ढकेला जा रहा है। अभी उसकी आयु ३०–३२ से अधिक नहीं होगी, किन्तु इतने ही दिनों की अपनी जीवनी को अगर वह लिख डाले, तो वह बहुत रोमांचक होगी। हां, अब्बासी की बातों में से कितनी सच्ची हैं, कितनी झूठी, इसका पता लगाना किसी आदमी के लिये मुश्किल था, तो भी यदि ६–७ महीने तक संपर्क रहा हो, तो झूठ सच की परख आदमी कर सकता था। उसका शैतान होना तस्वीर का एक ही पहलू था, दूसरे पहलु में वह पूरा देवता भी था। पैसे-कौड़ी का लोभ उसे छू नहीं गया था। यदि वह "परद्रव्येषु लोष्ठवत्" था, तो अपने धन को भी ढेले से बढ़कर नहीं समझता था। और तकलीफ या बीमारी में पड़े अपने परिचित या मित्र की सेवा में

यह एक पैर पर खड़ा रह सकता था। अब्बासी यह उसका अपना नाम नहीं था। वह बोस (बंगाली) था। फौज में भरती होकर अस्पताली सेना के साथ जमादार हो तेहरान चला गया। उस समय लड़ाई के जमाने में माया बही जा रही थी, बस हाथ डालकर बटोरने की युक्ति आनी चाहिये थी। अस्पताली दवायें चोर बाजार में सोने के मोल बिक रही थीं, चीजों के खरीदने में बनियों से मोटी रकम मिल सकती थी। अब्बासी ने इस प्रथा को चलाया हो, यह बात नहीं थी। वह तो उस सारी मशीन में व्याप्त हो गई थी, जिसका कि वह पुर्जा था। अब्बासी ने कुछ हजार पैदा किये। उसकी बात पर विश्वास करें, तो वह रकम लाख से कुछ ही कम होगी। किन्तु १०–२० हजार तो जरूर ही उसने पैदा किये और उसको उसी तरह उदारतापूर्वक तेहरान में खर्च किया। उसी समय तेहरान की किसी तरुणी से उसका प्रेम हो गया। अब्बासी ने उसके नाम एक मकान भी खरीदवा दिया, कुछ और रुपये भी दे दिये। लेकिन इस तरह ज्यादा दिन तक चल न सका। खैरियत यही हुई, कि पल्टन से उसका नाम काट दिया गया, और वह खुशी खुशी कलकत्ता चला आया। कलकत्ता बैठे बैठे फिर सिरदर्द पैदा हुआ, क्योंकि उसको एक लड़की हुई थी, और पत्नी भी प्रेम की सौगन्ध खाती थी। अब्बासी ने ईरान जाकर पत्नी और पुत्री को लाने का निश्चय किया, लेकिन बोस रहते वह अपने विवाह को वैध बनवा नहीं सकता था। कलकत्ता में वह मुसलमान बना, मुसलमान होने की सूचना गजेट में छपवाई। नाम पड़ा अब्बासी। इसी नाम से उसने फिर पासपोर्ट बनवाया और पांच-सात सौ रुपये, कुछ कपड़े-लत्ते और दूसरे सामान के साथ तेहरान पहुँच गया। ईरानी पत्नी कभी जाने के लिये तैयार बतलाती, और कभी मुकर जाती। इसी धूप-छांह में उसके तीन-चार महीने गुजर गये थे। पास का पैसा खर्च हो चुका था। कपड़े-लत्ते में से बेच-बेच कर किसी तरह काम चलाता था। बेचारा मकान का किराया कहां से देता? यह समय था, जब मैं भी किस्मत का मारा तेहरान में आ फँसा।

अब अब्बासी के जीवन को जरा और पीछे देखिये। जैसा कि मैंने

कहा, अब्बासी की बातों में से झूठ से सच को अलग करना असम्भव नहीं तो कठिन अवश्य था, इसलिये यह नहीं कह सकता, कि सत्य समझ कर जिसे मैंने लिखा, उसमें झूठ का कुछ भी अंश नहीं होगा। बोस मैट्रिक पास कर कलकत्ता के किसी कालेज में पढ़ रहा था, लेकिन उसकी सैलानी तबियत ने पुस्तकों में मन नहीं लगने दिया। खाते-पीते घर का लड़का था। घर से कुछ रुपये उड़ाये और सिंगापुर जा पहुँचा। शारीरिक परिश्रम के काम के लिये तो अब्बासी उतना तैयार नहीं था, किन्तु कोई काम कर लेना उसके लिये कठिन नहीं था। अब्बासी को चुप्पा नहीं कह सकते, किन्तु वह बहुत बातूनी भी नहीं था। उसके चेहरे पर एक सहज भोलापन छाया रहता। उदारता के विराट प्रदर्शन में उसके लिये यदि कोई रुकावट हो सकती थी, तो हाथ का खाली होना। सिंगापुर में कुछ महीने रहने के बाद उसने आगे का रास्ता लिया और सिंदबाद जहाजी की तरह दक्षिण-पूर्वी एसिया में चक्कर मारने लगा। जावा भी गया, फिलिपाइन भी; हांगकांग भी गया शांघै भी और शायद हिंदूचीन और स्याम भी। कभी किसी दूकान में सेल्समैन रहा, कभी फेरीवाला बना, कभी कहीं क्लर्की कर ली। जब हाथ खुला हो और अच्छे-बुरे दोस्तों की संख्या काफी हो, तो खर्च करने के लिये वैध तरीके से ही पैसा कमाने से कैसे काम चल सकता था? सेल्समैन रहते वक्त उसने दो जगह गहरी रकम उड़ाई और कुछ दिनों में उसे खर्च भी कर डाला। लड़ाई से पहिले के पांच-सात सालों में जब वह सिंदबाद जहाजी बना हुआ था, कितनी ही बार हजारों उसके हाथ में आये और खर्च होते रहे। दुनियां का कड़वा-मीठा काफी अनुभव उसको हो गया था। लड़ाई शुरू होते प्रायः खाली हाथ वह कलकत्ता लौटा। लेकिन वह एक जगह कहां ठहरने वाला था? फौज में आदमियों की बड़ी मांग थी। वह भरती होकर लखनऊ चला आया, जहां कुछ दिनों तक कवायद-परेड सीखने के बाद तेहरान भेज दिया गया।

मैंने जब अब्बासी का किस्सा सुना, तो सोचने लगा—इस मजनू की लैला कोई साधारण नारी नहीं होगी, वह अवश्य कोहकाफ की परी होगी।

लेकिन अब्बासी से परिचय के हफ्ते के भीतर ही एक दिन खानम् अब्बासी सड़क पर मिलीं। अब्बासी ने परिचय कराया। मैं दंग रह गया—ऐसी बदसूरत औरत पर भी मरने वाले मजनूं मिल सकते हैं और ऐसा मजनूं जो पचीसों घाट का पानी पी चुका है। खानम् का मुँह शरीर की अपेक्षा अधिक बड़ा और कुप्पे की तरह फूला हुआ था, ऊपर से चेचक के दाग ने उसे सिल-बट्टा बना दिया था। रंग गोरा था, इसमें कोई संदेह नहीं।

किराया बाकी रहने की बात सुनकर अब्बासी की कृपा द्वारा मिले घर को छोड़ने के लिए मैं उतावला हो गया और सौभाग्य समझिये, जो दो-तीन दिन ही बाद मैं अपने नये मिले अकारण बन्धु महमूद के यहां चला गया। अब्बासी से मुझे शिकायत नहीं हुई, वह बराबर जब तब मिलते रहते थे, मुझे यह समझने में कठिनाई होती थी, कि मेरे तेहरान छोड़ने के समय सात महीने बाद भी वह उसी अनिश्चित अवस्था में कैसे गुजारा कर रहे थे? अब भी उनको आशा थी, कि शायद पत्नी चलने के लिए तैयार हो जाय, लेकिन मुझे विश्वास नहीं था। अब्बासी कलमपेशा बंगाली परिवार के पुत्र थे, इसलिये खरीद-बेच का काम उनकी प्रकृति के अनुकूल नहीं था, नहीं तो तेहरान में भूखे मरने की आवश्यकता नहीं थी। तेहरान-प्रवास के अन्तिम सप्ताहों में मैं अपने मित्र की ससुराल के पास एक होटल में जाकर रहने लगा—अब भारत से मेरे पास पैसा आ चुका था। वहां कुछ ज्वर आ गया। देखभाल का इन्तिजाम न होने से अब्बासी मुझे अपनी ससुराल में ले गये। एक कमरा था, जिसमें ही उनकी बीवी, सास और एक साली रहती थी। मेरे नहीं नहीं कहने पर भी वह मुझे वहां ले ही गये और उस वक्त रोगी सुश्रूषा करने में उनका रूप देखने लायक था। मुझे भी एक अत्यन्त गरीब निम्न मध्यमवर्गीय परिवार को नजदीक से देखने का मौका मिला। उनकी एक साली की शादी कुछ ही हफ्ते पहिले हुई थी, जिसमें मैं भी निमन्त्रित हुआ था। अब्बासी ने अपनी सास को बहुत मना किया था, कि ऐसे अफीमची से विवाह मत करो। लेकिन सास बेचारी भी क्या करती? कम से कम एक लड़की का बोझ तो सिर से उतर

रहा था। मेहरी खानम् (अब्बासी की साली) का विवाह हुए दो महीने भी नहीं हुये थे, कि अफीमची पति ने गाली-मार शुरू कर दी। २ जून १९४५ को, जब मैंने तेहरान छोड़ा, मेहरी खानम् को तलाक देने की नौबत आ चुकी थी। अब्बासी ने ५० तुमान जिस समय मेरी फाकामस्ती की हालत में लिये थे, उस समय तो कुछ अच्छा नहीं लगा था, लेकिन मैं मानता हूँ, अब्बासी का सौहार्द और सेवा भाव उससे कहीं अधिक मूल्य रखता था।

: ईरानी-ब्याह :

१९४४-४५ के जाड़ों में मुझे सात महीने ईरान की राजधानी तेहरान में रहना पड़ा। वहां अपने देशभाई किन्तु ईरानजातीय मिर्जा महमूद अकारणबन्धु में मिल गये, जिनके उपकार को किसी तरह मैं चुका नहीं सकता। इस सारे समय में अधिकतर मैं एक ईरानी मध्यवित्त परिवार में रहता था, जिसकी स्वामिनी महमूद की सौतेली मां थीं, जिनकी बहन महमूद की भावी पत्नी होने जा रही थीं। महमूद के सम्बन्ध से उस परिवार का भी मैं एक व्यक्ति सा बन गया। खानम् तरुणाई में तेहरान की सुन्दरियों में रही होंगी। चालीस बरस के पास पहुँचते हुये भी अभी उनका सौंदर्य बहुत धूमिल नहीं हुआ था। उनकी बड़ी इच्छा थी कि छोटी बहन इज़्जत का ब्याह महमूद से हो जाये। शर्तें बड़ी कड़ी थीं, कभी ब्याह बिल्कुल निश्चित हो जाता और फिर कोई शर्त रास्ते में आकर सारे निश्चय को तोड़ देती। ९ मार्च (१९४५) को ब्याह निश्चित हो गया, निमन्त्रण-पत्र भी छपा कर भेज दिये गये, लेकिन ४ बजे शाम को जब मैं घूम कर लौटा, तो

मालूम हुआ, ब्याह टूट गया। शर्तें में दो थीं—इज़्जत को दूसरे मुल्क (हिन्दुस्तान) न ले जाया जाय, और छ महीने तक खर्च-वर्च न देने पर स्वतः विवाह-विच्छेद का अधिकार हो। महमूद के पिता अस्पहान के किसी सौदागर-वंश के थे, जो कि कुछ पीढ़ियों से भारत में बस गया था, तो भी उनका संबंध ईरान से बिल्कुल टूटा नहीं था। महमूद भारत में पैदा हुये, भारतीय मां की संतान थे, और अपनी मातृभूमि को छोड़ने के लिये तैयार नहीं थे, इसलिये कबाला (विवाह-पत्र) में ऐसी शर्तें लिखने के लिये राजी नहीं थे। अगले दिन महमूद के आग्रह को देखकर खानम् को और नीचे उतरना पड़ा, और महमूद ने यह शर्त मंजूर कर ली, कि बिना इज़्जत की मर्जी के हिन्दुस्तान नहीं ले जायेंगे। १२ मार्च विवाह का दिन निश्चित हुआ।

भारत के मध्यवित्त परिवारों की तरह ईरान में भी ब्याह घर फूँक होली का तमाशा है। बड़ी शान-शौकत से ब्याह हो, इस पर बड़ा जोर दिया जा रहा था। महमूद कंजूस हरगिज नहीं थे, किन्तु साथ ही वह फजूलखर्च होना भी पसन्द नहीं करते थे, लेकिन अब तो ओखल में सिर पड़ चुका था।

शादी का कमरा—इसमें एक ओर वरवधू के लिए दो मामूली कुर्सियां रखी थीं, एक मेज पर सुगन्धित द्रव्य, ब्रुश, दर्पण तथा ड्रायर में जेवर की पेटी रखी हुई थी। कुर्सी के सामने मेज पर कुरान की एक पुस्तक, तस्बीह (माला) नमाज पढ़ने की मुहर और बांई ओर वहीं प्याले में पानी, शमशाद के हरे पत्ते और फूल रखे थे। दाहिनी ओर प्लेट में शीरीनी (बिस्कुट) थी। यहीं एक काठ की लम्बी कश्ती (तश्तरी) थी, जिसको विशेष तौर से सजाया गया था। इसके चारों कोनों पर मोमबत्ती जलाने के लिये चार फानूसी दीवटें रखी थीं और साथ ही उनके पास में शीशे के गुलदस्तों में शमशाद की हरी पत्तियां थीं। ब्याह के वक्त शमशाद की पत्तियों का ईरान में उतना ही महत्व है, जितना कि हमारे यहां आम की पत्तियों का। शादी में दर्पण-दान भी बड़ा शुभ माना जाता है। कुर्सी के सामने मेज पर चांदी के चौखटे में मढ़ा एक बड़ा शीशा रखा था, जिसकी दोनों ओर मोमबत्ती जैसे दिखाई देने वाले बिजली के

शमादान रखे थे। यहीं दाहिनी ओर मुसलमान होने से पहिले के ईरान की विवाह-प्रथा के अवशेष स्वरूप काठ की नाव में खड्गाकार डेढ़ हाथ लम्बी रोटी रखी थी। रोटी पर अच्छी नक्काशी की हुई थी। बेल-बूटे और अक्षर हरे रंग के थे और जमीन लाल। हरियाली को जीवन का मूल (माया-ज़िन्दगी) समझा जाता है। रोटी के नीचे और ऊपरी भाग में शमशाद के वृक्ष को अंकित करने की कोशिश की गई थी, जिसके बीच में तीन पंक्तियों में निम्न मंगल शब्द लिखे हुये थे—

शुक्र ईज़द कि बख़्त-यार आमद। (धन्य भगवान, मित्र का भाग्य आया)

मुबारक बाशद (मंगल अस्तु)

ज़ोहा बा-मुश्तरी कनार आमद। (शुक्र देवी बृहस्पति के पास आई।)

दूसरा कमरा वरवधू और उनके चुने हुये मित्रों की दावत का था। यहां मेज पर दस आदमियों के लिये चमचे, कांटे, प्लेट आदि के साथ शराब की प्यालियां भी सजा कर रखी हुई थीं। तीसरा कमरा सोहाग-सेज (जलवा) का था। दरवाजों पर सुन्दर रेशमी पर्दे टंगे हुये थे। नई चारपाई को तोशक-तकिये, रेशमी लिहाफ आदि से खूब सजाया गया था।

चौथे कमरे में मेहमानों के स्वागत के लिये कुर्सियां रखी थीं।

१३ मार्च को अभी सर्दी समाप्त नहीं हुई थी। इस साल कई बार हिमवर्षा हुई थी, जिससे ठन्डक काफी थी।

हमारे यहां की तरह ईरान में भी शादी के नाच-गाने कई दिन पहिले से ही शुरु हो जाते हैं। यह अधिकतर स्त्रियों का काम है, यद्यपि अब ईरान में पर्दा न रह जाने से पुरुषों को भी आनन्द लेने में बाधा नहीं है। बाजों में डफ और घड़े के मुँह जैसी एक ओर खुली चमड़े-मढ़ी ढोल को इस्तेमाल किया जाता है। ईरानी स्त्रियों का कंठ कोकिल-कंठ नहीं है, यह तो नहीं कहा जा सकता किन्तु उनका संगीत भारतीय कानों के लिये कुछ कर्कश जरूर मालूम होता है। गीतों की तुक बन्दी हमारे यहां ऐसी ही सरल थी, जो कभी कभी दो दल होकर

गाई जाती थी। एक गाने की पहिली कड़ी थी—

खानम् अरूसे। मग ना मीदूनीं की ए?
(श्रीमती दुल्हन, मैं नहीं जानती कौन है?)

आगे की पंक्तियां थीं—

जूजा खरूसे।	मग ना मिदूनीं की ए?	(मुर्गी की बच्ची०)
आगा दामादे।	,,	(श्रीमान वर०)
शाखे शमशादे।	,,	(शमशाद की शाखा)
आगा सरहंगे।	,,	(श्रीमान मेजर०)
रईसे हंगे।	,,	(युद्ध के सरदार०)
आगा सरगुर्दे।	,,	(श्रीमान् कर्नल०)
दिलै-मा बुर्दे।	,,	(मेरा मन चुरा ले गये०।

सरहंग दुल्हन के बहनोई और सरगुर्द भी सम्बन्धी थे। कहने की आवश्यकता नहीं, कि इसी तरह वरवधू के जितने भी सगे-सम्बन्धी थे, उनको सबको जोड़-जोड़ कर गीत बढ़ती जाती थी। थोड़ी देर गीत होकर, फिर केवल साज बजता और दस-बारह बरस की लड़कियां अपना नाच दिखातीं थीं, जिसमें वर की छोटी बहन शमशी का नाच काफी अच्छा होता था। गाना समाप्त करते वक्त मुँह पर हाथ मारते स्त्रियां तिली-ली-ली की आवाज़ करती थीं। बंगाल में भी व्याह के वक्त उलू ध्वनि की जाती है। इस ध्वनि का प्रयोजन है शुभअवसर पर भूत-प्रेतों को घर के पास आने न देना।

विवाह के दिन का मुख्य कार्य-कलाप स्नान से होता है। दुल्हन के लिये स्नानागार (हम्माम) में विशेष तैयारी हुई थी। ईरानी आमतौर से अधिक गोरे होते हैं, जिसमें १८ वर्षीया दुल्हन का रंग तो सचमुच ही गुलाबी था, जो सद्यःस्नाता का और भी खिल गया था। विवाह के कमरे में ले जाने के लिये आज भी उसे सजाया गया था, किन्तु शय्यागार में ले जाकर सजाने का काम अगले दिन के लिये रख छोड़ा गया था, जब कि बड़ी दावत और विवाह-महोत्सव मनाया जाने वाला था। आज विवाह के समय दुल्हन (अरूस)

ने सफेद रेशमी लम्बा चोगा पहिना था, और सिर पर सफेद फूलों का अर्ध-चन्द्राकार ताज। दामाद (वर) काले सूट में थे, सिर नंगा रखने के कारण गंजेपन को ढांकने का कोई उपाय नहीं था। दोनों को कुर्सी पर लाकर बैठाने के पहिले अस्पन्द (धूप) को वधू के सिर पर नौछावर कर आग में डाल दिया गया। यह भी भूत-प्रेत भगाने के लिये आवश्यक था। दोनों के कुर्सी पर बैठ जाने पर लड़कियों ने नाचना गाना शुरू किया, और औरतें ताली बजाती रहीं। "आगा दामाद" वाले गीत का कई बार दोहराना तो मामूली बात थी। आज कुछ और भी जनगीत सुनने को मिले—

चिरा तु तर्के—आशनाई करदी ? बमन बगो चिरा जुदाई करदी ?
(क्यों तू ने मित्रता छोड़ दी ? मुझे बता क्यों जुदाई करदी ?)
नमूदी ख्वारे तु ऐ दिल्दारम्। बरो कि तर्क तू सितमगर करदम्।
(तूने बरबाद किया, मेरे प्रिय। चला जा तुझ जालिम को मैंने छोड़ दिया)
बरो कि फिक्रे—यारे-दीगर करदम्। बिया कनारम् तु ऐ दिल्दारम्।
(चला जा, मैंने दूसरे मित्र का ख्याल कर लिया। आ गोद में ऐ मेरे दिलदार)
चि रोजहा कि मन ब-याद-तू बूदम्। अनीसे मन बूदी न तन्हा बूदम्।
(कैसे दिनों तक मैं तेरे याद में रही। तू मेरा मित्र था, मैं अकेली नहीं थी)
अजीजत दारम् तु ऐ दिल्दारम्। बदामे-इश्क-तू आंचिनां दरबंदम्।
(मेरे प्रेमी, तुझे प्रिय मानती हूँ। तेरे प्रेम के फांसने कितना बांधा है)
वले अजां शिकंजे मन् खुर्सन्दम्। नमूदी ख्वार अम् तु ऐ दिल्दारम्।
(लेकिन इस बन्धन से मैं खुश हूँ। तूने तबाह कर दिया, किन्तु मैं प्रेम करती हूँ)
बादा बादा बादा। इन्शा अल्ला मुबारकबादा।
(होवे होवे होवे। भगवान चाहे मंगल होवे)

बिया बेरवीम् अज़ीं बलायत मन् व तू । तु दस्ते मरा बगीर व मन् दामने तू ।
(आ, इस देश से मैं और तुम चलें । तू मेरा हाथ पकड़ और मैं तेरा अंचल)
बिया बखुरीम् शराबे-अंगूरे-सियाह । ऐ यार मुबारकबादा । बादा ईशा...
(आ, काले अंगूरों की शराब पियें । हे मित्र, मंगल होवे, होवे भगवान् चाहे...)
इन् हयातो उन हयात् । बे पार्चीम् तुक्लो नवात् ।
(यह जीवन और वह जीवन । आनन्द लें...)
बरसरे अरूसो दूमाद । ऐ यार...
(दूल्हा-दुल्हन के सिर पर, ऐ मित्र मंगल हो...)
गुल दर् आमद अज़् हमाम । सुंबुल दर् आमद अज हमूम ।
(फूल स्नानागार से आया । सुंबुल उन सबसे आया)
शाहे दामादरा बेबीं अरूसदर आमद अज हमाम । ऐ यार...
(दुल्हा राजा को देख, दुल्हन हमाम से आई । ऐ मित्र, मंगल हो...)
अरूसेमा बच्चा-साले सरेशब ख्वाबश मियायद । ऐ यार...
(मेरी दुल्हन अल्पवयस्का है, रात को उसे नींद आती है । ऐ मित्र मंगल हो)
गानों में एक था—
दुख्तरे शीराज़ी जानम्, जानम्, शीराज़ी । अब्रू-तू बमा बेनुमा ताशवम् राज़ी ।
(शीराज़ की लड़की, मेरी प्यारी शीराज़ी, अपने भौंहों को दिखला, कि मैं खुश होऊँ)
अब्रूम् मीख्वाही, चि कुनी बेहया पिसर । कमां दर् बाज़ार न दीदी ।
(मेरी भौंहों को क्यों चाहता है, निर्लज्ज लड़के ? धनुष बाज़ार में नहीं देखा क्या ?)

इन्हम् मिस्ल-उ ऐ, वलेकिन् निर्खश गिरान् ऐ ।
(यह भी वैसा ही है, लेकिन इसका मूल्य अधिक है)
शब् बया नेस्तम् खाना रोज बया तूब-बालाखाना ।
(रात आवे, मैं घर में नहीं, दिन में आवे अटारी पर)
दुख्तरे शीराजी जानम् जानम् शीराजी । चश्मत् बमा बेनुमा ताशवम् राजी ।
(शीराज की लड़की मेरी प्यारी शीराजी, अपनी आंखों को दिखला, कि मैं खुश होऊँ)
चश्मम् मीख्वाही, चि फ़नी बेहया पिसर । नर्गिस दरबाजार न दीदी ।
(मेरी आंखों को क्यों चाहता है, निर्लज्ज लड़के ? नर्गिस को बाजार में नहीं देखा क्या ?)

इसी तरह इस दोगाने में आगे वाक्य जोड़े गये हैं—
दुख्तर शीराजी ० मूरतत् बमा बेनुमा ० मखमल दरबाजार ० ।
० मूयत्, बमा बेनुमा ० । हल्का दरबाजार ०,
० दमत् ० । कलम दर् बाजार ० ।
० लबत् ० । गुंचा दर् बाजार ० । (ओठ तेरा ०, बाजार में कली ०)
० दनदानत् ० । सदफ़ दरबाजार ० । (दांत तेरे ०, मोती बाजार में ०)
आगे सारा नखशिख इसी तरह उपमा देकर गाया गया है ।

ब्याह-विधि—साढ़े चार बजे सायंकाल पुरोहित (अखुन) अपने सहायक के साथ पधारे । यद्यपि ईरान के नर-नारी अब यूरोपीय पोशाक पहनते हैं, किन्तु मुल्ला-पुरोहित पुरानी पोशाक को कायम रखे हुये हैं । अखुन के शरीर पर काला चोगा और काली पगड़ी थी । दाढ़ी मुंडी तो नहीं थी, किन्तु तराश कर काफी छोटी कर दी गई थी । कुर्सी पर बैठते ही उन्होंने पहिले वरवधू के पासपोर्ट (जावाज) को देखा, फिर छपे हुये दो ब्याह रजिस्टरों में लिखना शुरु किया । अखुन ने विवाह की शर्तों को पढ़ा—"एक सौ

चालीस हज़ार रियाल मेहर है, जिसमें तीस हज़ार रियाल (तीन हज़ार रुपया) का गर्दन-बन्द (हार) और दस हज़ार रियाल शीशे के शमादान का दाम और पचास रियाल कलाम्मजीद (कुरान की पुस्तक) का है। ईरान से बाहर बराबर रहना वधू की मर्जी से हो सकेगा।" ज़िया इमामी, तकी एज़दी और सरहंग अली अकबर जहांगीरी गवाह बने। वर की स्वीकृति हो जाने पर पुरोहित ने दरवाजे से बाहर रहते ही तीन बार वधू से पूछा—"अरूसखानम्, कबूल दारी" (दुल्हन देवी, कबूल करती है) वधू ने धीमे से "बाले" (हां) कह दिया। हाफ़िज़ की जन्म भूमि शीराज में यदि ब्याह हुआ होता, तो मुल्ला पूछता—"अरूसखानम्, कबूल केरी" (दुल्हनदेवी, कबूल करती हो)

मुल्ला अपनी दक्षिणा ले मुंह मीठा करके चला गया, और स्त्रियों ने फिर ढोल और डफ लेकर "मुबारकबादा" और "मगनामिदूनीं" गाना शुरु किया। कुर्सी पर वरवधू बैठे। लालपीले कागज की कटी गोल-गोल पत्तियों की वर्षा वरवधू पर की गई। वरवधू दोनों ने एक दूसरे को मिठाई खिलाई, इस प्रकार विवाहविधि समाप्त हुई।

फिर एक कमरे में महफ़िल गरम हुई। दो बूढ़ियां—वधू की मां खानम्-बुज़ुर्ग (बड़ी महिला) और खानम् जमशेदी का हुक्का चलने लगा। तीनों जमशेदी कुमारियां फ़ैशन में बिल्कुल अपटूडेट थीं, और साथ ही गाने नाचने में भी। उनके कारण महफिल चमक उठी। तेहरान के प्रसिद्ध गायक अलीरज़ा का गाना और तारची शाहबाज़ी का सितार छिड़ गया। उस्तादी संगीत में आलाप का होना अनिवार्य है। एक तो ईरानी कर्कश आलाप और उस पर से पुरुष कंठ से निकला, मेरे लिये तो वह असह्य मालूम होता था। लेकिन हाफ़िज़ और खैय्याम के गीत बड़ी अच्छी तरह गाये जा रहे थे। कमरे में जितने आदमी बैठ सकते थे, उससे तिगुने बैठे थे, ऊपर से अस्पन्द की धूप बराबर दी जा रही थी, जिससे दम घुटने लगा था। गाने के बाद वहीं खानपान हुआ और अब की नाच में वरवधू भी शामिल हुये।

आज ईरानी वर्ष का अन्तिम बुधवार था। शाम के वक्त लड़के

प्राचीन ईरान की होली मना रहे थे। आग जला कर उस पर से फांदते हुये बच्चे कह रहे थे—

"जर्दिये मन् अज़ तू। सुर्खिये तू अज़मन्। (मेरी पीतिमा तुझसे। तेरी लालिमा मुझसे)

विवाह की अन्तिम रस्म थी "दस्त-बदस्त" (पाणिग्रहण)। रात को सोहाग-कक्ष में ले जाकर सरहंग साहू ने वरवधू का हाथ एक दूसरे के हाथ में दे दिया। हमारे देश की तरह ईरान में भी नई रोशनी वालों ने बहुत से रीति-रवाजों को छोड़ दिया। पहिले हनाबन्दी (मेहंदी) आदि कितनी ही और भी रस्में अदा की जाती थीं।

अगले दिन (१४ मार्च) बड़ी दावत हुई। काजार-राजवंश का पुराना बगीचा, जिसे वर के पिता हाशिम अस्पहानी ने खरीद लिया था, और जिसने कितनी ही रंगीन महफिलें देखी थीं, बरसों की उदासी के बाद आज फिर जगमगा उठा था। चित्रों, फूलों के गमले, बिजली के झाड़फानूस और सुन्दर ईरानी कालीन से सजावट की गई थी। आज साज-संगीत का विशेष प्रबन्ध था। तेहरान रेडियो की मशहूर गायिका रूहंगीज़ विशेष तौर से बुलाई गई थी। एक प्रसिद्ध नर्तकी भी मौजूद थी। निमन्त्रित सौ मेहमान स्त्री-पुरुष दावत में शामिल हुये थे। यद्यपि तीन बजे से मजलिस शुरू हो गई, किन्तु वरवधू को सिंगारहाट से लौटने में साढ़े छ बज गये। खाना-पीना और नाच-रंग सात बजे तक रहा। वधू (इज्जत खानम्) सभी स्त्रियों में अधिक खूबसूरत मालूम होती थीं, जिसमें सजावट का भी काफी हाथ था। वधू का नाचना लोगों ने बहुत पसन्द किया। वरवधू को भेंट सौगात देकर लोग अपने अपने घरों को जाने लगे। इन पंक्तियों का लेखक तो वर का नर्म-सचिव था, जिसकी सम्मति की कदर दोनों घरों में थी।

★ ★ ★

२—रूस में प्रवेश

तीसरी बार रूस जाने का निश्चय मैंने १९४३ में ही कर लिया था, किन्तु अंग्रेज सरकार ने पासपोर्ट देने में हीला-हवाला करके एक साल बिता दिया। उसके बाद फिर ईरान के वीज़ा मिलने में कई महीने लगे। अन्त में किसी तरह भारत छोड़कर ८ नवम्बर १९४४ को मैं ईरान की राजधानी तेहरान पहुँचा था। तेहरान पहुँचते पहुँचते पास का पैसा करीब करीब खतम हो चुका था। युद्ध के समय में चीजों का दाम ऐसे ही बहुत मँहगा था और मैं ईरान की राजधानी में एक तरह खाली हाथ पहुँचा, यह बतला चुका हूँ। लेकिन मानवता हर जगह आदमी को सहायता देने के लिये तैयार देखी जाती है। मिर्जा महमूद अस्पहानी से वहाँ परिचय होगया और फिर मुझे कोई तकलीफ नहीं रही। कुछ ही समय बाद भारत से पैसे भी आगये, लेकिन तो भी जो अकारण बन्धुता मिर्जा महमूद ने दिखलायी और जिस तरह का सद्व्यवहार उनकी सौतेली माँ खानम इस्मत नाजिमा ने किया, वह सदा स्मरणीय रहेगा। एक घुमक्कड़ अपने ऊपर किये गये उपकार का प्रतिशोध कैसे कर सकता है? किन्तु कृतज्ञता की मधुर स्मृति तो जीवन भर रख सकता है। ८ नवम्बर

१९४४ से २ जून १९४५ ई० तक सात महीने मुझे जिस स्थिति में रहकर काटने पड़े, उसे असह्य प्रतीक्षा ही कह सकते हैं। कभी कभी भारत लौट आने का मन करता था, तो हमारे भारतीय मित्र अपनी चिठ्ठियों में और ठहरने को कहते। और वहाँ सोवियत-दूतावास की चौखट अगोरते अगोरते मन उकता गया था। यह भी पता नहीं लगता था, कि वीज़ा मिलेगा भी। लड़ाई के दिनों में चिठ्ठियों की यह हालत थी कि मेरे मित्र सरदार पृथ्वीसिंह की २२ फरवरी १९४५ की चिठ्ठी मुझे २४ मई को मिली अर्थात—बम्बई से तेहरान ३ महीने के रास्ते पर था। हां, तार आसानी से मिल जाते थे, लेकिन तार में अधिक बातें नहीं लिखी जा सकती थीं।

२ मई (१९४५) को हिटलर और गोयबल की आत्महत्या की भी खबर आगई। ८ मई को जर्मनी ने बिना शर्त हथियार डालने के कागज पर हस्ताक्षर भी कर दिया, किन्तु मैं अभी अनिश्चित अवस्था में ही था। हां, इसके बाद दूतावास के लोगों के कहने के अनुसार आशा कुछ ज्यादा बलवती हुई। तेहरान में भी रहना आसान नहीं था। खर्च के अलावा वहां सरकार से अनुमति लेते रहना पड़ता था। २६ मई को सोवियत कौंसलत में गया। पता लगा वीजा आगया। आज ही मेरे पासपोर्ट पर मुहर भी लग गई। इन्तूरिस्त (सोवियत यात्रा एजन्सी) से पूछा तो उसने बताया कि मास्को तक हवाई जहाज का किराया ६६० तुमान (१ रु०= १ तुमान था) लगेगा और १६ किलोग्राम (२० सेर) के बाद हर किलोग्राम पर ६ तुमान सामान का लगेगा। अन्दाज से मालूम हुआ कि नौ सौ तुमान खर्च आयेगा। हम तो अब समझते थे, कि मैदान मार लिया। अब २९ मई को ईरानी दफ़तर में निर्यात का वीजा लेने गये, तो कहा गया—माल-विभाग का प्रमाण-पत्र लाइये कि आपने यहां इतने दिनों रह कर जो कुछ कमाया, उसका टैक्स अदा कर दिया। माल-विभाग में जाने पर कहा गया—दरख्वास्त दीजिये, जांच की जायेगी। मैं तो सोवियत यात्रा एजन्सी (इंतूरिस्त) से टिकट भी खरीद चुका था, ३१ मई को यहां से जाने के लिये तैयार था। वैसे सब जगह नौकरशाही की मशीन बहुत धीमी गति से चलती

है, जिसमें ईरानी मशीन तो अपना सानी नहीं रखती। उधर मेरे रहने के बीजे की मियाद केवल तेरह दिन और रह गई थी। यदि उसके बाद रहना पड़ा तो, फिर बीज़ा लेने की दिक़त उठानी पड़ती। ब्रिटिश दूतावास में जाने पर रिजर्वा साहब ने कोन्सल की ओर से प्रमाण पत्र दे दिया, कि मैंने यहां कोई कारबार नहीं किया। लेकिन, अभी तो उसे फारसी में तर्जुमा कर के देना था। अगले दिन अनुवाद लेकर फिर ईरानी दफ़तर में गया। बहुत दौड़ धूप करनी पड़ी और अकेले ही। सात महीने तेहरान में रहने से भाषा की दिक्कत खतम हो गई थी। तीन-तीन ऑफिसों में चक्कर लगाना पड़ा और जब १ बजे दिन को सही-सलामत कागज पर हस्ताक्षर हो गये, तो ऑफिस वालों ने कहा—"कोन्सल की मुहर काफी नहीं है। इस पर हस्ताक्षर भी करवा लाइये।" खैर, उस दिन चार बजे तक सभी आफतों से छुट्टी पा जाने पर बड़ा संतोष हुआ। किराये से बचे हुए पैसे को रूस ले जाना बेकार था। रूस में खर्च करने के लिये सौ पौंड का चैक अलग था ही, इसलिये बाकी बचे रुपयों में चमड़े का ओवरकोट और दूसरी चीजें खरीदीं। अगले दिन (३१ मई) फिर कुछ और भी दफ़तरों की खाक छाननी पड़ी, जिनका काम दोपहर तक खतम हो गया।

हवाई जहाज अतवार (३ जून) को जानेवाला था, लेकिन सामान तुलवाना और दूसरे कामों को दो दिन पहले (१ जून को) ही खतम करवाना था। १६ किलोग्राम छोड़कर ५१ किलोग्राम सामान और मेरे पास था, जिसका ३२१ तुमान देना पड़ा। सामान में आधी ऐसी चीजें थीं, जिनको यदि मैं जानता होता, तो साथ न लिये होता। विमान दो जून को ही जाने वाला था, लेकिन पहली जून को चार बजे बतलाया गया कि मौसम खराब होने से कल विमान नहीं जा सकेगा। पचास-पचपन तुमान अब पास में रह गये थे, और एक दिन रहने का मतलब था उसमें से और खर्च करना, लेकिन मैंने तो घटा देख कर घड़ा फोड़ लिया था। २ तारीख को पूछने पर मालूम हुआ कि कल का जाना नक्की (पक्का) है। भारतीय संगीत के परिचय के लिये मैं अपने साथ कुछ

रिकार्ड लेकर चला था, लेकिन उसे क्वेटा में रोक दिया गया। तेहरान में युद्ध के समय बहुत से भारतीय थे, जिनमें कुछ का मुझ से परिचय हो गया था, इसलिये दो रिकार्ड भी मिल गये।

प्रयाण— ३ जून का भिनसार आया। अभी अंधेरा ही था कि पौने-चार बजे इंतूरिस्त की मोटर मेरे पास आयी। घरसे सामान उठा कर अब्बासी महाशय ने मोटर तक पहुँचाया। अब्बासी से सात महीने का परिचय था, और बोस उपनाम अब्बासी नामक साहसी तरुण के गुण और अवगुण सभी मुझे मालूम हो गये थे। मुझे अवगुणों से अधिक उनमें गुण दिखायी पड़े, इसलिये बिछुड़ते वक्त दोनों को अफसोस हुआ। वैमानिक अड्डा शहर से दूर था, जहां हम चार-साढ़े चार बजे पहुँचे। एजेन्सी की ओर से चाय पीने को मिली। फिर सामान विमान पर रखा गया। वह यात्रा का विमान नहीं था। फौजी विमान ऐसे बनाये जाते हैं, जिसमें वह आदमी और सामान दोनों को आसानी से ढो सकें। यह मेरी पहली विमान-यात्रा थी, जिसके बारे में बहुतसी अच्छी बुरी बातें सुन रखी थीं। विमान में दोनों ओर दीवार के सहारे लकड़ी के बेंच रखे हुए थे, जिन पर हम पन्द्रह मुसाफिर जा बैठे। घरघराहट की क्या बात है? कान फटा जा रहा था। हमारी बगल में शीशे लगी खिड़की थी, जिससे भूतल को देखा जा सकता था। यद्यपि विमान में तीस आदमियों की जगह थी, लेकिन जब यात्री को इतनी तपस्या के बाद बीजा मिले, तो जगह कैसे भरती? अधिकतर मुसाफिर मास्को के विदेशी दूतावासों के कर्मचारी थे। उनके पास सामान भी काफी था, इसलिये मैं समझता हूँ विमान ने अपना पूरा बोझा ले लिया था। गोलाकार छत बीच में मेरे सिर से एक हाथ ऊँची थी। मुझे तो विमान सोवियत की सादगी का प्रतीक मालूम हुआ, सीटों और पैरों के नीचे बिछी कालीन भी न होती तो कोई बात नहीं। लेकिन जो विदेशी यात्री चल रहे थे, वह इस बेसरोसामानी पर नाक भौं सिकोड़ रहे थे। चढ़ाने से पहले इंतूरिस्त के आदमी ने हमारा पासपोर्ट देख लिया—कहीं कोई उसे भूल न आया हो। सबेरे पांच बज कर दस मिनट पर विमान अपने तीनों पहियों पर खिसकते

गनगनाहट के साथ धरती छोड़ने लगा। पहिले तो वैसे ही मालूम हुआ, जैसे तरंगित समुद्र पर जहाज का चढ़ना-उतरना। हिमालय से जैसे नीचे दूर के खेत दीखते हैं, वैसे ही यहां भी नीचे कहीं कहीं खेत थे। लेकिन हिमालय तो हरा-भरा है, ईरानी पहाड़ नंगे हैं, भूमि भी नंगी है। मनुष्यों ने कहीं कहीं परिश्रम से नहर लाकर खेतों को हरा भरा किया है। उन्हीं के पास घरौंदों जैसे छोटे छोटे गांव दिखाई पड़ते थे। शायद यह विमान अमेरिका का बना था, क्योंकि इसमें सारे संकेत अंग्रेजी में थे। लड़ाई के वक्त सामान और सैनिकों की ढुलाई करता रहा होगा।

विमान उड़ रहा था। अब वह काकेशश की पर्वत-शृंखला की ओर अग्रसर हो रहा था, इसलिये ऊपर चढ़ने लगा, यद्यपि रुक-रुक कर ही। कहीं कहीं नदियां मिलीं, जो छोटी छोटी नालियों सी मालूम होती थीं। पर्वत तो तालाबों के भिंडे जैसे दिखायी देते थे। कानों में इंजन की घोर घनघनाहट सुनायी दे रही थी। और कोई दिक्कत नहीं थी। हमारी सह-यात्रियों एक महिला के कानों से खून भी निकला, दूसरी के पेट में दर्द हुआ। पता लगा समुद्र रोग की भांति आकाश रोग नाम की भी कोई चीज है, किन्तु अधिकांश यात्री ऊंघ रहे थे। उसी तरह एक-दूसरे के कंधे और शरीर की परवाह किये बिना, जैसे भारत की रेलों के तीसरे दरजे के यात्री। मौत का ख्याल क्यों आने लगा? विमान से मौत तो योगियों की मौत होती है—मौत के बारे में सोचने भर का भी तो समय नहीं मिलता।

विमान बहुत ऊपर उठ चुका था। जमीन से सटे कहीं कहीं घरौंदों के गांव आ जाते थे। हम से काफी नीचे उलटी गति से कुछ बादल तैर रहे थे। विमान की पूंछ की ओर मूत्रस्थान बनाया गया था। यात्रियों में अंग्रेज, अमेरिकन और रूसी ही अधिक थे, एसिया या भारत का प्रतिनिधित्व मैं अकेला कर रहा था।

बादल कम थे। कहीं कहीं तो वह हिमक्षेत्र से मालूम होते थे। मैं मानव की शक्ति पर कभी आश्चर्य करता और कभी शीशे की ओर से बाहर

देखने की कोशिश करता। जब विमान ऊपर नीचे की ओर अधिक गति से चढ़ता-उतरता, तो पेट ही नहीं कलेजा भी हिलता सा मालूम होता। जून का आरम्भ उत्तरी गोलार्द्ध में सरदी का समय तो नहीं है, लेकिन हम दस हजार फुट की ऊँचाई पर उड रहे थे, इसलिये सरदी क्यों न जोर करती। वैसे हमने गरम कपड़े पहन रखे थे। कहीं कहीं बादलों के भीतर से पहाड़ों का दृश्य बहुत ही सुन्दर मालूम होता था। वही स्थान देर तक हमारे सामने रहता था, जिससे मालूम होता था, कि विमान बहुत धीमी गति से चल रहा या ठहरा हुआ है।

६ बज रहा था, जबकि हम कास्पियन समुद्र के ऊपर पहुँचे। कास्पियन ग्रीक ऐतिहासिकों के काल से इसी नाम से मशहूर है, यद्यपि वह इस्लामिक देशों में इसे खिज्र समुद्र कहा जाता है। ईसाकी सातवीं-आठवीं शताब्दी में इसके पश्चिमी तट के स्वामी हूणवंशी खाजार (काजार) लोग थे, जिन्हीं के कारण अरबों ने इस समुद्र का नाम बहरे-खाजार रखा, जिसको लालबुझक्कड़ों ने खाजार जाति से हटा कर खिज्र देवदूत के साथ जोड़ दिया। समुद्र के नीले जल पर हमारे नीचे जहां तहां बादल की फुटकियां दिखायी पड़ीं। बायीं ओर हिमाच्छादित काकेशश पर्वत-माला दूर तक चली गयी थी। दाहिनी ओर दूर तक समुद्र ही समुद्र दिखलायी पड़ रहा था। विमान तट के पास से चल रहा था। समुद्रतल समतल सा था, जिस पर लहरें गज-चर्म की रेखा जैसी दीख पड़ रही थीं। पौने आठ बजे बाकूनगर और उसके पास मीलों तक तेलकूपों के ढाचों का जंगल दिखलायी पड़ रहा था। आठ बजने में दस मिनट रह गया था, जब हम बाकू के बाहर विमान-भूमि में पहुँचे। विमान-भूमि बिलकुल कच्ची थी। सोवियत वाले जानते हैं कि जब तक बिना श्रम और पैसे के खर्च किये काम चल सकता है, तब तक, विशेषकर लड़ाई के समय अड्डे पर लाखों मन सीमेन्ट डालने से क्या फायदा? विमान जमीन पर उतरा। यहां विमान बदलने वाला था। हमारा सब सामान कस्टम कार्यालय में गया। सामान की बहुत छानबीन नहीं की गई। फिर चार रुबल में एक प्याला चाय और दो टुकड़े

रोटी के खाने को मिले।

दस बज कर पांच मिनट पर हम फिर जहाज से उड़े। बाकू के बरांदों और तेलकूप की झाड़ियों को पीछे छोड़ा। पहिले कितनी ही दूर तक कास्पियन के पश्चिमी किनारे पर ही उड़ते रहे, फिर वोल्गा के दाहिने तट पर आगये। यहां भी भूमि बहुत जगह गैर-आबाद थी। यह वही भूमि थी, जिसने जर्मन सेनाओं की विनाश-लीला को थोड़े ही समय पहिले देखा था। अब कहीं कहीं हरे हरे पंचायती खेत और उनके सुविशाल चक दिखायी पड़ने लगे। ढ़ाई बजे हम स्तालिनग्राद पहुँचे।

स्तालिनग्राद— स्तालिनग्राद सारे विश्व के लिये एक पुनीत ऐतिहासिक स्थान है। सारे विश्व पर जर्मन जाति के विजयी झंडे के साथ दासता के झंडे को भी गाड़ने के लिये आगे बढ़े अपराजेय समझे जाने वाले जर्मन फासिस्तों को यहीं पर सब से पहिले करारी हार खानी पड़ी थी। ऐसी जबर्दस्त हार कि उसके बाद फिर जो वह पीछे की ओर भागने लगे, तो कहीं भी सुस्ताने के लिये उन्हें मौका नहीं मिला। स्तालिनग्राद में देखने को क्या था? उसकी तो ईंट से ईंट बज गयी थी। जर्मनों को पराजित हुए एक महीना भी नहीं बीता था। अभी वस्तुतः नगर के आबाद करने का काम नहीं हो रहा था, हां, नगर-निर्माताओं के आबाद करने की तैयारी हो चुकी थी। अधिकांश घर धराशायी थे, किसी किसी के कंकाल कुछ कुछ दिखाई पड़ते थे। दूर तक हजारों ध्वस्त मोटरों और विमानों का ढेर लगा हुआ था। प्रायः सभी जर्मन विमान थे। एक विमान की दुम कट कर अलग पड़ी हुई थी, जिसे देख कर वह दृश्य सामने आ खड़ा हुआ, जब कि यह विमान अपने और बहुत से साथियों के साथ स्तालिनग्राद पर मृत्यु वर्षा कर रहा था। उसी वक्त किसी साहसी सोवियत वैमानिक ने उनमें से एक की दुम तराश कर उसे नीचे गिरने के लिये मजबूर किया। स्तालिनग्राद में भी हमारे विमान के उतरने की भूमि कच्ची थी। आस पास खूब घास की हरियाली अतः भूमि सरस थी, यह उसका वानस्पतिक वैभव बतला रहा था। यहां कहीं पर्वत नहीं थे। कहीं कहीं एकाध कारखाने आहत

और सुप्त से पड़े थे, उनकी चिमनियां मृत थीं। केवल एक बड़ी फैक्टरी की चिमनी धुवां दे रही थी, जो आंशिक तौर से चालू हो गई थी। पास में दूसरा बड़ा कारखाना निष्क्रिय पड़ा था। नगर बसाने वालों ने छोटे घरों में थोड़ीसी मरम्मत कर के आश्रय ग्रहण किया था। हम यात्रियों ने भोजन किया, कुछ इधर-उधर घूम-फिर कर देख भी आयें। अभी सैलानियों के सैर करने का वाकायदा इंतिजाम कहां हो सकता था? लेकिन स्तालिनग्राद की अजेय भूमि पर पैर रख के यह कैसे हो सकता था, कि मैं कल्पना जगत में न चला जाऊँ। सोवियतभूमि एक ऐसी भूमि है, जिसके बारे में दुनियां में दो ही पक्ष हैं—या तो उसके समर्थक या प्रशंसक होवें, या उसके कट्टर शत्रु। मध्यका रास्ता कोई अत्यन्त मूढ़ ही पकड़ सकता है। मैं सदा सोवियत का प्रशंसक रहा हूँ, बल्कि कह सकता हूँ, कि जिस वक्त घोर निद्रा के बाद अभी मुझे जरा ही जरा अपनी राजनैतिक आंख खोलने का अवसर मिला, उसी समय मुझे विरोधियों के घनघोर प्रचार के भीतर से रूसी क्रान्ति की खबरें सुनायी पड़ीं, जिन्होंने मेरे दिल में नये प्रकाश को देकर इस भूमि के प्रति इतना आकर्षण पैदा कर दिया, या कहिये दिल को इतना छीन लिया, कि मुझे इस जबर्दस्ती का कभी अफसोस नहीं हुआ। मैं वर्षों उस भूमि में रहा हूँ, वहाँ के लोगों और सरकार को बहुत नजदीक से देखा है। कड्वे-मीठे सभी तरह के अनुभव लिये हैं। गुणों को जानता हूँ, साथ साथ उनके दोषों से भी अपरिचित नहीं हूँ। लेकिन मैंने उन दोषों का पाया कभी इतना भारी नहीं पाया। सोवियतभूमि के प्रति जो अनुराग या आशायें मानवता के लिये मैंने बांधीं, उसमें किसी तरह की बाधा नहीं हुई। इतिहास मानता है और सदा माना जायगा, कि मानवता की प्रगति में एक सब से बड़ी बाधक शक्ति हिटलरी फासिज़्म के रूप में पैदा हुई थी, उसको नष्ट करने का सब से अधिक श्रेय सोवियत की जनता को है। आज (१९५१) छ वर्ष बाद भी मानवता की प्रगति के रास्ते में फिर जबर्दस्त बाधायें डाली जारही हैं, लेकिन साथ ही मानवता बहुत आगे बढ़ चुकी है, बहुत सबल हो चुकी है। उस समय जर्मन पराजय के बाद स्तालिनग्राद में घूमते हुए मेरे मन में तरह

तरह की कल्पनायें आई थीं। इस महान् विजय के बाद साम्यवाद के चीन के बढ़ने की पूरी संभावना थी। आज हम स्वतंत्र चीन का नवनिर्माण देख रहे हैं। और उसकी प्रगति के वेग को देख कर दांतों तले उंगली दबानी पड़ती है। लेकिन क्या स्तालिनग्राद ने अगर अपने कृतित्व को न दिखलाया होता, तो ऐसा हो सकता था ?

मास्को को—पन्द्रह बज कर बीस मिनट पर हम फिर उड़े। कास्पियन के किनारे से यहां तक प्रायः वोल्गा को हम अपना मार्ग प्रदर्शक बना कर आये थे, लेकिन अब हमारा पुष्पक विमान बायीं ओर मुड़ा। नीचे गांवों के विशाल खेत शतरंज जैसे फैले हुये थे। कहीं कहीं रास्ते में बादल आजाते, तो विमान उसके ऊपर से होकर चलने की कोशिश करता और कुछ समय के लिये भूमि का सुन्दर दृश्य आंखों से ओझल हो जाता। पांच बजे के बाद अब हम ऐसी भूमि में आये, जहां देवदार के जंगल दिखायी पड़ते थे। मालूम होता था, धान के हरे हरे खेत हैं। काकेशश की बड़ी बड़ी पहाड़ियां यदि छोटे भिंडों जैसी मालूम होती थीं, तो यहां की छोटी छोटी पहाड़ियों के बारे में तो कहना ही क्या है। गांवों के घर अब लम्बे राजपथ के किनारे पांती से बसे दिखायी पड़ रहे थे। राजपथ काफी चौड़े भी होंगे, किन्तु हमें ऊपर से सरल रेखा जैसे ही मालूम होते थे। बड़े-बड़े जलाशय छोटे-छोटे डबरों जैसे दीख पड़ रहे थे। हाल ही में जुते और फसल वाले खेत रंग से साफ मालूम होते थे। नदियां सर्पाकार दीख पड़ रही थीं। नीचे रेल की चलती ट्रेन मालूम होती थी, कोई बड़ा सांप जारहा है। एक जगह कुछ दूर तक बादल में चलना पड़ा। हमारे विमान के पंख पर कुछ छींटें भी पड़ीं। जगह जगह बड़े-बड़े कसबे आये। देवदार के जंगल और घने हुए। सात बज कर पांच मिनट पर शाम के वक्त हम मास्को के विमान अड्डे पर पहुँच गये। शहर पार होते भी पांच-सात मिनट लगे थे। मास्को के विशाल प्रासाद भी पहिले घरौंदे जैसे ही मालूम हुए, किन्तु जैसे जैसे विमान नीचे उतरा वैसे वैसे उनकी सुन्दरता और विशालता बढ़ती गई।

आज की उड़ान तेहरान से बाकू २-४० घंटे, बाकू से स्तालिनग्राद ४-५५ घंटे, स्तालिनग्राद से मास्को ३-४५ घंटे अर्थात कुल १०-५० घंटे हुई। विमान बाकू में २-१५ घंटा और स्तालिनग्राद में ५० मिनट ठहरा।

विमान के अड्डे पर उतरते वक्त आशा थी, कि तेहरान से इंतूरिस्त ने लिख दिया होगा, इसलिये मास्को में उसका आदमी लेने के लिये आया रहेगा, किन्तु यहाँ किसी का कोई पता नहीं था। भाषा की दिक्कत थी, क्योंकि दूसरी यात्रा में जो कुछ सीखा था, वह भी करीब करीब भूला जा चुका था। तेहरान के निवास का उपयोग रूसी सीखने के लिये कर सकते थे, किन्तु वहां दुविधा में पड़े थे। किसी तरह सामान विश्रामगृह में पहुँचाया। इंतूरिस्त के पास फोन करना चाहा, तो किसी को उसका पता नहीं था। वस्तुतः युद्ध के कारण सैलानियों के लिये यात्रा की व्यवस्था करने का काम रह नहीं गया था, इसलिये पिछली दो यात्राओं में इंतूरिस्त के जिस चुस्त प्रबन्ध को हमने देखा था, उसको इस बार नहीं पाया। बहुत पूछ-ताछ करने पर वहां किसी आदमी की प्राइवेट कार मिल गई, जिसके ड्राइवर ने दो सौ रूबल (प्रायः सवा सौ रुपये में) होटल तक पहुँचा देने का जिम्मा लिया। दो एक जगह पूछ-ताछ करने पर अन्त में इंतूरिस्त के होटल में पहुँच गये। कमरा खाली नहीं है—अंग्रेजी दूतावास में चले जाइये—कहा गया। उस समय भारतीय दूतावास नहीं था, अंग्रेजी दूतावास में किस परिचय के बल पर मैं जा सकता था। खैर, जरा ठहरने पर एक कमरा मिल गया। चीजें बहुत मंहगी थीं, किन्तु वही जो राशन में नहीं थीं। मैंने सोचा था, राजधानी के नर-नारियों पर युद्ध का बड़ा बुरा प्रभाव पड़ा होगा। लेकिन सड़कों पर भीड़ में मैंने किसी के शरीर पर फटे कपड़े नहीं देखे, और नहीं चेहरों पर चिन्ता की छाप थी। अपने बारे मे सोचने लगा— सौ पौंड का चैक लेकर मैं आया हूँ, जिसमें आठ पौंड तो मोटर के ही निकल गये। चीजें जितनी मंहगी थीं, अगर अपने पौंडों के भरोसे रहना होता, तो उनका क्या बनता? रात को रहने के लिये जो कमरा मिला, वह बहुत साफ-सुथरा था। उसमें तीन बत्तियां थीं, शीशेदार अलमारी, दो

चारपाइयां, तीन कुर्सियां, दो मेज, नीचे अच्छी कालीन बिछी हुई थी। हां, एक लिहाफ कुछ पुराना जरूर था। दीवार पर एक सुन्दर तस्वीर भी टंगी हुई थी। संक्षेप में स्वच्छता और आराम की कोई कमी नहीं थी। मैं अगले दिन (४ जून) खरोला (शर) डाक से जाने का निश्चय कर के आराम से सो गया।

★ ★ ★

३—लेनिनग्राद में

मास्को से लेनिनग्राद की एक बहुत सीधी रेलवे है, जिसके ऊपर चलने वाली तेज डाकगाड़ी का नाम स्त्रेला है। यह ट्रेन ६५१ किलोमीतर की यात्रा १७ घंटे में पूरी करती है। २०१ रूबल (प्रायः २०० रु०) में दूसरे दरजे का टिकट मिला था। तार हमने लेनिनग्राद नहीं दिया, किन्तु इंतूरिस्त वालों ने विश्वास दिलाया, कि वह अपने आफिस को फोन कर देंगे। पिछली यात्रा में मैं जाड़े के दिनों में इस रास्ते से गुजरा था। उस समय सब जगह बरफ ही बरफ थी और केवल देवदारों के दरख्त हरे दिखाई पड़ते थे। अब हम गरमी में चल रहे थे, लेकिन इस गर्मी का हमारी गरमी से कोई वास्ता नहीं। यह गरमी हिमालय के बदरीनाथ केदारनाथ जैसे स्थानों की गरमी थी। बरफ कहीं नहीं थी। चारों ओर हरियाली ही हरियाली दिखाई पड़ती थी। बिना देखे विश्वास करना मुश्किल होता कि उत्तरी रूस इतना हरा-भरा देश है। ग्यारह बजे रात तक रात का कहीं पता नहीं था। लेनिनग्राद में तीन महीने वाली सफेद रात आजकल चल रही थी। मास्को पर जर्मनों ने बम वर्षा की थी, किन्तु वह उनके अधिकार में नहीं आ सका। मास्को से कुछ ही मील दूर चलने

पर युद्ध की ध्वंस लीला दिखाई पड़ने लगी। कालिनिन (त्वेर) नगर के मकान ध्वस्त और कारखाने पस्त पड़े हुए थे। उनके निर्माण का काम अभी तेजी से नहीं हो रहा था। त्वेर का नाम आते ही मुझे यहां का प्राचीन नागरिक निकितिन याद आगया, जो कि पहिला युरोपीय था, जिसने भारत को देखा, वहां छ साल (१४६६-६२ ई०) रहा और उस पर एक पुस्तक लिखी। सोवियत की रेल—विशेषकर दूर जाने वाली-ट्रेनें बड़े आराम की होती हैं। यहां की सभी रेलवे लाइनें बहुत चौड़ी हैं और डब्बे कुछ अधिक ऊँचे। श्रेणियां—प्रथम, द्वितीय, तृतीय नरम, तृतीय कड़ा। प्रथम श्रेणी में यात्रा करने वाले बहुत ही कम होते हैं। तृतीय श्रेणी का नरम हमारे यहां के ड्योढ़े की जगह है, किन्तु आराम देने में वह हमारे यहां की द्वितीय श्रेणी से भी अच्छा है। वैसे तो कठोर तृतीय श्रेणी हमारे यहां के ड्योढ़े दर्जे से अच्छी है, उसमें गद्दा बाहर से मिलता है, रात के लिये तकिया और ओढ़ना भी मिल जाता है। सब से बड़ी बात यह है, कि यात्री को लम्बी यात्रा में भीड़ के मारे परेशान होना नहीं पड़ता। हर कम्पार्टमेन्ट में दो नीचे और दो ऊपर सीटें होती हैं। एक सीट एक आदमी के लिये टिकट लेते ही रिजर्व हो जाती है, क्योंकि रेलवे टिकटों में ट्रेन नम्बर, गाड़ी नम्बर, कम्पार्टमेन्ट नम्बर और सीट नंबर दर्ज रहता है। आपने जिस सीट का टिकट ले लिया, उस पर कोई और नहीं आ सकता। हरेक डब्बे में एक एक कंडक्टर होता है, जो टिकट लेकर आपकी जगह ही नहीं बतला देता, बल्कि डब्बे की सफाई और चाय बनाकर भी पिला देता है। हमारे कम्पार्ट में मुझे लेकर चार आदमी थे, जिसमें एक साइबेरिया की रूसी लड़की छुट्टियों में अपनी सखी से मिलने लेनिनग्राद जा रही थी। वह मेडिकल कालेज की छात्रा थी। अभी भाषा के कुछ दर्जन शब्द ही मालूम थे, इसलिये साथियों से अधिक बात क्या कर सकता था? वैसे रूसी लोग बहुत मिलनसार होते हैं, वह अंग्रेजों की तरह अपरिचित के साथ मुँह फुला कर यात्रा नहीं करते। अभी बाजार-दर का भाव नहीं मालूम हुआ था; न यही पता था कि राशन-कार्ड और बिना कार्ड से मिलने वाली चीजों के भाव में अन्तर है। एक लेमीनाद की बोतल के लिये जब

सोलह रूबल (दस रुपया) देना पड़ा, तो न जाने कैसा सा मालूम हुआ।

रात को सो गये। सबेरे चार बजे उठे, तो मालूम हुआ न जाने कब से सबेरा हुआ है। अब लेनिनग्राद ६ घंटे का रास्ता और रह गया था। युद्ध का भीषण दृश्य वर्षों बाद भी दिखाई पड़ रहा था। गांव उजड़े हुये थे। जहां जहां मोर्चेबंदियां अब भी खड़ी थीं। जहां कभी देवदार के जंगल रहे होंगे, वहां आज छिन्न-मस्तक कितने ही ठूँठ दिखाई पड़ रहे थे। इन देवदार बनों को अपने स्वाभाविक रूप में आने में वर्षों लगेंगे। ट्रेन लेनिनग्राद के उपनगर में पहुँची। युद्ध के पहिले लेनिनग्राद तीस लाख से अधिक आबादी का एक विशाल नगर था, उसका उपनगर दूर तक फैला हुआ था। लेनिनग्राद पर भीषण बम-वर्षा हुई थी। प्रायः नौ सौ दिन तक जर्मन सेनाओं ने इस नगर को घेरे रक्खा और ऐसी बमबारी तथा नाकेबन्दी कर रखी थी, कि यदि दूसरा नगर होता, तो उसने कब का आत्मसमर्पण कर दिया होता। उपनगर में सचमुच ही ईंट से ईंट बज गई थी। दीवारें भी शायद ही कोई कुछ हाथ खड़ी थीं। अगर दीवारें कहीं दिखाई भी पड़तीं, तो उन पर छतों का पता नहीं था। अधिकांश घर तो भूमिशात् हो गये थे। रेलवे लाइन के आस-पास उल्टी मालगाड़ियां, या उनके डब्बे पड़े हुए थे। जगह-जगह कितने ही हथियारों के लोहे भी मौजूद थे।

आखिर दस बजे ट्रेन लेनिनग्राद नगर में पहुँची। उस समय आस्मान में बादल घिरा हुआ था, कुछ हलकी सी बूंदें भी पड़ रही थीं। मुझे डर लग रहा था, कि कहीं यहां भी इंतूरिस्त का आदमी नहीं आया, तो परेशान होना पड़ेगा। किन्तु ट्रेन के प्लेटफार्म पर खड़े होने के साथ ही इंतूरिस्त का आदमी हमारे डब्बे के पास मौजूद था। उसने अपनी टैक्सी में हमारा सामान रखवाया और सीधे अस्तोरिया होटल के ११० नं० वाले कमरे में पहुँचा दिया। जारशाही के जमाने में यह बहुत ऊँचे दरजे का होटल था, जहां सामन्त और शाही मेहमान ठहरा करते थे। अब भी साज-सजावट का सामान काफी था। पिछली बार जब मैं लेनिनग्राद आया था, तो इंतूरिस्त का दफ़्तर यूरोपा होटल

में था। शारीरिक और मानसिक श्रम की आमदनी को छोड़ कर और किसी भी आय को वैध नहीं मानने से यह कहने कि आवश्यकता नहीं, कि यहां की दूकानें ही नहीं होटल भी किसी व्यक्ति या व्यापारिक कम्पनी की संपत्ति नहीं है। इंतूरिस्त एक बहुत मालदार सरकारी एजेन्सी है, जिसके पास शहरों में बड़े-बड़े होटल, सैकड़ों बसें और कारें तथा हजारों कर्मचारी मौजूद हैं। होटल में अपने कमरे में पहुँच कर अब अनिश्चित अवस्था से निश्चित अवस्था में तो मैं पहुँच गया था। लोला मौजूद थी। लेकिन मैंने इतनी भर खबर तेहरान से दी थी, कि मैं अब आसकता हूँ। तारीख जब निश्चित मालूम हुई, तो तार नहीं दे सका। होटल से लेनिनग्राद विश्वविद्यालय के रेक्तर (चांसलर) के पास अपने आने की सूचना फोन से दिलवा दी। फिर सोचा, प्रतीक्षा करने से अच्छा यही है, कि लोला के घर ही हो आयें। भोजनोपरान्त इंतूरिस्त की कार ली और त्काचेई मुहल्ले में ढूँढ़ते ढूँढ़ते उस घर में पहुँच गये। यह डर था कि मंगल का दिन होने से लोला विश्वविद्यालय में काम करने गयी होगी। उसके गृह-नियंत्रण कार्यालय में पता लगाया। मालूम हुआ, ईगर बालोद्यान में है। इंतूरिस्त की दुभाषिया महिला ने पूछा—तुम ईगर को पहचानती हो? उसने हंसते हुए मजाक के स्वर में कहा—उसे कौन नहीं पहिचानेगा, ऐसा ही काला जैसा बाप। सचमुच ही हमारे भारत में जिनको गोरा कहते हैं, वे भी गोरों के समुद्र में जाकर काले मालूम होते हैं। हमने बालोद्यान देखने की जरूरत नहीं समझी और तीन बजे होटल लौट आये। तब तक लोला को पता लग गया था और वह होटल में आकर मेरी प्रतीक्षा कर रही थी। हमने अपना सामान वहीं छोड़ दिया और त्राम्वाय पकड़ कर त्काचेई का रास्ता लिया। घंटे भर का रास्ता था। त्रामों के अलग अलग नंबर रहते हैं, यदि अपनी त्राम न पकड़ते, तो कई जगह बदलना पड़ता। पहिले हम दोनों बालोद्यान गये। ईगर अपने समवयस्क लड़कों में खेल रहा था। रूस में लड़के हों या सयाने उनमें वर्ण-भेद की भावना नहीं पाई जाती। एक एंग्लोइंडियन महिला एक दिन बतला रही थीं— एक युरोपियन स्कूल में शिक्षिका रहते समय उनको कैसे कड़ुवे अनुभव

हुए। लड़के काली औरत कह के मजाक करते थे। एक छोटा सा बच्चा समझ नहीं पाता था कि हमारी शिक्षिका जब हमारी तरह अंग्रेजी बोलती हैं, तो इनका रंग दूसरा कैसे है। वह उनके हाथ पर उंगली रगड़ कर देख रहा था, कि कहीं रंग ऊपर से पोता तो नहीं है। यही नहीं अंग्रेज बच्चे उसे काली कह कर आपस में परिहास करते थे। सोवियत में इस तरह की हीन भावना की गुंजाइश न बड़ों में है न छोटों में। ईगर के बालोधान के सौ-सवा-सौ लड़कों में वही एक था, जिसके बाल काले थे, जिसका रंग दूसरों के रंग से फरक रखता था। रोमनी (जिप्सी) लोग शताब्दियों पहिले भारत से गये, तो भी उनके बाल काले और रंग प्रायः हमारे यहां के गोरे रंग के आदमियों जैसा होता है। लड़के ईगर को सिगान (रोमनी) कहते, तो वह इन्कार करते हुए अपने को "इंदुस" (हिन्दू) कहता। ईगर अपने समवयस्क लड़कों में सबसे अधिक लम्बा था, यद्यपि उतना मोटा-ताजा नहीं था। हम बात क्या कर सकते थे, अभी तो भाषा की पूंजी बहुत कम थी, किन्तु स्नेह प्रकट करने के लिये भाषा की आवश्यकता नहीं होती।

लोला अब वही लोला नहीं थी, जिसे सात बरस पहिले हमने देखा था। लेनिनग्राद के नौ सौ दिनों के घिराव का प्रभाव पुराने परिचित प्रायः सभी चेहरों पर दिखायी पड़ता था। लोला बूढ़ी मालूम होती थी। सौंदर्य और स्वास्थ्य में फूल की जैसी खिली दत्तभाई की बीबी ल्यूबा की भी यही हालत थी। नगर का दीर्घकाल-व्यापी घिराव क्या होता है, इसका अनुमान दूसरा आदमी मुश्किल से कर सकता था। १९४१-४२ के जाड़ों में घिराव ने बड़ा भीषण रूप लिया था, उस समय का राशनकार्ड चार्ट बतला रहा था, कि सितम्बर में प्रति व्यक्ति २०० सौ ग्राम रोटी मिली, अक्तूबर में २०० ग्राम, नवम्बर में १५० और फिर १२५ ग्राम। जहां आदमी के लिये और चीजों के साथ हजार बारह सौ ग्राम रोटी की आवश्यकता होती है, वहां सवा सौ ग्राम में कैसे गुजारा हो सकता है? लेकिन किसी तरह जीवन-रक्षा करनी थी। लोला बतला रही थी—राशन में मिले रोटी के खंड को लाकर मैंने मेज पर चाकू से काटा। बड़ा टुकड़ा ईगर को दिया और छोटा भी रख छोड़ा। काटते

वक्त रोटी के कुछ कनके मेज पर गिर गये । ईगर ने जीभ से अंगुली तर कर के उसको भी चुन-चुन कर खा लिया । लोग जूतों के तल्लों को उबाल कर खाते थे । सरेस भी नहीं बचता था । एक महिला ने कितने ही दिनों तक वार्निश उबाल कर खाया, जिसके कारण उसकी अंतड़ी हमेशा के लिये खराब हो गई । लेनिनग्राद का कोई घर नहीं था, जिसके अनेक आदमी उस समय न मरे हों । लोला की बहन भूखों मर गई । उसका बहनोई भी भूखों मर गया ।

यद्यपि उपनगर में जितनी प्रलयलीला देखी थी, उतनी नगर के भीतर नहीं थी, किन्तु तो भी घने बसे मुहल्लों में भी कितने ही मकान गिरे, जले या छतों के बिना खड़े थे । स्काचेई की अट्ठाईसवीं गृहश्रेणी में हम रहते थे । हमारे पीछे कई एकड़ जमीन खाली पड़ी थी, जहाँ किसी वक्त दुमंजिले लकड़ी की दीवारों वाले घर खड़े थे । बम-वर्षा में सब जल गये । लंदन में होता, तो यह भूमि खाली पड़ी रहती । लेकिन रूस में यह संभव नहीं है । सारी जमीन को क्यारी-क्यारी बना के लोगों ने बाँट लिया था । कहने को स्काचेई अपने नाम से जुलाहों (स्काच) का मुहल्ला जान पड़ता है, लेकिन यहां केवल जुलाहे ही नहीं रहते । मजदूर काफी संख्या में रहते हैं, लेकिन उन्हीं के पड़ोस में प्रोफेसर, डाक्टर, इंजीनियर, क्लर्क सभी तरह के लोग रहते हैं । जो पहिले नगर में पहुँचे, उन्होंने एक एक टुकड़ा जमीन का ले लिया । लोला के पास भी एक छोटी सी क्यारी थी, जिसमें कुछ प्याज और गाजर लगा था । डेढ़ मन आलू की आशा विफल नहीं हुई । रोज घंटा भर अपने खेत में दे देना किसी के लिये मुश्किल नहीं था ।

मुझे अब भाषा सीखने की चिन्ता थी । युनिवर्सिटी तथा दूसरे शिक्षणालय अब बन्द हो चुके या हो रहे थे । सभी शिक्षण-संस्थाएँ एक सितम्बर को खुलने वाली थीं । तीन महीने का समय मेरे पास था, जिसमें मैं रूसी भाषा का ज्ञान बढ़ा लेना चाहता था, क्योंकि मालूम था, छात्रों को पढ़ाने के लिये रूसी छोड़ दूसरा कोई माध्यम नहीं है । ८ जून को युनिवर्सिटी के रेक्टर के पास आवेदनपत्र दे दिया । सब अच्छा था, लेकिन युनिवर्सिटी हमारे रहने की जगह

से पांच-छ मील से कम दूर नहीं थी। रोज आने-जाने में ढाई तीन घंटे ट्राम-वाग में लगने जा रहे थे, सबेरे और शाम को उसमें इतनी भीड़ होती थी, कि भीतर घुस जाने पर भी बैठने की जगह मुश्किल से मिलती। बीस घंटे की रात और चार घंटे का दिन तो हम अपनी पिछली यात्रा में भी देख गये थे, लेकिन इस वक्त तो बीस घंटे का दिन और चार घंटे की रात भी नहीं कह सकते थे, क्योंकि चार घंटे की रात को भी गोधूलि और उषा ने आपस में बांट लिया था। लम्बा दिन होने पर भी गरमी और पसीने का पता नहीं था। इतना लम्बा दिन होने पर भी मुझे तो वह छोटा ही मालूम होता था। अधिकतर समय मेरा घर पर ही बीतता था, और कभी कभी बाहर निकलता था। युद्ध का प्रभाव घरों पर ही नहीं दिखायी पड़ता था, बल्कि उसी के कारण पुरुषों से स्त्रियों की संख्या अधिक थी। युनिवर्सिटी अभी बन्द नहीं हुई थी। वहां तो इस समय बीस सैकड़ा भी लड़के नहीं थे। ट्राम चलाने वाली स्त्रियां थीं। टिकट बांटने-वाली स्त्रियां थीं। दुकान और दफ्तर का काम स्त्रियां कर रही थीं। यहां तक कि चौरस्तों पर रास्ता दिखाने वाली पुलिस में भी मुश्किल से ही कहीं पुरुष दिखायी पड़ता। काले चमड़े नहीं काले बालों का भी अब पता मुश्किल से मिलता था। रूसी लोगों के बाल पीले, या भूरे होते हैं। उनके चेहरे का रूप-रंग भी अपना होता है—नाक छोटी और नोक पर कुछ उठी, चेहरा चौड़ा और गोल।

लेनिनग्राद विश्वविद्यालय ने ही मुझे पढ़ाने के लिये बुलाया था, लेकिन नियुक्ति के लिये कितनी ही कागजी कार्यवाही करनी थी, जिसमें स्वस्थ होने के लिये डाक्टरी सर्टीफिकट भी देना पड़ा—छूत की बीमारी कहीं न हो।

२७ जून को लेनिनग्राद पहुँचे मुझे २३ दिन हो गये थे। अब मैं उसे अपना नगर सा मानने लगा था। एक दिन पता लगा, कि डाक्टर मेघनाथ साहा आये हुए हैं और मुझे ढूँढ़ रहे हैं। मुझे चार बजे यह भी पता लगा कि वह पांच बजे ही लेनिनग्राद छोड़ने वाले हैं। दौड़ा-दौड़ा अस्तोरिया होटल पहुँचा, जहां उनसे भेंट हुई। बहुत लम्बी बात करने का अवसर नहीं

था। डा० साहा दो सप्ताह के लिये रूस आये थे, और देखने के लिये इतना समय अपर्याप्त था। सोवियत साइंस अकदमी की २२० वीं जयन्ती थी, इसी महोत्सव के लिये साहा दुनिया के और बड़े-बड़े साइंस-वेत्ताओं की तरह सोवियत द्वारा निमंत्रित होकर आये थे।

मेरे पास अभी रेडियो नहीं था, भारत की खबरों के पाने का कोई साधन नहीं था, रूसी पत्रों में शायद ही कभी दो चार पंक्तियां देखने में आतीं। वैसे चौबीस घंटे में २०–२१ घंटे बराबर बोलते रहने वाला रेडियो लेनिनग्राद के हजारों घरों की तरह हमारे घर में भी लगा था, लेकिन भारत की खबर जानने की उत्सुकता पूरी नहीं होती थी। डा० साहा ने बतलाया—"कि कांग्रेस नेता जेलों से छोड़ दिये गये हैं। जिस वक्त मैं भारत से चला, उस वक्त कांग्रेसी नेता शिमला में वाइसराय से बातचीत करने में व्यस्त थे।" अंग्रेजों ने जिस चाल के साथ समझौता करने के लिए बातचीत शुरू की थी, और जो शर्तें रक्खी थीं, उनको बतलाते हुए डा० साहा ने कहा—" पूंजीवादी ढांचे में इससे और अधिक क्या उम्मीद की जा सकती है।" भिन्न-भिन्न देशों के जो विद्वान् अकदमी की जुबली में शरीक होने के लिये आये थे, वह अपना संदेश लाये थे। डा० साहा को पहिले ख्याल नहीं आया। यहां आने पर जब उन्हें संदेश देने के लिये कहा गया, तो उन्होंने एक संदेश तैयार किया। भारत की उन खूसट खोपड़ियों में डा० मेघनाथ साहा नहीं हैं, जो दूसरे देशों में जाकर अंग्रेजी को सर्वे-सर्वा मानने में जातीय अपमान का ख्याल नहीं करते। उन्होंने अपने संदेश की अंग्रेजी कापी मुझे देकर कहा—मैं नहीं चाहता, कि मेरा संदेश अंग्रेजी में जाय। इसे हमारी भारतीय भाषा में होना चाहिये—चाहे हिन्दी में हो या बंगला में, किन्तु मैं पसन्द करूँगा कि यह संस्कृत में हो। उन्होंने कहा, कि इसे संस्कृत में अनुवादित कर यहीं अच्छी तरह छपवा कर दे दें। मैंने अनुवाद तो कर दिया, किन्तु नागरी अक्षरों की उतनी सुन्दर छपाई का वहां प्रबन्ध नहीं हो सकता था, इसलिये उसे डाक्टर साहा के पास भेज दिया। उनका संदेश निम्न प्रकार था—

भारत का अभिनन्दन

" भारत की जनता, एक सौ इकसठ बरस पहिले स्थापित बंगाल-रायल-एसियाटिक सोसायटी और भारतीय वैज्ञानिक परिषदों और सभाओं के संघ के रूप में स्थित राष्ट्रीय विज्ञान प्रतिष्ठान की ओर से सोवियत समाजवादी गणराज्य संघ की विज्ञान अकदमी का अपने अस्तित्व के दो सौ बीस बरस पूरा करने के उपलक्ष में अभिनन्दन करता हूँ। क्रान्ति के पहिले भी विज्ञान और साहित्य के क्षेत्र में अकदमी ने जो सफलताएँ प्राप्त की थीं, उन्हें विज्ञान के इतिहास में सुनहले अक्षरों में लिखा गया है। भारतीय विद्या के क्षेत्र में रूसी प्रतिभाओं की अद्वितीय देन, राथ और बोथलिंक के महान् वैदिक कोश को—जो कि लेनिनग्राद में करीब सत्तर बरस पहिले प्रकाशित हुआ—भारत बड़ी कृतज्ञता पूर्वक याद करता है। बौद्ध शास्त्र के महान् विद्वान् अकदमिक श्चेर्वात्स्की—जिन्होंने दो साल पूर्व निर्वाण प्राप्त किया—की गंभीर देनों को भी भारत बड़ी कृतज्ञता-पूर्वक याद करता है।

" क्रान्ति के बाद अकदमी को जो बल और उत्तरदायित्व प्रदान किया गया, उससे उसने रूस में महान् टेक्नोलाजिकल क्रान्ति लाने में बड़ा ही महत्वपूर्ण हिस्सा लिया। पिछले पच्चीस बरसों में सोवियत रूस ने जो महत्वपूर्ण सफलतायें प्राप्त की हैं, वह भारत के लिये एक महती प्रेरणा का काम देती हैं। हमारे हृदयों में वह इस बात की नई आशा और प्रेरणा देती है, कि हम अपने त्रिविध शत्रुओं—दरिद्रता, रोग और निरन्तर खाद्याभाव के संयुक्त बल से लड़ें। भारत सोवियत समाजवादी गणराज्य संघ की गौरवशाली और सफलता-पूर्ण सिद्धियों तथा राजनीतिक, आर्थिक, टेक्नालोजिकल और धार्मिक इन चार प्रकार की क्रान्तियों में सोवियत समाजवादी गणराज्य संघ की गौरव-शाली साधनाओं के लिये साधुवाद देने में दुनिया के दूसरे देशों के साथ है।"

अपने सात महीने की तपस्या के बाद लेनिनग्राद में पहुँच कर पुराने मित्रों कलियानोफ़, विस्कोव्नी, सुलेकिन आदि से मिल कर खुशी होनी ही चाहिए थी, किन्तु इस बात का खेद होता था, कि अकदमिक श्चेर्वात्स्की

का वह प्रसन्न मुख और वह गंभीर संलाप अब प्राप्त नहीं होगा। अपनी सोवियत-भूमि की द्वितीय यात्रा मैंने उन्हीं के निमंत्रण पर की थी। उस समय मैं कुछ ही महीनों रह सका था, लेकिन उतने ही में हमारी घनिष्ठता इतनी बढ़ गई थी, कि मालूम होता था, हम युगों से एक दूसरे के साथ अत्यंत घनिष्ठ संबंध रखते आये थे। मेरे भारत लौटने के बाद भी उनका बार-बार आग्रह था, कि मैं अबकी दीर्घकाल के लिये लेनिनग्राद आऊँ। वह इसकी कोशिश भी कर रहे थे, कि इसी में महायुद्ध छिड़ गया। रूस पर भी हिटलर ने आक्रमण कर दिया। लेनिनग्राद घिर गया। उस समय सोवियत सरकार ने अपनी दूसरी बहुत सी कला तथा विद्या संबंधी निधियों के साथ डाक्टर श्चेर्बात्स्की जैसी प्रतिभा-निधियों को भी हवाई जहाज से दूर हटाया और साल ही भर बाद उत्तरी कजाकस्तान के रम्य स्थान बरोवा में उन्होंने अपनी जीवन-लीला समाप्त की।

मैं युनिवर्सिटी का प्रोफेसर नियुक्त हो गया था। अब पहिली सितम्बर तक के समय को मुझे भाषा की तैयारी तथा दूसरे कामों में बिताना था। प्रोफेसर से आशा की जाती है, कि वह अपने अनुसंधान का काम भी करेगा, जिसके लिए उसको समय मिलना चाहिये, इसीलिये समय देने में इसका ख्याल रखा जाता है। मुझे हफ्ते में बारह घंटे पढ़ाना था। जिसको भी इस तरह से रखा गया था, कि तीन दिन ही युनिवर्सिटी जाने की जरूरत पड़े। रविवार का दिन तो साधारण छुट्टी का था ही।

डा० श्चेर्बात्स्की से मेरा जो संबंध था, उसके कारण डाक्टर बराभिकोफ का भाव मेरे प्रति पहिले कुछ अच्छा नहीं था। उनकी और डा० श्चेर्बात्स्की की कुछ खटपट सी थी। उनको यह मालूम नहीं था, कि मैं उनके काम को बड़े महत्व की दृष्टि से देखता हूँ। बराभिकोफ यद्यपि संस्कृत और पश्चिम की दूसरी पुरानी भाषाओं के भी अच्छे पंडित हैं, लेकिन उन्होंने अपने अनुसंधान का काम अधिकतर आधुनिक भारतीय भाषाओं—रोमनी, हिन्दी आदि के बारे में किया है। पश्चिमी देशों में संस्कृत जैसी प्राचीन और मृत भाषाओं के अनुसंधान को ही उच्चश्रेणी का समझा जाता है। इसलिये डा० बराभिकोफ के अनुसंधानों को पुराने ढंग के विद्वान् उतना महत्व नहीं

देते थे। किन्तु यह ठीक नहीं था, आजकल जीवित भाषाओं का भी भाषातत्व, इतिहास और समाजशास्त्र के अनुसंधानों में बहुत महत्व है। मैं स्वयं हिन्दी साहित्य का एक लेखक ठहरा, फिर कैसे हो सकता था, कि मैं डा० वरान्निकोफ के काम को महत्व न देता। लेकिन वह समझते थे, कि डा० श्चेर्बात्स्की की तरह दोस्त, संस्कृत का पंडित और संस्कृत-संबंधी अनुसंधान से संबंध रखनेवाले तिब्बती और पाली साहित्य का विशेषज्ञ होने से मेरे भाव भी उनके काम के प्रति वैसे ही होंगे। डा० वरान्निकोफ बड़े प्रतिभाशाली विद्वान् हैं और साथ ही बड़े परिश्रमी भी। तरुणाई में जब उन्हें रोमनी भाषा के अध्ययन का शौक हुआ, तो कितने ही दिन रोमनियों के डेरों में बिताये। लेकिन वह बड़े लज्जालू प्रकृति के हैं। बाज वक्त तो मालूम होता, कि उनके मुँह में जबान ही नहीं है। मैं पहिले भी उनकी कुछ कृतियों को पढ़ चुका था और अब की तो और पढ़ने तथा साथ काम करने का मौका मिला था, इसलिये मैं उनका प्रशंसक रहा।

पौने तीन महीने की इस छुट्टी में रूसी भाषा और दूसरी पुस्तकों के अध्ययन के अतिरिक्त कुछ इधर-उधर घूमना, लेनिनग्राद के भिन्न-भिन्न स्थानों को देखना तथा मित्रों से मिलना यही काम था। जुलाई-अगस्त में यद्यपि विश्वविद्यालय बन्द हो गया था, किन्तु अध्यापकों और विद्यार्थियों को पुस्तकों की आवश्यकता छुट्टी के दिनों में भी हो सकती है, इसलिये युनिवर्सिटी के प्राच्य और दूसरे विभागों के पुस्तकालय बराबर खुले रहते थे। इससे पुस्तकों का बड़ा सुभीता था। युनिवर्सिटी का एक केन्द्रीय पुस्तकालय था, फिर उसके विभागों के अलग अलग पुस्तकालय भी थे। जिनमें से हमारे प्राच्य विभाग के पुस्तकालय में चार लाख से भी ऊपर पुस्तकें थीं। तुलना कीजिये इससे इलाहाबाद विश्वविद्यालय के पुस्तकालय से, जिसमें पुस्तकों की संख्या मुश्किल से आधे लाख है। पुस्तकों के सिलसिले में मैं अक्सर प्राच्य पुस्तकालय में जाता था। सारे विश्वविद्यालय में स्त्री-राज्य था। जब छात्रों में लड़कों की संख्या पन्द्रह और बीस सैकड़ा हो, तो पुस्तकालय के बारे में क्या कहना है—पुस्तकालय तो खास तौर से स्त्रियों का विभाग समझा जाता है। ३० जुलाई

को मैं पुस्तकालय में था, वहां की महिलायें पत्र में छपी एक कहानी को बड़े गौर से पढ़ रही थीं। उन्होंने आग्रह-पूर्वक लोला को भी उसे पढ़ने को कहा। मैं भी दो महीने में कुछ कुछ टो-टा कर पढ़ने लगा था और कुछ दूसरों ने भी सहायता की, इसलिये कहानी का सरांश मालूम हो गया। कहानी का नायक एक सैनिक अफसर युद्ध-क्षेत्र में था। वहां किसी तरुणी से उसका प्रेम होगया। लड़ाई के समय तक तो दोनों प्रेमी मिलते रहे। लड़ाई खतम हो गई, सैनिक घर लौटने लगे। अफसर घर आया। तरुणी आशा करती थी कि उसका प्रेमी अवश्य उसके पास आयेगा, किन्तु देर तक प्रतीक्षा करने पर भी जब नहीं आया, तो तरुणी अपने प्रेमी के घर पहुँची। देखती है, वहां एक ४५ वर्षीया प्रौढ़ा अफसर की पत्नी मौजूद है। वह बहुत निराश हुई और अपने प्रेम का स्मरण दिलाते हुए अनुनय विनय करने लगी, मगर अफसर अपनी प्रौढ़ा पत्नी को छोड़ने के लिए तैयार नहीं था। उसकी एक लड़की बच गयी थी, दो बच्चे लेनिनग्राद के घेरे के समय मर चुके थे। अफसर अपनी पत्नी को छोड़ कर उसे असहाय बनाने के लिये तैयार नहीं था। तरुणी को सावधान रहने की शिक्षा मिली और पुरुषों की निष्ठुरता के लिये गाली देते वह घर लौट गयी।

सारी महिलायें इतने चाव से उस कहानी को क्यों पढ़ रही थीं? चार साल के खूनी युद्ध में स्त्री कहीं और पुरुष कहीं बिखर गये थे। बहुतसे सैनिकों के परिवार गांव छोड़ कर दूसरी जगह चले गये थे, जहां से भेंट-मुलाकात की तो बात ही क्या चिट्ठी-पत्री भी मुश्किल से आती थी। कितनी ही स्त्रियों ने समझ लिया, कि हमारा घरवाला अब जीवित नहीं होगा। उक्त कहानी जैसी घटनायें हर जगह पायी जाती थीं। वेर्था के सैनिक पति ने लाम पर जा दूसरी तरुणी से प्रेम कर लिया और बेचारी मुँह ताकती रह गई। जेनिया का पति भी नये प्रेम में फँसकर न जाने कहां चला गया। अन्ना का पति महीनों से पत्र नहीं भेज रहा था, इसलिये वह भी चिन्तित थी। इस कहानी में ऐसी अभागी पत्नियों के पक्ष का समर्थन किया गया था, इसीलिये कहानी इतने ध्यान से पढ़ी जा रही थी।

अगस्त के पहिले हफ्ते में हमारे मकान के पीछे की क्यारियाँ बड़ी हरी

भरी थीं। यद्यपि खेतिहरों में से कुछ ने परिश्रम ही नहीं अधिक किया था बल्कि अच्छी खाद के साथ दिमाग भी लगाया था। किन्तु लोला ने तो किसी तरह से फावड़े से जमीन को खुरोच कर उसी तरह आलू काट कर टांक दिये थे, जैसे बाढ़ के हटने पर बढ़ैया टाल (मुंगेर-जिला) के किसान साल में एक ही बार हल बैल लेजा कर बीज डाल आते हैं और फिर काटने के ही समय उसका ध्यान रखते हैं। यद्यपि मकानों के सीमेन्ट के चूरन तथा दूसरी चीजें भी हमारी क्यारियों में पड़ी थीं, लेकिन जमीन स्वभावतः उर्वर थी, इसलिये आलू अभी ही दो-दो तीन तीन तोले के हो गये थे।

८ अगस्त को शाम के वक्त ११ बजे रेडियो ने कहा—अभी हम मास्को से एक महत्वपूर्ण खबर देने वाले हैं। लोला ने पूछा—क्या महत्वपूर्ण खबर होगी? मैंने जरा भी विलम्ब किये कह दिया—जापान के साथ युद्ध-घोषणा। दो मिनट बाद ही मास्को रेडियो को युद्ध-घोषणा करते सुन कर लोला को बहुत आश्चर्य हुआ। पूछा—कैसे तुमने बतलाया? मैंने कहा—"इंदुसू (हिन्दू) होने का फायदा क्या, यदि मैं इतना भी न बतला सकूं?"

—नहीं नहीं, सच बतावो।

मैंने कहा—यह कोई जोतिस का चमत्कार नहीं है। अन्तर्राष्ट्रीय परिस्थिति ऐसी ही है, बर्लिन में मित्र-शक्तियों के प्रतिनिधियों ने स्तालिन की मांगों का समर्थन किया है। इंगलैंड की अन्तर्राष्ट्रीय नीति में भी परिवर्तन हुआ है। चीन के प्रधान मंत्री और विदेश-मंत्री दो-दो बार मास्को पधार चुके हैं। मंगोलिया के प्रधान-मंत्री का अभी अभी मास्को में आगमन हुआ। हिटलर के पराजय के बाद जापान की पराजय निश्चय है। पूर्वी यूरुप में जिस तरह रूस ने अपना प्रभाव बढ़ाया, यदि पूर्वी एसिया में भी वह अपना प्रभाव उसी तरह बढ़ाना चाहता है, तो चीन से भगाकर जापान से घुटना टिकवाने के लिये रूस को उसके विरुद्ध युद्ध-घोषणा करनी आवश्यक है।

बाहरी दुनिया की खबर जानने का साधन इस वक्त मेरे पास केवल स्थानीय रेडियो और रूसी दैनिक थे। भाषा की कठिनाई के कारण बहुत माथापच्ची करने पर भी पचास प्रतिशत से अधिक मैं नहीं समझ पाता था।

४—नून-तेल-लकड़ी

नून-तेल-लकड़ी मानव की सबसे बड़ी समस्या है। देवता इसीलिये मनुष्य से बड़े हैं, कि उनको नून-तेल-लकड़ी की चिन्ता नहीं है। भारत में तो आज (१९५१ के अन्त में) युद्ध के छ वर्षों बाद भी यह सबसे बड़ी समस्या है। राशन में पर्याप्त चीजें नहीं मिलतीं, जान पड़ता है अब अतिथि सेवा धर्म इस देश से उठ जायेगा। चीजें सभी मिल सकती हैं, यदि आप दुगना-तिगुना दाम देने के लिये तैयार हों। खाने-पीने की चीजों में शुद्धता का सवाल ही नहीं है। मैं अपनी दूसरी रूस यात्रा से लौटते समय अफगानिस्तान और रूस की सीमा पर अवस्थित वक्षु नदी के दाहिने किनारे पर अवस्थित तेरमिज़ नगर में ठहरा हुआ था। व्यापार के सिलसिले में कुछ अफगानी भी उसी सराय में ठहरे थे। बेचारे हलाल-हराम का विचार कर के मांस तथा बहुतसी खाने की चीजें अपने साथ लाये थे, क्योंकि वह जानते थे कि सोवियत मध्यएसिया में यद्यपि अब भी अब्दुल्ला, रहीम और करीम जैसे ही नाम सुनने में आते हैं, किन्तु वहां अब हलाल किये हुये जानवर का गोश्त मिलना मुश्किल है। लेकिन घरका लाया गोश्त कितने दिन ठहरता। जब वह खतम होगया, तो उन्हें चिन्ता पड़ी।

वह ऐसे देशके रहनेवाले थे, जहां आदमी अभी पूरी तौरसे घासखोर नहीं बना है। सरायके चौकीदार से मिन्नत करने पर उसने बड़े तपाक से कहा— हो, हम कलखोज से ताजा गोश्त ला देते हैं। मैंने चौकीदार से हंसकर पूछा— दोस्त, तुम कलखोज से हलाल गोश्त क्या दोगे?

उसने हंसते हुए कहा— बेवकूफ हैं, जानवर को तकलीफ दे देकर मार के जो गोश्त तैयार हो, उसको हलाल कहते हैं। अब ऐसे मारनेवाले हमारे देशमें शायद कोई मलंग ही हो। इसी तरह हमारे यहां भी अभी शहरों के कुछ लोग शुद्ध-घी की बात करते हैं और शुद्ध घी के नामपर उनको मिलता है अशुद्ध वनस्पति। हिमालय के जौनसार और जौनपुर जैसे सीधे-सादे पहाड़ी भी जब टिन के टिन दलदा इस अभिप्राय से ढोंगे लिये जाते हैं, कि दूध में इसे मिलाकर मक्खन निकाल के घी बना लेंगे और शुद्ध घी के नाम पर दुगुने दाम पर बाबू लोगों को बेच देंगे; तो हमारे नीचे के अधिक होशियार नागरिकों और ग्रामीणों की बात ही क्या करनी है। मैं तो मानता हूं— यदि दलदा ही खाना है, तो बेवकूफ बनकर घी के नाम से क्यों खाया जाय।

मैं रूसमें, जर्मनी की लड़ाई के समाप्त होने के थोड़ी ही देर बाद पहुंचा था। रूस की अन्नदायिका भूमि का बहुत बड़ा भाग जर्मनों के हाथ में चला गया था। अब उनके हाथ से मुक्त हो जाने के बाद भी वह युद्ध की ध्वंसलीला के कारण अभी इस अवस्था में नहीं थी, कि पहिले का आधा भी अन्न दे। लेकिन रूसियों ने "अधिक अन्न उपजाओ" का मजाक करके प्रोपेगेंडा पर करोड़ों रुपया बेकार खर्च नहीं किया, बल्कि उन्होंने अन्न उपजाने के लिये नहरों के पानी और खादकी आवश्यकता होती है, इसे समझ कर, उस ओर पूरा ध्यान दिया। बाबर की जन्मभूमि फरगाना के इलाके के किसानों ने कहा— हम अपना जांगर (शारीरिक परिश्रम) देने के लिये तैयार हैं, हमें इंजिनियर, और सिमेन्ट-लोहा आदि सामग्री सरकार दे, तो हम यहां एक बड़ी नहर खोद डालें। सरकार ने इंजिनियर और सीमेन्ट-लोहा-लकड़ी का ही इंतजाम नहीं कर दिया, बल्कि देश के जन्म और मृत्यु के बीच में लटकते रहने के समय भी अपनी आंखों के सामने से विद्या और

कला के महत्व को हटने नहीं दिया। उन्होंने कुछ इतिहासज्ञ और पुरातत्वज्ञ भी वहां भेज दिये, किसानों को समझने के लिये उनकी मातृभाषाओं में छोटे छोटे पम्फ्लेट छापकर बांटे, जिसमें कहा गया था—साथियो, ध्यान रखना यह नहर उस भूमि पर से जा रही है, जहां से कि चीन से युरोप जानेवाला रेशम-पथ डेढ़ हजार वर्षों तक चलता रहा। उस समय यहां अच्छे अच्छे नगर थे, जो पीछे की लड़ाइयों में ध्वस्त हो गये। यहां पर ऐसी ऐतिहासिक पुरातात्विक महत्त्व की चीजें मिलेंगी, जिनसे हमारे इतिहास के ऊपर नया प्रकाश पड़ेगा, इसलिये खुदाई करते समय ध्यान रखना, जिसमें यहां से निकली कोई ईंट, मृत्पात्र, मूर्ति या और कोई चीज फावड़े कुदाल से टूटने न पाये। इतना ही नहीं बल्कि सरकार ने पुरातात्विक सामग्री इकट्ठा करने के लिये वहां बाईस लोरियां रखदीं, जो सामग्री को सुरक्षित स्थान पर पहुंचाती थीं। फर्गाना जैसी और भी कितनी नहरें लड़ाई के समय में सोवियत राष्ट्र में बनाई गईं, जिनके कारण वहां अन्न की उपज बढ़ाने में खूब सफलता मिली। राशन का प्रबन्ध इतना अच्छा था, कि आदमी के लिये आवश्यक चीजें सस्ते दामों में मिल जाती थीं। जुलाई का जो राशनकार्ड हमें मिला था, उसमें महीने भर के लिये निम्न परिमाण में चीजें मिलती थीं—

चीनी ९०० ग्राम : ५० (ग्राम के १८ टुकड़े :)
कुपा (खिचड़ी के लिये गेहूं या चना) १९६० ग्राम :
मांस-मछली १८०० ग्राम
मक्खन ८०० ग्राम
रोटी (काली) १२४०० (४०० ग्राम के इकतीस टुकड़े)
रोटी (सफेद) ६२०० ग्राम।

यह हमारे जैसे वयस्कों के लिये थे। ईगर जैसे पांच-छ सालके बच्चों के लिये चीजें निम्न प्रकार मिलती थीं—

कुपा १२०० ग्राम
मक्खन ४०० ग्राम

रोटी (काली) ६२००

रोटी (सफेद) ६२००

चीनी ५०० ग्राम ।

बड़ों को प्रतिमास २२-१ किलोग्राम रोटी मिलती थी, और बच्चों को १४ किलोग्राम---किलोग्राम हजार ग्राम या प्रायः सवा सेर के बराबर होता है।

चोर बजारी का वहां नाम-निशान नहीं था, क्योंकि अपनी उपजाई चीजों के अतिरिक्त दूसरे की चीजों को खरीदकर अधिक नफे के साथ बेचनेवाला (बनिया) अपराधी समझा जाता था । राशन से चीजें सस्ती मिलती थीं, लेकिन यदि कोई राशन से अतिरिक्त खरीदना चाहता था, तो उसके लिये सरकार ने राशनवाली दूकानों के अतिरिक्त बहुत सी बिना राशन की दूकानें भी खोल रखी थीं, जहां आदमी दस-गुनी बीस-गुनी कीमत पर चाहे जितनी मात्रा में चीजों को ले सकता था । इसी तरह अगर कोई अपने राशन की चीज को बेचकर बदले में दूसरी चीज खरीदना चाहता, तो उसमें कोई रुकावट नहीं थी । आप सिगरेट के शौकीन हैं और दूसरा चीनी का शौकीन है । आप अपनी सिगरेट को हाट में जाकर किसी आदमी को बीस गुने दाम पर दे दीजिये, और स्वयं भी चीनी की इच्छा न रखनेवाले आदमी से बीस-पच्चीस गुने दाम पर चीनी खरीद लीजिये । चीजों में मिलावट करना वहां संभव नहीं था, क्योंकि जनता के खाद्य में मिलावट करना भारी अपराध समझा जाता था, जिसके दंड से आदमी अपने को किसी तरह भी बचा नहीं सकता था । राशन की दूकानों और हाट की (रीनक) अथवा कलखोज (पंचायती खेती) वाली चीजों के दामों में कितना अन्तर था यह मैं अपनी बीस जुलाई १९४५ की डायरी से देता हूं— (दाम रूबल में हैं)

चीज			राशन	रीनक या कलखोज
मांस	१	किलो	१२	२५०
मछली	"		१२	...
मक्खन	"		२७	४००

पनीर (अमेरिकन)	"	३५	...
(देशी)	"	३२	...
चीनी	"	५	२००
अंडा (दर्जन)		६. ५०	६६
रोटी (सफेद)	१ किलो	२. १२	५०
रोटी (काली)	"	१. १०	२५
क्रुपा	"	२	
चावल	"	६. ५०	१००
आलू	"	२	६०
कपुस्ता (खट्टी गोभी)	"	१. ५०	३०
फबोन (सोया)	"	४. ६०	५०
मका (जौ-चूर्ण)	"	४. ४०	८०

इसी प्रकार वस्त्र भी राशन और बेराशन का था—

स्त्री-पोशाक (रेशम)	२००	१०००
स्त्री-पोशाक (सूती)	६०	
गालोस (बूट)	२५	१००
मोजा (रेशमी)	१०	१५०
मोजा (सूती)	५	५०

वहां कम से कम वेतन वाला ढाई-तीन सौ रूबल महीने में पाता था, और प्रत्येक घरमें कम से कम दो कमानेवाले तथा साथ ही तीसरी या चौथी संतान के बाद का खर्च सरकार बर्दाश्त करती थी । लड़ाई के समय की असाधारण अवस्था में राशन के कार्ड को देखने से मालूम होगा, कि मनुष्य की अत्यावश्यक खाने-कपड़े जैसी चीजों को बहुत सस्ता रक्खा गया था । वहां के शासक अच्छी तरह जानते थे, कि राशन में जो चीजें मिलती हैं, उतने ही से कितने ही लोग संतुष्ट नहीं हो सकते । जिनके पास अधिक पैसा है, वह और भी चीजें खरीदना चाहेंगे । यदि सरकार उनकी अतिरिक्त इच्छा और अतिरिक्त पैसे

का कोई ठीक प्रबन्ध नहीं करती है, तो चोर बाजारी का रास्ता खुल जायेगा, इसलिये सरकार ने अपनी बिना राशन की दूकानें भी खोल दी थीं। यदि आप अतिरिक्त पैसा खर्च करना चाहते हैं, तो आइये इन बिना राशन की दूकानों में दस-बीस गुना दाम चुकाइये और अपनी मनचाही चीज ले जाइये। शायद कुछ लोग इन बिना राशनवाली दूकानों की बात सुनकर झट कह उठेंगे—यह तो सरकार स्वयं चोर-बाजारी करने लगी। लेकिन सरकार न आपको पैसा खर्च करने के लिये मजबूर करती है और न दस-गुना बीस-गुना दाम किसी चोर बाजारी सेठ के पाकेट में जाता है। यह अरबों रुपया जमा हो कर सरकार की बड़ी बड़ी आर्थिक योजनाओं में खर्च होता है, जिससे सारे देशकी सम्पत्ति बढ़ेगी, उपज की वृद्धि से चीजों का दाम घटेगा, और पूरा लाभ उठाने का आपको मौका मिलेगा।

भोजन का प्रबन्ध लोग अपने घर में करते हैं। विश्वविद्यालय की आकस-चांसलर महिला को भी आप रोज अपने पाकशाला का परिचय देते पायेंगे। तो भी ऐसा प्रबन्ध है, यदि आप किसी दिन या बराबर घरमें खाना न बनाना चाहें, तो आपको अपना कार्ड देकर सस्ता और पुष्टिकारक भोजन मिल सकता है। इसके लिये हरेक मुहल्ले में सामूहिक भोजनालय हैं। कारखानों और विश्वविद्यालयों जैसी संस्थाओं में भी अपनी अपनी सामूहिक भोजनशालायें तथा बूफेत (उपाहारगृह) हैं। जून (१९४५) को हमने विश्वविद्यालय के भोजनालय के स्टरस को चखने का विचार किया। सवा रूबल (बारह आना) में सूप और काशा (मक्खन सहित चीना की खिचड़ी) तृप्त होनेभर के लिये मिली। जहां एक ओर हम राशन टिकट पर बारह आने में पेटभर भोजन कर सकते थे, वहां राशन बिना सवा सेर मांस के लिए २५० रूबल, सवा सेर मक्खन के लिये ४०० रूबल, सवा सेर चर्बी लिये ३०० रूबल, सवा सेर चीनी के लिये २०० रूबल देना पड़ता। इन दोनों तरह के भावों को देखकर मेरी भी अकल पहिले चकराई थी, लेकिन जब मैंने देखा कि राशनकार्ड पर आदमी ढाई रूबल में दो बक्त पेटभर खा सकता है अर्थात् ३८-४० रुपये में महीने भर भोजन कर सकता है,

तो सारा संदेह दूर हो गया। वहां कोई बेकार नहीं था, यही नहीं बल्कि काम के लिये जितने आदमियों की आवश्यकता थी, उतने मिलते नहीं थे।

१९४६ की बात है। पूरब पच्छिम दोनों तरफ की लड़ाइयां खतम हो चुकी थीं और सोवियत जनता अपने पुनर्निर्माण के कार्य में बड़े जोर से लगी हुई थी। हिसाब लगाने से मालूम हुआ, कि कई लाख ऐसी स्त्रियां हैं, जो स्वयं काम न कर अपने पति या दूसरों की कमाई पर जीती हैं। यदि उन चालीस पचास लाख कामचोर औरतों को काम में लगाया जा सके, तो हलके कामों से हटाकर चालीस पचास लाख पुरुषों को अधिक मेहनत के कामों पर लगाया जा सकता है। यह सोच सरकार ने नियम बना दिया कि अब से उन्हीं लोगों को राशन कार्ड मिलेगा, जो कि किसी राष्ट्रनिर्माण के कार्य में लगे हुए हैं, अथवा स्वास्थ्य, वार्धक्य आदि के कारण काम नहीं कर सकते। मेरे पड़ोस में एक जारशाही युग के मध्यवित्त कुल की प्रौढ़ा स्त्री थीं। पुराना संस्कार था, इसलिये काम करने की जगह सिंगार-पटार करके उपन्यास पढ़ना उन्हें अधिक पसंद था। इस नियम के लागू होते ही उन्हें काम करने के लिये मजबूर होना पड़ा, क्यों कि अब पति की कमाई से पन्द्रह बीस गुना दाम देकर रोटी-मक्खन खरीदना बस की बात नहीं थी। हजार गाली देते हुए बेचारी को काम करने के लिये जाना पड़ा। काम भी कोई भारी नहीं था। किसी दफ्तर में लिखने-पढ़ने अथवा किसी राशन या बेराशन की दूकान में बेचने के लिये कुछ घंटे दे देना काफी था।

★ ★ ★

५—प्रोफेसरी

अबकी बार लेनिनग्राद विश्वविद्यालय में मुझे संस्कृत पढ़ाने के लिये निमंत्रित किया गया था। पहली बार मैं १९३५ में जापान से लौटने वक्त योंही रूस की यात्रा खड़े खड़े कर आया था। उस समय मेरा वहां के विद्वानों से कोई संपर्क नहीं हो पाया, क्योंकि मास्को में एक-दो-दिन से अधिक मैं ठहर नहीं सका था। फ्रान्स में रहते समय (१९३२ में) प्रो० सेलवन लेवी ने डा० सर्ज ओल्देनबुर्ग के नाम एक परिचयपत्र दे दिया था, किन्तु मैं उस समय रूस नहीं जा सका। डा० श्चेर्बात्स्की की पुस्तकों से मैं परिचित था और मेरे ग्रन्थों तथा तिब्बत की खोजों से वह भी परिचित थे, इसलिये हम लोगों का पत्र-व्यवहार द्वारा परिचय ही नहीं घनिष्ठता स्थापित हो चुकी थी। जब १९३५ में मैं मास्को से लेनिनग्राद नहीं आ सका, तो उनको बहुत अफसोस हुआ था। उन्होंने १९३७ में विशेष आग्रह से अकदमी की ओर से निमंत्रित करके मुझे बुलवाया था, किन्तु कई कारणों से मैं वहां कुछ ही महीने ठहर सका। अब युद्ध के समय तीसरी बार फिर मेरा जाने का इरादा हुवा और डाक्टर श्चेर्बात्स्की के पूर्व प्रयत्नों के कारण लेनिनग्राद युनिवर्सिटी ने मुझे संस्कृत पढ़ाने के लिये बुलाया था।

अध्यापन का काम मैंने थोड़ा ही किया था। भारत में जहां-तहां एकाध साल संस्कृत के पढ़ाने के सिवाय लंका में अवश्य डेढ़ वर्ष से ऊपर संस्कृत पढ़ाता रहा। लेकिन यहां मैं यूरोप की एक बहुत प्रतिष्ठित युनिवर्सिटी में आधुनिक ढंग से संस्कृत पढ़नेवाले छात्रों का अध्यापक बना था। उसमें भी माध्यम न मैं संस्कृत को बना सकता था, क्योंकि विद्यार्थी अभी संस्कृत द्वारा पढ़ाने पर समझ नहीं सकते थे और न अंग्रेजी ही को। यद्यपि अंग्रेजी सभी कुछ कुछ पढ़े थे, किन्तु उनका ज्ञान अत्यंत अल्प था। मैं साधारण विद्यार्थियों के अतिरिक्त वहां के अध्यापकों को भी दर्शन या काव्य के ऊंचे ग्रन्थों को पढ़ाता था, जिसमें संस्कृत अवश्य सहायक होती थी। माध्यम की कठिनाई पहिले साल अवश्य रही, किन्तु वह ऐसी नहीं थी, जिसके कारण छात्रों को नुकसान होता। मेरी भाषा शुद्ध नहीं थी, कहीं कहीं वह खिचड़ी भी होती थी, जिसमें कुछ अंग्रेजी या साधारण संस्कृत के शब्दों को डालकर बोलता, किन्तु जहांतक छात्रों के समझने का सवाल था, उसमें कोई दिक्कत नहीं हुई। पहिले साल मैंने प्रायः प्रथम वर्ष को नहीं लिया। अगले साल उन छात्रों को भी पढ़ाने लगा। छात्र कहना गलत होगा, क्योंकि सारी युनिवर्सिटी में दो सैकड़ा लड़के होने का उल्लेख मेरी डायरी में है, संभव है २० की एक बिन्दी छूट गई हो, तो भी पांच छात्रों में चार का लड़की होना बतलाता है, कि लड़ाई की वजह से विद्यालय के छात्रों के ऊपर क्या प्रभाव पड़ा था। पहिले साल तो पंचम वर्ष में कोई छात्र नहीं था। चतुर्थ वर्ष में दो लड़कियां थीं। तृतीय में भी लड़कियों की संख्या अधिक थी।

सोवियत शिक्षाप्रणाली में सात वर्ष की पढ़ाई अपनी मातृभाषा में सोवियत के हरेक लड़के और लड़की के लिए अनिवार्य है। अनिवार्य शिक्षा चौदहवें वर्ष के साथ समाप्त होती है। फिर तीन वर्ष की शिक्षा के बाद हाई स्कूल की पढ़ाई समाप्त होती है। यद्यपि हमारे यहां की तरह दस साल में वहां भी माध्यमिक शिक्षा समाप्त होती है, किन्तु दोनों के ज्ञान में बहुत अन्तर है। सोवियत के सात सालों की पढ़ाई में विद्यार्थी का विषय-ज्ञान हमारे यहां के हाई-स्कूल के बराबर होता है और हाईस्कूल की दस साल की पढ़ाई तो हमारे यहां

के कालेज के तृतीय चतुर्थ वर्ष के करीब। इसका कारण यही है कि वहां सारी शिक्षा अपनी मातृभाषा में होती है। अपनी मातृभाषा अर्थात जिस भाषा को लड़का बचपन से बोलता चला आया है। इसलिये विदेशी भाषा के माध्यम से पढ़ने में विद्यार्थी का जो समय उस भाषा पर अधिकार प्राप्त करने में लगता है, वह बच जाता है। इसका यह मतलब नहीं, कि विदेशी भाषा वहां पढ़ाई नहीं जाती। हरेक रूसी बालक को अपनी मातृभाषा के अतिरिक्त युरोप की आधुनिक तीन भाषाओं (जर्मन, फ्रेंच, और इंगलिश) में से एक को लेना पड़ता है। सोवियत शिक्षा प्रणाली में शिक्षा का अर्थ घोखना नहीं है। वहां घोखने या रटने की ओर परीक्षा में अधिक ध्यान नहीं दिया जाता। हमारे यहां की तरह वहां परीक्षा संग्राम क्षेत्र का रूप नहीं लेती, जिसमें आधे और दो तिहाई विद्यार्थी कतल किये जाते हों। वहां परीक्षा के लिये न प्रश्नपत्र छपते हैं, और न हजारों मन उत्तर की कापियां खर्च होती हैं। चाहे प्रारम्भिक कक्षायें हों, हाईस्कूल हो या विश्वविद्यालय, सभी की परीक्षायें अपने ही अध्यापक लेते हैं, प्रश्न भी जबानी होते हैं। उत्तर देने के लिये विद्यार्थी अपनी सारी पुस्तकें अपने साथ रख सकते हैं। असल में जो विद्यार्थी बहुत ज्यादा अनुपस्थित नहीं रहा है, उसका फेल होना वहां संभव ही नहीं है।

हाईस्कूल (दशम कक्षा) पास करने के बाद विद्यार्थी युनिवर्सिटी में या मेडिकल, इंजिनियरी या टेक्नीकल कालेजों में जा सकता है। हर जगह पांच साल का कोर्स है। हमारी कक्षा में जो विद्यार्थी पढ़ने के लिये आये थे, वह सब हाई-स्कूल पास करके आये थे। संस्कृत किसी हाईस्कूल में द्वितीय भाषा नहीं है, लेकिन आजकी जीवित भाषाओं में व्याकरण की दृष्टि से संस्कृत से सबसे नजदीक रूसी भाषा है, इसलिये रूसी छात्र-छात्राओं को संस्कृत पढ़ने में कुछ सुभीता जरूर होता है। जब छात्र पहिले पहल देखते, कि उनकी भाषा के चश (प्याला) ब्रात (भ्राता), मात (माता) आदि शब्द संस्कृत में भी हैं, तो उनको आश्चर्य और कौतूहल होता था। लेकिन हाईस्कूल पास करने के बाद किसी छात्र को आगे की पढ़ाई के लिये कौनसा विषय लेना चाहिये, यह उसकी इच्छा पर

निर्भर करता है। हमारे यहां हाईस्कूल तक गरीबों के लड़कों का पहुंचना मुश्किल है, आगे तो असंभव है, लेकिन वहां के छात्र को इसकी कोई चिन्ता ही नहीं है। युनिवर्सिटी या कालेज के छात्रों में नब्बे प्रतिशत सरकारी छात्रवृत्ति से पढ़ते हैं। दस प्रतिशत वही लड़के हैं, जिनके मां-बाप अच्छा वेतन पाते हैं। इस प्रकार जिसकी इच्छा आगे पढ़ने की है, उसके रास्ते में कोई आर्थिक कठिनाई नहीं है। इसका परिणाम यह भी होता है, कि न चल सकनेवाले लड़के भी आकर विश्वविद्यालय में दाखिल हो जाते हैं। मैंने पहिली सितम्बर (१९४६) को विश्वविद्यालय खुलते समय प्रथम वर्ष में बाईस-तेईस लड़के-लड़कियों को देखा, तो बड़ी प्रसन्नता हुई। किन्तु थोड़े ही दिनों बाद मालूम हुआ, कि उनमें से कितने ही व्यर्थ पढ़ने आये हैं। उनकी संस्कृत जैसे रूखे विषय की तरफ कोई रुचि नहीं थी, न भाषा सीखने का कोई शौक था। पहिले की कोई तैयारी तो थी ही नहीं। मैं सोचता था— सरकार क्यों इतने पैसे इन छात्रों के ऊपर बर्बाद कर रही है। मैं अपने साथी अध्यापकों से बल्कि पूछता भी था। लेकिन, कुछ महीनों बाद मैंने देखा, कि कक्षा के सात-आठ छात्र वहां से छोड़कर दूसरे विषय में चले गये। यद्यपि कुछ रुपयों का अपव्यय जरूर होता है, लेकिन अनुभव द्वारा परीक्षा किये बिना, पता ही कैसे लगेगा, कि कौन छात्र भारतीय विद्या या भाषातत्व की ओर आगे बढ़ सकता है।

भिन्न-भिन्न विषयों के अनुसार रूसी विश्वविद्यालय में भी अलग अलग विभाग (फाकुल्तात, फेकल्टी) हैं। जिनमें एक फेकल्टी प्राच्य विद्याओं की है। इस फेकल्टी में मिश्र से जापान तक की भाषाओं, उनके साहित्य, इतिहास आदि के पढ़ने का प्रबन्ध है। रूसी विद्वान् पहिले पहल तिब्बती साहित्य द्वारा भारत से परिचित हुए। सोलहवीं सदी में ही रूसी राज्य बढ़ते हुए साइबेरिया के भीतर पहुँच गया था। सत्रहवीं-अठारहवीं शताब्दियों में रूसियों का बौद्धधर्मी मंगोलों से परिचय हुआ, जिनकी धार्मिक पुस्तकें प्रायः तिब्बती भाषा में होती हैं। इस प्रकार तिब्बती भाषा से रूसी विद्वानों का परिचय हुआ और पीछे उन्हें मालूम हुआ, कि तिब्बती भाषा के विशाल साहित्य का बहुत बड़ा भाग संस्कृत से

अनुवाद होकर आया है । फिर उनका ध्यान संस्कृत की तरफ गया । अठारहवीं शताब्दी के अन्त में पश्चिमी यूरोप के विद्वानों को पता लगा, कि भारत की एक प्राचीन भाषा संस्कृत है, जो उसी वंशकी भाषा है, जिसके वंशज आजकल के यूरोपीय लोग हैं । बॉप और दूसरे भाषातत्व-वेत्ताओं ने अपनी खोजों से असंदिग्ध रूप में इस बात का निश्चय करा दिया, कि संस्कृत और भारत की और भी संस्कृत-वंशी आधुनिक भाषाओं का मूल स्रोत वही है, जो कि ग्रीक, लातिन और आधुनि यूरोपीय भाषाओं का । इस आविष्कार के कारण यूरोप में एक भारी हलचल सी मच गयी और वहां के विश्वविद्यालय अपने अपने यहां संस्कृत पढ़ाने का प्रबन्ध करने लगे । यह बात जब रूसियों को मालूम हुई, तो उन्होंने भी अपने विश्वविद्यालयों में संस्कृत के पठन-पाठन-का प्रबन्ध करना चाहा । उस समय लेनिनग्राद का नाम पितरबुर्ग था और यही रूस की राजधानी थी । तिब्बती और मंगोल भाषाओं का परिचय रूसियों को बहुत पहले से था और उन्हीं के साहित्यों द्वारा बौद्धधर्म से परिचय करके उन्होंने बौद्धधर्म पर पुस्तकें भी लिखीं । यह भी उन्हें मालूम हो चुका था, कि बौद्धधर्म भारत से आया है और वहां का पुराना साहित्य संस्कृत में है । पहिले पहिल त्वेर (आधुनिक कलिनिन) नगर निवासी अथानिउस निकितिन ईरान हो समुद्री मार्ग से दिव (काठियावाड़) में उतर कर १४६६ ई० में बिदर (बहमनी राजधानी) में पहुँचा और वहां छ साल तक रहा । निकितिन ने यद्यपि अपनी यात्रा के संबंध में एक पुस्तक भी लिखी, किन्तु वह कोई भाषा-तत्वज्ञ नहीं था, इसलिये उसने भाषा के बारे में अधिक परिचय कराने में सफलता नहीं पाई । लेकिन गेरासीम लेबेदोफ नामक एक रूसी गायक अठारहवीं सदी के अन्त में लंदन के रूसी दूतावास में नौकर होकर गया था । उसे अंग्रेजों से पता लगा, कि हिन्दुस्तान में पगोडा का वृक्ष होता है, जिसको जरा सा हिला देनेपर सोने की अशर्फियां भर पड़ती हैं । कितने ही और अंग्रेज तरुणों की तरह गेरासीम भी ईस्ट इंडिया कंपनी का क्लर्क बन १७८५ ई० में फोर्ट विलियम (कलकत्ता) पहुँचा । पगोड़ा वृक्ष उसे कहां मिलता, लेकिन उसने अपनी जीविका के लिये कलकत्ता में एक नाट्यशाला

स्थापित की। वहां नाट्यशाला में शायद अंग्रेजों के मनोरंजन के लिए अंग्रेजी नाटक भी खेले जाते हों, जिनमें निकिता भाग लेता था, किन्तु उसने इतने से संतोष नहीं किया। कलकत्ता में रहकर उसने बंगला भाषा और संस्कृत भी पढ़ी, विदेशी नाटकों को बंगला में अनुवाद करके खेलने की कोशिश की। निकिता पन्द्रह-सोलह वर्ष भारत में रहा। वह अपने साथ अशर्फियां तो नहीं लेकिन बंगला और संस्कृत का ज्ञान अवश्य ले गया। लंदन में लौटकर १८०१ ई० में उसने भारतीय भाषा का एक व्याकरण लिख कर छपवाया। अब पीतरबुर्ग में उसकी मांग थी, इसलिये वह अपनी जन्मभूमि को लौट गया। आजसे १४६ वर्ष पहले उसने जार अलेक्सान्द्र की आज्ञासे १८०५ ई० में नागरी का टाइप ढाला। आज भी गेरासीम के बनाये वही टाइप रूसमें इस्तेमाल किये जाते हैं, यद्यपि वह आज के टाइपों की दृष्टि से भद्दे मालूम होते हैं। गेरासीम ने हिन्दूधर्म पर भी रूसी में पुस्तकें लिखकर प्रकाशित कीं।

रूसी सरकार संस्कृत की महिमा को सुनकर इतने से संतोष करने के लिए तैयार नहीं थी। यूरोप के विश्वविद्यालय धड़ाधड़ संस्कृत की गद्दियां स्थापित करते जारहे थे, फिर पितरबुर्ग कैसे पीछे रह सकता था? रूसी सरकार ने भी राबर्त लेंज (१८०८-३६ ई०) को संस्कृत पढ़ने के लिए छात्रवृत्ति देकर बाहर भेजा, उसने प्रसिद्ध भाषातत्वज्ञ बॉप से बर्लिन में संस्कृत पढ़ी। स्वदेश लौटने पर पितरबुर्ग (लेनिनग्राद) विश्वविद्यालय में संस्कृत की गद्दी उसे तैयार मिली। १८३५ में वह संस्कृत का प्रथम प्रोफेसर नियुक्त हुआ। यद्यपि तरुण लेंज २८ वर्ष की उमर में ही मर गया, लेकिन उसकी परम्परा टूटी नहीं। पेत्रोफ (मृत्यु १८७६ ई०), कोलोविस्क (१८७२), शिफ्नर (१८१७-७९ ई०), बोथलिंक (१८१५-१९०५ ई०), मिनियेफ (१८४०-९०) ओल्देनबुर्ग (१८६३-१९३४), श्चेर्बात्स्की (१८६६-१९४२) से लेकर आज बरानिकोफ तक संस्कृत प्रोफेसरों की परम्परा चली आती है। प्रथम संस्कृत प्रोफेसर लेंज के ११० वर्ष बाद मैं वहां एक भारतीय संस्कृत प्रोफेसर नियुक्त हुआ था। लेंज मेरी अपेक्षा अपने छात्रों को अच्छी तरह समझा सकता था, किन्तु मेरे

छात्र-छात्रायें अपने प्रोफेसर की बातों को कम ध्यान और रूचि से सुनते थे ।

आजकल भारत में सभी स्कूलों और विश्वविद्यालयों के अध्यापक विद्यार्थियों से तंग आये हुए हैं । उसदिन एक तरूण विद्वान् से बात हो रही थी । अध्यापकी करने की बात कहने पर उन्होंने कान पकड़ कर कहा— नहीं, छात्रों के सामने टिकना मेरे लिये मुश्किल है । वस्तुतः हमारे छात्रों की बुद्धि मारी गई है, या वह स्वभावतः उच्छृंखल हैं, यह बात मैं नहीं मानता । दस साल तक हाईस्कूल में पढ़कर आया छात्र अपने को निरा बुद्धू नहीं समझ सकता । हमारे यहां छ वर्ष में ही पढ़ाई शुरू करदी जाती है, इसलिये शायद ही कोई छात्र सोलह वर्ष से कम का कालेज में पढ़ने जाता है । ऐसे छात्रों को दुधमुंहा बच्चा समझ कर उनके साथ व्यवहार करना वस्तुतः इस सारे झगड़े की जड़ है । पुराने भारतीय इस तथ्य को समझते थे, तभी तो उन्होंने कहा— "प्राप्तेतु षोडशे वर्षे पुत्रे मित्रत्वमाचरेत् ।" अपने छात्रों को यदि अध्यापक बच्चा न समझ अपना मित्र मानें, तो बहुत सी बातें दूर हो सक्ती हैं । लेकिन रूसी विश्वविद्यालयों में तो अनुशासन कायम करने के लिये सबसे बड़ा साधन है, छात्रों की अपनी संस्था छात्र संघ (तरुण कम्युनिस्ट संघ), जो अपने सदस्यों पर भीतर से नियंत्रण रखती है । छात्र अपने स्वतंत्र विचारों को प्रगट करने में जरा भी नहीं हिचकिचाते । हर वार्षिक या त्रैमासिक परीक्षा के समाप्त होने के बाद अध्यापकों और छात्र-प्रतिनिधियों की बैठक होती है, जिसमें पिछली तिमाही या वार्षिक पढ़ाई के गुण-दोषों पर खुली आलोचना होती है । उस वक्त छात्रों के प्रतिनिधि भी अपने अध्यापकों की कमियों को खोलकर कहते हैं ।

प्राच्य-विभाग (फेकल्टी) में देश और भाषा के अनुसार अलग-अलग उपविभाग थे । अरबी उपविभाग था, जापानी और चीनी उपविभाग भी था । इसी तरह का एक उपविभाग (काफेद्रल) इंदो-तिब्बती भी था, जिसमें संस्कृत, भारत की आधुनिक भाषाओं तथा तिब्बती भाषा के पठन-पाठन का प्रबन्ध था । तिब्बती भाषा और बौद्धधर्म के द्वारा रूसियों को भारत का ज्ञान हुआ था, इसलिये अलग अलग वंशकी होने पर भी संस्कृत और तिब्बती को एक साथ जोड़

दिया गया । विद्यार्थियों को एक उप-विभाग में दाखिल होकर केवल भाषा ही पढ़ना नहीं पड़ता, बल्कि साथ ही उस देशकी पूरी जानकारी के लिए और भी आवश्यक विषयों का अच्छा परिचय प्राप्त करना पड़ता है । उदाहरणार्थ हमारे उपविभाग के छात्रों को जहां पांच वर्षों तक संस्कृत हिन्दी पढ़ना अनिवार्य था, वहां साथ ही तथा भिन्न-भिन्न वर्षों में एक-दो भारत की प्रादेशिक भाषाओं को भी पढ़ना पड़ता है । भारतीय इतिहास, भारतीय साहित्य, भारतीय धर्मों का ही नहीं बल्कि भारतीय नृतत्व एवं भारतीय अर्थशास्त्र भी अनिवार्य था । विश्वविद्यालय के यही स्नातक सोवियत रूस और भारत के बीच राजनीतिक, सामाजिक सांस्कृतिक, व्यापारिक आदि संबंध स्थापित करने में मुख्य तौरसे भाग लेंगे, इसलिये उनकेलिये भारत और भारतीयों का पूरा ज्ञान आवश्यक समझ कर वैसी ही शिक्षा दी जाती है ।

प्रोफेसर होने के कारण मुझे हफ्ते में बारह घंटे पढाना पड़ता । मैं मंगल, बृहस्पति और शनैश्चर को पढ़ाने जाता । पहिले साल मुझे संस्कृत और हिन्दी पढ़ाना पड़ता था, दूसरे साल तिब्बती भी । हमारे विभाग में १९४७ के आरम्भ में चालीस के करीब छात्र-छात्रायें थे और अध्यापिकाओं की संख्या सात-आठ । अकदमिक बराब्निकोफ् उपविभाग के अध्यक्ष और मैं प्रोफेसर, बाकी लेकचरर (दोत्सेन्त) थे— श्री कलियानोफ संस्कृत के, श्री बिस्कोवनी और श्रीमती दीना गोल्दमान हिन्दी के अध्यापक थे । इनके अतिरिक्त बंगला भाषा के भी अध्यापक थे । श्री सुलेकिन राजनीति और अर्थशास्त्र पढ़ाते थे ।

सितम्बर-अक्तूबर तक कुछ नयापन अवश्य मालूम हुआ, उसके बाद तो जीवन सरल रहा । मेरी उच्च कक्षा (चतुर्थ वर्ष) में दो लड़कियां थीं, जिनमें से एक (बेर्था) साधारण शिक्षिता मध्यम-वर्ग की यहूदी लड़की थी और दूसरी (तान्या) पुराने सामान्त कुल की । छात्र-छात्राओं से निस्संकोच बातचीत करने और मिलने-जुलने से रूसके नागरिक जीवन की बहुतसी बातें मालूम होती थीं । उस वक्त लड़ाई के कारण बहुत से मकान गिर गये थे । यद्यपि मकानों के पुनर्निर्माण में बड़ी तत्परता थी, लेकिन छूमंतर से तो मकान

खड़े नहीं हो सकते थे। लोगों को मकानों का कष्ट अवश्य था। कष्ट इस अर्थ में, कि सबको यथेच्छ कमरे नहीं मिल सकते थे। मैं प्रोफेसर था। मुझे कमसे-कम तीन कमरे तो मिलने ही चाहिये थे, लेकिन मेरे पास केवल दो थे। रेक्तर और दूसरे कोशिश कर रहे थे, लेकिन वह कठिनाई इतनी जल्दी दूर थोड़े ही हो सकती थी। मैं तो दो में भी संतुष्ट था। एकदिन मकानों की कठिनाई के बारे में बातचीत होने लगी। मैंने कहा— एक कमरा दो व्यक्तियों के परिवार के लिये काफी है। साधारण वर्ग की लड़की ने भी इसमें कोई आपत्ति नहीं की, लेकिन दूसरी तरुणी कहने लगी— मुझे तो पांच कमरे चाहिये। मैंने कहा— पांच कमरे लेकर तो उनको साफ-सुथरा रखने में ही तुम मर जाओगी। उसने कहा— इसकी परवाह नहीं, मैं साफ कर लूंगी।

रूस साम्यवादी देश है। साम्यवादी अर्थनीति पर वहां चलना पड़ता है, और बरताव में भी समानता दिखलाना शिष्टाचार माना जाता है। जाड़ों में युनिवर्सिटी के कमरों को गरम करने के लिये आग जलाना पड़ता था। युनिवर्सिटी के हमारे विभाग की इमारत आजसे सौ-डेढ़-सौ वर्ष पहले बनी थी। उस वक्त केन्द्रीय तापन का आविष्कार नहीं हुआ था, और लकड़ी जलाकर मकान गरम किया जाता था। हमारे कमरों को लकड़ी डालकर गरम करनेवाली स्त्री, हमारे देश की मजूरिन जैसी थी। किन्तु उसके साथ भी प्रोफेसर हो चाहे अकदमिक बरान्निकोफ, बराबर का बर्ताव करते हुए उससे हाथ मिलाना, उसके सामने टोप हटाकर शिष्टाचार प्रदर्शित करना कर्त्तव्य मानते थे। यही नहीं मंत्री के बराबर वेतन पानेवाले प्रोफेसर के लिये भी घरमें ईंधन के लिये लकड़ी फाड़ना, बर्तन मलना, झाड़-बुहार कर घरको साफ करना, तथा कितने ही कपड़ों को भी धोना करणीय था। लकड़ी चीरने का काम तो मुझे नहीं करना पड़ा, उसमें लोला निष्णात थी, मुझे डर लगता था, कि कहीं कुल्हाड़ा पैर पर न चल जाय। लेकिन बर्तन मलना तो मेरी ड्यूटी थी। जाड़ों में इससे बहुत तकलीफ होती थी, जबकि चालीस पचास डिगरी (फार्न०) के ताप-मान के हाथ ठिठुरा देनेवाले पानी में बर्तनों को धोना पड़ता। लोला गरम पानी करके रख देती थी, लेकिन मुझे नलके के बहते पानी में बर्तन धोने में

समय की बचत मालूम होती थी, इसलिये सुई की तरह चुभते पानी में बर्तन धोना चाहता था। घरके लिये नौकर रख सकते थे, और नौकर मिल भी जाते; लेकिन जिनको दूसरी जगह तीन सौ रूबल मिलता, वह छ सौ मांगता। पीछे हमने एक साल नौकर रखा भी, लेकिन राशन की चीजें पर्याप्त नहीं थीं, कि नौकर का भी गुजारा हो, और मेहमानों का भी, इसलिये उसे हटा देना पड़ा। यह कहने की आवश्यकता नहीं, कि वहां के नौकर और किसी भी पूंजीवादी देश के नौकर में बहुत अन्तर है। वैसे इंगलैंड में भी घर के नौकर समय के अनुसार आते और काम करते हैं। हमारी नौकरानी मान्या समय के अनुसार आती थी। बड़ी भलीमानुस थी, आवश्यकता पड़नेपर और समय भी दे देती थी। अतवार को नौकर को छुट्टी रहती और मालिक-मालकिन को घरका सारा काम अपने ही हाथों करना पड़ता। जहांतक खाने-पीने उठने-बैठने का सवाल था, प्रोफेसर और उसके नौकर में कोई अन्तर नहीं था।

बर्तन, भांडे ही क्यों, राशन की दूकान से बीस-पच्चीस सेर सामान पीठपर ढो कर लाना भी प्रोफेसर के लिये कोई हतक-इज्जत नहीं थी। असल में वहां बहुत कम ही घरों में नौकर थे। किसी आदमी से अगर अस्थायी तौरसे काम लें, तो मजूरी बहुत देनी पड़ती। डेढ़-दो-मन लकड़ी चीर देने के लिये जब पच्चीस-तीस रुपया देना हो, तो आप अपने हाथसे लकड़ी चीरना पसंद करेंगे। इसीतरह बोझा ढोनेवाले को अगर दो घंटे के लिये पच्चीस-तीस रुपया देना पड़े, तो आप शारीरिक मेहनत का मूल्य समझने लगेंगे और खुद काम करना पसंद करेंगे।

इस यात्रा में रूस के अपने देखे हुए जीवनों के बारे में और भी बातें आगे आयेंगी। यहां यह कहकर समाप्त करना चाहता हूं, कि रूसी विश्वविद्यालयों का वातावरण हमारे यहां के वातावरण से बिल्कुल दूसरा ही होता है। वहां प्रथम श्रेणी के दिमागों को अधिक वेतन के लालच से दूसरी सरकारी नौकरियों की ओर दौड़ना नहीं पड़ता। जहां प्रोफेसर और मिनिस्टर की तनख्वाह एक हो, प्रोफेसर मिनिस्टरी के बड़े बड़े अफसरों से भी ज्यादा वेतन और सम्मान के साथ रह

लेनिनग्राद युनिवर्सिटी के भारत-तत्व विभाग के अध्यापक और अध्यापिकाएं
बैठे—बायीं ओर से दूसरे और तीसरे : राहुल और वरान्निकोफ ।

अकदमिक आचार्य अलेक्सी पेत्रोविच् वरान्निकोफ़,
लेनिनग्राद

सकता हो, तो प्रतिभाशाली विद्वान् क्यों इधर उधर भटकेगा ?

मेरे निवास-स्थान से विश्वविद्यालय जाने आने में ट्रामपर तीन घंटे लगते थे। युनिवर्सिटीवाले मोटर देना चाहते थे, किन्तु लड़ाई के प्रभाव के कारण जीप ही मिल सकती थी। एक दो-दिन जीप लेने आयी भी, किन्तु मैं समय पर क्लास में पहुंचना चाहता था और ड्राइवर को उसकी परवाह नहीं थी, इसलिये ट्राम द्वारा जाना ही मैंने पसंद किया। कभी कभी मैं किताबों की खोजमें कबाड़ी दूकानों की धूल फांकता सारी यात्रा पैदल भी करता था। सोवियत में पुस्तकों का अकाल, तो जान पड़ता है, अभी सालों दूर नहीं होगा। सभी लोगों के शिक्षित तथा हाथ खाली न होने के कारण पुस्तकों के खरीददार वहां बहुत हैं। ५० हजार और १ लाख का संस्करण भी हाथोंहाथ बिक जाता है। महत्वपूर्ण नयी पुस्तकों की सूचना पहिले ही निकल जाती है। लेनिनग्राद जैसे बड़े बड़े शहरों में नाम रजिस्टर्ड कराने के आफिस हैं। यदि आपने नाम दर्ज करा लिया—जिसमें बहुत जल्दी करनी पड़ती है, नहीं तो सूची बन्द हो जाती है—तो पुस्तक मिल जायेगी, लेकिन बरस छ महीने बाद और उसमें मध्य-एसिया के इतिहास से संबंध रखनेवाली पुस्तकों के मिलने की संभावना नहीं। लेनिनग्राद की सबसे बड़ी सड़क नेव्स्की के पथ पर आधी दर्जन ऐसी दूकानें थीं, जिनमें पुरानी पुस्तकें बिका करती थीं। यह दूकानें किसी कबाड़ी की नहीं, बल्कि सरकारी या अर्ध-सरकारी संस्थाओं की थीं। दो चार बार जानेपर जब काम की कुछ पुस्तकें मिल गयीं, तो उनके देखने का मुझे चस्का लग गया। "मध्य-एसिया का इतिहास" के लिये मैं अधिकांश पुस्तकें इन्हीं दूकानों से जमा कर मैं भारत लाया।

१८ सितम्बर को मैं पढ़ाने के लिये युनिवर्सिटी गया। एक बजे से पांच बजे तक दो कक्षाओं को हिन्दी और उर्दू पढ़ाना पड़ा। पहले दो घंटे द्वितीय वर्ष के एक छात्र और पांच छात्राओं के लिये देने पड़े। फिर दो घंटे चतुर्थ वर्ष की दो छात्राओं बेर्था और तान्या के लिये। कायदा था— पचास मिनट पढ़ाई फिर दस मिनट विश्राम, फिर (समय से) दस मिनट पहिले ही छुट्टी।

स्कूल की पढ़ाई दस साल में खतम होती है, तब तक उम्र १७ साल या ऊपर हो जाती है। फिर पांच साल युनिवर्सिटी को ग्रेज्यूयेट होने के लिये देने पड़ते हैं; फिर तीन साल एस्पेरान्त (के लिये)। इन दोनों परीक्षाओं में प्रमाण-पत्र मिलता है, डिगरी नहीं। एस्पेरान्त के बाद तीन या अधिक वर्षों में डाक्टर होने के लिए निबन्ध लिखना पड़ता है, तब डाक्टर की उपाधि (मिलती है)। २८ साल से पहले (कोई) डाक्टर नहीं हो सकता। स्कूल की पढ़ाई में एक विदेशी भाषा जर्मन, फ्रेंच या अंग्रेजी लेनी पड़ती है, जिसे बहुतेरे लड़के आगे भूल जाते हैं।......... युनिवर्सिटी में प्राच्य-विभाग की पढ़ाई के विषय हैं— पहिला साल संस्कृत, हिन्दी-उर्दू, फिर आगे के बरसों में उनके साथ ही बंगला, मराठी, फारसी आदि भी लेनी पड़ती है। मुझे भाषाओं की इतनी अधिक भरमार पसंद नहीं आती थी। लेकिन युनिवर्सिटी का पाठ्यक्रम बहुत वर्षों से ऐसा ही चला आया है। द्वितीय वर्ष के छात्रों को देखने से मुझे मालूम हुआ, कि सालभर में उन्होंने हिन्दी उर्दू का पर्याप्त ज्ञान प्राप्त कर लिया है।

२० सितम्बर (१९४५ ई०) को मैंने अपनी डायरी में लिखा— "आज ग्यारह से तीन बजे तक पढ़ाई प्रथम और चतुर्थ वर्ष की रही। प्रथम वर्ष में (१९ लड़कियां ३ लड़के कुल २२) छात्र हैं, जिनमें सिर्फ ३ लड़के हैं। अधिकतर छात्र लेनिनग्राद के हैं, किन्तु एक छात्र बाकू से और तीन छात्रायें अल्माअता, वोरोनेज और रस्तोफ की हैं। सभी रूसी हैं। आज कख पढ़ाया। सब रूसी भाषा में बोलना पड़ता। एक बजे से तीन बजे तक चतुर्थ वर्ष को "अभिज्ञानशाकुन्तल" पढ़ाना पड़ा।"

उस दिन ६ से ८ बजे रात तक अध्यापकों की बैठक हुई, जिसमें विश्वविद्यालय के रेक्टर ने भाषण दिया। उस समय विश्वविद्यालय में ५ हजार छात्र थे। साढ़े तीन हजार अध्यापकों में चालीस से ऊपर अकदमिक या उप-अकदमिक थे। पांच हजार छात्रों के लिये साढ़े तीन हजार अध्यापक अधिक हैं, इसमें शक नहीं, किन्तु छात्रों की संख्या लड़ाई के कारण घटी थी और अब वह सालों साल बढ़ रही थी। तो भी इसमें शक नहीं कि सात आठ हजार छात्रों पर

भी साढ़े तीन हजार अध्यापक बहुत होते हैं। लेकिन सोवियत की शिक्षा-प्रणाली में इसबात का ध्यान रखा जाता है, कि अध्यापक छात्रों के अधिक संपर्क में आवें और उनकी वैयक्तिक जिज्ञासाओं को पूर्ण कर सकें। इस सेमीनार-प्रणाली में अध्यापकों का अधिक होना आवश्यक है। शिक्षण-संस्थाओं के लिये बजट में पैसे की कमी नहीं होती, हमारे यहां अभी सेमीनार-प्रथा को स्वीकार करना आसान नहीं है।

---

* * *

६—मध्यमवर्ग की मनोवृत्ति

पूँजीवादी पत्रों और लेखकों ने इतना जोरका प्रचार कर रखा है, कि कितने ही ईमानदार लोग भी बाज़ वक्त इस भ्रम में पड़ जाते हैं, कि सोवियत रूस में सचमुच ही विचार-स्वातंत्र्य नहीं है। वह समझते हैं कि वहां के लोगों का गला घोट दिया गया है। विचार-स्वातंत्र्य का मतलब बोलने, लिखने की स्वतंत्रता मानी जाती है। इसमें संदेह नहीं कि पुराने स्वार्थों के प्रतिनिधियों के लिये समाचारपत्रों का दरवाजा वैसे ही खुला नहीं है, जैसे कि बिड़ला आदि के पत्रों में हमारे जैसे स्वतंत्र चेता लेखकों के लिये। इतना अन्तर जरूर है, कि जहां यहां के पत्रों को दस पांच करोड़पति-अरबपति अपने हाथ में करके स्वतंत्र विचारों का गला घोंटे हुए हैं, वहां रूस में विरोधी प्रोपेगंडा के लिये यदि स्थान नहीं दिया जाता, तो किसी करोड़पति मालिक के कारण नहीं। वहां के दैनिक, मासिक या साप्ताहिक पत्र; या तो "इज़्वेस्तिया" की तरह सरकार के मुखपत्र हैं, या "प्राव्दा" की तरह कम्युनिस्त पार्टी के, अथवा वह किसी नगरपालिका, युनिवर्सिटी, मजदूर-संगठन, सैनिक-संगठन, छात्र-संगठन की ओर से निकलते हैं। पत्रों की तो इतनी भरमार है, कि कितने ही कल-खोज

(पंचायती खेती वाले गांव) भी चार पन्ने की शीट निकालते हैं। यह निश्चय ही है, कि जिन संगठनों ने यह पत्र निकाले हैं, वह अपने विरुद्ध प्रचार करने में सहायता नहीं दे सकते। यही बात भाषण-मंचों की भी है। सभी भाषण-मंच किसी न किसी, ऐसी संस्था से संबंधित हैं, जो कि पूंजीवाद के विरोधी हैं। लेकिन इसका यह मतलब नहीं, कि लोग अपने विचारों को यदि सैकड़ों और हजारों के बीच प्रकट नहीं कर सकते, तो दस-बीस तक भी उन्हें नहीं पहुँचा सकते। यह समझ लेना चाहिये, कि सोवियत-शासन को आर्थिक, और शिक्षा-संबंधी क्षेत्रों में जो सफलताएं मिली हैं, वह केवल अभूतपूर्व ही नहीं हैं, बल्कि मात्रा में इतनी अधिक हैं, कि उनसे जनता के निन्यानबे फीसदी लोगों ने लाभ उठाया है। उन्होंने अपनी आंखों के सामने उन लाभों को दिन पर दिन बढ़ते देखा है। द्वितीय विश्व-युद्ध में विजय प्राप्त करके सोवियत शासन ने लोगों के हृदयों में अपने गौरव को और भी अधिक बैठा दिया है। इसीलिये सोवियत जनता में ९९ फी सदी लोग सोवियत शासन के अंधभक्त हैं। स्तालिन तो उनके लिये सजीव भगवान् है, जिसके विरुद्ध वह एक शब्द भी सुनने के लिये तैयार नहीं हैं। ऐसी अवस्था में भाषण-मंच पर खड़े होकर सोवियत-शासन या स्तालिन को गाली देने की हिम्मत ही किसको हो सकती है? लेकिन इसका यह मतलब नहीं कि विरोधी भाव रखनेवाले लोग वहाँ नहीं हैं, और वह अपने मतभेदों को प्रकट नहीं करते। अपनी मित्र-मंडली में सभी अपने विचारों को खुलकर प्रकट करते हैं। मतभेद रखनेवाले भी सोवियत-विरोधी होने तक बहुत कम जाते हैं। बहुतेरे तो केवल असंतोष तक प्रकट कर देना चाहते हैं। इस तरह के असंतोष रखनेवाले नर-नारी पुराने उच्च या मध्यम वर्ग में मिलते हैं, जिनको स्वयं नहीं तो अपने माता-पिता के मुंह से सुनकर बराबर याद आता रहता है—"ते हि नो दिवसा गताः"। ऐसा उदाहरण मैं अपने अनुभव से देता हूँ। एक पुराने मध्यमवर्गकी शिक्षिता महिला अपने लड़के को इसलिये बाहर किसी स्कूल में भेजने का विरोध करती थीं, कि उनके ख्याल में वहाँ सब गुण्डे लड़के भरे हुए हैं। मैंने कहा—तब तो घर में ही रख-

करके शिक्षा देनी चाहिये। दबी जबान में उत्तर मिला "हाँ।" एक और महिला कह रही थीं— "कम्युनिस्त झूठे और निम्न श्रेणी के मनुष्य होते हैं। सोवियत ने लोगों को भिखारी बना दिया। पहिले सभी मौज में रहते थे।" इसमें शक नहीं कि उक्त महिला का "सभी" शब्दका अर्थ था— अमीर और उच्च-वर्ग, नहीं तो सोवियत शासन में अब कहीं गरीब भिखारी देखने में नहीं आता। उच्च और मध्यमवर्ग की महिलायें पहिले कोई भी काम करना पाप समझती थीं। अब उन्हें मशक्कत करके रोटी कमानी पड़ती है, फिर वह इस जीवन को कैसे पसन्द करेंगी।

शिक्षा के नये ढंग को वहाँ बड़े व्यापकरूप में अपनाया गया है। स्कूल भेजने से पहिले के सात वर्षों के लिये शिशुशाला और बालोद्यान इतने अधिक स्थापित हैं, कि उनमें राष्ट्र के सभी लड़के-लड़कियों को रक्खा जा सकता है। यह भी माना जाता है, कि बच्चों को शारीरिक दंड देना अच्छा नहीं है। २४ जून को मैं त्रावुश्किन नामक विशाल उद्यान में गया था। लड़ाई के चार सालों में उपेक्षित रहने के कारण वहां कुछ उदासी जरूर थी, फिर भी बाग बहुत सुन्दर था और पूर्व अवस्था में लाने के लिये उसमें मरम्मत का काम भी लगा हुआ था। हमारे मुहल्ले से यह उद्यान बहुत दूर नहीं था, इसलिये हम अक्सर चले जाया करते थे। हम लौट रहे थे। रास्ते में देखा कि एक मां अपने पांच वर्ष के लड़के को जोर-जोर से पीट रही है। आवाज़ जोर की आरही थी और लड़का भी चिल्ला रहा था, किन्तु चोट लगने का वहां कोई सवाल नहीं था, क्योंकि लड़के ने रूईदार कोट पहन रखा था और मां के हाथ में एक रास्ते से उखाड़ी नरम सी हरी टहनी थी। कसूर यह था कि लड़का अपनी तीन बरस की बहन को भी लेकर सैर-सपट्टे पर चल पड़ा था और मां खोजते-खोजते हैरान हो गई थी। वह जानती थीं, कि यह जोड़ी साद-त्रावुस्किन की ओर ही गयी होगी, तो भी ढूंढने में उसे काफी तकलीफ उठानी पड़ी। भाई का चेहरा बड़ा दयनीय मालूम होता था, किन्तु वह रोने को ही रहा था। दोनों के गुलाबी गाल स्वास्थ्य के परिचायक थे, हाँ वह कुछ मैले

जरूर थे। एक मध्यवर्गीय महिला ने झट टिप्पणी जड़ दी— बोल्शेविक ठोक पीटकर गधे को घोड़ा थोड़े ही बना सकते हैं। दोनों बच्चे और उनकी मां मजदूर वर्ग की थीं। उनकी पोशाक में भी भद्रवर्ग की सुरुचिका पता नहीं था, इसीलिये यह टिप्पणी जड़ी गयी।

घर में पाखाने का फ्लश बिगड़ गया था। बहुत कहने पर पाखानों की देख भाल करने वाली महिला अपनी सखी के साथ आयी। उसने गृहिणी से जवाब तलब किया— पाखाना खराब हो गया, तो उसे क्यों इस्तेमाल किया?

—इस्तेमाल नहीं करते, तो क्या सड़क पर जाते।

—खुद क्यों नहीं सुधार लिया?

—औजार कहाँ था, और फिर क्या तुम बारिन (भद्रजन) होकर बैठने के लिये हो, बेकाम ही रहना चाहती हो?

सुधारनेवाली ने बड़े अभिमान के साथ जोर से कहा— मैं बारिन नहीं हूँ, मैं मजूर-वर्गीय हूँ।

दोनों वर्गों की महिलाओं के मनोभाव को यह वार्तालाप अच्छी तरह प्रकट करता है। पुराना मध्यवर्ग या उच्चवर्ग यद्यपि अब उत्पीड़ित अपमानित नहीं है, किन्तु वह जानता है, कि रूस में अब सारी शक्ति मजदूरवर्ग के हाथ में केन्द्रित है, तब भी कभी कभी उसके भीतरी भाव प्रकट हो उठते हैं।

यह मनोभाव यद्यपि अब भी पाया जाता है, लेकिन वह मूर्खतापूर्ण पुरानी आदत के सिवा और कोई महत्व नहीं रखता। इस मनोभाव का दिग्दर्शन एक सोवियत नाटक "क्रेमलिन की घड़ी" में अच्छी तरह किया गया था, जिसे मैंने : १५ जुलाई १९४५ : मास्को के गोर्की कला थियेटर में देखा था। नाटक १९४२ में लिखा गया था; किन्तु उसमें १९२० के वर्गभेद का चित्र था। सारे दृश्य अत्यंत स्वाभाविक थे। परदों का खुलकर इस्तेमाल किया गया था, लेकिन उनसे भी अधिक पहियों के ऊपर रखे बड़े बड़े प्राकृतिक तथा दूसरे दृश्योंवाले फलकों का उपयोग किया गया था, जिन्हें आसानी से हटाकर दृश्य-परिवर्तन किया जा सकता था। पहिले दृश्य में नागरिक स्त्री-पुरुष अपनी

अपनी चीजें बेंच रहे थे, भिखमंगे भीख मांग रहे थे। इसी समय एक बेकार इंजिनियर किसी से कह रहा था— "क्रेमल की घड़ी बंद होगई।" जिसका अर्थ था— सोवियत-शासन की गाड़ी रुक गई, या सोवियत-शासन समाप्त होना ही चाहता है। उस समय के धनिक और शिक्षित वर्ग का नये शासन के प्रति यही भाव था। दूसरे सीन में एक नौ-सैनिक स्त्रिाकोफ और उसकी प्रेमिका मशिनका का प्रेमाभिनय था। मशिनका इंजिनियर की पुत्री थी। नौ-सैनिक स्त्रिाकोफ नये शासन का पक्षपाती था। मशिनका मध्यवर्गीय इंजिनियर की पुत्री दो नावों पर थी। अगले दृश्य में लेनिन को दिखलाया गया था, जिसके लिए बड़ी श्रद्धा से शिकारी पहरा दे रहे थे। लेनिन और उन शिकारियों की वेश-भूषा या मेल-जोल में उनमें कोई भेद नहीं मालूम होता था। लेनिन एक शिकारी के घरमें जाता है और लड़कों से छेड़खानी करके उनसे बिल्कुल हिलमिल जाता है। लड़की गौर से लेनिन की ओर देखती है। लड़का कुछ सयाना है। वह आगन्तुक शिकारी को एक फोटो से मिलाता है। तो भी संदेह में पड़ा रहता है। इस पर लेनिन अपने गंदुले सिरको नंगा कर देता है। लड़के को विश्वास हो जाता है, कि उसके साथ खेलनेवाला शिकारी महान् लेनिन है।

एक दृश्य में दिखलाया गया था— इंजिनियर के घरमें आफ (काउन्ट) अफीना और दूसरे उच्चवर्गीय भद्र पुरुष और महिलायें सोवियत-शासन पर कड़ी टिप्पणियां करते जा रहे हैं और साथ ही भयभीत भी हैं। इसी समय मतरोश (दामाद) स्त्रिाकोफ नौ-सैनिक भेस में भीतर आता है। सभी भद्र-पुरुष और भद्र महिलायें आवभगत में होड़ करने लगती हैं। उनको डर होता है— यह सोवियत सरकार का सैनिक है, यदि नाराज हो गया तो हमारा सर्वनाश हो जायगा। यहां यह भी बतला दूँ, कि इस नाटक में मशिनका का पार्ट जिस स्त्री ने लिया था, वह उसी होटल की परिचारिका थी, जिसमें मैं ठहरा हुआ था। इसी समय सरकार की ओर से इंजिनियर की बुलाहट आती है। इंजिनियर एक छोटी सी पोटली बांध कर जीवन से निराश हो घर से निकलता है। उसकी बीवी रोती है, समझती है—बोल्शेविक उसे जेल भेज रहे हैं, अब वह जीता नहीं

लौटने का।

इंजीनियर क्रेमलिन के भीतर पहुँचाया जाता है। लेनिन, स्तालिन और जेरजिन्स्की उससे बात करते हैं। इंजीनियर बोलशेविकों के सोशलिज्म से घृणा प्रकट करता है। लेनिन उसे अनसुनी करके देश के विद्युतीकरण की बात आरम्भ करता है और उसके सामने योजना का एक नकशा रखता है। इंजिनियर अपनी सारी घृणा को भूल जाता है। एक बार स्वतः उसकी अंगुलियां नक्शे पर चली जाती हैं, लेकिन वह फिर उन्हें समेट लेता है। स्तालिन पूछता है— तुम्हें राजनीति से क्या मतलब? तुम तो इंजिनियर हो, अपनी करामात दिखलाओ।

वृद्ध इंजिनियर की तरुणाई की उमंगे उमड़ आती हैं। वह भी बिजली का बड़ा इंजिनियर है। एकबार उसने बड़े बड़े पन-बिजली कारखानों को बनाने का स्वप्न देखा था, लेकिन जार की सरकार में उसकी बात को सुननेवाला कौन था? उसकी सारी उच्चाकांक्षाएं मनमें ही दबी रह गयीं और अब बुढ़ापे में राज्य का हर्ताकर्ता खुद उसे बुलाकर उस स्वप्न को जागृत कर रहा है। इंजीनियर को विचार करके जवाब देने के लिये छुट्टी मिलती है और उसे कार पर उसके घर पहुँचा दिया जाता है। परिवार इस तरह इंजीनियर को देखकर हर्षाश्रु बहाता है। इंजीनियर की आंखें खुल जाती हैं। वह लेनिन की तारीफ करता है। फिर निकाल कर तरुणाई में लिखी अपनी पुस्तक को दिखलाता है। वह मशिनका को ऊपरी मन से रोब दिखलाते हुए प्यार के शब्दों में कहता है— बेवकूफ लड़की, तूने किसी कप्तान से क्यों नहीं शादी की?

मशिनका— जारशाही कप्तान से, तब तो तुम इसवक्त पेरिस में होते!

इसी तरह एक मशहूर घड़ीसाज भी क्रेमलिन पहुँचाया जाता है। जेरजिन्स्की का नाम सुनते ही वह डर के मारे कांपने लगता है। जेरजिन्स्की क्रान्ति के दिनों में सोवियत के गृहरक्षा विभाग का मंत्री था। कोई भी सोवियत के विरुद्ध षड्यंत्र करनेवाला उसकी पकड़ से बच नहीं पाता था। लेनिन ने बात करके घड़ीसाज का भी दिल खोल दिया, और उसके हुनर की प्रशंसा करने

पर घड़ीसाज ने कहा— मैं इस घड़ी की मरम्मत कर सकता हूँ। लेनिन ने कहा — केवल मरम्मत काफी नहीं है। क्रेमिलिन की घड़ी को इस तरह बनादो कि वह घंटा बजाते वक्त अंतर्राष्ट्रीय गान गाये। इसी बीच में चाय आती है। लेनिन के साथ चाय पीते घड़ीसाज खुल पड़ता है, और तुरन्त घड़ी देखने के लिये उतावला हो जाता है।

एक और दृश्य में रिवाकोफ़ के युद्धक्षेत्र में जाने को दिखलाया गया था। रिवाकोफ़ कमीसर (राजनीति परामर्शदाता) के रूप में कोल्चक के विरुद्ध लड़ने वाली सेना के साथ जा रहा है। युद्ध पर जाते पति की पत्नी से विदाई का बहुत करुण दृश्य उपस्थित किया गया था। मशिनका पहिले रोकना चाहती है, फिर चूमकर उसे विदा करती है। पति बाहर जाता है। मशिनका की आंखों से आंसू गिरने लगते हैं। इसी समय सैनिक विभाग से टेलीफोन आता है। मशिनका आंखों में आंसू लिये स्वर गंभीर करके कहती है— कमीसर ऊयेखाल (कमीसर चला गया)। इंजीनियर अपनी योजना लिखकर लेनिन के सामने पेश करता है। लेनिन उसे स्वीकार करके कहता है— पैसे और सामान की परवाह मत करो, तुम अपने काम में लग जाओ। इंजीनियर फूला नहीं समाता। घड़ीसाज क्रेमलिन की घड़ी को चालू कर देता है और उसमें इंटरनेशनल सुनाई देता है। इस नाटक में मध्यवर्ग के पुराने मनोभावको बदलने का प्रयत्न किया गया है। सोवियत के नेता नाटक और सिनेमा के महत्व को अच्छी तरह जानते हैं, वह समझते हैं, कि यह बड़ी शक्ति है, जिसके द्वारा करोड़ों आदमियों के मनोभाव थोड़े समय में बदले जा सकते हैं।

मनोभाव बदले अवश्य हैं, लेकिन आनुवंशिक मनोभावों के बदलने में भी काफी देर होती है। मेरे परिचितों में जारशाही जनरल की लड़की एक प्रौढ़ा महिला थी। उच्चवर्ग की सभ्यता और संस्कृति में पूर्णतया दीक्षित थी। बाप जनरल के जमाने में नौकरानियों के हाथों में खेला करती थीं, काम करने की आदत नहीं थी। रूसी के अतिरिक्त और भी यूरुप की भाषायें जानती थीं। उनका काम था दिनभर सिंगार बदलते रहना, नाच-थियेटर की ओर दौड़ना या

उपन्यास पढ़ना। पहिले चार ब्याह हो चुके थे, लड़ाई के दिनों में एक मोटर मेकेनिक से ब्याह किया। वर्गों और श्रेणियों का भेद आर्थिक ढांचे के बदलने से इतना जल्दी बदला है, कि भद्र महिला को मोटर ड्राइवर से ब्याह करने में आनाकानी नहीं हुई। इस समय वह पति की नहीं अपनी कमाई खा रही थीं। किसी कारखाने में लिखने पढ़ने जैसा कोई काम करती थीं और महीने में चार सौ रूबल (२५० रुपया) पाती थीं। उन्होंने अपने तीन कमरों को कम करना नहीं पसंद किया, इसलिये सौ रूबल मासिक तो तीनों कमरों के चले जाते थे। बाकी तीन सौ में अपने और लड़के का खर्च चलाती थीं। जनरल-पुत्री भला इस जीवन से कैसे सन्तुष्ट रह सकती थीं, जहाँ बहुत संकोच के साथ खर्च करना पड़ता था और घर का सारा काम पहिले के मक्खन जैसे मुलायम हाथों से।

एक और भद्रमहिला चांदी का चम्मच दिखलाकर कह रही थीं—देखिये न, इसका दाम चार सौ रुबल है, कहां से कोई खरीदेगा?

मैंने कहा—यदि चार रूबल कर दिया जाय, तो सोवियत के पाँच करोड़ परिवारों में से कितने हैं, जो दस चम्मच से कम खरीदना चाहेंगे? फिर इतनी चांदी खरीदने के लिये क्या तुम पसंद करोगी, कि यहाँ का गेहूँ, मांस, पोस्तीन अमेरिका और मेक्सिको भेजा जाय।

महिला ने कहा— क्या हमारे यहाँ चाँदी नहीं होती।

मैंने कहा——नहीं, उसके लिये जो सोना तुम्हारे पास है उसे भेजना पड़ेगा। जर्मनी से हरजाने में सोना मिल रहा था, किन्तु सोवियत सरकार ने उसे लेने से इन्कार कर दिया।

—लेना चाहिये था।

मैंने कहा— जर्मनी से सोना लेने की जगह सोवियत सरकार वहाँ से मशीनें और दूसरे सामान लेगी, जिनको खरीदने के लिए अमेरिका और इंगलैंड को दुगना-तिगुना दाम चुकाना पड़ता। तुम्हें तो पसंद आता, यदि जर्मनी का सारा सोना चला आता और लेना की खानों का सोना भी जेवर बनकर तुम्हारे

कंठ-कानों में लटकता।

पुराने सामन्त और उच्च मध्यवर्ग की मनोवृत्ति में पहिले का असर अब भी देखने में आता है। जो १९१७ की क्रान्ति के समय होश सम्भाल चुके थे, उनकी तो बात ही क्या, जो क्रान्ति के बाद उस वर्ग में पैदा हुए, उनमें से भी कितने ही "ते हि नो दिवसा गता:" कहते अफसोस करते हैं। एक जारशाही जनरल की लड़की ने सर्गियेवा (आधुनिक चेकोस्पकी) सड़क पर एक तिमंजिला भव्य मकान दिखाकर कहा— हमारे पिता इसी में रहते थे, उनके लिये ११ कमरे थे। सर्गियेवा पहिले सामंतों और उच्च मध्यवर्ग का मुहल्ला था। इसकी सड़क बहुत सुन्दर है, जिसके दोनों तरफ वृक्ष और हरियाली लगी हुई है। पहिले इस सारे मुहल्ले में देवताओं का वास था, और अब सब धान बाईस पसेरी। जनरलों, ग्राफों तथा राजकुमारों के महलों में अब धूल-धूसरित भद्दे ढंग से कपड़े पहिने कितने ही मजदूर परिवार रहते हैं।

एक दिन (९ सितम्बर १९४५) हमारी परिचिता की बुआ की बहू अपने पुत्र के साथ धूमने आयी थीं। पुत्र १५ वर्ष का था, और था शरीर तथा मस्तिष्क दोनों से दुर्बल। माँ कम सुनती थीं। पुत्रको छात्रवृत्ति मिलती है, वह फोटोग्राफी सीख रहा था। माँ को भी काम मिला था, जिससे खाने-पीने की तकलीफ नहीं थी। ऐसी सुविधाजनक स्थिति देखकर आदमी को संतोष होना चाहिये। यदि उच्च मध्यवर्ग के किसी परिवार का दिवाला निकल गया होता, फजूल खर्ची में उसकी जायदाद बिक गई होती, तो उसके परिवार को यह सुविधा जारशाही युग में नहीं मिल सकती थी। लेकिन क्या उक्त महिला इसके लिये वर्तमान शासन के प्रति कृतज्ञता प्रकट करने के लिये तैयार थीं? उनको तो याद आते थे, वह दिन जबकि उनके पिता के परिवार में आधे दर्जन नौकर हरेक काम को इशारा पाते ही करने के लिये तैयार थे और अब बेचारी को अपने आप सब काम करना पड़ता है, खाना बनाना पड़ता है, घर का बर्तन और झाड़ू अपने हाथ से करना होता है, पैसा बचाने के लिये कपड़ा धोना और राशन की दुकान से सामान भी उठा के लाना पड़ता है। उक्त महिला क्रान्ति के

समय सयानी थीं, इसलिये अपने उन दिनोंको भूल नहीं सकती थीं।

इस पुरानी मनोवृत्ति का एक और उदाहरण दूँ। हमारे विद्यार्थियों में यद्यपि अधिकांश मजदूर और किसान वर्ग के थे, क्योंकि देश में उनकी संख्या अधिक है, लेकिन पहिले के उच्चवर्ग की संतानें शिक्षण-संस्थाओं से कम लाभ नहीं उठातीं। किसी समय उनके प्रति भेद-भाव भले ही रखा जाता हो, लेकिन अब वह वर्षों की पुरानी बात हो गयी। पढ़ने की इच्छा होनी चाहिये, सभी के लड़के उच्च शिक्षा प्राप्त कर सकते हैं। हमारे द्वितीय वर्ष की कक्षा में २ छात्र थे, जिनमें से एक मजदूर का पुत्र था। सोवियत के युद्धोपरान्त काल में जो चीजों का अभाव था, उसके लिये कभी कभी लोग कुछ टिप्पणी कर बैठते, इस पर वह हरेक अभाव की व्याख्या करना चाहता था। वह कहता था—सोवियत सरकार बहुत कर रही है। लड़ाई से अभी अभी देश बाहर निकला है। इसलिये सब चीजें एक ही दिन नहीं तैयार हो सकतीं। वह समझदार लड़का भली प्रकार जानता था, कि अगर सोवियत-शासन न होता, तो आज वह युनिवर्सिटी में पढ़ने का अवसर न पाता। इसीलिये कुछ कमियों को देखकर वह दूसरे गुणों को भूलने के लिये तैयार नहीं था। हमारी एक क्लास में २ छात्रायें थीं जो कि मजदूर या किसान वर्ग की नहीं थीं। उनमें से एक मध्यवर्ग की लड़की थी और दूसरी किसी सामन्त की। पहिली लड़की—जिसका पति भी विश्वविद्यालय का छात्र था—इस बात की शिकायत करती थी, कि उसके रहने के लिये सिर्फ एक कमरा मिला है, वह पर्याप्त नहीं है। वह कह रही थी—मुझे दो कमरे चाहिये। उसकी माग अनुचित नहीं थी, लेकिन लेनिनग्राद नगर के मकान बहुत भारी संख्या में ध्वस्त हो गये थे, उन्हें फिर से बनाया या मरम्मत किया जा रहा था। लोग दूसरी जगहों से अपने परिवारों को जल्दी जल्दी बुला रहे थे। ऐसी स्थिति में दो कमरे देना कहां संभव था? दूसरी लड़की को दो कमरे मिले थे। उसका पति एक सैनिक अफसर था। वह कह रही थी—मुझे तो पांच कमरे चाहिये। मैंने कहा—तब तो पांचों कमरों को साफ सुथरा रखने में तुम मर जाओगी।

—नौकर भी चाहिये।

लड़ाई के पहिले उसके घरमें नौकर थे। सोवियत के विरुद्ध दुनिया में जो प्रचार हुआ है, उससे कुछ लोग समझते हैं, कि क्रान्ति के दूसरे ही दिन पहिले के उच्च वर्ग के सभी परिवारों के हाथ में झाड़ू, टोकरी या फावड़ा दे दिया गया। वस्तुतः यह बात मूर्ख ही कर सकता था। क्योंकि सोवियत भूमि का नवनिर्माण इंजीनियरों, शिक्षा-शास्त्रियों, वैज्ञानिकों, डाक्टरों आदि की सहायता के बिना नहीं हो सकता था। उन्हें यदि झाड़ू और फावड़ा दे दिया जाता, तो देश के नवनिर्माण के लिये विशेषज्ञ कहां से मिलते? इसीलिये किसानों और मजदूरों को अधिक अवसर देने का यह मतलब नहीं था, कि पहिले के शिक्षितों और उनकी सन्तानों को पीछे ढकेल दिया जाय। एक भद्र महिला का कहना था— कुछ आदमी झाड़ू बुहारू छोड़ और कामों के अयोग्य हैं, उन्हें परिवारों में नौकरी करने देना चाहिये। मुझे यह बात सुनते वक्त उस बहरी भद्र महिला की याद आ रही थी, जिसका पुत्र वस्तुतः शरीर और मनसे इतना अयोग्य था, कि वह फोटोग्राफी नहीं झाड़ू-बुहारू का काम ही अच्छी तरह से कर सकता था, लेकिन क्या यह कुल-पुत्री यह सुनकर उसे झाड़ू बुहारू करने देना चाहती?

मध्य वर्ग में अभी भी पुरानी मनोवृत्ति के लोगों का अभाव नहीं हुआ है और शायद उसमें और भी समय लगेगा। लोग अपने भावों को प्रकट नहीं करते, यह बात नहीं है। यह सच है कि पत्र-पत्रिकायें व्यक्तियों की नहीं संस्थाओं की हैं, जिनकी नीति के विरुद्ध लेख उनमें छप नहीं सकते। लेकिन अपनी निजी गोष्ठियों (मित्र-मंडली) में अपने विचारों को प्रकट करने में कोई नहीं हिचकता। अपरिचित आदमी के सामने भी भावों को खोलने में कितनी ही बार अवसर मिल जाता है। सोवियत का रंगमंच (तियात्र) जारशाही समय में भी बहुत उन्नत था, उसके बैले (मूक) नाट्य पहिले भी दुनिया में अद्वितीय माने जाते थे। जार की सरकार और उस समय का सामन्तवर्ग जितना पैसा अपनी नाट्यशालाओं पर खर्च कर सकता था, उतना दुनिया का कोई देश खर्च नहीं कर सकता था, इसलिये आज से सौ-सवा सौ वर्ष पहिले ही से रूस का रंगमंच बहुत उन्नत हो

चुका था। सोवियत काल में वह उन्नति की चरम सीमा पर पहुँचा। पिछली डेढ़ शताब्दियों से प्रतिभाशाली नटों और नाट्यकारों ने जो जो नाटक मास्को और पितरबुर्ग के रंगमंचों पर खेले, उन्हें आज भी बड़े सुन्दर रूप में खेला जाता है। पहिले की कमियों को दूर कर दिया गया है। यथार्थवाद हरेक क्षेत्र में वहां का मूल मंत्र है, इसलिये किसी नाटक के रंगमंच पर लाने के समय उसके देश, काल और पात्र का पूरा ध्यान रक्खा जाता है। जब किसी राजा या सम्राट् के दरबार, उसके विलासिता-पूर्ण जीवन का चित्र खींचना होता है, तो उसमें महार्घ वस्त्र, हीरा-मोती और सोने चाँदी की चीजों को बड़ी उदारता से काम में लाया जाता है। एक दिन मैं नाटक देख रहा था। पुराने राजशाही दृश्य के सामने आते ही अपरिचिता भद्र महिला बोल उठी—सौंदर्य इसे कहते हैं। उनका अभिप्राय यह था, कि बोल्शेविकों ने जीवन से सौंदर्य को निकाल फेंका है, क्योंकि अब सौंदर्य के सर्वोच्च प्रतीक ज़ार, ज़ारीना, और उनके दरबारी सदा के लिये लुप्त कर दिये गये हैं।

★ ★ ★

७—मास्को में एक पखवारा

मुझे लेनिनग्राद आये अभी एक ही महीना हुआ था। इसी समय मास्को जाने का अवसर मिला। मैं आते वक्त जल्दी जल्दी में था, इसलिये मास्को को ठीक से देख नहीं सका था, इसलिये इस अवसर से फायदा उठाना चाहता था, और ४ जुलाई (१९४५) को पाँच बजे शाम की स्लेला ट्रेन द्वारा रवाना हुआ। जुलाई का आरम्भ था। अभी पढ़ाने का काम दो महीने बाद शुरू होनेवाला था, और इस बीच में मुझे भाषा में कुछ और प्रगति करने की अवश्यकता थी। उसमें कोई बाधा नहीं हो सकती थी। भाषा सीखने का सबसे अच्छा अवसर तभी मिलता है, जब कि आदमी अपनी पूर्व परिचित भाषाओं में किसी का उपयोग न कर सके। यहाँ रूसी छोड़ दूसरी भाषा का प्रयोग नहीं होता था। होटलों में भी यदि इन्तूरिस्तका न हो, तो यह जरूरी नहीं है कि कोई अंग्रेजी या दूसरी यूरोपीय भाषा जाननेवाला मिल जाये।

लेनिनग्राद से रवाना होते समय बूंदाबांदी थी, लेकिन नगर से आगे बढ़ने पर मौसिम अच्छा हो गया। चारों ओर हरियाली थी। युद्ध की ध्वंसलीला के अवशेषों पर भी हरियाली छाई हुई थी। रात को अंधेरा रहा, जब कि हम

वोल्गा के सामने से गुजरे। वोल्गा का उद्गम यहीं आस-पास है, इसलिये वह यहाँ महानद नहीं दिखलाई पड़ती।

अगले दिन १० बजे हमारी ट्रेन मास्को पहुँची। मेरे साथ एक और भद्र जन भी थे, इसलिये कैसे जाना है, कहाँ ठहरना है, इसके लिये कोई कठिनाई नहीं हुई। रेलवे स्टेशन से उतर कर पास से ही भूगर्भी (मेत्रो) रेलवे का स्टेशन था, जहाँ गाड़ी पर सवार हो चौथे स्टेशन पर उतर गये। मास्को होटल लगा हुआ था। यह होटल केवल मास्को का ही नहीं बल्कि सारे सोवियत देश का सबसे बड़ा होटल है—तेरह मंजिला है, जिनमें सात मंजिलें तो सारे होटल में हैं, और कुछ भाग में ६ मंजिलें और भी हैं। इमारत के निचले भाग में लाल संगमरमर जैसा चमकीला पत्थर लगा हुआ है। सोवियत-समय की इमारत होने से और वह भी पंचवार्षिक योजनाओं की सफलता के वक्त बनने से मास्को होटल को बहुत ही सुन्दर, स्वच्छ और भव्य बनाया गया है। इसमें हजारों कमरे हैं। लेकिन कमरा पाने में हमें ढाई घंटे की प्रतीक्षा करनी पड़ी। हमारे कमरे में दो मेजें, सात कुर्सियां, एक सोफा, एक टेलीफोन और एक रेडियो था। शयनकक्ष अलग था, जिसमें जोड़ी पलंग, दो कुर्सियां, एक मेज और दो कपबोर्ड रक्खे हुए थे। एक शीशेवाली बड़ी अल्मारी के अतिरिक्त दीवारों में भी दो अलमारियां थीं। स्नानकोष्ठक भी साथ में लगा हुआ था। कई लम्प थे। मास्को होटल के अधिकांश कमरे इसी ढंग के थे। मेरा कमरा सातवें मंजिल पर था, जिसके पीछे खुली विशाल छत थी। यहीं शाम के वक्त रेस्तोरां (भोजनशाला) लगती, जिसमें वाद्य भी रहता— खाते-पीते हुए नर-नारी एक बजे रात तक मन बहलाव करते। उस समय होटल बहुत खर्चीला था, यदि राशनकार्ड न हो तो, एक दिनके भोजन आदि पर १५० रूबल खर्च आता, अर्थात् प्राय ८० रुपये।

मित्रों के कहने से मालूम हुआ, कि मैं एक पखवारा यहाँ रह सकता हूँ और १७ जुलाई की ही शाम को मैं फिर लेनिनग्राद के लिये लौट सका। यहां रहते हुए मैंने मास्को के अधिक से अधिक दर्शनीय स्थानों, को देखना चाहा। भाषा की दिक्कत अभी दूर नहीं हुई थी, यद्यपि पिछले एक महीने में मैंने रूसी सीखने

में कम प्रगति नहीं की। विदेशों से सांस्कृतिक संबंध कायम करनेवाली सोवियत संस्था-वोक्स ने एक पथ-प्रदर्शिका का इंतजाम कर दिया था, लेकिन वह कुछ समय के ही लिये साथ रहती थी, बाकी पर्यटन स्वावलम्बी होकर ही मुझे करना था।

६ जुलाई को मैं लेनिन-म्यूजियम देखने गया। लेनिन की जीवनी और व्यक्तित्व को समझने के लिये यहाँ सारे साधन एकत्रित किये हुए हैं। हर अवस्था के समय समय पर खींचे हुए फोटो तथा कलाकारों द्वारा बनाये चित्रों से लेनिन के जीवन को साकार रूप दिया गया है। लेनिन की पुस्तकों और भिन्न-भिन्न भाषाओं में उनके अनुवादों का भी यहां सुन्दर संग्रह है। मैं ढूँढने लगा— देखूं भारतीय भाषा में लेनिन-संबंधी साहित्य की कौन कौन-सी पुस्तकें हैं। उर्दू और गुरुमुखी की कुछ छोटी छोटी किताबें रक्खी मिलीं, जो कि मास्को में छपी थीं। भारत का रूस से कूटनीतिक संबंध टूट जाने के कारण हमारे यहां की चीज़ों के संग्रह करने में सोवियतवालों को दिक्कत रही तो भी कुछ और पुस्तकें भारत में मिल सकती थीं। लेनिन का पालन-पोषण, शिक्षा-दीक्षा और क्रान्तिकारी जीवन कैसे गुजरा, इसको चित्रों ही द्वारा नहीं बल्कि घरों और घरोंदों द्वारा भी अंकित किया गया था। जिस घरमें लेनिन का जन्म हुआ था, उसका नमूना, सामान के साथ यहाँ मौजूद था। कारागृह के जीवन को भी इसी तरह साकार दिखलाया गया था। फर्वरी क्रान्ति (१९१७) के बाद लेनिन पेत्रोग्राद पहुँचने में सफल हुए। बोल्शेविकों के बढ़ते हुए प्रभाव को देखकर करेन्स्की की सरकार को डर लगने लगा। वह लेनिन की गुप्त हत्या कराने के लिये तुली हुई थी। उस समय लेनिन को अज्ञातवास के लिये जंगल में भेज दिया गया। जंगल में जैसी कुटिया में लेनिन रहते थे, उसका भी नमूना यहाँ मौजूद था। पूंजीवादी देशों ने लेनिन को अपने रास्ते का सबसे बड़ा रोड़ा समझा था। उन्हें मालूम होने लगा, कि यदि साम्यवादी क्रान्ति स्थिर हो गई, तो उनके देश में भी खैरियत नहीं। उन्होंने काप्लान नामक एक स्त्री को हत्या के लिये नियुक्त किया। आज स्तालिन के बराबर पर्दे में रहने का आरोप पूंजीवादी देशों में सुना जाता है,

लेकिन क्या स्तालिन यदि इतनी सावधानी के साथ नहीं रक्खे जाते, तो उनके देशी और विदेशी शत्रु अभी तक उन्हें जिन्दा रहने देते? काप्लान ने जिस पिस्तौल से लेनिन की छाती पर गोली चलाई थी, वह पिस्तौल भी यहां म्यूज़ियम में रक्खी हुई है। गोली खाते वक्त जिस ओवर कोट को लेनिन पहिने हुए थे, जो कि उनके खून से सन गया था, वह भी यहां रखा हुआ है। लेनिन का व्यक्तित्व शोषित वर्ग के उत्थान और मानवता की प्रगति के लिये कितना महत्त्व रखता है, इसे कहने की आवश्यकता नहीं। यह म्यूज़ियम लेनिन को समझने में बड़ा सहायक है। हरवक्त यहाँ लोगों की भीड़ लगी रहती है। लेनिन समाधि में दर्शन के निश्चित घंटे हैं, और काफी दिक्कत होती है, लेकिन लेनिन म्यूज़ियम में सब चीजें आसानी से देखी जा सकती हैं। वस्तुतः दर्शक के लिये यह अच्छा है, कि पहिले वह लेनिन-म्यूज़ियम देखे, तब लेनिन-समाधि के भीतर जाकर उस महापुरुष के शवको देखे। लेनिन म्यूज़ियम के पास ही लाल मैदान है, जो आस पास की ऊंची इमारतों के कारण छोटा मालूम देता है, लेकिन महोत्सव के दिनों में उसमें लाखों आदमी खड़े हो सकते हैं। लेनिन-समाधि के पीछे क्रेमल (क्रेमलिन-दुर्ग) की दीवार है। अब वहां देवदार लगाये गये हैं, जो कुछ वर्षों बाद अपनी घनी छाया से इस मनुष्य-रचित वास्तु को अपना सौंदर्य प्रदान करेंगे। क्रेमलिन की दीवार में देश के सम्माननीय पुरुषों की अस्थियां छोटे-छोटे छिद्रों में रक्खी जाती हैं। यद्यपि कब्र का रवाज अभी हटा नहीं है, तो भी मुर्दों के जलाने का प्रचार काफी बढ़ चला है, इसलिये चितावशेष अस्थियों का कुछ भाग थोड़ी-सी जगह में रखा जा सकता है।

ताल्स्तॉय की अमरकृति "अन्ना करेनिना" को २५ बरस पहिले मैंने पढ़ा था। ७ जुलाई को उसे रंगमंच पर देखने का मौका मिला। नाटक साढ़े सात से ग्यारह बजे रात तक होता रहा। वार्तालाप समझने भरकी शब्द-शक्ति नहीं थी, किन्तु हमने उसे बैले मान लिया। अभिनय बड़ा सुन्दर था, विशेष कर अन्ना, करेनिन और अन्ना के प्रेमी का, पार्ट बड़े ही निर्दोष रूप में अदा किया गया था। दृश्य साधारण पर्दों द्वारा ही नहीं दिखलाये गये थे, बल्कि वहां सभी चीजों

को वास्तविक रूप में दिखाने की कोशिश की गई थी। जब अन्ना रेल के नीचे दबकर आत्महत्या करने गयी, तो उस वक्त इंजिन, लालटेन, आवाज़ सभी चीजों से पता लगता था, कि एक रेलवे ट्रेन आ रही है। वोक्स की कृपा से नाटक का टिकट आसानी से मिल गया था, और रंगमंच से चौथी पंक्ति में बैठा रहने के कारण मैं सभी चीजों को अच्छी तरह देख-सुन सकता था। शाला में भीड़ तो नहीं कह सकते, क्योंकि टिकट उतने ही काटे जाते हैं, जितनों की सीटें हैं। कोई जगह खाली रहने का सवाल ही नहीं था। सोवियत की नाट्यशालाओं के टिकट का बन्दोबस्त दो तीन हफ्ते पहिले यदि न करें, तो वह मिलते ही नहीं— विदेशी मेहमानों के लिये कुछ सीटें रख छोड़ी जातीं हैं। अभिनय के बीच-बीच में विश्राम का समय था, जबकि दर्शक और दर्शिकायें बाहर के हाल में टहलने या नाट्यशाला की प्रदर्शनी देखने में लगे रहते थे। नाटक देखने के लिये नर-नारी अपने सबसे सुंदर वेश-भूषा में आते हैं। महिलायें उस दिन केश-सज्जा (कोयफ़ुर) कराना नहीं भूलतीं। नाट्यागार की प्रदर्शनी में पुराने और नये नाट्यकारों और अभिनेताओं के सैंकड़ों फोटो रक्खे हुए थे।

दूसरी यात्रा में भाई प्रमथनाथ दत्त, (या दाऊदअली दत्त) लेनिनग्राद में ही रहते थे, अब वह लड़ाई के बाद मास्को चले आये थे। उनके साहसमय जीवन के बारे में आगे लिखूंगा। ८ जुलाई को साढ़े दस बजे मैं होटल से उनसे मिलने के लिये निकला। पता-ठिकाना, मोटर बस, और दूसरे यानों के बारे में नोट कर लिया था। अपनी महीने भर की जमा की हुई रूसी पूंजी के साथ चल पड़ा। एक मैदान के कोने पर बस का पता लगा, मगर वहां जाने पर बस नहीं, २५ नम्बर की ट्रामवाय मिली, जो रोस्तोकिन्स्की पोयेज़्द की ओर जा रही थी। आध घंटा जाने के बाद पूछा, तो मालूम हुआ, अभी स्थान बहुत दूर है। घंटे भर की यात्रा के बाद उपनगर के उस स्थान में पहुँचे, जहां किसान स्त्री और मजदूर पुरुष की दो संयुक्त विशाल मूर्तियां स्थापित हैं। पूछते-पाछते उपनगर से भी बाहर आलू के खेतों में चले गये। इधर से उधर भटकते, चढ़ाव-उतार ज़मीन को लांघते, एक रेल की लाइन को पार करते

मील दो मील चले गये। जुलाई का महीना था। निरभ्र आकाश से मध्यान्ह के सूर्य की किरणें पड़ कर अपना प्रभाव डाल रही थीं। मैं प्यास के मारे बहुत परेशान था। खैर किसी तरह मास्को के प्राच्य-प्रतिष्ठान में पहुँचा। पाठकों को इससे यह तो मालूम होगा, कि रूसवाले हरेक विदेशी के पीछे अपना जासूस नहीं भेजते, अगर भेजते होते तो मुझे तो इस यात्रा में कृतज्ञ होना पड़ता। फाटक खोलते ही एक छोटा-सा लड़का खड़ा मिला। उसके भूरे बाल, पतले-दुबले शरीर को देख कर यह कैसे पता लग सकता था, कि यह दत्त भाई का पुत्र है। मैंने तवारिश दत्ता के बारे में पूछा। ईगर ने साथ आने के लिये कहा, और मुझे तितल्ले पर दत्त भाई के पास ले गया। इस वक्त हिन्दुस्तानी कक्षा की परीक्षा हो रही थी। रूस में हिन्दी और उर्दू दोनों के लिये सम्मिलित शब्द "हिन्दुस्तानी" का प्रयोग किया जाता है, और विद्यार्थियों को दोनों भाषायें दोनों लिपियों में पढ़ाई जाती हैं। दत्त भाई अपनी हिन्दुस्तानी कक्षा की परीक्षा में लगे हुए थे। १५-१६ में दो तीन ही तरुण थे, बाकी सभी तरुणियां थीं। यहांवालों को भी यह भ्रान्ति है, कि उर्दू ही भारत की बहु-प्रचलित भाषा है। द्वितीय यात्रा के मेरे परिचित और डा० श्चेर्बात्स्की के शिष्य संस्कृत प्रोफेसर सिरयेफ़ भी आज कल यहीं उर्दू पढ़ाते थे। परीक्षा-स्थान में कुछ मिनट बैठने तथा विद्यार्थियों और अध्यापकों के साथ शिष्टाचार प्रदर्शन करने के बाद दत्तभाई मुझे अपने कमरे में ले गये। एक टांग बेकार होने से वह अपनी काँख की लकड़ी के सहारे चल रहे थे। सात ही वर्ष पहिले मैंने भाभी दत्ता को तरुण सुन्दरी के रूप में देखा था और अब वह बूढ़ी मालूम हो रही थीं, चेहरे पर कुछ झुर्रियां भी आगयीं थीं। दत्तभाई बात में लगे और भाभी चाय तैयार करने में। वह भारत के बारे में पूछते रहे, मैं अपने पूर्व-परिचितों के बारे में। उन्होंने कहा—मास्को में ही क्यों न चले आयें, यहां भी पढ़ाने का काम मिल सकता है।

साढ़े सात बजे अभी शाम आने में बहुत देर थी, लेकिन हमें तो न जाने कितने मील अपरिचित ट्राम के रास्तों से होते अपने होटल में पहुँचना था। भाभी ट्राम के अड्डे तक पहुँचाने आयीं। उन्होंने बतलाया कि यहां से

४ नम्बर की ट्राम वहां जाती है। लेनिनग्राद या मास्को में ट्रामवाय का टिकट १५ कोपेक (प्रायः पांच पैसा) है। टिकट लेकर बैठ जाइये, जहां तक वह गाड़ी जायगी, वहाँ तक उसी टिकट से काम चल जायेगा। पांच ठहरावों के बाद हम मेत्रो (भूगर्भी) स्टेशन पर पहुँचे। रास्ते में देवदारों के उपवनों और सरोवरों का बड़ा सुन्दर नजारा था। आजकल घास की हरियाली चारों ओर दिखलायी पड़ती थी। रविवार होने के कारण छुट्टी मनाने के लिये लोग बड़ी भारी संख्या में इन उपवनों और सरोवरों का आनंद लेने आये थे। ट्राम से उतर कर स्कोल्नकी मेत्रो स्टेशन पर अखोत्निकीर्याद का टिकट लिया। मेत्रो यहीं से शुरू होती थी, इसलिये जगह मिलने में कोई दिक्कत नहीं हुई, लेकिन आगे बड़ी भीड़ थी— लोग सैर करके शाम को लौट रहे थे। ५ बड़े स्टेशनों को छोड़ते अखोत्निकीर्याद के छोटे स्टेशन पर उतरे, जो कि मास्को होटल के नीचे है। यह पहिले नहीं मालूम था, नहीं तो बहुत आराम से चला गया होता। अब रास्ता आसान मालूम होता था। होटल में पहुँचते समय मुझे आलू के खेतों में मिली बुढ़िया याद आ रही थी। उसके कपड़े बिलकुल मामूली थे। मैंने जब रास्ता पूछा तो वह फर-फर फ्रेंच बोलने लगी। कुलीनवर्ग की लड़की होगी, जिसके लिये जारशाही जमाने में संस्कृत-शिक्षित, और संभ्रान्त साबित करने के लिये फ्रेंच पर अधिकार प्राप्त करना आवश्यक था। इनकी संख्या शायद इतनी अधिक थी कि सबको विदेशी भाषा सिखाने का काम नहीं मिल सकता था।

९ जुलाई को सूर्यग्रहण था। आकाश में कहीं कहीं बादल थे, इसलिये सूर्य कितनी ही बार बादल में छिप जाता था। हमारे यहां होता, तो पुराने ढंग के लोग स्नान की तैयारी में रहते, बनारस के लिये ट्रेनों पर ट्रेनें छूटतीं। आज से आठ शताब्दी पहिले रूसी लोगों के पूर्वज सूर्य-पूजक थे— सूर्य ही उनका सबसे बड़ा देवता था। ईसाई धर्म ने इन्हें उस देवता के पंजे से छुड़ाया। न मालूम उस समय सूर्यग्रहण के समय लोग क्या करते रहे होंगे। कोई धार्मिक अनुष्ठान तो जरूर करते होंगे। लेकिन आज के रूसी भी सूर्य-ग्रहण को उपेक्षा की दृष्टि से नहीं देखते। चार बजे शामको हाथ में काले किये शीशे या कोई और

देखने के साधन के सहारे सूर्य को देख रहे थे।

देश छोड़े अब १० महीने हो रहे थे। ईरान में रहते अंग्रेजी पत्र मिल जाते, और कभी कभी सैनिकों या व्यापारियों के यहां से भारत के समाचार-पत्र भी देखने को मिलते, लेकिन यहां समाचार जानने का कोई साधन नहीं था। कुछ अंग्रेजी पत्र अन्तर्राष्ट्रीय घटनाओं पर विचार व्यक्त करने के लिये निकलते जरूर हैं, यद्यपि उनमें भारत के बारे में शायद ही कभी कुछ होता। पत्रों और पुस्तकों का मिलना उतना आसान नहीं था। "न्यू टाइम्स" के तीन अंक जब मिले, तो मुझे बड़ी प्रसन्नता हुई।

सूर्यग्रहण समाप्त होने के बाद उस दिन खूब वर्षा हुई। बिजली भी खूब कड़की। वर्षा का यह दृश्य देखते हुए मुझे भारत का वर्षाकाल याद आ रहा था—वहां का जुलाई अगस्त, घनघोर वर्षा का समय। जिस कमरे में मैंने आकर डेरा लगाया था, वह ऐसी जगह था, जहां धूप ज्यादा आती थी, जिससे वह गरम होजाया करता था, इसलिये आज मैंने ७२६ नं० के कमरे को ले लिया। यह कमरा अच्छा था। यहां नहाने का टब नहीं था, उसकी जगह "वर्षास्नान" का प्रबन्ध था। कमरा कुछ अधिक बड़ा, तथा सोफा आदि सब एक ही कमरे में थे। टेलीफोन काम कर रहा था, लेकिन रेडियो बिगड़ा हुआ था। उसकी मुझे जरूरत भी नहीं थी, क्योंकि अभी भाषा का ज्ञान अपर्याप्त था। मास्को के रेडियो से हिन्दी प्रोग्राम प्रसारित करनेवाले सज्जन भी आये। उनके पूछने पर मैंने बताया, कि हिन्दुस्तान में वह अच्छी तरह सुनाई नहीं देता, यद्यपि मास्को के और प्रोग्राम स्पष्ट सुनने में आते हैं। उन्होंने कहा—ताशकन्द से जोड़ने से शायद साफ हो जाय। फिर मैंने बतलाया कि जिस हिन्दी या हिन्दुस्तानी में मास्को से खबरें प्रसारित की जाती हैं, उसको भाषा बोलनेवाले नहीं बल्कि भाषा-तत्वज्ञ ही समझ सकते हैं। उन विचारों की एक दिक्कत यह भी थी, कि कोई हिन्दी या उर्दू भाषा भाषी वहां मौजूद नहीं था। दत्त भाई बड़ी अच्छी हिन्दी-उर्दू-बंगला बोल सकते थे, लेकिन शायद पैर से मजबूर होने के कारण उनसे वह काम नहीं लिया जाता था। बोलनेवाले रूसी होते थे, जिनका उच्चारण गलत

होता था और लिखनेवाले भी हिन्दुस्तानी भाषा के जानकार नहीं थे, जिससे उनकी भाषा कहीं कहीं तो डिक्शनरी से लेकर बनाई मालूम होती थी। आज कल १९५१ में भी मास्को के हिन्दुस्तानी प्रोग्राम की करीब करीब वही हालत है। हां, अब रूसी मुंह की जगह भारतीय (बंगाली) मुंह इस्तेमाल किये जाते हैं, जिनको कि बंगला के रूप में ही हिन्दुस्तानी बोलने का अभ्यास है। भाषा लिखनेवाले शायद कोई उसी देशके हैं, जिसके कारण वह बड़ी बेढंगी सी मालूम होती है। भाषा भी हिन्दी और उर्दूवालों के लिये एक ही इस्तेमाल की जाती है, जिसमें भ्रष्ट उच्चारण के साथ अरबी-फारसी की भरमार होती है। चाहे कोई समझे या न समझे, ब्राडकास्ट कर देना यही ध्येय मालूम होता है। (हाल में बिहार के एक बड़े कर्मठ कम्युनिस्ट नेताने, मास्को के हिन्दुस्तानी ब्राडकास्ट की भाषा को सुनकर बड़ा असन्तोष प्रकट किया था)। मैंने उनसे कहा, कि भारत के श्रोताओं की दिलचस्पी ज्यादा होगी यदि आप मध्यएसिया के लोगों के जीवन के बारे में अधिक बातें कहा करें।

विदेशी क्रान्तिकारियों को रूस में छिपकर रहने के समय नाम बदलना होता था, इसलिये बाज वक्त परिचित आदमी का भी पता लगाना मुश्किल हो जाता है। मास्को की एक तरुणी अपने भारतीय पिता के बारे में जानने के लिये बहुत उत्सुक थीं, लेकिन वह जो नाम बता रही थीं वह मलाबारी था। पीछे मुझे मालूम हुआ कि वह हमारे परिचित चक्रवर्ती महाशय की कन्या थीं। मैं साथी चक्रवर्ती को अच्छी तरह जानता था, लेकिन नाम बदला होने के कारण मैं उनकी कन्या को कोई हर्षप्रद समाचार नहीं दे सका। इसी तरह एक जावा के क्रान्तिकारी बीसों वर्षों से नाम बदल सोवियत में रह रहे थे। उनसे मेरा परिचय तेहरान में हुआ था, जहां मैं उन्हें आदिलखां के नाम से जानता था। पीछे समऊन नाम मालूम हुआ, यद्यपि यह भी उनका जावाका नाम नहीं था। आदिलखां और मैं कुछ दिनों तेहरान में एक ही होटल में रहे थे। मालूम है, कि मैं अधिकतर मिर्जा महमूद के साथ रहा। आदिलखां से पहिले भी बराबर मुलाकात हो जाया करती थी, और जावा और भारत के बारे में दिल खोलकर

बातें होती थीं। वह बड़े ही बहुज्ञ तथा दृढ़ क्रान्तिकारी पुरुष थे। वह छटपटाते थे, कि किसी तरह उनको जावा जाने दिया जाता। लेकिन कोई रास्ता हाथ नहीं आया और मेरे तेहरान से रवाना होने के कुछ समय पहिले ही वह मास्को लौट गये। उनकी एक चिट्ठी मिली थी, इसलिये १२ जुलाई को मैं सवा तीन बजे उनसे मिलने मास्को के पास के एक गांव उदेल्नया के लिये रवाना हो गया। यह गांव ३० मील से कम नहीं होगा। पहिले चार स्टेशन मेत्रो से गया, फिर कजान्स्की स्टेशन में बिजली-ट्रेन पकड़ी। पूरे एक घंटे की यात्रा थी। मैं अकेला था, और टूटी-फूटी रूसी भाषा एक मात्र सहारा थी। यह यात्रा भी इस बात को झूठ बतलानेवाली थी, कि रूस में हरेक आदमी के पीछे खुफिया लगा दिया जाता है। ट्रेन मास्को से बिल्कुल बाहर चली आयी। अब यहां ग्रामीण दृश्य थे, लेकिन बस्तियां कस्बों जैसी थीं। यहां के ज्यादातर लोग मास्को में काम करते हैं। मैंने समझा था, रास्ते में देवदार के घने जंगल आएंगे, किन्तु वह नाम मात्र के ही कहीं कहीं दिखलायी पड़े। सड़क की दोनों तरफ के खेतों में आलू और सब्जी लगी हुई थी। मास्को में इन चीजों की बड़ी खपत थी। कहीं कहीं जर्मन बमबारी के चिन्ह थे, लेकिन बहुत कम। आखिर उदेल्नया स्टेशन आ गया। छोटा सा स्टेशन बस्ती भी बहुत बड़ी नहीं, घर अलग अलग थे। मैं ढूँढ़ते ढूँढ़ते लकड़ी की कुटिया में पहुंचा। मेरे काले रंग— हमारे यहां के साफ रंगवाले भी उस सफेद-सागर में काले ही दिखाई पड़ते हैं-- को देखते ही एक स्त्री ने कहा— मैं जानती हूं। आदिलखां जावी होने के कारण मंगोली मुखमुद्रा रखते थे, किन्तु रंग उनका भी मेरे ही जैसा था। स्त्री ने अपने घर तक ले जाकर फिर अपनी कन्या मेरे साथ कर दी। कुटिया तो मिल गयी, लेकिन आदिल-दम्पती में से कोई घरपर नहीं था। घर की एक महिला ने पूछने पर कहा— न मालूम कब तक लौटेंगे। गर्मियों के दिनों में मास्को के लोग अक्सर नगर के पास के गांव-खेड़ों में चले जाते हैं। बिजली की रेल है ही, इसलिये आने जाने में घंटे-डेढ़-घंटे को कोई दिक्कत की बात नहीं समझा जाता। अधिक प्रतीक्षा न करके कार्ड छोड़-

कर लौट पड़ा। यहां के मकान हाते की भीतर थे, जिनमें देवदार और दूसरे वृक्ष लगे हुये थे। इन्हीं उपवनों में काठ के एकतल्ले-दुतल्ले मकान बने हुए थे, जिनमें नागरिक लोग कुटीर का आनन्द लेने आते थे। घरों के दूर दूर बसने से उदेलनया की बस्ती दूर तक बसी हुई थी। लौटकर स्टेशन आया, थोड़ी देर की प्रतीक्षा के बाद गाड़ी मिली और साढ़े सात बजे मास्को पहुंच गया।

मेरा कार्ड मिल गया था, इसलिये साथी आदिल मिलने आये। बड़े प्रेम से बहुत देर तक बातचीत होती रही। वह भी चाहते थे, कि अगर मैं मास्को में रहता, तो अच्छा होता। मुझे कोई विशेषता नहीं मालूम होती थी।

१४ जुलाई को मास्को के महान् बाग गोर्की-संस्कृति-उद्यान को देखने गया। पहिली यात्राओं में भी दो-बार इसको देख चुका था; लेकिन इस समय तो यहां का एक और जबर्दस्त आकर्षण था युद्ध की सौगातों की प्रदर्शनी। जर्मनी से युद्धके समय जितने अस्त्र-शस्त्र मिले थे, उनके नमूने यहां रक्खे हुये थे। दूर तक नाना प्रकार की तोपें रखीं हुई थीं। जिनमें कुछ दूर-मारक तोपें थीं, कुछ हल्की तोपें, मार्टर और फिर टंक-विध्वंसक तोपें। फ्रांस, बेल्जियम, चेकोस्लोवाकिया, हुंगरी, रूमानिया, इताली सभी देशों की बनी तोपें जर्मनों ने काम में लायी थीं। तरह तरह के टंक भी रक्खे हुए थे। दो इंच मोटे पत्तरवाले "चीता" टंक थे, व्याघ्र, और राजव्याघ्र टंक भी रक्खे थे, जो पानी में भी चल सकते थे। दो इंच मोटे फौलाद के पत्तर को तोप के गोलेने ऐसे तोड़ दिया था, जैसे कि किसी ने गीली मिट्टी के बर्तन को लकड़ी से बींध दिया हो। सोवियत तोपों की ऐसी करामात थी। रूस ने हमेशा से तोपों में कीर्ति हासिल की थी, जिसे सोवियत शासन ने विलुप्त नहीं होने दिया। हैंकल, मैसर्सश्मिथ, युन्कर, फोकउल्फ जैसे नाना प्रकार के बम-वर्षकों को भी देखा। एक जगह नाना प्रकार के योधक विमानों की पांती थी। बड़े बड़े युद्ध-यंत्र बाहर आसमान के नीचे रक्खे हुए थे। कितनी ही चीजें घरके भीतर भी सजाई हुई थीं। एक जगह तरह तरह की दवाइयों के नमूने थे। दूसरी जगह छोटे-छोटे हथियार थे। एक जगह प्रेषक-रेडियों का प्रदर्शन था। प्रदर्शनागारों में तरह तरह की जर्मन

सैनिक पोशाकें भी थीं। एक जगह जर्मन तमगों का ढेर था। हिटलर ने समझा था, कि मास्को के विजय करने पर हज़ार नहीं लाखों की संख्या में तमगे जरूरी होंगे। तमगे हिटलर के सिपाहियों के भाग्य में नहीं बदे थे, क्योंकि विजय हिटलर को नहीं उसके प्रतिद्वन्द्वियों को मिली। कपड़ों की कमी के कारण जर्मनी ने नकली कपड़े और दूसरी चीजें तैयार की थीं, जिन्हें जर्मन भाषा में "एर्सात्ज़" कहते थे। यहां एर्सात्ज़ की पोशाक और एर्सात्ज़ के बूट बहुत तरह के मौजूद थे। रूस में इनकी आवश्यकता नहीं पड़ी, और न यहांकी सर्दी में वह काम दे सकते थे। राइफलों, मशीनगनों, और सब मशीनों का भी बहुत अच्छा संग्रह था।

आज हमारे साथ वोकस की महिला पथ-प्रदर्शिका थीं। वहां से निकलते ही हम लोग पास ही में "दोम सुयूज" में मिश्रित संगीत देखने चले गये। वहां जन-नृत्य और जन-संगीत का सबसे अच्छा नमूना देखने में आया। मास्को से दक्षिण-पूर्व में अवस्थित रेज़ान जिले के दो जन-गीत गाये गये, जिन्हें लोगों ने आग्रह करके फिर-फिर सुना। मुझे आश्चर्य हो रहा था कि हमारे पूर्वी उत्तरप्रदेश के अहीरों का बिरहा कैसे यहां मास्को में आगया। भाषा रूसी अवश्य थी, लेकिन राग बिल्कुल बिरहा जैसा। अहीर भी तो शकों का ही एक कबीला था, जिन्हीं शकों की औलाद आजके रूसी हैं, इसलिये रेज़ान के जन-संगीत में बिरहा का आना कोई आश्चर्य की बात नहीं थी। लेकिन अहीरों को भारत गये दो हजार वर्ष हो गये। क्या जन-गीतों के सुर इतने चिरस्थायी होते हैं? अवश्य जन-गीतों का स्वर भाषा से अधिक चिरजीवी होता है। इस नाट्य मंडली में सौ से कम कलाकर नहीं थे। सभी जनता की चीजें दिखलायी और सुनायी जा रही थीं। हाल खचाखच भरा था। बीच में पन्द्रह मिनट का विश्राम देकर ८ से १० बजे तक प्रोग्राम जारी रहा। मुझे जहां नृत्य और संगीत का आनन्द आ रहा था, वहां यह भी सोच रहा था, कि यह वहीं संभव है, जहांपर काम करनेवालों के हाथ में राजशक्ति चली गयी हो। कलाकारों के सम्मान को देखकर ईर्ष्या होती थी। वह किसी वैज्ञानिक या प्रोफेसर से कम

सम्मानित नहीं माने जाते थे। मुझे वहीं ख्याल आया, मेरे अपने जिलेके बिश्राम ने भी बिरहे बनाये थे। करुणा-रस से सराबोर जन-कविता का उसने निर्माण किया था और जवानी में ही वह वियोगी मर गया। वह कविता करने के लिये कविता नहीं करता था, न उसके हृदय में उनके चिरस्थायी होने की अकांक्षा थी। जब मनमें कोई व्यथा मालूम होती, भाव पैदा होते, तो वह एक बिरहा बना लेता और उसे गुन गुनाता रहता। कागज पर उतारने का सवाल ही नहीं था। बिश्राम एक बिल्कुल ग्रामीण जन-कवि था। मैंने उसके कुछ बिरहों को पढ़ा था। मैं समझता था, कि बिश्राम के बिरहों को कुछ लोग बड़े प्रेमके साथ जमा कर रहे होंगे। लौटने पर मालूम हुआ कि बिश्राम अब इस दुनियां में नहीं है और उसके पन्द्रह-सोलह बिरहों से अधिक उतारे नहीं जा सके हैं। सोवियत में किसी बिश्राम को इस तरह विलीन होने की संभावना नहीं है।

चित्रशाला—लेनिनग्राद में एक से अधिक चित्र संग्रहालय हैं। मास्को की त्रेत्याकोफ चित्रशाला विश्व की चित्रशालाओं में एक महत्वपूर्ण स्थान रखती है। १६ जुलाई को मैं उसे देखने गया। मास्को के एक धनी-मानी नागरिक त्रेत्याकोफ को चित्रों के संग्रह करने का शौक था। उसने काफी संग्रह के बाद चित्रशाला के घर के साथ उन्हें नगर-सभा को अर्पण कर दिया। यह जारशाही युग की बात है। नगर सभा के हाथ में आने पर त्रेत्याकोफ चित्रशाला की उतनी उन्नति नहीं हुई, जितनी की सोवियत शासन के समय। यद्यपि त्रेत्याकोफ शोषक वर्ग का था, लेकिन उसके सत्प्रयत्न को देखकर बोल्शेविकों ने भी इस चित्रशाला का नाम त्रेत्याकोफ ही रहने दिया। त्रेत्याकोफ के समय सारे चित्रों का संग्रह पांच-छ कमरों में रहा होगा, लेकिन आज पचास से भी अधिक कमरे हैं। एक दिन में कोई उसे देख नहीं सकता। चित्र ग्यारहवीं सदी से २० वीं० सदी तक के हैं, अर्थात् यहां रूसी चित्रकला के एक हजार वर्षों का इतिहास सामने रक्खा हुआ है। तेरहवीं सदी तक चित्रों में धार्मिक भावों की प्रधानता थी, उनपर अधिकतर बिजंतीय और हल्का सा मध्यएसियाई चीनी प्रभाव था। सत्रहवीं सदीसे युरोपीय प्रभाव शुरू हो जाता है, जो कि १८ वीं १६ वीं

सदी में पूर्णता को प्राप्त होता है। युरोपीय प्रभाव के साथ ही व्यक्ति (पोर्तरेत)-चित्रण शुरू होता है। पोर्तरेत-चित्रण का हमारे देश में भी सदा अभाव रहा है। ग्रीक चित्रकला द्वारा प्रेरित पश्चिमी यूरोप ने इस महान् कला का विकास किया। पुराने रूस में कियेफ, त्वेर (कालनिन), नवोग्राद आदि कला-केन्द्र थे। इवानोफ का एक विशाल चित्रफलक यहां रक्खा हुआ था, जो कि दुनियां के अद्भुत चित्रों में है। इवानोफ ने यह चित्र ईसा के जीवन के संबंध में बनाया है। इस अद्भुत चित्रको बनाने की सामग्री जुटाने के लिये इवानोफ ने कई साल ईसा की जन्मभूमि में बिताये थे, और वहां के नर-नारियों भूमि-पहाड़ों, पशु-वनस्पतियों के बहुत से चित्र उतारे, जिनके आधार पर फिर इस चित्र को बनाया। चित्रशाला में कुछ चित्र त्रिपार्श्वीय हैं, जिनमें खंभे, कुर्सी-आदमी तथा दूसरी चीजें एक दूसरे से अलग खड़ी मालूम होती हैं। सोवियत-काल में उतने महान् चित्रकार नहीं पैदा हुए, जितने की १६ वीं सदी में थे। लेकिन पुश्किन और कालिदास प्रति-अर्धशताब्दी नहीं पैदा हुआ करते।

१७ जुलाई को पांच बजे फिर ट्रेन पकड़ी और लेनिनग्राद के लिये रवाना होगया। रास्ते के स्टेशनों में जंगली स्ट्राबरी बिक रही थी। पांच रूबल (तीन रुपये) में एक दोना स्ट्राबरी!

दत्तभाई — अप्रेल १६४६ में मास्को दुबारा जाने का मौका मिला। अबकी बार दत्त भाई से मिलने पर उनकी जीवनी के बारे में कुछ जानना चाहता था। २६ अप्रेल को जब मैं उनके यहाँ गया, तो वह अपने नगरवाले घरमें थे, इसलिये आलू के खेतों में खाक छानने की जरूरत नहीं पड़ी। दत्तभाई का नाम प्रमथनाथ दत्त था। उनके पिता मन्मथ नाथ दत्त टरनर मोरिसन कम्पनी के मुत्सुद्दी थे। उनकी मां का नाम स्वर्णकुमारी था। वह अपने माता-पिता के कनिष्ठ पुत्र थे। दो बड़े भाई नरेन्द्रनाथ और सुरेन्द्रनाथ थे। सुकिया स्ट्रीट (कलकत्ता) में इनका पैतृक घर था। जन्म संवत् उन्हें अच्छी तरह मालूम नहीं, लेकिन वह १८८८ के आस-पास रहा होगा। आरम्भिक स्कूल की पढ़ाई

समाप्त करके ट्रेनिंग एकडमी से १९०६ के आस पास इन्होंने इंट्रेन्स पास किया फिर वह जनरल एसम्बली में आई. ए. में पढ़ने लगे। बंग-भंग का जमाना था। बंगाल के दो टुकड़े करने के कारण बंगालियों में उग्र भावनाएं जाग उठी थीं। प्रमथनाथ उससे प्रभावित हुए बिना कैसे रह सकते थे ! फिर केवल असन्तोष करके दिल मसोस लेने से तो काम नहीं चलता। देशको गुलाम बनाने वालों, और प्रदेश को दो टुकड़ों में बांटनेवालों को कुछ सबक भी तो सिखाना चाहिये था। बंगाल में क्रान्तिकारियों के उस समय अनुशीलन और युगान्तर दो दल थे। दोनों का ध्येय था शस्त्र-बल से अंग्रेजों को भगा देश को स्वतंत्र करना। तरुण-प्रमथनाथ युगान्तर-दल में शामिल हो गये। आगे सिटी कालेज में वह आई. ए के द्वितीय वर्ष में पढ़ते थे। तीन साल तक वह पार्टी में रहे। इसी समय मिर्जा अब्बास (हैदराबादी) और एक दास-कानूनगो ने पेरिस में सीखकर पहिले पहल बम बनाया। प्रमथनाथ की भी इच्छा हुई कि बम बनायें और सैनिक शिक्षायें प्राप्त करें। देश में वैसा सुभीता न देख उन्होंने विदेश जानेका निश्चय किया। डा० कार्तिक बोस के भाई श्री चारुचन्द्र बोस ने रुपयों से सहायता की। उस समय अभी पासपोर्ट की दिक्कत नहीं थी— प्रथम विश्वयुद्ध के बाद अंग्रेजों ने पासपोर्ट की कड़ाई करदी, अब कोई सरकार से पासपोर्ट लिये बिना भारत की सीमा से बाहर नहीं जा सकता था। १९०८ ई० में प्रमथनाथ लंदन पहुँचे। उनकी उमर २० साल के आस पास रही होगी। प्रसिद्ध देश-भक्त श्याम जी कृष्ण वर्मा ने भारतीय क्रान्तिकारी तरुणों के लिये लंदन में "इंडिया हौस" खोल रखा था। प्रमथनाथ उसमें शामिल हो वहां से छात्रवृत्ति पाकर बैरिस्टरी पढ़ने के लिये दाखिल हो गये। लेकिन यह तो लंदन में ठहरने का बहाना मात्र था। इस समय सावरकर मदनलाल धींगड़ा, गौरीशंकर (अजमेरी) आदि से उनकी मित्रता हुई। प्रमथ महीने से अधिक वहां टिक नहीं पाये। यह मालूम ही है, कि मदनलाल धींगड़ा ने एक साम्राज्यवादी अंग्रेज (कर्जन वायली) को गोली का निशाना बनाया था, जिससे सारे इंगलैंड में सनसनी फैल गयी थी। प्रमथनाथ लंदन से भाग कर न्यूयार्क पहुँचे। न्यूयार्क

में उनकी जान पहिचान बर्कतुल्ला और जोशी (बड़ोदा) जैसे क्रान्तिकारियों से हुई और उन्होंने मिलकर वहां हिन्दुस्तानी एशोसियेशन स्थापित किया। अब प्रमथनाथ किसी कारखाने में मजदूरी करते और आयरलैंड की स्वतंत्रता की हामी आयरिश लीग के साथ मिलकर काम करते। अंग्रेजों से लड़े एक बोयर (दक्षिण अफ्रीकीय) ने उन्हें बम बनाना सिखलाया। उसी की सहायता से प्रमथनाथ का फ्रीमान से परिचय हुआ। फ्रीमान अपने पत्र "गैलिक अमेरिकन" में भारत की स्वतंत्रता के बारे में भी लिखा करता था।

प्राय: सालभर रहकर प्रमथनाथ पैरिस चले आये। उनको अब बाका-यदा सेना में भरती होकर सैनिक शिक्षा प्राप्त करनी थी। बिना सैनिक शिक्षा के अंग्रेजों के साथ लड़ाई कैसे की जा सकती थी? फ्रान्स में वह फ्रेंच विदेशी सेना (फारेन लिजियन) में भरती हो गये। इस सेनामें जर्मन, अंग्रेज आदि सभी जातियों के लोग थे। मार्सेइ में छ महीना रखकर उन्हें सैनिक शिक्षा दी गई, फिर वह फ्रांन्स के अधीन देश अल्जीयर के ओरान नगर में भेज दिये गये, जहां दो साल के करीब रहे। लेकिन भारत से दूर अफ्रीका में रहते हुए वह समय पड़ने पर देश में जल्दी कैसे पहुँच सकते थे, इसलिये भारत के नजदीक होने के लिये उनका ख्याल इंदो-चीनको ओर गया और लिजियन के एक छोटे अफसर बनकर हनोई चले आये। थोड़े ही दिनों बाद उन्हें फिर वापिस चला आना पड़ा, जब यह मालूम हुआ कि फ्रान्सीसियों के अधीन रहकर वह कोई काम नहीं कर सकते। फ्रान्स लौटकर वहां मदाम कामा के पत्र "वन्देमातरम्" में काम करते रहे। यहां उन्हें एक दूसरे भारतीय स्वतंत्रता-प्रेमी राना के सम्पर्क में आने का मौका मिला। प्रथम विश्वयुद्ध के आनेके संकेत यूरोप में प्रकट होने लगे थे। प्रमथ भाई को फिर ख्याल हुआ कि भारत के नजदीक कहीं चलें, इसलिये १९१३ ई० में वह तुर्की की राजधानी कस्तुन्तुनिया में आये। नौजवान तुर्क दलने तुर्की में काफी सफलता प्राप्त की थी, उसके नेता अनवर पाशा अब सुल्तान के बागी नहीं बल्कि रईसुल्वजरा (प्रधान-मंत्री) थे। प्रमथनाथ ने सेना में भरती होने की इच्छा प्रकट की। उनके भारतीयपने को ढांकने के लिये नाम

दाऊदअली पड़ गया। किन्तु जब भर्ती करने का मौका आया, तो अंग्रेजों का जासूस होने के संदेह में उन्हें भरती नहीं किया गया। हैदराबाद से अब्दुल कयूम बेग फैज़ (तुर्की) टोपी बनाने का काम सीखने गये हुए थे। हिन्दुस्तान में लम्बे फुंदने वाली लाल तुर्की टोपियों का काफी रवाज हो गया था। मूल स्थान फेज के नामपर उन्हें फैज कहा जाता था। दाऊदअली ने भी बेग के सम्पर्क में आकर फैज़ बनाना सीखना शुरू किया। अबूसईदका "जहाने इस्लाम" (इस्लाम संसार) अखबार निकलता था। दाउदअली उसके लिये अंग्रेजी से उर्दू में लेख अनुवाद कर देते थे। यह पत्र अरबी, फारसी और थोड़ा सा उर्दू में रहता था। इसी समय दाऊदअली मुहम्मद अली के "कामरेड" पत्र के विशेष संवाददाता थे।

१९१४ ई० में युद्ध आरम्भ होने के समय दाउदअली अभी कस्तुन्तुनिया में ही थे। अब नौजवान तुर्क उन पर विश्वास करने लगे थे। धीरे धीरे दाउदअली भारत की ओर खिसकने लगे। बगदाद में आकर छ मास रहे। फिर अफगानिस्तान की ओर बढ़ने के ख्याल से ईरानिया के भीतर अंग्रेजों के विरुद्ध प्रचार करने के लिये नौजवानतुर्कों ने उन्हें १९१६ में ईरान भेजा। बुशहर और शीराज़ होते यज्द में पहुँचे। विदेशी भाषाओं में फ्रेंच और इंगलिश के बाद तुर्की का उनको अच्छा ज्ञान हो गया था और अब फारसी के क्षेत्र में चले आये थे। वहां खानखोजे और मुहम्मद कोकनी मिले। प्रसिद्ध देशभक्त सूफी अम्बा प्रसाद उस वक्त शीराज में डटे हुए थे। उन्होंने एक मदरसा खोल रखा था, जिसमें बृहत्तर-इस्लाम पर लेक्चर देते थे। जनतांत्रिक दल के प्रचारक लूला से भी प्रमथनाथ का परिचय हुआ। यह सारे भारतीय वहां इसलिये जमा हुए थे, कि ईरानियों को अंग्रेजों के विरुद्ध उभाड़ें और मौका पाते ही भारत में स्वतंत्रता का झण्डा गाड़ने के लिये पहुँच जायें। १९१७ के मध्य में अंग्रेज कूटनीतिज्ञ साइक्स वहां पहुँच गया। ईरान का वजीर-आजम कवामुस्सल्तनत (पिता) अंग्रेजों का पक्षपाती था। उसने हिन्दुस्तानियों को पकड़वाना शुरू किया। सूफी अम्बाप्रसाद को डर लगा, कि अगर मुझे पकड़ के

अंग्रेजों के हाथ में दे दिया गया तो वह बुरी मौत मारेंगे, इसलिए उन्होंने जहर खाकर आत्महत्या करली। दाऊदअली, महम्मद अली, खानखोजे भाग कर कशकाई कबीले में शरणार्थी हुए। किसी ने कबीले के सरदार से इन लोगों का परिचय करा दिया था। वह लोग तंबू में रहते और नमाज पढ़ते। सरदार ने कह दिया था——ये अपढ़ लोग हैं, संदेह न हो, इसके लिये तुम अपने को पक्का मुसलमान दिखलाओ। साल भर के करीब वह कशकाइयों के पास रहे। युद्ध के बाद अंग्रेजी सेना १९१९ में हटी, तो दाऊदअली तेहरान पहुंच गये। वहां दारुलफनून नामक संस्था में अंग्रेजी पढ़ाने लगे। अंग्रेजी, फ्रेंच, जर्मन, तुर्की, फारसी अच्छी तरह जानते थे। अब दाऊदअली से बदलकर वह अब्दुल रहमान हो गये थे।

१९०२ ई० में तार पाकर दाऊदअली मास्को पहुंचे। उस समय मास्को में भारतीय क्रांतिकारियों का अड्डा सा जमा हुआ था। चट्टोपाध्याय, आचार्या, अवनीमुकर्जी आदि कितने ही भारतीय क्रांतिकारी मौजूद थे। इनमें से कोई कम्युनिस्ट शिक्षा-दीक्षा से होकर नहीं निकला था, इसलिये सब की मनोवृत्ति मध्यवर्ग की थी, और सभी अपने अपने नेतृत्व के लिए आपस में लड़ते रहते थे। भारत से हिजरत करके आये कितने ही लोग यहां मिले। पुराने परिचित बर्कतुल्ला भी अब यहीं थे। दाऊदअली की इच्छा हिन्दुस्तान के पास रहने के लिए इंदोचीन जाने की थी, लेकिन दूसरे ईरान भेजना चाहते थे। इधर भारतीयों की भीतरी कलह को देखकर दाऊदअली को दुःख होने लगा था। इसी समय प्रसिद्ध इंदोलॉजिस्त डाक्टर ओलदेनबुर्ग से उनकी भेंट हुई। उन्होंने कहा—— छोड़ो इस झगड़े को, चलो शिक्षा का काम करो। ओलदेनबुर्ग ने १९२२ में उन्हें लेनिनग्राद बुला लिया और प्राच्य प्रतिष्ठान में फारसी और बंगला पीछे उर्दू के भी पढ़ाने का काम दिया। दो साल तक उनका शरीर स्वस्थ रहा। अब वे ३६ के करीब थे, इसी समय १९२४ में गिर जाने से पैर में कड़ी चोट आयी। डाक्टर ने बांध दिया, जिसके कारण उनका दाहिना पैर हमेशा के लिए बेकार हो गया। सेनीटोरियम में रहने पर शायद कुछ फायदा

हो, इसलिये १९२७-१९२८ में वह कालासागर के तट पर गये। वहीं उनका लुबोव अलेकसेन्द्रोवना से परिचय और प्रेम हुआ। दोनों की शादी हो गयी। जिस समय (अप्रेल १९४६) उनसे मैं बात चीत कर रहा था, उस समय उन्हें शिक्षक का काम करते हुए २२ बरस हो गये थे। १९४१ में युद्ध आरम्भ हुआ। कितने ही और महत्वपूर्ण आदमियों की तरह प्रमथनाथ दत्त को हवाई जहाज से कजान भेज दिया गया, जहां वह छ मास रहे। फिर अगस्त १९३६ में मध्यएसिया में फरगाना की उपत्यका में चले गये। वहां मलेरिया ने पकड़ा। अभी युद्ध समाप्त नहीं हुआ था, तभी नवम्बर १९४२ में वह मास्को प्राच्य विद्या प्रतिष्ठान में पढ़ाने के लिये चले आये, और तब से यहीं रह रहे हैं।

* * *

८—पहिले तीन मास

जून जुलाई अगस्त रूस के गर्मी और बरसात के दिन हैं। इसे गरमी तो शिष्टाचार ही के लिए कह सकते हैं, क्योंकि जहाँ तक लेनिनग्राद का संबन्ध है, इस समय कोई ही हफता ऐसा होता, जिसमें अहोरात्र में किसी न किसी समय तापमान हिमबिन्दु से नीचे न जाता हो। तो भी इस वक्त हरियाली देखने में आती है। मास्को में तो पसीने की भी नौबत आई थी, किन्तु लेनिनग्राद में वर्षा होते समय, हवा तेज होने पर सर्दी बढ़ जाती। हमारे पिछवाड़े जर्मन हवाई आक्रमण के कारण गिर गये मकानों की जगह कई एकड़ खाली जमीन निकल आई थी, जिसको, जैसा कि मैंने पहिले कहा, लोगों ने क्यारी क्यारी में बांट लिया था। जुलाई के अन्तिम सप्ताह में वहां खूब हरियाली दिखाई पड़ती थी, आलू बढ़ गया था सलाद और प्याज को खाया जाने लगा था। हमारी दिनचर्या अगस्त के अन्त तक अधिकतर घर में रहकर पुस्तकों को पढ़ना, कभी कभी सिनेमा या नाटक देखने जाना। युनिवर्सिटी के प्राच्य-पुस्तकालय से काम की पुस्तकें यथेच्छ मिल जाती थीं। यहां आते ही यह निश्चय हो

गया था, कि सोवियत मध्यएसिया के बारे में एक ऐसा ग्रंथ लिखें, जिसमें उसके अतीत और वर्तमान का अच्छी तरह परिज्ञान हो सके। वर्तमान के लिए बहुत दिक्कत नहीं थी, क्योंकि उसके सम्बन्ध की सामग्री सुलभ थी। भारत लौटने पर पहिले (१९४७) के अन्त में ही मैंने सोवियत मध्यएसिया के नाम से उसे लिख भी डाला, किन्तु मध्यएसिया का इतिहास उतना आसान नहीं था। जब मैं उनके बारे में पुस्तकें पढ़ने लगा, तो मालूम हुआ कि युरोप की सम्पन्नतर भाषाओं— इंगलिश, फ्रेंच, जर्मन और रूसी —में भी कोई सुसंबद्ध इतिहास नहीं लिखा गया है।

डाक्टर बरन्निकोफ संस्कृत और भारतीय भाषाओं के ही पंडित नहीं हैं बल्कि रोमनी (सिगान) भाषा का भी उन्होंने विशेषतौर से अध्ययन किया है। मैंने उनकी पुस्तकें देखीं तथा रोमनियों के उद्गम के बारे में उन से बातचीत की। इसमें तो संदेह नहीं, कि रोम वस्तुतः हमारे डोम शब्द का ही परिवर्तित रूप है। यह घुमन्तू डोम किसी समय भारत से पश्चिम की ओर चले गये। लोली के नाम से प्रसिद्ध यह लोग ईरान और मध्यएसिया में मिलते हैं, किन्तु युरोप में उन्होंने अब तक अपने पृथक् अस्तित्व को कायम रखा है। इनकी भाषा में भोजपुरी, बुन्देलखण्डी, ब्रज और अवधी की विशेषतायें मिलती हैं। मेरा ख्याल था कि अधिकांश रोम (डोम) लोगों का सम्बन्ध मुसलिम सन् की सातवीं या आठवीं शताब्दियों (ईसा की तेहरवीं-चौहदवीं सदी) में भारत में विछिन्न हुआ। घुमन्तू होने से उनकी विचरण भूमि बहुत विस्तृत थी। वर्तमान काल में भारत में इतने निर्बन्ध होने के बाद भी हम पेशावर से रंगून और हरिद्वार से मद्रास तक इन्हें अपनी सिरकी लिये हुए घूमते देखते हैं। जब राजनीतिक निर्बंध उतना नहीं था, उस समय तो यह भारत से मध्यएसिया, ईरान तक का चक्कर काटते रहते होंगे। किसी समय राजनीतिक उथल-पुथल के कारण उनका भारत लौटने का रास्ता कट गया, जिसके कारण वह भारत से फिर संबन्ध जोड़ नहीं सके और पश्चिम से और पश्चिम की ओर बढ़ते चले गये। बन्दर, भालू नचाना, हाथ देखना आदि के साथ पश्चिम में जाकर उन्होंने घोड़ा पालने

बेचने का भी पेशा स्वीकार कर लिया। पश्चिम में वह भैंसों, गदहों या टट्टुओं पर घर लादे फिरने की जगह गाड़ियों का इस्तेमाल करने लगे।

स्वाध्याय और घर काम के सँभालने में विरोध है, इसका २४ जुलाई (१९४५) को पता लगा। बिजली की केतली में पानी गरम करने के लिये रखकर मैं लिखने पढ़ने के लिये चला गया। दो घंटे बाद होश आया, तो देखा पानी सारा सूख गया है, बर्तन का रांगा गल गया है, और तार भी जलने लगा है। केतली चौपट हुई, २०० सौ रूबल का चपत लगा।

लेनिनग्राद दो शताब्दियों तक रूस की राजधानी रहा—उस वक्त उसका नाम पितरबुर्ग था। इसलिए वहां राजधानी के अनुरूप बहुत सी संस्थायें कायम हुईं, जिन्हें मास्को के राजधानी बनने के बाद भी हटाया नहीं जा सका। लेकिन इधर कुछ संस्थायें तो लड़ाई के कारण इतनी उजड़ गईं, कि उनके फिर से जमने में देर लगेगी। २७ जुलाई को हम प्राणि-उद्यान (जूसद) देखने गये। किसी समय यहां पर हर तरह के जानवर रहे होंगे, लेकिन अब दो-तीन भालू, दो बानर, कुछ लोमड़ियां, उल्लू, बाज,गिद्ध,खरगोश, नीलगाय आदि रह गये हैं। जूसद के बहुत से मकान बम-वर्षा में नष्ट हो गये, लेकिन तब भी लड़कों की भीड़ इतवार को जमा हो जाया करती है। वहां से हम पार्क-कुल्तूर (संस्कृति उद्यान) में गये। भीतर प्रवेश के लिये दो रूबल देना पड़ता है। यह बहुत विशाल उपवन है, जिसमें देवदार और दूसरे वृक्षों की हरियाली है। घास के मखमली फर्श के साथ साथ टेढ़ी मेढ़ी जलधाराओं में नौका-बिहार का आनन्द मिलता है। उद्यान में जहां तहां सिनेमा, नाट्यगृह, नृत्यअखाड़े मौजूद हैं। एक जगह बहुत से नर-नारी नाच रहे थे। उद्यान का बैंड बज रहा था। नदी में नौका पर चार कुमारियां जोर से दौड़ लगा रही थीं। एक बड़ी नदी भी उद्यान के किनारे से जाती है, जिसके बालुकामय पुलिन पर तो लोगों का खासा मेला लगा हुआ था—तरुण तरुणी, बच्चे बूढ़े स्नान कर रहे थे। जुलाई के मध्यान्ह में पानी अब इतना सर्द नहीं रह गया था। मैं भी उतरा और चाहा कि नदी पार कर जाऊँ, लोला को डर लगा कि मैं कहीं बीच में ही न रह जाऊँ, तो भी

आधीसे अधिक नदी में तैर गया था, जहाँ से लौटने का मतलब था पूरी नदीपार कर जाना। खाने-पीने की चीजें जगह-जगह मिल रही थीं। यदि आप राशन-टिकट दे सकें, तो दो रूपये का माल आने डेढ़ आने में मिलता, नहीं तो विना राशन के भाव लेना पड़ता। एक गुल्ला आइसक्रीम का दाम ६ रूबल (प्रायः पौने चार रुपया) था। विना राशन चीजें बहुत महँगी थीं। मशहूर नौ पीतर-पाल दुर्ग सामने दिखाई पड़ रहा था, यहां के सैनिकों का बोलशेविक क्रांति में बहुत हाथ था। लौटते वक्त हम उद्यान के बाहर किन्तु पास में ही अवस्थित बौद्ध मंदिर होते गये। यह पत्थर की बहुत मजबूत और सुन्दर इमारत तिब्बती मंदिरों के ढंग की बनी हुई है। अब कोई यहां पुजारी नहीं रह गया था, इसलिये मूल्यवान् मूर्तियां और चित्रपट किसी संग्रहालय में रख दिये गये हैं। मन्दिर की कोठरियों का इस्तेमाल यदि ध्वस्त नगर के नागरिक अपने रहने के लिये करते हैं, तो कोई बुरी बात नहीं। मेरे सामने ही मंगोलीय जन प्रजातंत्र के प्रधान मन्त्री छोय-बल्सान् कुछ और मन्त्रियों के साथ मास्को होते लेनिनग्राद भी आये थे और मंदिर को देखने गये थे। यह तो केवल पूंजीवादी देशों का प्रोपेगंडा है, कि कम्युनिस्तों ने धर्म को अपने यहां से उठा दिया। रूस में रविवार को गिरजे और धर्म-स्थान जितने भरे रहते हैं, उनके चुतर्थांश भी भगत पश्चिमी यूरोप के गिरजों में नहीं देखे जाते। वस्तुतः संस्कृति, साहित्य और कला के क्षेत्र में किसी धर्म ने देश की जितनी सेवा की है, उसकी जड़ भी उस देश में उतनी ही मजबूत होती है। इसी कारण मंगोल लोग बौद्ध धर्म को वैसे ही अपना राष्ट्रीय धर्म समझते हैं, जैसे रूसी लोग ग्रीक चर्च को। मंगोल प्रधान-मन्त्री ने इस मंदिर को देखकर इच्छा प्रकट की थी, कि फिर यहां कुछ भिक्षु रखकर इसे आबाद किया जाये।

३० जुलाई को बूँदा-बांदी होने लगी, जिसके कारण सर्दी भी बढ़ गयी लोग कह रहे थे, अब शरद (पतझड़) शुरू हो गया, अब बराबर इसी तरह बर्षा-बूँदी और सर्दी रहेगी, और सूर्य के दर्शन कभी कभी हुआ करेंगे। सितम्बर में वर्षा बन्द होती है, किन्तु साथ ही सर्दी बढ़ जाती है। लेनिनग्राद शहर

में गैस लगाने की योजना काम में लाई जारही थी। पास के इलाके के पीट कोयले से बनाई गैस लाकर शहर में लगा देने पर ईंधन की बहुत बचत होती, इसलिये गैस योजना बनी थी। एक मध्यम-वर्गीय महिला कह रही थी—यह योजना दस वर्ष में पूरी होगी। लेकिन अपने रहते रहते ही मैंने कई मुहल्लों में म्युनिसिपैल्टी की ओर से गैस के चूल्हे भी लगे देख लिये। म्युनिस्पैल्टी को केवल गैस का पाइप ही नहीं बल्कि हरेक घर में चूल्हा भी लगा देना था, जिसके लिये थोड़ा-सा किराया जरूर देना पड़ता। लेकिन ३० लाख की आबादी के शहर के लिये यह कितना बड़ा काम था, इसे कहने की अवश्यकता नहीं। बाहर के बहुत से लोग समझते हैं, कि सोवियत के नागरिक तो अब होटल में खाना खाते हैं, उनके घरों में अब चूल्हे की आवश्यकता नहीं है। इसमें शक नहीं कि हर मुहल्ले में सामूहिक रसोईखाने भी हैं, लेकिन उनका उपयोग लोग समय-कुसमय पर करते हैं। मैं २५ महीने लेनिनग्राद में रहा; लेकिन मैंने अपने मुहल्ले के सामूहिक रसोई घर का मुँह केवल बाहर सड़क से ही देखा।

जितना समय बीतता गया, उतना ही मुझे भारत के समाचार के जानने की उत्सुकता भी बढ़ती गई। चिट्ठियां सेंचित होतीं, और वह भी बहुत दिनों बाद मिलतीं। हमारे कमरे में रेडियो लगा हुआ था, लेकिन वह स्थानीय रेडियो था। सोवियत के प्रायः छोटे छोटे नगरों में भी बड़े रेडियो स्टेशनों के प्रोग्राम को सुनकर टेलीफोन की तरह से पुनः प्रसारित किया जाता है। इनके यंत्र दो चार रुपये में मिल जाते हैं। ऐसे यंत्रों से शायद ही कोई घर खाली मिलेगा। किराया भी कम लगता है और अहोरात्र में बीस इक्कीस घंटे वह बोलता रहता है। जापान में पांच मिनट अंग्रेजी के लिए भी देते थे, किन्तु यहाँ वह भी नहीं था। संगीत की भरमार यद्यपि सोवियत के फिल्मों और नाटकों में नहीं होती, किन्तु इस रेडियो में उनके लिये काफी समय दिया जाता था। क्लासिकल (उस्तादी) संगीत सारी दुनिया में जान पड़ता है, एक ही सांचे में ढाला गया है। जैसे भारत के उस्तादों के संगीत को सुनने के लिये बड़े धैर्य की अवश्यकता होती है, वही बात यहां के बारे में भी है। गला

फाड़ना ही उच्च संगीत है, यह मानने के लिये मैं तैयार नहीं हूँ। संस्कृत में कहते हैं "गद्यं कवीनां निकषं वदन्ति" उसी तरह पश्चिम के लोग ओपेरा अर्थात पद्यमय नाटक को नाट्यकला की चरम सीमा बतलाते हैं। लेकिन उस्तादी संगीत की तरह ही ओपेरा को सुनने वक्त भी मेरा कान पकने लगता था। परम्परा किस तरह आदमी को बेवकूफ बनाती है, यह दोनों उदाहरण उसी के प्रमाण थे। पुरुषों को संगीत विद्या में हाथ नहीं लगाना चाहिये, यह तो मैं नहीं कहता लेकिन यह जरूर कहूँगा, कि पुरुष संगीत के शिक्षक और संगीत-शास्त्री ही हो सकते हैं। उनके पास मधुर स्वर पैदा करनेवाला कंठ नहीं है अधिकांश पुरुष गायक के वस्तुतः स्त्रियों के क्षेत्र में अनधिकार चेष्टा करते हैं। लेकिन उस्तादी संगीत में स्त्रियां भी पुरुषों का कम कान नहीं काटतीं, विशेषकर जब वह बेसुरा क्रन्दन शुरू करतीं, अथवा कोयल या किसी दूसरे पक्षी के स्वरको अपने कंठ से निकालना चाहती हैं। मैं जबरदस्ती कभी कभी रेडियोग्राम प्रोग्राम सुनने के लिये मजबूर होता था, क्योंकि घर में गुणग्राहक मौजूद थे। उस समय इस तरह के ख्याल मेरे दिमाग में दौड़ा करते थे। मेरी सबसे ज्यादा बेकरारी थी भारत का समाचार जानने की। धीरे-धीरे मुझे निश्चय करना पड़ा कि विदेशी समाचारों को सुनानेवाला एक रेडियो लेना जरूरी है। अभी यह यंत्र कम ही तैयार किये जाते थे, इसलिये उनका दाम बहुत ज्यादा था। मेरे साथी बतला रहे थे, कुछ महीने और ठहर जाने पर वह सस्ते मिलने लगेंगे।

५ अगस्त को रविवार होने से छुट्टी का दिन था। मेरे लिये तो पहिली सितम्बर को ही काम का दिन शुरू होनेवाला था। आज धूप थी। शामको थोड़ी थोड़ी बूँदा बांदी भी हुई। लोला की पदरूगा (सखी) सोफी वासिलि-येव्ना (वासिलियेफ-पुत्री सोफी) हमारे ही मुहल्ले में पास ही रहती थी। वह जारशाही जमाने के एक जेनरल जनरल की पुत्री, अतएव संस्कृत मध्यमवर्ग की संतान थीं। उनके कई विवाह हो चुके थे, जिनमें सबसे पिछला लड़ाई के दिनों में एक शोफर से हुआ था। लेकिन शोफर (मोटर ड्राइवर) का यह मतलब नहीं, कि वह हमारे यहां के ड्राइवर जैसा था। वह साथ ही मोटर-इंजीनियर

भी था, और बहुत सुसंस्कृत भी। शायद उसके माता-पिता रूस में बसे हुए जर्मन थे। सोफी को आजकल अपनी कमाई पर भरोसा करना पड़ता था, जिसके लिये वह एक कारखाने में काम करने जातीं, और चार सौ रूबल मासिक पातीं। उन्होंने तीन कमरे ले रखे थे, जिनके किराये में सौ रूबल चले जाते। तीनसौ रूबल में वह कैसे अपने दोनों लड़कों और अपना खर्च चला लेती थीं, यह समझना कुछ मुश्किल जरूर था, किन्तु उनके पास तीन तीन राशन कार्ड भी थे। सोफी का हमारे घर के साथ बड़ा घनिष्ट संबंध था, इसलिये किसी भी उत्सव या पर्वदिन में परस्पर बुलौआ जरूर होता। कभी कभी जब पर्व के उपलक्ष में शराब का दौर चलता, तो मुझे बड़ी कठिनाई होती, लेकिन पीछे लोगों ने जान लिया था, कि शराब न पीने का मैं कड़ा नियम रखता हूं। उनको इसका अर्थ नहीं मालूम होता था, क्योंकि उनके देश में शराब को पानी से अधिक महत्त्व नहीं दिया जाता, हां दाम के मँहगे होने की शिकायत जरूर की जाती थी। मैं किसी को शराब पीते देखकर घृणा नहीं करता, किन्तु जीवन में एक चीज को जब कभी नहीं छुआ, तो उस रिकार्ड को कायम रखने का लोभ जरूर रहता है।

६ अगस्तको हम यहां का एक रीनक (हाट) देखने गये। लकड़ी के बने हुए छोटे छोटे स्टालों की यह हटिया हमारे यहां की हटिया का कुछ विकसित रूप थी। फरक इतना ही था, कि यहांपर पेशेवर दूकानदार नहीं थे, आसपास के गावों के लोग अपने घरों में पैदा की हुई चीजें—साग-सब्जी, फल, अंडे आदि लाते, उसी तरह जिसको अपनी कोई अधिक प्रिय चीज लेने की इच्छा होती, वह भी आता। राशनकार्ड की यहां मांग नहीं थी, इसलिये हरेक चीज दस-गुने बीस-गुने दामपर मिलती थी। कोई अपना मक्खन इसलिये बेचता था, कि उस की जगह सिगरेट ले, कोई सिगरेट भी किसी दूसरी चीज के लिये बेचना चाहता था— सीधा अदला-बदला नहीं होता था। जूते भी मिल रहे थे, कोट और कपड़े भी। मैं तो इस ख्याल से गया था, कि अगर कोई पुराना रेडियो मिल जाता, तो ले आता, लेकिन वहां उसका कोई पता नहीं था। लोला

की एक रिश्तेदार महिला के यहां रेडियो था, लेकिन वह दीर्घ तरंग का था, जिसपर भारत या इंगलैंड को सुना नहीं जा सकता था।

सात अगस्त को खाते वक्त बड़ा आनन्द आया, जबकि अपने हाथके उगाये आलू को सूप में पड़े देखा। अभी वह दो-तीन तोले के थे; मालूम हुआ कि यहाँ की भूमि आलू के लिये बहुत अनुकूल है।

९ अगस्त को जापान के विरुद्ध सोवियत् का युद्ध आरंभ होगया था, अब रू। खबरें भी मैं समझने लगा था, लेकिन भारत की एक भी खबर न सोवियत के रेडियो पर सुनने पाता न यहां के अखबारों में ही।

१३ अगस्त को सोमवार का दिन था। आज विश्राम दिन का टिकट मिला था। संस्कृति-उद्यान तथा दूसरे विश्राम-स्थानों के लिये ऐसे टिकट सभी कार्यालयों में मिला करते हैं। युनिवर्सिटी, कॉलेज, दूकान, कारखाने, ऑफिस सभी जगह काम करनेवाले इससे फायदा उठाते हैं। टिकट का दाम ३० रूबल (प्राय: २० रु०) था, जिसमें ९ रूबल ही अपने देना पड़ता, बाकी मजदूर-संघ देता। यह कहने की अवश्यकता नहीं, कि प्रोफेसर हो या चपरासी, दूकान पर बैठनेवाला हो या कारखाने का मैनेजर, सभी दिमागी या शारीरिक काम करने, वाले स्त्री-पुरुष मजदूर-संघ के सदस्य होते हैं, और उनके वेतन से संघ का शुल्क कटता जाता है। संघ इस पैसे से अपने सदस्यों के मनोविनोद, स्वास्थ्य, बेकारी आदि के लिये प्रबन्ध करता है। यह एक दिन की छुट्टी का प्रबन्ध हमारे मजदूर संघ की ओर से था। हम उसे बिताने के लिये किरोफ-पार्क-कुल्तूर में गये, जिसके बारे में हम पहिले भी कह चुके हैं। नाट्यशाला की आज छुट्टी थी, नहीं तो उसका भी टिकट हमारे टिकट में शामिल था। सिनेमा देर से शुरू होनेवाला था, और उद्यान से हमारा मकान डेढ़ घंटे के ट्रामवाय के रास्तेपर था, इसलिये दोनों का ख्याल छोड़ना पड़ा। ९ बजे सबेरे ही हम रवाना हुए और साढ़े दस बजे उद्यान में पहुंचे। विश्राम लेनेवालों के लिये एक अलग कार्यालय है, जिसे "बाज़ा अद्‌ना दिनेव्‌नी अत्‌दिखा" (एक दिन विश्राम केन्द्र) कहते हैं। कार्यालय में टिकट का आधा लेकर हमारा नाम लिख लिया गया। कितने ही

और भी स्त्री-पुरुष आये थे, जिनमें स्त्रियों की संख्या अधिक थी। आज इतवार नहीं था, इसलिये पहिले जितनी भीड़ नहीं दिखाई पड़ी। नीचे ऊपर दुमंजिले मकान में आठ कमरे थे, जिनमें नाचने, गाने, पढ़ने, घंटा खेलने के घरों में मनोविनोद का प्रबन्ध था। लेकिन विश्राम लेनेवाले आदमी घरों में बैठने के लिये यहां नहीं आते, वह तो प्रकृति की सुन्दर गोद का आनन्द लेना चाहते हैं। ११ बजे नाश्ता तैयार हुआ। रोटी अपने राशन-टिकट से लेनी पड़ी, नहीं तो बाकी चीजें विश्राम टिकट में सम्मिलित थीं। खाने की चीजों में लप्सा भी था, जिसका नाम हमारी लप्सी से मिलता जुलता है, किन्तु थी वह नमकीन सेवैंयाँ। मछली, और साथमें मीठी चायका एक ग्लास—बस यही प्रातराश था। रूसी लोग मीठी चाय, सो भी प्याले में नहीं शीशे के गिलास में पीते हैं। उसमें दूध डालना बेकार समझते हैं; हां यदि मिल सके तो कागजी नीबू का रुपये बराबर का टुकड़ा डालना बहुत पसन्द करते हैं। मध्यान्ह भोजन १ बजे के करीब हुआ। इसमें लोबिया और किसी साग का सूप (रसा) पहिले आया, इसके बाद दिन का मांस, उबली हुई बड़ी लोबिया के साथ, और अन्त में कम्पोत परोसा गया, जिसमें पतले मीठे शरबत में पड़ी हुई खूबानी थी। चीजें बहुत स्वादिष्ट नहीं थीं, किन्तु पुष्टिकारक अवश्य थीं। शामके भोजन में रेजका (मूली के पतले टुकड़े), चावल भरी कचौड़ी, (पेर्‌गमूरीसम) और मीठी चाय का गिलास था। यह शाम का भोजन नहीं बल्कि शामकी चाय थी।

"सर्वे सत्वा आहारस्थितिकाः" इस बुद्ध-वचन के अनुसार प्राणी मात्र की सबसे जबर्दस्त और अनिवार्य आवश्यकता है आहार, जिसके बारे में पहिले कहना आवश्यक था। लेकिन १०-११ घंटे जो हमने उद्यान में बिताये, वह केवल खाने-पीने में ही नहीं बीते। प्रातराश के बाद हम स्नान के लिये नदी तट पर गये। वहां एक अच्छा खासा मेला लगा हुआ था, जिसमें स्त्रियों की संख्या अधिक होना हमारे देश के लिये कोई नई बात नहीं थी। स्कूलों के छोटे लड़के लड़कियां भी अपनी अध्यापिकाओं के साथ काफी संख्या में आये थे।

पुरुष जांघिया या स्नान-परिधान पहिने स्नान कर रहे थे, स्त्रियां स्नानपरिधान स्तनबन्ध और जांघिया में ज्यादा थीं। छोटे लड़के लड़कियां नंगे नहा रहे थे। नहाना, तैरना, फिर बालू में आकर लेटे लेटे धूप लेना, उसके बाद फिर नहाना और तैरना। दो बार मैं भी आधी नदी तक तैरने गया। धूप लेना यहां के लोग बहुत पसन्द करते हैं, और हफ्तों धूप लेते लेते जब इनका रंग कुछ कुछ ताम्रवर्ण हो जाता है, तो इसे बहुत पसन्द करते हैं, स्वस्थ शरीर का चिन्ह मानते हैं। स्त्री-पुरुषों के मिलने जुलने में कोई भेदभाव न होने के कारण अर्धनग्न-सौंदर्य की ओर भी लोग बिलकुल साधारण सी दृष्टि डालते हैं। नहा धोकर घूमते घामते १ बजे हम फिर भोजनालय लौट आये। २ बजे मध्यान्ह-भोजन हुआ। वहां कपड़े-वाली आराम कुर्सियां मिल गयीं, जिनको लेकर हम नदी के तट पर वृक्षों के नीचे जा बैठे। हमारे पैरों के नीचे भी हरी हरी घास थी। कितने ही लोग यहां के पुस्तकालय से कोई उपन्यास या दूसरी पुस्तक भी लाकर पढ़ रहे थे। कुछ लोग कुर्सी पर पड़े पड़े सो रहे थे, और कुछ नहर के नौका विहार को देख रहे थे। नौका-विहार को देखकर मुझे कश्मीर याद आ रहा था। जार-शाही जमाने में यह उद्यान राजप्रासाद से संबद्ध था, और राजवंशियों तथा उनके अनुचरों के सिवाय कोई दूसरा भीतर आने नहीं पाता था। लेकिन, आज मजदूर अपने पैरों से इसे रौंद रहे थे। महल अब भी मौजूद है, जिसमें युद्ध के समय ग्राम-अर्थशास्त्रियों का स्कूल खुला था। थोड़ी देर हम भी चीनी थैला खेल खेलते रहे, फिर गाना सुना, फिर टहलते रहे। लेनिनग्राद महानगर है, वहां हित-मित्र सगे-संबंधी एक दूसरे से दूर रहते हैं, जिससे मिलना जुलना आसान काम नहीं है। यहां कभी कभी उनसे भी मुलाकात हो जाती है। लोला की सखी ब्लन्तिना अपनी मां के साथ आयी हुई थी। वह किसी पुस्तकालय में काम करती थी। लोला के कथनानुसार वह बड़ी अच्छी गायिका है। सुन्दरी भी थी। मैंने कहा— फिर नाट्यमंच पर क्यों नहीं गई? वहां हमें गाना सुनने का मौका नहीं था।

ट्राम के अड्डे पर आये। भीड़ इतनी थी, कि आध घन्टे तक ट्रामों में

जगह ही नहीं मिल सकी। फिर किसी तरह चढ़कर साढ़े नौ बजे घर पहुँचे। लेकिन अगस्त के साढ़े नौ बजे क्या साढ़े ग्यारह बजे तक गोधूली ही रहती है।

बाहर ही मनोरंजन और मनोविनोद की चीजें नहीं मिलती थीं, बल्कि घरके भीतर भी उसका काफी सामान एकत्रित था। लोला का अपने इकलौते पुत्र पर असाधारण प्रेम होना स्वाभाविक था, जिस पुत्रको उसने लेनिनग्राद के हजार दिनों के घिरावे में अपना प्राण देकर पाला था। जब राशन छटांक डेढ़-छटांक रह गया था, तब वह अपना खाना उसे दे देती और स्वयं भूखी रह जाती। एक बार वह इतनी निर्बल हो गई, कि खड़ी होते समय गिर पड़ी और सिर फूटने से उसके सूखे शरीर में से बहुत सा खून निकला। तो भी कितनी ही बार मुझे उसके प्रेम में अन्धापन ज्यादा मालूम होता था। लड़का जानता था कि उसकी माँ किसी बातसे इन्कार नहीं कर सकती, इसलिये जिद्द करना उसका स्वभाव हो गया था। सुबह उठते ही लोला अपने ईगर को बुलाती—"कपड़ा पहिन,ईगरुश्का,मोई किशिन्का" (कपड़ा पहिन ईगुरवा मेरे ललुवा) चाहे दो घंटा भी दिन चढ़ गया हो, लेकिन ईगर पड़ा सोता रहता। फिर थोड़ी देर में मां का ध्यान उधर जाता, तो चिल्लाकर उसी बातको दुहराती। ईगर को उसकी परवाह नहीं थी। वह अपने मन की करना जानता था। यद्यपि बालोद्यान में जाते ही अच्छा प्रातराश मिलता, फिर भोजन आदि का भी प्रबन्ध था। लेकिन लोला अपने किशिन्का को बिना कुछ खिलाये कैसे जाने देती? एक गिलास दूध पीने में किशिन्का १५ मिनिट लगा देता। बात न मानने पर बीच-बीच में लोला का चीखना-चिल्लाना जारी रहता। इस साल पहिली सितम्बर को ईगर स्कूल में जाने लायक हो गया था, क्योंकि उसके सात वर्ष में केवल चार दिन ही बाकी रहते थे, लेकिन लोला नहीं चाहती थी कि स्कूल में जाकर मजदूरों के लड़कों के साथ वह बिगड़ जाय। आखिर बालोद्यान में भी तो अधिकांश मजदूरों के ही लड़के-लड़कियाँ थे। लेकिन वहां बुद्धिवाद से क्या प्रयोजन था! कह रही थीं एक बजे स्कूल से छुट्टी हो जायगी, हम घरपर नहीं रहेंगे, फिर सारे मुहल्ले के गुंडे लड़कों में पड़ कर गुंडा बन जायगा। इसीलिये सात वर्ष में चार दिन कम

होने का बहाना लेकर उसे सालभर और स्कूल नहीं भेजा।

१७ अगस्त को हम "घिरे लेनिनग्राद की वीरता" नामक संग्रहालय देखने गये। यह नया संग्रहालय रीनेचना सड़क पर एक बड़े मकान में था। यह मुहल्ला पहिले रूसी अमीरों का था। इस संग्रहालय में १९४१–१९४४ तक के घेरावे का प्रदर्शन था। युद्ध से पहिले सोवियत के सारे औद्योगिक उत्पादन का १०·५ प्रतिशत लेनिनग्राद में पैदा होता था, इससे राजधानी न रहने पर भी लेनिनग्राद का महत्व मालूम होगा। इसी मुहल्ले में पुश्किन, चेकोव्स्की जैसे कलाकार रहे थे। वहां रखी हुई चीजों में एक जगह एक छोटी लड़की की पैन्सिल से लिखी डायरी के कुछ पन्ने रखे हुए थे। एक दिन लिखा था—पिता मर गये, ...माता..................... फिर पन्ना खाली। लिखने वाला अब निर्जीव था!

१८ अगस्त को कई दिनों की धूप के बाद सबेरे थोड़ी सी वर्षा हुई। खटमलों और पिस्सुओं के मारे हम पहिले से ही परेशान थे, अब मच्छरों (कमारोफ) ने भी धावा बोल दिया। हमारा मुहल्ला शहर के एक छोरपर होने के कारण उसपर सबसे पीछे प्रबन्धकों की नजर पहुंचती, इसीलिये लड़ाई के दिनों में पैदा हो गये खटमल और पिस्सू अब भी यहां से नहीं हटाये गये थे। हम चाहते थे, अगर कहीं युनिवर्सिटी के नजदीक मकान मिलता, तो अच्छा, लेकिन मकानों की इतनी इफरात तो नहीं थी। प्रोफेसर होने के कारण हमें चार पांच कमरे मिलने चाहिये थे, लेकिन हमें वहां यदि दो कमरे भी मिल जाते, तो हम उससे संतुष्ट थे। युनिवर्सिटी के रेक्तर (चांसलर) ने मकानों के प्रबन्धक को खास तौरसे चिट्ठी दी, लेकिन मकान की समस्या तो तभी हल होनेवाली थी जब कि मकान बनाने की योजना पूरी हो। उसदिन ६ रूबल (चार रुपया) किलो (सवा सेर) खीरे बिना राशन-कार्ड के मिल रहे थे। लोला दस किलो खीरे खरीद लायी। कहा-सलाद बनेगा, अचार बनेगा। खीरे के अचार का रूस में बड़ा शौक है। पानी में खीरे को नमक डालकर रख देते हैं, और पन्द्रह बीस दिनों के बाद उसमें कुछ खट्टापन आजाता है, अचार तैयार होगया।

२० अगस्त को मेरा एक दांत दर्द करने लगा, २१ को वह पीड़ा और बढ़ती गयी। सोवियत शासन ने जो बड़े बड़े काम किये हैं, उनमें मुफ़्त चिकित्सा का प्रबन्ध भी एक है। हमारा ही उदाहरण ले लीजिये। हम अपने मुहल्ले के चिकित्सा-केन्द्र से मुफ्त चिकित्सा करा सकते थे, डाक्टरों को कुछ नहीं देना पड़ता था। हां, यदि बीमार रहने पर भी अस्पताल नहीं जाना चाहते तो दवाई का दाम देना पड़ता। तिरयोकी में युनिवर्सिटी का सैनीटोरियम था, वहां पर भी मुफ़्त चिकित्सा का प्रबन्ध था। इन दो जगहों के अतिरिक्त युनिवर्सिटी के भीतर एक बहुत भारी चिकित्सालय था, जिसमें दर्जनों डाक्टर काम करते थे। मैं दांत की पीड़ा से मजबूर हो युनिवर्सिटी के डाक्टर के पास गया। डाक्टर, एक महिला थी। उन्होंने देखकर बतलाया कि दांत में छेद हो गया है, स्नायु सड़ गयी है। दांत को उन्होंने छील दिया, घाव को साफ़ कर दिया। बिजली से चलने वाले दांत सम्बन्धी सभी आधुनिक यंत्र वहां पर मौजूद थे। मुझे दर्द इतना मालूम हो रहा था, कि चाहता था दांत ही उखड़ जाय तो अच्छा। महिला डाक्टर ने कहा— नहीं आपके दांत बहुत अच्छे हैं। बनावटी दांत उतने अच्छे नहीं होंगे, और एक दांत निकालने से दूसरे दांत कमजोर पड़ने लगेंगे। उन्होंने फिर कहा— "मैं प्रोसलिन भरकर ठीक कर दूंगी, किन्तु पहले भीतर का घाव अच्छा हो जाना चाहिये।" उन्होंने दांत को अच्छी तरह साफ करके अस्थायी तौर से प्रोसलिन भर दिया। २२ अगस्त को दिन-भर दांत अच्छा रहा, किन्तु रात को फिर दर्द बढ़ना शुरू हुआ। मैं बिल्कुल नहीं सो सका। ख्याल आता था, कि हनूमानबाहुक की पुस्तक होती, तो मैं भी तुलसीदास के शब्दों में बाहुपीड़ की जगह दांत-पीड़ बदल कर बजरंग बली की दुहाई देता। जान पड़ा, दांत के भीतर अभी भी मवाद है। २३ अगस्त को १२ बजे फिर डाक्टर के पास गया। रास्ते भर मार्मिक वेदना हो रही थी, दांत के छिद्र को खोलने पर वह कुछ कम हुई। डाक्टर ने भीतर साफ करके दवा भरदी। मैंने कहा छिद्र का मुँह न बन्द करें, क्योंकि उससे पीड़ा बढ़ जाती है। उस दिन शाम को बुखार भी आ गया। बीच बीच में अब मुझे डाक्टर

की सेवा में आना जरूरी हो पड़ा। इधर कुछ पेट भी गड़बड़ हो गया था, दूसरे डाक्टर ने पेट की बीमारी के बारे में देखभाल की। खून का दबाव नार्मल मालूम हुआ।

पहली सितम्बर को युनिवर्सिटी खुली मैंने। पहले डाक्टर को दांत दिखाया, तो उन्होंने उसको अस्थायी तौर से भरने से पहिले रोन्तेगिन (एक्सरे) फोटो और परीक्षा करने के लिये विशेषज्ञ के पास भेज दिया। इन्दुस (भारतीय) जानकर सभी की जिज्ञासायें बढ़ जाती थीं। एक्सरे विशेषज्ञ ने दांत का फोटो लिया, और उसे डाक्टर के पास भेज देने का वादा किया।

जापान पर विजय—३ सितम्बर (सोमवार) को जापान विजय के उपलक्ष्य में छुट्टी हुई। २ सितम्बर को तोकियो के बन्दरगाह में अवस्थित अमेरिकन नौसैनिक जहाज मिसौरी पर मेकार्थर के सामने जापानी मैकादो के प्रतिनिधि विदेश-मंत्री और सेना-पति ने अपनी हार पर हस्ताक्षर कर दिये। तोकियो रेडियो भी अमेरिकन हाथों में चला गया। मैंने तीन सितम्बर को अपनी डायरी में लिखा — इस समय दुनिया में अमेरिका का पल्ला भारी है। सिर्फ सामग्री-संपन्नता के कारण ही नहीं, बल्कि सैनिक साइंस की शक्ति के कारण भी--- अणु-बम का आविष्कार अमेरिका ने किया। अमेरिका पूंजीवादी जगत का प्रमुख अगुआ है। वह जर्मनी की भांति जाति-सिद्धान्त को सामने नहीं ला सकता, मगर पूंजीवादी गुलामी को सारे संसार पर लादने के लिये वह वैसा ही प्रयत्न करेगा, जैसा जर्मनी ने कबीली सामन्तशाही को लादने के लिये (किया) ...... बात से काम न चलने पर सैनिक शक्ति का प्रयोग (भी करेगा)। दुनिया के सभी प्रतिगामी स्वार्थ का समर्थन पूंजीवादी दृष्टि से अमेरिका करेगा। यूनान में कर रहा है। बुल्गारिया में पासा खिलाफ पड़ने की आशंका से (उसने) पार्लियामेंट चुनाव रुकवा दिया। हालैण्ड और बेल्जियम में (उसके लिये) निष्कण्टक क्षेत्र है। फ्रान्स और इतालो की जनता के रास्ते में अमेरिका भारी रुकावट साबित होगा, तो क्या तीसरा युद्ध आणवीय बमों और बाम पक्षियों का होगा?

५ सितम्बर को युनिवर्सिटी से लौटते वक्त मैं बालोद्यान में गया। पैदा होने से तीन बरस तक के लिये यह यसली (शिशु भवन) बने हुए हैं, चौथे से सातवें वर्ष के लिये अच्चाक (बालोद्यान) हैं। कमरों में बच्चों के लिये सोने के वास्ते चारपाइयां कतार से लगी हुई थीं, बिस्तरा साफ बिछा हुआ था। तीन वर्ष से सात ही वर्ष तक के बच्चे थे, किन्तु उनका पाखाना साफ था। हाथ मुँह धोने के लिये छोटे-छोटे नल लगे हुए थे और कुत्ता, बिल्ली आदि पशुओं की तसवीरोंवाली उनकी टावलें अलग अलग खूँटियों से लटक रही थीं। चीजों को रखने के लिये छोटी-छोटी आलमारियां भी उन्हें मिली थीं, जिन पर उनके जानवर की तस्वीर बनी हुई थी। कहानी सुनने, खेलने, खिलौने रखने के कमरे अलग अलग थे। एक हाल भी था। घर से बाहर खेलने और मनोविनोद के लिए उद्यान था। मेरे आने से पहिले ईगर के लिये सत्तर रूबल मासिक देना पड़ता था, किन्तु मेरे आने के बाद वह १४० हो गया। सभी लड़कों का खाना, रहना एक तरह का था, लेकिन फीस में इसका ध्यान रखा जाता था, कि कौन कितना बर्दाश्त कर सकता है। कम वेतन वाले माता-पिता को कम पैसा देना पड़ता, अधिक लड़के होने पर फीस माफ हो जाती थी। लड़के नौ बजे बालोद्यान जाते, और पांच बजे घर लौट आते थे। इस बीच में खाने का सारा इंतजाम बालोद्यान की ओर से होता था। बालोद्यान में लड़के लड़कियां दोनों इकट्ठा ही रहती थीं। आयु के अनुसार उनके चार वर्ग थे। यहां पुस्तक की पढ़ाई नहीं होती थी, न अक्षर सिखाया जाता। उन्हें स्वावलम्बी बनने की शिक्षा दी जाती। वह स्वयं अपना बिस्तरा ठीक करते। यद्यपि रसोई में मदद देना लड़कों का काम नहीं है, किन्तु बालोद्यान की बहनों (चाचियों) के साथ उनका इतना प्रेम हो जाता, कि वह बिना बुलाये भी सहायता करने के लिए चले जाते। ईगर खास तौर से अपनी चाची की रसोई में सहायता करने जाता था। बालोद्यान की चाचियों के साथ लड़कों का कितना मधुर सम्बन्ध हो जाता है इसका इसी से पता लगेगा, कि ईगर जब बालोद्यान से निकलकर स्कूल में भरती हो गया था, तब भी वह अपनी चाचियों से मिलने जाता था, और वहां

खाने और चाय का समय होने पर खा पीकर ही लौटता था। हम बहुत डाटकर कहते कि अगर खाना खाके आयेगा तो फिर नहीं जाने देंगे; लेकिन वह कहां होने वाला था। आकर कहता— क्या करूं, चाची तान्या ने नहीं माना। बच्चों की शिक्षा और सेवाशुश्रूषा पर सोवियत सरकार का सबसे अधिक ध्यान है, इसे कहने की अवश्यकता नहीं है। बालोद्यान का लक्ष्य क्या है, इसके बारे में एक सोवियत शिक्षा शास्त्री के निम्न वाक्य पठनीय हैं—"बालोद्यान तीन से सात वर्ष तक की चार श्रेणियों के बालक-बालिकाओं के लिये है। यहां बच्चे १०–१२ घंटे रहते हैं। कुछ बालोद्यान में इतवार को छोड़कर बाकी हफ्ते भर बच्चे रह सकते हैं। बालोद्यान स्थापित करने का उद्देश्य है बच्चों का अच्छी तरह लालन-पालन, और मां को काम करने की छुट्टी। बालक की शारीरिक और मानसिक शक्तियों के विकास के लिये यहां खेल के मुख्य साधन रखे गये हैं। बालक अपने जीवन के चारों ओर की परिस्थितियों में सक्रिय भाग लेता है और इस प्रकार अपने शारीरिक विकास को बढ़ाता है। बच्चों से जो खेल खेलाये जाते हैं, जो सीधे सादे मौखिक पाठ कराये जाते हैं, वह एक निश्चित व्यवस्था के अनुसार होते हैं, लेकिन उसमें सैद्धांतिक शुष्कता का पता नहीं, जो कि फ्रोबिल और मौन्तेसरी प्रणाली में पाई जाती है। सोवियत शिक्षा क्रम लड़के की भिन्न-भिन्न आयु की मनोवैज्ञानिक विशेषताओं को ध्यान में रख कर तैयार किया गया है। उसमें इस बात का ध्यान रखा जाता है— कि बच्चे की दिलचस्पी खेलने में जल्दी पैदा होती है, और वह हर एक चीज को साकार रूप में समझने की कोशिश करता है। ... खेलों के चुनने में लड़कों को स्वतंत्रता रहती है। सोवियत बालोद्यान शिक्षा-प्रणाली में बच्चों में निम्न भावों को पैदा किया जाता है— स्वतंत्रता-प्रेम, स्वास्थ्यकर आदत, परिश्रमशीलता, तथा चीजों को अच्छी तरह उपयोग में लाना, उनकी रक्षा करना, बड़ों के प्रति सम्मान, और सुन्दर वर्ताव। यह बालोद्यान के काम का मुख्य आधार है। हर २५ बालक पर एक शिक्षिका होती है, जो इससे कम पर भी हो सकती है।" वह बालक की चाची है, जिसके प्रेम को बालोद्यान छोड़ने के बाद भी लड़के नहीं भूलते। सोवियत

शिक्षा-प्रणाली ही नहीं, दूसरे भी इस तरह के आयोजनों में केवल प्रापेगेंडा की ओर ध्यान नहीं दिया जाता, ऐसा करने के लिये दस-बीस बालोद्यान और शिशु भवन काफी होते लेकिन ऐसे दिखावे से माताओं के लिये काम का समय नहीं मिल सकता था। लड़ाई के खतम हुए अभी एक महीना नहीं हुआ था। कि १ जून १९४२ को १८ हजार बालोद्यान थे, जिन में २० लाख रूसी प्रजातंत्र के बच्चे परवरिश पा रहे थे। १९४५ में रूसी संघ प्रजातंत्र के १४,२३५ बालोद्यानों में ७८, ३०, ००० बच्चे रहते थे। इन के अतिरिक्त ग्रीष्मावासों में २० लाख बच्चे अलग रक्खे गये थे।

मेरा ध्यान मध्य-एसिया की तरफ विशेष तौर से था। मैं समझता था, भारत की स्थिति वही है, जो कि बोलशेविक क्रांति से पहिले मध्य-एसिया की थी। इसलिए वहां साम्यवादी तजुर्बे ने कितनी सफलता पाई, क्या परिवर्तन किये, इसको सावधानी से देखना बहुत लाभदायक होगा। मैं अब की बार मध्य-एसिया नहीं जा सका, तो भी पुस्तकों से मैंने जितना भी ज्ञान प्राप्त हो सकता था, उतना प्राप्त किया और मध्यएसिया के विद्यार्थियों और दूसरों से भी मिलकर सूचना प्राप्त की। मुझे थोड़े ही अध्ययन के बाद पता लग गया, कि उपन्यासकार सदरुद्दीन ऐनी के ग्रन्थ मेरे काम में बड़े सहायक होंगे। ऐनी का पुत्र कमाल हमारे ही विश्वविद्यालय में पढ़ता था, यद्यपि वह हमारे विभाग से सम्बन्ध नहीं रखता था। ऐनी के "दाखुन्दा", "गुलामन", "अदीना" "यतीम" और "सूद-खोर की मौत" का मैं हिन्दी में अनुवाद भी कर चुका हूँ। उनके दो बड़े उपन्यासों का अनुवाद तो वहीं उर्दू में कर डाला था। ऐनी अपनी भाषा का प्रथम उपन्यासकार है। ऐनी से पहिले ताजिक भाषा में कोई पुस्तक नहीं थी। ताजिक भाषा फारसी की एक बोली थी। लेकिन क्रांति ने उसे शिक्षा का माध्यम बनाकर साहित्यिक भाषा के रूप में परिणत कर दिया। किसी भाषा के पहले मौलिक लेख के रास्ते में जो कठिनाइयां होती हैं और जिनके कारण जो दोष दिखाई पड़ते हैं, वह ऐनी में मिलते हैं। उसके दोष हैं, विशृंखलता, योजनाहीनता, पात्रों के अयोग्य संवाद। लेकिन गुण कहीं अधिक हैं। ऐनी दृश्यों का चित्रण बड़े

ही सुन्दर और स्वाभाविक ढंग से करना जानता है। मनोवैज्ञानिक विश्लेषण करने में भी वह सिद्धहस्त है। वर्ग-प्रतिक्रिया का वर्णन करनेवाले तो वैसे लेखक विरले ही मिलेंगे। ऐनी के अतिरिक्त गनी अब्दुला, जलाल इकरामी, लाहूती जैसे कितने ही दूसरे ताजिक ग्रन्थकारों की पुस्तकों को भी मैं पढ़ता था। मुझे अफसोस इसी बात का था, कि लेनिनग्राद के पुस्तकालयों में सभी पुस्तकें प्राप्य नहीं थीं। मैंने उनके लिये युनिवर्सिटी पुस्तकालय, प्राच्य-प्रतिष्ठान पुस्तकालय, लोक पुस्तकालय जैसे कई पुस्तकालयों की खाक छानी।

२१ सितम्बर को लोला का भंजा सेरगी आया। लेनिनग्राद के घिराव के दिनों में सेरगी के माता-पिता दोनों भूख से मर गये। वह जिस घर में रहा करते थे, उस पर बम गिर उसकी चारों छतों को बेधता नीचे तक चला गया। इस वक्त वह मकान खंडहर जैसा खड़ा था। सेरगी, जिसे रूसी प्रियालाप के अनुसार सियोंजा बना दिया जाता है, फौज में रेडियो-आपरेटर का काम करता था। अब सेनायें विघटित हो रही थीं, इसीलिये वह वहां से छुट्टी पा गया था। वह बड़ा फक्कड़ सा नौजवान था। उसे न काम की चिन्ता थी, न खाने की। पैसा हाथ में आया, तो दो दिन में पी-पिलाकर खत्म कर दिया और फिर कभी मौसी के यहां, और कभी दूसरे मित्र के यहां। किसी काम पर स्थिर हो कर रहना भी उसे पसन्द नहीं था। अगले साल उसने साइबेरिया की एक रेलवे लाइन में काम लिया था। लेकिन जाड़ा आरम्भ होते ही वहां से काम छोड़कर खाली हाथ लेनिनग्राद चला आया। आदमी वैसे बहुत अच्छा था। कोई भी काम होने पर बैठा नहीं रहना चाहता था। अगले साल उसने फिनलैण्ड की पुरानी भूमि में कोई काम स्वीकार कर लिया और जाड़े के आरम्भ होते होते वहां से भी चला आया। साथ ही एक कारेलियन तरुणी को भी लेता आया। बेचारी अगर अपने गांव में रहती, तो वहां खेती-बारी करती; यहां लेनिनग्राद नगर में उसके करने लायक कोई काम नहीं था; और सियोंजा फिर सोवियत के किसी दूसरे कोने में अकेले ही जाने की तैयारी कर रहा था। वह एक तरह का सोवियत घुमक्कड़ था। सियोंजा के उदाहरण से मालूम होगा, कि यह

प्रोपेगंडा कितना झूठा है कि रूस में हरेक आदमी से जबरदस्ती काम लिया जाता है। जहां तक सरकार का संबंध है, वह कोई जबरदस्ती नहीं करती। अपनी इच्छानुसार आदमी एक काम छोड़कर दूसरा काम पकड़ सकता है। हां, एक-दो महीने पहिले अवश्य काम छोड़ने की सूचना देनी पड़ेगी, ताकि प्रबन्धक दूसरे को नियुक्त कर सके। सियोंजा के उदाहरण से यह भी पता लगेगा, कि रूस में अभी पश्चिमी युरोप की तरह बाप के खाने का बिल देना तो दूर के सम्बन्धी को भी लोग समेटकर रखना चाहते हैं, और एक दूसरे की सहायता करना अपना कर्तव्य समझते हैं।

२२ सितम्बर को अब थोड़ी थोड़ी जाड़े की सर्दी आरम्भ हो गई थी। जाड़े की टोपियों के सिवा लोग अब जाड़े के ओवरकोट और पोशाक पहनकर सड़कों पर दिखाई पड़ने लगे। जाड़ों की टोपी अक्सर वहाँ चमड़े की होती है।

रूसी नाट्यमंच अपने बैले (मूक नाट्य) के लिए विश्वविख्यात है। मुझे ओपेरा पसन्द नहीं आता था, किन्तु नाटक बहुत पसन्द था, और सबसे अधिक पसन्द थी बैले। २६ सितम्बर को किरोफ (पुराना मारिन्सकी) तियात्र में प्रसिद्ध नाट्यकार चेकोव्स्की की बैले "सुप्ता सुन्दरी" (स्पेश्चया क्रसावित्सा) देखने गया। नृत्य सुन्दर, दृश्य मनोहर थे। शाला के पांचों तल और सामने की सीटें खचाखच भरी हुई थीं। सौ के करीब अभिनेता और अभिनेत्री इस बैले में भाग ले रहे थे। बच्चों की कहानी (पेरोकी) को आधार बनाकर चेको-व्सकी ने इस बैले को पिछली शताब्दी में तैयार किया था। दो शताब्दी पहिले के समाज को लिया गया था, इसलिये वेश-भूषा और दृश्यों में इसका पूरा ध्यान रखा गया था। नाच में भालुओं, बिल्लियों और बन्दरों के भी नाच थे। सोवियत नाट्यमंच बहुत पुराना है, उसी तरह उसके दर्शकों की परम्परा भी पुरानी है। जारशाही जमाने में स्त्रियां अपने बढ़िया से बढ़िया आभूषण, वस्त्र और सज्जा के साथ आती थीं, आज भी नाटक देखने के समय सोवियत नारी अपने को अत्यन्त सुन्दर रूप में सजाधजाकर वहां पहुँचती है। विश्राम के समय जब नर-नारी हाथ मिलाये बड़े हाल में मन्द गति से एक दूसरे के पीछे टहलते

हैं, उस वक्त नये से नया फैशन और बढ़िया से बढ़िया बन सौंदर्य-राशि को आप देख सकते हैं। वहां दर्शकों से दर्शिकाओं की संख्या अधिक थी और दर्शकों में भी अधिकतर सैनिक थे। अभी अभी लड़ाई से वह बाहर हुए थे, इसलिये सैनिक वेष का अधिक दिखाई देना स्वाभाविक था। दूसरे देशों में अपने सैनिक वेष या सैनिक तमगों को दिखाने का उतना शौक नहीं है। और जगह तो तमगों की जगह पर केवल उनके फीतों को कोट पर टांग लेना पर्याप्त समझते हैं, लेकिन सोवियत सैनिक १५–२० तमगों को भी छाती पर लटकाना आवश्यक समझते हैं। कुछ इसके अपवाद भी हैं। लोला विसवे के दिनों में लेनिनग्राद में रहकर काम करती रही, उसने अपने पुस्तकालय की बमों से रक्षा करने में काफी सावधानी से काम लिया, इस कारण उसे भी दो तमगे मिले हुए थे, लेकिन मैंने उसे कभी उन्हें लटकाये नहीं देखा।

२७ सितम्बर से सर्दी काफी बढ़ गयी। तापमान हिमबिन्दु के पास पहुँच रहा था। घर के भीतर भी सर्दी थी। मकान गरम होने की आशा भी कम ही मालूम होती थी। युद्ध के बाद नई व्यवस्था करने में समय लगता ही है, फिर घर अगर एकाध महीना गरम नहीं हुआ, तो उससे चीजों के उत्पादन में तो कमी नहीं हो सकती। लोग थोड़ी सी तकलीफ महसूस करेंगे, लेकिन उसके तो वह लड़ाई के दिनों से आदी हो चुके थे, जबकि सारे जाड़े भर मकान को गरम नहीं किया जा सकता था। घर के कार्यालय से मालूम हुआ, कि इस साल शायद नवम्बर में मकान गरम किया जाये, क्योंकि कोयले के खर्च के लिये पहिले कारखानों को देखना पड़ता है। युनिवर्सिटी में भी लकड़ी तो काफी रखी हुई थी, लेकिन मकान गरम करने के लिये नौकर नहीं मिल रहा था। मजूरों की बहुत जगहों में मांग थी, फिर वह वहीं जाना चाहते थे, जहां वेतन अच्छा हो। युनिवर्सिटी के अधिकांश मकान सौ-डेढ़-सौ बरस पुराने थे, जिस वक्त केन्द्रीय-तापन का अविष्कार नहीं हुआ था और लकड़ी जलाकर मकान को गरम किया जाता था। केन्द्रीय तापन में बहुत सुविधा होती है। सैकड़ों

कमरों के लिए एक जगह पानी गरम होता और उस के द्वारा हरेक कमरे में पहुँचा कर चिपटे-चौड़े नल पुंजों द्वारा कमरे की हवा गरम करदी जाती है। उसमें इतने आदमियों की आवश्यकता भी नहीं होती, न लकड़ी चीरकर तल्ले पर पहुँचाना पड़ता। हमारे पढ़ाने के कमरे न विषय के अनुकूल बटे थे, और न क्लास के अनुसार ही। एक दर्जन से अधिक कमरों को तो मैंने देखा न होगा अगर अध्यापक या क्लास के ख्याल से कमरे बांट दिये जाते, तो मकान गरम रखने में सुभीता होता। छात्रों में लड़कियाँ अधिक थीं। सोवियत के नर-नारी शारीरिक श्रम को बुरी दृष्टी से नहीं देखते। वह नीचे जमा किये हुए टाल से लकड़ियां उठा लाते और कमरा गरम करने की कोशिश करते। कुछ समय बाद देखा, कि आंगन में एक लकड़ी चीरनेवाली बिजली की मशीन भी लग गयी है, जिससे लकड़ी चीरने या टुकड़े करने का सुभीता हो गया था। तो भी जब विद्यार्थी एक कमरे को गरम करके दूसरे कमरे में चले जाते, तो वहां फिर से गरम करने की जरूरत पड़ती। २५० सौ रूबल में काम करने वाला कहां से मिलता? हमारे विभाग में एक या दो स्त्रियां काम करने को मिली थीं, जो किसी किसी कमरे को गरम रखतीं। सोवियत में मानव की समानता का उदाहरण यहां देखने को मिलता। साधारण अशिक्षित सी स्त्री लकड़ी जलाने का काम कर रही है। उसे महीने में दो-ढाई सौ रूबल मिलते हैं। उसी जगह कोई अकदमिक प्रोफेसर पढ़ाने आता है। अकदमिक होने से उसको ६ हजार रूबल मासिक पेंशन सम्मानार्थ मिलती है, प्रोफेसर होने के कारण ऊपर से साढ़े चार हजार रूबल मासिक और वेतन मिलता है। दूसरे कामों की आय को मिलाने पर उसे महीने में चौदह पन्द्रह या अधिक हजार रूबल मिल रहे हैं। लेकिन लकड़ी झोंकनेवाली स्त्री के सामने जाने पर अकदमिक प्रोफेसर अपनी टोपी उतारकर उसके सामने अभिवादन करता है, यदि उसका हाथ कालिख में सना नहीं है, तो उससे हाथ मिलाता है, यदि वह उसे अपने घर पर निमंत्रित करता है, तो एक साथ बैठ कर मेज पर चीय पीता है। इस प्रकार स्त्री अपनी शिक्षा और योग्यता की कमी को ही अपने वेतन की कमी का कारण समझती है, लेकिन

जहां तक मनुष्य का मनुष्य के साथ सम्बन्ध है, वह भी अपने को अकदमिक के बराबर समझती है। यही नहीं बल्कि यदि उस स्त्री के लड़के या लड़कियां हैं, तो उन्हें युनिवर्सिटी तक अपनी पढ़ाई करने में कोई बाधा नहीं है, क्योंकि पढ़ाई मां की जेब पर निर्भर नहीं है, बल्कि लड़के लड़की की इच्छा पर। जहां ९० फी सदी विद्यार्थी सरकारी छात्रवृति पा रहे हों, वहां गरीबी के कारण उच्च शिक्षा से वंचित होने की किसी को संभावना नहीं है।

मैं अक्सर ११ बजे अपने यहां से युनिवर्सिटी जाता, और तीन बजे ही वहां से चल देने की कोशिश करता, यदि पढ़ाई के लिये रहने की मजबूरी न होती। सबेरे नौ बजे और शाम के ५ बजे के समय ट्रामों में बड़ी भीड़ होती। बाज वक्त तो चढ़ना मुश्किल हो जाता। मैंने पीछे एक युक्ति निकाली। मैंने देखा कि नगर के केन्द्रीय स्थान की ओर जानेवाली ट्रामें जिस वक्त भरी रहती है, उसी वक्त दूसरी तरफ को जानेवाली ट्रामों में अधिकतर खाली रहती हैं। चार-पांच पैसा (पन्द्रह कोपेक) और कुछ मिनटों का सवाल था। मैं खाली ट्राम से उल्टी ओर चला जाता, आगे, केन्द्र की ओर आनेवाली कम भरी ट्रामों पर सवार होकर केन्द्र में पहुँचने पर भीड़ तो होती, लेकिन बैठने की जगह पहिले मिल गयी रहती। वस्तुतः लड़ाई के कारण लेनिनग्राद के लिये जितने ट्राम-डब्बों की अवश्यकता थी, उतने नहीं मौजूद थे, इसीलिये इतनी भीड़ रहती थी।

११ अक्तूबर को सर्दी अब अपने यौवन की ओर जा रही थी। रातको पानी जमने लगा था। बाहर जाने पर मेरे कान ठंडे होने लगते थे। अब वृक्ष कितने ही नंगे हो गये थे, और कितनों ही की पत्तियां पीली पड़ चुकी थीं। देवदार के झाड़ों को कभी पतझड़ का मुकाबिला नहीं करना था, और उन्हीं की तरह के कुछ और हिम-जीवी पेड़ थे, जिनके पत्ते अब भी हरे रह गये थे।

स्नानगृह— अभी तक स्नान अपने घर में ही कर लेता था, किन्तु अब जाड़ों के आगमन से गरम स्नानगृह की आवश्यकता थी। लेनिनग्राद के मुहल्ले

मुहल्ले में ऐसे स्नानगृह हैं। १२ अक्तूबर को मैं पहिले पहल सार्वजनिक स्नान-गृह में गया। १ रूबल देकर टिकट खरीदना पड़ा। स्नानगृह के भीतर दो प्रबन्धिक स्त्रियां थीं। जिसको टिकट मिल गया था, वह उसे ले जाकर प्रबंधिका को देता, जो उसे एक धातु का टुकड़ा देकर आल्मारी का ताला खोल देती। आदमी अपने सारे कपड़ों को उस आल्मारी में बन्द कर देता। हां, सारे कपड़ों का एक भी सूत उसके शरीर पर नहीं रह जाता। वहां सभी पुरुष ही पुरुष थे, स्त्रियां वही दो परिचारिकायें थीं। लोग निःसंकोच नंगे मादर-जाद थे, मुझे पछतावा हो रहा था, कि क्यों यहां फंसा, घर में ही गरम पानी करके नहा लेता, लेकिन अब तो आ चुका था। देखादेखी कोट-पेन्ट निकाल भी चुका था। सब निकालने पर भी जांघिया निकालने की हिम्मत नहीं हुई। परिचा-रिकायें बाबा आदम के खास पुत्रों के बीच में बड़ी बेतकल्लुफी से इधर से उधर घूम रही थीं और मैं था जो लाज के मारे धरती में गड़ा जा रहा था। आखिर जांघिया पहिने ही मैं आल्मारियोंवाले कमरे से नहाने के कमरे में गया। वहां कई पांतियों में बेंचे रखी हुई थीं, ठंडे और गरम पानी के कई नल जगह जगह पर लगे हुए थे। बहुत से लोहे के गोल बर्तन (एक बाल्टी पानी आने लायक) रक्खे हुए थे। लोग दो बर्तनों में अपनी इच्छानुसार गरम पानी भरकर बेंचों पर बैठ कर नहाते। कितने ही शरीर मलने में एक दूसरे की सहायता करते थे। मैं अपनी नैया अकेले ही खे रहा था। जब मैंने वहां आध घंटा स्नान करते, पैर मल मल कर धोते, आसपास के दूसरे आदमपुत्रों को देखा, तो मुझे अपनी बेवकूफी पर आश्चर्य होने लगा। मैंने सोचा शायद यह लोग समझें, कि इस आदमी को कोई बीमारी है, इसलिये यह जांघिया पहिने हुए है। मैंने उसी वक्त कान पकड़ा और निश्चय कर लिया, कि अगली बार से फिर ऐसी बेवकूफी नहीं करूंगा। अब तो हर हफ्ते नहाने आना था। तब से देख लिया, कि सनीचर के रोज बड़ी भीड़ रहती है। इतवार के दिन उससे कम और सबसे कम सोमवार को होती है, इसलिये मैंने सोमवार को अपने नहाने का दिन निश्चित कर लिया। स्नानागार में वर्षा-स्नान (डूस) का भी प्रबन्ध था। लेकिन उसकी कल बिगड़ी

हुई थी, जो कि मेरे पच्चीस मास के रहने तक न बनी। शायद नया स्नानागार बनने जा रहा था, जिसके कारण मरम्मत करने की आवश्यकता नहीं समझी जाती थी। स्नानगृह में स्नान करके लोग वैसे ही पानी चूते आल्मारियों के पास आते, और फिर अपने तौलिया से शरीर पोंछते। अगर कोई चाहता, तो उतने समय में अपने कपड़ों को परिचारिकाओं को देकर स्त्री भी करवा सकता था। एक दो रूबल दे देने से काम चल जाता। बिना राशन के लेने पर हमारे यहां की चार-पांच आने की साबुन की टिकिया का दाम पचास-साठ रूबल था। पामोलिव जैसे साबुन की टिकिया का दाम सौ रूबल (पैंसठ रुपये) होता, साबुन का डब्बा भी यहां साठ रूबल से कम का नहीं था। मैं अपना पैंसठ रुपये का साबुन और बीस रुपये का डब्बा यहीं भूल आया, वह फिर कहां मिलनेवाला था। मुझे यह संतोष हुआ कि डब्बा और साबुन मैं ईरान और हिन्दुस्तान से लाया था, जहां उसका दाम एक-सवा-रुपये से अधिक नहीं था।

१२ अक्तूबर को असली जाड़े की ऋतु के आगमन का मुझे पता लगा, जबकि सबेरे ८ बजे जरा-जरा बरफ पड़ती देखी। अब वर्षा का भय नहीं था। पत्ते बहुत कम हरे रह गये थे। अगले दिन तो बरफ रूई के बड़े बड़े फाहों की तरह गिर रही थी। अभी सभी भूमि उससे ढकी नहीं थी। देवदारों के ऊपर-नीचे पड़ी ताजा बरफ कितनी सुन्दर मालूम होती है। दोपहर के बाद ताजा गिरी बरफ पिघल गयी, और फिर कच्ची जगहों पर कीचड़ उछलने लगी। लोगों ने बतलाया, अभी तीन चार सप्ताह तक कीचड़ की दुनिया में रहना होगा, फिर जमीन रुपहली फर्श बन जायगी। यह समय सचमुच ही बहुत अच्छा नहीं मालूम होता था। ऊपर नरम बरफ पड़ी हुई है, लेकिन हो सकता है नीचे पानी-कीचड़ हो। मुझे तो अब सर्दी मालूम हो रही थी। चमड़े के कनटोप को पहिने बिना बाहर नहीं निकलता था, लेकिन अभी लोग नंगे हाथों काम कर रहे थे और बहुतेरे लोग तो सारे जाड़े भर कान ढांकने की आवश्यकता नहीं समझते थे, वह इतने सहिष्णु हो गये थे।

१९ अक्तूबर को सबेरे धूप निकली थी। जहां साग-सब्जी के खेत

लहरा रहे थे, वहां अब सफेद बरफ की चादर पड़ी हुई थी। सरदी खूब थी और मकान भी खूब ठंडा था। कपड़े सुखाने के लिये बाहर डाले थे। शाम तक कुछ सूख गये और जो गीले थे वह बरफ के रूप में परिणत हो गये। एक दिन रस्सी पर कपड़े को टांगा गया था, रस्सी इतनी बरफ बन गई थी, कि हम हाथ से उसे खोल नहीं सके। हाथों को नंगा करके खोलने पर वह खुद जवाब देने लगते, अन्त में खोलने की जगह रस्सी को काट लेना ही अच्छा समझा।

२१ अक्तूबर को दो बजे दिन से बड़े जोर की बरफ पड़ने लगी। रूई के फाये अकाश से नाचते हुए जमीन की ओर आ रहे थे। अब सारी खुली जगहें बरफ से ढँक गयी थीं। पांच महीने तक शायद अब वह स्थान नहीं छोड़ेगी। लड़के बरफ से खेल खेलने लगे थे। कोई पैरों में बांधने वाली स्की पर दौड़ रहा था, कोई स्केटिंग के खेल में लगे हुए थे। छोटे छोटे लड़के बिना पहिये की अपनी गाड़ियों (सानी) को लिये किसी साथी को ढूँढ़ने में लगे हुए थे, वह कोई ऊँची जगह देखकर सानी में लड़के को बैठा छोड़ देते, और सानी फिसलती हुई नीचे चली जाती।

२४ अक्तूबर को घर के भीतर भी तापमान ५° सेन्टीग्रेड था। २५ को वह ७° हो गया— हिमबिन्दु शून्य बिन्दुपर होता है। अभी तक कई दिनों तापमान शून्य बिन्दु पर था, तभी तो बरफ जमकर बैठी हुई थी। सात डिगरी पर तापमान के जाते ही सारी बरफ गल गयी, जहां-तहां पानी ही पानी दिखाई पड़ने लगा। २६ अक्तूबर को सबेरे बरफ की चादर सभी जगह पड़ी हुई थी, लेकिन सर्दी उतनी अधिक नहीं मालूम होती थी। बरफ जब अच्छी तरह पड़ती रहती है, और हवा न चलती हो, तो सर्दी सचमुच ही कम हो जाती है। २७ अक्तूबर को फिर बरफ पिघलती दिखाई पड़ी। अब मालूम हो गया कि बरफ और जल की आंख-मिचौनी शायद एकाध हफ्ता इसी तरह रहे।

मुझे यह आंखमिचौनी पसन्द नहीं थी, क्योंकि कीचड़ से बचना मुश्किल था। वैसे बरफ से ढंकी हुई पृथ्वी और देवदारों से भरे हुए वन दुनिया

के सबसे सुन्दर प्राकृतिक दृश्य हैं। वह भी समय आ ही जायगा, यह विश्वास था, लेकिन जब बड़ी सावधानी के बाद भी जाड़ों में दो तीन बार फिसलकर धरती पकड़ना पड़ा, तो अच्छा नहीं लगा। यही नहीं कि लोगों के हंसने का ख्याल आता था, बल्कि अचानक गिरने से कुछ चोट भी लग जाती थी। उस वक्त मुझे मालूम हुआ, कि सर्द मुल्कों के लोगों के लिये स्केटिंग करना कितना जरूरी है।

३० अक्तूबर को फिर मैंने बैले देखने का टिकट लिया था। सारे लेनिनग्राद के लोगों को टिकट मिलने की दिक्कत हो सकती है, किन्तु मैं रोज ले सकता था। इन्तूरिस्त (सोवियत की यात्रा एजेन्सी) का काम विदेशी मेहमानों को हर तरह से सहायता पहुँचाना है। मैं विदेशी प्रोफेसर था, और पिछले तीन चार महीनों से ऑफिस में मेरा काफी परिचय हो गया था। तो भी मैं नाटक बहुत ज्यादा देखने नहीं जाता था। उस दिन चैकोव्सकी का मूक नाट्य "हंस सरोवर" (लेबेदनोये ओजेरो) था, चैकोव्सकी की मुझ पर भी धाक थी, यद्यपि उसके उस्तादी संगीत को समझने की मेरे में शक्ति नहीं थी, लेकिन बैले को मैं बहुत पसन्द करता था। उसी मारिन्स्की-तियात्र में जाना था। नाटक साढ़े सात से ग्यारह बजे तक हुआ। दो टिकटों के लिये हमें छप्पन रूबल (प्रायः ३६ रुपये) देने पड़े। इसे सस्ता ही कहना चाहिये। तियात्र की एक भी सीट खाली नहीं थी और लोगों ने दो-दो हफते पहिले से टिकट लेने के लिये मार की होगी। अभिनेत्रियों में ग० न० किरिल्लोवा रूसी-संघ-प्रजातंत्र की जन-कलाकार की पदवी से विभूषित थी, दूसरी अभिनेत्री ब.क. इवानोवा भी उसी पदवी से विभूषित थीं। अभिनेता अ० न० सोल्यान्निकोव भी प्रसिद्ध कलाकार थे। राजकुमार जिदफ्रिद का पार्ट कलाकार उखोफ ने किया था। पहिले दृश्य में एक बड़े भोज को दिखलाया गया था। राजकुमार ने दावत दी थी, जिसमें बहुत से नर-नारी शामिल हुए थे। बैले का मतलब ही है, जिसमें वाणी का पूर्णतया बायकाट हो, इसलिये गूंगे संकेतों से सारे काम चल रहे थे। गोया जिस भाषा में यहां अभिनय हो रहा था वह अन्तर्राष्ट्रीय भाषा थी। बैले की सफलता का

एक ही प्रमाण है, कि आदमी को बिना वाणी के प्रयोग के सारी बातें साफ-साफ मालूम हो। बैले अपने नृत्य के कौशल के लिये भी प्रसिद्ध मानी जाती है। राजकुमार जिदफ्रिद ने बाण से उड़ते हुए हंस को मारा। उस वक्त सामने सरोवर का दृश्य जिस तरह का था, उसे देखकर कोई नहीं कह सकता, कि हम नाटक देख रहे हैं। सचमुच वहां सुन्दर पहाड़ों से घिरा एक विशाल सरोवर था, जिसमें पानी की लहरें भी उठ रही थीं, और लहरों का क्षीण स्वर भी सुनाई दे रहा था। उसी सरोवर पर से हंस उड़ता जा रहा था, जिसे राजकुमार ने बाण से बेध दिया था। आगे २४ बलेरिना (नर्तकियां) और उतने ही नर्तकों ने बड़ा सुन्दर नृत्य किया। द्वितीय दृश्य में सरोवर तरंगित था, जिसके ऊपर हंस-पंक्तियां धीरे धीरे तैर रही थीं। राजकुमार का पार्ट लेने वाले उस्तोफ ने अपने नृत्य से लोगों को मुग्ध कर दिया। तृतीय दृश्य में राजा का दरबार था। राजा-रानी सिंहासन पर आसीन थे। यह राजकुमार के जन्मोत्सव के उपलक्ष्य में हो रहा था। राजकुमार वहीं एक नटी के ऊपर मुग्ध हो गया। फिर अपनी प्रियतमा के ढूंढने के लिये राजकुमार को कितने ही देशों में भटकना पड़ा। जिन देशों की विशेषता वहां के नृत्यों द्वारा प्रकट की गई थी। इस में स्पेन के भी नृत्य थे पोलैंड के भी। चौथे दृश्य में भी कई सुन्दर नृत्य थे। मारीन्सिकी तियात्र के दरवाजे पर ट्राम का अड्डा है। नाट्यशाला के भीतर से नर-नारियों की भीड़ जो निकली तो, ट्रामोंमें जगह पाने में काफी समय लगा। खैरियत यही थी, कि सभी लोग एक तरफ नहीं जा रहे थे। सब अपने अपने नम्बर की ट्राम की खोज में थे। हम १२ बजे रातको उस दिन घर लौटे। चमड़े के ओवरकोट को पहनने से अब सरदी नहीं मालूम देती थी। वस्तुतः लेनिनग्राद की सरदी में मोटे से मोटा ऊनी कोट भी बहुत सहायक नहीं होता, यदि उसको चमड़े की सहायता न प्राप्त हो।

क्रान्ति महोत्सव—बोल्शेविक क्रान्तिको अब भी रूस में अक्तूबर-क्रान्ति कहा जाता है। पुराने पंचांग के अनुसार क्रान्ति अक्तूबर में हुई थी, यद्यपि आजकल महोत्सव प्रतिवर्ष ७ नवम्बर को मनाया जाता है। रूसका यह सबसे बड़ा

महोत्सव दिन (छिना प्राटनिक) है । हफ्ता भर पहिले से ही नगरों और गांवों में तैयारियां होने लगती हैं । युनिवर्सिटी में ४ नवम्बर को ही देखने से मालूम होता था, कि महोत्सव नजदीक है । ७ नवम्बर के दिन को जलूसों का जन-महा-सागर उमड़ता, उसमें छोटी संस्थाओं को कौन पूछता, इसलिये वह अपने प्रोग्राम को पहिले ही से रखने लगती हैं । ५ नवम्बर को हमारे पास के बालोद्यान ने अपना महोत्सव मनाया था । जिनके बच्चे इस बालोद्यान में रहते थे, उनके माता-पिता निमंत्रित थे, और प्रायः सभी सम्मिलित भी हुए थे । लड़कों ने बाहर भी तैयारी की थी, लेकिन अधिकतर कार्यवाही बालोद्यान के शाल (हाल) में सम्पन्न हुई । बच्चे, मालूम ही है चार और सात बरस के बालोद्यान में रहते हैं । माता-पिता ने आज अच्छे अच्छे कपड़े पहिनाकर अपने लड़कों को भेजा था । लाल झंडिया लिये हुये दो पांती में जलूस निकालते, बालोद्यान के सभी लड़के-लड़कियां शाल में फिरे, फिर बाजे के साथ कुछ गाने हुए । गाने की समाप्ति के बाद "उरा" (हुर्रा) नाद भी आवश्यक था, फिर नाच । इस प्रकार आज प्रायः १० बजे से शाम के ४–५ बजे तक उनका कोई न कोई प्रोग्राम चलता रहा ।

७ नवम्बर के दिन सड़कों पर चलना आसान नहीं था । त्रामवाय नगर के केन्द्र (पुराने हेमन्त-प्रासाद के मैदान) तक नहीं जाती थी । नगर की मुख्य सड़क नेव्स्की से चलना भी मुश्किल था । रास्ते में न जाने कितने जलूस अपने झंडों, पताकों और नेताओं की तसवीरों के साथ चले आरहे थे । हम साढ़े आठ बजे घरसे निकले थे । इस समय भी वहां भीड़ दिखाई पड़ती थी । होटल-युरोपा के चौरस्ते तक ही जाया जा सकता था, दूसरे रास्ते में भी इसीतरह रोक थी । आगे वही लोग जा सकते थे, जिनके पास पास थे । हमें मालूम नहीं था, नहीं तो पास मिलना कोई कठिन नहीं था, इसलिये चक्कर काटने के लिये मजबूर हुये । प्रासाद के ऊपर की ओर दूसरे पुल से नेवा नदी को पार किया । सारा नगर जलूसमय मालूम होता था । जहां तहां सैनिकों के भी जलूस थे । तुषारकण बरफ के नाम पर जब तब ही पड़ते थे, किन्तु आसमान बादलों से ढँका

हुआ था, जिसके कारण सरदी भी कुछ बढ़ गयी थी। महोत्सव का दिन था फिर शराब पिये बिना कैसे गुजारा हो सकता था? कितनों ने सोचा—शाम की जगह सवेरे से ही शुरू करदो—"शुभस्य शीघ्रम्"। तो भी मीलों के सफर में एकाध ही शराबी मिले, यद्यपि वह मोरियों में लुढ़के नहीं थे। हम जलूस की समाप्ति के समय तक सड़क पर नहीं रह सके, तो भी साढ़े आठ से चार बजे तक पूरे साढ़े सात घंटे चलते ही रहे। जहां तहां मिठाइयों और खाद्य-वस्तुओं की सजी हुई लारियां चलती फिरती दुकान का काम दे रही थीं। सबके ऊपर अपनी अपनी फैक्टरियों का नाम था। लड़कों के लिये खिलौनों और मिठाईयों का पूरा हाट लगा हुआ था। चीजों का दाम साधारण राशन-विहीन दुकानों से कुछ कम अवश्य था, लेकिन तो भी इतना नहीं था, कि लोग टोकरी की टोकरी चीजें खरीद लाते। सारे शहर में बरफ का कहीं नाम नहीं था। प्रकृति ने अपना ऐसा नियम बना रखा है, कि जहां निश्चित बिन्दु पर तापमान पहुंचा कि बिना पहिले से तैयारी किये यकबयक पानी भाप बन जाता है, उसी तरह एक निश्चित बिन्दु तक तापमान के गिरने पर वह हिम बन जाता है। नवम्बर के आगे भी कभी कभी इस तरह तापमान की आंखमिचौनी देखी जाती थी। उस वक्त बरफ के पिघलने से चारों तरफ पानी ही पानी नजर आता था। हां, वृक्षों की या मकानों की छाया में सूर्य की किरणों के बहुत कम पहुंचने से बरफ नहीं गलती थी। इस साल बरफ कम पड़ने की बड़ी शिकायत थी।

९ नवम्बर को अभी भी मकान गरम नहीं हो रहा था। सरदी बहुत थी, जिसमें लिखना बहुत मुश्किल था। बिजली का चूल्हा जलाया, मगर उसमें कोई काम नहीं बना। बारह नवम्बर से जब मकान केन्द्रीय, तापन द्वारा गरम किया जाने लगा, तो मकान के भीतर का तापमान १०° या १२° सेन्टीग्रेड हो गया और घर के भीतर आराम से काम किया जा सकता था। लेकिन अब एक दूसरी अड़चन आई। तपानेवाली मशीन दिन-रात घर-घर करती हुई चलती रहती, जो कानों को बुरा मालूम होता।

१३ नवम्बर को जब ११ बजे पढ़ाने के लिये मैं विश्वविद्यालय

गया, तो नेवा में सवेरे बरफ बहुत थी, मगर शामको सब पिघल गयी थी। युनिवर्सिटी के अधिकांश मकान नेवा के दाहिने तट पर हैं। जहां से दुनिया के दो सबसे विशाल गिरजों में से एक ईसाइकी-सत्रोर सामने दिखाई पड़ता था। हम निश्चिन्त थे, कि अब बराबर के लिये मकान अहोरात्र गरम रहा करेगा। किन्तु १६ नवम्बर को मशीन खराब होगई, और मकान फिर ठंडे पड़ गये। मशीनों के विरोधी कह सकते हैं, कि मशीन-युगका अर्थ ही तकलीफें और तरद्दुद है। लेकिन क्या किया जाय, मशीन-युगसे बाहर जाया नहीं जा सकता। उस समय घर तपाना बहुत खर्चीला होगा, जिससे उसका उपयोग थोड़े ही आदमी ले सकेंगे। यह ठीक था, कि अभी सरकार और नागरिक संस्थाओं का सबसे अधिक ध्यान मकानों के बनवाने या मरम्मत कराने की ओर था। बहुत जगह तो उन्होंने जल्दी करने के ख्याल से, जिन दुतल्ले-तितल्ले मकानों को इंजीनियरों की सम्मति अनुसार मजबूत देखा, उन्हीं के ऊपर एक दो मंजिलें और खड़ा करना शुरू किया था। नींव से मकान बनाने और मकान के ऊपर एकाध मंजिल बढ़ाने में श्रम और सामग्री की बड़ी बचत थी, इसीलिये ऐसा किया जारहा था। बहुत से ऐसे मकान थे, जिनका लकड़ी का सारा सामान जल गया था, और तीन तीन चार-चार मंजिला दीवारें मजबूत खड़ीं थीं, ऐसे मकानों को पहिले हाथमें लिया गया था, क्योंकि उनके बनने में जल्दी हो सकती थी। मकानों की मरम्मत और बनाने का काम बड़ी तेजी से हो रहा था, क्योंकि नगरपालिका लोगों के कष्ट को जानती थी। सबसे ज्यादा आदमियों को उधर खींचा गया था। इसका एक प्रभाव मास्को, लेनिनग्राद जैसे नगरों की पुलिस पर पड़ा था। अब वहां सौ में नब्बे सिपाही स्त्रियां थीं। चौरस्तों पर रास्तों को स्त्रियों के ही हाथ दिखा रहे थे। ट्रामवाय के कंडक्टरों में तो शायद पहिले से ही स्त्रियां अधिक थीं; लेकिन अब ड्राइवरों में भी पुरुषों का पता नहीं था। दूकानों, आफिसों में तो पहिले से ही स्त्री-राज्य था। सोवियतवाले सोचते थे कि पुरुषों को भारी कामों में भेजना चाहिए, हल्के कामों को तो स्त्रियां कर सकती हैं। पीछे तो मकान बनाने का विभाग चौबीसों घंटे अखण्ड काम करता था।

हर आठ-आठ घंटे पर नये कमकर काम पर आ जाते थे। रात के अंधेरे को दूर करने के लिये रोशनी बिजली दे रही थी, लेकिन हिम-बिन्दु से नीचे के तापमान में घोली हुई सीमेन्ट सेकेन्डों में बरफ बन जाती, इसका हल उन्होंने पाईपों में भरी भाप द्वारा कर लिया।

२४ नवम्बर को भारत की खबर सुनने में आयी। पता लगा, विद्यार्थियों और जनता के प्रदर्शन पर कलकत्ता में पुलिस ने गोली चला दी। २१ २२ नवम्बर दोनों दिन हड़ताल रही। २५ को कलकत्ता की हड़ताल की खबर रूसी पत्रों में छपी। मालूम हुआ, दो दिन गोलियां चलीं। हड़ताल में दूकानदारों ने भी साथ दिया। ऐसी बड़ी खबर को भी जब दो तीन दिन बाद पढ़ने का मौका मिला, इससे आसानी से अन्दाजा लगाया जा सकता है, कि भारत की खबरें वहां कितनी दुर्लभ थीं, असल में खबरें तो पाठकों के लिये छापी जाती हैं। रूसी पाठकों में कितने होंगे, जो भारत की खबरों में दिलचस्पी रखते होंगे, इसलिये हमें कुढ़ने की आवश्यकता नहीं थी।

२७ नवम्बर को हमारे एक घनिष्ठ दोस्त तथा असहयोग के जमाने के सहकारी के पुत्र की चिट्ठी भारत से आयी। जब हम दोनों साथ काम करते थे, तो मित्र का यह छोटा सा बच्चा था। बड़ी प्रसन्नता हुई। लेकिन उपाधि में कुमार लिखने से कुछ संदेह की गंध आने लगी, तो भी डाक्टर की उपाधि से विभूषित देखकर संतोष हुआ। बहुत सालों बाद पता लगा, कि यह ग्रेज्युएट तो होगये हैं, लेकिन घरफूंकू बिगड़े तरुण हैं। मैंने हाल ही में "धरती की ओर" एक कन्नड उपन्यास के हिन्दी अनुवाद का संशोधन किया, उसमें एक पात्र इसी तरह का मिला। वह भी ग्रेज्युएट था, और उसने अपनी सारी सम्पत्ति और इज्जत को बेच खाया था। कभी कभी औपन्यासिक कल्पनाओं का अस्तित्व एक व्यक्ति में भी बहुत आश्चर्यजनक रूप से देखा जाता है। हमारे "कुमार" साहब पिता के मरने के बाद अकेले पुत्र होने से अकेला घर के अकेला मालिक बने। आदत पहिले ही बिगड़ चुकी थी। अधिक लाड़ प्यार और बुरी संगत से आदमियों के बिगड़ने की बहुत संभावना जरूर है, लेकिन कुछ के भीतर तो यह

मर्ज आनुवंशिक सा मालूम होता है, जिसका यह अर्थ नहीं कि आनुवंशिकता पिता माता से ही आये, उसकी तो बड़ी लम्बी बांह होती है। जो केवल संगत के कारण बिगड़ता है, उसके सुधरने की संभावना है, किसी समय भी वह पच्छता सकता है। मैं नहीं जानता कि "कुमार साहब" किस तरह के मरीज हैं। उन्होंने अपने पिता की सम्पत्ति उड़ा डाली, पिता के सगे चचा भी निःसन्तान थे, उनके जीवित रहते तक तो "कुमार साहब" कुछ संकोच में रहे, लेकिन उनके आंख मूंदते दो वर्ष भी नहीं हुए. कि वह भी सम्पत्ति हवा होगई। गांव के किसी आदमी ने मंदिर में अपनी सम्पत्ति लगाकर ट्रस्ट बना दिया था, जिसमें दादा के मरने पर "कुमार साहव" मान-न-मान मैं तेरा मेहमान बन गये, और उसमें से भी जो कुछ निकल सका, उसे फूंक-फांक दिया। "धरती की ओर" के नायक या उपनायक लच्चा ने अपनी सम्पत्ति समाप्त करने से पहिले ही गांव छोड़ दिया था, इसलिये उनका बोझ बड़े बड़े नगरों के ऊपर पड़ा। हमारे "कुमार साहब" गांव में ही डटे हुए हैं, और भले मानुषों की नाक में दम है। लोगों का लड़ाना ही एक मात्र उनकी जीविका का साधन रह गया है। जिस वक्त मुझे उनकी चिट्ठी मिली थी, उस वक्त यह सारे गुण मालूम नहीं हुए थे, वह घरमें असन्तुष्ट थे, इसलिये रूस चला आना चाहते थे, लेकिन रूसवाले अगर इस तरह लोगों के आने की सुविधा करदें, तब तो लाखों आदमी हिन्दुस्तान छोड़कर वहां आने के लिये तैयार हो जायेंगे। असन्तुष्ट शिक्षितों को भारत से रूस बुलाने में साम्यवाद को उतना फायदा थोड़े ही हो सकता है, जितना कि उनके हिन्दुस्तान में रहने पर।

२ दिसम्बर का दिन आया। तापन-मशीन अब भी बिगड़ी पड़ी थी। घरके भीतर तापमान हिमबिन्दु से भी १२ सेन्टीग्रेड नीचे था।

४ दिसम्बर को बादल घिरा हुआ था, सर्दी भी काफी थी, जबकि मैं युनिवर्सिटी गया। सभी छात्र-छात्रायें, अध्यापक-अध्यापिकायें और नागरिक जाड़ों की पूरी पोशाक में थे। स्त्रियों को अपनी पिंडली के सौन्दर्य को दिखाने के लिये रेशमी मोजा पहिने देखकर बड़ा आश्चर्य होता था। कैसे वह इतनी सर्दी उस पतले मोजे से बर्दाश्त कर लेती थीं। किसी ने यह बतलाकर समाधान

कर दिया—आंख मुंहपर कौन चमड़े की पोस्तीन पहिनता है ? आज युनिवर्सिटी में पढ़ाई नहीं थी, हमारे भारतीय-विभाग की मासिक बैठक थी। विभागाध्यक्ष बरान्निकोफ और दूसरे अध्यापकों के साथ विद्यार्थियों के भी कुछ प्रतिनिधि उपस्थित थे। विद्यार्थियों की पढ़ाई की आलोचना हुई—जहां कुछ बातों के लिये प्रशंसा हुई, वहां कुछ बेपरवाही की शिकायत भी की गई। लेकिन प्रशंसा और निन्दा का अधिकार केवल अध्यापकों को ही नहीं था, विद्यार्थी भी अपने अध्यापकों की त्रुटियां बतला रहे थे। वस्तुतः लेनिनग्राद या सोवियत के दूसरे विश्वविद्यालयों में विद्यार्थियों की कोई समस्या ही नहीं है। हमारे यहां विद्यार्थियों की उच्छृंखलता और अनुशासन-हीनता की शिकायत करते हुए अध्यापक थकते नहीं। पूछते हैं—कैसे इनको ठीक रखा जाय ? मेरा युनिवर्सिटी से संबन्ध था, इसीलिये उसी के बारे में मैं अपने अनुभव से कह सकता हूं। छोटी बड़ी दूसरी शिक्षण-संस्थाओं में भी वहां छात्र-छात्राओं की कोई समस्या नहीं है, इसका कारण वहां की सामाजिक व्यवस्था और शिक्षण-संस्थाओं का संगठन है। युनिवर्सिटी का प्रायः हरेक छात्र और छात्रा तरुण कम्युनिस्ट सभा का सदस्य होता है, जिसका अनुशासन सबसे कड़ा है। उसके अनुशासन का उल्लंघन छात्र किसी भी हालत में करने की हिम्मत नहीं करता, क्योंकि यह आत्मानुशासन है—अनुशासन को बाहर से लादा नहीं गया है, बल्कि भीतर से प्रकट किया गया है। कोई छात्र या छात्रा ऐसे काम को करने की हिम्मत कैसे कर सकती है, जिसे अपने देश, अपने समाज और संगठन की दृष्टि से बुरा समझा जाय। साथ ही अध्यापकों और उनके छात्रों का संबन्ध स्वामी और दास, बड़े और छोटे का नहीं है। १७ वर्ष पूरा करके छात्र-छात्रायें युनिवर्सिटी के चौखट के भीतर प्रविष्ट होते हैं, जिनके संबन्ध में वहां के अध्यापक हमारे पूर्वजों की नीति "प्राप्ते तु षोडशे वर्षे पुत्रे मित्रत्वमाचरेत्" का पालन करते हैं। यही वजह है कि न छात्रों को वहां तरद्दुद उठाना पड़ता न अध्यापकों को।

जहां जून-जुलाई-अगस्त में दिन का पता ही नहीं था, गोधूलि और उषा में ही सिमटी हुई दो-तीन घंटों की रात खतम हो जाती थी, वहां ८

दिसम्बर को देखा ४ बजे से पहिले ही अंधेरा हो गया था। ताजी बरफ अच्छी होती है, जरासी कड़ी होने पर उस पर चलने में चुर-चुर की आवाज के साथ मानो अपने कोमल हाथों से वह पैरों को दबाती है। पुरानी हो जाने पर भी जबतक कि वह अछूती और सफेद दानेदार रहती है, तबतक कोई चिन्ता नहीं, लेकिन जब वह पत्थर होकर कुछ कुछ स्फटिक जैसी बन जाती है, तो हमारे जैसों की आफत आ जाती है। ६ दिसम्बर को बड़े इतमीनान के साथ पैर बढ़ाते हेमन्त प्रासाद के पास वाली सड़क से जा रहे थे, यकायक पैर फिसला और धड़ाम से ईजानिब ने जमीन पकड़ ली। इधर-उधर झांकने की आवश्यकता नहीं थी। वहां आदमियों की कमी नहीं थी, लेकिन उस देश के लिये यह नई बात नहीं थी, इसलिये किसी ने विशेष ध्यान नहीं दिया, अथवा लोगों का सांस्कृतिक तल इतना ऊंचा हो गया है, कि किसी को गिरता देखकर हंसना पसन्द नहीं करते। मुझे शिक्षा मिली, लेकिन कितनी ही सावधानी रखने पर भी पांच महीने के जाड़ों में दो-तीन बार गिरना जरूरी था। ऐसी धोखेबाज बरफ से जहाँ मैं संभल संभल कर चलता था, दूसरी तरफ देखता था तरुण-तरुणियां फिसलने का आनन्द लेने के लिये अच्छी खासी बरफ को भी फिसलाऊ बनाते चलते थे। बचपन से उन्हें स्केटिंग का अभ्यास है, इसलिये वह अपने शरीर को तौल लेते हैं। मैं इस अवस्था में उसे सीखने की हिम्मत नहीं कर सकता था। ८ दिसम्बर को नेवा की धारा बीच में थोड़ी सी बह रही थी, बाकी सारी जम चुकी थी। ९ दिसम्बर को तापन-मशीन के मरम्मत की अब भी बात नहीं हो रही थी। खैर, हमारे घर में एक बिजली की अंगीठी आ गई, जिससे कमरे के भीतर का तापमान १८ सेन्टीग्रेट रहने लगा, उसने एक कमरे को सुखद बना दिया।

१० दिसम्बर को हमें विश्वविद्यालय नहीं जाना था। सोमवार होने के कारण वह स्नान का दिन था। लोला काम पर गई थी। हम ईगर को घर में छोड़ स्नान गृह गये। लौटकर आये तो दरवाजा भीतर से बन्द था। बहुत खटखटाया, लेकिन कोई सुन नहीं रहा था। हार गये, तो खिड़की की ओर से जाकर आवाज दी। तब भी कोई सुनवाई नहीं हुई। घंटेभर करते रहे। फिर तरह तरह की

चिन्ता मन से जाने लगी। हरेक घर को एक कन्तोल (नियामक) कार्यालय रहता है। हमारा कन्तोल सीढ़ीपर खुलनेवाले हमारे दरवाजे की दूसरी तरफ था, जाकर हमने वहां की बुढ़िया से कहा। उसने आकर जोर जोर से धक्का लगाया, तब हजरत की नींद खुली और आकर उन्होंने दरवाजा खोला। मैंने कहा— तुम्हारी मां से कहता हूँ, यह बन्दर बहुत खराब है, इसे हाट में बेंचकर दो छोटे-छोटे बन्दर लावेंगे, जो इतनी तकलीफ नहीं देंगे। फिर क्या था, हाथ पर पड़ने लगे। मैंने यह समझाने की कोशिश की थी, कि तुम्हारी मां छुटपन में हाट से एक बन्दरिया के पास से तुम्हें खरीद लायी थी। जब वह कहता— नहीं मैं तो मामा का पुत्र हूं। तो मैं कहता— तुम्हें याद नहीं है। तुम्हारे भी पूंछ थी। अम्मा ने उसे चाकू से काट दिया, फिर दवाई लगाकर के बहुत दिनों तक जोर जोर से मलती रही, तुम्हारे शरीर के बाल भी उड़ गये, फिर तुम आदमी के बच्चे की तरह होने लगे, अब तुम्हारा सारा शरीर आदमी के बच्चे जैसा है, लेकिन कान अब भी उसी तरह के हैं। ईगर का कान गांधीलमा है। लाड-प्यार का लड़का था। तीन-तीन चार-चार बरस के लड़के बरफ में निधड़क फिसलते थे, किन्तु ईगर को जरा भी हिम्मत नहीं होती थी। किसी भी हिम्मत के खेल को खेलने के लिये वह तैयार नहीं था। मैंने नेवा के घाटपर देखा— एक मां ने अपने चार-पांच बरस के बच्चे को सानी (बेपहिये की गाड़ी) में बैठा कर ऊपर से ३० गज नीचे की ओर खिसका दिया और वह बड़ी तेजी से सरकता हुआ नीचे चला गया। हिम्मत मजबूत करने का रास्ता यह है, लेकिन कांगरू मां क्या कभी अपने बच्चे के साथ ऐसी कर सकती है?

दिसम्बर आधा बीतते बीतते अब नेवा पूरी तरह जम गई थी, ऊपर दानादार चीनी सी सफेद हिमकी तह पड़ी थी। अब एक सुभीता हो गया था। पहिले हमें हेमन्त प्रासाद के नजदीक के पुल से नेवा को पार करने के लिये काफी चक्कर काटना पड़ता था और अब हम अपने प्राच्यविभाग के दरवाजे से निकलते ही नेवामें घुस जाते और नाक की सीध चलकर ईसाइकीसनोर पहुंचते। वहीं ट्राम की टिकान थी। चौरस्ते और केन्द्रीय राजपथ से अलग होने के कारण

यहां ट्राम खाली मिल जाती थी। हम मजे में ऊपर चढ़कर घर को रवाना हो जाते। यदि इन्तूरिस्त से काम होता— अंग्रेजी अखबारों के लालच में काम रहता ही था— तो थोड़ा ही आगे इन्तूरिस्त का कार्यालय भी अस्तोरिया होटल में था। बरफ और जाड़े का प्रभाव ट्रामवे की गाड़ियों पर भी पड़ता था। जहां शून्य-बिन्दु के पास तापमान पहुँचता, कि आदमी श्वास की जगह भाप निकालने लगते। आदमियों से भरी ट्रामवे में भाप जमा हो जाती, जो शीशे में जमकर उसपर एक खासी मोटी बरफ की तह लेप देती। रातके वक्त विशेष करके ट्रामवे में चढ़ने में एक दिक्कत यह होती, कि उतरने की ठिकान का पता नहीं लगता। लोग नाखून से खरोंच-खरोंच कर जंगले के शीशों में कुछ जगह बना लेते, जहां से बाहर देखते। तापमान के ऊपर उठते ही यह बरफ अपने आप पिघलकर गिर जाती। २२ दिसम्बर को ऐसा ही हुआ था।

क्रिसमस— २५ दिसम्बर ईसाइयों का सबसे बड़ा पर्वदिन है, लेकिन सोवियत में किसी भी धार्मिक पर्वदिन की छुट्टी नहीं होती। वहां लोग राष्ट्र के तौरपर धर्मका प्रदर्शन नहीं करते। हमारे यहां तो इन धार्मिक पर्वदिनों ने नाक में दम कर रखा है। हिन्दुओं के तो ३६५ दिन ही धार्मिक पर्व के हैं। अलग अलग संप्रदाय अपने अपने पर्व-दिनों की छुट्टी की मांग करते हैं। अंग्रेजों की चलाई परम्परा अब भी चली ही जा रही है। हाँ, नये, पुराने पर्वदिनों को आंख मूंद कर माननेवाली सरकार भारत के सबसे महान् ऐतिहासिक पुरुष बुद्ध के जन्म और निर्वाण दिवस के लिये एक दिन की भी छुट्टी करना नहीं पसन्द करती।

सरकारी छुट्टी न भी हो, सरकार चाहे बिल्कुल धर्म निरपेक्ष हो, किन्तु वहां की जनता व्यक्तिगत तौर से धर्म-निरपेक्ष नहीं है। आज भी रूसी गिरजे यतवार के दिन भक्तों से भरे रहते हैं। क्रिसमस के लिये हरी देवदार की शाखा खूब बिकती हैं, और बहुत कम ही ऐसे घर होंगे, जिनमें क्रिसमस वृक्ष लगा हो। बाप-दादा बचपन से क्रिसमस कल्पवृक्ष से सुपरिचित चले आये थे। सुन्दर हरी हरी देवदार-शाखाओं में तरह-तरह के खिलौने लटकते, बत्तियां

उतरती और उसकी फल या स्वादिष्ट मिठाइयों का फल लटकता। खिलौनों और मिठाई को लड़के कैसे भूल सकते हैं? इसलिये क्रिसमस का महत्व लड़कों के लिये बहुत था। यद्यपि रूसके नेताओं ने क्रिसमस के उत्सव को कालान्तरित करके बच्चों के दिवस और नव वर्ष के दिवस में परिणत करने की कोशिश की, लेकिन इसका फल इतना ही हुआ, कि अब २५ दिसम्बर की जगह लड़कों का उत्सव २५ से पहिली जनवरी तक का हो गया। हमारे घर में भी क्रिसमस कल्पवृक्ष गाड़ दिया गया था। उसके लिये खाने की मेज को एक ओर करना पड़ा। रंगीन बिजली के लट्टूवाले तार को भी शाखाओं में लगा दिया गया। कई छोटे छोटे खिलौने भी लटकाये गये। लड़के के लिये वैसे ही खिलौने की एक पूरी आलमारी भरी हुई थी, लेकिन फिर भी १ दर्जन नये खिलौनों की आवश्यकता जान पड़ी। अब तक ईगर को स्कोल्निक हो जाना चाहिये था, लेकिन जैसा कि पहिले कहा, चार दिन की कमी के कारण उसे अभी बालोद्यान में ही रखा गया था। यह लड़कों का सप्ताह था। सब अपने इष्ट-मित्रों को ले आकर अपने कल्पवृक्ष को दिखलाते और वह खिलौने, मिठाईयों और बिजली के लट्टुओं पर अपनी गम्भीर राय देते। २५ दिसम्बर १९४५ का क्रिसमस बहुत सर्द था। तापमान हिमबिन्दु से २७° सेन्टीग्रेट (या पचास डिगरी फारनहाइट) नीचे था। तापमान के ऊंचे होने का हम भारतीयों को ज्ञान है। जब १००° फारनहाइट तापमान होता है, तो शरीर में पसीना चूने लगता है, १०४° होने पर चिकलना होने लगती है, लेकिन हमारे यहां ऐसे भी स्थान हैं, जहां तापमान ११६° तक पहुंचता है; जब कि घरके भीतर भी गरमी असह्य हो जाती है, शरीर चिप-चिप करने लगता है, कोई काम करने का मन नहीं करता। ऐसे तापमान का अनुमान रूसवालों को नहीं हो सकता। उसकी जगह उनको अनुभव है हिमबिन्दु से ५०°, ६०° तक तापमान का नीचे जाना। सारी दुनिया में कितनी ही गणित संबंधी बातें एकसी मानी जाती हैं, लेकिन अंग्रेजों ने अपनी मथुरा को तीनों लोकों से न्यारी ही रखना चाहा है। इंगलैंड और इंगलैंड के साम्राज्य को छोड़कर सारी दुनिया में लोग सड़कों और रास्तों पर दाहिने चलते

हैं, लेकिन अंग्रेज "बायें चलो" की बात को मानते हैं। जिस वक्त भारत गणराज्य घोषित होने जा रहा था, उसके एक ही दो दिन पहिले मैंने नवनिर्वाचित राष्ट्रपति से कहा, कि अंग्रेजों के रख छोड़े कम से कम इस बड़े कलंक को तो दूर कर दीजिये और २६ जनवरी (१९५०) को गणराज्य की घोषणा के साथ साथ यह भी घोषित कर दीजिए—आज से हमारे यहां चलना दाहिनी ओर होगा। ईरान, अफगानिस्तान, चीन, जैसे छोटे बड़े हमारे पड़ोसी राज्य दाहिने चलने को मानते हैं; अमेरिका, और युरोप के सारे देश दाहिने चलने को स्वीकार करते हैं, फिर भारत क्यों अंग्रेजों के पीछे वाममार्गी बना रहे। राष्ट्रपति ने पसन्द किया, लेकिन वह अपने को असमर्थ पाते थे, कहा— नेहरूजी से कहिये। भला नेहरू जी की खोपड़ी में कभी यह बात धँसनेवाली थी।

माप में भी सारी दुनिया शतिक मानको मानती है। सन्तीमीतर, देसीमीतर, मीतर, किलोमीतर, अफगानिस्तान और ईरान तक में चलते हैं। सारी दुनिया इस वैज्ञानिक मान को मानती है। दशोत्तर वृद्धि के होने से हिसाब में इससे बहुत आसानी होती है, लेकिन अंग्रेज १२ इंच का १ फुट, ३ फुट का १ गज और १७६० गज का १ मील अभी भी मानते जा रहे हैं। थर्मामीटर में भी दुनिया शून्य डिगरी को हिमबिन्दु और सौ डिगरीको उबाल-बिन्दु मान सेन्तीग्रेद तापमान का व्यवहार करती है, लेकिन अंग्रेज उस थर्मामीतर को स्वीकार करते हैं, जिसमें ३२ डिगरी पर हिमबिन्दु माना जाता है। विज्ञान संबन्धी कितनी ही बड़ी खोजें अंग्रेजों ने चाहे क्यों न की हों, लेकिन जाति के तौर पर वह महा-अवैज्ञानिक हैं। उसके साथ रहकर हम भी अपनी इस मूढ़ता का परिचय अंग्रेज-भिन्न दूसरे लोगों के सामने दिखलाते हैं।

हां, तो—२७° (ऋण) तापमान कहने में जितना आसान मालूम होता है, उतना सहने में नहीं। हिमबिन्दु से २४° तक तापमान के नीचे जाने पर मुझे कोई खास तकलीफ नहीं मालूम होती थी। वैसे इतनी सर्दी में भी मैं लोगों को कान खोले देखता था, लेकिन मैं केवल आंख, नाक और मुंह को ही नंगा रखनेका पक्षपाती था। जब—२५° से नीचे तापमान जाता, तो उसका अगर

सांस लेते समय छाती में मालूम देता। इस वक्त नाक से निकली श्वासकी भाप मछन्दर आदमियों के ओठोंके ऊपर जम जाती, भौंहों पर भी सफेदी पुत जाती, और महिलाओं के आगे निकले बालों को भी रुपहला बना देती। इतना होने पर भी मैं उसे असह्य नहीं अनुभव करता था। वस्तुतः आदमी जितना निम्न तापमान पर नियंत्रण कर सकता है, उतना उच्च तापमान पर नहीं। यदि हिमविन्दु से पचास डिगरी नीचे तापमान चला जाये, तो अधिक गरम कपड़ों की आवश्यकता होगी, जिनके नीचे चमड़ा या पोस्तीन रखना भी आवश्यक होगा। सारे शरीर को आप चमड़े के पतलून, चमड़े के कोट और ओवरकोट, चमड़े की टोपी तथा चमड़े के दस्ताने से गरम रख सकते हैं। अपनी द्वितीय यात्रा में मैं यह सारी चीजें ईरान से अपने साथ ले गया था, लेकिन अबकी केवल टोपी और ओवर कोट चमड़े के लेगया था। चमड़े के ओवरकोट को पहन कर तो निश्चय ही कड़ी से कड़ी सर्दी पर विजय प्राप्त की जा सकती है, लेकिन ११०°, ११२° डिगरी की अपने यहां की गरमी पर आप कैसे नियंत्रण कर सकते हैं? ठंडे तहखानों में बैठने का रवाज हमारे यहां बहुत पुराना है, छिड़काव के साथ खसकी टट्टियां भी मदद करती हैं, और अब दिल्ली के देवताओं की कृपासे कम से कम उनकी कोठियों में वायु-नियंत्रित (एयर कंडीशन्ड) वातावरण रखने का प्रबन्ध हुआ है। लेकिन यह सभी साधन बहुत खर्चीले हैं और साथ ही ऐसे हैं, जो आपकी क्रियाशीलता और गति की रोक को हटा नहीं सकते। इसके विरुद्ध सर्द से सर्द मुल्क में आप अपने शरीर भर को अच्छी तरह ढांक कर चल-फिर सकते हैं। सारा काम कर सकते हैं।

२७° (सेन्तीग्रेद) हिमविन्दु से नीचे तापमान था, किन्तु तापन-मशीन की मरम्मत का अभी कोई ठिकाना नहीं था। घर-घर में क्रिसमस की पारम्परिक मिठाई (पुडिंग) तैयार की गई थी। पनीर, अंडा, चीनी और क्या क्या न्यामतें मिलाकर यह रूसी पुडिंग तैयार होती है। उसके चौकोर पिंड के चारों पार्श्वों में क्रास (सलेब) का चिन्ह अंकित करने का सांचा प्रायः सभी घरों में होता है। यह मिठाई बड़ी स्वादिष्ट होती है, और प्रभु मसीह का प्रसाद मानकर

बड़े सम्मान के साथ खाई जाती है। क्रिसमस के दिन जो इष्ट, मित्र, संबंधी घरपर मिलने आते हैं, वह इस प्रसाद में से थोड़ा अवश्य पाते हैं। पहिले क्रिसमस की बात तो मुझे याद नहीं, लेकिन १९४६ के क्रिसमस का दिन मुझे अच्छी तरह याद है। घरमें मिठाई बनाकर चुपचाप खाली नहीं जाती, बल्कि उसे गिरजा में भेजना पड़ता है, जहां कुशकी तरह की एक घास से गडुवे में रक्खे पवित्र जल को छिड़क कर पुरोहित भोग लगा देता है, तब वह घरमें लाकर खाई जाती है। हमारे यहां रथ-यात्राओं और दूसरी जगहों पर इसी तरह भक्त लोग भोग लगाने के लिये अपनी अपनी चीज ले जाते हैं। रामलीला के चढ़ावे में आधा दोना खाली कर लेनेपर भी हमारे यहां के पुजारियों का संतोष नहीं होता, लेकिन रूसी पुजारी केवल पवित्र जल छिड़क भर देना ही अपना कर्तव्य समझते हैं। पास ही के गिरजे में ईगर नौकरानी के साथ भोग लगाने के लिये अपनी मिठाई ले गया था। उनके लौटने में दो घंटे से ऊपर लगे। पता लगा, गिरजा के हाल ही नहीं, बल्कि उसके बाहर पगडंडी पर भी बहुत दूर तक भक्तों की दुहरी पंक्ति खड़ी थी। सबके पास पहुंचने में पुरोहित को काफी समय लगा, इसीलिये यह देर हुई।

कम्युनिज्म का दर्शन भले ही ईश्वर और धर्म का विरोधी हो, लेकिन लोगों के लिये धर्म का छोड़ना उतना आसान नहीं है। सोवियत के तजर्बे से यह मालूम होता है। जिन लोगों को मसीह के भगवान् होने पर विश्वास नहीं वह भी जब अपनी कला, संस्कृति और इतिहास देखते हैं, तो पिछले सात-आठ सौ वर्षों में ईसाई धर्म के साथ उसका घनिष्ठ संबंध पाते हैं। हरेक आदमी की सहानुभूति और रुचि सदा अपनी परंपरा के साथ होती है। बचपन के संस्कार मनुष्य के मन से सहज भूलनेवाले नहीं है। क्रिसमस को ही ले लीजिये, इसके साथ कितने पुराने संबन्ध याद आते हैं। आजकल पंचांग बदल गया है, किन्तु मुझे १९३७ का क्रिसमस याद है। डा० श्चेर्वात्स्की ने अपना क्रिसमस पुराने पंचांग के अनुसार मनाया था।

आदमी जिस परिस्थिति में रहता है, उसी के अनुसार अपनी आत्मरक्षा और सुख का प्रबन्ध कर लेता है। रूस के लोग हजारों वर्षों से घुटने तक के

लंबे बूट पहनते आये हैं। आजकल वह ज्यादातर चमड़े का होता है, लेकिन पूर्वजों का नमदे का बूट भी लुप्त नहीं हुआ है। यह वही बूट है, जो कि शकों के साथ भारत आया और यहां की सूर्य प्रतिमाओं के पैरों में आज भी दिखलाई पड़ता है। पुरुष को अपने कोट के ऊपर एक और कन्टोप जैसी जाड़ों की टोपी रखनी पड़ती है, जिसे खोलकर अवश्यकता पड़ने पर कान और गरदन को ढांका जा सकता है, नहीं तो ऊपर करके उसे गोल टोपी-सा बना दिया जाता है। अधिकतर टोपियां पोस्तीन या समूर की होती हैं। स्त्रियां ऐसी कन्टोपदार टोपी नहीं पहिनती, उसकी जगह उनके ओवरकोट का कालर काफी बड़ा होता है, जिसमें चमड़ा या समूर भी मढ़ा रहता है, जिस को उठा देने से सारा सिर कान और गरदन ढक जाता है।

२७ दिसम्बर को हम विश्वविद्यालय गये, तो वहां मध्यएसिया के एक प्रोफेसर से मुलाकात हुई। वह तुर्कमानी भाषा के पंडित तथा अश्काबाद में २२ साल से अध्यापन करते थे। अब हमारे सिर पर मध्यएसिया जाने की भूत सवार हुई। पिछले छ महीनों में मध्यएसिया के इतिहास और आधुनिक मध्यएसिया को जानने के लिये काफी पुस्तकें पढ़ी थीं। इतने दिनों में यह तो मालूम हो गया था, कि यहां रहकर हम पुस्तक नहीं लिख सकते। पुस्तक लिखें भी तो दुहरे सेंसरों के कारण उसका भारत में पहुँचना संदिग्ध है। फिर खो जाने के डर से दो दो कापी करना हमारे बस की बात नहीं थी। मन यही कहता था, कि चलो सोवियत का दर्शन तीसरी बार भी कर लिया। यदि मध्यएसिया देखने का अवसर मिले, तो अबकी गरमियों में वहां चला जाय, नहीं तो देश का रास्ता पकड़ना ही अच्छा है। भारत की कोई खबर नहीं मिलती थी। चिट्ठियों के भी आने में छ छ महीने लग जाते थे। तुर्कमानिया के प्रोफेसर से मालूम हुआ, कि मास्को से अश्काबाद का वैमानिक किराया ७०० रूबल है। अकेले के लिये राशनकार्ड पर २० रूबल में होटल का इंतजाम हो जायगा। उनके कहने से मुझे मालूम होगया कि अगर जाने की आज्ञा मिल जाय, तो मैं अपने पैसे के बलपर भी वहां चार महीने घूम आ सकता हूं।

प्रोफेसर ने बतलाया, कि चीजों का दाम यहीं जैसा है, सिर्फ मौसिम के समय मेवे कुछ सस्ते होते हैं। कह रहे थे—वहां गरमी बहुत पड़ती है, इसलिये उन गरमी के महीनों (मई, जून, जुलाई) में नहीं जाना चाहिये, लेकिन उनको क्या मालूम कि हिन्दुस्तान में कितनी गरमी पड़ती है। उन्होंने बतलाया कि तुर्कमानिया में भी अरबी-भाषा-भाषी कहीं कहीं मिल जाते हैं, उजबेकिस्तान में और भी मिलेंगे। उनके कहने से यह भी मालूम हुआ कि तुर्कमानिया में बलोची और अरबी बोलने वालों के कुछ गांव हैं। शामको लौटकर जब घर आया, तो देखा मकान गरम है—मशीन की मरम्मत करदी गई थी।

२६ दिसम्बर को घरके भीतर तापमान–१२° और–१५° था, लेकिन सर्दी बहुत मालूम नहीं होती थी। विद्यार्थी अर्धवार्षिक परीक्षा की तैयारी कर रहे थे, इसलिये नया पाठ नहीं चल रहा था। ३० दिसम्बर से नववर्ष की तैयारी होने लगी। लाल झंडों और दूसरी चीजों से संस्थाओं के घरों को सजाया जाने लगा।

३१ दिसम्बर भी आया। १९४५ का सन् विदाई लेने लगा और १९४६ आने को हुआ। आज अपने सालभर के कामों का जब मैं लेखाजोखा करने लगा, तो मालूम हुआ इस साल में कुछ नहीं लिख सका। "मधुरस्वप्न" और "मध्यएसिया" के संबंध में सामग्री अवश्य जमा की, लेकिन मालूम नहीं उन्हें कब लिखने का मौका मिलेगा। अगला साल भी यदि इसी तरह बीता, तो बहुत बुरा होगा। आज सोफी के यहां दावत थी। उसका पति ३ साल बाद लौटा था। पान दावत का अनिवार्य अंग है, फिर उसके बाद नाच भी। मैं दोनों ही में अनारी था। सोफी ने बहुत चाहा कि यदि पीना नहीं तो थोड़ा नाच ही लूं, लेकिन जिन्दगी में जब सीखा ही नहीं था, तो आज नाच कैसे सकता था। २ बजे रात तक दावत चलती रही। मेहमान कुछ होश में और कुछ पैरों से लड़खड़ाते अपने घरों की तरफ चले। अगले वर्ष के लिये यही सोचा कि यदि मध्यएसिया को अच्छी तरह देखने का मौका मिल गया, तो अगले ३६५ दिनों को भी यहां अर्पण करने के लिये तैयार हूँ।

१-वसन्त की प्रतीक्षा (१९४६)

जाड़ों को दो सालों में बांटना बिलकुल बेवकूफी मालूम होती है— नवम्बर-दिसम्बर को १९४५ में और जनवरी-फरवरी को १९४६ में। वसन्त के आरम्भ से सम्वत्सर का आरम्भ ठीक था, लेकिन दुनिया परम्परा के पीछे इतनी पड़ी हुई है, कि वह अपने पंचांग में इस साधारण से सुधार के लिये भी तैयार नहीं है, चाहे इसके कारण आय-व्यय पेश करते समय एक साल की जगह १९४५–१९४६ भले ही लिखना पड़े। वसन्त की प्रतीक्षा जितनी उत्कंठा के साथ रूस जैसे ठंडे देशों में की जाती है, उतना हमारे देश में नहीं हो सकती। लड़कों की एक रूसी कविता में सुना था—

आ आ वसन्त, मेरी बहिनिया—

खिड़की पर बैठी तेरी प्रतीक्षा कर रही है।

छोटी सी बहिनिया (सेस्त्रुचूका) नहीं बल्कि जवान-बूढ़े सभी वसन्त की प्रतीक्षा करते हैं, लेकिन लेनिनग्राद में उसके पहुंचने में अभी पूरे चार महीनें की देरी थी। पहिली जनवरी को तापमान १२° से १५° था। २ जनवरी को युनिवर्सिटी गये। प्रथम वर्ष के छात्रों को कुछ पढ़ाया, फिर अध्यापक तथा

चतुर्थवर्ष के छात्रों ने पाठ्य पुस्तक से भिन्न "मृच्छकटिक" नाटक शुरू किया। अर्धवार्षिक परीक्षा हो रही थी। परीक्षा समाप्त होते ही कुछ दिनों की छुट्टी थी, इसलिये १० फरवरी तक के लिये मेरा युनिवर्सिटी में कोई काम नहीं था। मैं अब अधिकतर घर पर ही रह पुस्तकों को पढ़ता और उनमें नोट लेता।

८ जनवरी को पहिली बार देखा कि ५० के करीब जर्मन बन्दी मेरी खिड़की के बाहर से जा रहे हैं। इसके बाद तो रोज १० बजे उन्हें काम की ओर जाते देखता और ४ बजे डेरे की ओर लौटते। उनकी देखभाल के लिये कभी कभी तो बन्दूक लिये एक स्त्री-सिपाही होती। बन्दियों के चेहरे उदास और श्रीहीन हों तो आश्चर्य ही क्या? हिटलर ने विश्वविजय के लिये उनको दुनिया के देशों में भेजा था। हिटलर तो दूसरे लोक को विजय करने चला गया, लेकिन यह बेचारे अपने देश से दूर रूस की सख्त सर्दी में काम करने के लिये छोड़ दिये गये थे। उनके खाने पीने का इंतिजाम अच्छा था, यह उनके स्वस्थ शरीर से मालूम होता था। हाँ, कपड़े उनके अपने पुराने फौज के थे, जो कुछ अधिक मैले थे।

१४ जनवरी को युनिवर्सिटी गये। चतुर्थवर्ष की दोनों छात्रायें संस्कृत में उत्तीर्ण हुईं। "मेघदूत" से कुछ प्रश्न पूछे गये। सोवियत के विद्यालयों और विश्वविद्यालयों में परीक्षा के लिये कागज-स्याही बिलकुल खर्च नहीं करनी पड़ती। परीक्षा मौखिक होती है, और परीक्षक होकर अपने ही अध्यापकों में से तीन कुर्सी पर आ डटते हैं। पूर्णांक ५ होते हैं। छात्राओं के उत्तर देकर बाहर जाने के बाद तानिया को मैंने दो नंबर देने के लिये कहा, तो मेरे सहकर्मियों ने बतलाया—इसका अर्थ तो है फेल करना। जान पड़ता है फेल शब्द विद्यार्थियों में ही नहीं वर्जित है, बल्कि अध्यापकों और परीक्षकों में भी। पर्याप्त दिनों तक जिस छात्र ने उपस्थिति दी है, उसे सोवियत की विद्या-संस्था में फेल होने की संभावना ही नहीं है। प्रश्न का उत्तर देते समय विद्यार्थी अपनी सारी पुस्तकों को साथ रख सकते हैं, क्योंकि परीक्षा स्मृति की नहीं बल्कि समझ की ली जाती है।

हमारे घर में अभी कोई नौकर नहीं था। राशन के जमाने में एक नौकर

और रखकर अ-राशन दूकान से दस गुने दामपर चीजें खरीदकर खिलाना आसान काम नहीं था। बर्तन मलना और चारपाई ठीक-ठाक करना मेरे जिम्मे था। जाड़े के दिन थे। नल का पानी काटने को दौड़ता था। मैं गरम पानी से धोने का पक्षपाती नहीं था, क्योंकि उसमें समय अधिक लगता था। और घर के नल के ठंडे पानी से धोने पर एक मिनट में ही दर्द के मारे हाथ और मन तिलमिला उठते। हमारा तो यह सिद्धान्त था—शारीरिक परिश्रम से घृणा करने की अवश्यकता नहीं, लेकिन उसमें इतना समय नहीं लगाना चाहिये कि लिखने पढ़ने के समय में कोताही हो। मालकिन का विचार कुछ दूसरा ही था। हम बैठे बैठे रात के १-२ बजे तक पढ़ते और नोट लेते रहते, जिसे वह बेकार समझतीं।

२४ जनवरी को जर्मन बन्दी सड़कों की बरफ फेंक रहे थे। मकान के काम को इस समय बन्द रखा गया था, लेकिन अगले जाड़ों में वह २४ घंटे अखंड चलता रहा। शहर की सभी बरफ तो कहां फेंकी जा सकती थी? छोटी छोटी सड़कों और गलियों की बरफ वसन्त के आरम्भ होने पर ही गलकर साफ होती, लेकिन बड़ी सड़कों पर उसे बराबर हटाते रहना पड़ता, नहीं तो ट्रामों और मोटरों का आना-जाना रुक जाता, क्योंकि बरफ पर चलने से वह ऊंची-नीची हो जाती है, जिसके कारण उसपर यानों का चलना सरल काम नहीं होता।

अभी भी भारत में क्या हो रहा है, इसके जानने का कोई इंतिजाम नहीं हो सका था। स्थानीय रेडियो और रूसी समाचार पत्रों से काम चलनेवाला नहीं था। उनमें महीनों बाद शायद कभी कोई दो-चार पंक्तियाँ देखने-सुनने को मिलतीं। मुझे सबसे जरूरी मालूम होता था—एक रेडियो खरीदना, जिसमें देश विदेश की खबरें मालूम होती रहें, लेकिन यह इच्छा पूरी होने में अभी चार-साढ़ेचार महीनों की देर थी। २३ जनवरी की रात के रेडियो से मालूम हुआ, कि दिल्ली की एसेम्बली ने राष्ट्रीय सरकार की मांग की है। जावा में वहां के स्वतंत्रता-प्रेमियों को दबाकर फिर से डचों का राज्य कायम करने से अंग्रेजी सेना ने जब इंकार कर दिया, तो अंग्रेजों ने वहां भारतीय सेना भेजी। कहने को अब

विलायत में मजदूरदल का शासन था, जो अपने को समाजवादी कहने का अभिमान करता है, लेकिन विलायत की मजूरपार्टी भी साम्राज्यवाद के अन्धानुसरण में अपने टोरी भाइयों से पीछे नहीं है। अब उसने भारतीय सेना का जावा में उपयोग करना शुरू किया था। दिल्ली की एसेम्बली ने इसका भी विरोध किया था। "प्राव्दा" सोवियत के सबसे अधिक छपनेवाले दो रूसी पत्रों में से एक है। कुछ स्थानीय खबरों के साथ मास्को की "प्राव्दा" का लेनिनग्रादीय संस्करण भी निकलता था, जिसमें अन्तर्राष्ट्रीय खबरें और कुछ लेख भी रहा करते थे। चाहे खबरें दो-चार ही पंक्ति की कभी कभी निकलती हों, लेकिन उनसे यह मालूम हो रहा था, कि युद्ध के बाद का भारत चुपचाप अंग्रेजों के जुए को नहीं ढो सकता। लेकिन मेरा वृद्ध नेताओं पर विश्वास नहीं था। मैंने २३ जनवरी (१९४६) की डायरी में लिखा था— वृद्ध नेता तो सभी कामों में रोड़ा अटकानेवाले हैं, राजनीति में और भी। नेता तरुणों को होना चाहिये। वृद्ध अपने ज्ञान और तजर्बे से परामर्श दे सकते हैं। भारतीय हिन्दू राजनीतिक बुड्ढों के ख्याल में ही नहीं आता, कि वह समय आनेवाला है जबकि हिन्दू-मुसलमानों की सीमायें रोटी-बेटी से भी मिट जायेंगी। (हमारे वृद्ध नेता तो) अतीत पर नजर डालकर समझौता करना चाहते हैं।

द्वितीय विश्वयुद्ध समाप्त हो चुका था और ऐसी भीषण नरसंहार के साथ, जो कि "न भूतो न भविष्यति," —सोवियत रूस को सत्तर लाख आदमियों की बलि चढ़ानी पड़ी। लेकिन २७ जनवरी को मैं देख रहा था, कि अन्तर्राष्ट्रीय क्षेत्र में फिर तनातनी शुरू हो गयी है। राष्ट्रसंघ की बैठक में सोवियत प्रतिनिधि ने जावा में अंग्रेजी तथा उसकी सहायक जापानी सेना के इस्तेमाल करने के विरोध में पत्र लिखा। उक्रइन के प्रतिनिधि ने ग्रीस में अंग्रेजी सेना की फासिज्म-पोषक नीति का विरोध किया। ईरानी प्रतिनिधि ने ईरान के भीतर हस्तक्षेप करने का इल्जाम रूस के ऊपर लगाया। कोरिया में सोवियत और अमेरिका रस्साकशी कर रहे थे। अमेरिका अल्पसंख्यक धनिकों के पक्ष में था और वहां की बहु-संख्यक पीड़ित जनता सोवियत के पक्ष में।

२ फरवरी को लोला के भाई की लड़की माया आयी। वह मास्को में कालेज के तीसरे वर्ष में पढ़ रही थी। अभी दो वर्ष और बाकी थे। माया के नामपर नाम से यह न समझें, कि उसके नाम पर बुद्धि की माता का कुछ असर था। रूसमें अब हजारों की तादाद में माया नाम-धारिणी-लड़कियां मिलेंगी। माया मई महीना है। मई का प्रथम दिवस दुनिया के मजदूरों का पवित्र दिवस है, इसलिये जो लड़की मई महीने में पैदा होती है, उसका नाम माया रखने की कोशिश की जाती है। माया अच्छी समझदार लड़की थी। बेचारी की मां मर गई थी, और अत्यंत प्रतिभाशाली पिता जेल में था। वह सबसे तरुण सोवियत जनरल था। उसका दादा भी जारशाही युगका एक योग्य जनरल तथा सैनिक कालेज में गणित का अध्यापक था। माया के पिता ने तोपों के ऊपर एक खोजपूर्ण निबन्ध लिखा था, जिसके सिद्धान्तों को पीछे पाठ्यक्रम में ले लिया गया। द्वितीय विश्वयुद्ध में वह जिस जेल में भी रहा होगा, अपने देश की ओर से लड़ने के लिये जरूर तड़फड़ाता होगा। कुछ लोग तो यहां तक अफवाह उड़ाते थे, कि नाम बदलकर उसने फिनलैंड की लड़ाई में भाग लिया— कुछ लोग इसकेलिये कसम खाने के लिये भी तैयार थे। लेकिन यदि वह युद्ध में सीधे भाग लेने का अवसर पाता, तो युद्धको समाप्ति के बाद उसे जेल में रहने की आवश्यकता नहीं थी। हां, इसमें संदेह नहीं, कि सोवियतवाले अपने राज-बन्दियों की प्रतिभाओं का भी उपयोग करना भली भांति जानते हैं, इसलिये अपने इस प्रतिभाशाली जनरल की प्रतिभाओं का उपयोग उन्होंने जरूर किया होगा। जेनरल जांकुल्या बिलकुल निरपराध थे। जब १९३७ में विदेशी साम्राज्यवादियों से मिलकर उस समय के सोवियत मार्शल तुखाचेव्स्की तथा दूसरे फौजी अफसरों ने षड्यंत्र करके सोवियत शासन को उलटाना चाहा, उसी चक्की के साथ पिसनेवाले घुन की तरह जेनरल जांकुल्या भी पकड़ लिये गये। तुखाचेव्स्की सबसे बड़ा सेनापति होने के कारण ऊंचे अफसरों पर प्रभाव रखता था। उसने उच्च अफसरों की बैठक बुलाई, जिसमें जनरल जांकुल्या भी चले गये। उपस्थिति-बही पर शायद हस्ताक्षर भी कर चुके थे। जैसे ही दो चार

मिनट बात सुनने को मिली, प्रयोजन का पता लग गया और वह बैठक से उठकर चले आये। लेकिन षड्यंत्रियों को पकड़े जाते समय जांकुल्या भी पकड़ लिये गये और अब वह सजा पा जेलमें थे। माया ने बहुत जानने की कोशिश की, तो उसे बतलाया गया: तुम्हारे पिता स्वस्थ और प्रसन्न हैं, और वह साल-डेढ़-साल में बाहर चले आएंगे।

जनरल जांकुल्या की तरह से हो सकता है, जौ के साथ और भी कुछ घुन पीसे गये हों, लेकिन इसमें तो संदेह नहीं, कि सोवियत-शासन के विरुद्ध, दुनिया की प्रथम समाजवादी सरकार के विरुद्ध तथा शारीरिक मानसिक कमकरों के भविष्य के विरुद्ध उस समय एक भीषण षड्यंत्र रचा गया था, जिसमें जापान और जर्मनी ने पूरी सहायता की थी। उन्होंने ऐसा इंतजाम किया था कि सोवियत-शासन को खतम करके फिर वहां पूंजीपतियों की तानाशाही स्थापित कर दी जाय। जनरल जांकुल्या के पिता जारशाही जनरल थे, लेकिन उनका परिवार शुद्ध शिक्षितवर्ग से संबंध रखता था, इसलिये उनकी सहानुभूति जारशाही के साथ नहीं रह सकती थी। क्रान्ति के बाद उन्होंने बोल्शेविकों का साथ दिया। जांकुल्या तो होश संभालते ही लेनिन के पक्के भक्त थे। किन्तु जहां इतना जबर्दस्त खतरा हो वहां जौ के साथ घुन के पिसने का डर सदा ही रहता है। लेकिन भयंकर से भयंकर अपराध करनेवालों को भी मृत्यु दण्ड देने में सोवियत शासक बड़ा संकोच करते हैं, इसे उनके शत्रु भी मानते हैं। अच्छा होता यदि इस तरह की घटनायें बिलकुल ही नहीं होतीं। लोला का भाई होने के कारण जांकुल्या के बारे में मैं जितना जान सकता था, उतना ऊपरवालों को कैसे मालूम होता? माया पढ़ने के लिये मास्को में दाखिल हुई थी। बीच में अब पढ़ाई छोड़ना नहीं चाहती थी। हम लोगों की इच्छा यही थी, कि वह यहां रहती तो अच्छा होता। वह अपनी छुट्टियां बिताने के लिये फिनलैण्ड की खाड़ी के एक विश्रामालय में गयी हुई थी, जहां से लौटते वक्त अपनी बुआ से मिलने आयी थी।

जाड़े का दिन भी कितना नीरस होता है? हफ्ते-दो-हफ्ते की बात होती,

तो इसमें संदेह नहीं था, रजत-राशिकी तरह जहां-तहां फैला बरफ, तथा चारों ओर की निश्शब्द शान्ति बड़ी मोहक मालूम होती, लेकिन जब अक्टूबर से अप्रैल के अन्त तक वही दृश्य सामने रहे, तो कहां से आकर्षण रहता। ऊपर से हरियाली के लिये आंखें तरसती थीं। अगर कहीं कोई देवदार का दरख्त हुआ, तो आंखों को जरासा विश्राम मिला, नहीं तो हरे रंग का कहीं नाम नहीं था। और तो और चिड़ियों का भी पता नहीं था। केवल घरों में रहने वाली गौरैया सिकुड़ी-सिमटी कभी कभी बरफ पर इधर-उधर फुदकती दिखाई देती। पचासों तरह की चिड़ियां, जो गरमियों में चहचहाया करती थीं, वे सब अब गरम इलाकों को ढूंढ़ते हुए दक्षिण की ओर चली गई थीं। जैसे जैसे तापमान गिरने लगता, वैसे वैसे यहां की चिड़ियां दक्षिण की ओर प्रयाण करतीं हैं। कहते सुना कि कौवे भी छमासी नींद लेकर सो जाते हैं, लेकिन मैंने किसी कौवे को सोया नहीं देखा।

संसद का चुनाव— महायुद्ध के बाद केन्द्रीय तथा प्रजातंत्रीय सोवियत संसदों (पार्लियामेन्टों) का चुनाव होने जा रहा था। एक ही सूची में दिये हुए व्यक्तियों पर वोट देना था। कोई विरोधी उम्मेदवार खड़ा नहीं हुआ था, तो भी चुनाव के लिये जितना प्रचार और तत्परता रूस में देखी जाती थी, वह किसी देश के चुनाव से कम नहीं थी। शहर के बड़े बड़े मकानों की दीवारों पर उम्मेदवारों के बड़े बड़े फोटो लटक रहे थे। हजारों सिनेमा-घरों में चुनाव की स्लाइड दिखलायी जाती थीं। व्याख्यान भी उसी तरह जोर शोर से हो रहे थे। कहीं कहीं तो चलते फिरते सिनेमा किसी दीवार को ही रजतपट बनाकर दिखलाये जा रहे थे। चुनाव ठीक तरह से हो, इसके लिये निरीक्षक समितियां चुनी जा चुकी थीं। हमारे चुनाव-क्षेत्र की निरीक्षक समिति में लोला भी सम्मिलित थी।

१० फरवरी को चुनाव का दिन आया। इतवार होने से वैसे ही उस दिन छुट्टी थी। सुबह छ बजे से ही लोग वोट देने के लिये जाने लगे। प्रचारक समझते थे, कि मैं भी वोटर हूं, उन्हें निराशा हुई, जब मैंने कहा कि मैं सोवियत नागरिक नहीं हूं। तब तक स्थानीय प्रचारक तीनबार हमारे घर में

आ चुके थे, जब कि एक बजे लोला अपने वोट देने के लिये ६४ नम्बर के चुनाव स्थान में गयीं, जो पास के ही स्कूल में था। सड़कों पर रास्ता बतलाने के लिये रंगीन पट्टियां लगी हुई थीं। चुनाव-स्थान में और भी झंडे पताके लगे थे। अकारादि-नाम-सूची लिये चार-पांच मेजों पर लोग बैठे हुए थे। नाम बतलाया, रजिस्टर पर निशान किया गया, वोट का कागज लिफाफे के साथ दिया गया। चूंकि इस स्थान से कलिनिन और ज्दानोफ दो उम्मीदवार संसद की दोनों उच्च संस्थाओं के लिये खड़े हुए थे, इसलिये हरेक वोटर को दो रंग की पर्चियां मिली थीं। यदि कोई अपनी पर्ची में कुछ लिखना चाहता, तो लाल परदों के घेरे के भीतर अलग अलग कुछ छोटे छोटे डैक्स रखे हुए थे, जहां जाकर वह लिख सकता था। किसने किसको वोट दिया, इसके जानने का वहां कोई उपाय नहीं था। प्रबन्ध बड़ा अच्छा था, इसलिये अधिक भीड़ नहीं थी, यद्यपि वोटरों में से ९५–९६ फीसदी से भी ज्यादा वोट देने गये थे। चुनाव-महोत्सव में गाने बजाने, नाचने को कैसे भूला जा सकता था ?

रेडियो और एक कैमरा दो चीजों की आवश्यकता मैं अपने लिये बहुत समझता था। कैमरा मैं अपना भारत की सीमा से बाहर न ले आने पाया और उसे क्वेटा में छोड़ आया था। कैमरे से पहिले भी मुझे रेडियो की जरूरत थी, किन्तु रेडियो का अभी डौल नहीं लग रहा था। अभी दाम बहुत ज्यादा था। लोग कह रहे थे— कारखाने अब रेडियो तैयार करने लगे हैं, कुछ ही महीनों में वह बाजार में बड़ी संख्या में आजायेंगे, तब दाम कम हो जायगा और मशीन भी अच्छी मिलेगी। अत्यावश्यक होने पर भी मैं रेडियो नहीं ले पा रहा था। सोवियत के शहरों में पुरानी चीजों के बेचने का बड़ा ही सुव्यवस्थित प्रबन्ध है। पुरानी किताबों की दूकानें १ दर्जन के करीब तो मेरे रास्ते पर थीं, जिनका चक्कर काटना मैं अपने लिये अनिवार्य समझता था। उसी तरह दूसरी पुरानी चीजों की भी दूकानें थीं। १३ फर्वरी को मैं एक ऐसी ही दुकान में गया, वहां लाइका के ढंग का सोवियत का बना "फेद" कैमरा देखा। लैंस ३.५ शक्ति का था और दाम ११ सौ रूबल। यद्यपि वहां असली लाइका कैमरे भी थे , किन्तु दाम ३

हजार रूबल (२ हजार रुपया) था। रूबल का जो मूल्य हमारी दृष्टि में था, उसके लिहाज से दाम ज्यादा नहीं था, लेकिन तो भी हम यह नहीं चाहते थे, कि कोई हमें फजूलखर्च कहे, इसलिये हमने फेद को ले लिया और सोवियत में रहते उससे कितने ही फोटो भी लिये, यद्यपि उनका उपयोग लेखों के न लिखने के कारण नहीं हो सका।

१४ फर्वरी को नृतत्व-म्यूजियम देखने गये। लेनिनग्राद में म्यूजियमों की संख्या ४ दर्जन से भी ऊपर है, और सब अपना अपना महत्व रखते हैं। इस म्यूजियम में हमने सिबेरिया की जातियों की खास प्रदर्शनी को देखा, जो कि उस वक्त हो रही थी। चुकची, तुंगुस, याकूत, कम्स्चत और सखालीन जैसी जन-जातियों की कला का यहां बहुत अच्छा संग्रह था। साइबेरिया की इन जातियों को उनके आदिम जीवन से आधुनिक जीवन में लाने के लिये जब आवश्यकता पड़ी, तो सबसे पहिले जरूरी काम था, उनके भीतर से निरक्षरता का दूर करना। उनमें लिखने-पढ़ने का कोई रवाज नहीं था, इसलिये अध्यापक कहां से मिलते? रूसी या दूसरे भाषा-भाषी अध्यापक मिल सकते थे, लेकिन सोवियत की नीति है—हरेक को उसकी मातृभाषा में शिक्षा देना। यहां केवल नीति का सवाल ही नहीं था, बल्कि व्यवहारतः भी यही लक्ष्य पर पहुँचने का सबसे छोटा रास्ता हो सकता था। उस वक्त यह जरूरी समझा गया, कि थोड़े बहुत भी भाषा जानने वाले रूसी या दूसरे लोगों को उनके भीतर भेजा जाय, लेकिन जब शिक्षा को और आगे बढ़ाने की जरूरत पड़ी, तो बाकायदा प्रशिक्षित अध्यापकों के तैयार करने के लिये लेनिनग्राद में स्कूल खोला गया। अत्यन्त शीत ध्रुव-कक्षीय प्रदेश के रहने वाले लोगों के लिये मास्को भी गरम था, जिसका प्रभाव उनके स्वास्थ्य पर बुरा पड़ता, इसकेलिये लेनिनग्राद को उपयुक्त समझा गया। अब तो शायद वह स्कूल भी नहीं है। लेनिनग्राद युनिवर्सिटी में भी इन जातियों के कई लड़के लड़कियां पढ़ रहे थे। उच्चशिक्षा में भी वह काफी दूर तक आगे बढ़ चुके थे। म्यूजियम के डायरेक्टरने भारतीय सामग्री को भी दिखलाने की बड़ी उत्सुकता प्रकट की, लेकिन अभी वह भाग खुला नहीं था। उन्होंने सिबेरिया

की जातियों की प्रदर्शनी को स्वयं दिखलाया। वहां उनके हाथ की बनी हुई बहुत सी कलापूर्ण चीजें रक्खी थीं—परिधान, खिलौने, घरेलू बर्तन, आखेट की चीजें आदि थीं। सोवियत मध्यएसिया में मिली हुई सबसे पुरानी खोपड़ी (तेकिश-ताश मानव) का भी नमूना तथा उस खोपड़ी के आधार पर बना शरीर भी वहां देखने को मिला। गिरासिमोफ खोपड़ी देखकर असली मूर्त्ति बना देने में बड़ा सिद्धहस्त कलाकार माना जाता है। उसने तैमूर की खोपड़ी से जो आकृति बनाई, वह तैमूर के समकालीन चित्रों से बिलकुल मिल जाती है। बात यह है कि जहां तक चेहरे का सम्बन्ध है, हड्डी निर्णायक होती है। खोपड़ी पर चमड़ा, थोड़े स्नायु और कुछ चरबी ही तो और लगती है। उतनी मोटी तह जमाकर हम खोपड़ी को असली चेहरे का रूप दे सकते हैं। यहां के पुस्तकालय में कई भाषाओं में काफी पुस्तकें हैं। मेरे सामने मध्यएसिया के इतिहास में शकों की समस्या थी। मैं कुछ निष्कर्ष पर पहुँच चुका था, लेकिन जब तक दूसरे विशेषज्ञ भी उससे सहमत न हों, तब तक अधिक आत्मविश्वास अच्छा नहीं है, इसे मैं मानता था। मैंने म्यूजियम के डायरेक्टर से इस विषय पर बातचीत की। उन्होंने बतलाया, कि डाक्टर बेर्नस्ताम इस विषय के विशेषज्ञ हैं। मैं इस निष्कर्ष पर पहुंचा था—छठी सदी ईसा-पूर्व में शक कास्पियन के उत्तर, उत्तर-पश्चिम में जहां देन्यूब के तट तक फैले हुए थे, वहां साथ ही वे दरबन्द (काकेकश) और सिरदरिया के उत्तर होते आगे तक चले गये थे। चौथी सदी ईसा-पूर्व में सिकन्दर के समय भी वह सिरसे दन्यूब तक थे। द्वितीय सदी ईसा-पूर्व में सप्तनद के नीली आंखों तथा लाल बालों वाले वूसुन भी शक थे। उस समय तरिम-उपत्यका में भी यही जाति रहती थी। पीछे ईसा-पूर्व दूसरी शताब्दी में पूरब से हूणों के प्रहार के कारण उन्हें धीरे धीरे दक्खिन और पच्छिम की ओर भागना पड़ा। २ फर्वरी के "मास्को न्यूज" में शकों के बारे में एक लेख पढ़ने को मिला, जिससे मालूम हुआ कि कालासागर के उत्तर-पूरब में शक राज्य चौथी सदी ईस्वी तक थे। इस भूमि में आज कल सोवियत पुरातत्व विभाग बड़े भारी पैमाने पर खुदाई का काम कर रहा है। क्रिमिया में नियोपोलिस शकों की

राजधानी थी, जिसका जिक्र पुराने लेखकों ने किया है। खुदाईयों से मालूम होता है, कि इस जगह पर ईसा-पूर्व चौथी सदी में एक शक नगरी थी, जिसके चारों ओर मोटा प्राकार था। घरों में कमरे बड़े बड़े थे। घर के आंगन में संगमरमर के प्याले मिले, कुछ ग्रीक मृत्पात्र भी प्राप्त हुए और दूसरी तरह से भी पता लगा कि इन शकों पर ग्रीक संस्कृतिका बहुत प्रभाव पड़ा था। उनके घरों और बर्तनों के सजाने, अलंकरण करने का ढंग वही था, जिसका प्रभाव आजकल भी उक्रइन के पुराने घरों में मिलता है। जेवरों को देखने से मालूम होता है कि उनका प्रभाव बहुत पीछे तक रहा है। छतों और खिलौनों को अलंकृत करने में रूसी हाल तक उसी ढंगका अनुसरण करते रहे हैं। यह सांस्कृतिक चिन्ह जो शकों (सिथियन) के साथ संबन्ध बतलाते हैं, काला सागर के सारे उत्तरी तट से होते दन्यूब के किनारे तक मिलते हैं।

उधर हमारा पठन-पाठन और नोट लेना भी चल रहा था। चौका-बर्तन करते वक्त सर्दी की शिकायत भी करनी पड़ती थी, जब तब रेडियो दो चार शब्दों में भारत की खबर दे देता, जिसमें मन और कल्पना दूसरी ओर दौड़ पड़ती। १५ फर्वरी को मालूम हुआ कि कलकत्ता में भारी हड़ताल हुई है। टैंक आदि के साथ गोरी पल्टनें बुलाली गई हैं, गोली से दर्जनों आदमी मारे गये हैं—"एटली की सरकार चर्चिल से क्यों पीछे रहने लगी? लेकिन यह तो निश्चय ही था, कि तोपों और टैंकों के सहारे अब हिन्दुस्तान पर राज्य नहीं किया जा सकता। रूसी कथाकाली (बैले) तो कई देख चुके थे। अरमनी कथाकाली "गयाने" की चारों ओर बड़ी चर्चा सुनी। सोचा इसे भी देख लेना चाहिये। अरमनी देश कथाकाली के लिये तो प्रसिद्ध नहीं है, लेकिन रूसकी विश्वविख्यात बैले का पथ-प्रदर्शन जब उसे मिला, तो वह कैसे पीछे रह सकती थी? मारिन्स्की नाट्यशाला में १७ फर्वरी को उसे देखने गये। सचमुच ही बहुत सुन्दर नाट्य था। सोवियत के प्रथम श्रेणी के कलाकारों में एक अरमनी खचतुर्यान ने इस बैले को तैयार किया था। बैले में जब भाषा का पूर्ण तौर से बायकाट है, तो उसे रूसी कहें या अरमनी इसका सवाल ही नहीं उठता। जहां तक देश,

आल, पत्रा का संबन्ध है, उसके सजाने में तो आज के रूसी परम यथार्थवादी होते हैं। यदि वह शकुन्तला का बैले तैयार करें, तो उसमें कालिदास के भारत को अंकित करने की कोशिश करेंगे--- शकुन्तला का बैले तो नहीं तैयार हुआ है, लेकिन नाटक के रूप में अभिज्ञान शाकुन्तल सोवियत-काल में भी कई बार खेला जा चुका है। "गयाने" के सारे नट-नटी रूसी थे। नृत्य बड़े सुन्दर थे, दृश्य बड़े ही मनोहर, वेश-भूषा भी आकर्षक, भावों की कोमलता के बारेमें कहना ही क्या? यवनिकाओं से तैयार किये दृश्य बहुत ही स्वाभाविक विस्तृत और विशाल थे। स्वर शायद अरमनी थे। वहाँ अरमनी अभिनय और नृत्य के भावों की अत्यन्त कोमलता देखी जाती थी, किन्तु उकड़नी और रूसी नृत्य जो इस बैले में दिखाये गये थे, उनमें कबीलेशाही परुषता भी स्पष्ट छाप मालूम होती थी। जान पड़ता है, गजगामिता ऐसियायी नारियों पर ही ज्यादा लागू है, कूद-फांदकर चलने वाली यूरोपियन नारियां भला गजगमन करना क्या जानें! लेकिन "गयाने" में नट-नटियों के रूसी होने पर भी उन्होंने ऐसियायी कोमलता का निर्वाह बड़े सुन्दर तौर से किया था।

१८ फर्वरी को तापमान हिमविन्दु से २५° सेन्टीग्रेड नीचे था, लेकिन मैं अब सर्दी का अभ्यस्त हो चुका था। नेवा जमी हुई थी, और हम विश्वविद्यालय से लौटते समय उसे सीधे पारकर इसाइकी-सबोर में ट्राम पकड़ते।

लेनिनग्राद युनिवर्सिटी के प्राच्य-विभाग के देकन (डीन) प्रोफेसर स्ताइन अर्थशास्त्र और राजनीति के एक माने हुए पंडित हैं। चीन में एक बार वह परामर्श दाता बन करके रह चुके थे और भारत के बारे में भी उनका अध्ययन बड़ा गंभीर था। उन्होंने चीनी राजनीति और कौटिल्य पर हाल ही में एक लेख लिखा था। उनसे चीन और भारत के राजनीतिक सिद्धान्तों के दानादान पर देर तक बातचीत होती रही। बौद्ध धर्म और दर्शन के दानादान के बारे में मैं भी कुछ जानता था, लेकिन भारत और चीन के दो हजार साल पहिले आरम्भ हुए सांस्कृतिक संबंध में राजनीतिक दानादान कितना हुआ था, इसका पता नहीं था। मैं जो कुछ भी जानता था उसे बतलाता रहा, लेकिन

में ज्ञान कौटिल्य के अर्थशास्त्र से अधिक नहीं था। उस दिन (२० फर्वरी) जब मैं कबाड़ियों की दूकानों में किताबों की खोज में निकला, तो मेरे साथ हिन्दी की लेक्चरर दीना मारकोवना गोल्दमान भी थीं। उन्होंने बतलाया, कि हमारे रहने के स्थान के पास लितनी में अकदमी की एक बड़ी अच्छी दुकान है। मैंने उनके साथ जा वहां से ३३० रूबल में पुरातत्व और मध्यएसिया संबंधी कितनी ही पुस्तकें खरीदीं। जैसे और चीजें राशनहीन दुकानों पर महंगी मिलती हैं, किताबों की वैसी हालत नहीं थी, इसलिये ज्यादा लोगों को प्रिय पुस्तकें इन दुकानों में आकर भी टिकती नहीं थीं। यहां पर मुझे १६०४-१६०५ की छपी पुरातत्व संबंधी किताबें दीख पड़ीं।

२३ फर्वरी को छोटी लेकिन बहुत ही महत्वपूर्ण खबर भारत के बारे में रेडियो से मिली। बम्बई में भारतीय नौसैनिकों ने अंग्रेजों के खिलाफ विद्रोह कर दिया। मार्क्स का कहना ठीक होने जा रहा है। आधुनिक सैनिक विद्या में शिक्षित-दीक्षित भारतीय अपनी बन्दूकों को सदा अंग्रेजों के लिये ही नहीं उठाते रहेंगे, बल्कि कभी वह उन्हें अपनी स्वतंत्रता के लिये भी उठायेंगे। आज वह उठने लगीं हैं।

पश्चिम के समृद्ध और समुन्नत देशों में भी कितनी ही चीजें मिलती हैं, लेकिन उनका उपयोग हजार में एक आदमी से भी कम के लिये होता है। सोवियत में शारीरिक, बौद्धिक और सांस्कृतिक विकास के साधन इतने बड़े पैमानेपर हैं, कि उनसे सारी जनता फायदा उठाती है। यदि वहां शिशुशालायें हैं, तो उनमें डेढ़ महीने से तीन वर्ष के सोवियत के सभी बच्चों को रखकर लालन-पालन का प्रबन्ध है। यदि बालोद्यान हैं, तो वह इतने अधिक हैं, कि उनमें चौथे बरस से सातवें बरस के अन्त तक के सोवियत-भूमि के सारे लड़के रखे जा सकते हैं। यह बहुत खर्चीली चीज है। ईगर की तरह १४० रूबल मासिक देनेवाले माता-पिता नहीं देते, लेकिन सबके लिये वहां अलग-अलग चारपाइयां, गद्दे, तकिया, चादर-लिहाफ, तौलिया, बर्तन, कुर्सी, मेज, खेलने के सामान सभी जमा किये हुये हैं। बालोद्यानों में खेलते खेलते अधिक से अधिक चीजों

और उनके गुणों के बारे में ज्ञानवृद्धि के साधन के तौर पर कुत्ते, सूअर, भेड़ें, बकरियां, मुर्गे और पक्षी भी रखे जाते हैं। फूलों का तो एक अच्छा खासा उद्यान हरेक बालोद्यान के साथ लगा होता है। इसके अतिरिक्त चाचियां अपने बच्चों की जमात को लेकर नगर के दर्शनीय कौतुकागारों (म्यूजियम), उद्यानों, प्राणि-उद्यानों तथा कितने ही ऐतिहासिक स्थानों तथा प्राकृत सौंदर्य की जगहों को दिखलाने के लिये ले जाती हैं। बालकों के लिये अपने सिनेमा भी होते हैं, जिनमें उनके समझने लायक विषयकों ही प्रस्तुत किया जाता है। एक समय भूतों प्रेतों की कहानियों को मिथ्याविश्वास फैलाने में सहायक समझकर ऐसी किताबों को छापना बन्द कर दिया गया था, लेकिन पीछे पता लगा, कि मिथ्याविश्वास से आंख मीचने से काम नहीं चल सकता, उसके तो सामने जाकर मुकाबिला करने की आवश्यकता है, और वह मुकाबिला बुद्धि और परिज्ञान द्वारा ही हो सकता है। अब जहां पंचतंत्र की तरह की पशु-पक्षियों की कहानियों से बच्चों का मनोरंजन और ज्ञान-वर्धन कराया जाता है, वहां भूतों प्रेतों की कहानियों को कहने में भी परहेज नहीं किया जाता। बच्चों के मनोरंजन और ज्ञान-वर्धन का एक और साधन है, सोवियत के पुतली नाटक (कुकल्यो तियात्र)।

२४ फर्वरी को ईगर के साथ हम पुतली नाटक देखने गये। तमाशा था अलादीन और चिराग। नाट्यशाला दर्शकों से भरी हुई थी, जिनमें ८० सैकड़ा बच्चे थे, और २० सैकड़ा उनके साथ गये अभिभावक। हम लितनी के पीछे की नाट्यशाला में गये थे—नेव्स्की पथ पर भी एक पुतली नाट्यशाला थी। अभिनय ६ बजे से ८ बजे के करीब तक हुआ। लड़के तो देखते देखते लोट-पोट हो रहे थे। अलादीन के चिराग में कोई ऐसी बात नहीं रखी गई थी, जिसे कि ८-६ बरस तक की उमर वाले लड़के न समझ सकें। चाहे सिनेमा हो, चाहे नाटक, चाहे वयस्कों के मनोरंजन की वस्तु हो या शिशुओं की, हर जगह सोवियत के निर्माता और कलाकार अपनी सफलता अपनी नहीं, बल्कि अपने दर्शकों की मानसिक प्रतिक्रिया से नापते हैं। हरेक ऐसी प्रस्तुत की जानेवाली वस्तु को पहिले प्रेक्षकों के सामने परीक्षार्थ पेश किया जाता है, और उनके

मनोभाव को देखकर काफी सुधार करने के बाद उसे जनता के सामने लाया जाता है। यह कहने की आवश्यकता नहीं कि "अलादीन के चिराग" से बच्चों का बड़ा मनोरंजन हुआ, और वयस्कों का भी अच्छा मनोविनोद।

२६ फर्वरी को हमारे चौथे वर्ष की छात्रा वेर्या बड़ी प्रसन्न थी। बोली आज चीनी का दाम बिना कार्ड के १२० रूबल (८० रुपया) प्रति किलोग्राम (सवा सेर) हो गया। वह स्वयं और उसकी सखियां यह खबर सुनते ही बिना राशन की दुकानों पर टूट पड़ीं। कहती थीं—बहुत आदमी होगये थे, इसलिये आधा किलोग्राम (ढाई पाव) चीनी ही मिल सकी। चौंसठ रुपया सेर, या चार रुपया छटांक चीनी हमारे लोगों के लिए तो बड़े आश्चर्य की बात होगी, और यहां किसी को टूट पड़ने की आवश्यकता नहीं पड़ेगी। लेकिन वहां उस दिन सचमुच ही बड़ा आनन्द मनाया जा रहा था। इसका यह मतलब नहीं कि उनको चीनी मिलती ही नहीं थी। राशन में चीनी सबको पर्याप्त मिलती थी, जिसमें रोज की चाय के अतिरिक्त हफ्ते में एकाध दिन मीठी पुडिंग भी बनाई जा सकती थी, लेकिन हमारे यहां की तरह रूसी भी मिठाई की चीजों के बड़े शौकीन हैं, अबतक खुलकर चीनी इस्तेमाल नहीं कर सकते थे, और अब उन्हें मौका मिला था। राशन से मिलनेवाली चीनी बहुत सस्ती थी। और इससे पहिले बिना राशन की चीनी १६० रूबल किलो थी। प्रतिकिलो मूल्य में ४० रूबल की कमी जरूर ही खुशी की बात थी। पूंजीवादी अर्थशास्त्र के जाननेवाले या कम से कम वहां के साधारण शिक्षित बिना-राशन की दूकानों को चोरबाजारी की दुकान कहने की गलती कर सकते हैं, लेकिन बिना राशन की दुकानों में जो अतिरिक्त चीजें १० गुने २० गुने दामपर बेची जाती थीं, उनका पैसा किसी चोरबाजारी सेठ के हाथ में नहीं जाता, बल्कि वह सरकारी खजाने में जाकर नवनिर्माण की योजना में लगता है। और जैसे ही जैसे टूटे हुए कारखानों का पुनर्वास और नये कारखानों का नवनिर्माण होता जाता था, वैसे ही उत्पादन बढ़ता, और उसके ही अनुसार दाम गिराया जाता था। इसका ही फल था १६० रूबल से चीनी के भाव का १२० रूबल पर पहुंचना। हमें उसकी विशेषता

इसलिये नहीं मालूम हो सकती थी, कि प्रोफ़ेसर होने के कारण हमें विशेष राशनकार्ड मिला था, जिससे चीनी, मक्खन, मांस, दूध, अंडा, विस्कुट आदि चीजें राशन के दाम पर इतनी अधिक मिल जातीं थीं, कि राशन की दूकानों को देखने की आवश्यकता नहीं थी, और न खर्च में संकोच करने की ही।

सोवियत के फ़िल्म देखने से मुझे उतना वैराग्य नहीं होता था, जितना भारत के फिल्मों को। यहां तो बरस में कभी एक बार गला दबानेपर यदि जाता भी हूं, तो ऊबकर बीच में ही चले आने की इच्छा हो जाती है। सोवियत के फिल्म केवल यौन-आकर्षण को लेकर नहीं बनते, इसका यह मतलब नहीं कि उनमें स्त्री-पुरुषों के प्रेम संबंध को छिपाने की कोशिश की जाती है। तो भी वह उतना ही रहता, जितना की दाल में नमक। सोवियत फिल्मों में भी मैं ज़्यादा देखता था एसियायी फिल्मों को—उजबेकिस्तान, कजाकस्तान, आजुर्बाइजान, मंगोल आदि देशों के फिल्मों को। नये एसियायी कलाकार तरुण अब अपनी मातृभाषा के अतिरिक्त रूसी भाषा भी अच्छी तरह बोल सकते हैं, इसलिये अच्छे एसियायी फिल्मों को रूसी भाषा के साथ भी बनाया जाता है। अब मुझे भाषा कि उतनी दिक्कत भी नहीं रह गई थी।

२ मार्च को मैं उजबेक-फिल्म "ताहिर और जोहरा" देखने गया। यह आजुर्बाइजानी फिल्म था। ताहिर और जोहरा उस समय हुये थे, जब कि अभी बारूद का आविर्भाव नहीं हुआ था और तीर और धनुष चलते थे: एक खान (राजा) अपने सेनापति से बहुत प्रसन्न है। जोहरा खानकी पुत्री और ताहिर सेनापति का पुत्र है। खान ने ताहिर को पुत्रवत् मान रखा है। बचपन में ही ताहिर और जोहरा साथ खेलते हैं। आगे किसी समय निरंकुश खान सेनापति के ऊपर क्रुद्ध हो जाता है, और वह खान के इशारे पर जंगल में शिकार के समय में तीरका शिकार हो जाता है। ताहिर को अपने पिता की निर्मम हत्या का पता लग गया है—खान की निष्ठुरता और अन्याय से बाप ही नहीं मरा बल्कि जनता भी त्राहिमां कर रही है। ताहिर के लिये अपने बाप के खून का बदला

लेना अवश्यकरणीय था, और उधर जोहरा का प्रेम भी वह छोड़ नहीं सकता था। खान को यह बात मालूम हो गई। वह ताहिर के मारने की फिक्र में पड़ा। एक समय ताहिर उसके पंजे में आगया। खान ने उसे संदूक में बन्द करके नदी में फिकवा दिया। आगे किसी खानजादी ने संदूक को निकलवा लिया। वह इस सुन्दर तरुण पर मुग्ध हो गई। ताहिर की जान बचाकर उसने बड़ा उपकार किया था, लेकिन ताहिर अपनी प्रेयसी जोहरा को छोड़ने के लिये तैयार नहीं था। उसने असमर्थता प्रकट की। खानजादी कुपित हो गई। ऊंट के पीछे बांधकर उसे भगा दिया। किसी दोस्त ने रास्ते में बेहोश पड़े ताहिर को उठाया। ताहिर फिर जोहरा के पास पहुंचा। फिर उसका अपने पिता के हत्यारे के साथ सामना हुआ। ताहिर ने उसे मारकर पिता के खून का बदला लेने गया, किन्तु पकड़ा गया। खान के हुक्म से उसे बन्ध उस स्थानपर ले गये। छुड़ाने के लिये मित्र आये, किन्तु चारुदत्त की तरह समय पर नहीं, तबतक ताहिर का कलेजा भाले से छिद चुका था। उधर बापने जोहरा का भी गला घोंट दिया। दोनों एक अरथीपर कब्रिस्तान गये। कथानक और अभिनय की दृष्टि से फिल्म बड़ा सुन्दर था, लेकिन सोवियत-फिल्मों में जो विशाल प्राकृतिक दृश्य देखने को मिलते हैं, वह इसमें नहीं थे—न वह अनन्त बयाबान और पर्वतमाला, न नदी की विस्तृत उपत्यका, न नगर के ही हर अंग का प्रदर्शन।

ऐसियायी फिल्म अगर रोज-रोज भी नये नये मिलते, तो मैं देखने के लिये तैयार था। अगले ही दिन (३ मार्च) को "अबाय के गीत" (पीस्ने अबायेफ) कज़ाक-फिल्म दिखाया जा रहा था। मैं उसे देखने के लिये चल पड़ा। कजाकस्तान मध्यएसिया का सबसे बड़ा और सबसे धनी प्रजातंत्र है। लेकिन यहां के लोगों में काफी संख्या १९१७ ई० तक घुमन्तू या अर्ध-घुमन्तू पशु-पालकों की थी। इसकी अपार खनिज सम्पत्ति पृथ्वी के गर्भ में अछूती पड़ी हुई थी और कज़ाक नर-नारी लिखने-पढ़ने से बिलकुल अपरिचित थे। बहुत थोड़े से मुल्ला और सरदार—उनमें भी पुरुष ही पढ़नालिखना जानते थे, सो भी अरबी-फारसी भाषा में। अबायेफ कोई कल्पित नाम नहीं है। वह कज़ाक भाषा

का महान् साहित्यकार और साहित्य-पिता माना जाता है। वह पिछली शताब्दी के उत्तरार्द्ध में हुआ था। अबायेफ के विद्याप्रेम ने परम्परा से चली आती मुल्लों और सरदारों के शिक्षा-क्षेत्र तक ही उसे सीमित नहीं रखा, बल्कि कजाकस्तान के भिन्न-भिन्न स्थानों में बस गये रूसियों के संपर्क में आकर उसने रूसी भाषा और साहित्य का अध्ययन किया। इस प्रकार कजाक-साहित्य का आरम्भ करते ही उसने अपनी प्रौढ़ लेखनी से विनिःसृत परिपक्व ग्रन्थों को अपनी जाति के सामने रखा। जीवन में उसको उतना मान नहीं मिला था, क्योंकि न उसने फारसी-अरबी और नहीं साहित्यिक तुर्की में अपनी पुस्तकें लिखीं थीं। उसकी लेखनी अपनी मातृभाषा में चली थी, जो कि उस समय एक बोली समझी जाने से हीन दृष्टि से देखी जाती थी। यही कारण था जो अबायेफ के अपने जीवन में वह सम्मान न प्राप्त करने का, जो कि आज सोवियत काल में प्राप्त हो रहा है। आज वह कजाकस्तान का बाल्मीकि और अश्वघोष, कालिदास और बाण है। "पोसूने अबायेफ" इसी अमर साहित्यकार के जीवन संगीत को लेकर बनाया गया था। प्राकृतिक दृश्य बड़े सुन्दर थे, जिनको देखकर घर बैठे कजाकस्थली की सैर हो सकती थी। कजाक घुमन्तू अपने तम्बुओं (किवितों) में रहते घोड़ों के अतिरिक्त भेड़ें भी बहुत पालते थे, उनका किवितों का गांव उजड़ता-बसता रहता था और घोड़े नई चरागाहों में घूमते रहते थे। चरागाहों का बड़ा सुन्दर दृश्य दिखलाया गया था। कजाकस्तान के पहाड़, नदियों की उपत्यकायें भी मनोहारिणी थीं। किसी विशाल जलाशय के नजदीक कजाकों का डेरा पड़ने लगा। लकड़ी के गोल ढांचे खड़े किये गये, फिर नमदों और कपड़ों को तानकर तम्बू बना दिया गया। बाहरी खोल को जहां-तहां से हटाया जा सकता था। एक दृश्य कजाक न्यायालय का था—न्यायालय क्या घुमन्तू कजाकों के पास तो आलय ही नहीं होता। एक सिरे पर कुछ ऊंचे से आसन पर कबीले का महापितर बैठा था, जिसके हाथ में न्याय का प्रतीक दण्ड था। उसके दाहिने बायें कुछ और सरदार बैठे हुए थे। साधारण जनता इन अभिजात लोगों से कुछ दूर बैठी थी। पास में कितने ही घुड़सवार भी पांती से खड़े थे। कवि

अबायेफ और उसके एक मित्र का पुत्र वहां लाया गया। मित्र का पुत्र भी कवि था। वह किसी कज़ाक तरुणी पर मुग्ध था। बिना बड़ों की आज्ञा के उसको प्रेम करने का अधिकार नहीं था, इसलिये वह अदालत में लाया गया था। कवि अबायेफ ने उसके पक्ष में भाषण दिया, जिसके कारण विचारकों को राय पलटनी पड़ी। दोनों प्रेमियों का विवाह हो गया। कज़ाक विवाह का वहां बड़ा सुन्दर दृश्य दिखाया गया था। घुमन्तू लोगों में उनके सरदार बड़ी मौज से रहते थे। लड़की के लिये बहुमूल्य वस्त्र-आभूषण प्रदान किये गये। जहां तक कज़ाक अमीरों का संबंध था, वह सामन्तशाही अवस्था में थे। इस समय कज़ाक संगीत और नृत्य का भी आनन्द लेने का मौका मिला। गीतों में बहुत से वही थे, जिनको अबायेफ ने बनाया था। लड़की का पिता इस विवाह को पसन्द नहीं करता था, लेकिन पंचों के फैसले के विरुद्ध कैसे जा सकता था? उसने अपना क्रोध अबायेफ के ऊपर उतारना चाहा, और उसके पान-चषक में जहर मिला दिया। लेकिन गल्ती से विष के प्याले को उसने अपने ही पुत्र को दे दिया। पुत्र अपनी प्रेयसी की गोद में मर गया। प्रेयसी एक एक गहने को उतारकर फेंकने लगी। अबायेफ के शत्रु हैदर ने धर्म के नामपर अबायेफ के ऊपर मुकद्दमा चलाया। उसमें असफल होने पर दल बांधकर वह अबायेफ के ऊपर आक्रमण करने गया। इन हथियारबन्द ख़ूंख़ार लोगों के भीतर अबायेफ निर्भय होकर चला गया। हैदर के साथ आये लोग उसकी बात मानने से आना कानी करने लगे, इसपर हैदर ने एक कंटीली गदा अबायेफ के ऊपर चला दी। अबायेफ प्रहार से घायल हो गया। यह देखकर लोगों ने हैदर के दल को मार भगाया। फिल्म बड़ा ही सुन्दर और मेरे लिये बड़ा ही ज्ञानवर्द्धक था।

६ मार्च को युनिवर्सिटी जाते समय सड़क पर पानी-पानी दिखाई पड़ रहा था—तापमान गिर गया था। मैं तो समझने लगा कि वसन्त आ गया, लेकिन रूस में वसन्त अभी दो महीने बाद आने वाला था, मई में जाकर नंगे वृक्ष कलियों के रूप में अपनी पत्तियों को दिखलाने लगते हैं। ऋतुओं में परिवर्तन अवश्य होता है, लेकिन हमारे यहां की प्राचीन परिपाटी की न छ ऋतुयें

नहीं हैं, और न जाड़ा, गर्मी, बरसात जैसी तीन ऋतुओं का ही स्पष्ट अन्तर। मई के आरम्भ से लेनिनग्राद में वसन्त का आरम्भ जरूर हो जाता है, लेकिन जो बात लेनिनग्राद में आज होती है, वह उससे दक्षिण मास्को में हफ्ता पहिले होती है। और दक्षिण जाने पर वह और भी पहिले होती है। वसन्त, ग्रीष्म तथा वर्षा की ऋतुयें एक साथ मिली जुली सी हैं। नये फूलों और नये पत्तों के कारण मई-जून को हम वसन्त मान सकते हैं, लेकिन जुलाई से अगस्त के अन्त तक को यह कहना मुश्किल है, कि यह गर्मी है या वर्षा। दोनों का यह मिश्रित समय है। कभी कभी दो चार दिन जब वर्षा नहीं होती, आकाश निरभ्र दिखाई पड़ता है, तो उसे ग्रीष्म कह सकते हैं, लेकिन ग्रीष्म नाम से जो लू और गरमी हमारे यहां होती है, उसका वहां नाम नहीं। सितम्बर के आरम्भ से जब तक कि पानी अभी बरफ नहीं बूंदों के रूप में बरसता है, लेकिन कुछ सर्दी अधिक होने के कारण हरियाली पर असर होता जाता है, इसे वह शरद कहते हैं, उसके बाद चार पांच महीने का जाड़ा। इसप्रकार वसन्त, ग्रीष्म-वर्षा, शरद, और हेमन्त में वहां के साल को बांट सकते हैं, अथवा वसन्त, ग्रीष्म और हेमन्त इन तीन ही ऋतुओं में विभाजन कर सकते हैं। वसन्त सबसे छोटी ऋतु है, वर्षा उससे बड़ी और हेमन्त सबसे बड़ी। लेकिन अभी मार्च में वसन्त के आने की कोई संभावना नहीं थी। तापमान की आंख-मिचौनी में हम कईबार सड़क पर पानी फैलते देख चुके थे।

८ मार्च को सोवियत-काल के बनाये हुए, नये पर्वों में एक अन्तर्राष्ट्रीय महिला-दिवस मनाया जा रहा था। सोवियत की हों, या दुनिया के किसी देश की, आज की हों या प्राचीन काल की, महिलायें सदा उत्सव-प्रिया होती हैं। हमारे प्राच्य-विभाग में भी दिवस मनाया गया। प्राच्य-विभाग के दोकानात (डीनशाला) में भोज की तैयारी थी। भाषण, भोज, गीत और नृत्य उत्सव के यह चार अंग थे। विभाग के सारे ही अध्यापक नहीं आये थे। वहां २५ के करीब व्यक्ति मौजूद थे, जिनमें दोतिहाई स्त्रियां थीं। मंगोल भाषा के विशेषज्ञ वृद्ध अकदमिक कोज़िन (दोकनविभागाध्यक्ष) ने भाषण किया, फिर चीन

भाषा के विशेषज्ञ अकदमिक अलेक्सियेफ और मिश्रतत्ववेत्ता अकदमिक स्त्रूवे ने भी पर्व के महत्व पर भाषण दिया। दो तीन महिलायें भी बोलीं, फिर पान से भोज का आरम्भ हुआ। बिस्मिल्ला ही गलत— मैं ही अकेला पान-विरत था। लोगों को समझाने के लिये व्याख्या करने की जगह अच्छा तो यही था, कि प्याले को मुंह में लगाकर जीभकी नोक को तर कर लेता, लेकिन मैं तो अपने जीवन के रिकार्ड को कायम करने की धुन में था। पीने का बहुत आग्रह हुवा, किन्तु मैं कच्चा गुइयां नहीं था। लोगों को कुछ अचरज-सा जरूर मालूम हुआ होगा, लेकिन किसी ने मेरे नियम के तोड़ने तक आग्रह नहीं किया। रोटी, मक्खन, पनीर, कलबासा (सौसेज), मछली का अंडा, बिस्कुट, केक, मिठाइयां, चाय, और नारंगी के फल यह सब मेरे खाद्य थे, और वहां वह प्रचुर नहीं तो काफी परिमाण में जरूर थे। भोज के लिये लोगों ने पैसे दिये थे, शायद राशन से अधिकतर चीजें ली गई थीं। भोजनोपरान्त गाना शुरू हुआ। दो प्राध्यापक महिलाओं ने सुन्दर गीत सुनाये। लोगों ने तालियां बजाईं। फिर नृत्य आरम्भ हुआ। जहां बूढ़े बूढ़े तक नाच के अखाड़े में उतरने से नहीं हिचकिचाते, वहां जवान सा दिखाई देनेवाला उस कला से अनभिज्ञ मैं कड़े आग्रह के बाद चुपचाप बैठा टुक टुक देखता रहा। नृत्य के लिये मन तो ललचाता था, लेकिन अब तो चिड़ियां खेत चुग गई थीं। और तो और मैंने सोवियत सीमा के भीतर पैर रखते ही सिगरेट को भी छोड़ दिया था। वहां पुरुषों में तो कोई भी सिगरेट त्यागी नहीं था, और कुछ स्त्रियां भी उसका आनन्द ले रही थीं। महोत्सव से लौटकर डेढ़ बजे रात को हम घर पहुँचे।

१० मार्च को कमाल ऐनी शाम के वक्त हमारे घर आये। वह प्रसिद्ध ताजिक उपन्यासकार सदरूद्दीन ऐनी के सुपुत्र तथा द्वितीय वर्ष के छात्र थे। समरकन्द में पैदा होने के कारण मातृभाषा ताजिक (फारसी) होने के साथ उजबेक भाषा को भी मातृभाषा वत् ही बोल सकते थे। उनके लिये अपने नगर में भी विश्वविद्यालय था, स्तालिनाबाद में ताजकिस्तान का विश्वविद्यालय था, जिसका माध्यम ताजिक भाषा थी। लेकिन वह समरकन्द से दूर लेनिनग्राद के

विश्वविद्यालय में पढ़ने आये थे। शायद उनका लक्ष्य ताजिक भाषातत्त्व के अध्ययन की ओर था, तब तो संस्कृत पढ़ने की अवश्यकता थी। शायद वह चौथे पांचवें वर्ष में उसे पढ़ें। कमाल से उनके पिता, परिवार और देश के बारे में बहुत देर तक बातें होती रही। कमाल का समरकन्द से लेनिनग्राद आना कोई अनहोनी बात नहीं थी। सोवियत के सभी कालेजों और विश्वविद्यालयों में ९० प्रतिशत लड़के सरकारी छात्रवृत्ति पाते हैं, जो इतनी काफी होती है, कि बिना माता-पिता की मदद के पढ़ सकते हैं। छात्रवृत्ति सखालीन से पोलैण्ड की सीमा तक अफगानिस्तान से ध्रुवकक्षा तक फैले विस्तृत भूभाग के किसी भी विश्वविद्यालय या कालेज में जानेपर सुलभ थी, इसलिये कश्मीर के सीमान्त के छात्र के लिये भी मास्को या लेनिनग्राद में पढ़ना कोई बोझ का सवाल नहीं था। हां, अन्तर इतना अवश्य था, कि जब आने जाने में रेल पर दो हफ्ता लगता हो, तो केवल ग्रीष्म के बड़े अवकाश में ही घर का मुँह देखा जा सकता था।

१२ मार्च को मैं युनिवर्सिटी गया, तो द्वितीय वर्ष के एक दर्जन छात्रों में केवल दो मौजूद थे। मैंने उस दिन झुंझला कर अपनी डायरी में लिखा—"ऐसी बेपरवाही से पढ़ना क्या अच्छा है? सचमुच ही यह मजाक है। सभी अध्यापकों को यह शिकायत है। माध्यमिक स्कूल समाप्त करने के बाद काम में जाने की आवश्यकता पड़ती, इसलिये कितनी ही छात्रायें, अपने पांच वर्ष युनिवर्सिटी में आकर बिता देना चाहती है।" उस दिन तीन बजे प्राच्य-विभाग के मजदूर संघ की बैठक हुई। लेक्चरर (दोसेन्त), प्रोफेसर, और अकदमिक जिस सभा के सदस्य हों, उसे मजदूर सभा कहना उपहास्पद मालूम होगा? किन्तु मजदूर शब्द का मूल्य उस देश में बहुत बढ़ गया है, और वह अपमान नहीं सम्मान का परिचायक है। अध्यापकों ने पढ़ाने की कठिनाइयों पर भाषण दिये, फिर कुछ प्रश्नोत्तर हुए, पदाधिकारियों का चुनाव हुआ और सभा विसर्जित हो गई।

वर्ष के अन्त से ही मैं अब मध्यएसिया जाने की फिकर में पड़ा था। मेरे मास्को के मित्र इसके लिये कोशिश कर रहे थे। कभी उनकी चिट्ठी

आशाजनक आतीं और कभी निराशाजनक। एक विदेशी को सोवियत के इस दूर भाग में आने की इजाजत देना वैदेशिक मंत्रालय के हाथ में था। तुर्कमानिया के प्रोफेसर के कहने के अनुसार मैं चाहता था, कि गर्मियों से पहिले ही अपनी यात्रा खतम करने के लिये मार्च में ही चला जाऊं, लेकिन १३ मार्च तक पता लगा, कि अप्रैल में भी शायद ही यात्रा हो सके।

१७ मार्च को अखबारों में पढ़ा, कि अब से सोवियत के मंत्रियों का बोल्शेविक क्रान्ति के समय से चला आतापद-नाम "जन-कर्मासर" न रह, मंत्री (मिनिस्तर) होगा। मंत्री शब्द सारे दुनिया में चलता है, और जन-कर्मासर कहने से बाहर वालों को समझने में दिक्कत होती है, इसलिये सोवियत ने यह नयी व्यवस्था की।

जल्दी कराने के लिये मैंने मास्को जाने का निश्चय कर लिया, और २५ मार्च को नरम दर्जे के लिये २५० रूबल इन्तूरिस्त को दे आया। पास ही में सोचा इसाइकीसबोर है, इसलिये उसपर चढ़ गया। सोवियत का यह सबसे बड़ा गिरजा म्यूजियम के रूप में परिणत कर दिया गया है। पिछली यात्रा में इसके भीतर घुसकर देख चुका था। अभी वह दर्शकों के लिये खुला नहीं था, इसलिये ऊंची छतपर चढ़कर नगर-परिदर्शन करके ही संतोष किया। छत पर पहुंच कर आस-पास की चारतले की इमारतें भी बहुत नीची मालूम होती थीं। छतों और सड़कों पर सफेद बरफ की चादर पड़ी हुई थी, नेवा भी सफेद चादर से लिपटी टेढ़ी मेढ़ी सोई थी। हमारे विभाग की सहाध्यापिका दीना मार्कोव्ना इस्पेरांत (एम० ए०) थीं, और चाहती थीं कि प्रेमचंद के "सप्तसरोज" पर कन्दीदात (डाक्तर-उमेदवार) के लिये निबंध लिख डालें। लेकिन अपेक्षित पुस्तकें नहीं थीं। वस्तुतः पिछले २० वर्षों में शायद ही कोई हिन्दी पुस्तक लेनिनग्राद पहुंची हो। उन्होंने "सप्त-सरोज" का रूसी में अनुवाद कर डाला था। मुहावरेदार भाषा को केवल कोश की मदद से नहीं समझा जा सकता, इसके उदाहरण उनके अनुवादों में कई जगह मिले। तारीफ यह थी कि उसे वह डाक्टर बरान्निकोफ को भी दिखा चुकी थीं।

१०—मास्को में सवा महीना

२६ मार्च को युनिवर्सिटी से छुट्टी का कागज मिल गया। खर्च के लिये कुछ अग्रिम पैसा लेना चाहते थे, लेकिन कार्यालय में भीड़ थी, इसलिये बिना लिये ही चल पड़े। इंतूरिस्तने लालतारा ट्रेन में सीट रिजर्व करली थी। हाँ, नरम सीट नहीं मिली थी। १७५ रूबल में बिना गद्देवाली कड़ी सीट थी, जिस पर चादर और गद्दा ऊपर से उसी पैसे में मिल जाता था, इसलिये उसमें भी आराम गद्दीदार सीट जैसा ही था। सवा पांच बजे घर से निकले। किसी भी काम को समय पर करना लोला ने नहीं सीखा था, हमें तो डर लग रहा था, कि कहीं ट्रेन न छूट जाय। घर के पास ट्राम पकड़ी। तीन टिकान तक जाते जाते वह थौंस कर बैठ गयी। भाग्य से पास से एक मोटर ट्रक निकली, जिसके ड्राइवर ने मेहरबानी करके स्टेशन पर पहुँचा दिया। ट्रेन सात बजे छूटनेवाली थी, हम आध घन्टा पहिले ही पहुँचे थे, यह जानकर आराम की सांस ली। हमारे कम्पार्टमेंट में इंतूरिस्त के एक कर्मचारी भी जा रहे थे, जो अंग्रेजी जानते थे, लेकिन अब भाषा की वैसी दिक्कत नहीं थी। उनके पास कुछ अमेरिकन समाचार-पत्र थे। मैंने तो सारा समय उन पत्रों को नचाने में लगाया। यह कड़ा दर्जा भी नरम द्वितीय दर्जे ही जैसा था। गद्दी न

होने पर भी उतने ही लम्प और दूसरी चीजें थीं। पूरी की पूरी सीट मिलने से सोवियत में दीर्घयात्रियों को भीड़ का डर नहीं रहता।

२७ मार्च को सबेरे जब हमने गाड़ी के बाहर की ओर देखा, तो सफेद बरफ से ढँकी ऊँची-नीची भूमि में जहाँ-तहाँ सदा-हरित देवदार दिखाई पड़ रहे थे। रेल के हरेक डब्बे में एक कंडक्टर होता है, जिसका काम बिस्तरा ठीक करना और डब्बे की सफाई करना ही भर नहीं है,बल्कि वह गरम चाय भी दे देता है। चाय से हम निवृत्त हो चुके। ट्रेन ठीक ११ बजे मास्को पहुँची। इंतूरिस्त को भी खबर दे दी गई थी और वोक्स तो हमारी यात्रा का प्रबन्ध करने ही वाली थी। दोनों के आदमी लिवाने के लिये स्टेशन पर आये थे, लेकिन विशाल स्टेशन में नहीं मिल सके। मेरे पास सामान बिलकुल मामूली था, जिसके लिये भारवाहक की अवश्यकता नहीं थी, और भाषा की कठिनाई दूर हो चुकी थी, ऊपर से पहिले भी एक पखवारा मास्को रह गया था। मैंने मेत्रो (भूगर्भी रेल) पकड़ी और मास्को होटल के पास ही उतर कर पास के एक पुराने और अच्छे नेशनल होटल में पहुँच गया। नेशनल होटल जारशाही युग में भी बहुत प्रसिद्ध होटल था। क्रेमलिन उससे बिल्कुल नजदीक है। कमरा ठीक रखने के लिये इंतूरिस्त वालों को नहीं लिखा था, इसलिये ३ घंटे ऑफिस में बैठे रहना पड़ा फिर २४० नं० का कमरा मिला। वोक्स के आदमी भी आये, उन्होंने कहा कि यात्रा का सारा प्रबन्ध हम कर देंगे, केवल विदेश-मंत्री की आज्ञा भर की अवश्यकता है। अगले दिन आवेदन पत्र देने का निश्चय हुआ। उस दिन तो ऐसी आशा बंधी, कि मालूम हुआ १५ अप्रैल तक हम अशकाबाद पहुँच जायेंगे।

इंतूरिस्त के दफ्तर से अंग्रेजी के अखबार मिले। पता लगा, लार्ड पेथिक लारेंस, स्टाफोर्ड क्रिप्स, और अलैक्जेंडर तीन ब्रिटिश मंत्री समझौता करने के लिये भारत गये हैं। बात चल रही है, समझौता हो जाने की आशा है। लेनिनग्राद में अधिकतर रूसी पत्रों और रेडियो पर ही विदेशी समाचारों के लिये निर्भर रहना पड़ता था, जिसमें भारत की खबरें तो शायद ही कभी

निकलती थीं। समझौते की बात को वहाँ वाले महत्व नहीं देते थे। उनके राज-नीतिज्ञों का भी विश्वास था : भारत की स्थिति में परिवर्तन नहीं होने पायेगा, मजदूर पार्टी उतनी ही साम्राज्यवादी है, जितनी की टोरी पार्टी। उनकी तरह मैं भी मानता था, कि अंग्रेज प्रसन्नता-पूर्वक दान के तौर पर भारत को स्वतंत्रता नहीं अर्पित करेंगे, लेकिन अंगुली पकड़ा देने पर वह पहुँचे को बचा नहीं सकेंगे। भारत में स्वतंत्रता के लिये पागल जो शक्तियां पैदा हो गई हैं, वह अंग्रेजों के मन्सूबे को सफल नहीं होने देंगी।

पहली बात चीत से इतना तो मालूम हो गया था, कि तीन हफ्ते मास्को में रहना ही पड़ेगा। इसमें शक नहीं, कि यहां काम की वही पुस्तकें मिल सकती थीं, जिन्हें कि मैं अपने बल-बूते पर ढूँढकर जहाँ-तहाँ से खरीद सकता था, लेकिन समाचार पत्र हर तरह के मिल सकते थे। ब्रिटिश-दूतावास से मैं विशेष सम्बन्ध नहीं रखना चाहता था। ब्रिटिश प्रजाजन होने के कारण उनका पत्र भी मेरे पास पहुँचता था, और मेरा नाम वहां दर्ज हुआ था। वहाँ से भी कुछ ताजा अखबार मिल सकते थे, किन्तु केवल एक बार दूतावास के एक कर्मचारी ने कुछ पाठ्य सामग्री दी थी, वह कर्मचारी इसी होटल में रहता था।

२८ मार्च को बैठे-ठाले रहने से मैंने सोचा, चलो मास्को की सैर भी हो जायगी, और माया से भेंट भी। माया बहुत दूर शहर के एक छोर पर रहती थी। उसके कॉलेज को ढूंढने के लिये घंटों की आवश्यकता थी। सबेरे दत्त भाई का पता लगाने गये, किन्तु उनका स्थान नहीं मिल सका। ट्रामों और पैदल की यात्रा करते काफी समय बाद आखिर उस छात्रावास में पहुँचे, जिसमें माया रहती थी। वह पढ़ने गयी थी, इसलिये अपना कार्ड और पता रख आये। लेनिनग्राद से मास्को कम सर्द है, यह आज के सैर-सपाटे से मालूम हुआ। लेनिनग्राद की नेवा जहां सफेद चादर ओढ़े हुए अभी उठने का नाम नहीं लेती थी, वहां मास्का नदी मुक्त-प्रवाह बह रही थी। नगर में जहाँ-तहाँ अब भी बरफ थी, किन्तु ऐसी जगहों पर जहां दिन में छाया अधिक समय तक रहती थी।

उस दिन की बात-चीत से तो मालूम होने लगा, कि शायद पहली या

दूसरी अप्रेल को ही अशकाबाद पहुँच जायें। हमारे पास वहां के लिये कपड़ों की कमी थी। वोक्स ने कहा कि हम यहीं तैयार करा देंगे।

२८ मार्च को कुछ बरफ पड़ी, लेकिन पड़ते ही गल गई। आधे अप्रेल तक सभी बरफ के गल जाने की संभावना थी।

अब की दत्त भाई के यहां कई बार जाता रहा। वह इस वक्त नगरोपान्त में नहीं थे, बल्कि नगर में ही हमारी जगह से चार-पाँच फर्लांग पर रहते थे।

३० वीं मार्च को "लालसेना सामूहिक नाट्य मन्दिर" में गये। मास्को की यह सबसे बड़ी रङ्गशाला है। बड़ी भीड़ थी। लोग एक टिकट के लिये ३० रूबल (२० रुपया) देने के लिये खुशी से तैयार थे। आज प्रोग्राम था जन-संगीत का, लेकिन वह पड़ गया था उस्तादों के हाथ में, और वह उसे मलिया-मेट कर रहे थे। हाँ, रूसी और कसाक नृत्य बड़े सुन्दर थे।

अगले दिन (३१ मार्च) लेनिन की समाधि देखने गये। सामने से तो न जाने कितनी बार गुजरे होंगे, लेकिन वक्त निश्चित तो भी संक्षिप्त तथा दर्शनार्थियों की भीड़ देखकर क्यू में खड़े होने की हिम्मत नहीं होती थी। आज निश्चय कर लिया था, कि दर्शन करके ही हटेंगे।

क्यू की दुहरी पंक्ति थी। मुझे काफी दूर खड़ा होना पड़ा, लेकिन द्वार खुला, तो लोग जल्दी जल्दी आगे बढ़ने लगे, और दस ही मिनट बाद में भी समाधि के भीतर चला गया। समाधि लाल पत्थर की है, और पालिस के कारण चम-कती है। यह लाल मैदान के एक ओर है। उसकी चौरस छत उत्सव के समय नेताओं के खड़े होने के मंच का काम देती है। वह बाहर से देखने पर बहुत छोटी मालूम देती है, लेकिन उतनी छोटी नहीं है। साथ ही जितनी जमीन के ऊपर है, उससे कम नीचे नहीं है। लेनिन का शरीर एक शीशे के खोल के भीतर रखा हुआ है। शीशा इतना साफ है, कि दृष्टि को जरा भी बाधा नहीं होती। मांस सूख जाने से शरीर छोटा हो गया है—वैसे लेनिन शरीर में नाटे थे भी। चेहरे का रङ्ग यथापूर्व कायम रखा गया है, आखें दब गई है, दाढ़ी वैसी ही छोटी सी दिखलाई पड़ती है। सामने आते ही लोग टोपी उतार देते हैं। लेनिन

अद्वितीय महापुरुष थे, इसमें क्या किसी को शक है। यदि दुनिया के परिवर्तन से महान् पुरुषों की शक्ति को नापा जाता है, तो लेनिन जैसा जग-परिवर्तन दुनिया में आज तक किसने किया? यह ठीक है कि लेनिन अपने को मार्क्स का शिष्य भर ही मानते थे, और यह भी निश्चित है कि रास्ता दिखलानेवाला, सिद्धांत खोज निकालने वाला कार्ल मार्क्स ही था। लेकिन क्रान्ति के सिद्धान्तों को व्यवहार में लाना और भी कठिन है, जिसे व्यवहार में लाकर लेनिन ने साम्यवाद को धरातल के ऊपर साकार खड़ा किया। लेनिन ने साम्यवाद को अपनी आंखों फूलते फलते नहीं देखा, लेकिन वह उनके समय में ही दृढ़ मूल-बद्ध हो चुका था। दुनिया की सारी बड़ी बड़ी शक्तियां लग कर उखाड़ने की कोशिश ४ वर्ष तक करती ही रह गईं, लेकिन वह उच्छिन्न होने की जगह और मजबूत होता गया। लेनिन के बारे में कहा जाता है, क्रान्ति के दुरूह समस्या-प्रवाहों में वह उसी तरह आसानी से तैरता था, जैसे जल में मछली। मानवता के उत्कर्ष में जिस महापुरुष का इतना बड़ा हाथ है, उसके सामने खड़े होते समय मेरे दिल में कितने ही अद्भुत भाव क्यों न पैदा हों। वह मृत शरीर अब बोल नहीं सकता, अपने सिंहनाद से शत्रुओं के दिल को दहला नहीं सकता था, किन्तु उसने जो काम किया, और उसकी लेखनी ने मानवता के लिये जो पथ-प्रदर्शन दिया है, वह इतना मूल्यवान् है, कि एक कट्टर भौतिकवादी भी उसके सामने जाकर श्रद्धा से अत्यंत द्रवित हो जाता है। एक रास्ते से घुसकर दूसरे द्वार से मैं भी लोगों के साथ निकल आया। सामने लाल मैदान सूना पड़ा था।

२ अप्रेल आया। मैंने आज मास्को युनिवर्सिटी के नृतत्वीय संग्रहालय को देखना चाहा। इसके भाई को लेनिनग्राद में देख चुका था। लड़ाई के कारण प्रदर्शनीय वस्तुएं सुरक्षित स्थानों में भेज दी गई थीं और अब उन्हें लाकर धीरे धीरे सजाया जा रहा था, अभी म्युजियम का एक ही कमरा खुला था। तब तक लड़ाई बीते ११ महीने ही हुए थे। मैंने तो लड़ाई बीतने के २७ महीने बाद लंदन के ब्रिटिश म्यूजियम के एक ही हाल को सजा देखा था, और जिस गति से सजावट हो रही थी, उससे अभी वर्षों में सारे म्यूजियम के

खुलने की उम्मीद थी। यहां नक्शे टंगे हुए थे, जिनसे मनुष्य के वंश की क्रमिक उत्क्रान्ति को देखा जा सकता था। मनुष्य का मस्तिष्क ही वह चीज है, जिसके कारण वह प्राणियों में सबसे ऊँचा उठा। अपने शरीर के अनुपात से मनुष्य के पास जितना मस्तिष्क है, उतना किसी जन्तु में नहीं है, यह नक्शे में दिखाया गया था— मनुष्य के कपाल में कितना अवकाश है, उसके पैर और पंजों में दूसरे प्राणियों से क्या अन्तर है, नेअन्डर्थल, क्रोमयों, और आज के सपियन मानव के शारीरिक ढांचों में क्या भेद है। मैंने वहां के प्रोफेसर से शक-सिथियन जाति के बारे में बात चीत की और अपने विचारों को भी प्रकट किया। उन्होंने बड़ी उत्सुकता से सुना और बतलाया कि डाक्टर तात्स्तोफ आजकल यहीं हैं, जोकि इस विषय के माने हुए विशेषज्ञ हैं।

शामको "रोमन तियात्र" में सिगानुचूका (रोमनिया) नाटक देखने गये। रोमनी हमारे यहां के उन्हीं घुमन्तुओं के भाई-बन्द हैं, जो आज भी अपनी सिरकी या डेरों को लादे भारत में एक जगह से दूसरी जगह घूमते फिरते हैं। इस प्रकार मैं अपने भाई-बन्धुओं की नाट्यशाला में गया था, इसके कारण यदि वहां जाते समय मेरे मन में विशेष भाव पैदा हुए, तो इसमें आश्चर्य की बात नहीं। यह एक छोटी सी नाट्यशाला थी, जो १५ वर्ष पहिले ही स्थापित हुई थी। सदा की तरह आज भी वह नाट्यशाला दर्शकों से भरी हुई थी, इसलिये अभिनय बड़ा ही प्रभावशाली था यह कहने से मुझे भाई-बन्धों के प्रति पक्षपाती होने का दोष नहीं दिया जा सकता। मेरी भी यह इच्छा थी, कि सिगान भाई-बहनों से मिलूं, लेकिन पहले तो नाटक देखना था। जिस तरह की छोटी सी दर्शकशाला थी, उसीके अनुसार रङ्गमंच भी छोटा सा था, और नट-मंडली भी। लेकिन उसे हम उसके आकार-प्रकार से नहीं नाप सकते थे। कथानक था एक स्पेन का सामन्त (ठाकुर) तरुण एक सिगान लड़की पर मुग्ध हो गया। सिगानों की जीविका में नाचना-गाना भी एक है, इसलिये यदि सिगानुचका (सिगान-कन्याका) अपनी कला में निपुण थी, तो कोई असाधारण बात नहीं थी। वह बड़ी सुन्दरी थी। सिगानुचका भी ठाकुर

तरुण को प्रेम का प्रतिदान देने के लिये तैयार थी, लेकिन तब, जब कि वह भी सिगान बन जाय। तरुण तैयार हो गया। उसने अपनी सामन्ती पोशाक दूर फेंकी, सिगानों की मैली कुचैली बेढंगी पोशाक धारण की, और वह तंबू का जीवन आरम्भ करके एक नगर से दूसरा नगर, एक देश से दूसरा देश घूमने लगा। धीरे धीरे घुमक्कड़ी, नाच, घोड़े बेचने के व्यवसाय को भी सीख गया। वह इसी तरह घूमता फिर रहा था, फिर एक दूसरे सामन्त की कन्या उस तरुण पर मुग्ध हो गई। तरुण ने इन्कार किया। उसकी गठरी में चीज रखकर चोरी का इल्जाम लगा, जेल में भेजा जाने वाला था। इसी बीच में एक कप्तान आ गया। सिगान युरोप के दलित-अछूत समझे जाते हैं, इसलिये अगर कहीं चार गाली भी खा जायें, तो भी ही वह सन्तोष करने को भला समझते हैं। कप्तान ने भी इस तरुण सिगान को वैसा ही समझा था। लेकिन उसने द्वन्द्व-युद्ध के लिये ललकारा। द्वन्द्व-युद्ध से इन्कार करना १६ वीं सदी तक के यूरोप में भी सबसे अपमान की बात समझी जाती थी। इसे वीरता की शिक्षा का सुन्दर पाठ समझ कर युरोप के लोगों ने हाल तक कायम रखा था। द्वन्द्व-युद्ध में सिगान तरुण ने कप्तान को मार डाला। तरुण पर हत्या का मुकदमा चला। न्यायाधीश मृत्यु-दण्ड देने जा रहा था। सिगानुचका अपने प्रेमी के लिये न्याया-धीश के सामने बहुत रोती रही, उसकी पत्नी के हाथ पैर जोड़ती रही। पत्नी ने भी अनुनय-विनय किया, लेकिन सिगान तरुण ने असह्य अपराध किया था, उसने भद्रवर्गीय सामन्त तरुण को मार डाला था। उसे कैसे साधारण दण्ड देकर छोड़ा जा सकता था? इसी समय एक सिगान वृद्धाने बच्ची का एक आभूषण सामने रखा। न्यायधीश की पत्नी ने उसे तुरन्त पहिचान लिया: यह तो १२ वर्ष पहिले गुम हुई मेरी लड़की का आभूषण है। जज की पत्नी ने कहा—यदि तू इस लड़की को ला दे, तो मैं सिगान तरुण को मुक्त करा दूंगी। लड़की लाई गई, लेकिन उसने असली मां को स्वीकार करने से इन्कार कर दिया। आभूषण ने तो बतला ही दिया था, इसलिये मां-बाप अपनी लड़की को गले लगाकर अश्रुमोचन करने लगे। भला अपनी लड़की का जीवन-धन कैसे

फांसी पर चढ़ाया जा सकता था। तरुण मुक्त कर दिया गया, लेकिन माता-पिता इसके लिये तैयार नहीं थे, कि उनकी लड़की सिगानों का जीवन व्यतीत करे। वह इसके लिये भी तैयार नहीं थे, कि लड़की का ब्याह किसी सिगान से हो। अन्त में लड़की परदा खोल देती है— अल्हेड़ सिगान नहीं है। उभयपक्षीय मां-बाप अतिसन्तुष्ट। सिगान कुछ दिनों तक विवाह के आनन्द में सब कुछ भूल जाते हैं, लेकिन उनको तो किसी एक जगह में न रहने का शाप है। वह अपने डेरे को उखाड़ने लगते हैं और सिगानचक्का और उसका पति आंसू बहाने लगते, केवल अपने मित्र-बन्धुओं के विछोह पर ही नहीं बल्कि सिगानों के मुक्त जीवन के छूटने पर भी। नाट्यशाला के परदे पर भी सिगानों का विशेष चिन्ह रुपयों की माला जहां तहां लगी हुई थी। नाटक की भाषा रूसी थी, लेकिन सज्जा सारी सिगानों जैसी थी। बीच बीच में सिगानपन को दिखलाने के लिये कोई कोई रोमनी शब्द भी आ जाते थे, और संगीत तो सारा का सारा रोमनी था। मैं अन्तराल में भी तियात्र के सेक्रेटेरी से मिला और उनसे कुछ बातें मालूम कीं। नाटक की समाप्ति के बाद तो सेक्रेटरी ने अपने कई अभिनेता और अभिनेत्रियों से भी भेंट करायी। यद्यपि वह सभी सेक्रेटरी की तरह शिक्षित थे, लेकिन उनमें से बहुत कम को मालूम था, कि वह हिंदू हैं। सेक्रेटरी ने कहा— हां, मैंने सुना है। सबने फिर मिलने के लिए आग्रह किया। मैंने कहा दूसरे नाटक के खेले जाने के समय मैं फिर आऊँगा।

लेनिनग्राद में तो पुस्तकों में डूबा रहता था, यहां उसके लिये न उतना सुभीता था और न मैं चाहता था। मैं ज्यादा से ज्यादा सोवियत मध्य-एसिया सम्बन्धी साहित्य के पढ़ने तथा जगहों और संस्थाओं के परिदर्शन में लगा रहता था। वोक्स की ओर से कभी खबर आती कि जल्दी हो जायगा, और कभी सन्देह की बात होने लगती। वस्तुतः सोवियत-शासन में अगर कोई बड़ा दोष है, तो यही कि वहां सन्देह की मात्रा चरम सीमा तक पहुँच गई है। मुझे मध्य-एसिया जाने का अनुज्ञापत्र न मिले, इसका कोई कारण नहीं था। वहाँ के पार्टी वाले चाहते थे, वोक्स संस्था हर तरह की सहायता देने के लिये तैयार

थी, लेकिन विदेश-विभाग किसी निर्णय पर ही नहीं पहुँच रहा था।

हमारे होटल के पास में ही कई म्यूज़ियम थे, जिनमें से एक इतिहास-म्यूज़ियम था। यहां पुराण-पाषाण युग तथा नव-पाषाण युग की भी सामग्री थी, हस्तलेखों का बहुत अच्छा संग्रह था, शको की भी कुछ चीजें थीं। सबसे पुरानी पुस्तक ग्रीक भाषा की थी, जो नवीं सदी में चरम-पत्र पर लिखी गई थी। देखने में वह पीले से पड़ गये सफेद कागज की तरह मालूम होती थी। रूसी भाषा की भी कितनी ही पुरानी पुस्तकें थीं, और सबसे पहिले छापे में छपी पुस्तकों का भी अच्छा संग्रह था, लेकिन मैं तो जप रहा था मध्यएसिया की माला, लिखना हो तो उसका इतिहास, और देखना हो तो उस की भूमि।

रात को (२ अप्रेल) बोल्शोइतियात्र (महानाटकशाला) में बैले देखने गये। मारिन्स्की तियात्र जैसी ही इसकी भी इमारत है, हां यह उससे अधिक बड़ी है। बैले बड़ी आकर्षक थी। गृहस्वामिनी की लड़की और नौकरानी छोकरी—में छोकरी अधिक सुन्दर और निपुण थी, जिसे देखकर गृहस्वामिनी को अपनी लड़की की हीनता का भान होता, और फिर वह चण्डिका हो नौकरानी जीवन को दूभर करने पर उतारू हो जाती। तरुणी अपने भाग्य और जन्मको कोसती दिन काट रही थी। एक दिन घर में एक भिखमंगिन आई। साधारण भिखमंगिन ने प्रसन्न होकर अपने असली रूप को प्रकट कर दिया। वह तो परियों के देश की अप्सरा थी। उसने छोकरी को ले जाकर भिन्न-भिन्न ऋतुओं के नाच को दिखलाया। देखकर तरुणी भी आवेश में आई, उसने भी सुन्दर नाच नाचे। कुछ समय बाद छोकरी पर एक राजपुत्र मुग्ध हो गया, लेकिन छोकरी राजपुत्रों के वर्ग से निराश हो चुकी थी, इसलिये वह घर से निकल भागी। राजकुमार उसे ढूंढते देश-विदेश मारा मारा फिरा। बैले का मतलब ही है मूक-अभिनय, इसलिये रंगमंच पर भिन्न भिन्न देशों की विशेषता दिखलाने के लिये वहाँ के वेश, वाद्य और नृत्य के सिवाय कोई उपाय नहीं था। राजकुमार इस भ्रमण में उज़बेकों, अफरीका के वन्तुओं और न जाने किन किन जातियों के देशों में गया। अन्त में छोकरी अपने पुरानी मालकिन के घर में मिली। नाटक सुखान्त था।

बोल्शोइतियात्र सोवियत रूस की सर्वश्रेष्ठ रंगशाला है। यह नाम बोल्शेविकों ने नहीं दिया, बल्कि रंगशाला के महान होने के कारण ही उसे यह नाम मिला। इसका टिकट मिलना दुर्लभ है और मुझे तो स्थान भी मिला था पहली पंक्ति में रंग के बिलकुल पास। अभिनेता और अभिनेत्रियां दो सौ रही होंगीं। उन्होंने अभिनय और नृत्य में कमाल किया था। दृश्य अंकित करने में और भी अधिक चमत्कार मालूम होता था। अंधेरी रात में तारों का छिटकना देखकर किसी को संदेह नहीं हो सकता था, कि यह वास्तविक रात्रि और तारे नहीं हैं। रंग के सीमित अवकाश में मीलों तक के जंगल; पर्वत, नदियों के दृश्य थे। लेकिन सोवियत रंगमंचों में पुराने साधनों के साथ साथ अब आधुनिक साधन भी व्यवहार किये जाते हैं, जिनमें पता न देते हुए कुछ यन्त्रों का भी उपयोग होता है।

अगले दिन (४ अप्रैल) दत्त भाई के यहां गये। वहां उनकी चौथे वर्ष की छात्राओं से बात चीत हुई। यह युनिवर्सिटी की पढ़ाई नहीं थी, जहां कि पुरानी चली आती परम्परा को पालन करते हुए संस्कृत का पढ़ना आवश्यक था। लड़कियां केवल उर्दू-हिन्दी पढ़ती थीं। वह काफी ज्ञान रखती थीं, और मुझे विश्वास है, यदि भारत में ६ महीने रहने का मौका मिले, तो वह शुद्धभाषा बोलने लगेगीं। हिन्दी पुस्तकों और पत्रिकाओं के अकाल की शिकायत थी। वस्तुतः जो लोग इन विषयों में दिलचस्पी रखते हैं, वह तो लंदन जाते नहीं, नहीं तो वहां से भी कितनी ही पुस्तकें इकट्ठा कर सकते थे। भारत से दौत्य-सम्बन्ध स्थापित हो जाने के बाद तो अब वह अभाव नहीं होगा, यह मुझे विश्वास है।

शाम को केन्द्रीय लालसेना तियात्र में "कतुजोफ"फिल्म देखने गये। यथार्थवाद में सोवियत का रंगमच चरम सीमा तक पहुंचा हुआ है। कतुजोफ रूसी सेनापति था, जिसने नेपोलियन को बड़ी दुर्गति के साथ रूस के बाहर जाने दिया। इस अभिनय में नेपोलियन के समकालिन रूस का चित्रण था। सैनिकों और सेनापतियों, नागरिकों और ग्रामीणों की उसी समय की पोशाक,

उसी समय के अस्त्र-शस्त्र थे। कहीं पर भी ऐतिहासिक या भौगोलिक अनौचित्य नहीं आने दिया गया था, यहां तक कि समकालीन चित्रों में नेपोलियन और कुतुजोफ का चेहरा जैसा देखा जाता है, उनका पार्ट लेनेवाले अभिनेताओं का भी वैसा ही चेहरा मोहरा बना दिया गया था। कुतुजोफ एक आंख का काना था, इसलिये अभिनेता अपने सारे अभिनय में एक आँख बन्द कर काना बना रहा। इस फिल्म में एक भी स्त्री पात्र नहीं थी, शायद इसीलिये इस विशालशाला में १० सैकड़ा सीटें खाली थीं। जाड़े की हिमाच्छादित भूमि, पर्वत में दूर दूर तक बसे गांव, देवदार और भुर्ज के वृक्ष ही नहीं, बल्कि बड़े बड़े रूई के फाहों जैसी पड़ती बरफ, और सनसनाती झंझा को भी इस फिल्म में दिखलाया गया था। संवाद और भी कमाल का था। नेपोलियन की परेशानी और कष्ट को दिखलाया गया था, लेकिन कहीं भी उसके अभिमान-पूर्ण चेहरे को दीन नहीं होने दिया गया। दर्शकों में लालसैनिकों की संख्या अधिक थी।

६ अप्रैल को फिर बोल्शोइतियात्र में "एग...... ओनेगिन" ओपेरा देखने गये। बोल्शोइतियात्र में अभिनय और महान् कलाकार चैकोव्स्की की कृति फिर उसकी साज-सज्जा और तैयारी के बारे में क्या कहना? लेकिन यह ओपेरा था, जिसमें सारे संवाद पद्यमय होते हैं और स्वर में तो अगर श्रोता पहिले से दीक्षित और अभ्यस्त न हों, तो वह हमारी तरह कान फाड़नेवाली चीख के सिवाय और कुछ न समझें। दृश्य अत्यन्त सुन्दर बने हुए थे। परिधान देश-काल-पात्रोचित थे। नृत्य या दूसरी बातें भी निर्दोष थीं, लेकिन उस अस्वाभाविक पद्य-मय वार्तालाप ने मुझे मजबूर कर दिया, कि पहिला अंक समाप्त होते ही वहां से उठकर चल दूं। आज कुछ हलका सा बुखार भी था, शायद यह भी इतनी असहिष्णुता का कारण हो। मुझे इस नाट्यशाला के दो टिकट मिले थे, इसे बड़ा सौभाग्य समझना चाहिये। एक टिकट को तो मैंने पहिले ही अपने होटल के किसी आदमी को दे दिया था, दूसरे टिकट को बाहर निकलते ही एक तरुण को दे दिया। बहुत से चूके हुए लोग आशा लगाये बोल्शोइतियात्र के बाहर मंडराते रहते हैं। तरुण कुछ पैसा देना चाहता था, मैंने कहा—नहीं तुम जाकर देखो।

जान पड़ता है, शरीर में धीरेधीरे कुछ विकार पैदा हो गया था, जो किसी बीमारी का रूप लेना चाहता था। हल्का बुखार, पेट में कब्ज, और सिर में भनभनाहट देखकर १० अप्रेल को ख्याल आया, कि अस्पताल चलना चाहिये। एक पंथ दो काज— चिकित्सा भी हो जायगी, और सोवियत चिकित्सालय को भी देख लेंगे। ११ अप्रेल को एक वृद्ध डाक्टर ने आकर देखा। क्रान्ति के पहिले धनाढ्य और आभिजात्य कुलीन पुरुष थे, बोल्शेविकों के तेज को सहन करने के लिये आवश्यक आदर्शवाद की भारी घूंट भी नहीं पी थी, फिर वह कैसे संतुष्ट हो सकते थे। आज उनकी लिखी हुई दवाओं को सेवन किया, और अस्पताल नहीं जा सका।

१२ अप्रेल को तापमान नहीं था, किन्तु पेट भी साफ नहीं था। बीमारी थी, लेकिन पढ़ने की चीजों को छोड़ भी नहीं सकता था। शामको एक विख्यात डाक्टर आये, उन्होंने देखा, कुछ मैंने भी कहा, इसलिये अस्पताल जाना तै हो गया।

★ ★ ★

११—सोवियत अस्पताल में

अगले दिन मोटर एक बजे के करीब शहर से दूर हवाई अड्डे के पास बोत्किन अस्पताल में पहुँचा आई। अस्पताल क्या इसे एक पूरा मुहल्ला ही समझिये। बोत्किन नाम के कोई प्रसिद्ध डाक्टर थे, जिनका नाम इस संस्था के साथ जोड़ दिया गया है। डाक्टर के पूछने पर मैंने बतलाया था कि १६२४–१६२५ ई० में मुझे साल भर के करीब क्रानिक डिसेन्टरी रही, उसके बाद पिछले साल ईरान में संदेह हुआ। इसी संदेह पर मुझे छूतवाली बीमारियों के बक्स (कमरे) में रखा गया था। कमरा छोटा था, किन्तु चारों तरफ से पूरी तौर से प्रकाश आने के लिये शीशे ही शीशे लगे हुए थे। कमरा एक तल्ला था, जिसके भीतर लोहे की एक छोटी चारपाई थी। हरेक रोगी का कमरा अलग अलग था। डाक्टर तथा परिचारिका के अतिरिक्त कोई दूसरा भीतर नहीं आ सकता था। यात्रा के सम्बन्ध में बातचीत करने के लिये एक उच्च-पदस्थ सज्जन मुझसे मिलना चाहते थे। उन्होंने बहुत कोशिश की, लेकिन अस्पताल के अधिकारियों ने इजाजत नहीं दी— छूत के वार्ड में है, वहां कोई नहीं जा सकता। हालां कि मुझे कोई छूत की बीमारी नहीं थी,

डिसेन्टरी भी नहीं थी, केवल पुराने सम्बन्ध से उसका संदेह भर था । अन्त में उक्त सज्जन को स्वास्थ्य-मंत्री का दरवाजा खटखटाना पड़ा । सोवियत में एरे-गैरे नत्थू-खैरे को मंत्री बनाकर जो कोई भी विभाग नहीं थमा दिया जाता । किसी विभाग का मंत्री ऐसा ही आदमी होता है, जो उस विषय में काफी जानकारी रखता हो । हिन्दुस्तान नहीं है, कि राजकुमारी अमृतकौर को स्वास्थ्य-मंत्री और मौलाना को शिक्षा मंत्री की गद्दी पर बैठा दिया जाय । सोवियत का स्वास्थ्य-मंत्री वही हो सकता है, जो चिकित्साह-विज्ञान को जानता हो । यदि मंत्री ऐसा न होता तो शायद उसकी बात की भी अस्पतालवाले पर्वाह न करते । खैर, कुछ मिनटों के लिये उक्त सज्जन को अनुमति मिली । वह अस्पताली सफेद कपड़ा पहना कर पिछले द्वार से भीतर लाये गये, और बात करके चले गये । हमारा भी कपड़ा बदल दिया गया था । कपड़े सादे थे, लेकिन बहुत साफ थे । यहां अब परीक्षाओं का ताँता शुरू हुआ ।

१३ अप्रैल को ६ बजे से पहिले ही नींद खुलने पर देखा, चारों ओर लोग अपने अपने काम में लगे हुए हैं । गरम पानी से मेरा मुँह-हाथ धुलवाया गया । उससे पहिले ही तापमान ले लिया गया था । डाक्टर ने पेट, छाती, फेफड़े आदि की परीक्षा की । स्वास्थ्य-इतिहास लिखा जाने लगा— १९२४ में क्रॉनिक लाल-डिसेन्टरी थी । जापान, मंचूरिया, रूस हो भारत लौटने पर १९-३५ में दो हफ्ते टाईफाइड का शिकार, जिसमें एक सप्ताह बेहोश, १९४१ में कई महीने मलेरिया से पीड़ित, १९४४ में फिर डिसेन्टरी ।

मुंह-हाथ धो-लेने तथा बिस्तरा ठीक हो जाने पर प्रातराश आया । टोस्ट, मक्खन, दो अंडा, दूध की लस्सी और काफी । यह प्रातराश क्या भोजन ही हो गया । फिर एक प्रोफेसर-डाक्टर ने आकर परीक्षा की । डाक्टर से प्रोफेसर-डाक्टर का दर्जा ऊँचा है, वही किसी मेडिकल-कॉलेज का प्रोफेसर होता है । सबने अपना काम बहुत सावधानी और शिष्टता के साथ किया । खाना २ बजे और सात बजे फिर चाय की आवश्यकता होने पर वह भी मिल सकती थी । अब शाम-सबेरे तापमान लेकर लिखा जाने लगा, तापमान नार्मल था । दवाई

भी दो बार पिलाई जाने लगी। उस दिन दो प्रोफेसर-डाक्टरों और दो डाक्टरों ने देखा। मेडिकल कॉलेज के विद्यार्थी भी इस वार्ड में आते थे, लेकिन मेरे पास नहीं आये।

१४ अप्रेल को रविवार साधारण छुट्टी का दिन था, इसलिये केवल अपने डाक्टर मलेरिना आयीं। खून के दबाव को देखने पर कहा—तरुणों जैसा है। दिन में दो इंजेक्शन कल ही से शुरू हो गये थे। एकान्त अवश्य था, यद्यपि उसके तोड़ने के लिये डाक्टर मलेरिना तथा उनकी तरुण-सहायिका दूसरी डाक्टर आकर कुछ देर बैठती थीं। मैं अपने साथ कुछ पुस्तकें भी लाया था। अस्पताल के प्रत्येक कमरे में दो आदमी रखे जाते हैं, मगर मेरे कमरे में मैं अकेला था। अस्पताल में बहुत भीड़ नहीं थी। मुख्य नर्स ग्रेटा श्वसा (स्ताउ-संस्त्रा) परिमाण से अधिक स्थूल थीं। वह बराबर आकर पूछती रहतीं: कोई खास खाने-पीने की चीज चाहिये। मैं कहता — नहीं, धन्यवाद। डाक्टर मलेरिना से काफी बात होती। उन्होंने रवीन्द्र की कुछ किताबें पढ़ी थीं, इसलिये भारत के बारे में अधिक जिज्ञासा रखती थीं। मैं एक छोटी कोठरी में बन्द था, लेकिन मेरी बड़ी इच्छा होती थी, बोत्किन अस्पताल (बोल्नित्सा बोत्किना) के हरेक भाग को देखने की। १५ तारीख से अब कोई शिकायत भी नहीं थी। दस्त बाकायदा होता था। बुखार भी नहीं था।

१६ अप्रेल को दोपहर तक धूप रही, फिर आसमान घिर आया। सभी की शिकायत थी, कि अब की साल बादल बार-बार लौट रहा है, शायद मई तक भी बरफ न पिघले। मैं चूंकि मध्य-एसिया जाने वाला था, और दत्तभाई से फरगाना की मलेरिया की बात सुन चुका था, इसलिये चाहता था, कि उसकी सुई ले लूं। डाक्टर ने बतलाया, मलेरिया और इन्फलुयेन्जा की सूइयों की आवश्यकता नहीं, हैजा और टाइफाइड की ले लीजिये।

मुझे जगह-जगह परीक्षा के लिये जाना पड़ा। एक जगह रोन्तगिन (एक्सरे) के लिये, दूसरी जगह अंतड़ियों की परीक्षा के लिये जाना पड़ा। सभी परीक्षकों ने यही बतलाया— बहुत ठीक है, कोई विकार नहीं, फेफड़ा, छाती

बिलकुल स्वस्थ हैं। यहां के चिकित्सक और प्रत्यक्षवादी हैं: केवल आंख की देखी बात पर विश्वास करते हैं।

१२ अप्रेल को अस्पताल आया था, और २० अप्रेल को मैंने उसे छोड़ा। छोड़ते वक्त अस्पताल की ओर से एक पूरी रिपोर्ट तैयार करके दी गई और आगे के लिये क्या करना चाहिये, इसकी हिदायत भी। सोवियत-शासन की सफलता का एक बड़ा प्रमाण चिकित्सालयों की सुव्यवस्था है। नगर हो या ग्राम सभी जगह हरेक नागरिक निःशुल्क चिकित्सा पाने का अधिकार रखता है। आरम्भ में डाक्टरों की कमी से चाहे कितने ही गांव अस्पतालों से बंचित रहे हों, लेकिन अब तो शायद ही कोई गांव होगा, जहां अस्पताल और डाक्टर न हों। किरगिज़ा-स्तान और कज़ाकस्तान में क्रांति के समय तक बहुत भारी संख्या में लोग घुमन्तू या अर्धघुमन्तू जीवन बिताते थे। भेड़ों और घोड़ों का पालन उनका मुख्य व्यवसाय था। किरगिजिस्तान और कज़ाकस्तान के घोड़े तुखारी घोड़े के नाम से प्राचीन भारत में भी मशहूर थे। आज भी उन्होंने अपनी कीर्ति को खोया नहीं है। सोवियत-काल में तो बल्कि घोड़ों की परवरिश के लिये विशेष ध्यान दिया गया है, और अच्छी से अच्छी नसल के घोड़ों को जल्दी से व्यापक रूप में पैदा करने में कृत्रिम वीर्य-निक्षेप द्वारा भारी सफलता प्राप्त की गई है। आज वहां बड़े स्वस्थ, मजबूत और सुन्दर जाति के घोड़े देखे जाते हैं। वहां हजार-हजार दो-दो हजार घोड़ों के रेवड़ का एक जगह देखा जाना आश्चर्य की बात नहीं है। घोड़े रिसाले के लिये आवश्यक हैं, इसलिये भी सोवियत सरकार को उनकी ओर ज्यादा ध्यान देना पड़ा। अब तक किरगिज़ और कज़ाक लोग अपने स्वाभाविक जीवन में घूमते हुए अश्वपालन करते थे। सभी चरागाहें एक समय चरने लायक नहीं होतीं, त्यानशान और अल्ताई की पर्वतमालाओं में ऊँचाई के अनुसार आगे पीछे बरफ पिघलती और हरियाली उगती है, इसलिये पुराने घुमन्तुओं ने किस चरभूमि में किस समय जाना चाहिये, इसका एक नियम बना रखा था। आजकल भी उससे पूरा फायदा उठाने की कोशिश की जाती है।

कल के वुसन्तुओं के अब अच्छे खासे गांव बस गये हैं, जिनमें अधिकांश में मिट्टी के तेल की जगह बिजली जलती है । इन गावों में अब कोई निरक्षर नहीं मिलता। और गावों के आसपास कुछ साग-सब्जी, फल-फूल भी उगाये जाते हैं, लेकिन अश्व-पालन को छोड़ नहीं चुके हैं, अब भी वह अपनी पुरानी चरागाहों में करीब करीब उसी समय में पहुँचते हैं, लेकिन तब से अब भारी अन्तर है। अब रेवड़ों के जाने के रास्तों में हर मंजिल पर चारा-पानी, लोगों के रहने का ही इंतजाम नहीं होता, बल्कि उनके साथ खबर भेजने का रेडियो भी होता है, आदमियों और पशुओं के चिकित्सक साथ होते हैं, और साथ में चलती फिरती पाठशाला भी रहती है। कई जगहों में स्थायी घर भी बन गये हैं, लेकिन अधिकतर चारागाहों में लोग तम्बुओं के भीतर ही रहते हैं। सोवियत के विशाल राज्य में कोई मनुष्य चिकित्सा से वंचित न हो, इसका अब पूरी तौर से इंतजाम हो चुका है। जैसा कि पहिले कहा, पशुओं की चिकित्सा का भी इसी तरह प्रबन्ध है। मुफ्त चिकित्सा से आदमियों को कितना सुभीता है, इसके महत्व को सोवियत के लोग नहीं समझते । हवा अनमोल चीज है, लेकिन अत्यन्त सुलभ होने के कारण हम उसके महत्व को नहीं समझते। पुंजीवादी देशों में मध्यम वर्ग के लोगों को बीमारी के पीछे बिकते देखा जाता है, वह इसके महत्व को समझ सकते हैं। नगरों में हरेक आदमी के लिये एक-एक नहीं तीन-तीन जगह निःशुल्क चिकित्सा का प्रबन्ध है। मेरा ही उदाहरण ले लीजिये। स्काचेइ मुहल्ले में अलग डाक्टर थे, जोकि टेलीफोन पाते ही रोगी के पास पहुँचते थे, मैंने कभी उनके आने में पन्द्रह मिनट से अधिक समय बीतते नहीं देखा । यदि डाक्टर कहता है अस्पताल चलो, तो वहां सारी व्यवस्था मुफ्त है । यदि हम आग्रहवश घर रहना चाहते हैं, और बीमारी छूत की नहीं है, तो डाक्टर जबर्दस्ती नहीं करेगा, हाँ घर रहने पर सरकारी दुकान से सस्ते दाम पर मिलनेवाली दवाइयों भर का दाम देना पड़ेगा। स्काचेइ के अतिरिक्त विश्वविद्यालयों में भी निःशुल्क चिकित्सा का प्रबन्ध था और तीसरा वैसा ही प्रबन्ध था तिरयोकी में ।

★ ★ ★

१२—प्रतीक्षा और निराशा

२० अप्रैल को बोकस की कार आयी और ४ बजे के करीब मैं फिर नेशनल होटल के उसी २४० नं० के कमरे में चला आया। इतने दिनों तक अनुपस्थित था, लेकिन कमरा रख छोड़ा गया था। एक जगह पड़े रहने के कारण ही शायद कुछ कमजोरी मालूम होती थी। उस रात को कुछ बुखार सा भी मालूम हुआ। चाहे कुछ भी हो, मैं पढ़ने को तो छोड़ नहीं सकता था। शाम को भूख नहीं लगी, कुछ संदेह होने लगा, लेकिन अब अस्पताल नहीं जानेवाला था।

२१ अप्रैल को कल के हलके बुखार के डर से मैंने बाहर निकलने का संकल्प छोड़ दिया। शाम के वक्त अपनी पत्नी सहित साथी समउन आये। जिस जावी मित्र से मैं तेहरान में आदिल खान के नाम से परिचित था, उन्हीं का नाम साथी समउन था। उनके साथ शाम को रोमन-तियात्र में "भट्ठी के बहू" नाटक देखने गया। युरोप के सिगानों का जहां भीख मांगना, हाथ देखना, घोड़ा फेरी करना व्यवसाय था, वहां नाचना गाना भी, विशेषकर शराब के भट्ठी खाने के सामने। शराब पीनेवालों को ऐसे सस्ते मनोरंजन का साधन सिगान

ही दे सकते थे। नाटक में एक जिप्सी बहू का वर्णन था, जो कि भट्ठीखाने से लायी गई थी। सिगानों का घुमन्तू जीवन बड़ा ही आकर्षक होता है। रूस के कालिदास कवि पुश्किन भी इस जीवन पर मुग्ध हो गये थे, और उन्होंने इस पर एक सुन्दर कविता लिखी थी। शराबखाने पर नाचना-गाना दिखलाया गया। सिगान नर-नारी अपनी कला दिखाकर पैसा मांग रहे थे। एक सिगान तरुण दूसरी सिगान तरुणी पर मुग्ध हो गया। तरुण केवल कलाकार था। कन्या का हाथ मांगने वाले दो दूसरे तरुण भी थे, जिन्होंने बड़ी बड़ी भेंट माता-पिता के सामने रखी। लेकिन जो नाचगाना तथा सिगानों की दूसरी विद्याओं को नहीं जानता 'तस्मै कन्या न दीयते'। पिता-माता ने गुण नहीं देख गृह और भेंट-मंगातपर फैसला करते हुए, एक बूढ़े के हाथ में अपनी कन्या को सौंपना चाहा, लड़की के विरोध करने पर— पिताने कोड़ों से मारा। प्रेमी तरुण ने फिर एक बार कोशिश की, लड़की भी रोई-कलपी, किन्तु पिता के सामने किसी की नहीं चली, जबरदस्ती विवाह कर दिया गया। सिगान धर्म के बारे में कट्टर कहीं नहीं रहे, जहां जिस धर्म की प्रधानता थी, वहां वही उनका धर्म हुआ रूस में वह ग्रीक-चर्च के माननेवाले बने, लेकिन दिखावे मात्र था, नहीं तो सिगानों की अपनी प्रथा सर्वत्र एकसी थी। उनका भोजन, गाना-नाचना भी एक ही जैसा था। लड़की का विवाह हुआ, जिसमें सारे नर-नारियों ने भाग लिया। नववधू भी प्रथा के अनुसार नाचने के लिये बाध्य थी, किन्तु उसने रोदन नृत्य किया। घोड़े की चौपहिया गाड़ी पर तरुणी को चढ़ाये जाने के समय तरुण प्रेमी क्रिमिया के भूतपूर्व सुल्तान के रूप में जादूगर बनकर आ गया। उसने चादर के नीचे से एक अनुपम सुन्दरी (परी) को निकाला, जिसने कुछ भविष्यवाणी की। सुल्तान ने घोड़ा गाड़ी में उसे लुप्त कर दिया। वर-वधू उसी गाड़ी पर सवार हो विदा हुये। रास्ते में परी चुडैल का रूप लेकर चढ़ पड़ी। सिगान बेचारे भूत-प्रेत के बड़े विश्वासी होते हैं। सभी डर गये—बराती कहीं भागे, वर कहीं भागा। सुल्तान का वेष छोड़कर तरुण अपनी प्रेयसी से मिला। बूढ़ा वर पागल हो गया, जब उसने दोनों को चुम्बन करते देखा। लोग फिर लौट कर

आये । प्रेमी के साथी ने दोनों को गाड़ी में छिपा दिया, और लोगों को बहका कर दूसरी ओर ढूँढ़ने के लिये भेज दिया। अन्त में दोनों प्रेमी पकड़े गये। बूढ़े-वर ने अपने श्वसुर पर बड़ा रोष प्रकट किया है। श्वसुर नाराज हो गया, और उसकी बीबी ने भाभी भेंटों को निकाल फेंका। अन्त में प्रेमी और प्रेमिका का मिलन हुआ। सारी सिगान-मंडली ने उनका स्वागत किया। सिगानों के इतने सुन्दर नाट्य को देखकर मुझे अफसोस होता था, कि उन्हें घर का तहखाना देकर क्यों छोड़ दिया गया। उनके लिये तो एक खास इमारत होनी चाहिये। इनका तियात्र सदा भरा रहता था। ग्रीष्म के दिनों में इनकी मंडली दूसरे शहरों में भी जाती। लेनिनग्राद में कई बार तो उनका टिकट नहीं मिलता था। अगर यहां बड़ी नाट्यशाला होती; तब भी वह खाली न रहती।

यद्यपि अभिनेता सारे सिगान और सिगानियां थीं, लेकिन दर्शक प्रायः सारे ही सिगान-भिन्न थे, इसलिये रूसी भाषा अनिवार्य थी। प्रौढ़ा अभिनेत्री ने बतलाया कि अभी हम अपनी भाषा को भूले नहीं हैं। यह भी मालूम हुआ कि सिगानों को उनकी मातृभाषा द्वारा शिक्षा देने की भी कोशिश की गई थी, लेकिन सिगानों का न कोई प्रदेश और न कोई गांव है। दूसरे लोगों के बीच में यह बिखरे होते साथ ही सभी द्विभाषी हैं, इसलिये व्यवहारतः यह प्रयोग चल नहीं सका।

अब की मास्को यात्रा में नाटकों के देखने की मैंने छूट करदी थी। २४ अप्रैल को भी यूरेई (यहूदी) नाट्यशाला में एक सामाजिक नाटक देखने गये। उसके संगीत को देखकर मुझे मालूम हुआ, कि भारतीय फिल्मों में जो संकर, संगीत की इतनी अधिकता है, उसका कारण यही यूरेई प्रभाव है। रोमन तियात्र की तरह यह नाट्यशाला भी अल्पसंख्यकों की नाट्यशाला थी। यूरोप में सबसे अधिक यहूदी रूस में शताब्दियों से रहते आये हैं, किन्तु जन साधारण में हजम नहीं हो सके। इसमें यहूदियों की कठोर जात-पांत की मर्यादा ही कारण नहीं रही; बल्कि ईसाइयों की भी ईसा के प्राण हरनेवाले बन्धुओं के प्रति घृणा भी कारण थी। क्रान्ति से पहले तो वह एक तरह अछूत (छोटी) जाति के

समझे जाते थे। शायद लहसुन का प्रयोग वह खाने में ज्यादा करते हैं, इसलिये लहसुनखोर कहकर रूसी उनके प्रति घृणा प्रकट करते थे। कोई आदमी अपनी लड़की को यहूदी को देने के लिये तैयार नहीं था, और न कोई रूसी यहूदी लड़की से व्याह कर अपने धर्म और परिवार में सम्मानित रह सकता था। जन्म-भूमि से उजड़कर सूखे पत्तों की तरह दुनिया भर में बिखरे यहूदी शायद उसे चाहते भी नहीं थे, या चाहने पर भी उनको अवसर नहीं मिला जोकि वह खेती में नहीं लगे। बनियां-महाजन का व्यवसाय ज्यादा लाभप्रद था, इसलिये वह उसी तरफ आकृष्ट हुए और यूरोप के देशों के मारवाड़ी बन गये। उनकी अपनी भाषा इबरानी अब केवल पढ़ने की भाषा रह गई, तो भी वह जर्मन-मिश्रित एक तरह की भाषा (यिद्दिश) आपस में बोलते हैं। शिक्षा का द्वार खुलने के साथ उन्होंने उस तरफ भी क़दम बढ़ाया और अच्छे अच्छे वकील, डाक्टर, प्रोफेसर और इंजीनियर उनमें होने लगे। उनके व्यवसाय सीमित थे, विवाह-सम्बन्ध सीमित थे, इसलिये उनका सामाजिक क्षेत्र भी बहुत संकुचित था। वह जेन्तील (अ-यहूदी) को चूसना अपना धर्म समझते थे, और दूसरे उन्हें तुच्छ दृष्टि से देखकर आत्म-संतोष कर लेते थे।

लेकिन क्रान्ति के बाद युगों से चले आये पक्षपातों को हटाने का प्रयत्न किया गया। आज वही लोग पुराने दुर्भावों को अपने मन के भीतर रखे हुये हैं, जो सोवियत शासन से भी प्रेम नहीं रखते। सोवियत-शासन ने यहूदियों के रास्ते की सभी रुकावटों को दूर कर दिया है, तो भी अभी ७० प्रतिशत विवाह सम्बन्ध उनके अपने ही धर्म-भाइयों में होते हैं और वह अपने आस्पदों— स्ताइन, मान आदि को कायम रखे हुये हैं। यूरोपीय रूस में उनकी कोई विशेष भाषा न होने के कारण उसमें तो प्रयत्न नहीं किया गया, लेकिन मध्यएसिया के यहूदी एक तरह की विशेष फारसी बोलते हैं, उसमें छपी हुई स्कूली किताबों को लोक पुस्तकालय(लेनिनग्राद) में मैंने देखा था। लेकिन यह तजर्बा उसी तरह असफल रहा, जिस तरह सिगानों को उनकी भाषा में शिक्षा देने का। वस्तुतः जब सभी यहूदी अपने गणतंत्र की भाषा को मातृ-भाषा की तरह बोलते हैं, तो वह क्यों

अपने क्षेत्र को सीमित रखते हुए थोड़े आदमियों की भाषा में पढ़ना पसन्द करेंगे। यहूदियों की शुक जैसी नासा का जातीय चिन्ह पश्चिमी यूरोप की तरह रूस में ज्यादा नहीं मिलता, लेकिन उनके बाल काले आमतौर से देखे जाते हैं।

यह नाट्यशाला छोटी नहीं थी। इसका हाल विशाल था, जिसमें ऊपर नीचे ५०० (पांचसौ) से अधिक दर्शक बैठ सकते थे। यहां के गाने हमें, ज्यादा पसन्द आ सकते थे, क्योंकि इन में अरबी और भारतीय गानों के स्वर मिलते थे। पोशाक भी ऐसियायी-यूरोपीय मिली थी— वही शेरवानी थी, जिसका प्रचार मुसलमानों ने तुर्की का समझकर भारत में किया और अब महापुरुष नेहरू द्वारा जिसको भारत की राष्ट्रीय पोशाक के पद पर प्रतिष्ठित करने का प्रयत्न हो रहा है। संक्षेप में वेष, वातावरण, सजावट आदि में यह तियात्र भारत के अधिक नजदीक था।

नाटक का कथानक था : एक पुरोहित सनातनी विचारों का था। उसकी इकलौती लड़की का प्रेम एक तरुण विद्यार्थी के साथ हो गया। लेकिन पिता नास्तिक विद्यार्थी के साथ अपनी कन्या का विवाह कैसे करता ? उसने वर के ढूँढ़ने के लिये घटक दौड़ाये। घटकों ने एक धनिक परिवार के तरुण को पसन्द किया, जो कि लंगड़ा, काना, और हकला भी था। लेकिन विद्यार्थी इतनी जल्दी अपने दावे को छोड़ने के लिये तैयार नहीं था। जब विवाह-पत्र लिखा जाने लगा, तो उसने पुरोहित को रिश्वत देकर अपना नाम लिखवा दिया, और जिस में पिता को मालूम हो, कि यह वही लँगड़ा-काना-हकला लड़का है, उसने भी वैसा ही अपने को बनाया। लोग उसके अभिनय को देखकर लोट-पोट हो जाते थे। उसके चलने, बोलने की सभी बातें धनिक-पुत्र की तरह थीं। नाटक की भाषा यिद्दिश थी, लेकिन अभिनय इतना अच्छा था, कि भाषा जाने बिना भी आदमी नाटक का आनन्द ले सकता था। दूसरों की तरह हंसते-हंसते मेरे पेट में भी दर्द होने लगा। जब तक असली लंगड़ा, किसी काम के लिये आने की तैयारी में होता, तब तक नकली लंगड़ा पहुँच जाता, और कोशिश यह करता कि दोनों एक समय सामने न आयें। यिद्दिश भाषा का उपयोग होने के कारण

यहां बहुत सी सीटें खाली थीं, शायद रोमन-तियात्र में भी सिगान भाषा का आग्रह किया जाता, तो वहां भी यही हालत होती।

२५ अप्रेल को एक ओर मन मारकर अनुज्ञापत्र की प्रतीक्षा कर रहा था, और दूसरी तरफ शाम को फिर केन्द्रीय बाल-नाट्यशाला की ओर चले। यह नाट्यशाला १२ साल से ऊपर के बच्चों के लिये है। नाटक था "नगर के दो कुबड़े"। लड़कों के लिये मनोरंजन की चीज थी, यह इस नाम से ही प्रकट होता है। झाड़ू देनेवाला कुबड़ा तरुण करकाल बड़ा सुन्दर गायक, नगर भर के लोगों का प्रेमपात्र तथा ईमानदार था। नगर-वासी खान (राजा) के अत्याचार से पीड़ित थे। खान के अमीरका एक महामूर्ख लड़का था, जिससे नगर की सर्व सुन्दरी कन्या का उसके पिता ने विवाह करना चाहा। पता पाने के बाद खान ने स्वयं शादी करने का प्रस्ताव किया। उधर दुष्टोंने कुबड़े तरुण का काम तमाम करने के लिये षड्यंत्र रचा, लेकिन नगर के प्रेम-पात्र कुबड़े के गड्ढे में न गिरने की जगह मूर्ख तरुण और खान दोनों उसमें गिरे। तरुण गायक कुबड़े ने उन्हें गड्ढे से बाहर निकाला। पहिले ही से उसके गान पर मुग्ध जंगल के भालू, सिंह, खरगोश देख रहे थे। लेकिन अपने प्राण बचानेवाले कुबड़े तरुण के उपकार के लिये कृतज्ञ होने की जगह, खान ने उस पर अपराध लगाया। नगर के मैदान में कचहरी लगी। उसी मूर्ख तरुण का पिता न्याया-धीश था। गवाहों की पुकार हुई, किन्तु एक भी गवाह कुबड़े के खिलाफ बोलने के लिये तैयार नहीं हुए। इस पर न्यायाधीश ने कुछ बूढ़ों को न्यायाधीश बना स्वयं मुद्दई और अपने मूर्ख पुत्र को गवाह बदकर अभियोग लगाया। तरुण अपराधी से गवाह के बारे में पूछने पर उसने जंगल के वासियों को गवाह के रूप में पेश करना चाहा। विरोधी इस पर हंस पड़े। गवाहों की पुकार का घोंतू तीन बार बजा, और इसके बाद मृत्यु-दण्ड को कार्य-रूप में परिणत करने के लिये भले कुबड़े को ले ही जाने वाले थे, कि सिंह, भालू, खरगोश आ पहुँचे। लोग दंग रह गये। जंगल के वासियों की गवाही पर कुबड़े करकाल को मुक्त कर दिया गया। तब खान ने स्वयं मुकदमा देखना चाहा, किन्तु अब तक

अपराधी वहां से लुप्त हो चुका था। उसे फिर पकड़ कर लाने का हुक्म हुआ। स्वयं दूसरों का हाथ न उठने पर खान ने स्वयं उसे पकड़ना चाहा और छीना झपटी में करताल के हाथ मारा गया। इस पर खान के एक सेनापति विलियम ने जादू की तलवार से करकाल को मारना चाहा। जमकर लड़ाई हुई। खान के आदमी मारे गये, और विलियम भी बन्दी बना। अब जादू की तलवार करकाल के हाथ में थी, फिर उसे कौन जीत सकता था? नगर की सर्वसुन्दरी कन्या ने उसी कुबड़े से विवाह किया— रूप से गुण को उसने अधिक प्रसन्द किया। नगर खान के अत्याचार से मुक्त था। किसी बुढ़िया की भविष्यवाणी के अनुसार करकाल का कूबड़ भी गल गया। इस नाटक में श्रमिक जनता की ईमानदारी और प्रभु वर्ग के अत्याचार का अच्छा चित्र खींचा गया था। १४ वर्ष तक के लड़कों के लिये ही यह अधिक मनोरंजन और शिक्षाप्रद नहीं था, बल्कि सयाने भी उसका आनन्द ले रहे थे। सभी अभिनेता कुशल थे। नाट्यशाला का मकान अच्छा था, कई कमरे थे। हाल में ७०० सौ आदमियों के बैठने की जगह थी।

डाक्टर ताल्स्तोफ के बारे में मैं पहिले भी सुन चुका था। यह भी मालूम था कि कई वर्षों से उनके नेतृत्व में सोवियत पुरातात्विक अभियान मध्यएसिया के उजड़े नगरों के अनुसधान के लिये जा रहा है। २६ अप्रैल को ढ़ाई बजे दिन को मैं उनसे मिलने गया। कराकल्पक और ख्वारेज़्म के अपने अनुभवों के बारे में २ घंटे तक वह बात करते रहे। यूची और शक लोग मंगोल नहीं बल्कि हिन्दू-यूरोपीय जाति के थे, इस बात से वह भी सहमत थे और कह रहे थे कि उनका सम्बन्ध मेसागित (महाशक) जाति से था। वो-सुनों की भूमि (सप्तनद) तक ही नहीं बल्कि दन्यूब से लेकर तरिमउपत्यका तक शक-जाति का निवास था। शक और हिन्दू-ईरानी जाति का परस्पर बहुत नजदीक का सम्बन्ध था। ईसा-पूर्व तीसरी चौथी सहस्राब्दी के अरंजित मृत्पात्र-काल में शायद शक और आर्य शाखायें अलग हुईं। फिनो-उइगुर और मुंडा-द्रविड़ जाति का भी उसी तरह का सम्बन्ध था। भाषा की समीपता से जो बात मालूम होते है, उसको पुरात-

त्विक खुदाई में प्राप्त सामग्रियों का भी समर्थन प्राप्त है। ख्वारेज्म और भारत के नव-पाषाण युग के हथियारों में समानता है, किन्तु तत्कालीन मृत्पात्रों में कैसी समानता है इसको ध्यान से देखने की आवश्यकता है। मैंने कहा: ओरेल स्टाइन को मकरान में जो मृत्पात्र मिले थे, वह रंगीन हैं। उससे पहिले के आड़ी रेखाओं से अंकित पात्र मैंने नहीं देखे हैं। प्रोफेसर ने बतलाया कि ख्वारेज्म में कुषाणों के सिक्कों का पूर्व रूप देखने को मिला है, नाम भी उनके उसी ओर संकेत करते हैं। तोल्स्तोफ का मत है कि अंत-वेंद (सिर और वक्षु दरिया के बीच के प्रदेश) में पहुँचने पर पहिले पहल यूचियों की राजधानी ख्वारेज्म में थी। श्वेत-हूणों (हैफतालों) की राजधानी उनके मत से संभवतः वरक्षा में थी, जिसकी खुदाई १९३८-१९३९ में ताशकंद के प्रोफेसर शिश्किन ने करायी। वहां की खुदाई में ईसा की चौथी-पांचवीं सदी की चीजें और भित्ति-चित्र मिले हैं।

मध्यएसिया से प्राप्त पुरातात्विक सामग्री के बारे में पूछने पर उन्होंने बतलाया: उनका कितना ही भाग मास्को में है, और कितना ही अशकाबाद, समरकन्द, ताशकन्द, तेरमिज, स्तालिनाबाद, फ्रुन्जे और अल्माअता के म्यूजियमों में। खुदाइयों के समय और नेताओं के बारे में उनसे पता लगा—

खनक	खनन प्रदेश	सन्	संग्रहालय
फाइमान	पंजकेन्त (मुकगिरी)	१९३४	मास्को
बेर्नश्ताम	सप्तनद	१९३६—४५	फ्रुन्जे
तोल्स्तोफ	ख्वारेज्म	१९३७—४४	मास्को कला संग्र.
शिश्किन	वरक्शा (बुखारा)	१९३८—४८	ताशकन्द
तेरेतोश्किन	अफरासियाब	१९४५	,,
मासोव	फरगाना नहर	१९३९	,,
,,	मेर्व	१९३९	अशकाबाद

तोल्स्तोफ अपने विषय के डाक्टर श्चेर्बोत्स्की जैसे ही गंभीर विद्वान् हैं और उसी तरह की प्रबल जिज्ञासा रखते हैं। २ घंटे की बातचीत के बाद भी मेरी ही तरह वह तृप्त नहीं थे, और फिर आने के लिये निमंत्रित किया। अभी

संग्रहालय में चीजों को प्रदर्शित नहीं किया गया था, इसलिये उन्हें अफसोस था कि चीजों को नहीं दिखा सके, लेकिन कितने ही फोटो उन्होंने दिखलाये, साथ ही यह जानने की इच्छा प्रकट की भारत में पुराण-पुरातत्व के विशेषज्ञ कौन कौन हैं। मैं इसका क्या उत्तर देता ? हमारे यहाँ तो सर्वज्ञता को सर्वश्रेष्ठ माना जाता है, पुरातत्व जाननेवाले ही पुराण-पुरातत्व पर भी हाथ साफ कर देते हैं।

२७ अप्रैल को पता लगा, कि शायद विदेश-विभाग से स्वीकृति न मिल सकेगी, लेकिन आशा-तन्तु अभी बिलकुल टूटा नहीं था। उस दिन हम मास्को के दूसरे सबसे बड़े माली-तियात्र में "प्रतिभा से दुःख" (गरे अत्-उमा) नाटक देखने गये, इसमें १९ वीं सदी के आरम्भ के रूसी सामन्त वर्ग का जीवन दिखलाया गया था। बोल्शोयी-तियात्र की तरह माली-तियात्र भी अपना एक शताब्दी बहुत पहिले पूरा कर चुका है, और उसके नाट्यमंच पर भी सैकड़ों प्रतिभाशाली अभिनेता और अभिनेत्रियों ने अपनी कला का प्रदर्शन किया है। इन पुरानी नाट्यशालाओं के अपने संग्रहालय, और शिक्षणालय हैं। यह केवल रूसी रङ्गमंच के लिये ही कलाकार नहीं तैयार करते, बल्कि सुदूर सिबेरिया और मध्यएसिया के बुरियत, उजबेक, कज़ाक आदि तरुण-तरुणियां यहां से नाट्य-कला सीखकर अपने देशों में उनका बड़ी सफलता के साथ प्रचार और प्रसार कर रहे हैं। संग्रहालय में भिन्न-भिन्न समय पर खेले गये नाटकों की ऐतिहासिक सामग्री देखी जा सकती है— नेपथ्य का खाका, वेश-भूषा के नमूने, कलाकारों के चित्र या फोटो।

नाटक का कथानक था : वृद्ध ग्राफ (काउन्ट) की इकलौती अत्यंत सुन्दरी लड़की थी। ग्राफ विधुर था, वह अपनी तरुण नौकरानी—जोकि उसके रैयतकी पुत्री थी—को फंसाना चाहता था। उस समय रूसमें किसान अर्धदास (सर्फ) थे, भूमिपति के हाथ में किसानों की जान-माल, इज्जत सब कुछ था। ग्राफ लोग राजधानी और शहरों के अपने महल्लों में बड़े आराम से रहा करते, और कभी कभी सैरसपट्टे तथा मन-बहलाव के लिये अपनी तालुकदारी के महल में चले जाते थे, उस समय किसान तरुणियों की इज्जत नहीं बच पाती थी। कितनी ही किसान

कुमारियाँ इन विलासियों से गर्भवती होतीं, और पीछे उनको बड़ी बुरी अवस्था में अपने गांव में रहना या नगर में जाकर वेश्या बनना पड़ता। वृद्ध ग्राफ की तरुण नौकरानी इस घोर परिणाम को जानती थी, इसलिये वह बूढ़े से घृणा करती थी। ग्राफ-पुत्री के तीन प्रेमी थे — एक पैंतालीस साल का कर्नल, जिसकी सैनिक हैकड़ी मूर्खता की चरम सीमा तक पहुँच गई थी, दूसरा चापलूस तरुण जो ग्राफ-पुत्री से भी अधिक तरुण नौकरानी पर लट्टू था, और तीसरा एक स्वतंत्रता-प्रेमी नवयुवक चास्की, जिसका साहित्य और मानवता पर बहुत प्रेम था, और प्रेमिका के ऊपर दिलोजान से फिदा था। पिता कर्नल को दामाद बनाना चाहता था, पुत्री लम्पट तरुण को चाहती थी। साहित्य और स्वातंत्र्य के प्रेम में पागल तरुण को न पिता चाहता था, न पुत्री।

पिता और पुत्री के साथ तीनों उम्मेदवारों ने कई बार बातचीत की थी। बूढ़े ने एक बड़ी दावत की, जिसमें बीसों क्न्याज (राजुल), ग्राफ (काउन्ट) अपनी पत्नियों और पुत्रियों के साथ आये थे। उनकी पोशाक बड़ी भड़कीली थी. जैसी कि १८ वीं सदी के आरम्भ में होती थी। रत्नों और आभूषणों की प्रदर्शनी सी खुल गई थी। पुरुष सम्मान प्रदर्शित करते हुए महिलाओं का हस्त-चुम्बन और किसी का मुँख-चुम्बन भी करते थे। स्त्रियां घाघरे को कमर के पास से पकड़कर जरा-सा झुककर अभिवादन करती थीं। देश-काल-पात्र में किसी तरह का अनौचित्य न हो, इसका ध्यान सोवियत नाट्यकला में बहुत दिया जाता है और इसके लिये भिन्न-भिन्न विषयों के विशेषज्ञ परामर्श के लिये बुलाये जाते हैं। रूसी उच्च-वर्ग के हरेक व्यक्ति की अलग-अलग रुचि थी, जिसे अभिनय में बड़ी अच्छी तरह दिखलाया गया था। स्त्रियां वृद्धा हों, प्रौढ़ा या तरुणी, सभी का व्यवहार इतना अस्वाभाविक था, कि जान पड़ता था मानव-शरीर नहीं बल्कि पुतलियां हिल-डोल रहीं हैं। चौथे और अन्तिम दृश्य में ग्राफ के दरवाजे का प्रदर्शन किया गया था। जाड़े का समय था। परिचारक अपने मालिक और मालकिनों के बहुमूल्य समूरी ओवरकोट और टोप लिये बाहर प्रतीक्षा कर रहे थे। मालिक और मालकिन एक एक करके बाहर निकल नौकरों के हाथ से अपने

कोट और परिधान लेकर सवारियों पर सवार हो जाने लगे । कर्नल भी विदा हुआ। चास्की में और गुण थे, लेकिन बोलने में वह सीमा पार कर जाता था, इसलिये उसका लम्बा भाषण अभी खतम नहीं हुआ था । वह आकर नौकरों-वाली कोठरी में रुक गया। दरवाजे पर कोई नहीं था। चिराग गुल हो चुके थे। आफ कुमारी ने अपने लम्पट प्रेमी को बुलाया। परिचारिका उसे लेने गई, लेकिन प्रेमी परिचारिका से ही प्रेम का प्रस्ताव करते आगे बढ़ा। कुमारी ने देख लिया। उसने कुपित हो बकझककर उसे त्याग दिया। इसी समय चास्की पहुँच गया उसने स्मरण दिलाया, किन्तु कुमारी मौन रही। पिताने आकर दोनों को देखा, और उसने शक करके उन पर कोप प्रकट किया । तरुण ने पहले कुमारी को संबोधन कर खरी-खोटी सुनाई, उससे अन्तिम नाता तोड़ा, और अन्त में बूढ़े पिता को भी चार सुनाकर अपना रास्ता लिया।

सोवियत के नाटक केवल सुन्दर कला और सुरुचिपूर्ण मनोरंजन के ही उत्कृष्ट उदाहरण नहीं होते, बल्कि वह इतिहास, समाज-विज्ञान की सुन्दर पाठ-शाला का काम देते हैं। जिस समय का नाटक देखने का आपको अवसर मिलता है, वहाँ उस समय का इतिहास आपके सामने बिलकुल असली रूप में आ जाता है, और ऐसे रूप में जिसे आप जल्दी भूल नहीं सकते । हमारे यहां की तरह नहीं है कि अशोक के समय उस विक्रमशिला के भिक्षु पेश कर दिया जाय, जिस विक्रमशिला का अस्तित्व अशोक के ११ शताब्दियों बाद हुआ। रेडियो नाटकों में कलिंग-विजय के समय बारूद का धड़ाका दिखाया जाय, जिसको कि बाबर के आने से पहिले हिन्दुस्तान के लोग जानते नहीं थे। हमारा ही देश क्या इस विषय में पश्चिमी यूरोप और अमेरिका वाले भी अभी सोवियत रूस से बहुत पीछे हैं। माली और बोल्शोइ तियात्र की नाटक-परम्परायें बहुत पुरानी हैं, और आज भी दोनों चोटी के तियात्र समझे जाते हैं । देश के सर्वोत्तम अभिनेता और अभि-नेतियां यहीं हैं। बहुत से उन नाटकों को आज भी खेला जाता है, जिन्हें कि आज से शताब्दी पहिले खेला गया था, हां उनसे अनौचित्य के दोष को हटाकर और सामग्री और अभिनेताओं के परिणाम और गुणको बढ़ाकर। सामन्त-युग के

समाजक के विलासमय जीवन को दिखलाने में आज के शासक कोई संकोच नहीं करते, उनसे उन्हें कोई खतरा नहीं है। हाँ, अब भी पुराने सामन्तवर्ग की सन्तानों में से कुछ हीरा, रत्न, रेशम और समूर के प्रदर्शनों को देखकर ठंडी सांस लेकर कह उठते हैं— "कला तो यह है। सौंदर्य तो यह है" जिसका अर्थ है— 'न हि नो दिवसा गतः।"

बोल्शोइ की तरह माली-तियात्र का टिकट मिलना भी सौभाग्य की बात है। उसके तीनों तल और फर्श की सीटें बिलकुल भरी हुई थीं। मैं फर्श पर तीसरी पंक्ति में रंगमंच के बिलकुल नजदीक होने से सभी चीजों को साफ साफ देख-सुन सकता था।

२८ अप्रैल आया। मन नहीं लग रहा था। दुविधा में पड़ा हुआ था। यात्रा का प्रबन्ध करनेवाले देर होने से शंकित जरूर थे, किन्तु अब भी आशा छोड़ नहीं बैठे थे। उस दिन मैं मास्को के ओपरेता-तियात्र में डरते-डरते गया। मैंने समझा था, ओपरेता भी ओपेरा का ही छोटा भाई होगा और सिरदर्द मोल लेना होगा। लेकिन यहाँ ओपरेता का मतलब है नृत्य-संगीत सहित-सुखान्त नाटक, अर्थात् ऐसा नाटक जिसे भारतीय रुचि ज्यादा पसन्द करती है। इसका ओपेरा से कोई सम्बन्ध नहीं। यहाँ के सभी गीत, नृत्य और संवाद स्वाभाविक थे। नृत्य में बैले का उच्च नृत्य भी शामिल था। नाटक में आधुनिक समाज को चित्रित करते हुए नौसैनिक के प्रेम को दिखलाया गया था। इसमें विनोद की मात्रा भी बहुत थी। अत्यंत स्थूला अभिनेत्री सावित्स्कया का अभिनय बड़ा विनोदकारी था। निकुलकीना अभिनय में और उजमिना नृत्य में परमदक्ष।

२८ अप्रैल ही से चारों ओर मई-महोत्सव की जोरों से तैयारी होने लगी। कितने ही मकानों पर नेताओं के चित्र लगा दिये गये थे, दीपमालाएं भी जग गई थीं। ७ नवम्बर के (क्रान्ति-दिवस) के बाद सोवियत का दूसरा सबसे बड़ा त्यौहार मई-दिवस है।

लेनिनग्राद छोड़े महीना भर हो गया था, इसलिये वहाँ के बारे में क्या

कह सकता था ? लेकिन मास्को में तो २६ अप्रैल को वसन्त का आगमन सा मालूम हो रहा था। प्रथम मई त्यौहार के लिये वसन्तारम्भ से बढ़कर सुन्दर समय कौन सा मिल सकता था ? उसदिन तीन-चार घंटा हम शहर में टहलते रहे। मास्क्वा नदी में कहीं बरफ का नाम नहीं था, वह मुक्त-प्रवाह बह रही थी। छत या जमीन पर भी बरफ का पता नहीं था, सिर्फ दत्त भाई की गली में एकाध घरों के निचले स्थानों में हिम नहीं बरफ (यख़) दिखाई पड़ती थी। मास्क्वा के उस पार बच्चों की हाट लगी हुई थी, जिसमें खिलौने, बिस्कुट, चाकलेट आदि की बेचनेवाली संस्थाओं ने अपनी अपनी छोटी-छोटी दुकानें खोल रखी थीं। दुकानें लकड़ी की थीं, लेकिन सुचित्रित, सुसज्जित, और शीशे के गोल केस के साथ। पानी का ख़्याल रखना जरूरी था, इसलिये वर्षा का असर न पड़नेवाली छतें बनाई गई थीं। सारा बाजार चित्रशाला सा मालूम होता था, और चित्र भी वैसे ही जिनकी ओर बालक बहुत खिंचते हों। यहाँ पर कई झूले और कठघोडवा भी लगे हुए थे। मन्दिरनुमा छतदार स्थान बाजे के लिये सुरक्षित था। बरफ-मलाई बेचनेवाले कितने ही ठेले भी पहुँच गये थे, लेकिन अभी दुकानों में चीजें सजाई नहीं गई थीं। नगर के बड़े बड़े घरों को भी सजाया गया था। जगह जगह पर लेनिन और स्तालिन तथा दूसरे नेताओं के भी विशाल चित्र टगें हुए थे। लेनिन पुस्तकालय के ऊपर लेनिन और स्तालिन का चित्र इतना ऊँचा था कि वह नीचे से चौतल्ले के ऊपर तक पहुंचता था। कोई जगह ऐसी नहीं थी, जिसमें स्तालिन का चित्र न हो। जहां-तहां "स्लावा वेलीकम स्तालिन" (महान् स्तालिन की जय) बड़े-बड़े अक्षरों में लगे हुए थे। एक जगह वर्तमान पंच वार्षिक योजना के आँकड़ों का रेखाचित्र भी लगा हुआ था।

इतने दिन रहे, तो बिना मई-महोत्सव देखे जाना अच्छा नहीं, इसलिये इंतुरिस्तवालों को २ मई के लिये लेनिनग्राद की ट्रेनों में सीट रिजर्व कराने को कह दिया और लेनिनग्राद तार भी दे दिया। अब मेरा मन बिलकुल उकता गया था। मध्यएसिया की यात्रा को मैं बड़ी लालसाभरी दृष्टि से देख रहा था, जिसके लिये टका-सा जवाब मिल गया। उक्त खबर को सुनाने के लिये एक उच्चपदस्थ

भद्र पुरुष आये, और संकोच करते हुए कहने में झिझक रहे थे। मैंने कहा—कोई परवाह नहीं। लेकिन प्रभाव तो पड़ा था। अब मेरी यही इच्छा थी, कि कब भारत लौट चलूं। केवल पढ़ाना मुझे पसन्द नहीं आ सकता था। पुस्तक की सामग्री काफी जमा कर चुका था, लेकिन लिखने के लिये कलम नहीं उठती थी, क्योंकि कई सेन्सरों के भीतर होकर प्रेस-कापी भारत में प्रकाशक के पास पहुँच भी सकेगी, इसमें संदेह था।

२६ अप्रैल को फिर प्रोफेसर तालस्तोफ के पास जाकर दो घंटे तक बातचीत की। आज अधिकतर मध्यएसिया के मानवतत्व, पुरातात्विक सामग्री के प्राप्ति स्थान, पुरापाषाण-अस्त्र, तेशिकताश (नेअन्डर्थल-मूस्तेर) मानव आदि के बारे में बातें हुईं। उन्होंने बतलाया, कि पुरा-पाषाण युग का अवशेष तेशिकताश में मिला है।

मध्य-पाषाण और पश्चात्-पुरापाषाण युग के अवशेष तेशिकताश वाले बाइसुन इलाके में मिले हैं, जिनकी खोपड़ी हिन्दो-यूरोपीय, कपाल दीर्घ और मुंह पतला है।

आरम्भ नवपाषाण— इस काल के शिकार के चित्र दराउत्साई में मिले हैं, जिनमें मनुष्य, पशु, धनुष, चमड़ा-परिधान अंकित है। चित्र बनाने-वाले ने पहिले रेखाओं को पाषाण में खोदा, फिर उस पर रंग लगाया। ओश (मध्यएसिया) के पास के पर्वतों में भी इस काल के चित्र मिले हैं, पाषाणास्त्र और मृत्पात्र जो मध्यएसिया की और जगहों में भी प्राप्त हुए हैं।

दो संस्कृतियां— प्रोफेसर ने बतलाया कि मध्यएसिया में प्रागैतिहासिक-काल में दो संस्कृतियां थीं। जिनमें दक्षिणी संस्कृति की दो शाखायें थीं—(१) अनाउ-तेरमिज़-फरगाना में नव-पाषाणयुग में हिन्दू-यूरोपीय संस्कृति थी। यहाँ के लोग कृषि जानते थे। इनके मृत्पात्र रंगीन होते थे। (२) अराल-द्रोणी निम्न-वक्षु में उत्तरी नवपाषाण (४००० ई० पू०) संस्कृति थी। लोग शिकारी और पशुपालक थे। इनके मृत्पात्र अरंजित और उत्कीर्ण होते थे।

आदिम पित्तल-युग— ईसा-पूर्व द्वितीय सहस्राब्द के इस काल में यहां

के लोग पशुपालन के साथ कृषि भी किया करते थे। मृत्पात्र पहिले लालरंग के थे, फिर उनके ऊपर काली रेखाओं से चित्रण करने लगे। दोनों दक्षिणी और उत्तरी संस्कृतियां भेद रखती थीं। इनका संगम-स्थान ख्वारेज्म था।

मानव—इसके बारे में उनका मत था, कि तीसरी-दूसरी सहस्राब्द ईसा-पूर्व के आदिम पित्तल-युग में उत्तर (कजाकस्तान) में जो मानव रहता था, उसका चेहरा पतला था। उसी प्रदेश में ईसा-पूर्व दूसरी सहस्राब्दी में पित्तल-युग के समय क्रोमियों जाति से सम्बन्ध रखनेवाला दीर्घकपाल चौड़े मुँहवाला मानव रहता था। उत्तर हो या दक्षिण : सिर-वक्षु उभय-उपत्यकाओं में ईसा-पूर्व द्वितीय और प्रथम शताब्दियों में हूण से पहिले मंगोलायित मानव का कोई पता नहीं था। ईसा-पूर्व १०००–५०० ई० पू० में दक्षिणी सिबेरिया (खकाशिया) ओइरोद, कास्नोयार्स्क में मंगोलायित मानव के अवशेष मिले हैं।

हूण— हूणों के आक्रमण काल ई० पू० द्वितीय-प्रथम शताब्दियों में पहिले पहल मंगोलायित मानव अलताइ से पश्चिम दिखाई पड़ता है। उस समय अल्ताई-एनीसेई मंगोलायित और हिन्दी-यूरोपीय जातियों की सीमा रेखा थी। शुद्ध हूण लक्षण आजकल याकूतों, और तुंगूतों में ही अधिकतर पाया जाता है।

श्वेत-हूण— मेरी रायका समर्थन करते हुए श्वेत-हूण या हेफ़तालों के बारे में उनका कहना था : ग्रीक लेखक भी इस शब्द को भ्रामक कहते हैं। श्वेत-हूण का चेहरा मुहरा हिन्दी-यूरोपीय जैसा है। श्वेत-हूणों की भाषा में एकाध प्रत्यय हूणों के मिलते हैं जैसे मिहिरकुल में कुल (कुल्ली, दास)।

पश्चिम में मंगोलायित—प्रोफेसर ताल्स्तोफ ने पश्चिम में मंगोलायितों की तीन लहरें आती बतलायीं। (१) लाप— यह नवपाषाणयुग में ध्रुव-कक्षीय भू-भाग से होते पश्चिम में फिन्लैंड और नार्वे तक पहुँचे, इन्हीं के वंशज आज के लाप हैं।

(२) हूण — ई० पू० द्वितीय-प्रथम शताब्दियों में हूण अपनी पुरानी भूमि (हूवांग-हो से मंगोलिया) छोड़ पश्चिम की ओर चले। यह लहर अतिला के हूणों के रूप में चौथी सदी में मध्य-दन्यूब-उपत्यका (हुंगरी) तक पहुंची, जहाँ

कि आजकल उनके युरोपीय मिश्रित वंशज रहते हैं। इसी लहर के अवशेष वोल्गा के आसपास चुवाश, बोल्गार और कज़ार थे, चुवाश आज भी मौजूद हैं, लेकिन उनकी भाषा में मंगोलियत प्रभाव अधिक है, शरीर-लक्षण में वह हिन्दी युरोपीय मिश्रण से अधिक प्रभावित हैं।

(२) तुर्क— यह लहर छठवीं सदी में पश्चिमाभिमुख प्रयाण करने लगी और द्नियेपर के तट तक पहुँची। इसके दो भाग थे (क) किपचक (ख) आगूज़। मंगोलायितों के भाषा-विकास के बारे में उन्होंने बतलाया कि तुर्क पहले दो भागों में बँटे, एक सप्तनद (इली-चू-सरेस) में जो कि पहले आये थे। इन्हीं के वंशज वर्तमान कज़ाक और किरगिज़ हैं, जिनमें कज़ाकों का लिखित साहित्य १८ वीं सदी से पहिले का नहीं मिलता। तुर्कों की दूसरी शाखा सिरदरया उपत्यका में आई। इसका प्रथम लेखक ११ वीं सदी का महमूद काशगरी है जिसने अपनी समय की भाषाओं और जातियों पर बहुत ज्ञातव्य बातें बतलाई हैं। यही उजबेक-भाषा का मूलरूप है। उजबेक भाषा पर ईरानी भाषा का बहुत प्रभाव पड़ा है, केवल उधार के शब्दों में ही नहीं, बल्कि भाषा के ढाँचे पर भी।

तुर्कों में भिन्न गूज़ (या आगूज़) हूण शाखा के ही वंशज वर्तमान तुर्कमान, आज़ुरबायजान और उस्मानी (तुर्कीवाले) तुर्क हैं।

तुर्कमानों के बारे में उन्होंने बतलाया कि इनपर हिन्दी-युरोपीय प्रभाव ज्यादा, मंगोलायित कम है। इनकी भाषा मंगोलायित है और संस्कृति ईरानी। उजबेकों की भी यही बात है। कज़ाकों में जितना ही पश्चिम की ओर जायें उतना ही हिन्दी-युरोपीय अंश अधिक होता जाता है। यह छठी से दसवीं शताब्दी के तुर्कों के वंशधर हैं। किरगिज़ों में मंगोल रक्त अधिक है।

ई० पू० द्वितीय शताब्दी में सप्तनद के निवासी शक-वंशज वुसुन आयत-कपाल थे।

फिनिश और मुंडा-द्रविड़ भाषाओं का सादृश्य भाषा-तत्व की एक बड़ी समस्या है। यह सादृश्य बतलाता है, कि किसी समय ध्रुवकत्त में रहनेवाले फिनों, और भूमध्य-रेखा के पास रहनेवाले द्रविड़ों का एक वंश था। प्रोफेसर

ताल्स्तोफ के अनुसार इस वंश का विभाजन शायद नवपाषाण युग में हुआ—ख्वारिज़्म और भारत के तत्कालीन पाषाणास्त्रों की समता भी इसी बात को बतलाती है,लेकिन मृत्पात्रों को अभी देखना है। इस वंश की एक शाखा—फिनो-उग्रर और दूसरा द्रविड़। द्रविड़-शाखा भी दक्षिणी, (मलयालम, तमिल, तेलुगु, कन्नड, तुलु,) और मुंडा (कोल, गोंडी, मुंडा, कुर्वी, कुरुख, कुई, अल्हो) में विभक्त है।

ताल्स्तोफ का ज्ञान बहुत ही विशाल है, इसे कहने की आवश्यकता नहीं मैंने चलते वक्त बहुत कृतज्ञता प्रकट की और उन्होंने फिर मिलने के लिये निमंत्रण दिया। उसी दिन मैंने दत्तभाई की जीवनी के लिये नोट भी लिये।

अब मैं भारत लौटने की सोच रहा था। किन्तु आये रास्ते से लौटना मेरी आदत के विरुद्ध है, इसलिये ईरान के रास्ते जाने का ख्याल नहीं होता था। अब दो रास्ते रह जाते थे। सबसे नजदीक का रास्ता अफगानिस्तान होकर था। मैं अफगानिस्तान की सीमा तक तो आसानी से पहुँच सकता था, आगे के लिये मेरे पास जो पौंड में चेक थे, उनका यदि यहीं पर पौंड मिल जाता तो मैं निश्चित रह सकता था, नहीं तो आमूदरिया तट से काबुल तक के यात्राव्यय का प्रबन्ध किये बिना जाना ठीक नहीं था। मैं ब्रिटिश-कौंसिल के पास गया। उन्होंने कहा कि चेक के बारे में मैं कुछ नहीं कर सकता. लेकिन यदि तीस पौंड का रूबल जमा करदें, तो हम अपने स्टाकहोम दूतावास में या काबुल में तार दे देंगे, जहाँ पैसा मिल जायेगा। उन्होंने सलाह दी, कि लेनिनग्राद से स्टाकहोम होते हुए लंदन जाना ही अच्छा है, खर्च २० पौंड से अधिक नहीं पड़ेगा। हमारे पासपोर्ट पर स्वीडन और अफगानिस्तान का नाम भी लिख दिया गया। काबुल का रास्ता मुझे पसन्द था, लेकिन तेरमिज से काबुल पहुँचने का कोई उपाय नहीं सूझ रहा था। लंदन के रास्ते जाने में एक यह भी सुभीता था, कि हम रूबल में किराया चुकाकर सोवियत जहाज़ से जा सकते थे। उस वक्त बातचीत करने से तो यही मालूम होता था, कि दो-ही-तीन महीने में यहाँ से चल देना है, लेकिन जल्दी करते-करते भी पन्द्रह महीने और रह जाने पड़े।

८ बजे रात को सरकस देखने गये। कोई खास विशेषता नहीं थी। कई सिंह अपना खेल दिखाते रहे। बाजीगर ने खाली अखबार से बहुत सी कागज की चिटें निकालीं, जरा ही देर में उनका ढेर लग गया, फिर आग लगा के जला दिया। एक चीनी बाजीगर ने नीली से चीनी मिट्टी की तश्तरियां उछालकर दिखलायीं। फिर सरकस की कई कसरतें हुईं। आज भी शामको शहर में दीपमालिका थी।

मई-दिवस— लाल मैदान में मई-महोत्सव का प्रदर्शन देखने जाना था। पास के बिना कोई वहां पहुँच नहीं सकता था। वोक्स ने पास का इंतिजाम कर दिया था। यद्यपि लाल मैदान हमारे होटल से सड़क पार करके कुछ ही कदम आगे शुरू होता था, लेकिन आज का रास्ता उतना सीधा नहीं था। चारों ओर जबरदस्त सैनिक प्रबन्ध था। कुछ जगहों पर तो जाने पर यही जवाब मिला— जाओ, यहां से नहीं जाने देंगे। फिर किसी ने कहा "तीसरी धार से जाओ"। एक दर्जन से भी अधिक बार पास और पासपोर्ट दोनों दिखलाने पड़े। लाल मैदान में आज बहुत कीमती जानें आई हुई थीं, पूंजीपतियों का कोई गुंडा पहुँच कर पिस्तौल न चलादे, इसीलिये इतना प्रबन्ध था। अन्त में आध घन्टा चक्कर काटते मैदान में पहुँचे। नेताओं के खड़े होने के स्थान की दाहिनी ओर सीमेंट की गैलरियां बनी हुई थीं, जिनमें १४ नं० की गैलरी में हमारा स्थान पिछली पंक्ति में था। सभी लोग खड़े थे, इसलिये हमें भी खड़ा होना पड़ा। मैदान के परले पार विशाल मकान पर सबसे ऊपर विशाल सोवियत लांछन लगा हुआ था, जिसके नीचे मई का अभिनन्दन तथा दूसरे नारे अंकित थे। लेनिन और स्तालिन के विशाल चित्र भी वहीं लगे हुए थे। मकान के ऊपर संघ के १६ प्रजातंत्रों के अपने लांछनों सहित झंडों की पंक्तियां फहरा रही थीं। इतिहास-म्यूजियम के मकान के ऊपर भी नारा लगा हुआ था, जिसके बायें विशाल हसिया, हथौड़ा, और दाहिने तारा था।

९ बजे से ही जगह भरने लगी। मैदान में भिन्न-भिन्न वर्गों की सेनायें पंक्ति-बद्ध खड़ी थीं। १० बजे नेता लोग आये। सबसे पहिले सैनिक वेश में

स्तालिन, मार्शल रोकोसोवस्की फिर मंत्रीगण, कितने ही मार्शल और जेनरल। मार्शल रोकोसोवस्की आज की परेड के प्रमुख थे। स्तालिन का वक्तव्य रोकोसोवस्की ने पढ़ा, फिर प्रदर्शन शुरू हुआ। पहिले पैदल, फिर नौसेना के जवान मार्च करते निकले, फिर सवार तथा दूसरी सेनाएं, घोड़ोंवाला तोपखाना, मोटर और टैंकवाली सेनाएं। आकाश में ६ गिरोह विमानों के इसी समय दिखलाई पड़े। डेढ़ घन्टा सेना-प्रदर्शन में बीता। दर्शकों के सामने से अपार सेना गुजरी। नाना भांति की तोपें थीं— छोटी तोपें, एक ही साथ पांच-पांच सात-सात गोलों की माला छोड़नेवाली कत्यूशा, विशाल तोपें फिर पराछूटी जवानों से भरी लोरियां निकलीं। मौसिम बड़ा अच्छा रहा। देशी-विदेशी-सम्वाददाता, और फिल्मवाले चित्र लेने में लगे हुए थे। साढ़े ग्यारह बजे नागरिकों का प्रदर्शन शुरू हुआ। हम आखिर तक नहीं ठहर सके, प्रदर्शन को दो घंटे ही देखा। कितने ही दर्शक तो सेना के प्रदर्शन के बाद ही लौटने लगे थे।

यद्यपि हमारा होटल बिलकुल नजदीक था, किन्तु लौटना आसान नहीं था। लौटते वक्त भी कितनी ही सैनिक पंक्तियों में पास दिखाना पड़ा। १० सैकड़े सैनिक रूखे भी मिले, नहीं तो वह बड़ी मुलायमियत से रास्ता बतला देते थे। नागरिक प्रदर्शन-पंक्तियों से सारी सड़क भरी हुई थी। इस चलायमान नर-समुद्र को पार करना आसान काम नहीं था। पता लगा कि नगर के केन्द्र का रास्ता बन्द है। नेशनल होटल नगर केन्द्र में ही था। तो क्या शाम तक होटल नहीं जा पावेंगे? लेकिन आध घंटे में हम अपने होटल में पहुँच गये। भोजन के लिये जार्या मित्र सिमाउन के यहां निमंत्रित थे, साथी सिमाउन का पुत्र करीम लेने के लिये आया था। ९ बजे बाद दीपमाला देखने गये। लेकिन हम नगर के एक छोर पर थे, इसलिये अच्छी दीपमालिका नहीं देख सके, और आतिश-बाजी से तो बिलकुल वंचित रह गये। भूगर्भ-रेल से आकर पुश्किन चौरस्ते पर लड़कों के बाजार को देखा। अपार भीड़ थी। पता लगा ७ बजे ही सारे रास्ते खुल गये थे। जगह-जगह दीपमालिकायें थीं, किन्तु सभी घरों और निकी पर नहीं। केन्द्रीय तार घर पर चलती फिरती रङ्ग-बिरंगी रोशनी बड़ी सुन्दर

मालूम होती थी। मोटे प्रकाशाक्षरों में " प्रथम माया " और बीच में घूमता हुआ भू-मंडल, लहरदार दीपपंक्तियां जल रहीं थीं। हमारे होटल के सामने वाले मैदान में भी दाहिने ओर पर नागरिक नृत्य-गान और कसरत दिखाने में लगे थे। मई का अपूर्व महोत्सव देखकर साढ़े ग्यारह बजे रात को हम अपने कमरे में लौटे। आज ही हरी हरी पत्तियां भी देखीं, वसन्त आ गया।

१३—फिर लेनिनग्राद में

२ मई को ७ बजे शाम की गाड़ी पकड़ी और अगले दिन लेनिनग्राद पहुंच गये। ब्रिटिश कौंसल ने बहुत से समाचार पत्र दे दिये थे, जिनको रेल में भी पढ़ते रहे, और यहां भी। लेनिनग्राद में भी अब वृक्षों के ऊपर कलियों जैसी पत्तियां निकल रहीं थीं, नेवा की धार मुक्त हो गई थी, लेकिन अब भी उसमें बरफ की शिलायें बह रही थीं। ६ मई को वनस्पति की हालत देखकर कहना पड़ा कि वृक्षों पर पत्तियां बहुत धीरे धीरे निकल रही हैं। सरदी अभी गई नहीं थी। लदोगा झील अपनी बरफ की सौगात को नेवा द्वारा समुद्र में भेज रही थी, जो ६ मई को भी उसी तरह चली जा रही थी। १० मई तक निश्चय कर लिया, कि साल भर और यहीं रहा जाय। मध्यएसिया नहीं गये; मध्यएसिया के इतिहास की सामग्री इतने में और जमा हो जायगी, लेकिन फिर एक साल बिना रेडियो के नहीं रहा जा सकता, इसलिये १० मई को ही साढ़े तीन हजार रूबल में एक नया रेडियो खरीद लाये। हमारे पास राशन जैसा एक कार्ड था, जिसके कारण ७०० रूबल कम देने पड़े। हमारे साथी और विद्यार्थी कह रहे थे—यदि छ महीना रुक जायें, तो आधे ही दाम पर

मिल जायेगा। (उनकी बात सच निकली। छ महीने बाद वही रेडियो १६०० रूबल में मिलने लगा था)। लेकिन हम दूना दाम देने के लिये तैयार थे, क्योंकि छ महीने और देश-विदेश की खबरों से वंचित नहीं रहना चाहते थे। रेडियो छोटा और बहुत सुन्दर था। उसी दिन दिल्ली सुना। लंदन तो खूब साफ सुनायी देता था, पीछे तार बांध देने पर तो दिल्ली भी लंदन की तरह सुनाई देती थी। मद्रास कभी-कभी सुनने में आता था। यह कहने की आवश्यकता नहीं, कि दूर से लघु-तरंग की ही बातें सुनने में आती थीं। अब हम निश्चित होगये थे। अपने यहां का नाटक भी सुन लेते थे, गाना भी सुन लेते थे, और समाचार भी। हमारे घर में इन चीजों का आनन्द लेनेवाला मुझे छोड़ और कोई नहीं था। कई हफ्ता सुनने के बाद स्टेशनों और समयों का पता लग गया। मन में सन्तोष किया—चलो अब निश्चित होकर एक साल और रहा जा सकेगा।

नियत समय के अनुसार अब फिर हम युनिवर्सिटी जाने लगे। विद्यार्थी तो पढ़ते ही थे, अध्यापक भी मेरी उपस्थिति से लाभ उठाना चाहते थे। उन्होंने कुछ दिनों व्याकरण महाभाष्य को भी पढ़ा। आरंभ के आह्निक उतने नीरस नहीं हैं, विशेषकर भाषातत्त्व से दिलचस्पी रखनेवालों के लिये वहां पद-पद पर दिलचस्प बातें निकल आती थीं। थोड़े से उच्चारण में परिवर्तन करके कई शब्दों को रूसी जैसा देखकर छात्र बहुत प्रसन्न थे।

१२ मई को श्रीमती श्चेर्बात्स्की के यहां दावत हुई। डाक्टर श्चेर्बात्स्की का मेरे साथ असाधारण स्नेह-संबंध था। वह बड़े ही मधुर स्वभाव के थे। दूसरी यात्रा में मेरे जल्दी लौट आने का उन्हें बड़ा अफसोस था, और वह इस बात की कोशिश कर रहे थे, कि मैं अधिक समय के लिये रूस आऊं। इसी समय लड़ाई छिड़ गई और लड़ाई के दिनों में लेनिनग्राद से उत्तरी कजाकस्तान में आकर उन्होंने अपनी शरीर-यात्रा समाप्त कर दी। उसी घर में आज गये, जिसमें १९३७ में न जाने कितनी बार घंटों हमारी बातचीत होती थी। पहिले ही दिन मिलते हुए उन्होंने कहा था—"स्वागतं इदमासनं उपविश्यताम्।" अब भी

ये शब्द मेरे कानों में गूंज रहे थे। भोज में संस्कृताध्यापक कलियानोफ भी सपत्नीक आये थे। २ बजे ही चलने की बात थी, लेकिन श्रीमती की तैयारी में घर पर ही ६ बज गये। श्चेर्बात्स्की के रिक्त-स्थान को देखकर मन में बहुत तरह के ख्याल आरहे थे, जिन्हें वैराग्य का मधुर-संमिश्रण भी कह सकते हैं। श्रीमती श्चेर्बात्स्की जर्मन वृद्ध महिला हैं। जब वह श्यामा (तरुणी) थीं, तभी श्चेर्बात्स्की के ताल्लुकदारी वंश में परिचारिका बनकर आयी थीं। वह पाकविद्या में निपुण थीं। आचार्य श्चेर्बात्स्की के मरने तक वह उनकी पाचिका रहीं। बोल्शेविक क्रान्ति ने श्चेर्बात्स्की की विशाल तालुकदारी को खतम कर दिया, लेकिन "विद्याधनं सर्वधनप्रधानम्"। श्चेर्बात्स्की पहिले ही अपनी विद्या के बलपर अकदमिक हो चुके थे। अपने राजा-भाई-बन्धुओं की तरह वह पागल नहीं हुए। उन्होंने राजनीति को अपने से अलग रखा, और बोल्शेविकों के बर्ताव से जान लिया, कि उनके यहां विद्या की कदर पहिले से भी अधिक रहेगी, इसलिये बड़ी लगन के साथ अपने काम में जुट गये। पहिले उन्हें कुछ समय जमींदारी के काम में भी लगाना पड़ता था, लेकिन अब उनकी सारी चिन्ता को सरकार ने लिया था। जिसवक्त अन्न का भारी अकाल था, उस वक्त भी सबसे पहिले अकदमिक देवताओं की ओर सरकार का ध्यान जाता था। श्रीमती १९३७ में मेरे यहां आने के समय भी अपने मालिक की पाचिका मात्र थीं। पीछे मालूम हुआ कि ७० वर्ष के दूल्हे ने ५५ वर्ष की दुलहिन से ब्याह किया है। आचार्य श्चेर्बात्स्की जीवनभर अविवाहित रहे, पारिवारिक झंझट को केवल अपनी मातृभक्ति भर सीमित रखा—उनकी माता बहुत दिनों तक जीवित रहीं। मरने के समीप पहुंचने पर श्चेर्बात्स्की ने सोचा कि अपनी वृद्ध-पाचिका के साथ यदि विवाह कर लें, तो अकदमिक की पेंशन उसे जीवनभर मिलती रहेगी, इसीलिये उन्होंने विवाह किया। अकदमी विद्या-संबंधी सोवियत की सबसे बड़ी संस्था है। किसी विद्वान का सबसे अधिक सम्मान जो हो सकता है, वह है अकदमी का सदस्य बनना अर्थात् अकदमिक होना। अपने विषय का चोटी का विद्वान् तथा नये ज्ञान का देनेवाला व्यक्ति ही अकदमिक बनाया जाता है। सोवियत रूस में

आजकल भी अकदमिकों की संख्या १५० से ज्यादा नहीं है। अकदमिक बनते ही आदमी जीवनभर ६०० रूबल मासिक पाने का अधिकारी हो जाता है। श्रीमती श्चेर्वात्स्की उस वेतन को पा रही हैं, और जब तक जीवित रहेंगी, तब तक पायेंगी। इसके अतिरिक्त श्चेर्वात्स्की का बहुत सा सामानः चित्र, बाजे, पुस्तकें, सोने-चांदी के बर्तन आदि-उनकी संपत्ति हैं! पुस्तकों का बहुत सा भाग पचास हजार रूबल देकर युनिवर्सिटी खरीद भी चुकी है।

श्रीमती श्चेर्वात्स्की की पाकविद्या की मित्रमंडली में काफी ख्याति है, भोज और दावत देने का उन्हें बहुत शौक भी है। आखिर रुपया भी तो बहुत आता है, उसके खर्च का भी तो कोई इंतजाम होना चाहिये। उन्होंने बड़े सुन्दर सुन्दर भोजन तैयार किये थे। एक मांस हिन्दुस्तानी ढंग से भी बनाया था, और करी-पाउडर (मशाला चूर्ण) का डिब्बा दिखलाकर कहा—देखिये यह हिन्दुस्तान की चीज भी मेरे पास है। भोजन और बातें करते बहुत देर तक हम वहां बैठे रहे। बीच बीच में मुझे ख्याल आता था—अगर डाक्टर श्चेर्वात्स्की इस वक्त होते! ९ बजे तक उजाला रहा, ११ बजे हम घर लौटे। कहने को मई का मध्य था, लेकिन अभी भी हमारे यहां के माघ-पूस के जाड़े को ठोकर लगानेवाली सरदी वहां मौजूद थी। रास्ते में ट्राम से उतर कर घर जा रहे थे। इसी समय पुलिस एक लड़के को पकड़े लिये जा रही थी। आखिर सभी मकानों में शीशे की खिड़कियां हैं, शीशे पर पत्थर चलाने से उसके टूटने की आवाज बड़ी कर्णप्रिय मालूम होती है, इसलिये लड़के ने शीशा तोड़ दिया था, इसकेलिये पुलिस पकड़े लिये जा रही थी। गलती यही की थी, कि साधारण शीशे को न तोड़कर उसने आग बुझाऊ ब्रिगेड को बुलाने के लिये रखे यंत्र का शीशा तोड़ दिया था। लड़का बेचारा बड़ी चिरौरी-मिनती कर रहा था, रो रहा था। पुलिसवाला उपहास करते हुए कह रहा था—नहीं बाबा, चलो। तुमने खेल का अच्छा ढंग सीखा है। अन्दाज से यही मालूम होता था, कि दो-चार घंटे डरा धमकाकर लड़के को छोड़ दिया जायगा। लेकिन अभी तो उसके गालोंपर आंसू की धार बह रही थी।

रेडियो लाने का चमत्कार और फल जल्दी ही मिला। पन्द्रह मई को दिल्ली-रेडियो ने खबर दी कि भारत में नई राष्ट्रीय सरकार बनने जा रही है। प्रान्तों में भी नई सरकार बन गई है, जिनमें बंगाल को छोड़ प्रायः सारी ही कांग्रेस की हैं। प्रान्तों के मुख्य मंत्रियों के नाम भी सुने। १६ मई को ब्रिटिश मंत्रियों का भारत में वक्तव्य निकला, जिसमें पाकिस्तान को अव्यवहारिक तथा राष्ट्रीय सरकार कायम करने के संबंध में कितनी ही बातें बतलायी गई थीं। उसी दिन पैथिक लारेंस का भी भाषण रेडियो पर हुआ। यह सब खबरें भारत के लिये महत्व की थीं, लेकिन मास्को-रेडियों में महीने से चल रही इन गंभीर बातों का कोई उल्लेख नहीं होता था। युगों बाद १८ मई को २० मार्च को कलकत्ता में डाला आनन्द जी का पत्र मिला, जिससे मालूम हुआ कि हमारे लंका के आचार्य श्री धर्मानन्द महास्थविर अब संसार में नहीं रहे। ८० के पास पहुंचकर मरे, इसलिये काल की तो शिकायत नहीं करनी चाहिये, लेकिन बिछुड़नेवाले अपने गुणों का स्मरण दिलाकर दुःख देते हैं। महास्थविर बड़े ही सरल और मधुर हृदय के आदमी थे। अपने शिष्यों पर और मुझपर तो और भी भारी स्नेह रखते थे। मैं पहिली यात्रा में तिब्बत में था। नेपाल और तिब्बत में युद्ध ठनने लगी थी, खबर मिलने पर उन्होंने तार पर तार दिये और पूछा कि ल्हासा हवाई जहाज जा सकता है या नहीं। उस झगड़े के खतम होने के बाद उन्हीं के आग्रह पर और उन्हीं के भिजवायें रुपये से २२ खच्चर पुस्तकों और दूसरी चीजों को लेकर मैं सवा वर्ष बाद तिब्बत से लौटकर लंका चला गया। जिस समय भारत में १९३०–३१ का सत्याग्रह चल रहा था, मैंने बहुत संकोच करते करते कई दिनों के प्रयत्न के बाद जब उनसे भारत जाने की इजाजत मांगी, तो वह स्नेह-परवश हो एकदम फूट-फूट कर रोने लगे। मुझे उस समय अपना विचार छोड़ देना पड़ा। मेरे ही साथ उनका यह असाधारण स्नेह नहीं था; अपने सभी शिष्यों में वह अपना स्नेह बड़ी उदारता के साथ वितरण करते थे। वह अब संसार में न रहे। वह पालीभाषा और व्याकरण के महान् विद्वान् थे। उन्होंने कई पुस्तकों का संपादन और उद्धार किया

था। हो सकता है, कुछ समय और उनका नाम लिया जाय, लेकिन काल के महासमुद्र में हजार-दो-हजार वर्ष भी तो कोई हस्ती नहीं रखते। आदमी के हाथ से काल कितनी जल्दी निकलता चला जाता है। जिनको हमने बच्चा देखा था, वह हमारे सामने ही जवान हो बाल भी पका बैठे। हमारे बचपन के कितने ही तरुण और वृद्ध तो न जाने कब से अनन्त मौन की गोद में लीन होगये। सबको एक दिन उसी रास्ते जाना है। मरने के बाद भी अमर होने की चाहे कितनी ही इच्छा हो, लेकिन सभी को रेतपर पड़े पद-चिन्ह की तरह आखिर में लुप्त होजाना है। लेकिन इसका अर्थ यह नहीं कि शरीर और जीवनक्षण निःसार हैं, तुच्छ हैं, घृणास्पद हैं, परित्याज्य हैं। आखिर इन्हीं क्षणों में जीवन जैसा बहुमूल्य रत्न भी है। उसको तुच्छ नहीं कहा जा सकता। जीवन से संबंध रखनेवाला हरेक क्षण —जो कि वर्तमान क्षण ही हो सकता है—अनमोल है, सत्य है।

अगले दिनों में हमारा रेडियो भारत की बहुत सी खबरें लाता रहा। क्राचेइ के हमारे कमरे के वायुमंडल में हिन्दी और भारतीय संगीत का बराबर प्रसार होता रहा। दिल्ली-रेडियो के कमरे में बैठा गायक या वक्ता क्या जानता होगा, कि उसकी आवाज ६ हजार मील दूर इस अज्ञात नगर के अज्ञात घरके भीतर गूंज रही है।

२२ मई को जिज्ञासावश हम सोवियत् अदालत देखने गये। अदालत हो, चाहे सरकार, सभी के रोब को सोवियत-शासन-प्रणाली ने खतम कर दिया है। यह मुहल्ले की अदालत थी। आज प्रधान-जज के बीमार होने के कारण हमने कार्यवाही नहीं देख पाई, यहां की हरेक अदालत में तीन जज बैठते हैं, जिनके लिये लाल कपड़े से ढकी मेज के पीछे तीन कुर्सियां इजलास के रूप में कुछ ऊपर रखी थीं। छोटा सा कमरा था जज अधिकतर निर्वाचित होते हैं, जो कुछ समय के लिये उस पदपर रहते हैं। वकीलों की संख्या कम हो गई है, क्योंकि पूंजीवादी वैयक्तिक संपत्ति की सीमा उस देश में बहुत संकुचित है, तो भी वकील हैं और वह प्रेक्टिस भी करते है, लेकिन

अधिकतर सरकारी वेतनभोगी नौकर के तौरपर। हर मुकदमें में उन्हें तकलीफ करने की आवश्यकता भी नहीं पड़ती। उनके आफिसों पर साइनबोर्ड लगे रहते हैं। जिनको कानूनी सलाह लेनी होती है, वह नियत समय पर वहां जाकर ले सकते हैं। भला जहां जज को देखते ही लोग सांस न बन्द करलें वह भी कोई अदालत है, जहां जिला मजिस्ट्रेट का नाम सुनते ही, आदमी की सांस ऊपर न टंग जाये, वह भी कोई जिला-शासक है? सोवियत में तो बस वही एक नमूना है। गांव के १८ वर्ष से अधिक उमर के लोगों ने मिलकर वोट दे गांव का शासन करने के लिये अपनी सोवियत (पंचायत) चुन ली, जिसका एक मुखिया सोवियत चुन लेती है। गांव की तरह ही तहसील (रायोन) और जिले के भी सोवियतें चुनी हुई होती हैं। लेकिन जिले की सोवियत का सभापति—जिसको हमारे यहां का मजिस्ट्रेट कहना चाहिये—को देखकर किसी की सांस ऊपर नहीं टंगती, बल्कि कोई भी जाकर उसके साथ बेतकल्लुफी से बात कर सकता है। रोबदाब सचमुच ही उस देश से उठ गया है। लेनिनग्राद जैसे उच्च विश्वविद्यालय की प्रोरेक्तर (वाइसचांसलर) महिला को कमरे की झाड़ू देनेवाली अथवा टायपिस्ट स्त्रियों के साथ बैठा देने पर आप पहिचान नहीं सकते, कि वह प्रोरेक्तर है। विद्यार्थियों, अध्यापकों ही नहीं साधारण नौकर भी उसको संबोधन करने में न बहुत आदाब-अलकाब का प्रयोग करते हैं, न बहुत सम्मान ही। लेकिन इसका यह अर्थ नहीं, कि वहां सब धान बाईस पंसेरी हैं। योग्य स्थान पर योग्य आदमी ही पहुंचने पाता है।

२६ मई को देखा, फिर शुक्ला रात्रि आगई: ६ बजे शाम तक धूप थी। मालूम होता है, जब से दिन १८ घंटों को अपनी जेब में रख लेता है, तब से वह बाकी ६ घंटे को भी रात्रि के पेट में जाने नहीं देता। शुक्ला रात्रि में घर के बाहिर १२ बजे रात्रि को भी आप अखबार पढ़ सकते हैं। शुक्ला रात्रि दीर्घ दिन का पता देती थी। दीर्घ दिनका मतलब है सूर्य अधिक समय तक अपने प्रकाश और ताप को फैला रहा है। लेकिन सर्दी तो अब भी गई नहीं थी। हां, नेवा अब मुक्त-धार बह रही थी। यह समुद्री मछलियों के अंडा देने का समय

था। लेनिनग्राद में ही नेवा समुद्र में मिलती है, इसलिये अंडा देने के ख्याल से करोड़ों मछलियां नेवा से ऊपर की ओर चढ़ आयी थीं। मछुओं की पांचों अंगुलियां घी में थीं, लोगों को भी सुभीता था: मछली ३० रूबल (२० रुपये) किलोग्राम (सवा सेर) लग गई थी।

मास्को में तो नाटकों के देखने में मैंने हद करदी थी। लेनिनग्राद में उतनी जाने की इच्छा नहीं होती थी। मास्को का ओपेरा देख आये थे, पहिली जून (१९४६) को हम यहां के माली ओपेरा थियेटर में गये, जिसमें "काल्पनिक वर" बैले खेला जा रहा था। ओपेरा होता तो मैं नहीं जाता, या गला दबानेपर ही जाता, किन्तु बैले को तो मैं पसन्द करता था। अभिनय और नृत्य बहुत सुन्दर था। यह नाट्यशाला भी मारिन्सकी ही जैसी किन्तु छोटी है। इसमें ७-८ सौ आदमी बैठ सकते हैं। बाहर से देखने पर तो बिलकुल साधारण घर सा मालूम होता, किन्तु भीतर काफी अवकाश है। दर्शकों की भीड़ थी। नाटक का कथानक था: पारिवारिक बाधा के कारण तरुण तरुणी विवाह नहीं कर पाते और दोनों अलग अलग घर से भागकर इताली के किसी शहर में अज्ञातवास करते हैं। तरुणी पुरुष वेश में भगी थी। वह इस अज्ञातस्थान में दूसरी तरुणी के परिवार के संपर्क में आई। पिता उसे उपयुक्त वर समझकर अपनी पुत्री को विवाह के लिये मजबूर करने लगा। सूखने के लिये डाले कपड़े से भेद खुल गया। कुशल भृत्य प्रेमी को उसकी प्रियतमा के मरने की और नवविवाहिता को उसके नवीन वर के मरने की खबर दे देता है। दोनों छुरी लेकर आत्महत्या के लिये निकलते हैं, और एक दूसरे को पाकर आनन्द-पारावार में डूब जाते हैं। चतुर भृत्य दूसरी लड़की का पति हो जाता है, और एक ही समय दोनों विवाह-सम्पन्न होते हैं। भिन्न-भिन्न प्रकार के नृत्य नाटक की खास विशेषता थी। दोनों नायक नायिका और उनके मित्र इस कला में बड़े निपुण थे। इतालियन नृत्य में गणनृत्य, बालनृत्य, तथा और कितने ही प्रकार के नृत्य थे। हमने तीन टिकट लिया था, लेकिन तीसरे व्यक्ति न आने से २५ रूबल बरबाद गये।

३ जून १९४६ को सोवियत भूमि में आये मुझे १ साल होगया।

आज लेखा जोखा का दिन था। मध्यएसिया न जा सकने के लिये दिल उदास अवश्य था। मैं चाहता था, कि मध्यएसिया जाकर अपनी आंखों देखी बातों पर एक पुस्तक लिखूं, और अपने देशभाइयों को बतलाऊं, कि पहिले हमारी ऐसी परिस्थिति में रहा मध्यएसिया कितनी जल्दी आगे बढ़ा है, और आगे बढ़ता जा रहा है। लेकिन वह नहीं हो पाया। मध्यएसिया के इतिहास के संबंध में मैंने पिछले सालभर में काफी अध्ययन किया, काफी नोट लिया और आशा है कि उनके बलपर विश्वास के साथ कोई पुस्तक लिख सकूंगा।

३ जून को दिनभर वर्षा होती रही। ४ को भी वर्षा जारी रही। ३ को सोवियत के भूतपूर्व राष्ट्रपति कालनिन का देहान्त होगया। उसके उपलक्ष्य में ४ को सारे नगर की तरह युनिवर्सिटी ने भी शोक मनाया। शोक सभा हुई। कालनिन ने वृद्धापन के कारण कुछ ही समय पहिले हुए चुनाव के बाद राष्ट्रपति पद नहीं संभाला था। वह बहुत जनप्रिय थे। एक साधारण साईस और मजूर की स्थिति से बढ़ते बढ़ते वह राष्ट्रपति बने थे। जून के प्रथम सप्ताह के बाद युनिवर्सिटी में मेरे पढ़ाने का काम खतम सा होगया था, इसलिये पुस्तकालय या और जगह कोई काम होनेपर ही मैं वहां जाता था, नहीं तो अधिकतर घर पर रहकर ही पुस्तकें पढ़ता रहता।

मध्यएसिया यात्रा का भूत उतर गया था, लेकिन मध्यएसिया इतिहास का भूत तो सिरपर चढ़ा रहता ही था। ताल्स्तोफ से कितनी ही बातें मुझे मालूम हुईं, और कितनी ही अपनी कल्पनाओं की सत्यता का पता लगा। १३ जून को मैं मध्यएसिया के इतिहास के एक दूसरे विशेषज्ञ प्रो० बेर्नश्ताम के पास गया। पता कुछ ऐसा ही वैसा था, लेकिन मैंने कोशिश करके किसी तरह उनके घर को ढूंढ निकाला। यदि स्थान पहिले से ही निश्चित होता, तो ढूँढते ढाँढते निश्चित समय से पौन घंटा बाद उनके पास जाने का अपराधी न होता। डाक्टर बेर्नश्ताम और उनकी पत्नी दोनों ही पुरातत्व और इतिहास के विशेषज्ञ हैं। ढाई घंटे तक किरगिजिया और कजाकस्तान के बारे में बातचीत होती रही। उन्होंने बतलाया कि सोवियत-काल में वहां बहुत जगह खुदाइयां हुई हैं, और बहुत सी

ऐतिहासिक चीजें मिली हैं :

पुरापाषाण युग—इस युग के हैडलबर्गीय (मूस्तेर) मानव के हथियार दक्षिणी उजबेकिस्तान (तेशिक ताश) के अतिरिक्त समरकन्द और कुदाई (दर्तिश-उपत्यका) में भी मिले हैं। ऊपरी पुरापाषाण युग के सलातुर-मदलिन मानव के भी हथियार कोपितदाग (तुर्कमनिया) और हिसारताग (उजबेकिस्तान) में प्राप्त हुए।

सूक्ष्मपाषाण (मैक्रोलिथ)—इस युग के यायावरों के हथियार दक्षिणी कजाकस्तान में तुर्किस्तान-शहर, अरालतट, सिर-उपत्यका, कराताउ, म्युनकम (जम्बुल के पास), वेत्पकदला (अल्माअता के पास) में मिले हैं।

नव-पाषाणयुग—इस काल के हिन्दू-यूरोपीय मानव के कपाल और हथियार एलातान (फरगाना), अनौ (तुर्कमानियां) और ख्वारेज़्म से मिले हैं। उन्होंने यह भी बतलाया कि ख्वारेज़्म जैसे कपाल मध्य-पाषाण युग के घुमन्तुओं और नवपाषाण युग के कृषकों में भी पाये गये हैं।

सप्तसिन्धु में सप्त, जान पड़ता है, हिन्दू-यूरोपीय, या शकार्य-जाति के "सप्त" शब्द और नदियों के प्रेम को बतलाता है। भारतीय आर्यों के देश को ईरानी लोग सप्त-सिन्धु कहा करते थे, जोकि सिन्धु और उसकी छ शाखा नदियों का पर्याय था। मुसलमानों ने सप्तसिन्धु को "पंजाब" नाम दिया, लेकिन उससे पहिले ही शायद ताजकिस्तान का पंजाब मौजूद था। उत्तरी मध्यएसिया में भी सप्तसिन्धु मौजूद है, जिसका पर्याय तुर्की में भी कुछ होगा, जिससे कि रूसियों ने उसका अनुवाद सेमीरेके (सप्तनद) किया। हमने भी अपने इतिहास में सप्तसिन्धु को भारत के लिये छोड़कर इसके लिये सप्तनद इस्तेमाल किया है। डाक्टर बेर्नश्ताम के कथनानुसार यह सात नदियां हैं—अरिस, अतलस, चू, इली, कोकसु—कराताल, लेप्सा और यागूज़। यह सभी नाम तुर्की हैं, जिसमें चू और सू जल और नदी वाचक शब्द हैं। कोकसु का अर्थ है नीलनद और कराताल का काला समुद्र।

छठी सदी से लेकर दसवीं-ग्यारहवीं-बारहवीं शताब्दी तक के बहुत से

बौद्ध अवशेष सप्तनद में मिले हैं। चू-उपत्यका में फ्रुन्जे के पास अस्सिक-अता में बारहवीं शताब्दी तक बौद्धों के निवास थे, यह वहां के पुरातात्विक अवशेषों से पता लगता है। सारिग (कास्नयारेचूकालोहित नदी) की उपत्यका में भी छठी सदी के बौद्ध भित्तिचित्र और मानी धर्म के भित्तिचित्र मिले हैं। वलाशागुन में भी बुद्ध की मूर्त्तियाँ मिली हैं। तलस में छठी-सातवीं सदी के मानी धर्मी अवशेष मौजूद हैं। सप्तनद में नेस्तोरी ईसाईयों की बहुत सी मुहरें तथा दूसरी चीजें प्राप्त हुई हैं। डाक्टर वेर्नश्ताम ने बहुत से फोटो दिखलाये, जिनमें एक सातवीं-आठवीं सदी की एक पीतल की बौद्ध मूर्ति पर उत्कीर्ण था—"देयधर्मोयं श्री........" साफ पढ़ा जा रहा था। उन्होंने बतलाया कि और भी अभिलेख वहां से प्राप्त हुए हैं। बौद्ध सामग्री के परिचय में वह चाहते थे कि मैं सहायता करूं। मैंने भी अपने मध्यएसिया-संबंधी अनुसंधानों के बारे में कहा और आधुनिक जातियाँ किस तरह से प्राचीन जातियों के विकास और संमिश्रण से बनीं, इसे भी बतलाया। उन्होंने उसे युक्ति-युक्त बतलाया। डा० तालस्तोफ की तरह डा० वेर्नश्ताम भी बहुभाषाविद्, बहुश्रुत, विद्याप्रेमी पंडित पुरुष हैं। रूसी विद्वानों में मुश्किल से कोई मिलता है, जो कि अंग्रेजी या दूसरी विदेशी भाषा में अपने विचारों को प्रकट कर सके। असल में बोलना अभ्यास से आता है, लेकिन ये विद्वान अंग्रेजी, फ्रेंच और जर्मन का इतना काफी ज्ञान रखते हैं, कि अपने विषय-संबंधी शोध-पत्रिकाओं और ग्रंथों को पढ़ सकते हैं।

१४ जून को पुश्किन-तियात्र में बर्नार्डशा का नाटक "पिगमैलियन" देखने गये। रूसी स्वदेशी विदेशी, का कोई भेदभाव किये बिना कला के साथ प्रेम दिखलाते हैं। इसके कहने की अवश्यकता नहीं कि यह शा के नाटक का रूसी अनुवाद था, जिसको रंगमंच पर खेला गया। हाल खचाखच भरा था। लोला जैसी कितनी ही महिलाओं को वह उतना पसन्द नहीं आया। बूर्ज्वा समाजपर शा ने बड़ी तीखी बाण-वर्षा की थी, इसलिये भूतपूर्व मध्यमवर्गीय विचारधारा के पोषक उसे कैसे पसन्द करते? भीख मांगने के लिये फूल बेचने-वाली लंदन की एक लड़की सिखा पढ़ा कर लेडी बना दी जाती है। अब जैसा

जीवन उसे बिताना पड़ता है, उसको अनुभव करने के बाद कहती है—"मैं फूल बेचा करती थी, लेकिन अपने को तो नहीं बेचती थी।" लेडी बन जाने के बाद वह बिना अपने को बेचे जीवन-नैया को खे नहीं सकती थी। मुझे नाटक और अभिनय दोनों बहुत पसन्द आये।

१५ जून को अपने साढ़े चार सौ रूबल के विशेष राशनकार्ड से अपने लोगों की विशेष दूकान में चीज खरीदने गये। वहां से बहुत सा सामान लिया। दूकान से ट्रामवाय तक सौ गज से ज्यादा नहीं रहा होगा, कुली करते तो नाहक १०-१५ रूबल चले जाते, और फिर ट्रामवाय छोड़ अपने घर आने में भी उतना ही पैसा देना पड़ता। शायद पैसे की उतनी परवाह नहीं थी, लेकिन दूसरे प्रोफेसरों और अध्यापकों को देख रहे थे, वह भी २०-२५ किलोग्राम का बोझा उठाये आनन्द से चले जा रहे हैं, तो हमीं क्या खास-फूसके बने हुए थे? रास्ते में मास्को के परिचित रोमन-तियात्र के एक अभिनेता मिल गये। उन्होंने बतलाया, कि आजकल हमारी नाटक मंडली यहीं आयी हुई है। उन्होंने आने के लिये बहुत आग्रह किया। वह लोग अस्तोरिया होटल में ठहरे हुए थे।

१६ जून के भारतीय रेडियो से वायसराय की घोषणा सुनी, जिसमें उनकी कार्यकारिणी (मंत्रि मंडल) का भार कांग्रेस, लीग, सिक्ख और ईसाई प्रतिनिधियों के हाथ में सौंपा जानेवाला था। कांग्रेस की ओर से थे—जवाहरलाल नेहरू (उत्तर प्रदेश), राजगोपालाचार्य (मद्रास), बल्लभ भाई पटेल (बम्बई), म० प० इंजीनियर (बम्बई), राजेन्द्रप्रसाद (बिहार), जगजीवनराम (बिहार), हरेकृष्ण महताब (उड़ीसा) और लीग के थे— मुहम्मद अली जिना, (बम्बई), लियाकत अली (उ० प्र०), मुहम्मद इस्माइल (उ० प्र०), नजीमुद्दीन (बंगाल), अब्दुर्रब नश्तर (सी० प्रा०); सिक्ख प्रतिनिधि बलदेवसिंह (पंजाब) और ईसाई थे जान मथाई (मद्रास)।

मुस्लिम लीग पाकिस्तान के सवाल को लेकर तनी हुई थी, इसलिये वायसरायने घोषित कर दिया था, कि यदि कोई पार्टी इन्कार करेगी, तो उसके स्थान पर दूसरे आदमी नियुक्त कर दिये जायेंगे।

राष्ट्रीय मंत्रि-मंडल भारत में समाजवाद स्थापित करेगा, या आर्थिक समस्याओं को हल करेगा, इसकी संभावना तो थी नहीं, किन्तु गोरे हाथों से काले हाथों में यदि शासन चला आये, तो क्रान्तिकारी शक्तियों को सीधे लड़ाई लड़ने में बहुत सुभीता हो जाता, इसलिये विदेशी कांटे को रास्ते से निकलना अच्छी बात थी, इसे मैं मानता था। १७ जून की सूचनाओं से मालूम हुआ, कि कांग्रेस और लीगने अभी अपना निश्चय प्रकट नहीं किया। निश्चय करने में काफी समय लगा, लेकिन यह तो मालूम हो गया, कि अंग्रेज शासक युद्धपूर्व की स्थिति में लौट नहीं सकते।

२० जून को अस्तोरिया होटल गये। वहां से कुछ अंग्रेजी पत्रों को लेना था। कुछ चिट्ठियां हवाई डाक से भेजना चाहते थे, लेकिन अभी हवाई डाक का कोई इंतजाम नहीं था। हवाई डाक से भी उसे लंदन होकर जाना पड़ता और दोहरे तेहरे सेंसर भी काफी समय लेते। वहीं हमारी सिगान नाटक-मंडली के कलाकारों नीकोलाय नरोञ्नी, लीना इवानोव्ना चीजेंको तथा दूसरों से बड़ी देर तक बात होती रही। उस वक्त तक मैंने सिगानन-भाषा के सम्बन्ध में कुछ पुस्तकें पढ़ ली थीं, और हिन्दी तथा सिगान के सम्मिलित सौ के करीब शब्द मेरे पास थे। पहिले उन लोगों का विश्वास नहीं था, कि उनका भारत से कोई संबन्ध है। अब वह देख रहे थे, कि मैं और वह एक ही रंग-रूप के थे। जब मैंने उन शब्दों को पढ़कर सुनाया जो रूसी में नहीं हैं, और हिन्दी में जैसे के तैसे मिलते हैं, तो उन्हें विश्वास हो गया, कि वह भी इन्दुस् (हिन्दू) हैं। फिर उन्होंने भारतीय सिगानों के बारे में पूछा। उनकी भाषा, संस्कृति, शिक्षा, पेशा, नृत्य-संगीत आदि के बारे में कितने ही प्रश्न किये, लेकिन मैं अपने देश में यहां के सिगानों के सम्पर्क में कभी कभी जेल में आया था और वहां भी मैंने इन बातों के संबन्ध में विशेष पूछताछ नहीं की थी। लीना एक प्रौढ़ा अभिनेत्री थी। सिगान नाटक मंडली की स्थापना में उनका विशेष हाथ रहा और आज भी वह मंडली की ज्येष्ठा समझी जाती थी। वहां उनके साथ दो तरुण अभिनेत्रियां भी थीं, जिनमें से एक असाधारण सुन्दरी तथा भौंहों, बालों,

चेहरों पर मधुर सौन्दर्य के साथ अधिक गोरी भारतीय लड़की जैसी मालूम होती थी। उन्होंने यह विश्वास हो जाने पर कि भारत की मिट्टी से उनका बहुत घनिष्ट संबन्ध है, भारतीय कला के बारे में पूछा और यह भी कि भारतीय कलाकार यहां क्यों नहीं आते? मैंने कहा— अंग्रेजों का राज्य हटने दीजिये फिर भारतीय कलाकार भी यहां आएंगे, और आप लोगों को भी तो जाना चाहिये। लीना ने अपनी परम सुन्दरी लड़की की ओर देखकर विनोद करते हुए कहा— मैं तो चाहूंगी अपनी बेटी को किसी इन्दुस् से ब्याह दूं। मैंने कहा— हमारे यहां तो अभी तक विवाह करने का अधिकार माता-पिता को ही है, यहां क्या यह तुम्हारी लड़की इस तरह के कन्यादान को पसन्द करेगी। इस पर लड़की ने कहा— हां, मैं इन्दुस् को पसन्द करूंगी। वस्तुतः सिगानों के रंग और मुखमुद्रा में भारतीयों से अब भी इतनी समानता है कि बाज वक्त लोग मुझे भी सिगान समझ लेते थे। ईगर को तो उसके साथी लड़के-लड़कियां जब सिगान नहीं कहते थे, तो यूरेई (यहूदी) कहते थे, जिसका वह सदा प्रतिवाद करते हुए अपने को इंदुस् कहता था। एक दिन मैं सांस्कृतिक उद्यान में घूम रहा था। वहां दो सिगानियां मिलीं। उनमें से एक ने कहा— हाथ दिखा दीजिये। मैंने कहा— क्या रोमनियां रोम का भी हाथ देखा करती हैं? उसकी सखी ने कहा— हां, देख नहीं रही है, हमारे रोम (डोम) तो हैं। फिर उन्होंने कितनी ही बातें पूछीं और उनकी बातों से मालूम हुआ, कि अब भी हाथ दिखलानेवाले उन्हें कुछ मिल जाते हैं। पहिले सांस्कृतिक उद्यान के पास ही उनका एक छोटा सा मुहल्ला बसता था, जिसमें इधर-उधर घूम कर वह आके रहा करते थे, लेकिन अब वह मुहल्ला उजड़ गया है। नवशिक्षित सिगान तरुण-तरुणियां अब सोवियत के साधारण जन-समुद्र में मिलते जा रहे हैं। यदि वह मुहल्ला रहता, तो मुझे तो अवश्य फायदा होता, मैं उनके यहां कुछ समय देकर बहुत सी बातें जान सकता था।

२३ जून को ईगर कहीं से एक छोटी बिल्ली पकड़ लाया। वह जल्दी ही घर की बन गई, लेकिन खाती थी केवल मांस, रोटी को तो छूती भी नहीं थी।

भला ऐसी मंहगी बिल्ली को कौन रखता ! कुछ ही समय बाद वह जिसकी थी, उसके पास चली गई।

उस दिन इतवार था। हमारे साथी अध्यापक व्लादीमिर इवानोविच कलियानोफ के यहां दावत थी। ईगर और लोला के साथ हम वहां गये। भोजन के उपरान्त प्याले आये। ऐसे तो ईगर कह देता था: मेरे पापा नहीं पीते, इसलिये मैं भी नहीं पीता; लेकिन आज मंडली में वह भी शामिल हो गया और चषक के लिये आग्रह करने लगा। जब कुएं में ही भांग पड़ी हो, तो बच्चा कैसे अपने को रोक सकता था। लेकिन कलियानोफ ने लाल रंग के शरबत को शराब कहकर उसके हाथ में दे दिया। थोड़ी ही देर में लोग कहने लगे: ईगर तेरी आंखें लाल हो गई हैं। वह भी अनुभव करने लगा कि नशा चढ़ने लगा है !

रातके एक बजे हम घर लौटे। वस्तुतः अब रात थी ही कहां ? आधी-रात को भी हम लाल रंग को पहिचान सकते थे। यह शुक्ला रात्रि का मौसम चल रहा था।

२५ जून को एक दिन के विश्राम का टिकट लेकर हम किरोफ संस्कृति उद्यान में गये। खाने में अभी कोई अन्तर नहीं आया था, वह फीका फीका था। वही काली रोटी वही काली खिचड़ी (कश्मा) और वही फीकी चाय। आजकल मास्को की रोम (सिगान) नाटक मंडली उद्यान के थियेटर में अपना खेल दिखा रही थी। नाटक का नाम था "गुरुसिंका"। हमारे टिकट में दर्ज स्थान रंगमंच से बहुत दूर था, लेकिन सिगान मंडली तो अपनी थी, इसलिये अभिनेताओं ने हम तीनों को पहिली पंक्ति में लेजाकर बैठा दिया। ३ घंटे नाटक देखते रहे। ११ बजने लगा, तो घर जाने का भी ख्याल आया, इसलिये बिना अन्त तक देखे ही वहां से चल पड़े। ईगर को तो तरुण सिगानुच्काओं ने इतना मोह लिया था, कि वहां से हटने का नाम ही नहीं लेता था। इस नाटक में भी सिगान जीवन को ही दिखलाया गया था। पुराने ढंग की सिगान स्त्रियों की पोशाक पश्चिमी उत्तर-प्रदेश की स्त्रियों के घाघरे और सलूके जैसी

थी। चांदी के सिक्कों की माला गले में ही नहीं बल्कि सिर में भी लटकती थी।

२९ जून को इतनी वर्षा हुई, कि मालूम होता था भारत के वर्षा के दिन आ गये हैं। हमारे घरके पिछवाड़े की क्यारियों में लोग साग-सब्जी बोये हुए थे। शाम को सभी अपनी अपनी बाल्टियों में पानी भरे, फावड़ा हाथ में लिये वहां पहुँच जाते थे। वर्षा हो जाने से अब पानी देने की अवश्यकता नहीं थी। चारों ओर साग-सब्जी की हरियाली दिखाई पड़ रही थी।

जून के अन्त में अब ग्रीष्म-कालीन दो महीने की छुट्टियां आगई थीं। अब की गर्मी बिताने के लिये हमने युनिवर्सिटी के विश्रामोपवन तिरयोकी जाने का निश्चय किया था। अभी वहां इतना स्थान नहीं था, कि अधिक संख्या में लोगों को स्थान दिया जा सके। लेकिन सभी अध्यापक या विद्यार्थी तिरयोकी ही जाना भी नहीं चाहते थे। कितने ही काकेशस और क्रिमिया और कुछ बाल्तिक समुद्रतट पर जाने की फिकर में थे। विद्यार्थियों में भी कितने ही अपने घरों में जाकर छुट्टियां बिताना चाहते थे, विशेषकर कमाल की तरह के मध्यएसिया, साइबेरिया और सुदूरस्थानों के विद्यार्थी दो महीने की छुट्टियों को अपने लोगों में बिताना अधिक पसन्द करते थे। मुझे और लोला को तिरयो-की का टिकट मिलने में कोई कठिनाई नहीं थी, लेकिन बच्चों के लिये अभी तिरयोकी में स्थान नहीं था। अन्त में प्रबन्धक राजी हो गये कि हम अपने साथ उनको रख सकते हैं। लोला को हरेक काम ठीक चलने के समय याद आता था। पहिले से ईगर के लिये ओवरकोट नहीं सिलवाया था। पहिली जुलाई को रातभर बैठकर वह ओवरकोट सिलवाती रही। रूस में जाड़ों के लिये ही नहीं गरमियों के लिये भी ओवरकोट की जरूरत होती है, क्योंकि माघ-पूस का महीना तो वहां बराबर बना रहता है, हां, गरमियों का ओवरकोट पतला होता है। मैंने कहा था कि अपनी परिचिता सीनेवाली को दे दो, लेकिन वहां तो पेरिस के फैशन का ख्याल था। अन्त में वही करना पड़ा, खुद रातभर जागी और बेचारी जीना कन्स्तन्तिनोवा को भी जगाकर कोट सिलवाया। हमें साढ़े आठ बजे की बस (२ जुलाई) को पकड़नी थी, जो सीधे तिरयोकी पहुंचाती,

लेकिन इतनी जल्दी तैयारी कहां हो सकती थी ? बस का ख्याल छोड़ना पड़ा और हम लोग फिन्लैंड स्टेशन पर पहुंचे। मास्को और लेनिनग्राद में गन्तव्य स्थान की ट्रेनों के ठहरने के स्थान को उस नाम से पुकारते हैं। फिन्लैंड स्टेशन से पुराने जमाने में फिन्लैंड को रेल जाती थी। आजकल फिन्लैंड रूस से अलग है, शायद ही कोई सीधी ट्रेन लेनिनग्राद से फिन्लैंड जाती हो, लेकिन उसकी सीमा तक तो वह अवश्य जाती है। ग्रीष्मावकाश के दिन थे। विश्रामोपवनों में भारी संख्या में लोग जा रहे थे। बसें भी दौड़ रही थीं, और स्टेशन पर भी मेला लगा हुआ था, लेकिन टिकट कई जगह बिक रहे थे, इसलिये मिलने में ज्यादा दिक्कत नहीं हुई। हम अपनी गाड़ी में चढ़ गये। यह दूर जानेवाली गाड़ी नहीं थी, इसलिये सारी सीट के रिजर्व करने का सवाल नहीं था। गाड़ी का डब्बा बिना गद्दे का था। गाड़ी में बैठने के बाद कुछ समय तक इंतिजार करना पड़ा, फिर १ बजे वह रवाना हुई। हमारी यात्रा दो घंटे की थी।

★ ★ ★

१४–तिरयोकी में

युद्ध से पहिले तिरयोकी फिन्लैंडकी भूमि में था। १९४० में फिन्लैंड की सीमा लेनिनग्राद से १४-१५ मील पर थी, जिसे हमारी ट्रेन आधा घंटे में ही पार हो गई। लेनिनग्राद शहर से इतनी नजदीक एक अमित्र सरकार की भूमि रहने से खतरा था, इसीलिए रूस ने चाहा था, कि भूमि के बदले ड्योढ़ी भूमि लेकर फिन्लैंड अपनी सीमा को कुछ दूर हटा ले, लेकिन फिन्लैंड ने इसे स्वीकार नहीं किया। जर्मनों का खतरा सामने देखते हुए, रूसियों को हथियार उठाना पड़ा। तिरयोकी और आगे विपुरी तक युद्ध की ध्वंसलीला के चिन्ह अब भी बहुत दिखायीं पड़ रहे थे। स्टेशनों और बस्तियों की इमारतें ध्वस्त थीं। उस समय की भीषण गोलाबारी में प्रकृति को भी बहुत हानि उठानी पड़ी थी, लेकिन उसने अपने सौंदर्य को फिर से स्थापित करने में बड़ी शीघ्रता से काम लिया। लेनिनग्राद के शहर से निकलते ही पहिले कुछ खेत और बस्तियां आयीं। फिन्लैंड की पुरानी सीमा में घुसते ही वह दृश्य सामने आया, जिसके लिये फिन्लैंड विख्यात है। चारों ओर देवदार और भुर्ज के हरे जंगल थे, घास की हरियाली भी फैली हुई थी, नाना प्रकार के सुन्दर फूल खिले हुए थे। जहां-तहां जल और छोटी छोटी

नदियां दिखाई पड़ती थीं। यह सौंदर्य लेनिनग्राद के बाहर से शुरू हुआ, और आगे बढ़ते हुये अपनी चरम अवस्था को पहुंचा। रेल का किराया २ रूबल २० कोपेक था, बच्चों का किराया केवल ५५ कोपेक। प्रकृति के सौंदर्य को देखते हुए हम अंत में तिरयोकी स्टेशन पर पहुंचे। वहां पर युनिवर्सिटी की बस आयी हुई थी—बस क्या खुली लारी थी, जिसपर बेंचें लगा दी गई थीं। अभी लड़ाई का प्रभाव था, लेकिन हमारे लौटते समय कुछ नई बसें भी काम में आने लगीं थीं। थी तो युनिवर्सिटी की बस, लेकिन किराया तो देना ही था। ५-५ रूबल देकर हम आध घंटे में स्टेशन से अपने विश्रामोपवन में पहुंचे, जो वहां से सात आठ किलोमीतर था। यह महावन आदिकाल से कभी उच्छिन्न नहीं हुआ था। स्टेशन के पास बाजार था, उसके बाद बस्तियों का अभावसा, और ऊंची नीची पहाड़ी जैसी धरती पर घने जंगलों के बीच से सड़क चली गई थी। समुद्र के किनारे के घने देवदार-वनों को मीलों तक भिन्न-भिन्न संस्थाओं ने आपस में बाँटकर वहां अपने विश्रामोपवन स्थापित किये थे। युनिवर्सिटी ने भी दस हजार एकड़ के करीब जंगल घेरा था। हमारे पास ही इंतूरिस्त ने भी अपना विश्रामोपवन कायम किया था और लड़कों-लड़कियों (प्योनीर, प्योनिर्काओं) के तो कई दर्जन सेनीटोरियम यहां मौजूद थे। लेनिनग्राद या विपुरी की तरफ मीलों चले जाइये, जंगल के बीच में उसी तरह के कितने ही विश्रामोपवन मौजूद थे।

युनिवर्सिटी का विश्रामोपवन वस्तुतः प्राकृतिक जंगल था। प्रकृति की शोभा को बिगाड़ने की कमसे कम कोशिश की गई थी। इसी वन में जहां-तहां कुछ छोटी-बड़ी इमारतें थीं, जिनमें अधिकांश काष्ठ की थीं, और सोवियतकाल से पहिले की अर्थात् फिन् लोगों की बनाई हुई थीं। तिरयोकी ज़ारशाही काल में भी अपने प्राकृतिक सौंदर्य के लिये प्रसिद्ध थी, इसलिये धनी लोगों ने यहां अपने लिये बंगले बनवा रखे थे। विश्वविद्यालय के उपवन की इमारतें भी अधिकतर उसी समय की बनी हुई थीं। नई इमारतों के बनाने की योजना तो बन चुकी थी, लेकिन अभी नगर में काम अधिक होने के कारण यहां काम बहुत

क्रम शुरू किया गया था। हम पहिले प्रबन्ध-कार्यालय में गये। पता लगा: लोला बिना अनुमतिपत्र के ही ईगर को अपने साथ लायी थी। दीना गोल्दमान ने अपने लड़के का प्रबन्ध बालोद्यान में कर दिया था। बालोद्यानवाले ऐसे समयों में अहोरात्र के लिये लड़कों को ले लेते हैं, लेकिन लोला बेचारी अपने बच्चे को आंखों से दूर रखने के लिये तैयार नहीं थी, इसलिये अनुमति मिले या न मिले वह अपने साथ उसे लेती आयी थी। मैंने मनमें कहा—कांगरू माता की जिम्मेवारियां वही जानती है। मुझे यह जानकर कुछ बुरा तो लगा, लेकिन चारा क्या था। प्रबन्धकों ने साथ रहने के लिये इजाजत दे दी, लेकिन कहा कि खाने का प्रबन्ध स्वयं करना पड़ेगा। लोला से यह भी नहीं हो सका था, कि शहर से चलते वक्त कुछ खाने की चीजें और रोटी लाये होती। नाम लिखा गया, फिर उपवन के छोटे से चिकित्सालय में डाक्टर ने भी परीक्षा करके वजन आदि के साथ कितनी ही बातें अपने रजिस्टर में लिखीं।

हमें तो यहां गंगोत्री की जाड़गंगा के किनारे का वह रम्य देवदार वन याद आरहा था, जिसे तीन वर्ष पहिले हमने देखा था। उसी तरह देवदार की घनी छाया थी, उसी तरह देवदार की भीनी भीनी सुगंध आ रही थी, यद्यपि यहां १० हजार फुट ऊंचा पहाड़ नहीं था, बल्कि हम फिन्लैंड खाड़ी के समुद्र के तटपर थे। वृक्षों में यहां देवदार-जातीय केलू अधिक थे। भुर्ज भी नजदीक में नहीं थे। आफिस के कामों से छुट्टी पाते तक हमारा सामान, हमारे कमरे में पहुंचा दिया गया। कमरा कहना उस शब्द का अपमान करना होगा। वस्तुतः वह बड़ी बड़ी दियासलाई के दो मंजिला डब्बों जैसा लकड़ी का दरबा था। संभलकर न चलने पर सिर में टक्कर लगने का भी डर था। उद्यान में कुछ इमारतें अच्छी भी थीं। उनके कमरे बड़े बड़े थे, लेकिन वह एक एक आदमी को नहीं दिये जा सकते थे। उनमें से कुछ भोजनशाला के रूप में परिणत किये गये थे, और कितनों में एक-एक दर्जन चारपाइयां रखकर अधिक आदमियों के विश्राम का इंतिजाम किया गया था। हमें अलग कोठरी लेनी थी, सो कोठरी मिली। वह ५ हाथ लम्बी और ५ हाथ चौड़ी थी, जिसमें दो पतली पतली

लोहे की खाटें पड़ी हुई थीं, सिरहाने एक छोटी सी मेज और एक कुर्सी रख दी गई थी। इतनी छोटी होने पर भी जाड़े में गरम करने का इंतिजाम था। तिरयोकी में जाड़ों में भी लोग आया जाया करते हैं। हमारे छात्र-छात्राओं में से भी कुछ यहाँ दिसम्बर में चन्द दिनों के लिये आये थे। देवदार की लकड़ियों का मकान तो बुरा नहीं होता और यदि बारनिश न हो, तो एक तरह की उससे सुगन्ध आती। हमें ऊपरी मंजिल पर कोठरी मिली थी। कोठरी की दो पतली चारपाइयां तीन प्राणियों के लिये थीं। कोठरियों का द्वार एक पतले से बरान्डे की ओर खुलता था, जिसके एक सिरे पर नीचे उतरने की सीढ़ी थी। कोठरी में जंगला काफी बड़ा था, इसलिये हवा की कमी नहीं थी। कुछ वृक्षों के बीच से एक ओर समुद्र लहरें मार रहा था। यहां के समुद्र का जल उतना खारा नहीं था।

भोजन तीन बार मिलता था। आठ से दस बजे तक प्रातराश का समय था। भोजनशाला में सभी एक साथ नहीं बैठ सकते थे, इसलिये कई टोलियों में होकर लोग अपनी निश्चित मेजपर बैठ जाते थे। मध्यान्होत्तर एक से तीन बजे तक मध्यान्ह-भोजन और सात से नौ बजे तक रात्रि भोजन। भोजन सुस्वादु नहीं था, इसकी सभी शिकायत कर रहे थे। लड़ाई के समय जो अभाव और अव्यवस्था हुई, वह अभी तक ठीक नहीं हो सकी थी। पाचिकायें कहती थीं: हमें उतनी और वैसी सामग्री नहीं मिल रही है। कुछ महिलायें कह रहीं थीं: यह स्वयं खा जाती हैं।

मनोरंजन का प्रबन्ध अच्छा था। समुद्र में तैरना और बालूपर धूप लेना, देवदार के जंगलों में मीलों घूमना तो था हीं, इनके अतिरिक्त यहां क्लबघर की शाला में सौ कुर्सियां पड़ सकती थीं। वहां छात्र-छात्रायें, अध्यापक-अध्यापिकायें दिन में जाकर अखबार और पुस्तकें पढ़ सकते थे, शतरंज खेल सकते थे। शाला शाम के बाद नृत्य और गीत के अखाड़े के रूप में परिणत हो जाती थी। हमारे पासपड़ौस में कितनी ही दूसरी संस्थाओं के भी उपवन थे। भारत में यदि पुरी के समुद्र और गंगोत्तरी की भैरवघाटी को इकट्ठा कर दिया जाय,

तो यह प्राकृतिक सुषमा मिल सकती है।

दिन में थोड़ा ही सोये, रातको तो खूब सोना ही था, लेकिन रात थी कहां? यहां १० बजे शाम तक तो सूर्य की पीली पीली किरणें देवदार के शिखरों पर झलकती रहीं, फिर बेचारी गोधूलि आयी, सूर्यास्त हुआ; लेकिन उसके बाद ही उषा आ पहुंची।

३ जुलाई को तिरयोकी आकर अब हम प्रकृतिस्थ हो गये थे। दो व्यक्तियों के भोजन का प्रबन्ध था, उसी पर तीनों का गुजारा करना मुश्किल था, इसलिये एक के भोजन का अन्वेषण करना जरूरी था। किसी ने आशा दिलायी, कि शायद राशन की काली रोटी मिल जाय। काली रोटी कहने से पाठकों को एक प्रकार की दुस्वादु रोटी याद आयेगी। हां, ऐसी भी रोटी है, लेकिन रूस में एक और भी कोयले जैसी काली रोटी होती है, जिसको एकबार खालें तो मुंह से छूटेगी नहीं, वह इतनी सुस्वादु होती है। खैर, रोटी की चिन्ता तो थी ही और वह हमारी अपनी गलती से, क्योंकि अतिरिक्त राशनकार्ड में हमें बहुत रोटी-मक्खन, मांस-मछली तथा दूसरी चीजें मिलती थीं, जिन्हें हम लेनिनग्राद से साथ ला सकते थे। यदि विश्वविद्यालय की लोरी में आते, तो यहां उपवन के फाटक के भीतर तक वह पहुंचा देती। लेकिन अब तो फिर वहां से जाकर लाना था।

हमारे आगे पश्चिम की ओर समुद्र था। जिसके आगे कुछ कगार-सा था जिसके बाद यह देवदारों का जंगल कुछ समतल भूमिपर था। फलबवर करीब-करीब समुद्र तटपर था। बालू उसके बिलकुल पास तक चली आयी थी। इसके बाद हजारों वर्ष के प्राकृतिक परिवर्तन से एक के बाद एक छोटी छोटी पहाड़ियों की समतल सीढ़ियाँ सी बन गई थीं, जिनके ऊपर देवदार के जंगल खड़े थे। हमारे फाटक के बाहर ही लेनिनग्राद जानेवाली सड़क थी। युनिवर्सिटी का उपवन सड़क की दोनों तरफ था। सड़क पर चलना मुश्किल था, क्योंकि अभी सड़क पक्की करके कोलतार नहीं किया गया था, जिसके कारण लोरियां धूल उड़ाती चलतीं थीं। इसीलिये सड़क के किनारे से टहलना और धूल फांकने

का प्रयत्न करना एक ही था। टहलने को समुद्र के तटपर भी चल सकते थे, किन्तु वहां रास्ते में ढले और पत्थर बहुत थे, भूमि भी ऊबड़-खाबड़ थी, इसलिये चलना सुखद नहीं था। हां, सड़क के ऊपर की कम चलती एक दूसरी सड़क टहलने के लिये बहुत अच्छी थी। वन में मलीना और जैम्ल्यान्का (स्ट्रा-बरी) के फूल फूल चुके थे, और जाने से पहिले यह खट-मीठे फल मिलनेवाले थे। खुम और गुच्छियों की फसल अगस्त में आनेवाली थी, जबकि हम यहां से चले गये रहेंगे।

हमारे वासे से समुद्र की ओर देखनेपर उसके भीतर गंधर्व नगर की तरह दूर कोन्स्तात् का मशहूर सामुद्रिक अड्डा था। जर्मन चारों ओर से प्रहार करते हार गये, लेकिन वह अजेय कोन्स्तात्को नहीं ले सके। खाड़ी बहुत उथली थी, बहुत दूर चले जानेपर भी पानी कमर-कमर तक ही मिलता था, जिससे तैरनेवालों को बहुत आगे जाना पड़ता। नीचे बालू अगर होती तो चलने में अच्छा रहता, किन्तु पानी में पत्थरों के ढले ऊबड़-खाबड़ बिछे हुए थे। हमारा काम था दिन में एक या दो मर्तबे समुद्र-स्नान करना, कभी क्लब की छोटी लाइब्रेरी में जाकर अखबार पढ़ना या दूसरों को नाचते-गाते मनोविनोद करते देखना। हमने यह बहुत जानने की कोशिश की, कि फिन लोगों ने इन इमारतों को किस अभिप्राय से बनाया था, लेकिन फिन्लैंड की लड़ाई के समय ही यहां के जितने फिन—नौकर-चाकर या आसपास की बस्तियों के किसान—थे, सभी अपने संकुचित होते हुए देश की ओर भाग गये। सौभाग्य से एक नौकरानी–जो बारहों महीना यहीं रहती थी, और हमारी कोठरी के नीचे रहती थी–उस युग को भी देख चुकी थी। उससे पता लगा, कि पहिले यहां फिन लोगों का एक होटल और रेस्तोरां था। जिन दियासलाई के दरबों में हम लोग रह रहे थे, उनमें अतिथियों के लिये वेश्यायें रखी जाती थीं। मेहमान अलग-अलग बंगलों में रहते थे, मैनरहाइम-राज्य में इस उपवन की यह स्थिति थी। यह भी प्रश्न होता था, कि यहां के मकान युद्ध में क्यों नहीं ध्वस्त हुये? शायद यहां जमकर लड़ाई नहीं हुई, लेकिन आसपास घूमनेपर मालूम हुआ, कि ऐसी

बात नहीं थी। अब भी कितनी ही जगहों पर नोटिसें लगी हुई थीं—"माइनों से खबरदार"—अर्थात शत्रु को उड़ा देने के लिये धरती के नीचे बिछाई बारूद भरी माइनों को निकालने का पूरा प्रयत्न किया गया था, तो भी कहीं कहीं उनके होने की संभावना थी। भूतपूर्व चकलेवाले होटल की कायापलट देखते हुए मेरे मनमें तरह तरह की कल्पनायें आतीं थीं। कुछ ही वर्षों बाद जब यहां के मकानों की योजना कार्यरूप में परिणत हो जायेगी और भोजन की व्यवस्था भी ठीक हो जायगी, तो यह स्थान कितना सुन्दर और सुखद होगा।

४ जुलाई को समुद्र स्नान करने गये। पानी खारा नहीं था। वस्तुतः यह समुद्र भी तो नहीं था, समुद्र की एक मूँछ निकली हुई थी, जिसमें बहुत से नदी नाले मीठा पानी ला-लाकर डाल रहे थे। बहुत भीतर तक घुसे, किन्तु पानी पहिले घुटनों तक फिर जांघ तक आया। तैरने का आनन्द कहां था? यदि बहुत भीतर तक दीवार खड़ी करदी जाय, तो बहुत सी सूखी धरती समुद्र के उदर से निकाली जा सकती है, किन्तु इस देश में धरती की कमी थोड़े ही है, यहां अगर कमी है तो लोगों की। शाम को २ घंटे टहलने के लिये "पहाड़ी" में गये। यह स्थान और भी रमणीय था। देवदार और केलू के वृक्ष ही ज्यादा थे, जो बतला रहे थे, कि जाड़ों में आनेपर खाड़ी और भूमि सभी श्वेतहिम से ढकी होनेपर भी देवदार इसी तरह हरे भरे रहेंगे, अर्थात् उस वक्त लेनिनग्राद की तरह यहां हरियाली के लिये तरसने की जरूरत नहीं रहेगी। मकान की कमी अवश्य थी, स्थान जनाकीर्णसा मालूम होता था, पाखाना गंदा था, फ्लश का इंतिजाम नहीं था। इस समय सारी तिरयोकी के लिये सीवरेज के पाइप बैठाये जा रहे थे। अभी तो पाखाना जरूर बुरा लगता था। साफ करने का अच्छा इंतिजाम नहीं था। लकड़ियों को खड़ा करके जैसे तैसे पखाना खड़ा कर दिया गया था। तख्ते के ऊपर बैठकर पाखाना जाने को मन नहीं करता था। यद्यपि कुछ दवाइयां डाली जातीं थीं, लेकिन बदबू नहीं हटती थी। हमारी कोठरी के ठीक सामने और नजदीक होने के कारण हमें तो कभी कभी बदबू अपनी कोठरी तक में मालूम होती थी, इसके लिये हमें बरान्डे की

खिड़की और अपने दरवाजे को बन्द रखना पड़ता था। खैरियत यही थी, कि हम उस देश में नहीं थे, जहांपर लोग लोटे में पानी भरकर पाखाने जाते हैं, नहीं तो न जाने गंदगी कहां तक पहुंचती। उपवन में बिजली की बत्तियां भी एकाध ही जगह पर थीं। पीने के पानी की भी दिक्कत थी, लेकिन पहाड़ीपर उसके लिये नलके भी बिछाये जा रहे थे। पानी और पाखाने की दिक्कत अगले साल तक खतम हो जायगी, यह रंग ढंग से मालूम हो रहा था।

पहाड़ी से मतलब हमारा है ऊपर की ओर कुछ ऊंचाई पर दूर तक चली गई समतल भूमि और उसे ढांके हुए देवदार-वन। पहाड़ी पर जहां तहां छोटी छोटी कुटियां थी, जिनके पास साग सब्जी के खेत थे। पहिले इन कुटियों में फिन किसान रहते होंगे, अब उनमें रूसी भूतपूर्व सैनिक परिवार आ बसे थे। लेकिन वह अभी थोड़े ही खेतों को आबाद कर सके थे। इस अक्षांश में अच्छे सेवों के होने की संभावना नहीं है, लेकिन साग-सब्जी और आलू तो प्रचुर परिमाणों में पैदा हो सकता है। पहाड़ी पर घूमते समय मुझे याद आरहा था सिक्किम में तिब्बत जानेवाले रास्ते पर १० हजार फुट की ऊंचाई पर बसा लाछेन गांव, जहाँ फिन-जातीय मिशनरी बुढ़िया डेरा लगाये हुए है। यदि मुझे यहां हिमालय याद आता था, तो उसे फिनलैंड की देवदारु वनाच्छादित भूमि याद आती होगी।

तिरयोकी में मेरी दिनचर्या थी—सबेरे साढ़े आठ बजे उठना, हजामत कर मुंह-हाथ धोना। लोला को अपने प्रसाधन और ईगर को खिलाने में काफी समय देना पड़ता था। प्रातराश का समय ८ से १० बजे तक था, मगर १० बजे से पूर्व हमारा वहां पहुंचना मुश्किल था। हम आखिरी बेंच में भोजनशाला में जाते। तीन-चार बड़े बड़े कमरे भोजनशाला का काम दे रहे थे, जिनमें से एक एक में आठ-आठ नौ-नौ मेजें, और हरेक मेज पर चार-चार आदमियों के बैठने के स्थान थे। प्रातराश में मिलते टोस्ट, मक्खन और चाय या काफी। चाय काफी में इतनी चीनी डाली जाती थी, जिसमें नाम होजाय, लेकिन वह मीठी न होने पाये। भोजन सुस्वादु बनाने के लिये लोग अपने साथ खाई चीजें लाते थे।

१ बजे तक का समय लिखने-पढ़ने या पास की देवदारुवनि अथवा समुद्र की बालुका पर बिताते थे। फिर मध्यान्ह भोजन के लिये जाते। घास-पात का सूप, कुछ रोटी, शोकलात (चॉकलात, चोकलेट) और कोई कम मीठी दूसरी चीज। एक तश्तरी मांस सहित होती थी। जहां तक मात्रा का सवाल था, वह पर्याप्त थी, लेकिन गुण के लिये अपनी सामग्री को इस्तेमाल करना पड़ता था; दुःस्वादु भोजन तैयार करने में यहां की सूपकारिणियां पारितोषिक पाने की अधिकारिणी थीं, इसमें कोई संदेह नहीं। भोजनोपरान्त फिर समुद्र की ओर जाते, जहां कुछ देर तक नहाना होता, फिर आकर लिखने-पढ़ने में लग जाते। ७ से ६ बजे तक ब्यारू का समय था, लेकिन सूर्यदेव का दर्शन १० बजे तक होता रहता था—यह जुलाई का प्रथम सप्ताह था। कहने की अवश्यकता नहीं कि आजकल सर्वश्वेता रात्रि थी, इसलिये निद्रा के आवाहन के लिये अंधेरे का सहारा प्राप्य नहीं था। हम ब्यारू से साढ़े आठ बजे के करीब निवृत होते, फिर टहलने के लिये "पहाड़ी" पर जाते। समुद्र-तट पर सेड़े दुःखदायक थे, और राजपथ पर लगातार आती जाती मोटरें धूल उड़ाती थीं।

६ जुलाई— समुद्र आज भी कल की तरह शान्त था। हमारी फेकल्टी के डीन प्रोफेसर स्ताइन से भारत के संबन्ध में कितनी ही देर तक बातचीत होती रही। भारत में अंग्रेज नई नीति स्वीकार करने जा रहे हैं, जिसमें शासन और-शोषण में वहां के मध्यवर्ग को शामिल करना चाहते हैं। लेकिन कितने ही और अध्यापकों की तरह इस बातपर उनका भी विश्वास नहीं था, इसलिये अभी वह भारत को विश्वराजनीति में कोई महत्व नहीं देना चाहते थे।

स्टेशन के लिये सवारियां कभी कभी मिलतीं, इसलिये लेनिनग्राद जानेवालों को पांच-छ मील का रास्ता पैदल काटना पड़ता। वैसे लेनिनग्राद के लिये भी कभी कभी बसें या लारियां मिल जाती थीं। माल ढोनेवाली लारियां तो लगातार चलती रहती थीं, किन्तु उनमें बैठने की जगह ड्राइवर के परिचय बिना मुश्किल से मिलती थी। आज लोला को रसद लाने के लिये लेनिनग्राद जाना था। पैदल गई, हम भी कुछ दूर तक धूल फांकते हुए पहुंचाने गये।

मध्यान्ह–भोजन के समय आज मलाई-बरफ का ठेला भोजनशाला के बाहर खड़ा हो गया था। सौ-डेढ़-सौ मेहमान जहां खरीदने को तैयार हों, वहाँ क्यू की पांती क्यों न लग जाती? हमने भी ४. ८० रूबल में ईगर के लिये बिस्कुट-मलाई ली। रुपये का हिसाब करने पर यह तीन रुपया होता, लेकिन विनिमय के इस हिसाब को हमें ख्याल में नहीं लाना था। चीजों के सस्तेपन का प्रमाण हम इस बात को मानते थे, कि उनके ऊपर खरीदार कितने टूट रहे हैं। बात की बात में ठेला खाली हो गया। ठेले का आना अच्छा सगुन था। राशन से भिन्न और भोजनशाला से अलग भी स्वादिष्ट खाद्य वस्तुएं तो खरीदी जा सकती थीं।

रेडियो से दूर होने के कारण मैं जैसे तिब्बत में आ गया था। दो-एक-दिन बाद लेनिनग्राद की "प्राव्दा" आ जाती थी। तिरयोकी से भी हमारे साप्ताहिकों के आकार के दो पृष्ठों का तिरयोकी पार्टी का पत्र निकलता था, लेकिन उसमें केवल स्थानीय कलखोजों (पंचायती खेतीवाले गांवों) की बातें ही भरी रहती थीं, और विदेशी क्या स्वदेशी समाचार भी नहीं आते थे। हां, खेतों में कैसी फसल है, क्या काम हो रहा है, कारखानों की क्या हालत है, पुनर्निमाण के बारे में क्या हो रहा है, तथा स्थानीय पार्टी क्या कर रही है—यही सब बातें उसमें रहती थीं। ऐसे दो पृष्ठवाले अखबार सोवियत रूस में देहातों में आमतौर से निकला करते हैं, और स्वावलम्बी हैं, इसके कहने की अवश्यकता नहीं। आज रातको अमेरिकन फिल्म "चोचका चार्लि" दिखलाया गया। रूस के गांवों में भी चलते-फिरते फिल्म बराबर दिखलाये जाते हैं, कोई हफ्ता नहीं जाता कि गांव में सिनेमा की लारी न आती हो। लारियों में बिजली का भी प्रबन्ध रहता है, इसलिये अगर गांव बिजलीवाला न भी हो, तबभी फिल्म दिखलाने में कोई दिक्कत नहीं होती। हमारे यहां बाकायदा सिनेमावाली लारी नहीं आयी थी। खबर सुनते ही लोग अपनी कुर्सियों पर आ डटे थे। ईगर को भी भनक लग गई थी, लेकिन मैंने किसी तरह समझा-बुझाकर उसे सुला दिया, ११ बजे गोधूलि थी, जब कि फिल्म आरंभ हुआ।

७ जुलाई रविवार का दिन था। कल रात को थोड़ी वर्षा हो गई थी, जिससे वन की शोभा निखर आयी थी। सागर उच्छलित था। तिरयोकी का यह उपवन लेनिनग्राद से ५४ किलोमीतर दूर था। उपवन में डाक्टर और कम्पौण्डर सहित चिकित्सालय था। क्लब के साथ छोटा पुस्तकालय था, जिसकी शाला में नाट्य, नृत्य और गीत हो जाया करते थे। रसोईशाला अलग थी। अभी तो किसी तरह ही गुजारा करना पड़ रहा था, क्योंकि पांच हाथ लम्बी पांच हाथ चौड़ी कोठरियों में दो-दो आदमी भरे हुए थे, लेकिन लोग आशा कर रहे थे उन दिनों की, जबकि उपवन की योजना कार्यरूप में परिणत हो जायेगी, फिर प्रत्येक विश्रामेच्छुक को एक एक कमरा मिल जायेगा। आज एक छोटा सा नाटक और उजबेक नृत्य हुआ, जिसके करनेवाले हमारे छात्र थे। बचपन से ही नाट्य-नृत्य संगीत का अभ्यास होने के कारण छात्रों को अपना पार्ट अदा करते जरा भी हिचकिचाहट नहीं होती थी, इसलिये इस मनोरंजन को निम्न कोटि का नहीं कह सकते थे। अगले दिन भी बूंदाबांदी रही, रात को तो काफी वर्षा हुई। हरीतिमा और मोहक हो गई। सागर भी उच्छ्वास ले रहा था। उपवन में वोली-बाल, और टेनिस खेलने के क्षेत्र थे। हम कभी कभी देखने के लिये चले जाते थे। खेलनेवालों में लड़कों की संख्या कम और लड़कियों की अधिक थी। वोलीबाल के कई क्रीडा-क्षेत्र थे। पास ही लक्ष्य गाडकर एक बन्दूक रखी रहती थी। लोग वहाँ निशाने का अभ्यास करते थे। एक रूबल में १० "गोलियां" मिल जाती थीं— वस्तुतः यह गोलियां नहीं बल्कि छोटासा वाण होता था। लोगों को लक्ष्यवेध की कोशिश करते देख मैंने भी दो एक रूबल खर्च किये, लेकिन लक्ष्यवेध कभी नहीं कर सका। यह अभ्यास केवल मनोरंजन के लिये नहीं था, क्योंकि अभ्यास करनेवालों को समय पड़ने पर बन्दूक लेकर रण-क्षेत्र में उतरना होगा। वैसे यह मनोरंजन के सिवाय उतनी आवश्यक चीज नहीं थी, क्योंकि सोवियत के हरेक नागरिक के लिये बरस-दो-बरस की सैनिक शिक्षा अनिवार्य है, तथा स्कूलों से ही लड़के लड़कियों को कवायद-परेड सिखाई जाने लगती है।

ईगरको अपने दोस्त मिल गये थे, समवयस्क नहीं बल्कि युनिवर्सिटी की छात्रायें और प्रौढ़ायें, जिनसे वह कहानी सुनता गाने याद करता। इन "दोस्तों" का कहना था। यह लड़का गायक और अभिनेता होगा। गायक होने में संदेह है, लेकिन अभिनेता शायद अच्छा-बुरा हो जाय, यह मैं भी मानता था। उसके स्कूल का प्रथम वर्ष मां के दुराग्रह के कारण बरबाद हो रहा था, लेकिन नये दोस्तों के संपर्क में आने के कारण उसको अंक लिखने का शौक हो गया था और कुछ ही दिनों में १०० से ऊपर पहुंच गया। अक्षर और नाम लिखने को उसका मन नहीं करता था। वह केवल अपने मन का काम करना पसन्द करता था। उस दिन लोला को लेनिनग्राद से लौटना था। १०–११ बजे रात तक प्रतीक्षा करके निराश हो गये थे, जबकि १२ बजे रातको वर्षा में भीगती खाद्य-सामग्री से लदी-फदी चार पांच किलोमीतर की पैदल यात्रा करके लोला रानी पहुंचीं। समय की पाबन्द होती, तो इतनी देर करने की आवश्यकता नहीं थी, लेकिन १२ बजे रात्रिका मतलब अंधेरा नहीं था।

टहलने के लिये एक-दो मील जाकर लौट आते थे। ६ जुलाई को हमने कदम कुछ आगे बढ़ाया। ६ बजे निकले। अंधेरे का डर नहीं था, इसलिये सारी रात घूम सकते थे। सड़क से तीन किलोमीतर से ऊपर समुद्र के पासकी सड़कसे गये। किलोमा स्टेशन मिला। पानी बरस जाने से गर्द नहीं उड़ रही थी, इसलिये हमने सड़क पर टहलने की हिम्मत की थी। लारियों और मोटरों की दौड़ बराबर जारी थी। एक जगह आमने-सामने से आने वाली दो लारियां लड़ गई थीं, जिससे एक ड्राइवर और उसकी सहायिका घायल हो गई थी। पुलिस बयान ले रही थी। आगे बाईं ओर से पहाड़ी की ओर मुड़े। "पहाड़ी" के द्वार पर मचान बंधा था, जिसपर से लड़ाई के समय छिपे हुए बन्दूकची शत्रुओं पर निशाना लगाते रहे होंगे। जहां तहां खाइयां अब भी वैसी ही पड़ी थीं। पहाड़ी चौरस मैदान जैसी थी। वहां बहुत सारे मकान खड़े थे। पहिले मकान का हाता बहुत विशाल था, उसके कोने पर छतरी सी थी, जहां बैठकर फिन-देवियां समुद्र की लहरें गिना करती थीं। आज यह लेनिनग्राद के

लोगों की विश्राम भूमि है, तो युद्ध से पहिले फिन सामन्तों और धनिकोंने भी इसका उपयोग किया था। स्टेशन तक आकर लौटे। एक विशाल प्रासाद के चारों तरफ लकड़ी और पत्थर की ऊंची चहारदीवारी खड़ी थी। पहिले यहां मैनरहाइम के भाई-बन्दों का विलासभवन रहा होगा, किन्तु आजकल पूर्नीरों (बालचरों) का केन्द्र था। आज कागज की एक योजना को धरती पर उतरते देखा: मीलों तक भिन्न-भिन्न संस्थाओं के विश्रान्ति-निवास बन रहे थे। आदमी भी काम कर रहे थे और मशीनें भी। तिरयोकी, किलोमा जैसे नाम अब फिनों के अवशेष रह गये हैं। लेनिनग्राद भी पहिले फिनों का ही था। उसकी नदी नेवा का नाम फिनिश है। इस तरफ अब लेनिनग्राद से विपुरी के रास्ते में दूर तक की भूमि विश्रान्ति-उपवनों के लिये ही रख छोड़ी गई है। १२ बजे टहल कर लौटे तो केवल वृक्षों के नीचे जरा-जरा अंधेरा मालूम होता था।

मैनरहाइम दुर्गपंक्ति—फिनलैंड देवदार की वनाली, ऊंची-नीची पहाड़ी जैसी भूमि और अपनी हजारों छोटी बड़ी झीलों के लिये विख्यात है। १० जुलाई को ११ बजे लारी करके हम मैनरहाइम दुर्गपंक्ति देखने गये। अखबारों में लड़ाई के समय मैनरहाइम पंक्ति को जर्मनी "सिग्फ्रिद" और फ्रान्स के "मगिनो पंक्ति" का छोटा भाई कहा जाता था, इसलिये जब उसे देखने का प्रस्ताव साथियों ने किया, तो मैंने बड़ी उत्सुकता से उनका साथ दिया। लेनिन-ग्राद से ६४ वें किलोमीतर पर पहाड़ समुद्र से बहुत नजदीक आगया है। यहीं से यह दुर्गपंक्ति शुरू होती है, और पूरब में लादोगा महासरोवर तक चली जाती है। टैंकों और दूसरे युद्धवाहनों को रोकने के लिये तीन तीन हनकी बगैर छिली चट्टानें चौड़ाई में ३-३, ४-४ रखी हुई थीं। इन चट्टानों को तोड़े बिना कोई युद्धवाहन आगे नहीं बढ़ सकता था। नीचे कहीं कहीं, भूगर्भी तोपस्थान थे, जिनके ऊपर बहुत मोटी सीमेन्ट की तह थी। एक जगह तो इस मैली पहाड़ी में इतना मजबूत दुर्ग बना था, कि उसको उड़ानेपर वहां गहरी खड्ड बन गई, तब जाकर पर्वत-समुद्र द्वार को पार करने में सोवियत टैंक समर्थ हुए। यहां से हम दुर्ग-पंक्ति के साथ साथ पहाड़पर चढ़े। पहाड़ चढ़ने का

मतलब कोई हिमालय या विन्ध्याचल जैसा पहाड़ चढ़ना नहीं था। हैं तो यह भीतर पत्थर के ही पहाड़, किन्तु ऊपर की मिट्टी इतनी धुल नहीं पाई कि वह पहाड़ का रूप लेते। हां, समुद्र की तरफ से जाने पर थोड़ी सी चढ़ाई जरूर चढ़नी पड़ती है। इसी वजह से इन्हें पहाड़ कहने में संकोच होता है। धरती यहां चढ़ाव-उतार चली गई है, जिसके नीचे पत्थर की चट्टानें ढंकी हुई हैं। मेनरहाइम दुर्गपंक्ति इस चढ़ा-उतार पहाड़ी भूमिपर चलती चली गई है। पंक्ति के परले पार एक गांव दिखाई पड़ा। कुछ लकड़ी और एक लाल खपरैल से छाया मकान भी था। गांव में अब रूसी रहते हैं, घरों के बनाने वाले तो, कबके उन्हें छोड़कर चले गये। मलीना और जिम्ल्यांका (स्ट्राबरी) बहुत थीं, लेकिन अभी पकी नहीं थीं। यागदी (एक जंगली मकोय) बहुत थी, जिसका स्वाद करौंदे जैसा मालूम होता था। इस गांव में आलू के खेत ज्यादा थे, लेकिन सिंचाई का प्रबन्ध न होने से दैव भरोसे ही खेती की जा सकती थी। लौटकर लारी से फिर दो फर्लांग आगे ६६ वें किलोमीतर तक गये। यह सड़क विपुरी (वीबुर्ग) जा रही थी। ६६ वें किलोमीतर पर एक टूटा हुआ गिरजाघर मिला, जिसकी दीवार पर अब भी क्रास (सलेब) लगा हुआ था। यहां युद्ध द्वारा ध्वस्त बहुत से घर कंकाल रूप में या जमीन दिमलाये पड़े हुए थे। शायद फिनोंने इस ऊंचे स्थानको दुर्गके तौरपर इस्तेमाल किया, जिसके कारण गिरजा को बरबाद होना पड़ा। कितने ही लोग अपनी बहुज्ञता का परिचय देते कह रहे थे: यह "माइनरगीम" का महल है। फिनों में माइनरहाइम का ही नाम जानते थे, इसलिये हर बड़ी इमारत उनके ख्याल में माइनरहाइम का महल था। इससे जरा नीचे एक छोटी सी पर्याप्त पानीवाली नदिका बह रही थी, जिसका पानी काला था— उसे आसानी से काली नदी कहा जा सकता था। काली नदीने भी उस समय रक्षापंक्ति का काम दिया होगा। यहां कुछ आलू के खेत थे। एक स्त्री केवल स्तनबन्द और घाघरा पहिने अपने आलू के खेतों में काम कर रही थी। कई दृश्यों के फोटो लिये थे, लेकिन हमारे परिचित वृद्ध फोटोग्राफर की असावधानी के कारण वह खराब हो गये। ढाई घंटे की यात्रा के बाद हम लौटे।

ड़क पर उस वक्त बायीं ओर शिशुउद्यान और पूनीरों के निवासस्थान चले ये थे। जहां किसी समय फिनों के गांव, कस्बे और मनोरंजनशालायें रही गीं, वहां अब सोवियत-संस्थायों ने अपना आधिपत्य जमाया था। भोजन-ालायें, रेस्तोरां और स्वास्थ्यशालायें, सभी जगह मौजूद थीं।

११ जुलाई को ११ बजे से फिर हमारी शाला गरम हुई। अभिनेता और गायक विश्वविद्यालय के छात्र और छात्रायें थीं। आखिरी अभिनय था: रूणी प्रेमिका-का पत्र पाकर तरुण छात्र उससे मिलने की सोच रहा है, फिर कहता है: अभी समय बहुत है, थोड़ा और पीलें। फिर पीने बैठ जाता है। एक ोतल समाप्त होती है, फिर वही कहकर दूसरी बोतल उठाता है। इसप्रकार ीन, चार, पांच, छै, बोतलें समाप्त करता है। हरेक बोतल के अनुसार उसकी ेष्टा और चेहरे पर विकार आता जाता था। देखकर लोग लोट-पोट हो रहे े। ईगर तो शराबी की बातें सुनकर इतना जोर से हंसने लगा, कि उसको ुप कराना मुश्किल हो गया। अन्त में छठी बोतल समाप्त कर वह प्रेमिका के ास पहुंचता है। प्रेमिका उसको झिड़कती है। न कोई साज सामान था, न ंगमंच पर सदा पड़े रहने वाले पर्दे के सिवा और कोई पर्दे का प्रबन्ध ा, न अभिनेता छात्र-छात्राओं ने विशेष पोशाक ही इस्तेमाल की थी, लेकिन अभिनय मनोरंजक था।

सरोवर की सैर—१२ जुलाई को प्रोफेसर रताइन, उनकी पत्नी तथा एक दूसरे सपत्नीक प्रोफेसर के साथ हम सरोवर देखने गये। हमारे उपवन से ह तीन-चार किलोमीतर पर अवस्थित था, इसलिये पैदल ही चल पड़े। रास्ते ं लेनिनग्राद से विपुरी जानेवाली रेल सड़क मिली। कुछ आगे बढ़ने पर ेवदारों का घना और सुन्दर जंगल आया। यहां केवल देवदार (योल्का) के ृक्ष थे। एक जगह बायीं ओर जमीन के कुछ ऊंची हो जाने के कारण दृश्य बिलकुल हिमालय जैसा मालूम होता था। घने जंगल में दो किलोमीतर चले ये। फिर केलू (सरल) के वृक्षों की प्रधानता आयी। यहां युद्ध के अवशेष—ाइयां और मूथरे बहुत से मौजूद थे। सरोवर खुकड़ी के आकार का था। जान

पड़ता था, युद्ध से पहिले सैलानियों की यह प्रिय भूमि थी, इसीलिये सरोवर के पास दो कमरों का एक अच्छा खासा बंगला था, जिसको जाड़ों में गरम करने का भी प्रबन्ध था। शायद युद्ध के समय यहां अफसर रहे हों। सरोवर काफी लम्बा था। पानी नमकीन नहीं मीठा था, जिसमें मछलियां बहुत थीं, कुछ नावें भी थीं। पुराने निवासी फिन लोग चले गये थे, और नये निवासियों से युद्ध के पहिले की अवस्था के बारे में जितना जाना जा सकता था, हम उसे अपनी कल्पना से जान सकते थे। रास्ते में कितने ही झोंपड़ों को हमने उजाड़ देखा था। कितने ही खेतों में, जान पड़ता था, १९४० के बाद फसलें नहीं बोई गयी थीं, इसलिये घास उग रही थी। कुछ में गेहूं भी लगे हुये थे, लेकिन आसपास आदमियों का पता तथा जुताई का चिन्ह लुप्त होने के कारण यही कह सकते थे, कि न कटे हुए गेहूं झड़कर यहां स्वयं जंगली गेहूं के रूप में फसल तैयार करने लगे। ऐसे लाखों एकड़ खेत और सैकड़ों हजारों गांव इस भूमि में परित्यक्त पड़े हैं, आबाद करने के लिये आदमी मिलने मुश्किल हैं। सोवियत रूस का क्षेत्रफल ७ भारत के बराबर है, और आबादी भारत से आधी। मुझे कभी कभी ख्याल आता था—यदि हमारे यहां की एक साल की जन-संख्या की वृद्धि यहां भेज दी जाती, तो यह सारी भूमि आबाद हो जाती। लेकिन हमारे मैदानी लोग यहां की सरदी आसानी से बर्दाश्त नहीं कर सकते थे। खैर, भारत के लिये अपनी आबादी को कहीं बाहर भेजकर अपनी समस्या हल करने का द्वार चारों ओर से बन्द है। रूस में नहीं जा सकते, यद्यपि वहां काले गोरे का प्रश्न नहीं है। आस्ट्रेलिया के एक करोड़ गोरों ने एक महाद्वीप को दखल कर लिया है, जिसमें कालों का प्रवेश निषिद्ध है, इसलिये वहां भी नहीं जा सकते। दक्षिणी अफ्रीकावाले हमारे उन बन्धुओं को भी निकाल बाहर करने पर तुले हुए हैं, जिनके श्रम से वह भूमि आदमियों का सुख-निवास बनी।

लेनिनग्राद से ६६ किलोमीतर तक की भूमि को देखने से मालूम हो गया, कि कुछ ही वर्षों में यह सभ्य ग्रीष्मनिवासों की भूमि बन जायगी, लेकिन इस तरह की जो कितनी ही झीलें कितने ही परित्यक्त ग्राम या रमणीक स्थान

है, उनको कब तक बसाया जायगा ? सोवियत में तो हर जगह खाली जमीन पड़ी हुई है। युद्ध में ७०—८० लाख आदमी मारे गये, जिनकी पूर्ति करना भी समयसाध्य है, तो भी इस भूमि के महत्व को यहां के शासक जानते हैं, इसीलिये दूसरी जगहों से लाकर लोगों के बसाने की कोशिश कर रहे हैं। इनमें कितने ही भूतपूर्व सैनिक हैं। सरोवर के तट के काष्ठमाण्डव में नया मछुवा-परिवार आकर बसा था। मछुवाही के अतिरिक्त उन्होंने खरगोश भी पाल रखे थे, कुछ साग-सब्जी भी लगा रखी थी। सामने उस पार एक "दाचा" (ग्रामीण विश्राम-गृह) दिखाई पड़ा, जहां नाव से पहुंचा जा सकता था। अतिहरित देवदारों के बीच में यह काला सरोवर बहुत ही सुन्दर मालूम होता था, लेकिन इस सौंदर्य का आनन्द लेने के लिये यहां कितने ही और घरों और मछुवे परिवारों की अवश्यकता होगी। जंगल में इन लकड़ी के घरों की खिड़कियों में भी शीशे लगे थे। उनके बिना जाड़े में घरको गरम कैसे रखा जा सकता था ? रूस में तो सरदी के मारे सभी दरवाजे और खिड़कियां दुहरे बनाये जाते हैं। आज पकी चोर्नीका (काली) याग्दी (मकोय) यहां बहुत थी। सारे विश्रामविहारी उसे जमा करने में लगे थे। यहां आनेवालों में हमीं सात आदमी नहीं थे, बल्कि भिन्न-भिन्न विश्रामोपवनों के सैकड़ों नर-नारी और बच्चे पहुंचे हुये थे। दो बच्चियों ने मकोय खा-खा कर अपने होठों और दांतों को काला कर लिया था। जहां पाव भर मकोय का दाम दो तीन रूपया हो, वहां जंगल में उन्हें मुफ्त जमा करने और खाने में कितना आनन्द आता होगा, इसके कहने की अवश्यकता नहीं। आस-पास की ग्रामीण स्त्रियां मकोय लेकर हमारे यहां पहुंचा करती थीं, और नाप-नाप कर अपने फलों को बेचा करती थीं।

छात्र-छात्राओं को विश्राम का टिकट १५ दिनों का मिलता था। पन्द्रह तारीख को अब पहिले के आये छात्र-छात्रायें लौट गये, जिससे उपवन में उदासी सी छागई। उनके रहने से कभी संगीत, कभी अभिनय और खेल देखने का मनोरंजन रहता था। उनमें से बहुत से परिचित हो गये थे। परिचित चेहरों के अभाव के कारण मनुष्य का हृदय एकान्त अनुभव करता ही है। लेकिन प्रोफेसर

एक महीने के लिये आये थे, इसलिये हमारे सहकारी परिचित अभी रहनेवाले थे। समुद्र-स्नान प्रायः रोज ही और कभी कभी दिन में बार होता था।

१७ जुलाई तक नये आने वाले आ पहुंचे। मकान तो फिर भर गये, किन्तु अभी पहिले जैसी धूम नहीं थी। दो-तीन दिन तो परस्पर परिचय के लिये चाहिये। परिचय-स्थान क्रीड़ा-क्षेत्र और नृत्यशाला थी। विद्यालय में पांच छात्राओं के पीछे एक छात्र का क्रम भी नहीं था, इसलिये छात्र दुष्प्राप्य थे, तो भी मुंहदब्बू तरुण सहभागिनी तरुणी पाने में समर्थ नहीं होते थे। मात्रा से अधिक मुंहजोर तरुण भी निराशा का मुंह देखते थे। छात्रों को यहां एक-एक कोठरी में सात-सात आठ-आठ की संख्या में रखा जाता था। यह कहने की आवश्यकता नहीं कि छात्र-छात्राओं की कोठरियां अलग-अलग होती थीं। स्नान के स्थान में, समुद्र में या रेत पर अर्धनग्न तरुण-तरुणियाँ नहाते या धूप में शरीर सेंकते, बिना संकोच अकृत्रिम भाव से घंटों पड़े रहते। १२ बजे रात तक उन्हें हाथ में हाथ मिलाये वनस्थली में घूमने की स्वतंत्रता थी। चुम्बन भी इन देशों में कोई महार्घ वस्तु नहीं है, उसे तो अधिक परिचित व्यक्तियों का परस्पर साधारण शिष्टाचार माना जाता है। लेकिन हाथ में हाथ डालकर घूमने, चुम्बन या पार्श्वालिंगन का यह अर्थ नहीं समझना चाहिये कि संबन्ध यौन-संसर्ग तक पहुंच गया है। वस्तुतः स्वच्छन्द नर-नारियों के इन जैसे देशों में भारतीय तर्कशास्त्र बेकार हो जाता है। यद्यपि इसका यह अर्थ नहीं, कि वहां सभी अखण्ड ब्रह्मचर्य पालन करते हैं।

हमारी कोठरी के नीचे रहनेवाली परिचारिका का छोटा सा लड़का अलेक करीब करीब उसी उम्रका था, जितना कि ईगर। कद में वह छोटा था, उसके बाल बिलकुल पीले, और रंग अत्यंत गोरा था। फिन माता का पुत्र होने से नाक और चेहरा वैसा ही था, जैसा कि हमारे यहां के किसी शुद्ध द्रविड का। अलेक ने हाथ-मुंह धोने का एक नया आविष्कार किया था: अभी नल और बिजली का प्रबन्ध अच्छी तरह नहीं हुआ था, उसने अपने मुंह को नलका बना लिया था। टमलर में पानी ले बाहर आता, फिर मुंह में पानी

भरकर उसकी कुल्लों से हाथ मुंह धोता। अलक का आविष्कार बहुत सुन्दर था और उसमें माता की ओर से भी कोई बाधा नहीं थी। लेकिन वहां शुद्धता और स्वास्थ्य का ख्याल लुप्त था। हम यह नहीं कहते, कि भारत के लोग बहुत शुद्धता रखते हैं। शुद्धताका मान हमारी सभी जातियों और सभी प्रदेशों में एकसा नहीं है। जिनमें शुद्धता है, वह भी शुद्धता को वैयक्तिक शरीर तक सीमित रखते हैं। चाहे आंगन का नाबदान सड़ांद फैला रहा हो, द्वार पर कूड़ा-कर्कट भरा हो, तो भी इसकी परवाह नहीं। यह तो कहना पड़ेगा कि जूठमीठ का जो विचार स्वाभाविक तौर से हमारे दिमाग में लड़कपन से ही घुसा दिया जाता है, वह दूसरे देशों में नहीं मिलता। स्वास्थ्य और साइंस संबंधी अध्ययन के बाद यहां के लोग समझने लगे हैं, और उसका धीरे धीरे प्रचार भी होने लगा है, लेकिन चिरप्रचलित प्रथा का स्थान वह उतनी जल्दी नहीं ले सकते।

१८ जुलाई को समुद्र अत्यंत तरंगित था, जिसके कारण पानी स्वच्छ नहीं था। नहाने से कपड़े गंदे होते थे, शरीर की भी सफाई नहीं होती थी, उधर सूर्य बादलों के कारण जब तब ही झांकी दे सकते थे, जिसके कारण पानी ठंडा हो गया था। आज नहानेवालों का समुद्र तट पर पता नहीं था। इस हफ्ते शहर से एक चौपड़ लाकर मां ने ईगर को दे दिया था, जिसमें पासा फेंक कर अपने अपने मोहरे चलाने होते थे। खेल के लिये ही ईगर ने बड़ी तत्परता से अंकों को सीखा था। लेकिन उसमें कुछ स्थल ऐसे थे, जिनके आजाने पर मुहरे को चार-पांच सीढ़ी नीचे गिर जाना पड़ता। बीच का स्थान दूर पड़ने के कारण ऐसे उतराव की जगह पर ईगर रोने और झगड़ा करने के लिये तैयार हो जाता। उसको कितना ही समझाया, कि इसमें किसी का कसूर नहीं है, पांसेमें ही ऐसी गिनती आ गई है, लेकिन वहां तर्कको सुनने वाला कौन था? वह कहता—— तुम्हारा मुहरा क्यों आगे बढ़ता जा रहा है?

शाम के वक्त आज एक वक्ता ने अन्तर्राष्ट्रीय स्थिति पर भाषण दिया। वक्ता साधारण शिक्षित व्यक्ति था और श्रोताओं में थे युनिवर्सिटी प्रोफेसर, उच्च कक्षा के विद्यार्थी, किन्तु सबने बड़ी सावधानी से सुना। भाषण ज्ञानपूर्ण था।

अमेरिकन पूंजीवाद युद्धके बारूदखाने तैयार कर रहा है। चीन में खुलकर वह चाङ्काइशेक की प्रतिगामी शक्ति को मदद देते, जनतांत्रिकता को ध्वस्त करने पर तुला हुआ है। बहुत काल तक सोवियत निष्पदता नहीं दिखला सकता। कोरिया और जापान में मैकार्थर प्रतिगामी शक्तियों को दृढ़ कर रहा है। इताली के उपनिवेशों को इंग्लैंड लेकर अफ्रीका में अपने को और बढ़ा रहा है। पोलैंद, चेकोस्लोवाकिया, फ्रान्स और इताली के हाल के निर्वाचनों ने बतला दिया, कि जनताका अधिक भाग प्रतिगामिता को पसन्द नहीं करता, लेकिन एंग्लो-अमेरिकन पूंजीशाही अपने मन्सूबे पर दृढ़ है। दक्षिणी ईरान को इंग्लैंड हथियार-बन्द कर रहा है और चाहता है, कि वहां से जनतांत्रिकता को खतम करदे। लेकिन, अणुबमकी नीति सफल नहीं हो सकती। जिस अणुबमके बल पर अमेरिका कूद रहा है, वह भी इतना अमोघास्त्र नहीं है। हाल में प्रशान्त महासागर में जो तजर्बा किया गया, उसमें लक्ष्य के तौरपर रखे हुए कितने ही जहाजों में बकरियां पगुराती रहीं, जबकि उनके पास ही में अणुबम गिराया गया था। अमेरिका के जापान पर किये गये अणुबम के तजर्बेसे बाहर के लोग जितने भयभीत हो रहे, हैं वैसा प्रभाव रूसियोंपर नहीं देखा जाता। वह पूरी तरह विश्वास रखते हैं, कि जर्मनीको पश्चिमी शक्तियां हरा नहीं सकतीं थीं, यदि रूस युद्ध में नहीं पड़ा होता। साथ ही रूसी अपने यहां भी अणुबम के आविष्कार में रत थे। वस्तुतः जहां तक अणुबम-सबन्धी मौलिक आविष्कार का संबन्ध है, उसका आरम्भ अमेरिकाने नहीं किया था, बल्कि रूसके दो वैज्ञानिकों ने द्वितीय विश्वयुद्ध के पहिले ही अणुसंबन्धी अपने महत्वपूर्ण अनुसंधान को एक रूसी शोधपत्रिका में छपवाया था, जिसका अंग्रेजी अनुवाद एक अमेरिकन पत्रिका में निकला था। यह शायद १९३८ के आस पास की बात है। उसी को लेकर एक जर्मन विज्ञानवेत्ताने आगे बढाते अणुके गर्भमें ऐच्छिक विस्फोट पैदा किया। यह खोजें तब अंधेरेमें नहीं की जा रही थीं। लेकिन युद्ध के छिड़ते ही जब हिटलरने उनपर पर्दा डाल करके अपने यहां इस तरह के आविष्कार करने की कोशिश की, तो मित्र-शक्तियों का ध्यान भी उधर आना जरूरी था।

हिटलर के अत्याचारों से पीड़ित कुछ जर्मन विज्ञानवेत्ता भागकर पश्चिमी युरोप और अमेरिकाके देशों में चले गये थे, जिनकी सहायता और अपने अपार यांत्रिक साधनों का प्रयोग करके अमेरिका सबसे पहिले अणुबम बनाने में समर्थ हुआ और ट्रूमन और चर्चिल जैसे महान् राक्षसों ने यह निर्णय करते जरा भी आनाकानी नहीं की, कि हारने के लिये तैयार जापान के दो नगरों के लाखों निरीह मनुष्यों पर अणुबम छोड़ा जाय। यद्यपि सोवियत में यह बड़ी गुप्त बात थी, तो भी यह पता लगता था, कि सोवियत विज्ञानवेत्ता अणुबम और अणु-शक्ति के आविष्कार की तैयारी में लगे हुए हैं। जिन परिवारों के व्यक्ति इन अनुसंधानों में भाग ले रहे थे, और अपने नगरों से दूर गये हुए थे, उनको किसी न किसी तरह अपने आदमियों का पता लगता था, जिससे लोग जानते थे कि सोवियत में इस दिशा में काम बड़ी तत्परता से हो रहा है।

१९ जुलाई को भी समुद्र उत्तरंगित रहा। हम भी नहाने नहीं गये। तिरयोकी में अब मच्छरों की सेना आ पहुंची थी। खटमल और पिस्सू पहिले भी कुछ संख्या में मौजूद थे, लेकिन तब तो केवल रातको ही अपना प्रभुत्व दिखलाते थे। यह मच्छर (कमारोफ) देवता न तो दिन को दिन गिनते थे, न रात को रात। तीनों की मार में अब मन परेशान रहने लगा। पाखाने खुले हुए थे। पानी के निकलने का प्रबन्ध नहीं था, यही कारण मच्छरों की अधिकता का हो सकता था। मोरी के नल बैठाये जा रहे थे, उस समय शायद जल से बहाये जाने वाले पखाने के कारण मच्छरों की कमी होजाय। लेकिन जहां तहां दलदली भूमि भी थी, जिसमें सड़ती हुई घासों पर पानी उछलता दिखाई पड़ता था। मच्छर वहां अपना बसेरा कर सकते हैं।

२० जुलाई को अब कुछ निठल्लेपन की एकान्तता सी मालूम होती थी। कोई ऐसा काम नहीं कर रहे थे, जिससे आत्मसंतोष होता। २० को नहाने गये। दो दिनों के उत्तरंगित समुद्रने अपने भीतर की कितनी ही चीजें लाकर किनारे पर बमनकर दिया था और वहां हरी काई की मोटी तह पड़ी हुई थी, जिसमें कुछ घोंघों जैसे सामुद्रिक प्राणियों के अवशेष भी मौजूद थे। उनसे बदबू

बहुत आती थी। गंदे पानी में नहाने से शरीर का कपड़ा भी गंदा हो जाता। किनारे से काफी दूर भीतर घुसने पर पानी कुछ कुछ साफ था। आज स्नान के शौकीन कम दिखाई पड़े। समुद्र के उथले पानी में छोटी छोटी मछलियां अक्सर दिखाई पड़ती थीं। ईगर भी कुछ मछलियां पकड़ लाया था और उन्हें उसने पानी डालकर टीनमें रखा था। तीन मछलियों में एक गुम हो गई थी, एक मरणासन्न मालूम हो रही थी। हमने कहा— इन्हें समुद्र में डाल दो। लेकिन पालने का आग्रह था, किन्तु तो भी उसने इस बात को अनुभव किया, कि मछलियों को तड़पाकर मारना अच्छा नहीं है, इसलिये मछलियों को समुद्र में छोड़ आया।

खाने-पीने का प्रबन्ध अभी अच्छा नहीं था, यह हम कह आये हैं। साथ ही निजी तौर से पकी पकाई चीजों को छोड़कर कोई इंतिजाम करना भी मुश्किल था,तो भी लोगोंने कुछ कर ही लिया था। हमारे तो तीन व्यक्तियों पर दो टिकट थे, इसलिये एक के भोजन का पृथक प्रबन्ध करना आवश्यक था। लोला अबकी बार एक पाकेट चूल्हा लायी थी, जिसपर ईंधन की टिकिया जलती थी। वर्षों रहने वाला चूल्हा चार रूबल का था, और टिक्की का दाम भी चार रूबल टिक्की चार घंटे तक जल कर खतम हो जाती। चार रूबल का अर्थ था ढाई रुपया, चार घंटे तक जलने वाला ईंधन ढाई रुपये का और सो भी जेबी चूल्हे में! किन्तु सचमुच ही टिक्की देखने से पता नहीं लगता था, कि यह इतनी देर तक जलेगी। उसी पर हम अंडे उबालते। प्याले भर मकोय का दाम पांच रूबल था अर्थात् ईंधन या चूल्हे से भी ज्यादा। यहां इस देश में आकर सारे अर्थशास्त्र को छोड़ना पड़ता है और यही देखकर संतोष करना पड़ता है — यहां कोई आदमी बेकार नहीं है, कोई आदमी ऐसा नहीं है, कि जिसको खाने-कपड़े, मकान तथा लड़कों की शिक्षा देने में कठिनाई हो और जब सस्ते दाम में राशन की चीजें पर्याप्त मिल जाती हैं, तो आप शिकायत करना क्यों चाहेंगे। प्रोफेसर, मंत्री या जनरल साढ़े चार हजार रूबल मासिक पाते हैं, वह तो रोज सौ रूबल से अधिक खर्च कर सकते हैं।

त्रिपुरीकी यात्रा—२१ जुलाई के लिये लोगों ने त्रिपुरी चलने का

प्रबन्ध किया। १९४० से पहिले विपुरी (वीबुर्ग) फिनलैंड के अच्छे शहरों में से था। यह तिरयोकी से प्रायः १०० किलोमीतर पर था। इतनी दूर के सैर सपाटेका अवसर मिला था, फिर मैं कैसे अपने को वंचित रखता? लारी पौने ग्यारह बजे हम लोगों को लेकर चली। रास्ते में पौन घंटा विश्राम करना पड़ा, फिर तीन बजे हम वहां पहुंच गये। जाते समय हमारा रास्ता समुद्र तट से दूर-दूर से था, लेकिन लौटते वक्त हम समुद्र की पासवाली सड़क से आये। दो तीन जगह कुछ बस्तियां मिलीं, नहीं तो सारी भूमि जंगलों से ढंकी पर्वतस्थली थी, जिसमें जहां तहां कितने ही छोटे बड़े सरोवर थे। देवदार, केलू और भुर्ज के वृक्ष ही जंगलों में देखे जाते थे। रास्ते में एक जगह उसी जंगल में आग लगी हुई थी। यह जंगल लगातार हमारे उपवन तक चला आया था। आग बुझाने की चिन्ता छोड़ चुपचाप बैठे हुए आदमियों को देखकर हमें आश्चर्य होता था, आग बढ़ते बढ़ते कहीं हमारे पास न चली आये। देवदार, केलू, भूर्ज के हरे हरे वृक्षों को जलाने में अग्निदेवता को सूखे गीले की परवाह नहीं थी। लेकिन जंगलों में जहां-तहां चौड़ी पटियां कटी थीं, इसलिये आशा थी कि शायद आग वहीं पहुंचकर रुक जाय। सड़कें वैसे सड़क का सारा रूपरंग रखतीं थीं, लेकिन उनमें धूल की बहार थी। सत्तरवें किलोमीतर के पास ऊंची नीची किन्तु कुछ खुलीसी भूमि आयी, यहां अनेक गांव और बहुत सारे खेत थे। खेतों का आबाद करना कितना मुश्किल था इसके बारे में कह चुके हैं, लेकिन तब भी कई जगह ट्रैक्टरों की हराई पड़ी थी, जिससे आशा होने लगी। पुराने बाशिन्दों के घरों में अब आकर रूसी नर-नारी बस गये थे, ज्यादातर स्त्रियों का होना आश्चर्य की बात नहीं थी। जिस मैनरहाइम दुर्ग-पंक्ति को हम पहिले देख आये थे, उसकी दो-तीन और सुरक्षा-पंक्तियां मिलीं। कई टैंक रास्ते में टूटे पड़े थे। स्वयं मैनरहाइम-पंक्ति पर ही ४ बड़े बड़े टैंकों की लाश देखी। सीमेन्ट की कंकरीटके दुर्ग, भुंइधरे सभी जगह दिखाई पड़ते थे। फिनों ने त्रिपुरी तक डटकर लड़ाई की थी। इधर की किलेबन्दी भी बहुत मजबूत थी। जहां-जहां सरोवर थे, वहां जरूर तीन-तीन टन की शिलाओं की रोधक-पंक्तियां

तैयार की गई थीं। तैयार फसल ज्यादातर आलू की थी, उसके बाद जई और फिर गेहूं का नम्बर था। घरों के पास बन्द गोभी के खेत भी दिखाई पड़ते थे। लौटानके रास्ते में चुकन्दर के खेत भी मिले। जान पड़ता था, सभी सोव्खोज (सरकारी खेती वाले गांव) थे। खेती में मशीनों को बहुत इस्तेमाल किया गया था। उनके बिना इतनी भूमिको थोड़े से आदमी आबाद भी नहीं कर सकते थे। दो घंटे के बाद जंगल में विश्राम करने के लिये हमारी लारी खड़ी हो गई। यहां यागदी (मकोय) बहुत थीं, मकोय जैसा स्वाद था, वैसे वह हमारी मकोय नहीं, कोई दूसरा फल था। आज जिम्ल्यांका (स्ट्रॉबरी) भी खाने को मिली। लारी के खड़े होते ही लोग उतर कर फलोंपर टूट पड़े। जहां घास ज्यादा थी, वहां मच्छरों की सेना भी यात्रियों से भिड़ने के लिये फिन-सेना से कम खूंखार नहीं थी।

पौन घंटे बाद फिर हमारा काफिला चला, वही नीची-ऊंची जंगलों की पर्वतस्थली, सरोवरों की भूमि। जहां तहां दो साल पहिले हुए युद्ध के चिन्ह दिखाई देते थे। तीन बजे हम विपुरी पहुंचे। पहिले एक चौमंजिला मकान आया, जिसकी दीवारें स्वस्थ खड़ी थीं, लेकिन खिड़कियां और दरवाजे नदारद—सभी लकड़ी की चीजें युद्धाग्नि में स्वाहा हो गई, ईंटों का मुंह झुलसा हुआ था। नगर में घुसने से पहिले ही ईंटें पाथने का बहुत बड़ा यांत्रिक भट्ठा दिखाई पड़ा, जिससे पता लगा कि सोवियत शासक पुनर्निर्माण के संबंध में बड़ी गंभीरता के साथ कदम उठा रहे हैं। रास्ते में हमने दो बार लेनिनग्राद से यहां आनेवाली रेल को पार किया था। नगर में घुसते ही ट्रामकी लाइन बिछी मिली, लेकिन उसके खंभे निर्जीव खड़े खड़े झांख रहे थे। ट्राम शायद १९४० के बाद फिर नहीं चली। नगर में आदमियों की कमी के कारण शायद अभी और कितने ही समय तक इसे चलने की तकलीफ नहीं करनी पड़ेगी। विपुरी बहुत भव्य और सुन्दर नगर रहा होगा, यह अब भी उसके खण्डहर बता रहे थे। यहां से पहाड़ दूर-दूर हैं। मकानों में एक तो बारहमंजिला था, छ-सात मंजिलवाले तो बहुत से थे। नगर की सड़कें सीधी नहीं थीं। नगर के

बीच में पार्क-लेनिन था, जिसका फिन नाम कुछ दूसरा ही रहा होगा। इसी में १९२४ में मन्ताइनिन द्वारा बनाई गई बारहसिंगा की सुन्दर मूर्ति है। दूसरी जगह एक ओर कुत्ता लिये हुये काले तरुण की मूर्ति फिन कलाकार की सफल साधना का उदाहरण है। बड़ी प्यास लगी थी। प्यास से निवृत्त हो हमने नगर की सैर शुरू की। अभी मुश्किल से सौ में से दस मकानों को ही काम चलाऊ करके लोग रहने लगे थे। नगर के पुराने निवासी (फिन) तो लड़ाई के समय ही भाग गये, अब सारे रूस से ढूंढ़-ढांढ कर लोग लाये जा रहे थे। युद्ध ने बड़ा ध्वंस किया था, तो भी १० सैकड़ा आबाद घरों के अतिरिक्त ५० सैकड़ा और भी आसानी से आबाद किये जा सकते थे। उनकी खिड़कियों, दरवाजों और छतों की ही मरम्मत करनी पड़ेगी। छः ही बरस पहिले जहां सब जगह केवल फिन भाषा सुनी जाती थी, अब उसका स्थान रूसी ने ले लिया है। केवल दीवारों पर लिखित पुराने विज्ञापनों में ही "कसल्लिस ओस के पांछ की यस्काच विस्की" जैसे विज्ञापन लैटिन अक्षरों में थे। फिन लोगों को रोमन चर्च ने ईसाई बनाया था, पीछे वहाँ उसी चर्च की सुधारवादी शाखा प्रोटेस्टेन्ट की प्रधानता हुई, इसलिये फिन भाषा ने रोमन लिपिको स्वीकार किया। प्रथम संस्कृति फैलानेवाले लोग इस तरह जातियों में अपना स्थायी चिन्ह छोड़ते हैं। मध्यएसिया में और दूसरी जगहों में भी जहां-जहां अरबी संस्कृति फैली, वहां अरबीलिपि ने चाहे तो पुरानी लिपिको मार करके अथवा भाषा के अलिखित होने पर अपनी लिपिको देकर अपने लिए चिरस्थायी स्थान बनाया। रोमनचर्च-प्रभावित यूरोप के देशों ने इसी तरह रोमन (लातिन) लिपि को अपनाया। ग्रीक चर्च ने जहां-जहां ईसाई धर्म फैलाया, वहां (रूस, बुल्गारिया आदि) देशों में ग्रीक लिपि अपनाई गई। भारतीय संस्कृति के प्रभाव से ही आज भी भारतीय लिपि से निकली लिपियाँ तिब्बत, वर्मा, स्याम, कम्बोज आदि में प्रचलित है।

विपुरी से समुद्र दूर है, लेकिन समुद्र की एक मूँछ यहां तक पहुंच गई है, जिसके कारण यह समुद्र तटवर्ती बन्दरगाह है। नगर के एक सिरेपर

जल की खाईं के बीच में पुराना "जामुक" (गढ़) है, जिसकी बनावट स्वीडिश ढंग की है। अभी तक स्वीडिश वंश के लोगों का ही फिनलैंड का आभिजात्यवर्ग रहा है, जिनमें से ही एक माइनरहाइम कई सालों तक फिनलैंड का सर्वेसर्वा रहा। पहिले यह गढ़ सारा पत्थर का था, पीछे कितनी ही ईंटों की मीनारें जोड़ दी गईं। शताब्दियों पहिले यह गढ़ बनाया गया होगा। जो इमारतें तथा रक्षा-प्रकार आदि यहां बने हैं, वह शताब्दियों के मानव श्रम के परिणाम हैं। लेकिन रक्षा-पंक्तियों में मानव का जितना श्रम लगा कुछ ही समयों के भीतर लगाया गया, उसके सामने यह जामुक कुछ भी नहीं था। जामुक में अभी भी आदमी रह सकते हैं, जबकि उन रक्षा-पंक्तियों का अब कोई उपयोग नहीं रहा। नगर में रौनक (हाट) थी, जिसमें आस-पास के गांव की चीजें बिक रही थीं। बेचनेवालों के देखने से ही पता लग जाता था, कि अब इस देहात में केवल रूसी रह गये हैं। रूसियों को उजड़े हुए विपुरी और आगे तक फैले इस विभाग को बसाने के लिये अपने पुत्र-पुत्रियों को भेजना पड़ रहा है, इसी लड़ाई में क्रिमिया के तातार यहां से लुप्त हो गये और उस उजड़े हुए मनोरम प्राय द्वीप में भी अब रूसियों को ही जाकर बसना पड़ रहा है। पूर्वी प्रुशिया (जर्मनी) के भी एक भाग को रूसियों को बसाना पड़ रहा है, इस प्रकार इस युद्ध में रूसी जाति को उत्तर, दक्खिन और पश्चिम में बहुत दूर तक फैलना पड़ा। पहिली फिनलैंड की लड़ाई के बाद इस इलाके में मध्यएसिया की मंगोलायित जातियों में से भी कितने ही लोग लाकर बसाये गये थे, लेकिन अब तो उनके यहां भी विशाल मरुभूमि को उर्वर भूमि में परिणत किये जाने के कारण उन्हें यहां नहीं भेजा जा सकता। पार्क के एक कोने में लाल रंग का गिरजा था, जो लड़ाई में ध्वस्तप्राय हो गया। कुछ बड़ी इमारतों को मरम्मत करके उनमें सैनिकों को बसा दिया गया है। सैनिकों में कुछ तुर्क और मंगोल चेहरे भी दिखाई पड़ रहे थे। सोवियत में कितनी ही पल्टनें "मिश्रित" होती हैं, अर्थात् एक ही रेजीमेन्ट में कई तरह की जातियों के नौजवान भर्ती रहते हैं। सात साल की अनिवार्य शिक्षा—जिसमें चार साल रूसी भी अनिवार्य है—के कारण सारा

की कोई दिक्कत नहीं। सैनिक जीवन में वह सोवियत भूमि के भ्रातृभावका परिचय भी पाते हैं। रीनक (हाट) में मेवा बिक रहे थे। कश्मीर की तरह मीठे मेवा तो ईरान और मध्यएशिया छोड़ कहीं नहीं मिलते, तो भी यहाँ के मेवा बुरे नहीं थे। हमने ३ रूबल में २ सेव खरीदे, चार रूबल में कुलफी की बरफ खायी। चीजों के बहुत मँहगे होने का एक बुरा प्रभाव तो यह जरूर देखने में आता है, कि आदमी मुक्तहस्त होकर अपने मित्रों का स्वागत नहीं कर सकता और मैं और मेरा के फेर में जल्दी पड़ जाता है।

४ बजे हमारी लारी तिरयोकी की ओर रवाना हुई। एक जगह सिपुरी के पास ही यात्रियों के कागज-पत्र देखे गये, किन्तु मेरे पास अपना पासपोर्ट भी नहीं था। देखना शिष्टाचार ही जैसा मालूम होता था, नहीं तो एक विदेशी बिना पासपोर्ट के इतनी दूर की सैर आसानी से नहीं कर पाता। एक जगह हमें एक बड़ा सरोवर दिखाई पड़ा। जल में काई थी, लेकिन गर्मी होने से स्नान करने का मन कर रहा था। घंटा भर ठहरकर हम लोगों ने स्नान किया। ८० वें किलोमीतर के पास दूर तक खेत थे, स्थान ऊँचा-नीचा था। यहाँ खेतों में बन्द गोभी, आलू जैसी फसलें खड़ी थीं और खेती करनेवाले जर्मन युद्धबन्दी थे। कोई जेलखाने की तरह बन्द करके वह रखे नहीं गये थे, बल्कि वह परित्यक्त घरों में रहते खेतों में काम करते थे। सोवियत-शासक निश्चित जानते थे—भागने पर यह कहीं दूर नहीं जा सकते, इनकी भाषा ही पकड़वाने में सहायक नहीं होगी, बल्कि सोवियत नागरिकों की तत्परता भी वैसा न होने देगी। लौटते वक्त हम समुद्र के किनारे-किनारे चलनेवाली सड़क से जा रहे थे। कितने ही परित्यक्त ग्राम, घर और खेत देखकर अपने यहाँ की जनाकीर्ण बस्तियाँ याद आती थीं। हम लोगों ने सौ-सौ रूबल पर लौरी किराया की थी। लौरी क्या खुला हुआ ठेला था, जिसपर देवदार की लकड़ी के बेंच रख दिये गये थे। पीछे उठँगनी भी नहीं थी। और यात्रियों की बात नहीं जानता, लेकिन मेरी तो गत बन गई थी। मुझे सबसे पिछली बेंचपर कोने में जगह मिली थी। रीढ़, घुटने और कमर में जो दर्द हो रहा था, उसके बारे में क्या पूछना?

रास्ते भर खूब धूल फांकना पड़ा था। कहीं-कहीं पर सोवियत सैनिकों को भी खेतों के काम में लगे देखा—अन्न-समस्या को अपने देश से दूर जो रखना था। बिपुरी से चलने के ४ घंटे बाद हम अपने उपवन में चार पहुंचे।

हमारी शाला में आज एक कलाकार कहानीवाचक आया था। उसके कहानी पढ़ने में अभिनय का आनन्द आता था।

अब हमारे रहने के एक हफ्ते और रह गये थे। २२ जुलाई को दोपहर को भोज हुआ। भोज युनिवर्सिटी की तरफ से था, इसको कहने की आवश्यकता नहीं, अथवा जब अध्यापकों को खाने-पीने का पैसा देना पड़ता था, तो हमारी तरफ से ही भोज था, यह भी कह सकते हैं। युनिवर्सिटी के रेक्टर (चांसलर) वोज्नेसेन्स्की आज स्वयं मौजूद थे। वैसे हफ्ते में एक-दो बार अपनी कार पर वह तिरयोकी जरूर हो जाया करते थे। एक एक मेजपर भोजन करनेवाले चार-चार व्यक्तियों के लिये एक-एक शराब की बोतल और दो-दो "पीवा" (बियर) की बोतलें एक-एक लेमोनाद के साथ रखी हुई थीं। मैं तो लेमोनाद में से ही कुछ ले सकता था, इसलिये हमारी मेज के तीन साथियों को एक पूरी बोतल मिली। हमारे मेज की शराब जार्जिया की बनी हुई पुरानी अंगूरी शराब थी। दूसरी मेजों पर भी अच्छी अच्छी अंगूरी शराबें थीं। भोज में लेनिनग्राद के पांच-छ प्रसिद्ध कलाकार आनेवाले थे, लेकिन समय की पाबन्दी हमारे देश की तरह रूस में भी तुच्छ समझी जाती है, फिर वह तो कलाकार थे। उनके लिये घंटा-पौन-घंटा प्रतीक्षा की गई, फिर भोज शुरू हो गया। वोज्नेसेन्स्की ने भोज का व्याख्यान दिया। मातृभूमि के लिये मद्यचषक उठाये जाने लगे। बीच-बीच में बराबर मनोरंजक वक्तृतायें होती रहीं। शराब के साथ मछली, रोटी तथा दूसरी स्वादिष्ट चीजें थीं। डीन विद्वान् मोरिसोविच स्ताइन ने भी भाषण दिया, दो-तीन और भी वक्ता बोले, रैक्तर ने हमारे कमरे की हरेक मेज के पास अपने मद्यचषक को ले जाकर टनटनाते हुए स्वास्थ्य और स्वदेश के लिये पान किया, फिर इसी तरह दूसरे कमरों की भी प्रत्येक मेजपर गये। उस वक्त क्या दूसरे समय में भी वोज्नेसेन्स्की को लोगों में

खड़े-बैठे देखकर कोई नहीं कह सकता था, कि वह इतने बड़े विश्वविद्यालय के नामलत हैं।

मेरे मद्य न पीने की असामाजिकता का प्रभाव मेरी मेज तक ही रहा—यहां के लोग मद्यको एक सुन्दर पानी से अधिक नहीं मानते और उसे अतिथि-सत्कार का सबसे अच्छा साधन समझते हैं। हमने किसी को यहां या और जगहों में भी नशे में गिरते-पड़ते नहीं देखा।

आज भोज के उपलक्ष्य में संगीत-मंडली (कंसर्त) भी होनेवाली थी। तब तक कलाकार लोग आ पहुंचे थे। साढ़े नौ बजे प्रोग्राम रूस की ७८ वर्षीया प्रसिद्ध नीटो ग्रानोव्स्कया के कला-प्रदर्शन से आरंभ किया गया। दूसरे कलाकारों में संगीतकार जर्जिन्स्की भी था, जिसने "तिखी दोन" (शान्त दोन) ओपरा तथा दूसरे बहुत से नाट्य वस्तु तैयार किये थे। ग्रानोव्स्कया बोल्शेविक क्रान्ति के समय ४० साल की थी। उस समय भी वह जारकी राजधानी की लाड़ली रही होगी। उजड़े वसन्त को देखने से ही मालूम होता था, कि वह तरुणाई में अत्यन्त सुन्दर थी। उसने चेखोफ् की कहानियों में से एक का अभिनय-पूर्ण ढंग से पाठ किया। बहुत प्रभावशाली अभिनय था। कहानी के जितने पात्र थे, उनके कथन को वह उचित तथा भिन्न-भिन्न स्वरों में अदा करती थी। कहानी पढ़ना भी एक उच्च कला है, इसका वह प्रमाण दे रही थी, और वह कला रूस में चरम सीमा तक पहुंची थी। ११ बजे के बाद तक कंसर्त जारी रहा।

जान पड़ता है, समय बीतने के साथ मच्छरों, खटमलों और पिस्सुओं के बल में भी वृद्धि हुई थी। रातको उन्होंने नींद हराम करदी थी। २ जुलाई बाद हमारे पीछे के पाखाने की बदबूदार हवा ही कह रही थी, कि अब यहां से डंडा-कुंडा उठाओ।

२३ जुलाई को भोजनोपरान्त ६ बजे हम "पहाड़ी" पर घूमने निकले। साथ घूमनेवाली एक महिला कह रहीं थीं—४-५ साल पहिले कफकाश (काकेकश) के थी विश्रामोपवन में कुछ लोग ठहरे हुए थे, १०

जोड़ी नर-नारी जंगल में टहलने गये, वहां डाकुओं ने उन्हें पकड़कर सब कुछ छीन नंगा करके छोड़ दिया; बेचारे वैसे ही नंगे अपने विश्रामस्थान को लौटे।

मैंने कहा— जिस तरह यहां तिरयोकी के वन में आधी रातको घूमते हुए हम इस कहानी को सुन रहे हैं, उसी तरह न जाने इस वक्त काकेकश के वन में घूमते हुए कुछ लोग तिरयोकी में फिन-डाकुओं द्वारा ५० जोड़ों को लूटकर नंगे कर के छोड़ देने की कथा सुनते होंगे।

सचमुच ही जो वर्ग अपने प्रभुत्व को खो चुका है, उसके अवशेष अपनी हरकतों को जल्दी छोड़ नहीं सकते। शायद इस शताब्दी के अन्त तक भी पुराने वर्ग-समाज की प्रतिक्रिया और प्रतिध्वनि यहां से पूर्णतया लुप्त नहीं होगी। आज के घूमने में हमें एक सीमेन्ट और लोहे का बना हुआ चबूतरा मिला, जिसपर युद्ध के समय १० मील तक मार करनेवाली बड़ी जर्मन तोप लगी हुई थी। वैसे कंटीले तारों की बाढ़ें, मोटे तख्तों से पटी युद्ध की खाइयां, खाली टिन तथा दूसरी चीजें अब भी जगह जगह मिलती थीं। यह तोप शायद कोन्स्तात के सोवियत दुर्ग पर आक्रमण करती थी।

२८ जुलाई को समुद्र उत्तरंगित और हवा-पानी ठंढे थे। स्नान करनेवाले बहुत कम दिखलायी पड़ रहे थे। प्राणि-शास्त्र का एक छात्र समुद्र के पास छोटा सा गड्ढा खोद रहा था। पूछने पर उसने बतलाया कि इसमें मेंढक रक्खेंगे। ईगर ने भी एक मेंढक पाल रखा था। वह अपना मेंढक भी दौड़ कर ले आया। उसने समझा, वहां मेंढकों के लिये एक छोटा सा सरोवर बनेगा। जिसमें विद्यार्थी के मेंढक तैरेंगे, उसीमें मेरा भी मेंढक तैर लेगा। वह मेंढक लेकर अपने परिचित विद्यार्थी के साथ वहां काम में लग गया। मैंने घर में आकर घंटा भर प्रतीक्षा की, लेकिन ईगर का कहीं पता नहीं था, वह वहीं डटा हुआ था। जाकर देखा तो विद्यार्थी कैंची से मेंढक के सिर को मूली की भांति काट रहा है, बिल्कुल निश्चिन्त हो जरा भी संकोच न दिखलाते हुए वह एक के बाद दूसरे मेंढक को काटता जा रहा है, और शीशियों में से किसी में आंखें और किसी में उसकी कोई दूसरी ग्रन्थि डालता जा रहा था। मेरे लिये वहां एक

क्षण-भर भी ठहरना असह्य था, हृदय फूलने फड़कने लगा था; किन्तु ईगर उस तमाशे को विद्यार्थी की तरह ही वहां बैठा देख रहा था। अभी उसे दया के संस्कार प्राप्त नहीं थे कि किसी प्राणी का वध होते देख तिलमिलाता। मां ने जब उसे उस दृश्य को देखते देखा, तो घबड़ा गयी और डांट-डपटकर उसको अपने साथ लायी फिर वह बड़ी गंभीरता से लेक्चर दे रही थी—वहां फिर मत जाना, यह बहुत बुरा है। यदि कोई तुम्हारा सिर काटे। मुझे भी उपदेश देने के लिये कह रही थी, लेकिन मैंने कहा—छोड़ दो, क्या जाने उसे आगे डाक्टर या प्राणिशास्त्री बनना हो, फिर हमारी यह शिक्षा उसके रास्ते में बाधक होगी। यह तो वहां साफ ही दिखाई पड़ रहा था कि दया भी अभ्यास और संस्कार का परिणाम है। आज भी विद्यार्थियों ने हल्ला कर रखा था—"कंसर्त होनेवाला है, और लेनिनग्राद के कई प्रसिद्ध कलाकार आ रहे हैं।" लोग ६ बजे से पहिले ही कुर्सियोंपर डट गये। ६ बज गये, किन्तु कलाकार और कलाकारिनियों का कहीं पता नहीं था। फिर रियाल (पियानो) पर एक छात्र बैठ गया और उसने तानसेनी लयमें कुछ उस्तादी संगीत के हाथ दिखलाने शुरू किये। आध घंटे तक पट्ठा पियानो पर डटा रहा। श्रोतृमंडली भी कलाकारों की प्रतीक्षा में बैठी रही। फिर अन्तराल (विश्राम) की घोषणा हुई, लोग अब भी विश्वास किये हुए थे, कि कलाकार आ रहे हैं। फिर हमारी युनिवर्सिटी की एक छात्रा, लंगड़ी किन्तु सुमुखी और सुकण्ठी ने कई गाने सुनाये। लेनिनग्राद शहर की गैर-पेशेवर गायिकाओं की प्रतियोगिता में वह प्रथम आयी थी, इसलिये "घरकी मुर्गी साग बराबर" कहकर भले ही कोई कद्र न करे, लेकिन उसने गाया अच्छा था। अब श्रोतृमंडली भी समझ गयी, कि संगीतशाला में जल्दी जमा करने के लिये छात्रों ने यह अफवाह उड़ाई थी। साढ़े दस बजे प्रोग्राम समाप्त हुआ। अभी पश्चिम की ओर गोधूलि की लालिमा छायी हुई थी और मध्यरात्रि होने में केवल डेढ़ घंटा रह गया था।

\+ + +   + + +   + + +

हमारी ऊपर की कोठरियां कबूतरों के दरबे जैसी ही थीं, जिनमें एक एक में एक सपत्नीक प्रोफेसर ठहरे हुए थे। हमारी कोठरी आखिर में थी, उसकी बगल की कोठरी में युनिवर्सिटी के प्रोरेक्तर (वाइसचांसलर) याकोव्लेव्ना अपनी पुत्री आलिया के साथ ठहरी हुई थीं। युद्ध के समय वह सरातोफ युनिवर्सिटी में रेक्तर थीं। इनकी योग्यता को देखकर रेक्तर बोज्नेसेन्स्की उन्हें यहां खींच लाये थे। शिक्षण, छात्रवृत्ति आदि का काम इनके जिम्मे था, साथ ही प्राणि-शास्त्र का अध्यापन भी करती थीं। लड़का सेना से अभी लौटा नहीं था। १२ साल की लड़की पांचवीं क्लास में पढ़ रही थी, जो यहां साथ आयी थी। उन्हें युनिवर्सिटी के काम से बीच-बीच में आना पड़ता था। उनकी मां रूसी की और पिता जार्जिया का था, पिता के ही कारण शायद अत्यधिक ऊंची नाक उन्हें मिली थी। उनकी कोठरी के बाद की कोठरी में मध्यकालीन इतिहास के प्रमुख विद्वान प्रोफेसर मकोव्स्की उपनाम गोरिल्ला अपनी तरुणी भार्या के साथ रहते थे। मकोव्स्की की यह चौथी पत्नी बहुत सुन्दर थी। लोग कह रहे थे, कि तृतीया बहुत ही सुन्दर थी और उसके पहिले वाली भी कम सुन्दर नहीं थी। प्रोफेसर की आयु ४५ वर्ष के आस-पास थी। वह सिद्धहस्त प्रोफेसर समझे जाते हैं। उनके बाद युनिवर्सिटी के एक कार्यकर्त्ता कोरनिलोफ सपत्नीक ठहरे हुए थे। उसके बाद हमारे परिचित डीकन (डीन) स्ताइन सपत्नीक ठहरे हुए थे। प्रोफेसर स्ताइन १९२६ में चीन की राष्ट्रीय सरकार के अर्थशास्त्रीय परामर्शदाता रह चुके थे। प्राचीन अर्थशास्त्र के भी वह मर्मज्ञ हैं, विशेषकर चीन और भारत के। उनके बाद प्रो० मावरोदिन रूसी इतिहास के अच्छे पंडित और "प्राचीन रूस राज्य-निर्माण" ग्रन्थ के कर्त्ता तथा इतिहास फैकल्टी के डीन सपत्नीक ठहरे हुए थे। मावरोदिन पैर से कुछ लंगड़े थे। उनकी तरुण पत्नी हरवक्त सजी धजी रहतीं—आंखों में खूब काजल पुता, मुंहपर जरूरत से ज्यादा पौडर, ओठों पर मात्रा से अधिक अधर-राग और पोशाक अत्यन्त भड़कीली। इतना बनाव सिंगार तो रूस की स्त्रियों में क्या विदेशी स्त्रियों में भी कम ही देखने को मिलेगा। उनका सारा

समय शरीर रंगने और पोशाक बदलने में जाता था। प्रौढ़ पति तरुणी भार्या की हरेक नाजबरदारी के लिये तैयार थे। कोरसनोफ को छोड़कर इन दरबों में रहनेवाले सभी उच्च दर्जे के प्रोफेसर और उनमें से दो डीन थे। मैं इन दरबों के भाग्यपर सोच रहा था: कहां ६ वर्ष पहिले यहां त्रिटिश आभिजात्य वर्ग के अतिथियों के मनोरंजन के लिये वेश्यायें रखी जाती थीं, और कहां अब उनका श्रान्त पुरुषों के अतिथि-विश्राम के रूप में परिवर्तन। स्ताइन, मावरोदिन, और गुकोव्स्की यहूदी थे, जिनमें दो अपनी फेकल्टी के डीन थे। इससे पता लगेगा, कि यहूदी कितने प्रतिभाशाली होते हैं। स्ताइन को छोड़कर बाकी की पत्नीयां रूसी थीं। वस्तुतः शिक्षित यहूदी अब विशाल रूसी जाति में खप जाने के लिये तैयार हैं। योग्यता होनेपर अब जाति किसी के रास्ते में रुकावट नहीं हो सकती, यह भी कारण है, जोकि वह इतने आगे बढ़ सके हैं। रूसी तरुणियां यहूदी प्रोफेसरों की पत्नी बनने में कोई हिचक नहीं दिखलातीं। वर्तमान शताब्दी के अन्त तक जान पड़ता है, अधिकांश यहूदी सन्तानें रूसी बन गई होंगी पड़ेंगी। यह भी पता लगा कि फिजिक्स-मैथमेटिक्स के डीन भी यहूदी ही हैं।

२६ जुलाई को खटमलों, पिस्सुओं और मच्छरों के बाद अब मक्खियों ने भी दर्शन देना शुरू किया, लेकिन अभी कम संख्या में ही। चोर्नीका (मकोय) अब सब पक गई थी, और हमारे उपवन में क्या, बल्कि हमारे निवासस्थान के बगल ही में उनके काले फलों से लदे हुए पौधे थे, जिनसे लड़के चिमटे रहते थे। इस महीने के अन्त तक ही उन्हें खतम होजाना था। मलीना (रास्पबरी) अभी अपनी कलियों में सकुचाकर छिपी हुई थी। हमारे रहने भर तो वह मुंह खोलने के लिये तैयार नहीं थी। अगले महीने आनेवाले उसको पायें होंगे। उसके पौधे भी यहां बहुत ज्यादा थे। जेम्ल्यांका (स्ट्राबरी) के पौदे बहुत कम थे, लेकिन इस वक्त वह पकने लगी थी। लड़ाई के समय बहुत से कलखोज जब उच्छिन्न हो गये और उसके बाद आदमियों का मिलना भारी समस्या होगया, तो लेनिनग्राद जैसे नगरों के आस-पास के खेतों को

भिन्न-भिन्न फैक्टरियों और संस्थाओं ने सोवखोज (सरकारी खेतों) बना लिया। इन खेतों में अधिकतर साग-सब्जी और स्ट्राबरी जैसे फलों की खेती होती थी। वेतनिक श्रमिक वहां काम करते थे, जो मालिक संस्थाओं के पास चीजों को भेजते रहते हैं। आज हमारे अपने सोवखोज की स्ट्राबरी भोजन के समय लोगों के सामने आयी थी। लोग बड़े उत्साह के साथ कह रहे थे—हमारे सोवखोज की स्ट्राबरी है। हम समुद्र के किनारे दूसरी ओर टहलने गये. वहां एक अच्छा खासा बंगला युद्धाग्नि में दग्ध देखा। लोहे की चारपाइयां और कितने ही धातु के टूटे-फूटे बर्तन वहां अब भी दिखलायी पड़ रहे थे। यह भी युद्ध के पहिले किसी फिन तालुकदार का विलास-भवन रहा होगा।

२७ जुलाई को अब ३ दिन ही रह गये थे। उपवन में पहिली-दूसरी या पन्द्रहवीं तारीख को लोग आया करते हैं, जानेवाले दो दिन पहिले ही स्थान खाली कर देते हैं, ताकि नये मेहमानों के लिये जगह टीकठाक की जा सके। लोग चलाचलू से हो रहे थे। अध्यापकों को प्रतिव्यक्ति प्रतिमास साढ़े सात सौ रूबल देना पड़ता था। वीना मार्कोव्ना गोल्दमान जैसी महिला-अध्यापकों को—जिनके पति युद्ध में मर गये—आधा ही और छात्रों को कुछ भी नहीं देना पड़ता। खाने की कुछ अव्यवस्था जरूर थी, जिसे अस्थायी कहना चाहिये, नहीं तो सैकड़ों-हजारों विद्यार्थियों को मुफ्त ग्रीष्म-निवासों में खाने रहने का स्थान तथा प्रोफेसरों को भी कम खर्च पर सुन्दर प्रकृति की गोद में बैठकर एक दूसरे से मिलने और अपने भविष्य के काम के चिन्तन के लिये अवसर देना अन्यत्र सुलभ नहीं हो सकता था।

लोगों को यहां सबसे ज्यादा शौक था— समुद्रस्नान करना, पुरुषों को केवल जांघिया, और स्त्रियों को स्तनबन्द और जांघिया पहिने धूप में लेटकर शरीर को सांवला बनाना। शरीर जितना ही सांवला बन जाय, उतनी ही प्रशंसा की बात मानी जाती थी। किसी ने हमारी सफलता के लिये प्रशंसा की, तो मैंने कहा : यह तो सैकड़ों सहस्रों पीढ़ियों के आतप में तपने तथा तत्संबद्ध रुधिर-संमिश्रण का परिणाम है। कितनों ने तो धूप लेते लेते अपनी गरदन और पीठ के कितने ही हिस्सों के खाल की एक तह निकलवा डाली थी, कुछ लोग

और जैसे रंग से परिणत हो भी गये थे।

शामको फिर घूमने गये। जहां तोप की सीमेन्ट-लोहेवाली पीठिका पड़ी थी, वहां अब नये मकानों के बनाने का काम शुरू हो रहा था। भारी-भारी टैंकों को देवदार के जंगलों में घुमा दिया गया था, जिससे बेचारे देवदार जड़-सहित धराशायी होगये थे। उनको बिजली के आरोंसे काटकर लकड़ियां स्थानान्तरित कर दीवारें बनाने का काम होते जा रहा था। विशाल देवदारों को टैंकों ने कितनी आसानी से उखाड़ फेंका था, यह देखकर मनुष्य की शक्तिपर आश्चर्य होता था। अगर हाथ से काटना पड़ता, तो दो आदमी शायद एक दिनमें दो दरख्त भी नहीं काट सकते थे, और टैंक ने एक दिन में हजारों को उखाड़ फेंका था। गिरे दरख्तों के नीचे निकल आयी काली मिट्टी बतला रही थी, कि सहस्राब्दियों से पत्तियों के सड़ने से यह मोटी काली मिट्टी बनी होगी। यदि आज यहां खेत बनाये जाते, तो सैकड़ों वर्षों की फसल के लिये यहां खाद मौजूद थी।

और आगे जानेपर अकदमिकों का उपवन मिला। अकदमिक सोवियत रूस के देवता हैं। उन्हें देवत्व-प्राप्ति अपनी विद्या से हुई। जितना नाम सम्मान तथा आराम उनको प्राप्त है, उतना रूस में किसी को प्राप्त नहीं है। उन्हें कुछ काम न करने पर भी ३ हजार रूबल मासिक पेन्शन मिलती है। हर जगह पर उनके बैठने, रहने, खाने का विशेष ध्यान रखा जाता है। देवदार के जंगलों की शोभा को कमसे कम नुकसान पहुंचाते उनके लिये यहां बंगलों का एक गांव बन रहा था। मकान बहुत कुछ तैयार होगये थे। एक एक के लिये कई कमरेवाले मकान, बरामदे, स्नानागार आदि का प्रबन्ध था। इसी मुहल्ले में उनके लिये भोजन आदि की शालाओं और दूकानों आदि का प्रबन्ध था। इमारतों को जल्दी से जल्दी तैयार करने की ओर ध्यान था। आखिर अमेरिका के अणुबमों के मुकाबिले में अपने अणुबमों को तैयार करना इन्हीं का तो काम है, फिर क्यों न उनकी इतनी पूजा-प्रतिष्ठा की जाती।

२८ जुलाई हमारे तिर्योकी वासका अन्तिम दिन था। आज का भोजन अच्छा था। चलते वक्त ही क्यों ऐसा किया गया?

१५—"कालो हि दुरतिक्रमः"

तेरियोकी से लेनिनग्राद लौटने के लिये रेल के अतिरिक्त युनिवर्सिटी की लोरियों का भी प्रबन्ध था। एक के बाद एक लोरियाँ छूटती रही थीं, लेकिन अभी लोला की तैयारी ही ठीक नहीं हो रही थी। दाई बजे तक तो उनका समुद्र-स्नान होता रहा। हम सबसे पोछे भोजनशाला पहुँचे। जब लोग ४ बजे सामान लेकर लोरी की जगह पर पहुँच रहे थे, तब हमारा सामान धीरे-धीरे बाँधा जा रहा था। दो लोरियों के चले जाने पर डर लगने लगा, कि कहीं लारी हमें मिले ही नहीं। ५ बजे के करीब हम अड्डे पर गये। अड्डा उपवन के भीतर ही ऑफिस के पास था। पता लगा कि एक लारी यहाँ से सीधे लेनिनग्राद जानेवाली है। लोला लारी के इतने लम्बे सफर को कष्टप्रद कह रही थी। मैंने बतलाया, ट्रेन से जाने पर तीन-तीन बार बक्सों को उतारना फिर ट्राम पर भी चढ़ाना-उतारना पड़ेगा। खैर, उसके दिमाग में बात सगा गई। लारी आई, ड्राईवर की बगल में माँ-बेटे को बैठा दिया। लारी का किराया नहीं देना था, क्योंकि युनिवर्सिटी की थीं। ड्राइवर को २०-२० रूबल दे देने पर उसने मुसाफिरों को उनके घर पर छोड़ना स्वीकार कर लिया।

सवा पांच बजे लारी रवाना हुई। सड़क समुद्र के किनारे से जारही थी। फिनलैंड की पुरानी सीमा तक महावन चला गया था, जिसमें सभी जगह युद्ध की मोर्चाबंदियाँ थीं। हमारे उपवन से १५ किलोमीतर तक तो विश्रामोपवन ही चले गये थे, जिनमें से सबसे ज्यादा कारखानों के थे। २० किलोमीतर जाने पर फिनलैंड की पुरानी सीमा मिली। जंगल उच्छिन्न करके अब ग्राम और कस्बे बस गये थे। रास्ते में ही सेस्त्रोरेच (स्त्रसा नदी) का अच्छा खासा कस्बा था। घंटे भर की यात्रा करने के बाद हम लेनिनग्राद के बौद्ध-विहार के पास पहुंच गये। लेकिन लोगों को घर-घर उतारना था, इसलिये दो घंटे बाद ८ बजे से थोड़ा पहिले हम अपने घर पहुंचे। अच्छा हुआ जो रास्ते में वर्षा नहीं हुई, नहीं तो लारी खुली थी। घर पर सामान रख देने के बाद वर्षा शुरू हुई। हमारी सड़क अधिकतर गोल-गोल पत्थरों के डलों की थी, जहां लारी बहुत दचके खाती थी। खैर, शारीरिक कष्ट का कोई सवाल नहीं था।

महीने भर बाद रेडियो अर्थात् बाहरी दुनिया के समीप पहुंचे थे। भारत का प्रोग्राम खतम हो चुका था, लंदन और मास्को ही सुन सके।

युनिवर्सिटी खुलने में एक महीने की देर थी। इसलिये फिर हम अपने पढ़ने और नोट लेने में लग गये।

३१ जुलाई को सबेरे थोड़ी वर्षा हुई। आज अपने कोपरेटिव दूकान से सामान लाना था। राशन के लिये हमारे सामने दो दूकानें थीं, एक अपने मुहल्ले की, जहां कि हम अपने साधारण राशनकार्ड की चीजें लेते थे, और दूसरी युनिवर्सिटी से नातिदूर अध्यापकों की कोपरेटिव दूकान थी, जहां हम साढ़े चार सौ रूबलवाले विशेष राशन-कार्ड की चीजें लेते थे। इस दूकान में साधारण कार्ड की चीजें भी ले सकते थे, लेकिन विशेष कार्ड की चीजें साधारण दूकान से नहीं ली जा सकती थीं। उस दिन चार बजे ट्राम से कजान-गिरजे के पास कोपरेटिव में गये। घंटे भर प्रतीक्षा करने के बाद लोला भी आगई। फिर चीजों के खरीदने में तीन घंटे लगे। एक दिन पहिले कार्ड देने से चीजें सब तैयार मिल सकती थीं। हाँ, हमारे यहां की तरह वहां की भी घड़ियां दो घंटे लेट रहती

है; किन्तु, जब आदमी हरेक चीज अपनी आंखों से देखकर बंधवाना चाहे, तो वह कैसे हो सकता था ? आज महीने का आखिरी दिन था, इसलिये बचा हुआ राशन ले लेना जरूरी था, चाहे उसके लिये कितना ही समय लगे। शिक्षित-वर्ग में अब भी पुराने मध्यमवर्ग की संख्या काफी है, और कमकरवर्ग से आये हुए लोगों में से भी कितनों ने शादी-सम्बन्ध या दूसरी तरह पुराने मध्यमवर्ग के भावों को ग्रहण कर लिया है। महिलाओं को मालूम हुआ, कि अक्तूबर में राशन-कार्ड उठ जायेगा। वह बहुत डरने लगीं। कह रही थीं— भागी क्यू की पाँती में घंटों खड़ा रहना पड़ेगा, जो हमारे बसकी बात नहीं है। वहां तो जो ज्यादा खड़ा रह सके, वही ज्यादा खरीद सकेगा, और पीछे हाथ में ज्यादा दाम पर बेच भी सकता है। मैंने कहा— यदि दूकानें ज्यादा खुल जायें, जैसी कि अब भी राशन की दूकानें हैं, तो उतनी देर क्यों होगी ?

टिनवाली मछली, माँस, मक्खन, अनाज, सभी चीजें एक मन से ज्यादा खरीदी थीं। इतनी चीजों को पीठ पर ढोना शक्ति से बाहर की बात थी, हालाँ कि संकोच का वहाँ कोई ख्याल नहीं था, क्योंकि सभी प्रोफेसर और लेक्चरर, पुरुष और महिलायें १५-२० किलोग्राम सामान अपनी पीठ पर लादे चले जा रहे थे। मैंने कहा— अभी इंतजाम करता हूँ, और जाकर इंतूरिस्त से किराये पर एक टैक्सी मांग लाया। किराया २६ रूबल था, यद्यपि हमने ४० रूबल दिये। यदि भारवाहक लेना होता तो इससे कहीं ज्यादा मजदूरी देनी पड़ती।

शहर में घरों की मरम्मत और पुनर्निर्माण बड़े जोरों से जारी था। तितल्ले मकान चौतल्ले बनाये जा रहे थे। हमको आशा होने लगी कि शायद मकानों की अधिकता होने पर युनिवर्सिटी के पास कहीं तीन कमरे मिल जायें। युनिवर्सिटीवाले भी युनवर्सिटीनगर बसाने की सोच रहे थे, और युनिव-र्सिटी के आसपास के मुहल्लों को ले लेना चाहते थे। यह कोई मुश्किल नहीं था, क्योंकि "सभी भूमि गोपाल की" अर्थात् लेनिनग्राद के सारे मकान लेनिनग्राद नगरपालिका के थे।

पहली अगस्त का दिन आया। आज न बिजली काम कर रही थी, न पानी का नल ही। कल-कारखानों के उत्पादन के आंकड़े गला दबाने के लिये तैयार थे, इसलिये वहां हरेक काम घड़ी की सुई की तरह बड़ी तनदेही से होता था। जो पानी, बिजली का कष्ट नागरिकों को हो रहा था, उसका रूबल या सैनट में आंकड़ा नहीं बन सकता था, इसलिये उधर उतनी सावधानी नहीं रखी जा सकती थी।

कल की लाई खाद्य-सामग्री में दिन से बाहर की कलबासा और मछली जैसी चीजें काफी थीं, जिनको ज्यादा देर तक रखा नहीं जा सकता था, इसलिये मित्रों को दावत देना जरूरी था। लोला की सखी सोफी पास में ही थी, लेकिन उसको बुलाने में विशेष तैयारी की जरूरत थी, इसलिये उसे नहीं निमंत्रित किया; लेकिन और कई बन्धु-मित्र नर-नारियां पधारीं। अगस्त में अब सर्दी पड़ने लगी थी, इसलिये मैं जंगलों को बन्द रखना चाहता था, लेकिन लोला का आग्रह खिड़की खोल रखने का था, क्योंकि उससे "विटामिन" का झोंका आ रहा था। मैं खिड़की इसलिये भी खुला रखना नहीं चाहता था, कि खाने के कमरे में काम करते समय खिड़की से कोई चीज न उड़ जाय। नल बिगड़ने से पानी को हमें दूर से भर कर लाना पड़ा। बिजली खैर देर से आ गई, उससे केवल इतना ही नुकसान हुआ कि मैं भारतीय रेडियो नहीं सुन सका।

४ अगस्त को गुरिश्री के आग्रह पर अमेरिकन फिल्म "बलेरिना" देखने गये। पुराने मध्यवर्ग की स्त्रियां ब्रिटिश या अमेरिकन फिल्मों को अधिक पसन्द करती थीं, क्योंकि वहां उनके वर्ग के जीवन की सुन्दर झांकी मिलती थी। फिल्म बुरा नहीं था। वहां से हम फोटोग्राफ की दूकान पर गये— फोटोग्राफर न कह कर फोटोग्राफी की दूकान कहना चाहिये, क्योंकि इस दूकान का मालिक कोई व्यक्ति या व्यापारिक कम्पनी नहीं थी। सभी दूकानें यहां बिचवई के बिना हैं। लेकिन यदि कोई फोटोग्राफर अपनी दूकान रखना चाहे, तो उसमें बाधा नहीं है। उसे सरकारी फैक्टरियों से बने माल के मिलने में भी कोई दिक्कत नहीं, लेकिन वह नौकर नहीं रख सकता। हां, चार-छः फोटोग्राफर मिलकर अपनी कोआपरे-

टिव दूकान खोल सकते हैं। घड़ीसाजों के बारे में भी यही बात है। हम फोटोग्राफी-कार्यालय में गये। बड़ों के फोटो का दाम बहुत कम था, मगर लड़कों का पचास-पचास रूबल पड़ता था। लड़कों की फोटो के लिये ठीक बैठाने में दिक्कत थी, इसलिये उनके कई फोटो लेने पड़ते थे। हमने भी कुछ फोटो खिचवाये। फिर 'उर्नीवर-मार्ग' (विश्व-पण्यशाला) में गये, जहां कई तल्ले वाले मकानों में हजारों तरह की चीजें बिक रही थीं। वहां ईगर के लायक कोई तैयार चीज नहीं मिली। कपड़ा था, लेकिन हमारे पास पहले से ही काफी कपड़ा रखा हुआ था, और दर्जियों की ढिलाई के कारण सिल नहीं रहा था। फिर आगे, पोस्तीन की दूकान थी, जिसमें बहुमूल्य साइबेरियन समूर तथा मध्यएसिया की कराकुल भेड़ों के रेशम जैसी चमकते छाले रखे हुये थे। छोटा कोट बनवाने में भी ८-१० हजार रूबल से कम नहीं लगता था, फिर ईगर तो जल्दी जल्दी बढ़ रहा था, इसलिये छ महीने के बाद ही कोट उसके लिये बेकार हो जाता। पहली सितम्बर से ईगर को स्कूल में जाना था, इसलिये ओवरकोट और दूसरी पोशाक बनवानी ही थी। मां का काम हमेशा धीरे-धीरे होता था, इसलिये यह कम संभव था, कि महीने भर बाद भी उसके कपड़े बन सकेंगे।

५ अगस्त को फिर हम मुहल्ले की अदालत में गये। समय की पाबंदी न करने की तो मानो लोगों ने कसम खा रखी है। इसका यदि अपवाद था, तो उत्पादन-स्थान, क्योंकि वहां पंचवार्षिक योजना के आंकड़े गला दबाने के लिये तैयार थे। अदालत में एक जज और दो सहायक-जज बैठे हुए थे। सहायकों में एक स्त्री भी थी। एक प्रधान-सहायक कानून जानता था। कानून न जाननेवाले निर्वाचित जज कुछ समय के लिये होते थे, यह हम बतला आये हैं। लाल कपड़ा बिछी मेज की एक ओर तीनों जज बैठे हुए थे। मेज की बायीं ओर एक क्लर्क-स्त्री बैठी थी। सामने दर्शकों के बैठने के लिये पन्द्रह-बीस कुर्सियां पड़ी थीं। एक कठघरे में कारखाने का मजदूर खड़ा किया गया था। मालूम हुआ, वह रेल-इंजन बनानेवाले कारखाने का छ-सात सौ मासिक पाने वाला मिस्त्री है, जो चार साल सेना में भी काम कर चुका है, और लेनिनग

सर्जेन्ट होकर पिछले सितम्बर में ही सेना से अलग हुआ। किसी मार-पीट में फंसकर आज कटघरे में आया था। शराब पीकर मार-पीट कर बैठा था। बयान लेकर उसे भेज दिया गया। बाकी मुकदमों में ज्यादातर मकान से संबंध रखते थे। युद्ध के समय लोग घर छोड़कर सेना में या दूसरी जगह चले गये, तब तक उनके घरों को दूसरों ने आकर दखल कर लिया, अब लौटकर वह अपना घर मांग रहे थे। घरों में बस गये लोग घर छोड़कर जायें कहां, इसलिये उजुर-नाजुर कर रहे थे। हमारे यहां की तरह मुकदमों को महीनों लटकाये रहने की प्रथा यहां नहीं थी। गवाही-साखी लेकर एक-दो पेशी में फैसला हो जाता। हमारे देश के कूपमण्डूक यही जानते हैं, कि यूरोप में एक ही कानून-व्यवस्था चलती है, और वह वही है, जिसे कि अंग्रेज मानते हैं। अंग्रेजों की प्रथा के अनुसार कानून के शब्द का अनुगमन करना सबसे आवश्यक है; लेकिन जर्मनी, रूस आदि देशों में शब्द की नहीं बल्कि भाव की प्रधानता है, इसलिये वहां वकीलों की इतनी ज्यादा नहीं चलती। सोवियत-व्यवस्था ने तो मुकदमों की संख्या को वैयक्तिक संपत्ति की सीमा को संकुचित करके बहुत ही कम कर दिया है। दीवानी मुकदमें एक तरह से नाम-मात्र के हैं, और संपत्ति तथा-स्त्री-पुरुष के सम्बन्धवाले फौजदारी मुकदमों की भी संख्या बहुत कम हो गई है। अदालतों का यही ढांचा नीचे से ऊपर तक चला गया है। एक जज न होकर तीन जज रहते हैं। हाँ, ऊपर की अदालत के जज कानून के विशेषज्ञ हुआ करते हैं।

६ अगस्त को, जान पड़ता है, तापमान उनके अनुकूल था, इसलिये मक्खियां बहुत हो गई थीं, दिन में बहुत हैरान कर रही थीं। शायद बगल की खाली जमीन में जो साग-सब्जी और दूसरी चीजें पड़ी हुई थीं, उसके कारण मक्खियों का जोर बढ़ा। मक्खियों के मारने के कागज बहुत सस्ते मिल रहे थे, और पंदी की ओर से खुले शीशे के बर्तनों में भी मक्खियां फँसाई जाती थीं, किन्तु सौ-पचास के बलिदान से उनकी संख्या क्या घटती? दिन के शत्रु मक्खियां और रात के खटमल-पिस्सू, एवं दिन-रात दोनों में अखण्ड राज्य था मच्छरों का।

७ अगस्त को तीन बजे बाद गरम कपड़ों की जरूरत पड़ने लगी। वैसे

तापमान तो यहां बराबर आंख-मिचौनी करता रहता है, लेकिन अब पता लग गया, कि अगस्त के प्रथम सप्ताह के बाद जाड़े का आगमन नहीं तो शरद का आगमन जरूर हो जाता है। बादल भी जब तब दिखलाई पड़ने लगे, नलके का पानी भी ठंडा हो चला।

६ अगस्त से हमारे घर में मरम्मत का काम लगा था। घर के स्वामियों (नगरपालिका) की ओर से मरम्मत हो रही थी, लेकिन काम करनेवाली एक दिन का काम चार दिन में करना चाहती थी। अभी रसोईघर और चौपालिका के घरों की ही मरम्मत होती थी, जिनका हमें बराबर काम नहीं पड़ता था। दीवारों पर कागज लगाने की आवश्यकता थी। वह हम से कागज मांग रही थी किन्तु कार्यालय से पूछने पर मालूम हुआ, कि वह दिया जा चुका है। रहने की कोठरियों में भी थोड़ी मरम्मत की आवश्यकता थी, जिसके २५० रूबल मांग रही थी। हफ्ते में एक दिन तो घरों के लकड़ी के फर्शको धोना आवश्यक था, उसके लिये एक स्त्री ५० रूबल मांग रही थी— अर्थात् दो घंटे के काम के लिये ३०–३५ रुपया। लेकिन, आपको मजबूर कौन कर रहा था, काम अपने हाथ से कर लीजिये। शारीरिक श्रम का मूल्य वहां कम नहीं था। लोला ने दूसरी स्त्री को १५ रूबल और एक किलो (सवा सेर) आटा पर राजी किया। १० अगस्त को घर की मरम्मत खतम हो चुकी थी। सामान को ठीक जगह पर रख दिया गया था। सामान के बारे में क्या कहना है? 'सर्व-संग्रहः कर्तव्य कः काले फलदायकः' के महामंत्र का लोला अक्षरशः अनुगमन करनेवाली महिला थी। दोनों कमरे और रसोई का घर भी सामान से भरा हुआ था। वह किसी चीज को फेंकने या देने के लिये तैयार नहीं थी: पतीलियां कब की टूट चुकी हैं, लेकिन वह भी आले में पड़ी हुई हैं, कितने बरतन फेंके जा चुके हैं, लेकिन उनके ढक्कन जमा करके रखे हुए हैं। बोतल और शीशियां इतनी, कि उनको सालों से भूला भी जा चुका है, किन्तु जगह खाली करने की अवश्यकता नहीं। ऐसी स्थिति में यदि खाने और सोने के कमरे भी मालगोदाम बन गये हों, तो आश्चर्य क्या? हां, खैरियत यही थी, कि यह आलमारियों या खुले रैकों में रखे हुए थे।

अत्यन्त प्रेम करनेवाली माँ अपने लड़के के स्वास्थ्य की शत्रु होती है, इसका प्रमाण भी हमें घर में मिल रहा था। ईगर का पेट कभी नहीं ठीक होने पाता था, क्योंकि माँ उसे ठूँस-ठूँस कर खिलाना चाहती थी। आखिर पाचनशक्ति की भी कोई हद होती है। हम तो समझते थे, कि हमारे देश में ही घी-तेल-चर्बी की भर मार पसन्द की जाती है,किन्तु वहां भी यही हालत थी। १४ अगस्त को हमने नोट किया "पेट में गड़बड़ी प्रायः ही हो जाती है, कारण लोला का चर्बी-पूर्ण भोजन।"

१६ अगस्त अर्थात् अगस्त के मध्य में पहुंचते-पहुंचते कितने ही अल्प-जीवी तृण पीले हो पतझड़ के आने की सूचना दे रहे थे। आलू अभी तैयार नहीं थे। चीजें सस्ती और अधिक प्राप्य होने के कारण इस वर्ष लोगों ने साग-भाजी के खेतों में उतनी तत्परता नहीं दिखलायी। लोला को एक नौकरानी की अत्यन्त अवश्यकता थी, घर के काम करने के लिये ही नहीं बल्कि इसलिये कि १ सितम्बर से ईगर स्कूल जाने लगेगा और उसके लौटने के समय (एक बजे) हम दोनों युनिवर्सिटी रहेंगे। एक बुढ़िया काम करने के लिये मिल रही थी। राशन की कड़ाई और चीजों की मँहगाई का लोगों के सदाचार पर भी प्रभाव पड़ रहा था। बुढ़िया ने कहा— "मैं भगवान्-विश्वासिनी हूं, कोई चीज नहीं छूती"। २०० रूबल मासिक और भोजन देने में राजी हो जाती। बुढ़िया के कोई नहीं था, पेन्सन पाती थी। न जाने किस कारण लोला की उससे नहीं पटी। नौकरानी की खोज जारी रखी गई।

१८ अगस्त को हमारे मुहल्ले में भी एक रोमनी (सिगानिका) नंगे पैरों घूम रही थी। दो पुरुष उससे हाथ दिखला रहे थे। पांच-पांच रूबल तो देते ही, इसप्रकार २० आदमियों का हाथ देखकर वह सौ रूबल रोज कमा सकती थी, फिर उसे काम करने की क्यों परवाह होने लगी? सहस्राब्दियों का कोढ़ एक अतवार रखने से नहीं दूर होता। हाथ देखना, भाग्य बाखना, यह आज का मिथ्या विश्वास नहीं है, इसको दूर करने के लिये बुद्धिवाद के बड़े जबर्दस्त घूँट की अवश्यकता है।

युनिवर्सिटी बन्द थी, छात्र-छात्रायें भी छुट्टी पर थे। सबसे ऊपरी वर्ग की छात्रा वर्या कभी कभी हमारे परिदर्शन में सहायता करती थी। १६ अगस्त को वह हमें शहीदों की समाधि की ओर ले गई। अक्तूबर क्रांति के समय जो लोग हेमन्त-प्रासाद और आस-पास के स्थानों में बलिदान हुए, उन्हीं वीरों की यहां समाधियाँ थीं। संगखारा की चमकती हुई चट्टानों की पांच-छः हाथ ऊँची दीवारों से यह समाधियां घिरी हुई थीं। पास में भारी पुष्पोद्यान तैयार किया जा रहा था। समाधि-उद्यान के पास ही लेत्नीइ-साद (ग्रीष्मोद्यान) था, जो कि ज़ारशाही युग के धनी-मानी लोगों के विहार का स्थान था। सचमुच ही ग्रीष्म में इसकी शोभा निराली थी। ग्रीष्म की धूप से बचने के लिये यहां वृक्षों की घनी छाया थी। यूरुप के प्रसिद्ध-प्रसिद्ध मूर्तिकारों की कृतियाँ— प्रतिमूर्तियों के रूप में— यहां रखी हुई थीं। अधिकांश मूर्तियां संगमरमर की थीं, जिनमें से कितनी ही अंग-भंग थीं। १८ वीं सदी के प्रसिद्ध कथाकार क्रिलोफ की धातुमयी मूर्ति भी यहाँ स्थापित थी। क्रिलोफ ने पंचतंत्र की तरह पशु-पक्षियों के नाम से बहुत-सी कहानियां लिखीं, जिनसे तत्कालीन समाज के बड़ों पर गहरी चोट की गई थी, लेकिन सीधी चोट न होने के कारण वह तिलमिलाकर रह जाते थे, और क्रिलोफ का कुछ बिगाड़ नहीं सकते थे; आखिर क्रिलोफ भी उच्च-वर्ग का पुरुष था। उसकी मूर्ति के साथ कहानियों के पशु, पक्षी पात्रों की भी मूर्तियां बनी हुई हैं। सोवियत-युग में भी क्रिलोफ की कहानियां लड़कों और बड़ों का बड़ा मनोरंजन करती हैं। लड़के तो यहां बड़े चाव से देखने आते हैं, और एक एक जन्तु की मूर्ति को देखकर अपनी पढ़ी हुई कहानियों का स्मरण दिलाते हैं। मुझे इस बाग के सैलानियों में अधिकतर लड़के ही दिखाई पड़े। कला के अद्भुत नमूनों को देखने पर ख्याल आता था, कि कितनी भारी धन-राशि इनके निर्माण में लगी होगी। लेकिन जन-शोषण से प्राप्त अपार सम्पत्ति में से कुछ को कला पर खर्च कर देना शोषक के लिये कोई भारी बात तो नहीं है।

२१ अगस्त को वेर्या के साथ हम रूस-म्यूजियम और एरमिताज-म्यूज़ियम देखने गये। रूस-म्यूजियम १८६५ ई० में स्थापित हुआ था। पहिले यह विशाल

प्रासाद जार अलेक्सान्द्र प्रथम के छोटे भाई मिखाइल पावलिच के लिये १८१९ ई० में आरंभ हो चार वर्ष बाद १८२३ में तैयार हुआ। उसके बहुत दिनों बाद १८९७ ई० में जार के विशेष फरमान के अनुसार इसे रूसी कला का म्यूजियम बना दिया गया। यद्यपि इसका आरंभ आधी शताब्दी पहिले हुआ था, किन्तु इस में सबसे अधिक चीजें १९१७ की क्रान्ति के बाद आयीं, जब कि धनियों और सामन्तों के घरों में पड़ी कला की चीजें बाजारों में बिकने लगीं, और म्यूजियमों ने ढूंढ-ढूंढ कर उन्हें खरीदना शुरू किया। युद्ध के समय और म्यूजियमों की तरह यहां की भी सामग्री सुरक्षित स्थानों में भेज दी गई थी, अभी केवल १८ वीं १९ वीं सदी के चित्रकारों और कुछ मूर्तिकारों की ही कृतियां प्रदर्शित की गई थीं। वैसे यहां की ११ वीं १२ वीं सदी की दुर्लभ कृतियां खासतौर से दर्शनीय हैं; मगर, अभी वह नवम्बर तक यथास्थान रखी जानेवाली थीं। इवानोफ का प्रसिद्ध चित्र "लोगों में मसीह" की यहां भी एक प्रति है, जिसे अपेक्षाकृत छोटे रूप में उस कलाकार ने पहिले तैयार किया था। यहां वह सब ड्राइंग तथा दूसरी वस्तुयें सुरक्षित रखी हुई हैं, जिनको महान् चित्रकार ने अपनी फिलस्तीन की दीर्घ यात्रा में वस्तु से उतारा था और पीछे उन्हें जोड़कर इस भव्य चित्र को तैयार किया था। शिस्किन प्रकृति का महान् चित्रकार था। वसन्त, हेमन्त, शरद, ग्रीष्म को वह सजीव करके दिखलाने में अद्वितीय था। उसके कितने ही चित्र देखे, जो बड़े ही गंभीर और सुन्दर हैं।

यहां से एरमीताज-म्यूजियम गये। एरमीताज-म्यूजियम पहिले जार के महान् प्रासाद (हेमन्त-प्रासाद) के एक पास के राजमहल में खोला गया था, जो क्रांति के समय (१९१७) तक उसी महल तक सीमित रहा, लेकिन क्रान्ति के बाद जनता के युग के आरम्भ होते ही प्रदर्शनीय वस्तुओं की संख्या बड़ी तेजी से बढ़ी, इसलिये पास का हजार कमरोंवाला जार का हेमन्तप्रासाद भी म्यूजियम को दे दिया गया। युद्ध के समय नष्ट होने से बचाने के लिये सामग्री दूसरी जगह भेजी गयी थी, अब चीजें आ रही थीं, उन्हें सजाया भी जा रहा था, लेकिन सारे म्यूजियम को सजाकर तैयार करने में अभी काफी समय की देर

था। वहां जाने पर मध्यएसिया के इतिहास के विशेषज्ञ प्रोफेसर याकूबोव्सकी से भेंट हुई। वह युनिवर्सिटी में इतिहास के प्रोफेसर भी हैं, और उजबेकिस्तान तथा ताजकिस्तान में भेजे जाने वाले अभियानों के नेता भी होते रहे हैं। उन्होंने बरक्शा के बारे में बतलाया कि वह पांचवीं-छठी सदी का ध्वंसावशेष है, और श्वेत हूणों की राजधानी हो सकता है, लेकिन भित्तिचित्र के हाथियों, अंकुश, महावतों की वेष-भूषा को वह भारत से ज्यादा सम्बन्धित नहीं कहते थे। उनका कहना था कि उन चित्रों पर सासानी प्रभाव ज्यादा है। उनका ध्यान इस ओर नहीं था, कि श्वेतहूण आधे उत्तरी भारत के स्वामी थे, और उनके एक राजा तोरमान ने ग्वालियर में एक बहुत ही सुन्दर सूर्य-मंदिर बनवाया था। उनसे यह मालूम हुआ, कि बरक्शा के खनन के नेता शिश्किन का एक अच्छा लेख किसी पत्रिका में निकलने जा रहा है, कई चित्र भी होंगे। मैंने उसके लिये पीछे बहुत छान-बीन की, प्रेस तक दौड़ लगाई, लेकिन कहीं उस लेख का पता नहीं लगा।

एरमीताज-म्यूजियम के एक विशेषज्ञ प्रोफेसर इस्सिन मिले। वह काकेशश और मध्यएसिया के धातुयुग के विशेषज्ञ हैं। उन्होंने बड़े प्रेम से कितनी ही बातें बतलायीं और फिर मुझे कई कमरों को दिखलाया। नव-पाषाण-युग, शकयुग, और उत्तरी कजाकस्तान की प्रागैतिहासिक सामग्री चुनी जा चुकी थी। ई० पू० दसवीं से सातवीं सदी में ऊपरी इर्तिश-उपत्यका पर जाइसन झील के उत्तर सोने की खानों में काम होता था। वहां सोने के पत्थरों को चूर्ण कर धुलाई के द्वारा सोना अलग किया जाता था। कोकचेतोफ में भी सोने की और भी बड़ी खानें थीं। यहां का ही सोना दक्षिण की ओर (भारत, ईरान) जाता था। लेना का सोना अभी सुलभ नहीं हुआ था। उत्तरी काकेकश में टिन की भी खानें हैं। ताँबा तो वहाँ तथा बलकाश के उत्तरी तट तथा दूसरी जगहों में बहुत पाया जाता है। उत्तरी काकेशश के धातु के इतिहास पर पुस्तक लिखने के बाद अब वह कजाकस्तान-सिबेरिया के धातु-स्थानों पर कलम चला रहे हैं। उन्होंने ई० पू० तृतीय शताब्दी के शक-सरदार की कब्र में निकले एक लाल रङ्ग के घोड़े के शवको

भी दिखलाया। यह कब्र उत्तर-पूर्वी कजाकस्तान में अल्ताई के पास निकली थी। कब्र में सरदार के शव के साथ काफी सोने आदि की चीजें रक्खी गई थीं। लेकिन, उसी समय चोरों ने खोदकर उसे निकाल लिया। लकड़ी की शवाधानी, घोड़े, और घोड़ों की चीजें वहाँ बच गई थीं। जिस छेद से चोर भीतर घुसे थे, उसी छेद से उसी समय पानी भीतर चला गया, जो सर्दी के मारे चिरकाल के लिये बरफ बन गया; जिस से घोड़ों के रोम, चर्म आदि सभी २२ शताब्दियों बाद भी सुरक्षित मिले। जिस स्थान पर कब्र थी, वह हूणों और शकों की सीमा पर थी। लेकिन वहां सिवाय कुछ अलंकरण के कहीं पर भी मंगोलायित शरीर-लक्षणों का प्रभाव नहीं था। चीन का भी प्रभाव इस कब्र की चीजों पर नहीं था। इस्तिन ने बतलाया, कि यहां के घोड़े और चारजामे तथा काकेशश के उत्तर की सिथियन समाधियों वालों जैसे ही हैं, जिसका अर्थ है: दोनों जातियां— पश्चिमी सिथियन और पूर्वी शक—एक थीं। इनके घोड़े हूणों के जैसे नहीं बल्कि दक्षिण और पश्चिम के घोड़ों जैसे बड़े-बड़े थे।

हमने साथ-साथ और भी कुछ चीजें देखीं, जिनमें पुराने रूसियों के आभूषणों में हंसली, बंगरी, केयूर, और कर्णफूल भारत जैसे थे। हो सकता है इन में से कुछ आभूषण शकों द्वारा भारत पहुँचे हों।

२४ अगस्त को खबर मिली कि भारत में राष्ट्रीय सरकार के नामों की घोषणा करदी गई है। मुस्लिम लीग उसमें शामिल नहीं हुई।

रूस में पेशों और व्यवसायों की सीमा-रेखा कितनी कम हो गई है, और मस्तिष्कजीवी भी शरीरजीवी बनने में कोई संकोच नहीं महसूस करते, इसका पता हमारे घर की दीवारों पर कागज चिपकाने के लिये आयी महिला थी। वह इंजीनियर थी, लेकिन अपने काम से बाहर यदि कोई काम मिल जाता, तो उसे स्वीकार करने में आनाकानी नहीं करती थी। हमने अपनी छोटी-सी शयन-कोठरी की दीवार पर रंगीन कागज चिपकाने के लिये कहा। वह १५० रूबल पर राजी होगई, और २५ अगस्त को ऐतवार के दिन उसने उस काम को कर दिया। उसे १४ घंटे लगाने पड़े। हजार रूबल से कम उसका वेतन नहीं होगा, तो भी

यदि महीने में पांच सात दिन इस तरह काम करके हजार रूबल और मिल जायें, तो हरज क्या ?

२६ अगस्त को यह सुनकर लोला और उसकी साथिनों ने संतोष की सांस ली, कि अभी साल भर तक राशन हटने वाला नहीं है । सरकारी दूकानें ऐसी भी थीं, जिनमें राशन-बिना चीजें मिलती थीं । वे राशन की चीजों के मिलने का एक और स्थान रीनक (हाट) था । वहां १२० रूबल किलोग्राम चीनी ७० या ८० रूबल में मिल जाती थी । इसी तरह दूसरी चीजें भी तिहाई कम दाम पर बिक रही थीं । हाँ, बिना राशन की दूकान की तरह यहां चीजें बराबर नहीं मिलती थीं, क्योंकि लोग अपनी राशन की चीजों को बेचकर दूसरी अपेक्षित चीजें खरीदते थे, कोई मध्यवर्गी आदमी लोगों से चीजें जमा करके बेचने नहीं पाता था, इसीलिये बराबर चीजों का मिलना संभव नहीं था ।

३० अगस्त आया । एक दिन छोड़ पहिली सितम्बर से ईगर को स्कूल जाना था । आज पास के स्कूल में उसका नाम दर्ज हो गया । माँ को खिलाने की बहुत फिक्र थी । यद्यपि बालोद्यान में उसे पूरा खाना मिलता था, किन्तु शाम सवेरे अपने सिश्का (चूहे) को ठूस-ठूस कर खिलाये बिना माँ कैसे रहती ? पहिली तारीख को सभी माताएं स्वयं और अपने लड़कों का अच्छी तरह बनाव-सिंगार करके स्कूल पहुंचीं । आज उनके बच्चे अक्षर आरम्भ करनेवाले थे । पिछले महीने का अन्तिम सप्ताह लड़कों और उनकी माताओं के भी बालोद्यानों से छुट्टी लेने में बीते थे ! लड़कों के यह स्मरणीय दिन थे, बालोद्यान के बाद अब अगले दस वर्षों तक की स्कूली पढ़ाई, लड़कों और लड़कियों की अलग हुआ करेगी, और चार साल साथ बिताने वाले लड़के लड़कियां अब घर पर ही एक दूसरे से मिल सकेंगे । कई वर्षों के तजर्बे के बाद सोवियत के शिक्षा-शास्त्रियों को सह-शिक्षा उठा देने की जरूरत मालूम हुई । उन्होंने देखा कि १७ वर्ष की आयु के भीतर लड़कियों के विकास की गति कुछ अधिक होती है ।

सितम्बर के साथ शरद अब पूरी तौर से प्रकट होने लगी । यहाँ वर्षा

के भी दिन थे, जो तापमान के गिरने के साथ हिम-वर्षा के दिन बन जायेंगे। लोगों ने अब अपने आलुओं को जल्दी जल्दी खोदना शुरू किया; क्योंकि कुछ आलू चोरी चले गये थे। हमारी क्यारी में पिछले वर्ष से ज्यादा साठ किलोग्राम (प्रायः दो मन) आलू हुआ। ६ सौ रूबल का आलू पैदा करना कम सफ़लता की बात नहीं थी। हमारी पड़ोसिन को जब खेती करने की बात कही गई, तो उसने कहा— क्यों खेत खोदने जाऊँ, जब कि एक रात के जागने में मेरा काम बन सकता है। चाहे वेतन अधिक भी कर दिया जाय, लेकिन चीजों के महँगे होने से लोगों के सदाचार पर बुरा प्रभाव पड़ता है, यह यहाँ मालूम हो रहा था।

अभी तक लोला को कोई नौकरानी नहीं मिली थी। नौकरी ढूँढ़ती एक बुढ़िया २१ अगस्त को आयी। वह फ्रेंच, अंग्रेजी, इतालियन, और जर्मन भाषायें जानती थी। पुराने आभिजात्य वर्ग की लड़की थी, इसलिये युरोप के भिन्न-भिन्न देशों की सैर करना और कई भाषाओं का पढ़ना उसके लिये आवश्यक था। बुढ़िया का बाप जार की पार्लियामेंट का मेम्बर था। कितनी ही बार वह युरोप की सैर कर चुकी थी। युद्ध के समय शहर छोड़कर चली गई थी, इसलिये उसके कमरे में कोई दूसरा बैठ गया था। अब झोली में अपना सारा घर लिये बेघर होकर घूम रही थी। वह भोजनशाला में रहने की जगह मिल जाने पर यहीं रहकर ईगर की देख-भाल करने के लिये तैयार थी, लेकिन हमें तो ऐसे आदमी की आवश्यकता थी, जो कि खाना भी बना सके।

कल-मशीन का काम ऐसा ही होता है, जब तब वह बिगड़ जाती है, और फिर काम ठप्प हो जाता है, इसलिये मशीन-युग के हरेक नागरिक को कल-मशीन की बातें भी सीख लेनी आवश्यक है। बिजली और चूल्हे के मिस्त्री तो हम बन ही गये थे, पहिली सितम्बर को हमारा रेडियो भी बन्द हो गया। पीछे से खोलकर परीक्षा की, तो एक बल्ब बिगड़ा मालूम हुआ। पास-पड़ोस में ढूँढ़ने पर एक रेडियो-विशेषज्ञ मेजर निकल आये। उन्होंने आकर अपना बल्ब लगा दिया, और साथ ही कुछ बातें भी हमें बतला दीं। पारिश्रमिक

देने पर लेने से इन्कार कर दिया।

पहिला सितम्बर रविवार को पड़ा था, इसलिये शिक्षण संस्थाओं के साल का आरम्भ २ सितम्बर से हुआ। युनिवर्सिटी में पिछले साल की तरह लड़कों का नितान्त अभाव नहीं था, अब लड़के भी दिखाई देने लगे थे। पढ़ाने के घंटों आदि का निश्चय पहिले ही हो गया था, इसलिये अब फिर हमारी गाड़ी पहिले की तरह चलने लगी।

उसी दिन एक भारतीय छात्र की चिट्ठी अमेरिका से आयी। वह योजना के संबंध में विशेष अध्ययन करने के लिये आना चाहते थे। भारत से उन्होंने कई पत्र रूस भेजे, लेकिन उन्हें कोई उत्तर नहीं मिला। हम से चाहते थे, कि उनके लिये कोई प्रयत्न करें। बेचारे जानते नहीं थे, कि पूंजीवादी दुनियां के कटु अनुभवों के कारण सोवियतवाले विदेशी विद्यार्थियों को लेने के लिये तब तक तैयार नहीं होते, जब तक पूरी तौर से विश्वास न हो जाय, कि वह किसी विदेशी सरकार के खुफिया नहीं हैं।

× × × ×

भारत से २४ जून को हवाई डाक से भेजा-पत्र ७ सितम्बर को मिला, इससे मालूम होगा कि भारत के साथ सम्बन्ध रखना कितना मुश्किल था। कुछ पत्र तो चार महीने के भी बाद हमारे पास पहुंचे।

२०० रूबल मासिक, भोजन, तथा रविवार की छुट्टी पर भी नौकरानी मिलना मुश्किल हो रहा था। यदि कोई काम करने के लिये तैयार था, तो उसे अपने काम से हटने के लिये जल्दी आज्ञा नहीं मिल रही थी। हमने दोनों कमरों की धुलाई के लिये प्रति रविवार ४० रूबल पर प्रबन्ध कर लिया था।

सितम्बर के प्रथम सप्ताह में भारत में जगह जगह साम्प्रदायिक दंगों की खबरें आरही थीं। कांग्रेस ने राष्ट्रीय मंत्री-मण्डल को संभाल लिया था। लीग अपने हठ पर डटी थी, और उसके कारण जगह जगह झगड़े हो रहे थे। ८ सितम्बर को जवाहरलाल नेहरू की वक्तृता रेडियो पर सुनी : 'भाइयो और बहिनों' से शुरू और "जय हिन्द" के साथ समाप्त। १२ मिनिट की वक्तृता थी। अभी

पहिले पहल सरकार की बागडोर हाथ में आई थी, इसलिये ऊपरी बातें ही ज्यादा थीं।

११ सितम्बर को युनिवर्सिटी जाते समय पहिले प्रोफेसर इल्सिन से पुरातत्व में जाकर बातें कीं। उन्होंने बतलाया कि कजाकस्तान की तांबे, टिन और सोने की खानें अधिकतर पितल-युग (प्रायः ई० पू० १३ वीं सदी) की थीं। सोने की खानों में एकाध लोहे के हथियार भी मिले हैं। ताम्रयुग कजाकस्तान में ई० पू० द्वितीय शताब्दी तक रहा। इसके बाद खानों में काम बन्द हो गया। यह खानें उसके बाद १८ वीं और १९ वीं सदी में और अधिकतर तो २० वीं सदी में फिर से चालू हुईं। अकमोलिन्स्क में आधे भुइंधरे वाले घर मिले हैं, जिनमें खानों के कमकर रहा करते थे, और जो हिन्दू-यूरोपीय जाति के थे। उस समय अकमोलिन्स्क में और अधिक जंगल था। खानों के स्थानों के बारे में उन्होंने बतलाया :—

ताम्र— अकमोलिन्स्क, बलखाश, अल्ताई (इर्तिश से दक्षिण)।

सुवर्ण— कोकचेताफ प्रदेश में २० स्थान, अल्ताई में इर्तिश से दक्षिण।

टिन— दक्षिणी अल्ताई, कल्वा पहाड़, इर्तिश का उभय तट।

उनसे यह भी मालूम हुआ कि क्रान्ति से पहिले कजाक कमकर बहुत कम थे, लेकिन अब वह खानों और कारखानों में काफी हैं।

युनिवर्सिटी की पढ़ाई बाकायदा शुरू हो गई थी, किन्तु बाकायदा का मतलब था अध्यापकों का बाकायदा जाना। युद्ध के बाद विद्यार्थियों के मनोभावों के बारे में यह अक्सर शिकायत की जाती थी, कि वह पढ़ने की अधिक परवाह नहीं करते। मुझे संस्कृत, तिब्बती, और हिन्दी पढ़ानी पड़ती थी। घर से युनिवर्सिटी पहुंचने में डेढ़ घन्टा और उतना ही लौटने में लगता था। जब वहां विद्यार्थियों को शून्य देखता, तो समय की बर्बादी का अफसोस होता। लौटते समय ट्राम में चढ़ना आसान नहीं था। खड़े होने की जगह मिलती तो भी लोगों के मारे दबने-पिचने लगता। यदि बैठने की जगह मिल जाती, तो घुटनों से नीचे के पैरों की खैरियत नहीं थी।

मैंने प्रधान-मंत्री को एक बधाई का तार भेज दिया था। संचारों की धांधली जैसी चल रही थी, उससे यह आशा नहीं थी, कि तार पहुंच ही जायगा; हालाँ कि उसमें कोई वैसी बात नहीं थी। लेकिन १४ सितम्बर के दिल्ली-रेडियो से नेहरू जी के पास शुभेच्छा भेजने वाले लोगों में लेनिनग्राद के प्रोफेसर राहुल सांकृत्यायन का नाम भी सुना। इससे यह तो मालूम हुआ कि रूस देश में भी नई सरकार के शुभेच्छु हैं, लेकिन जहां तक हमारे इष्टमित्रों का सम्बन्ध था, वह इस नई सरकार को कोई अहमियत नहीं देते थे।

लोला ने अपने सगे सम्बन्धियों को नौकरानी के लिये कह रखा था। एक महिला एक ७० वर्षीया वृद्धा को अपने साथ लेकर १५ सितम्बर को आयीं। फिर एक दूसरी भी संबन्धिनी अपने दो बच्चों के साथ आयीं। घर में चार-पांच लड़के, और तीन चार मेहमानों के आ जाने से कुछ चहल-पहल हो गई। लोला के चचेरे भाई की लड़की नताशा बड़ी भद्र महिला थीं। उसके दो बच्चे थे, पति दूर चला गया था और शायद छोड़ भी चुका था। दोनों बच्चों का पालन मां स्वयं कमाकर कर रही थी। उसने अपने छोटे बच्चे को पितृकुल का नाम (बेर्नस्ताम) दे रखा था। लोला बहुत ज्यादा स्नेह प्रकट करनेवाली स्त्री नहीं थी, लेकिन नताशा के साथ उसका स्नेह था। उसको इस बात का अफसोस था कि इस रक्तकेशी ने एक यहूदी से विवाह किया है। उसके लड़के का भी केश लाल था। वह यद्यपि ईगर से एक ही साल बड़ा था, लेकिन कहानियां खूब पढ़ लेता था, पढ़ने का शौक भी उसे बहुत था, और यह अनुभव करने लगा था, कि मां कितनी मेहनत करके हमारी परवरिश कर रही है। वृद्धा शायद काम नहीं कर सकती थी, इसलिये उसको नहीं रखा गया।

१६ सितम्बर सोमवार होने से हमारे स्नान का दिन था। हर हफ्ते की तरह आज भी स्नान करने गये। दोपहर बाद वर्षा ही वर्षा रही। गोया शरद धूम-धाम से आरम्भ हो गई थी। अब दिन में भी घर में बैठते वक्त गरम कोट की जरूरत पड़ने लगी थी। बिना राशन की दूकानों में दाम और कम हो गया। चीनी १२० रूबल की जगह ७० रूबल किलोग्राम हो गई, राशनकार्ड

में चीनी पांच रूबल किलोग्राम मिलती थी । चौकोर चीनी के डले, ५. ७० रूबल से १५ रूबल किलोग्राम कर दिये गये थे, अर्थात एक तरफ राशन की चीजों का दाम ऊपर उठाया गया था और दूसरी तरफ बिना राशन की चीजों का दाम नीचे किया जा रहा था। काली रोटी १. १० रूबल से ३. ४० रूबल किलोग्राम हो गई थी। मक्खन बिना राशन का साढ़े तीन सौ से २६० रूबल हो गया था । रोटी का इतना दाम बढ़ना कम वेतनवालों के लिये कष्टप्रद था, क्योंकि सबसे कम वेतन पानेवाले दो सौ से तीन सौ रूबल तक ही तनख्वाह पाते थे। हां ८०० सौ रुपये तक, मासिक पाने वालों के वेतन में २० सैकड़े की वृद्धि भी करदी गई थी । वहां के अर्थ-शास्त्र को समझना मुश्किल मालूम होता था, किन्तु हम किसी को भूखा नहीं देखते थे ।

हमारे ही मुहल्ले की एक प्रौढ़ा सान्या को लोला ने नौकरानी ठीक किया। उसका मकान पास ही में था। वह एक लड़के और लड़की की मां थी । लड़ाई के बाद उसका घर बिखर गया ।

शिश्किन के बरक्या संबन्धी लेख को ढूंढ़ने के लिये हम २६ सितम्बर को अकदमी प्रेस गये, किन्तु वह वहां नहीं मिला। अकदमी के प्राच्य-प्रतिष्ठान के पुस्तकालय में गये । बिना पासपोर्ट देखे भीतर जाने की इजाजत नहीं थी। इस तरह के अनुत्पादक श्रम में हर जगह काफी आदमियों को लगे देख कर ख्याल आता था : क्या इन्हें यहां से हटाकर किसी उत्पादन में और आवश्यक काम में नहीं लगाया जा सकता ? इसमें संदेह नहीं कि ऐसे प्रबन्ध से खतरे की गुंजाइश बहुत कम रह जाती है, लेकिन ऐसे ख्याली खतरों के भय से सभी क्षेत्रों में यांत्रिक प्रबन्ध को अपनाना अच्छा नहीं मालूम होता था । खैर, मेरे पास पासपोर्ट था, युनिवर्सिटी के प्रोफेसर होने का प्रमाण-पत्र था, इसलिये जाने में कोई दिक्कत नहीं हुई ।

वरान्निकोफ बहुत कम बोलनेवाले विद्वान् हैं, जिसका अर्थ यह नहीं कि वह अपने विषय पर भाषण देने या लिखने में अक्षम हैं। उन्होंने बहुत सी पुस्तकें लिखी हैं, और "प्रेमसागर" का गद्यमय और तुलसीकृत रामायण का पद्यमय

रूसी अनुवाद किया है,इसलिये हम उन्हें आलसी-संकोची नहीं समझ सकते। २१ सितम्बर को मैं उनके घर गया था। बरान्निकोफ अकदमिक हैं, इसलिये वह रूस के डेढ़-सौ जीवन्मुक्त देवताओं में से हैं। उनकी पत्नी भी प्रोफेसर हैं। पुस्तकों के जमा करने का कितना शौक है, यह उनके घर का विशाल पुस्तकालय बतला रहा था। उक्रइन के एक दरिद्र बढ़ई के पुत्र ने अपने अध्यवसाय से इस स्थान को प्राप्त किया था। यदि सोवियत शासन नहीं स्थापित हुआ होता, तो वह शायद ही इस पद पर पहुंच पाते। मुझे कई मर्तबे तुलसीकृत रामायण के अनुवाद के संबन्ध में परामर्श देने के लिये जाना पड़ा था। जहाँ तक अनुवाद का सम्बन्ध है, उसे उन्होंने पहिले ही पूरा कर लिया था, अब वह प्रेस में जा रहा था।

२३ सितम्बर को हाथ और पैर ठिठुर रहे थे। जान पड़ता था, तापमान हिमबिन्दु से नीचे चला गया है। अब साढ़े पांच बजे अंधेरा हो जाता था और दो दिनों से रेडियो खराब होने से २४ सितम्बर को तो हमें जग अंधेरा मालूम होता था।

२६ सितम्बर को जब युनिवर्सिटी से घर लौटे, तो देखा हमारी नई नौकरानी मानिया ने घर को घर बना दिया है, अस्त-व्यस्त चीजों को एक जगह पर ठीक से रख दिया है, घर साफ है। लेकिन पूरी व्यवस्था कायम करने के लिये मानिया स्वतंत्र कहाँ थी?

२७ सितम्बर को पेड़ों के पत्ते करीब करीब सभी पीले पड़ गये थे। सर्दी बढ़ गई थी, लेकिन लोग अभी कन्टोप नहीं पहिन रहे थे। पोस्तीन का कोट कोई कोई पहिने हुए थे।

नाटकों और फिल्मों के बारे में न कहने से यह न समझना चाहिये, कि हम अब उन्हें देखने नहीं जा रहे थे। २८ सितम्बर को मारिन्स्की-तियात्र में हम एक ऐतिहासिक ओपेरा "क्न्याज ईगर" (राजुल ईगर) देखने गये। ओपेरा का लेखक-महान् नोट्यकार अ० प० बोरोदिन (१८७४-८७ ई०) था। आज से ७०-७५ साल पहिले यह ओपेरा अभिनीत हुआ था। ईगर रूस का

ऐतिहासिक वीर है, जिसने तातारों से लड़कर रूस को स्वतंत्र रखने की कोशिश की। उसी वीरता के कारण रूसी लड़कों में ईगर नाम वाले बहुत अधिक मिलते हैं। क्रिमिया और दक्षिणी रूस में उस वक्त तातारों का बड़ा जोर था। वह रूसियों का नाक में दम किये हुए थे। उस समय रूस का शासन केन्द्र कियेफ था। साथ-साथ और भी छोटे छोटे राजा जहां-तहां रहा करते थे। ११८७ ई० में ईगर अपने पुत्र सहित तातार खान का बन्दी हो गया। इसी घटना को लेकर यह ओपेरा लिखा गया था। नवोग्राद शिविस्की के गवल ईगर स्वयातो स्लविच ने पड़ोसी पलोवेत्स्की खान कोन्चक पर धावा किया। पिता-पुत्र पकड़कर जेल में डाल दिये गये। अभियान के लिये जाते वक्त ईगर पहले भगवान से प्रार्थना करने के लिये गिर्जे में गया, फिर अपनी पत्नी यारोस्लाना से विदाई लेने गया जिस वक्त ईगर विदेश में बन्दी था, उस वक्त की विरह-वेदना को प्रकट करने के लिये किसी अज्ञात कवि ने 'स्लोवा ओ पोल्कु ईगरारेवे' (ईगर के कटक की वाणी) के नाम से एक काव्य लिखा। काव्य बहुत बड़ा नहीं है, लेकिन रूसी भाषा का यह सबसे पुराना आदिकाव्य है, इसलिये इसका बड़ा महत्त्व है। बन्दी ईगर के साथ कोन्चक खान का बर्ताव अच्छा था। ईगर के पुत्र व्लादिमिर का खान की कुमारी से प्रेम हो गया था। खान भी धीरे-धीरे ईगर पर विश्वास करने लगा था, लेकिन उस विश्वास से फायदा उठाने की ईगर ने कोशिश नहीं की। खान ने इस पर प्रसन्न होकर कहा— यदि मैं तुम्हें छोड़ दूँ, तो तुम क्या करोगे। ईगर ने उत्तर दिया— वही जो एक दुश्मन के साथ करना चाहिये। ईगर इस तरह बन्दी का जीवन व्यतीत कर रहा था, और उधर उसकी रानी का भाई व्लादिमिर व्लादिमि,तथा पुतिव्ल षड़यंत्र करके राज्य पर हाथ साफ करना चाहते थे। दरबारियों को मन मानी करने की छूट थी। यह खबर ईगर को मिली। वह वहाँ से भाग निकला। पत्नी और प्रजा ने वीर का स्वागत किया।

यह समय ११८५ ई० करीब करीब वही था,जबकि जयचन्द का राज्य समाप्ति पर था और दिल्ली पर तुर्क-मुसलमानों का झंडा गड़नेवाला था। कथानक, संगीत और अभिनय की दृष्टि से ही यह नाटक सुन्दर नहीं था, बल्कि इसके रूप में उस

समय की वेष-भूषा, रहन-सहन, नगर-ग्राम, राजा, राजनीतिका एक बहुत सुन्दर पाठ दर्शकों के सामने उपस्थित किया जा रहा था। उसमें हथियार भी उसी समय के थे, और कवच भी। सामन्तों के उस समय जैसे काष्ठमय घर और काष्ठ-दुर्ग होते थे, घरों के भीतर जैसे चित्र बनाये जाते थे, यहाँ तक की बर्तन और वाद्य तक भी उसी समय के इस्तेमाल किये गये थे। बजाने वाले नये नाच और अभिनय कर के दर्शकों का मनोरंजन कर रहे थे। उस समय के बाजों में एक सारंगी से कुछ मिलता जुलता था।

२६ सितम्बर को शनिवार था! मैंने अपने एक विद्यार्थी से कह रखा था। आज कलखोज की सैर में वह मेरा पथ-प्रदर्शक हुआ। फिन-लैंड स्टेशन से जानेवाली लाइन के पास के किसी गाँव में हमें जाना था। दसवें नम्बर की ट्राम जहाँ खतम होती है, वहाँ तक ट्राम से आकर फिर हमने रेल पकड़ी, और कितनी ही दूर जाकर उतर पड़े। हम उस भूमि में थे, जहाँ जर्मनों से घमासान लड़ाई हुई और जहां पर जर्मन सौ दिनों से ज्यादा डटे रहे। कलखोज पहिले की तरह से अभी जम नहीं सके थे। रास्ते में एक जगह एक पूरी की पूरी कवचधारी ट्रेन खड़ी थी। मालूम होता था, लड़ाई अभी अभी खतम हुई है। पुराने कलखोजों के खेतों को भिन्न-भिन्न कारखानों ने आपस में बांटकर आलू-गोभी की खेती करनी शुरू की थी। पहले हम जिस फार्म पर गये, उसके ब्रिगादीर ने बड़ी प्रसन्नता से हमें खेत दिखलाया। उसके पास २५ एकड़ खेत थे। एक कोठरी थी, जिसमें काम करने वालों के लिये कुछ खाटें पड़ी थीं। फैक्टरी के मजदूर, समय समय पर आकर काम कर जाते थे। जाड़ों में वहाँ कोई नहीं रहता था। वहाँ से फिर हम "खिमिचेस्की कम्बीनात" (रसायन समवाय) की खेती देखने गये। ढाई सौ एकड़ में साग-सब्जी की खेती थी। बायें हवाई अड्डे को छोड़ते हम वहां पहुँचे। यहाँ ट्रैक्टर और दूसरी मशीनें भी खड़ी थीं। संयोग से कम्बिनातका डाइरेक्टर भी अपनी मोटर से वहाँ आया था, उसने हमारे विशेष रूप-रंग को देखकर जन्म-भूमिका नाम जानना चाहा। छात्र ने हमारे विदेशीपन को छिपाने के लिये मध्यएसिया

कह दिया । नागरिक लोगों में हमारे जैसे भारतीय रूप रंगवाले आदमी बहुत कम मिलते हैं । और, मैंने पास-पोर्ट दिखला दिया । उन्हें मालूम हुआ कि मैं विश्वविद्यालय का प्रोफेसर हूँ । हमने खेत में जहाँ तहाँ घूम फिर कर खेती को देखा । पास ही में सैनिक हवाई अड्डा था, इसलिये वहां पर किसी विदेशी के लिये उतनी स्वतंत्रता तो नहीं होनी चाहिये थी । शायद इतनी स्वतंत्रता इंग्लैंड और अमेरिका के वह लोग भी अपने देशों में नहीं दे सकते, जो मौके-बे-मौके वैयक्तिक स्वतंत्रता की डींग मारा करते हैं और सोवियतों को लौह-परदे का देश बतलाते हैं । उस दिन हम शाम तक इधर-उधर घूमते रहे । कलखोजों को देखने की अभी यहां बहार नहीं थी, क्योंकि उजड़े गांव बस नहीं पाये थे, और शहर वाले कारखानों ने केवल अपने साग-सब्जी लायक जमीन को ही आबाद कर लिया था, अभी किसानों का गृह-जीवन देखा नहीं जा सकता था ।

३० सितम्बर को आज एक सरकारी हुक्म की बड़ी चर्चा थी, जिसमें कहा गया था कि कारखानों और राष्ट्रीय संस्थाओं में जो काम नहीं करते या पेन्शनर नहीं हैं, उन्हें राशनकार्ड नहीं मिलेगा । वस्तुतः यह इसलिये किया जाने वाला था, कि देश के पुनर्निर्माण और नवनिर्माण का काम सोवियत सरकार जल्दी करना चाहती थी,जिसके लिये आदमियों की बहुत कमी थी । युद्ध की सेना से लौटकर लोग मजदूरों की सेना में भरती हो रहे थे, लेकिन तब भी हिसाब से मालूम हुआ, कि लाखों स्त्रियां ऐसी हैं, जो गृहिणी बनकर घर पर बैठी हैं, इसीलिये यह तिकड़म लगाया गया था, जिससे बेकार बैठी महिलायें कुछ काम करने लग जायें । असर जादू की तरह हुआ, क्योंकि राशन कार्ड छिन जाने पर अब १० गुना २० गुना दाम देकर रोटी-मक्खन खरीदकर घर में बैठे रहने के लिये कोई स्त्री तैयार नहीं थी और काम भी कोई मुश्किल नहीं था । सभी बैठी ठाली स्त्रियों को वह हल्का से हल्का काम देने के लिये तैयार थे । वह समझते थे कि हल्के काम को यदि स्त्रियां संभाल लें, तो भारी काम में पुरुषों को लगाया जा सकता है । वह इसका तजर्बा भी काफी कर चुके थे । नगर की पुलिस में सड़कों पर ६० फी सदी स्त्रियां थीं । ट्रामों की ड्राइवर भी प्रायः सभी वही थीं । अफवाह

उड़ानेवाले रोटी का दाम बढ़ जाने से यह भी कह रहे थे, कि स्नानागार का शुल्क अब एक से साढ़े तीन रूबल हो जायेगा, ट्राम का टिकट १५ से ४५ कोपिक हो जायगा। कम वेतन वाले लोग परेशान थे, लेकिन ऐसी कोई बात नहीं हुई। अधिक से अधिक सरकार का यही उद्देश्य मालूम होता था, कि देश के हरेक काम कर सकने वाले आदमी कुछ काम करें।

इधर रेडियो खराब हो गया था। यदि बल्ब बदलने की बात हम जानते, तो स्वयं कर सकते थे। उनिवर्-माग में गये। ३ महीने से ज्यादा खरीदे हो गया था, इसलिये वह पुर्जे बदल नहीं सकते थे, लेकिन मरम्मत करने के लिये आदमी भेजने के लिये तैयार थे। वहां उसकी हाट में चीजें भरी हुई थीं। समूरी ओवरकोट का दाम १२ हजार रूबल था। उसके खरीदने वाले तो अकदमिक वराब्निकोफ जैसे लोग ही हो सकते थे। साधारण गरम ओवरकोट का दाम ४ हजार रूबल था। यह बिना राशन की कीमत थी। राशन या सीमित कार्ड हो, तो एक तिहाई दाम कम हो सकता था। १७०० रूबल में रेडियो मिल रहा था। हमारे साथियों की बात ठीक उतरी, अगर हम रुके होते तो ३५ सौ की जगह १७ सौ देना पड़ता! हिसाब बड़ा उलट-पुलट मालूम देता था। १७ सौ रूबल अर्थात् ढाई मन रोटी एक रेडियो का दाम जो कि आजकल भारत में ५० रुपये से अधिक की नहीं होगी।

घर पहुँचने पर स्कूल के डाक्टर की सूचना आयी: ईगर को स्कारलेट लाल ज्वर है, उसे अस्पताल भेजना चाहिये। स्कूली डाक्टर ने केवल हमको ही सूचना देकर ही सन्तोष नहीं कर लिया था, बल्कि सीधे अस्पताल में भी सूचित कर दिया था। अभी हम कुछ निश्चय नहीं कर पाये थे, कि शाम को अस्पताल की मोटर आ गई। अस्पताल के नाम से शिक्षित मध्यवर्गीया लोला उतना ही डरती, जितना की एक गांव की पैदा हुई स्त्री मरुस्या। उसने कोशिश की, कि मोटर खाली हाथ लौट जाय, लेकिन यह तो छूत की बीमारी थी, दूसरे लड़कों और मुहल्ले का भी ख्याल करना था। लोला जैसी स्त्रियों को सामाजिक धर्म से कोई वास्ता नहीं होता। उस दिन तो और उसकी जिद काम कर गई।

दूध	४ लिटर
चीनी	२ किलो
टिन खाद्य	२ टीन
आलू	२३ ,, (साढ़े बत्तीस सेर), २६ टीन भाजी
साबुन	२ नहाने का
साबुन	२ धोने का
चाय	१०० ग्राम (२ छटांक)

यह विशेष राशन-कार्ड की चीजें थीं, इनके अतिरिक्त साधारण राशन-कार्ड की चीजें भी थीं। लोला को भी इस साल से सहायक-प्रोफेसर होने के कारण एक विशेष कार्ड मिला था, जिसमें इससे एक तिहाई चीजें मिलती थीं। इससे मालूम होगा, कि राशन की कठिनाई के दिनों में भी साधारण नागरिकों और शिक्षित कर्मियों को कितना खाने पीने का सुभीता रहता था।

३ अक्तूबर को जब अस्पताल गये, तो ईगर को ज्वर आदि की कोई शिकायत नहीं थी। कांगरू माँ समझती थी, कि जैसे मैं अपने पुत्र के बिना एक क्षण नहीं रह सकती, वैसे ही मेरा बेटा भी होगा, किन्तु वह अकेले में घबड़ाता नहीं था। बड़े आदर के साथ अस्पतालवालों के साथ बातचीत करता था, इसलिये डाक्टर, नर्स और परिचारिकायें सभी सन्तुष्ट थीं। ईगर की इस बेपरवाही को देखकर लोला ने चार साल पहिले के शिशुशाला के अनुभव को बतलाया: उस समय वह तीन-चार बरस का था। मा किसी काम से एक महीने उसे देख न पायी थी। जब वह वहां मिलने गई, तो ईगर ने इतना ही कहा—" चोची (मौसी), तू बैठ में जरा खेलने जाता हूँ।" और वह खेलने चला गया। मां बेचारी रोती बैठी रही। उसका बेटा इतनी जल्दी उसे भूल गया, और मामा नहीं चोची (मौसी) कह रहा है। उस दिन तिरयोकी से जब हम आ रहे थे, तो भी ईगर वहीं रह जाने को कह रहा था। मैंने कहा— अब अस्पताल छोड़ने वक्त भी शायद वही बात होगी, और चोची मामा को खाली हाथ ही लौटना पड़ेगा। आदर्श का बच्चा स्वभावतः स्वावलम्ब का पाठ पढ़ता

चाहता है।

७ अक्तूबर को देखा, रातको बर्फ बना हुआ पानी ११ बजे दिन तक वैसा ही पड़ा था। वृक्षों की पत्तियां अब बहुत गिरने लगीं थीं। ८ अक्तूबर को अस्पताल गये, तो ईगर कलंडर बनाने में लगा हुआ था। खेलना, गाना, और बात करना बस यही उसका काम था। मिश्का को चोचूया-मामा की बहुत परवाह नहीं थी। घर लौटकर देखा, लोरियों पर ढोकर कोयला लाया जा रहा है। आशा बँधी कि अबके साल मकान जल्दी ही गरम होने लगेगा। लोगों ने भी कहा, अबके १५ अक्तूबर से ही गरम होगा।

१० अक्तूबर को समय से पहिले जाकर नेव्स्की महापथ पर किताबों और नये फिल्मों की तलाश में घूमता एक मंगोल फिल्म (मरुभूमि के सवार) देखने गया। फिल्म १६४६ ई० में मंगोलिया की राजधानी उलान्बतुर (उर्गा) में तैयार किया गया था। इसके सारे अभिनेता और अभिनेत्रियां मंगोल थीं, केवल टैक्नीकल सहायक रूसी थे। फिल्म का कथानक १७ वीं सदी के एक मंगोल विजेता का जीवन था। फिल्म में रूसी भाषा का प्रयोग यहां के लिये किया गया था। मंगोलिया का प्राकृतिक दृश्य बहुत सुन्दर था, जिसमें वहां के विस्तृत मैदान, रेगिस्तान, छोटे छोटे पहाड़, नदियां, देवदारों से ढंके पर्वत, पशुपालों के तम्बू और चरागाहों में जानवर दिखलाये गये थे। उस समय के हथियारों के साथ युद्ध के भी दृश्य थे। हथियार और पोशाक को ठीक देश-कालानुसार रखा गया था। लामा और गुम्बा (मठ) के भी कितने ही दृश्य थे। पुरानी मंगोल-प्रथा के अनुसार कथा के नायक को जब खान (राजा) बनाया गया, तो उसे नम्देपर बैठाकर लोगों ने जलूस निकाला। मंगोलराजाओं का सिंहासनारोहण नहीं, नमदारोहण होता था। खान ने मंगोलों के लगातार होनेवाले घरू झगड़ों को हटाकर सारी मंगोल जाति को एकताबद्ध किया। फिर उसे जब पता लगा, कि हमारे धर्म के पोप दलाई-लामा को बहुत कष्ट दिया जा रहा है, तो वह मंगोलों की एक बड़ी वाहिनी लेकर तिब्बत की ओर चल पड़ा। तत्कालीन दलाई-लामा एक दस-बारह साल का बालक था,

जो बड़ा ही सुन्दर था। उसका अभिनय भी बड़ा प्रभावशाली था। फिल्म में पतला और न्हाआ को भी चित्रित करने की कोशिश की गई थी। खान के दामाद ने विरोधी सेना को पूर्णतया पराजित किया। विरोधी निष्ठुर सामन्त ने एक सुन्दरी (विषकन्या) भेजकर उसे फंसाने की कोशिश की, जिसकी खबर पाकर खान ने अपने एकलौते दामाद को प्राणदण्ड देने का पत्र भेजा। तरुण का सिर काटकर लाया गया। खान का हुक्म था, इसलिये कोई मंगोल उसमें ननुनच नहीं कर सकता था। मगर आंसू बहाने लगा, लेकिन उसको संतोष था, कि उसने राजधर्म का पालन किया। उसकी लड़की मूर्च्छित हो गई, पिता अपने आंसुओं को पोंछ पोंछकर उसे समझाता था। लड़की लड़ाई में लड़ती मारी गई। इस फिल्म से यह भी मालूम होता था, कि चिंगीज को कैसे लोग मिले थे, जिनके बलपर वह विश्वविजयी होने में सफल हुआ।

★ ★ ★

१६ – पुनः हिमकाल

२३ अक्तूबर को सबेरे उठा, तो देखा बाहर सब जगह बरफ की चादर बिछी हुई है। रात को बरफ पड़ी थी, यद्यपि तापमान देखने से यह आशा नहीं थी कि वह ठहरेगी। शाम तक बहुत सी पिघल भी गई। इस जाड़े में यद्यपि सरदी कम नहीं थी, किन्तु बरफ की कमी की बहुत शिकायत रही।

२५ अक्तूबर को अब भी कुछ बरफ बाकी थी। २७ को सबेरे फिर तीन इंच मोटी सफेद बरफ से धरती ढंकी हुई थी, लेकिन शाम तक सड़कों की बरफ बहुत कुछ गल चुकी थी।

युनिवर्सिटी हमें रोज जाना नहीं पड़ता था। यदि वहाँ न जाते तो, घर में बैठे पढ़ा-लिखा करते। जाने पर हमारे यहाँ से युनिवर्सिटी ४–५ मील थी और नगर का सबसे बड़ा राजपथ नेव्स्की से होकर जाना पड़ता था। रास्ते में बहुत से सिनेमाघर पड़ते थे। यदि कहीं ऐसा फिल्म देखते, जिससे अतीत या वर्तमान सोवियत भूमि के सम्बन्ध की कुछ विशेष बातें मालूम होतीं, तो जाते या लौटते उसे जरूर देखते। वयस्कों के सिनेमा घरों में बच्चों को ले जाने की इजाजत नहीं है, इसलिये ईगर को साथ लेने का सवाल नहीं था। सिनेमा से ज्यादा हमें

पुरानी किताबों की दुकानों में जाकर अपने विषय की किताबों को ढूँढने का शौक था। कुछ ऐसी दुकानें नेव्स्की राजपथ से हटकर भी थीं। कभी कभी वहां बड़े काम की पुस्तकें मिल जाती थीं। युनिवर्सिटी में भी पुरानी पुस्तकों की दुकान थी। यह कबाड़ी दुकानें संस्थाओं की थीं, किसी कबाड़ी व्यापारी की नहीं। नई पुस्तकों का मिलना दुर्लभ था, हमारे लिये तो यही दुकानें कामधेनु थीं।

१८ अक्तूबर को काफिदरा (विभाग) के अध्यक्ष अकदमिक बरान्निकोफ के घर पर अध्यापकों की बैठक हुई, जिसमें अध्ययन-अध्यापन तथा विद्यार्थियों के परिश्रम आदि के विषय में सबने अपनी अपनी रिपोर्ट दी। पहिले और दूसरे वर्ष में कितने ही अच्छे छात्र आये थे। तृतीय वर्ष की तान्या कतिनिना, और सारा मेल्नीकोफ की सभी तारीफ कर रहे थे। चौथा वर्ष युद्ध के कारण छात्र-शून्य था। पांचवें वर्ष की दोनों छात्राओं से अध्यापक उतने सन्तुष्ट नहीं थे, वह अक्सर फ्रेंच-लीव (मनमानी छुट्टी) ले लिया करती थीं। रात को ११ बजे लौटते समय बूंदें पड़ रही थीं। नीचे भूमि पर बरफ बिछी हुई थी और ऊपर से जल-वर्षा, अर्थात्— जमीन ज्यादा ठंडी, और आसमान ज्यादा गरम था। भूमि बरफ को छिनने नहीं देना चाहती थी।

सोवियत विश्वविद्यालयों के विदेशी भाषाओं के शिक्षण का तल पश्चिमी यूरोप के विश्वविद्यालयों से ऊँचा है, इसमें संदेह नहीं। पांचवें वर्ष में दशकुमार चरित्र पढ़ाया जाता था। तानिया कतिनिना और सासा ने पहिले बड़े उत्साह से आकर तिब्बती भाषा शुरू करदी, लेकिन सासा का उत्साह बहुत दिनों तक नहीं रहा। सासा का झुकाव अर्थशास्त्र और राजनीति की तरफ बहुत था, इसलिए वह उसी दृष्टि से भारत का अध्ययन करना चाहता था। तृतीय वर्ष में जाकर अब वह हिन्दी काफी समझता था, और चाहता था, कि भारत से इतिहास राजनीति, और अर्थशास्त्र पर लिखी नई नई हिन्दी की पुस्तकें मिलें। मैंने कोशिश की। सासाने एक भाषातत्व की दुर्लभ रूसी पुस्तक को भी भारत भेजा, लेकिन पुस्तकों का आदान-प्रदान भी पूंजीवादी दुनिया समाजवादी देश के साथ आसानी से करने देना नहीं चाहती। तिब्बती भाषा के आरम्भिक पाठों

के बाद मैंने जातकमाला को पाठ्य पुस्तक चुना, क्योंकि उसके संस्कृत और भोट (तिब्बती) अनुवाद दोनों प्राप्त थे। एक पुस्तक होने पर भी कोई दिक्कत नहीं थी, क्योंकि युनवर्सिटी के पास अपना बहुत अच्छा फोटो और फिल्म स्टूडियो था, जहां अपेक्षित कापियां तैयार कराई जा सकती थीं। कतिनिना गंभीर छात्रा थी, उसकी बुद्धि भी अच्छी थी, और परिश्रम तो इतना करती थी, कि पुस्तकों में मग्न होने पर हाथ-मुँह धोना तक भूल जाती थी, और उसके सहपाठी शिकायत करते थे कि नहाने में वह बहुत आलसी है। ऐसी लड़की भला अपने को संवार-सिंगार करके कैसी रख सकती थी? मुझे विश्वास था, कि यदि वह अपने रास्ते पर चली गई, तो रूसी संस्कृतज्ञ विद्वानों की परम्परा को आगे बढ़ाने में सफल होगी।

२० अक्तूबरको अभी भी ईगर अस्पताल में था। उसकी सबसे अधिक मांग थी खिलौनों की, यद्यपि छूत की बीमारी वाले अस्पताल में रहने के कारण वह खिलौने फिर लौटकर साथ नहीं आ सकते थे, तो भी उसकी माँग पूरी की जाती थी। वह अपने खेल और कागजों पर मनमाना लिखने में अब घर को भूल-सा गया था।

२४ अक्तूबर तक सारे वृक्ष नंगे हो गये थे, केवल देवदार जैसे सदा हरित रहनेवाले वृक्ष ही आंखों को अपनी हरियाली से तृप्त करते थे। मैं सोचता था — क्यों न, सड़कों या बगीचों में इन्हीं के वृक्षों की भर मार की जाती। लेकिन पीछे मालूम हुआ, कि उनकी देखभाल अधिक परिश्रम-साध्य है। दूसरे वृक्ष तो अक्तूबर के अन्त तक अपने पत्तों को झाड़कर नंगे हो जाते हैं। उनके पत्तों को बर्फ ढांक लेती है, इसलिये उनकी सफाई की आवश्यकता वसन्त में ही एक बार पड़ती है। देवदार के पत्तों के गिरने का कोई निश्चित काल नहीं है। वह हर समय अपनी सूइयों को बिखेरने बिछाने के लिए तैयार रहता है, जिसके कारण रोज झाड़ू-बुहारू की आवश्यकता पड़ती है।

हमारी नौकरानी मान्या काम करने में बड़ी दक्ष थी, और सफाई तथा व्यवस्था के साथ फुर्ती भी काफी रखती थी। वह ३५-३६ वर्ष की अधेड़ स्त्री

देखने में अधिक बूढ़ी सी मालूम होती थी। उसके एक पुत्री और एक पुत्र थे, जिन्हें लेकर वह लड़ाई के दिनों में लेनिनग्राद छोड़कर बाहर चली गई थी। उसका ड्राइवर पति यहीं रहा। तीन वर्ष तक बेचारा कहाँ तक संयम करता, और विशेषकर जबकि पत्नी का इतना टोटा था? वह किसी दूसरी स्त्री के प्रेम-पाश में बंध गया। मान्या लड़के-लड़कियों को लेकर लौटी और बाप अपने बच्चों को प्यार भी करता था, लेकिन उनके दर्शन के लिए तैयार नहीं था। मान्या को जब तब वह पैसों की मदद करता था। मान्या बहुत रोती-धोती थी। पति कभी कभी आजाने का विश्वास भी दिलाता था, लेकिन ऐसे निश्चित किये न जाने कितने दिन बीत चुके थे, इसलिये लौट आने की आशा कम ही रह गई थी। हाँ बच्चों को देखने वह जरूर आता था। मान्या कभी रोती और कभी कुपित होती। एक दिन ऐसे ही समय उसकी अष्टवर्षीया कन्या माँ को बड़ी गंभीरता पूर्वक सलाह दे रही थी — मामा, बालों में स्थायी लहर करा ले, पाउडर तथा अधरराग भी लगा लिया कर, शायद यह देखकर पापा आजाय। आठ वर्ष की लड़की की इतनी ठोस सलाह दस्यासन्न बतलाती थी, कि बाल्याने भी अपनी माँ के आवजन्यी जीवन से कुछ लाभ उठाया था। दूसरे दिन बाल्या कह रही थी— मामा, पापा के आने पर उसे अच्छा अच्छा खिलाना, शायद वह लौट आये। बाल्या के पापा ने अब की पहिली नवम्बर को आकर रहने का वचन दिया था, किन्तु वह अपनी प्रेमिका के साथ अधिक आराम से रहता था। मान्या एक गंवार लड़की १७-१८ वर्ष की उमर में गांव छोड़कर शहर की ओर आयी थी। उसी समय उसका उससे प्रेम हुआ था, लेकिन पति अब अधिक नागरिका को पसन्द करने लगा था। मान्या जीवन भर गंवार की गंवार ही रही। हमने सोचा था, मान्या के लिये भी राशनकार्ड मिल जायेगा, और खाने की चिन्ता नहीं रहेगी, लेकिन नये नियम के अनुसार घरू नौकरों के काम को राष्ट्रीय महत्व का नहीं समझा गया। इसलिये मान्या को हमें बिना राशन की चीज लेकर खिलाना पड़ता। लोला ने चिन्ता प्रकट की, तो मैंने कहा—आलू गोभी ज्यादा खायेंगे, लेकिन वह भी तो ३०-४० रूबल किलो थे।

२९ अक्तूबर को अस्पताल गये, तो डाक्टर ने बतलाया कि स्कारलेट ज्वर नहीं था, हां, खून में डिप्थेरिया के कीटाणु पाये गये हैं। उसी दिन हम ईगर को अपने साथ घर लाये।

३१ अक्तूबर को महीना के अन्तिम दिन तथा जाड़ों का भी एक महीना बीत चुका था, लेकिन सर्दी कम थी। रास्ते में कहीं कहीं कीचड़ थी। लोला को अब नौकरानी रखने का पश्चात्ताप हो रहा था। २०० रूबल की जगह अगर ५०० रूबल देने से काम चलता और खाना न देना पड़ता, तो वह खुशी से तैयार थी, लेकिन अब तो राशन-कार्ड बन्द था। नौकरानी को हटाने की सोच रही थी, लेकिन उसको हटाने पर गृहव्यवस्था में गड़बड़ी पैदा होती। हमारे युनिवर्सिटी के एक प्रोफेसर ने मोटर खरीद ली थी। मोटर खरीदना बहुत मुश्किल नहीं था, उसका दाम दो रेडियो के बराबर था। प्रोफेसर साहब ने ड्राइवर और नौकरानी भी रखी थी। दोनों नौकरों की बात ही क्या अब तो स्वयं प्रोफेसर साहब की बीबी का भी राशन कार्ड छिन गया था, तीन तीन व्यक्तियों को बिना राशन की चीजों पर खिलाना-पिलाना दीवालिया होने की तैयारी थी सरकारी दूकानों से हाट में चीजें कुछ सस्ती मिलती थीं, लेकिन वहां अब भीड़ बहुत होने लगी थी। आलू १२ रूबल किलो मिल रहा था। सान्या बेचारी अकेले ही अच्छा अच्छा खाना कैसे खा सकती थी, जबकि उसके दो बच्चे थे। रूसी नौकरों के बारे में यह समझ लेना चाहिये, कि काम के समय वह अवश्य नौकर थे, बाकी समय उनके साथ बिलकुल समानता का बर्ताव करना पड़ता था। मालिक के साथ वह एक ही मेजपर बैठकर चाय पीते। सान्या अपना खाना घर ले जाकर खाती थी, और बच्चों का ख्याल करके कुछ अधिक ही ले जाती थी। लोला को अपने दिवालिया होने का डर लगने लगा।

२ नवम्बर को हमारे प्रबन्ध ऑफिस की बुढ़िया सर्दी के मारे बिजली की अंगीठी पर आग तापने लगी। कहीं पर आग का सम्बन्ध लकड़ी से हो गया, और वह जलने लगी। बुढ़िया और ऑफिस वालों को पता नहीं लगा, लेकिन बगल में ही हमारी कोठरी धूएं से भर चली। हमें जान पड़ा, शायद नीचे के

तहखाने में आग लगी है, जिसमें बढ़ई काम कर रहे थे। नीचे जाकर देखा तो ताला लगा हुआ था। धुंआ इतनी तेजी से भर रहा था, कि हमने खिड़की खोलकर जल्दी जल्दी पुस्तकों को बाहर ले जाने की तैयारी शुरू करदी। हमारी कोठरी के तहखाने से ऊपर होने से खिड़की बाहर की धरती से बहुत ऊँची नहीं थी। लोला अपनी आदत के मुताबिक एक घड़ी का काम चार घड़ी में करना चाहती थी। उससे फायर ब्रिगेड को बुलाने के लिए फोन करने को कहा, और अपने समान समेटने लगे। फायर ब्रिगेड तुरन्त आगया। उन्होंने तहखाने का ताला तोड़कर देखा, तो वहां कहीं आग नहीं थी। अन्त में असली बात का पता लगा। (बुढ़िया ने सर्दी का बहाना बनाया। लेकिन सरदी का बहाना करके घर में आग लगाने का किसी को कैसे अधिकार मिल सकता था ? शायद फायरब्रिगेड वालों ने बुढ़िया के खिलाफ रिपोर्ट नहीं दी, नहीं तो बेचारी की मुश्किल हो जाती। इससे एक फायदा हुआ : आज ही शाम से घर गरम करने वाला इंजिन काम करने लगा। इंजिन का काम था, उबलते हुए पानी को चौमंजिले मकानों के हर कमरे में फैले हुए मोटे नलों के जाल में पहुंचाना। नल स्वयं गरम हो कमरे की हवा को भी गरम कर देते थे, इस प्रकार तापमान हिम-बिन्दु से १०°–१५° सेन्टीग्रेड ऊपर उठ जाता था। लेकिन ४ नम्बर को देखा इंजिन की घरघराहट से हमारे कान बहरे हो रहे हैं, और दूसरी ओर कमरे ठंडे के ठंडे हैं। शायद कुछ टन कोयलों की बचत दिखलाने के लिए इंजिनको भूखा रखा जा रहा था, अथवा इंजिन की मरम्मत ठीक से नहीं हुई थी। उत्पादन के आंकड़ों का राज्य जहां न हो, वहां ऐसा होना अभी अस्वाभाविक नहीं था। लेनिनग्राद के सबसे प्रभावशाली नेता अर्थात् पार्टी मंत्री को इसकी ओर देखना चाहिये था, लेकिन उनको लोगों ने गदहे का खिताब दे रखा था। न जाने कैसे वह ऐसी जिम्मेवारी के पद पर पहुंचा था। जैसा बड़ा नेता होगा,वैसे ही छोटे नेता भी हो जायेंगे,इसलिये पपोफ के कारण बड़ी अव्यवस्था थी। सोवियत रूस में ऐसे अयोग्य व्यक्तियों का भी कभी कभी दायित्व के पद पर पहुँच जाना संभव है, लेकिन "उबरे अन्त न होई निबाहू" के

अनुसार पता लग जाने पर फिर वह उस पद पर टिक भी नहीं सकते। पराफ़ का पतन हमारे यहां से चले आने के बाद हुआ। इंजिन की यह अवस्था कुछ ही दिनों रही। ८ नवम्बर से घर के भीतर तापमान १४°–१५° सेन्टीग्रेड रहने लगा।

क्रान्ति महोत्सव— क्रान्ति का दिन ७ नवम्बर आ पहुंचा। ४ तारीख ही से उसकी तैयारियां होने लगीं। झंडियां, तस्वीरें, तथा रंग-विरंगे बड़े बड़े विज्ञापन जगह जगह चिपकाये जाने लगे। हमारे स्नानागार के सामने एक बड़ा रंगीन चित्र चिपका हुआ था, जिसमें मशीन के सामने खड़ी जुलाहिन कपड़ों को दिखला रही थी। उसके आगे दुमंजिले के बराबर का एक और विज्ञापन-चित्र था, जिसमें स्तालिन बच्चों के बीच में खड़े थे। एक जगह सड़क की दोनों बगल में लेनिन और स्तालिन के द्विपार्श्वीय चित्र खड़े किये गये थे, जिनके बीच में रात्रि को बिजली जलकर उन्हें प्रकाशित करती थी। लेकिन चीजों के दाम बढ़ जाने से लोगों को आज के उत्सव में उतना आनन्द नहीं आरहा था। राशन की चीजों का दाम बढ़ना और बे-राशन की चीजों के दाम को घटाना इस प्रकार दोनों को एक तल पर लाकर राशनिंग को हटा देने का जो विचार किया गया था, वह अच्छा हो सकता था, यदि राशन की चीजों का दाम उतना ही बढ़ाया गया होता, जितनी तनख्वाहों में वृद्धि हुई थी। ऐसा न करने के कारण कम वेतनवालों को तकलीफ थी, ज्यादा वेतन वाले नौकरों को रख कर परेशान थे। सौभाग्य से बड़ी तनख्वाह पाने वाले भी अपना काम अपने हाथ से करने के आदी थे।

७ नवम्बर को क्रान्ति-महोत्सव के बड़े बड़े जुलूस निकले। नगर सब तरह से अलंकृत किया गया था। मास्को की खबरों से मालूम हुआ, कि आज के महोत्सव में लाल मैदान में स्तालिन उपस्थित नहीं थे, और वार्षिक वक्तव्य को उनके सबसे प्रिय और प्रभावशाली शिष्य ज्दानोफ ने दिया था। रात को दीपमाला हुई।

११ नवम्बर को हमें वराशिकोफ के घर जाना था, आज वहां अगली

छमाही का प्रोग्राम बनाना था। कल तक बादल, बूंदों और कीचड़ से लोग परेशान थे, रातको बरफ पड़ गयी थी, जिससे जमीन डेढ़ दो इंच ढँक ही नहीं गई थी, बल्कि कीचड़ से भी जान छूट गई थी। वगान्निकोफ उन अकदमिकों में से हैं, जो सोवियत के सबसे अधिक संमानित, संभ्रान्त और धनी व्यक्ति हैं। वगान्निकोफ की आमदनी सब मिलाकर ३० हजार रूबल प्रतिमास से कम नहीं थी। अकदमिक होने से छ हजार रूबल मासिक पेंशन तो मिलती ही थी, उसके बाद प्रोफेसर, शिक्षा-परामर्शदाता, पुस्तकों की रायल्टी आदि की भारी आमदनी थी। लोग ऐसे अकदमिकों की तनख्वाह को देखकर कह बैठते हैं : सोवियत में कम से कम ढाई सौ रूबल वेतन जहां है, वहां अधिक से अधिक है ३०–३५ हजार। लेकिन इसे हम नियम नहीं कह सकते। महान् विज्ञानवेत्ताओं, और साहित्यकारों को हम साधारण कोटि में नहीं रख सकते, और उनकी संख्या भी कुछ सौ से अधिक नहीं है। यदि अपने विज्ञानवेत्ताओं और आविष्कर्त्ताओं को इस तरह का पारितोषिक न दिया जाय, तो आखिर सभी तो आदर्शवादी कम्युनिस्ट नहीं हैं। उनमें से कुछ को इंगलेंड और अमेरिका बड़ी बड़ी तनख्वाहों का प्रलोभन देकर अपनी ओर खींचने की कोशिश करेगा। वैसे लघुत्तम और और महत्तम वेतन का अन्तर १८–२० गुने से अधिक नहीं है। यह भी याद रखना चाहिये कि वहां एक युनिवर्सिटी के प्रोफेसर, सेना के जनरल, और सरकार के मंत्री के वेतन एक जैसे हैं, इसलिये हमारे यहां की तरह युनिवर्सिटी छोड़ कर प्रतिभाशाली तरुणों को सिविल सर्विस की ओर भागने की जरूरत नहीं पड़ती।

वगान्निकोफ खाने-खिलाने के बारे में बड़े ही उदार थे। जब भी अध्यापकों और छात्रों की बैठक उनके घर पर होती— और वह अक्सर होती रहती—तो खान-पान की अच्छी तैयारी होती थी। वह अपने पुराने मकान में ही थे, इसलिये लेनिनग्राद के मकानों की किल्लत का सामना उन्हें नहीं करना पड़ा। उनके पास चार-पांच बहुत अच्छे अच्छे कमरे थे, जिनमें पुस्तकालय वाला कमरा अतिथि-सत्कार का भी स्थान था। अच्छी अच्छी शरावें तरह तरह की स्वादिष्ट

मिठाइयां और बहुत तरह के फल वहां सजाकर रखे रहते। वराब्निकोफ डायबेटीज़ के मरीज होने से मिठाई से अपने को वंचित रखते, लेकिन अतिथियों को खिलाने पिलाने में बहुत आनन्द अनुभव करते थे। वस्तुतः वह जितने अल्पभाषी थे, उतने ही अधिक सहृदय थे। वह चाह रहे थे कि मैं हिन्दी और संस्कृत की पाठ्य-पुस्तकें लिखूं, लेकिन अब तो अगले साल भारत जाने का मैंने निश्चय कर लिया था।

१४ नवम्बर को डेढ़ मास बाद ईगर स्कूल गया। गणित को मैंने ठीक करा दिया था और मां ने पुस्तक पाठ को भी; इसलिये स्कूल में जाकर सहपाठियों से पीछे नहीं रहा। पहिले मुझे भय था, कि वह मन्द-बुद्धि होगा, लेकिन वह ख्याल जल्दी ही हट गया। स्कूल के प्रथम वर्ष के लड़कों के पास भी एक छोटी सी नोटबुक रहती है, जिस पर अध्यापिका रोज नम्बर दे दिया करती है। पाठ्य विषय में जहां पूर्णांक ५-५ के थे, वहां आचरण के भी ४ अंक थे। बराबर ५-५ अंक मिलने से ही मालूम हो जाता था, कि वह सभी विषयों में अच्छा है। एक दिन आचरण के सामने शून्य लगा हुआ था। हमने पूछा तो बात खुल गयी : वहां किसी सहपाठी से हजरत झगड़ पड़े थे। स्कूल में बच्चों को किसी तरह का शारीरिक दण्ड नहीं दिया जाता। कसूर करने पर बेंच पर खड़ा कर दिया जाता है, और कुछ करने पर क्लास से बाहर कर दिया जाता है, जिससे वह अपने सहपाठी लड़कों की संगति से वंचित हो जाता है। यह दण्ड पर्याप्त है।

युनिवर्सिटी में वसन्तारम्भ के समय प्रथम वर्ष में २२ के करीब छात्र-छात्राएं दाखिल हुए थे। लेकिन उनमें से कई पीछे अपने आप दूसरे विषय को लेकर चले गये, हिन्दी और संस्कृत का उच्चारण हमारे विद्यार्थियों के लिये एक समस्या थी। जहां तक संस्कृत के संयुक्ताक्षरों का सम्बन्ध है, रूसी उसमें हमसे भी अच्छे होते हैं, और तीन-तीन चार-चार संयुक्त व्यंजनों का उच्चारण कर लेते हैं, लेकिन टवर्ग उनके बस की बात नहीं है, टवर्ग की

जगह तवर्ग ही चलता है। दरअसल टवर्ग का दुनिया में प्रचार भी बहुत कम है। अंग्रेजों की नकल करते हुए हम लोग विदेशी नामों और शब्दों में ट की भरमार करते रहते हैं, हम यह समझ लें तो अच्छा है, कि दुनिया में टवर्ग का क्षेत्र बहुत संकुचित है इसलिये यदि टवर्ग के स्थान पर तवर्ग का इस्तेमाल करें तो बहुत गल्ती नहीं करेंगे। जापान और चीन में टवर्ग नहीं है। बीच में तिब्बत टवर्ग का देश आ जाता है। उसके बाद मध्य-एसिया की तुर्की-फारसी तथा रूस की सारी भाषायें, पूर्वी यूरप की भाषायें, इसी तरह ग्रीस, इटाली पुर्तगाल, स्पेन और फ्रान्स ही नहीं, बल्कि आधी जर्मनी की भाषा भी टवर्ग-शून्य है। अंग्रेजी में टवर्ग अवश्य है। जर्मन भाषा से सम्बन्ध रखने वाली भाषायें भी टवर्ग-बहुल हैं। भारत में आर्यों की भाषायें अपने कुलधर्म के विरुद्ध जाकर टवर्ग-बहुल हो गईं। टवर्ग द्रविड़ भाषाओं की विशेषता है। मुझे याद है: बम्बई में भारत के भिन्न-भिन्न भाषा-भाषी लोगों का समागम था, जिसमें उन्होंने अपने यहां के गीत गाकर सुनाये। वहां हिन्दी भाषा-भाषी काफी थे। लोग दूसरे प्रदेशों के गीतों को बड़े प्रेम से सुन रहे थे, लेकिन जब एक तेलगू तरुण ने अपनी भाषा में गाना शुरू किया, तो जल्दी ही लोगों ने अनिच्छा प्रकट करनी शुरू की। मैंने उनसे कारण पूछा, तो बतलाया— हम समझते नहीं हैं। मैंने कहा— अभी आसामी गीत जो आपने बड़े चाव से सुना, उसे क्या आपने समझा था? वस्तुतः टवर्ग की बहुलता ही उनकी इस अनिच्छा का कारण थी। एक दक्षिणी तरुण बनारस में रवीन्द्र-जयंती के समय तेलगू भाषा में अपनी नवनिर्मित कविता सुनाने की बात कह रहे थे। मैंने कहा— आपने लोगों की अनिच्छा को कैसे रोका। उन्होंने बतलाया कि मैंने तेलगू के उन्हीं शब्दों को चुन चुनकर रखा जो अधिकतर संस्कृत के थे और जिनमें टवर्ग नहीं था।

रूसी यदि टवर्ग का उच्चारण नहीं कर पाते, तो कोई बात नहीं है, लेकिन मुश्किल यह है कि वह ह्रस्व-दीर्घ का विचार नहीं रखते। बहुत-सी वर्णमालाओं की तरह रूसी वर्णमाला में भी दीर्घ स्वर के लिये अलग संकेत नहीं है, और ह्रस्व स्वर को भी इच्छानुसार दीर्घ भी पढ़ा जा सकता है, इसीलिए गंगा को

वह " गांग " पढ़ते हैं। प्रथम वर्ष के विद्यार्थियों को उच्चारण सिखाने के लिये मुझे कभी कभी जाना पड़ता था। ह्रस्व-दीर्घ का विचार नहीं करते देख मैं उन्हें बतलाता था, कि नागरी वर्णमाला में दीर्घ के लिये अलग संकेत है, फिर क्यों गलती करते हो ?

देखा सिबेरिया की सबसे पिछड़ी जाति (स्किमो जातियों में से एक) नेनेत्स्क जाति की दो लड़कियां युनिवर्सिटी में तृतीय वर्ष में पढ़ रही थीं। मैंने समझा मंगोल या कजाक होंगी। असली बात मालूम होने पर आश्चर्य की आवश्यकता नहीं थी, सोवियत ने कितनी जल्दी अक्षर-ज्ञान-शून्य सबसे पिछड़ी जातियों को इतना आगे बढ़ा दिया, यह प्रशंसा की बात अवश्य थी। क्रान्ति के बाद नेनेत्स्क और दूसरी अलिखित भाषाओं को ही शिक्षण का माध्यम बनाया गया। तब इन जातियों में कोई पढ़ा लिखा नहीं था, और न कोई लिपि ही थी। उस समय यह काम कठिन जरूर मालूम हुआ होगा, लेकिन आज तो युनिवर्सिटी से पढ़कर निकले कितने ही लड़के लड़कियां वहां पहुँच गये हैं। यह जातियां शुद्ध मंगोलायित हैं, क्योंकि इनके देश में अन्य जातियों का आना जाना ज्यादा नहीं हुआ, इससे यह रक्त-सम्मिश्रण से बची रहीं। शुद्ध मंगोलायित जाति का चेहरा अपेक्षाकृत शरीर से अधिक भारी और चौड़ा होता है, आंखें और भौंहें कुछ तिरछी और गाल की हड्डियां अधिक उठी होती हैं। पुरुषों को दाढ़ी-मूंछ बहुत कम आती है।

२० नवम्बर को नेवाको जमी देखकर बड़ा आनन्द हुआ, क्योंकि अब हम घूमकर पुल से पार होने की जगह सामने ही नदी पार कर ट्राम पकड़ सकते थे। लेकिन, यह आनन्द चिरस्थायी नहीं रहा। नेवा बहुत दिनों तक आंख-मिचौनी करती रही। अभी अकाल में ही उसको यह नींद आयी थी।

मेरे पसन्द के फिल्मों में आधुनिक मंगोलिया के फिल्म भी थे। २१ तारीख को " मंगोलिया-पुत्र " फिल्म देखने को मिला। फिल्म-निर्माताओं में सोवियत विशेषज्ञ भी थे, लेकिन अभिनेता और अभिनेत्रियां सारे ही मंगोल थे। कथानक था— उलान बातुर का एक तरुण, [illegible]

लेकिन उससे प्रेम करनेवाले दो और तरुण भी थे। बेचारा ड्राइवर असफल रहा। वह वहां से भागकर अन्तर्-मंगोलिया चला गया, जहां पर कि उस समय जापानियों का शासन था— अन्तर्मंगोलिया, मंचूरिया का भाग माना जाता था। जापानियों के जुल्म और स्वेच्छाचार के विरुद्ध तरुण ने वैयक्तिक बहादुरी भी दिखलायी,किन्तु इतने से जापानियों का जुआ थोड़े ही हटाया जा सकता था। अन्त में उसे उनके हाथ से बचने के लिये फिर उलानबातुर चला आना पड़ा। चिंगीजखान और पहले से भी वीरता और बहादुरी के टूर्नामेन्ट मंगोलों में हुआ करते थे। तरुण ने उसमें भाग लिया और मंगोलिया के सर्वश्रेष्ठ पहलवान को पछाड़ दिया। कुश्ती, दर्शकों आदि के दृश्य बड़े ही सुन्दर थे। देश के सर्वश्रेष्ठ पहलवान को उसकी प्रेमिका अब कैसे तिरस्कृत कर सकती थी? दोनों फिर मिले और जनता ने उनका स्वागत किया। पहिले मंगोल फिल्मों की तरह इस फिल्म का संवाद रूसी में नहीं बल्कि मंगोल भाषा में ही था, इसीलिये वार्तालाप समझ में नहीं आया।

भारत में एसियायी सम्मेलन होने वाला था, जिसके लिये रूस से भी कुछ लोग निमंत्रित किये गये थे। आशा की जारही थी कि अकदमिक वरान्निकोफ जायेंगे। उनकी इच्छा भी थी। जिस देश के अतीत और वर्तमान के साहित्य के अध्ययन-अध्यापन में ही जिनका सारा जीवन वीता था उस देश को उन्होंने अभी एक वार भी नहीं देखा था। लेकिन स्वास्थ्य के कारण डाक्टरों ने मना कर दिया और वह नहीं जा सके।

२६ नवम्बर को एक मिश्र-प्रवासी रूसी विद्वान् का पत्र आया। उनके पिता क्रान्ति से पहिले क्याख्ता (बुरियत, साइबेरिया) में शराब के कारखानेदार और धनी आदमी थे। पुत्र को काहिरा में रहते १६ साल हो गए थे और उन्होंने इस्लाम स्वीकार कर लिया था,तथा सूदान की राजकुमारी से विवाह भी किया था, जिसके बारे में उनका कहना था: शायद पूर्वजन्म में भी वह मेरी सहयात्रिणी थी। पूर्वजन्म के कहने से ही मालूम हो गया, कि उनकी इस्लाम में कोई अनुरक्ति नहीं रह गई थी, यद्यपि वह काफी समय से एक मुस्लिम देश में मुसल

मान बन कर रह रहे थे। उन्हें किसी से मेरे बारे में मालूम हो गया था, इसलिये पत्र में पूछ रहे थे कि मैं अनुवादों से अलग पाली और बौद्ध धर्म को कैसे पढ़ सकता हूँ। मैंने उन्हें स्वयं पाली पढ़ने का ढंग लिख दिया तथा बौद्धधर्म के परिचय के लिये कुछ आवश्यक अंग्रेजी की पुस्तकों के नाम भी दे दिये।

सोवियत में जब साधारण लोगों के सुख और निश्चिन्तता के तल को देखते हैं, तो कहना पड़ता है, कि दुनिया में अमेरिका जैसे अत्यंत धनी देश में भी इतनी अच्छी हालत में लोग नहीं हो सकते, आखिर अमेरिका में हर वक्त लाखों की तादाद में लोग बेकार रहते हैं। बेकार का मतलब है, दाने-दाने के लिए तरसना। रूस में कोई बेकार नहीं है, और न किसी को दाने-दाने के लिये तरसने की अवश्यकता है। गरीबी का वहां अत्यन्ताभाव है; हां वेतन और आमदनी सबकी एक-सी नहीं है; लेकिन कम से कम वेतन पानेवाले को भी खाना-कपड़ा और रहने आदि की चिन्ता करने की जरूरत नहीं है। आदमी तो अपने वर्तमान से सन्तुष्ट नहीं रहता— और न उसे सन्तुष्ट रहना चाहिये, न अपनी पूर्व स्थिति से मुकाबला करना चाहता, विशेषकर यदि वह दुख और दारिद्र्य की हो। जो लोग अपने आप बेवकूफी कर बैठते हैं, उन्हें तो कष्ट सहना ही पड़ता है। हमारे ऊपर की कोठरी में बच्चों की मां एक प्रौढ़ा स्त्री थी। राशन-कार्ड बन्द होना ही था, जबकि उसने किसी काम को करना नहीं स्वीकार किया। अन्त में २७ नवम्बर की रात को फांसी लगा कर वह मर गई।

मान्या उस दिन सुना रही थी : मैंने आज स्वप्न में बड़ी सींगोंवाला चोर्त (शैतान) देखा। मैंने लोला से पूछा — मान्या ने तो चोर्त देखा और तुमने ?

लोला— मैंने कुछ नहीं देखा।

मैंने कहा— न भगवान् को ही देखा, न चोर्त को ही, फिर ईसाई धर्म की इतनी भक्ति से क्या फायदा ?

लोला अपने ईगर को पूरा धार्मिक (ईसाई) बनाने की कोशिश कर रही थी। उसे त्रिमूर्ति (पिता-पुत्र-पवित्रात्मा) का नाम लेकर क्रास बनाना भी

सिखला दिया था। भगवान् के प्रति ईगर का कुछ विश्वास हो चला था। कभी कभी तो वह अपनी प्रार्थना में कहता था— "हे बोजिन्का (भगवान) ऐसा कर, कि मेरी मामा चीखना-चिल्लाना छोड़ दे।" लेकिन भगवान् उसकी प्रार्थना नहीं सुन रहा था। अब मैं भाग्न जाने का निश्चय कर चुका था, इसलिये कभी कभी वह बोजिन्का की प्रार्थना में मेरे भाग्न न जाने का वरदान भी शामिल करता था। इस भगवान्-भक्ति का एक प्रभाव तो तुरन्त दिखाई पड़ा—वह अब अँधेरे कमरे में पैर नहीं रखता था। जब भगवान् जैसी महान् चीज बिना देखे रह सकती है, तो शायद चोर्त (शैतान) कहीं उस अँधेरे में न छिपा हो। विश्वास की पराकाष्ठा तब पहुँची, जब एडोमिन तोसूया के छ महीने के बच्चे (कोल्या) के हाथ को वह आलपीन से कुरेदने की कोशिश करने लगा। वह उस बच्चे को बहुत प्यार करता था, अपने हाथ से खिलाता था, इसलिये समझ में नहीं आया, कि आलपीन से उसकी हथेली क्यों कुरेदना चाहता था। पीछे मालूम हुआ: हमारे शयन-कक्ष के कोने में ईसामसीह की मूर्ति रखी हुई थी, जिसकी हथेली में खून लगा था। मालूम नहीं उसे असली कथा मालूम थी या नहीं कि ईसामसीह को सिर-पैर, और दोनों हाथों को फैलाकर उन्हें कीलों से लकड़ी की सलीब पर गाड़ दिया गया था, इसलिये उससे उतरने पर हाथ में खून के दाग थे। ईगर के दिमाग में यह बात आगई— कि उस छोटे मिश्का को भी ईसामसीह का रूप दे दिया जाय। इसी सदिच्छा से प्रेरित होकर उसने मिश्का की हथेली में आलपीन चुभोनी चाही। मैंने लोला से कहा — लो और धर्म की बातें बच्चे को सिखलाओ। उन्होंने भी कहा— हां, इसने तो अभी हाथ में ही आलपीन चुभोनी चाही थी, यदि कहीं दूसरे मर्मस्थान में चुभा देता। लेकिन इसका यह अर्थ नहीं, कि ईगर की धर्म-शिक्षा को कुछ कम कर दिया गया।

पहिली दिसम्बर को सबेरे तापमान हिम-बिन्दु से नीचे चला गया था और दिन में बर्फ भी पड़ गई। हमारी तरह और भी बहुत से लोग कहने लगे— चलो कीचड़ से जान छूटी। लेकिन अगले ही दिन बर्फ गलने भी लगी थी,

छत से बूंदें टप-टप चूने लगीं।

वैसे गरीबी और बेकारी के न होने के कारण रूस में भिखमंगों को नहीं होना चाहिए, लेकिन भिखमंगों को पैदा करने वाली केवल गरीबी और बेकारी नहीं है; कामचोर भी भीख मांग सकते हैं। कानून का डर होने के कारण वह लुक छिपकर अपने पेशे को करते हैं। कितनों के लिये यह अच्छा खासा पेशा है। एक दिसम्बर को एक बहुत बुढ़िया भिख-मंगिन हमारी खिड़की की तरफ आयी। उसकी आंखें भीतर घुसी हुई थीं, कमर दुहरी थी, ऐसी मूर्ति को देखकर किसको दया नहीं आयेगी? लोला ने एक टुकड़ा रोटी और मछली दी। बुढ़िया निहाल हो गई। आजकल के राशन की कड़ाई के दिनों में इतने दयालु कहां मिलने लगे? उसने बहुत बहुत आशीर्वाद दिया— भगवान् की माता तुम्हारी रक्षा करे, तुम फूलो फलो। मान्याने बतलाया, उसका पति जिस स्त्री के पास रहता है, उसकी मां भी भिखमंगिन है, और दिन में इतना रोटी, आलू आदि मांग लाती है, कि तीनों प्राणियों को खाने की चिन्ता नहीं।

४ दिसम्बर को अभी बर्फ और कीचड़ बारी बारी से आते जाते रहते थे। उस दिन रात को बर्फ पड़ गई, सबेरे भी पड़ती रही। तापमान हिम-बिन्दु के पास था। शाम तक बहुत सी बर्फ गल गई, फिर कच्चे रास्ते में कीचड़ उछलने लगी। कई दिनों से सूर्य के दर्शन नहीं हुए थे, फिर दिसम्बर के प्रथम सप्ताह में इतना ऊंचा तापमान क्यों? इस गरमी का कारण सूर्य से अन्यत्र ढूँढना पड़ेगा।

यदि लिखी-पढ़ी चीजों को तुरन्त भारत भेजने और छपने का प्रबन्ध होता तो, शायद मेरा दिल इतनी जल्दी नहीं उचटता, लेकिन चिट्ठियों की यह हालत थी कि आधी भी यदि पहुँच जावे, तो मैं उसके लिए धन्यवाद देता। निराला, रवीन्द्र और प्रेमचन्द पर तीन लेख लिख कर मैंने वहाँ से भेज दिये, और एक ही के छपने का पता लगा। ऐसी अवस्था में महीनों-वर्षों लगाकर लिखी गई पुस्तकों को मैं डाक के हवाले कैसे कर सकता था?

पहले रात्रि छोटी होकर शून्य तक पहुँची थी। अब दिसम्बर के प्रथम

सप्ताह में दिन छोटा होते होते ६ घन्टे का रह गया था, यद्यपि संधिवेला कुछ समय तक लाल किरणों, लाल आभाको दिखलाती थी। नेवा का अभी सोने का कोई ठिकाना नहीं था। पहले सूर्य के न दिखलायी देने पर भी तापमान ने ऊंचे उठकर कीचड़ फैलाया। ८ तारीख को सूर्य का खूब दर्शन हो रहा था, लेकिन तापमान ने नीचे उतर कर कीचड़ को बर्फ बना दिया। ९ दिसम्बर को भी सूर्य दिन भर निरभ्र आकाश में उगा हुआ था, किन्तु तापमान हिमबिन्दु से काफी नीचे था। १० को सरदी खूब थी, लेकिन बर्फ का नाम नहीं था, नेवा भी अपनी मस्तानी चाल से चल रही थी। आज युनिवर्सिटी में रवीन्द्र दिवस मनाया गया। प्रेमचन्द-दिवस और रवीन्द्र-दिवस मनाने की लेनिनग्राद युनिवर्सिटी में परिपाटी सी चल गई है। यद्यपि प्राच्य-विभाग के अध्यापक और छात्र ही इसे अधिक मनाते हैं, लेकिन उत्सव में भाग लेने वाले सभी विभागों से आते हैं। हाल की सारी कुर्सियां उस दिन श्रोताओं से भरी हुई थीं, लोग चार घंटे तक भाषण सुनते रहे। बरानिकोफ ने कवि के जीवन पर प्रकाश डाला। हमारे अर्थशास्त्र और राजनीति के अध्यापक सार्था मुलेकिन ने रवीन्द्र के समय के सामाजिक और आर्थिक ढांचे का सिंहावलोकन कराया और रवीन्द्र के मानवता-प्रेम तथा प्रगतिशीलता की प्रशंसा की। वेरा नार्वीकोवा ने "रूसी भाषा में रवीन्द्र साहित्य" के ऊपर एक सुन्दर लेख पढ़ा। फिर रवीन्द्र-महिमा पर मैंने अपना लेख हिन्दी में पढ़ा, जिसका रूसी अनुवाद दीना मार्कोव्ना ने पढ़ सुनाया। यह मालूम ही है, कि अंग्रेजी में अपना लेख पढ़ने पर भी उसे रूसी अनुवाद ही द्वारा श्रोताओं तक पहुंचाया जा सकता था, इसलिये ऐसे द्रविड़-प्राणायाम की क्या आवश्यकता थी। एक रेडियो-कलाकारिणी ने रवीन्द्र की एक कहानी को नाटकीय ढंग से रूसी में पढ़ा, जिससे लोगों का बड़ा मनोरंजन हुआ। सारी कार्यवाही का फिल्म लिया जा रहा था— युनिवर्सिटी का अपना फिल्म-स्टुडियो है। जयन्ती बहुत अच्छी तरह मनाई गई। लेकिन भारत में जो नया राजनीतिक परिवर्तन हाल में हुआ था, उसके महत्व को मानने के लिये वहां के लोग तैयार नहीं थे, हाँ भारत के महत्व को वह अच्छी तरह मानते थे, जिसका ही प्रमाण

तो यह उत्सव था।

१३ दिसम्बर को तापमान हिमबिन्दु से १४° और १४ दिसम्बर को १६° सेन्टीग्रेड नीचे चला गया था। नेवा अब तक बहुत अठलाती थी, लेकिन आज उसे जबरदस्ती सो जाना पड़ा। १८ को मोटी बरफ देखकर मालूम हुआ, कि अब साधारण हिमकाल शुरू हो गया, लेकिन अगले ही दिन तापमान ऊपर उठ गया और नेव्स्की राजपथ की बर्फ गल गयी। नेवा भी फिर जाग उठी, उसका पानी बहता दिखाई पड़ा। घर पर हमारे कन्ट्रोल-ऑफिस की शाला में ही लड़कों को दिखलाने के लिये फिल्म आया था। मुहल्ले भर के लड़के जमा हुए थे, ईगर भी देखने के लिए गया, लेकिन उसकी माँ हाय-तोबा कर रही थी; क्योंकि लड़का साधारण लड़कों में चला गया, कहीं वह उनके साथ गुंडा न बन जाय।

२० दिसम्बर आ गया। ५ ही दिन बाद क्रिसमस (बड़ा दिन) होगा। इस साल बरफ का जिस तरह अभाव देखा गया, उससे लोगों को डर मालूम हो रहा था, कि कहीं इस साल काला-क्रिसमस और काला-नववर्ष न देखना पड़े। २२ को काले क्रिसमस की संभावना और अधिक हो गई। बर्फ शायद ही कहीं दिखलाई पड़ती थी। शहर के भीतर तो उसका बिलकुल अभाव था। साढ़े तीन बजे तक सूर्य की किरणें दिखलाई पड़ती थीं। २४ को क्रिसमस की संध्या आयी। लोला ने त्योहार की विशेष तैयारी की। देवदार-शाखा, भोजनगृह में सजा दी गई। बन्धुओं के पास क्रिसमस की भेंटें भी भेजी गईं। २५ का सबेरा भी आ गया। सरदी काफी लेकिन बरफ का अभाव, इसलिये काला-क्रिसमस ही अबके देखना पड़ा। सरकारी त्योहार न होने से आज काम से छुट्टी नहीं थी, लेकिन लोगों ने अपने पर्व को अच्छी तरह से मनाया। गिरजा में प्रसाद के लिये खाद्य को तैयार करके भोग लगवाने के लिये जो लोग गये थे, उन्हें दो-दो घंटा क्यू में खड़े रह कर इन्तजार करना पड़ा। कौन कहता है कि बोल्शेविकों ने रूस से धर्म को उठा दिया? लेनिनग्राद के गिरजों में क्रिसमस को ही नहीं इतवार को भी इतनी भीड़ रहा करती थी, जो और

देशों में देखना मुश्किल है।

२६ दिसम्बर को १७ वीं सदी के उक्रइनी नेता "बगदान ख्मेलनित्स्की" फिल्म देखने को मिला। ऐतिहासिक फिल्म या नाटक इतिहास-प्रेमियों के लिये स्वयं एक ज्ञान-वर्द्धक पाठशाला का काम देते हैं। बगदान का अर्थ है भगवानदत्त। बग भगवान् और दान भी दत्त या दान का रूसी पर्याय हैं। लेकिन उक्रइनी नेता अपने नामानुसार कोई भगवान् का भक्त नहीं, बल्कि एक दूरदर्शी राजनीतिज्ञ था। बेलोरूसी, और उक्रइनी वस्तुतः रूसी भाषा की ही बोलियां हैं, किन्तु अब तीनों स्वतंत्र साहित्यिक भाषा मानी जाती हैं। रूसी शासक जाति थी, इसलिये क्रान्ति से पहले उक्रइनी और बेलोरूसी अपने स्वतंत्र अस्तित्व की मांग कर रहे थे। क्रान्ति के बाद उनकी आवश्यकता खतम हो गई। जहां जारशाही अदूरदर्शिता के कारण २० वीं सदी के आरम्भ तक उक्रइनी स्वतंत्र होना चाहते थे, वहां आज से प्रायः तीन सदी पहले के इस उक्रइनी दूरदर्शी-नेता ने समझ लिया था, कि उक्रेन का हित रूस के साथ रहने में है। उस समय उक्रेन रूस के अधीन नहीं था। उसके पड़ोस में एक ओर पोलैंड के पोल शासक उसे दबाने के लिये तैयार थे, और दूसरी तरफ क्रिमिया के तातार उन्हें "कमजोर की बहू सारे गांव की भाभी" बनाये हुए थे।

उस समय के उक्रेन के लोग सिर में हिन्दुओं की तरह ही लम्बी चोटी रखते थे। प्रथम रूसी राजा (जो १० वीं शताब्दी में बिजन्तीन राजधानी कंस्तन्तिनोपोल में पहुँचा था) का भी सिर घुटा और बीच में हिन्दुओं जैसी चुटिया थी। न जाने कैसे यह हिन्दुओं की चोटी उक्रेन में पहुँची, या उनकी चोटी हिन्दुओं के पास आई। अथवा हिन्दुओं में भी तो पहले सारे केश रखने की प्रथा थी, जिसे पूजा आदि के समय न बिखरने देने के लिये बांधना पड़ता था और इस प्रकार शिखाबन्धन धर्म का एक अंग हो गया था। जब शिखा से लोगों को अरुचि हो गई अर्थात् फैशन बदल गया, तो धर्म की मांग शिखा-बन्धन को पूरा करने के लिये केश का कुछ भाग रख छोड़ा गया, यह शिखा के क्रम-विकास का इतिहास हमारे देश में और उक्रेन में एक तरह का ही रहा है। लेकिन

ईसाई हो जाने के बाद भी शिखा को रखना क्यों आवश्यक समझा गया ? शायद इसमें ईसाइयों का मुसलमानों जैसा असहिष्णु न होना ही कारण था। बगदान को अगर अकबर, जहांगीर के समय किसी ने देखा होता, तो रंग के कारण चाहे संदेह पैदा होता, लेकिन चुटिया तो जरूर उसे हिन्दू बतला देती! पोल, तातार और उक्रैनी कैसी वेश-भूषा और रीति-रिवाज रखते थे, इसका इस फिल्म से प्रत्यक्ष ज्ञान होता था। सभी दृश्यों और चीजों को बड़े व्यापक पैमाने पर दिखलाया गया था। बगदान पोलों को भगाकर अपने देश को स्वतंत्र करने में सफल हुआ। कई लड़ाईयों में अपने सफल वीर नेता को दरबारियों ने स्वतंत्र राजा बनाना चाहा और उसे खिलअत लाकर पहनायी। बगदान ने उस खिलअत को वहीं फाड़ फेंका और कहा कि उक्रेन की स्वतंत्रता की रक्षा की गारण्टी अपने भाई रूसियों के साथ रहने में है।

२६ दिसम्बर को एक बैले "बखशी सराय का फौवारा" देखा। यह भी १६ वीं-१७ वीं सदी की ऐतिहासिक घटना को लेकर लिखी गई थी। उस वक्त पोल सामन्त दक्षिणी रूस पर मनमानी कर रहे थे, क्रिमिया का तातार खान दक्षिण से चोट कर रहा था। लेकिन उक्रैन के स्वतंत्रता-प्रेमी लोग अपनी तलवार रख देने के लिये तैयार नहीं थे। तातारों के आक्रमण में नायक तरुण मारा गया और उसकी प्रेमिका को खान पकड़ ले गया। तरुणी के सामने खान के हरम की सारी सुन्दरियां फीकी पड़ गईं। ईर्ष्या के मारे खान की पटरानी (शाहबेगम) ने उसे मरवा दिया। खान शाहबेगम को पानी में डुबा अपनी किस्मत को झींखने लगा। बैले का सौंदर्य है देश-कालानुकूल परदे, वेश-भूषा और उत्कृष्ट नृत्य, यह सभी चीजें इस बैले में मौजूद थीं। नाट्यशाला में हजार से कम दर्शक नहीं रहे होंगे, और टिकट पच्चीस-तीस रूबल (१८-२० रुपया)। इतनी महँगी चीजों को सामन्तवाद या साम्यवाद ही प्रस्तुत कर सकता है, वह पूंजीवाद के बस की बात नहीं है। पूंजीवादी देशों में तो सिनेमा के आते ही नाट्यशालाओं पर वज्र पड़ गया।

३१ दिसम्बर को सोवियत में बच्चों का त्योहार मनाया जाता है और उसमें

अगले दिन पहिली जनवरी को नव-वर्ष का त्योहार सभी लोगों के लिये है। हमारे घर में दो देवदार शाखायें पहिले ही लाकर खड़ी कर दी गई थीं। लोला को कहीं एक और अच्छी शाखा बाजार में बिकती दिखाई पड़ी, वह उसे भी खरीद लायी। अब छोटी सी भोजनशाला देवदार वन का रूप ले चुकी थी। ईगर के स्कूल और बालोद्यान के मित्र लड़के-लड़कियां भी आकर देवदार शाखा की बहार देख मिठाई भी खा गये थे। उनके गान और नृत्य का कुछ आनन्द हमें भी मिला।

आज फिर एक वर्ष समाप्त हो रहा था। हमने काम क्या किया था? मध्यएसिया के लिये कुछ पुस्तकें पढ़कर सामग्री जरूर जमा की थी, अपने साथ ले जाने के लिए कुछ पुस्तकें भी इकट्ठा कर ली थीं, लेकिन जहां तक लिखने का सवाल था, वह नहीं के बराबर था।

★ ★ ★

१७-१९४७ का आरम्भ

पहिली जनवरी बुधवार का दिन आया। आज थोड़ी सी बर्फ दिखाई पड़ी, सरदी भी थी। मेहमानों की आशा से भोजन तैयार किया गया था, लेकिन मेहमान निमंत्रित नहीं थे। त्यौहार के दिन मिलने-जुलनेवाले आते ही रहते हैं, इसी ख्याल से तैयारी की गई थी। किन्तु हमारे अधिकांश मिलने जुलनेवाले तो युनिवर्सिटी के आस-पास रहते थे। ५ मील ट्राम में धक्के खाते आना सबके बस की बात नहीं थी। देवदारों का प्रदर्शन केवल घरों में ही नहीं था, बल्कि बालोद्यानों और स्कूलों में उसको और भी ज्यादा धूमधाम से सजाया गया था। ईगर के स्कूल में भी बड़ी देवदार-शाखा खड़ी की गई थी। २ जनवरी को ईगर अपनी मां के साथ उसे देखने गया। उसे २ सेब १ नारंगी मिली, जिसका अर्थ है, सारे स्कूल के लड़कों को दो-दो सेब और एक-एक नारंगी मिली होगी। यही नहीं, ईगर का स्कूल क्यों, लेनिनग्राद नगर ही क्यों, सारे सोवियत के स्कूलों के बच्चों को दो-दो सेब और एक-एक नारंगी जैसी कोई चीज अवश्य मिली होगी।

ईगर अब बराबर स्कूल जाते थे। चाहे अपने सहपाठियों से आठ ही दस महीने बड़े हों, किन्तु वह अपने को लड़का नहीं पुरुष समझते थे। व्यवहार, बातचीत का ढंग अच्छा था, इसलिये सभी सन्तुष्ट रहते थे। अपने क्लास की चार्ची (अध्यापिका) के तो स्नेह-पात्र थे ही, लेकिन लड़कों के खेल के समय वह अक्सर दूसरी अध्यापिका के साथ टहला करते थे। उनकी अपनी अध्यापिका ने मजाक करते कहा—यदि वही पसन्द है, तो कहो उसी की क्लास में भेज दें।

ईगर ने बड़ी गंभीरता से जवाब दिया—"नहीं इसकी जरूरत नहीं, तरुणी अधिक मनोहर है, इसलिये उसके साथ टहलने चला जाता हूँ।"

३ जनवरी को तापमान हिमबिन्दु से १८° नीचे चला गया था अर्थात् फार्नहाइट से लेने पर वह हिमबिन्दु से ३०°–३२° नीचे था। मुझे कोई उतनी सरदी नहीं मालूम होती थी। शरीर तो गरम कपड़े से ढंका ही रखना पड़ता था। सर्दी का पता लगता था कान से। जब मैं कान खोले ही बाहर जा सकता था, तो इसका मतलब था, कि अभी सर्दी अधिक नहीं है। अगले दिन तापमान २०° (हिमबिन्दु से ३५–३६° फार्नहाइट) नीचे चला गया था। कश्मीर में ९° ही नीचे गया था, जबकि वहां ६० इंच बरफ पड़ी थी, यह रेडियो बतला रहा था। लेनिनग्राद की इतनी सरदी में बरफ मुश्किल से कहीं दिखाई पड़ती थी। उस दिन भारत के एक प्रकाशक की चिट्ठी आयी। मालूम हुआ बड़े-बड़े करोड़पति सेठों ने ५० लाख की पूंजी से एक कम्पनी कायम की है, जिसके उद्देश्यों में हिन्दी के भी अच्छे अच्छे ग्रन्थों का प्रकाशन करना है। उनकी ओर से मेरे पास पत्र आया था—हम १५ सैकड़ा रायल्टी देंगे। मैंने डाइरेक्टरों के नामों को देखा। उनमें कुछ करोड़पति सेठ थे और कुछ बड़े-बड़े राजनीतिक नेता तथा मंत्री। परामर्श देनेवाले बोर्ड में ३८ आदमी थे, जिनमें मुश्किल से ११ को ही कहा जा सकता था, कि वह साहित्य और लेखन-व्यवसाय से संबंध रखते हैं। पांच प्रान्तों के मंत्री भी इन परामर्शदाताओं में थे। क्या यही लोग हमारी पुस्तकों का मूल्यांकन करेंगे? खैर झूठी हो या सच्ची यह तो आशा बँधने लगी, कि अब करोड़पतियों के रुपये साहित्य के प्रकाशन

में भी आगे आने लगे हैं। भारतीय मंत्रि-मंडल की स्थापना का एक फल तो यह जरूर था।

६ जनवरी को अब भी बर्फ के अभावकी शिकायत की जा रही थी। अब चार दिनों के लिये स्कोलिनकों की छुट्टियां थीं, इस लिये ईगर भी घर पर था। आज उसे अन्तर्राष्ट्रीय प्रतियोगिता में पारितोषिक प्राप्त सोवियत-फिल्म "पाषाण-पुष्प" दिखाने ले गये। हमारे मुहल्ले के सिनेमाघर में ही फिल्म आया था, टिकट था १ रूबल। शाला खचाखच भरी हुई थी। सभी माताएं अपने लड़कों के साथ वहां पहुंची थीं। फिल्म उरालपर्वत की एक जन-कथा को लेकर बनाया गया था। सामन्त द्वारा सताया वृद्ध पाषाण-शिल्पी (संगतराश) रंग-बिरंगे पत्थरों की कलाकृतियां निर्माण कर रहा था। उसका दत्तक पुत्र और भी प्रतिभाशाली था, और मुरली बजाने में भी अद्वितीय था। तरुण का मन उराल की एक तरुणी ने मोह लिया। दोनों का विवाह हुआ। पुराने समय के वेष पुराने समय के नृत्य और पुराने समय के वैवाहिक रीति-रिवाज दिखलाये गये थे, जो कि एसिया से ज्यादा समीपता रखते थे। शिल्पी तरुण को वनदेवी पाषाण पुष्पों का लोभ दिलाती पहाड़ों के भीतर ले गई। वहां रंग-बिरंगे चमकीले पत्थरों के तरह-तरह के पुष्प बने हुए थे। शिल्पी स्वयं छेनी और हथौड़ा लेकर वहीं एक ऐसा विशाल पुष्प बनाता है, जो अपने सौंदर्य में वन देवी के दिखलाये पुष्पों से कम नहीं है। अन्त में दोनों प्रेमियों का मिलाप हो गया—यह फिल्म भारत में भी आ चुका है।

८ जनवरी को विश्वविद्यालय में निबंधों का पखवारा चल रहा था। अध्यापक लोग अपने अपने विषय पर ज्ञानपूर्ण निबंध पढ़ रहे थे, जिनके सुनने के लिये काफी श्रोता—प्रोफेसर और विद्यार्थी-इकट्ठा होते थे। अकदमिक बरान्निकोफ ने तुलसी की कविता पर एक निबन्ध पढ़ा, जिसे लोगों ने बहुत पसन्द किया। प्रोफेसर फ्राइमान और दूसरे विद्वानों ने भी अपने निबंध पढ़े। साढ़े तीन हजार जहां अध्यापक हों, वहां निबंध सुनने के लिये सब का इकट्ठा होना संभव नहीं है। तो भी सबके पास निबंधमाला की सूचना पहुंचाने का

पूरा प्रबन्ध किया गया था। युनिवर्सिटी की अपनी एक पत्रिका थी, जिसमें सूचना निकलती थी, इसके अतिरिक्त नवआर के निबंधों के संबंध में संक्षिप्त विवरण के साथ एक छोटी सी पुस्तिका निकाल दी गई थी।

१२ जनवरी को बम्बई के डाक्टर सूफी ने किसी से मेरा पता पाकर लिखा कि हमदानी सन्त की कब्र का हमें फोटो भिजवाइये। उन्होंने सोवियत की भिन्न-भिन्न संस्थाओं को कई पत्र भेजे, किन्तु जवाब नहीं पाया। हमदानी की कब्र ताजिकिस्तान के खुत्तल प्रदेश में है, लेकिन फोटो मिलना मुझे भी उतना आसान नहीं जान पड़ा, तो भी मैंने स्तालिनाबाद की युनिवर्सिटी को पत्र लिख दिया। पत्रों का उत्तर न देना, यहां के लोगों का स्वभाव सा है। खासकर अपरिचित आदमी से पत्रोत्तर के मिलने की आशा कम ही रखनी चाहिये। जो लोग पुस्तक या फोटो मंगाना चाहते हैं, उनके लिये तो और भी दिक्कत है। क्योंकि इन चीजों को दो-दो राज्यों के सेन्सरों के भीतर से गुजरना पड़ता है।

१८ जनवरी को भी तापमान ऊपर उठा हुआ था; इसलिये सड़कों पर जहां-तहां पानी ही पानी दिखाई पड़ता था। रात को अपने मुहल्ले की क्लब (वोलोदार्सकी क्लब) के हाल में च्यू-च्यू-सान् दुःखान्त ओपेरा-नाटक देखने गये। यह किसी स्थायी-नाट्य संस्था की ओर से नहीं खेला जा रहा था, बल्कि नगर की ही एक नाटक मंडली ने अभिनय करने का आयोजन किया था। थी तो यह मुहल्ले के क्लब की शाला, लेकिन दूसरे देशों की बड़ी-बड़ी नाट्यशालाओं का मुकाबिला कर सकती थी। हर तरह के मनोरंजन और कलाप्रदर्शन में चूंकि अब जन-साधारण बहुत भाग लेने लगा है, इसलिये ऐसी शालाओं और मकानों पर पैसा खर्च करने में सरकार संकोच नहीं करती। लोग भी मंचों को भरकर काफी पैसा जमा कर देते हैं। ओपेरा अर्थात् पद्यमय-नाटक मुझे पसन्द नहीं है, यह मैं पहिले कह चुका हूँ, लेकिन इष्ट-मित्रों के आग्रह को भी देखना पड़ता है, इसलिये मैं भी चला गया। कथानक था—एक अमेरिकन अधिकारी जापान की गैसा (नर्तकी) से जापानी रीति से विवाह करता है। कुछ दिनों के दाम्पत्य जीवन के बाद पुरुष अपने देश चला जाता है। तरुण पत्नी च्यू-च्यू-सान् अपने

पति के जाने के बाद पैदा हुए पुत्र को लिये आशा लगाये बाट जोहती रहती है। आर्थिक संकट का पहाड़ उसके ऊपर टूटता है। अमेरिकन कौन्सल से जाकर पूछती है, तो वह कहता है— तरुण ने दूसरी शादी करली है। बच्चे को देखकर उसने कहा—चाहो तो इसे दे सकती हो। लेकिन मां बच्चे को छोड़ने के लिये तैयार नहीं। आशा-निराशा में पांच-छ साल और बीत जाते हैं। पीछे पति के आने की खबर सुनकर अपने घर को फूलों से सजा सारी रात प्रतीक्षा करती है। वह सबेरे अपनी अमेरिकन पत्नी के साथ आता है।

अमेरिकन पत्नी अपनी निर्दोषता को प्रकट करते हुए च्यू-च्यू-सान् से सहानुभूति दिखलाते बच्चे के साथ प्रेम करने का वादा करके उसे मांगती है, लेकिन मां अब पुत्र को भी कैसे दे दे। अंत में आर्थिक संकटों से मजबूर होकर बुद्ध की मूर्ति के सामने प्रार्थना करके वह हराकिरी (आत्महत्या) करना चाहती है, इसी समय पुत्र आ जाता है। उसे किसी तरह बहला कर फिर वह पेट में छुरी मार लेती है। पिता अमेरिकन कौन्सल के साथ आता है और बच्चे को उठा लेता है। अभिनय बहुत सुन्दर था। पुरुषों के वेश अच्छे नहीं थे, और बुद्ध की मूर्ति भी भद्दी थी, लेकिन यह तो एक व्यवसायी मंडली द्वारा किया गया अभिनय नहीं था।

लेनिनग्राद की सबसे पुरानी और बड़ी लाइब्रेरी "लोक-पुस्तकालय" (पब्लिक लाइब्रेरी) है। मैं उसमें भी जब-तब जाने लगा था। मुझे ज्यादातर काम था मध्यएसियायी विभाग के ताजिक उपविभाग से। यहां मैंने बहुत सी नई नई पुस्तकें भी देखीं, जो कि न युनिवर्सिटी के प्राच्य पुस्तकालय में थी न अकदमी के प्राच्य-प्रतिष्ठान में। पुस्तकालयाध्यक्षा बड़े स्नेह से हरेक चीज को दिखलाती थीं। यह पुस्तकालय जारशाही जमाने में भी बहुत प्रसिद्धि रखता था और हर साल हजारों पुस्तकें दूसरे देशों से भी मंगाई जाती थीं। सोवियत क्रान्ति के बाद भी उसमें किसी तरह की कमी न करके बजट को और बढ़ाया गया था। जाड़े के दिनों में रूस की और संस्थाओं की तरह यहां भी घरके भीतर जाने के बाद एक जगह अपने ओवरकोट, हैट, और हाथ के बैगको रखना पड़ता था। मकान

गरम है, और आदमी के शरीर पर गरम सूट भी है, फिर भीतर सर्दी का डर क्या ? कपड़े लेकर नम्बर लगाकर रखने के लिये आदमी वहीं तैनात रहते हैं । एक लेनिनग्राद ही में ५–७ हजार से कम आदमी ओवरकोटों की रखवाली के लिये नहीं होंगे । इसे आप अपव्यय कह सकते हैं, लेकिन यह आदमी के आराम के लिये ही किया जाता है । मोटे ओवरकोट के साथ कुर्सी पर बैठना भी मुश्किल है, और जहाँ बहुमूल्य पुस्तकें पड़ी हों, वहाँ थैलों को ले जाने देना भी बुद्धिसंगत नहीं है, इसलिये यह प्रबन्ध करना ही पड़ता है। वाचनालय में मेज-कुर्सियों का जंगल-सा लगा हुआ था, जहाँ सैकड़ों आदमी चुपचाप बैठे अध्ययन कर रहे थे । पुस्तकों का अंक और नाम दे देने से आपकी मेजपर उनके आने में देर नहीं लगती । अनुसंधान करनेवाले विद्वानों और विद्यार्थियों को इस तरह का सुभीता लंदन म्यूजियम के पुस्तकालय में भी है ।

जर्मनी के साथ युद्ध समाप्त होते ही सोवियत और उसके पश्चिमी मित्रों की अनबन प्रकट होने लगी । जापान के मुकाबिले में सोवियत सेना जिस तेजी के साथ मंचूरिया और कोरिया को दखल करती जा रही थी, और इंग्लैंड और अमेरिका की सेनायें अपनी कमजोरी को जिस प्रकार पश्चिमी युद्ध-क्षेत्र में दिखला चुकी थीं, उसे देखते हुए पश्चिमी साम्राज्यवादियों को डर लगने लगा कि कहीं ऐसा न हो कि हमारे पहुँचने के पहिले ही सोवियत सेनाएं जापान पर भी काबू कर लें; इसलिये बिना सोवियत से पूछे ही चर्चिल की राय से टूमन ने जापान के हिरोसीमा और नागासाकी नगरों पर दो परमाणु बम गिरा दिये । अब युद्ध बन्द हुए दूसरा साल हो रहा था, इसलिये वैमनस्य भी बहुत आगे तक बढ़ चुका था । सोवियत ने भी अपनी जनता को सजग रखने के लिये युद्ध-संबंधी फिल्मों का उत्पादन बन्द नहीं किया था । बोल्शेविक क्रान्ति के बाद रूस को कमजोर देखकर अरमेनिया और जार्जिया के कुछ भाग तुर्की ने हड़प लिये थे, और सो भी हजारों अरमेनियन नर-नारियों, बूढ़े-बच्चों की बड़ी निर्मम हत्या के बाद । इस हत्या को सुनकर उस वक्त सारे पश्चिमी देश बौखला उठे थे । अब सोवियत अरमेनिया अपने खोये हुए भाग को लौटाने की मांग कर रही थी ।

तुर्की उसे देने के लिये कैसे तैयार हो जाता, जबकि अमेरिका उसकी पीठ ठोकने के लिये तैयार था। अरमेनिया के हाथ से छिने, ये जिले सोवियत और तुर्की के वैमनस्य के मुख्य कारण हैं। तुर्की को चेतावनी देने के लिये ही मानो "अदमिरल नखिमोफ" फिल्म बनाया गया था। १८५३ की घटना है, जबकि क्रिमिया के लिये तुर्की और रूस में झगड़ा हुआ। इंगलैंड और फ्रान्स ने पीठ ठोकी और तुर्की ने सारे कालासागर को अपने हाथ में करने की कोशिश की। दोनों पश्चिमी साम्राज्य पहिले गुप्त सहायता देते रहे, लेकिन जब तुर्की को पिटते देखा, तो वे भी युद्ध में कूद पड़े। इंगलैंड फिर भी चालाकी करता रहा। वह चाहता था कि बलिदान अधिकतर तुर्की और उसमें भी ज्यादा फ्रान्स को देना पड़े। उस समय रूसी नौसेना का महासेनापति नखिमोफ था। अपने निकम्मे दरबारियों की सलाह से जार ने नखिमोफ को अपना बेड़ा डुबा देने का हुक्म दिया, जिससे कि वह दुश्मनों के हाथ में न पड़े। लाचार होकर नखिमोफ को वैसा करना पड़ा। सेवेस्तापोल की रक्षा के लिये नखिमोफ ने बड़ी बहादुरी से लड़ते हुए अपने प्राण दिये। तुर्की को अन्त में फायदा नहीं हुआ। नखिमोफ ने भी तुर्की को अन्तिम उपदेश दिया था—"तुर्की ने जब-जब बाहरवालों की बात सुनी, तब-तब उसे मुंह की खानी पड़ी।"

फरवरी का महीना आया। ४ फरवरी को तापमान २५°, ७ को २७°, ८ को २४°, इस प्रकार सरदी बढ़ती ही गई। १० फरवरी को सरदी भी खूब थी और बर्फ भी खूब पड़ रही थी। बर्फ गिरानेवाले बादलों के बीच से निकल कर आता सौर प्रकाश वृक्षों की शाखाओं और टहनियों में लिपटे हुए बरफ को बड़ी सुन्दर रीति से चमका रहा था। टहनियां तो मालूम होती थीं, जैसे सफेद मूँगे की बेलें हों। अधिक टैम्परेचर गिरने से श्वास से निकलनेवाली भाप की मात्रा ज्यादा थी। इसके अतिरिक्त काम-काज में मुझे कोई कष्ट नहीं मालूम होता था। २३ फरवरी को ब्लीनी (चीले) का सप्ताह समाप्त हुआ। चीला मीठा और नमकीन दोनों तरह का उत्तरी भारत में बहुत पसन्द किया जाता है। मुझे तो मीठे चीले खास तौर से पसन्द हैं। चीले को रूसी भी हमसे कम

पसन्द नहीं करते। पुराने समय में जब उनके यहाँ चीनी नहीं होती थी, तो आटे, चीनी को पकाकर ऊपर से मधु लगा देते थे। अपने ब्लीनी-प्रेम के कारण ही रूसियों ने इस ब्लीनी सप्ताह को अब भी कायम रखा है। आज से ८ शताब्दी पहिले, जब रूसी ईसाई नहीं हुए थे, तो वह सूर्य-देवता के पूजक थे। मक्खन को चुपड़कर या पूड़ी की तरह मक्खन में डालकर पकाया चीला रूसी भाषा में ब्लीनी कहा जाता है। गोल आकार तथा आटे के रंग के कारण पकनेपर लाल रंग और उस पर भी मधु चुपड़ने से रंग का और लाल होना—सूर्योदय के समय के सूर्य का अनुकरण है। वसन्त के सूर्य के उपलक्ष्य में यह त्योहार प्राचीन रूसी लोग मनाते थे। उस वक्त खूब ब्लीनी खाई जाती थी, उसी तरह जैसे कि पूर्वी उत्तर-प्रदेश और बिहार में कातिक की छठ को ठकुआ। कार्तिक की छठ भी सूर्य-पूजा का ही त्योहार है। हमारे घरमें भी ब्लीनी अक्सर बन जाया करती थी और ब्लीनी-सप्ताह में तो आनेजानेवालों को भी खिलायी जाती थी।

जान पड़ता है, ब्लीनी-सप्ताह के लिये ही सूर्य भगवान् ने बर्फ को रोक रखा था। देर ही से सही, किन्तु ८ फर्वरी को ६ इंच बरफ पड़ गई। वह दिन भर पड़ती रही। हवा बर्फ की धूल उड़ा रही थी, सरदी बहुत थी। वह स्नान का दिन था, लेकिन स्नानागार में सरदी को घुसने की आज्ञा नहीं थी। हम स्नानागार से लौटकर स्कूल में ईगर को लाने गये। देखा पहिली वारी के लड़के स्कूल से निकल रहे हैं, और दूसरी वारी के अन्दर जा रहे हैं। साढ़े बारह बजे का समय था। लड़ाई के कारण मकानों की जो क्षति हुई थी, उसके कारण स्कूलीय इमारतों की भी कमी थी, उसी के लिये एक ही स्कूल की इमारत में वारी-वारी से दो बार स्कूल लगता था।

अकदमिक बरान्निकोफ ने बड़े परिश्रम और अनुराग के साथ तुलसीदास के अमरकाव्य रामायण का रूसी में पद्यानुवाद किया था। अकदमी ने भी उसे बढ़िया से बढ़िया रूप में छापने का निश्चय किया था।। मेरे भारत आजाने पर पुस्तक छपी और साल ही भर के भीतर बिक भी गई, जिससे मालूम होता है,

कि विद्वान् और साधारण पाठक दोनों ने बराश्निकोफ के अनुवाद को पसन्द किया। पुस्तक को सजाने, चित्रित करने आदि में जहां अनुवादक ने मुझ से परामर्श लिया था, वहाँ तुलसीकाव्य कितना उत्कृष्ट है, इसको जतलाने के लिये रेडियो ने भी उन्हें तुलसीदास पर बोलने के लिये निमंत्रित किया था। मुझे बराश्निकोफ ने मूल चौपाइयों को दोहरा देने के लिये कहा। २८ फर्वरी को हम दोनों रेडियो-कार्यालय में गये। मैंने साधारण लय में मूल को पढ़ा और बराश्निकोफ ने अपनी भूमिका के बाद उसका पद्यानुवाद रूसी में पढ़ा। रेडियो स्टूडियो वाले अंगुलभर चौड़े रबर जैसे फीतेपर शब्दों को उतरवा कर समय-अनुकूल करने के लिये फीते को काट-छांट रहे थे। मैंने देखा, दो-तीन हाथ फीता कैंची से काटकर उन्होंने फेंक दिया और जोड़कर भाषण को फिरसे सुनवाया। पहिली बार मुझे अपना स्वर सुनने का मौका मिला था। मुझे विश्वास नहीं हो रहा था, कि यह मेरा ही स्वर है। हरेक आदमी समझता है, कि मैं अपने ही स्वर को सुन रहा हूँ, लेकिन वस्तुतः कोई अपने स्वर को नहीं बल्कि अपनी प्रति-ध्वनि को सुनता है, जो प्रति-ध्वनि उतनी साफ नहीं होती, जो अच्छे रेडियो या फोनोग्राफ के रिकार्ड से निकलती है। फिल्म को काटकर फेंक देने के बारे में रेडियोवाले कहते थे—कोई परवाह नहीं, हमें क्या दूसरे देश से मंगवाना है। हां, रूस सभी चीजें अपनी तैयार करता है, वह परमुखापेक्षी नहीं है, और न चीजों को दूसरे देशों से मंगाने के लिये उसे विदेशी विनिमय की भारी रकम भेजनी पड़ती है।

आज सात बजे से ईरानी-सम्मेलन भी हो रहा था। मैं वहां गया। अकदमिक फ्राइमान का ईरानी संस्कृति के किसी पहलूपर भाषण हुआ। ऐर्ली के भी आने की आशा थी, लेकिन स्वास्थ्य के कारण वह नहीं आये। ताजिक (फारसी) के महान् कवि लाहूती आये थे। लाहूती की कविताओं को मैं पढ़ चुका था और मेरे पास उनकी कुछ पुस्तकों का संग्रह भी था। श्वेत-केश, रूसियों जैसे गोरे, चमकीली आंखोंवाले इस महान् कवि को अपने क्रान्तिकारी विचारों के कारण ईरान छोड़ना पड़ा, किन्तु २५ साल से उसकी मातृ-भूमि

ताजिकिस्तान है, जहां का वह महान् नागरिक और महान् कवि है।

पहिली मार्च (१९४७) को सर्दी हिमविन्दु से २३° नीचे थी। पिछले साल तापमान २८° तक पहुँचा था और इस साल--२९° तक पहिले ही सप्ताह पहुंची थी। लेकिन लंदन की तरह यहां कोई नहीं कहता था-- ऐसी सर्दी तो पहिले सौ साल में कभी नहीं पड़ी थी। खेत में शरद में बोये गेहूं जमकर बर्फ के नीचे दबे रहते हैं, जो बर्फ पिघलने के बाद ही बड़ी तेजी से बढ़कर वसन्त के बोये गेहूं से जल्दी पक जाते हैं। जाड़े के गेहूं को तभी हानि पहुँचती है, जबकि बरफ पतली या नहीं हो, और सरदी ज्यादा पड़े। ऐसी सरदी गेहूँ के पौधों को मार देती है। लेकिन बोये गेहूं के ठंडे होने का डर नहीं था, क्योंकि जहां उसकी बोआई ज्यादा हुई थी, वहां बरफ की मोटी तह पड़ी हुई थी। अब तो बरफ काफी पड़ गई थी।

मुहल्ले की क्लब की रंगशाला में वैसे वयस्कों के लिये अक्सर फिल्म और दूसरे परिदर्शन हुआ करते थे, कभी कभी वहाँ बच्चों का भी तमाशा होता था। २ मार्च को लड़कों का प्रोग्राम था और इतना मनोरंजक था, कि शाला में बैठने की जगह नहीं रह गई थी। बन्दरों का तमाशा होनेवाला था। मुहल्ले के सैकड़ों बन्दर भी आकर तमाशा देखने के लिये अपनी सीटों पर जम गये थे। उनको हल्ला-गुल्ला और मार-पीट से रोकना आसान नहीं था। थोड़ी ही देर में सारा हाल उनके शोर से भर गया। लेकिन बालकों के लिये तमाशा करनेवाले उनके मनोविज्ञान से भी परिचित होते हैं। तुरन्त हारमोनियम लिये एक पुरुष और उसके साथ प्रश्नोत्तर करनेवाली स्त्री रंग-मंच पर आगई। उसने कुछ प्रश्न किये, कुछ पहेलियां कहीं और कुछ गाने गाये, इस तरह मिनट भी नहीं बीता, कि लड़कों के ऊपर पूरी तौर से नियंत्रण कायम हो गया। खेल के साथ सरकस भी था, जिसमें एक बन्दर, ४ भालू, ४ कुत्ते, १ भेड़िया, १ बकरी, १ गिलहरी पार्ट ले रहे थे। कुत्ते, भालू नाच भी करते थे, उनका "गाना" भी बड़ा मनोरंजक था। लड़के खेल खतम हो जाने के बाद भी और की प्रतीक्षा में उठना नहीं चाहते थे, लेकिन आखिर उठना ही पड़ा और सब अपने घरों

से आज के खेल की चर्चा करते खुश-खुश घर लौटे।

३ मार्च को स्नान का दिन था। सरदी कम रही, लेकिन बर्फ फिर पड़ी थी। स्नानागार जाते समय भी अपने चमड़े के ओवरकोट और चमड़े की टोपी को छोड़ा नहीं जा सकता था। उस दिन स्नानागार में बड़ी भीड़ रही, क्योंकि भगेड़ू लड़कों की ५०-५० की दो पांतियाँ आ रही थीं। ये लड़के युद्ध की उपज थे। युद्ध में मां-बाप के मरने या आश्रय-हीन रहने के कारण भाग खड़े हुए, और जगह-जगह भीख या सभी तरह खाते-पीते दुनिया की सैर करते ऊधम मचा रहे थे। युद्ध में बे-मां-बाप के लड़कों को लाखों की संख्या में लोगों ने दत्तक पुत्र बनाया था। मध्यएसिया के तुर्कों और ताजिकों के परिवारों में भी यूरोपीय दत्तक पुत्र पल रहे थे। इस प्रकार अनाथ बच्चों को उतना अधिक कष्ट नहीं हुआ, जितना कि ऐसी स्थिति में किसी पूंजीवादी देश में होता, तो भी कुछ मनचले लड़के किसी के दत्तक पुत्र न हो मनमाना घूमना और मनमाना करना पसन्द करते थे। उन्हें वैसी अवस्था में छोड़ देनेपर जहां उनके बिगड़ने का डर था, वहां उनकी शिक्षा का समय भी चला जाता, इसलिये सोवियत ने जगह-जगह बच्चों के घर स्थापित किये थे, जिनमें उनके पालन-पोषण और शिक्षा-दीक्षा का प्रबन्ध था, लेकिन बिगड़े लड़के जरा सा मौका पाते ही भागने के लिए तैयार हो जाते हैं, इसलिये उन्हें कड़े शासन में रखना पड़ता था। वह हर हफ्ते पांती बांधकर स्नानागार में जाते थे। सारे देश में पुलिस को ताकीद थी, कि भगेड़ू लड़कों को पकड़कर नजदीक के बालगृह में भेज दें। इनके अतिरिक्त युद्ध में मृत सैनिकों के होनहार लड़कों के लिये सुवारोफ सैनिक स्कूल स्थापित थे, जिनमें उन्हें शिक्षा के साथ भविष्य के सैनिक अफसर बनने का अवसर दिया जाता था। क्रान्ति-दिवस या मई-दिवस में जब सुवारोफ स्कूल के लड़के अपनी सुन्दर वर्दी में बड़ी शान के साथ परेड करते लाल मैदान से निकलते, तो कितनी ही देर तक तालियों की गूंज होती रहती।

भारत की आयी चिट्ठियों की विचित्र हालत थी। अमृतराय की चिट्ठी बनारस से एक महीने में पहुँच गई और मेरी चिट्ठी भी उन्हें एक

महीने में मिल गई, किन्तु आनन्दजी के पास मेरी हवाई चिट्ठी ७ महीने में पहुँची ! हवाई डाक पर क्या भरोसा हो सकता था ? जिसदिन (८ मार्च) को यह चिट्ठियाँ मिलीं, उसी दिन मैंने दाखुन्दा का (ताजिक भाषा) का उर्दू में अनुवाद समाप्त किया था। समय काटने के लिये मैंने सोचा, भारत जाकर अनुवाद करने की जगह यहीं अनुवाद कर लूं, तो अच्छा। उर्दू में ताजिक (फारसी) के मूल शब्द बहुत रखे जा सकते थे, इसलिये मैंने पहिले उर्दू में ही तर्जुमा किया। सोवियत में रहते ही मध्य-एसिया के महान् उपन्यासकार ऐनी के "दाखुन्दा" और "गुलामान" दो उपन्यासों का उर्दू में अनुवाद कर लिया था। दो-दो कापी करने के लिये समय नहीं था और उसी एक कापी को डाक और सेन्सर की गड़बड़ी में भारत भेजना बुद्धिमानी की बात नहीं थी।

१७ मार्च को सरदी हिमबिन्दु से १०° नीचे थी, जिसे हम गरमी मानने लगे थे। अब सूर्य के दर्शन भी अक्सर हो जाते थे, लेकिन वसन्त में अभी डेढ़ महीने की देर थी, हमारे यहां और लेनिनग्राद के वसन्त में इतना अन्तर होता है। हमारे यहां पतझड़ और वसन्त एक साथ आते हैं, किन्तु रूस में पतझड़ सितम्बर में और वसन्त मई में आता है। मद्रास की तरफ जानेपर तो वसन्त और पतझड़ का ही नहीं बल्कि सारी ऋतुओं का आगम एक ही साथ होता है, अन्तर केवल वर्षा और अवर्षा का है।

समय बीतता जा रहा था। वह दिन भी आनेवाला था, जब युनिवर्सिटी की पढ़ाई का वर्ष खतम हो जायेगा और मैं यहां से चल पड़ूंगा। सबसे ज्यादा फिकर इस बात की थी, कि कौन रास्ता पकड़ा जाय ? लंदन का रास्ता बहुत चक्कर का था। ओदेस्सा (काला-सागर) से जहाज पर समुद्र द्वारा बम्बई पहुंचने का रास्ता था। तीसरा रास्ता ईरान से था, किन्तु आये रास्ते से लौटना मुझे पसन्द नहीं है। चौथा रास्ता स्थलमार्ग का अफगानिस्तान होकर था, जो सबसे समीप का भी था। लेकिन दिक्कत यह थी कि मेरे पास विदेशी विनिमय का जो चेक था, वह सोवियत या भारत में ही भुनाया जा सकता था। सोवियत रूबलों की कमी नहीं थी, किन्तु वह तेरमिज (आमूदरिया तट) तक ही काम

आ सकते थे। तेरमिज से दरिया पार होते ही अफगानिस्तान आ जाता, जहां सोवियत के सिक्के बेकार हो जाते, और वैधानिक तौर से हम अपने साथ उन्हें ले भी नहीं जा सकते थे। आमू के घाटपर उतर कर मजारशरीफ तक का किराया कहां से आता और मजारशरीफ से काबुल जाने का भी सवाल था। भाग्य भरोसे यात्रा करना मेरे लिये कोई नई बात नहीं थी, शायद मानवता वहां भी कोई रास्ता निकाल देती या पास की एकाध चीज बेचकर किराये का पैसा जमा कर लेता, किन्तु मेरे पास जो ढाई वर्षों में काम की बड़ी दुर्लभ पुस्तकें जमा हो गई थीं, और प्रायः सभी रूसी भाषा में थीं, उनके लिये खतरा हो सकता था। कम्युनिज्म से सभी देशों के शासक पनाह मांगते हैं, यदि उन्होंने कुछ किताबों को रख लिया तो?

१३ मार्च को एक और दुःखद घटना सुनी। लिथुवानिया में उत्पन्न बहुत सी भाषाओं के पण्डित डाक्टर सिल्वोचिकस मर गये। सिल्वोचिकस लंदन में भी रहे थे, लंदन युनिवर्सिटी के पी० एच्० डी० थे। युरोप की नयी-पुरानी तथा इब्रानी और उससे संबंध रखनेवाली कितनी ही भाषाओं के अच्छे पण्डित थे। लिथुवानिया पर जब जर्मनों का हमला हुआ, तो वह वहां से सोवियत की ओर भाग आये। सारी लड़ाई भर कोई न कोई काम करके गुजारा करते रहे। यहूदी होने से उनको जर्मनों से जितना डर था, उससे वह सोवियत विरोधी हो नहीं सकते थे। ४-५ साल तक सोवियत में शरणार्थी होकर घूमते अब युनिवर्सिटी में आये थे। नौकरी के लिये युनिवर्सिटी में बहुत सी जगहें खाली थीं। उन्हें आशा थी, कि कोई काम मिल जायेगा। वह प्राच्य-विभाग के पुस्तकालय में रोज आते, और धीरे धीरे बहुत से लोग उनके परिचित और मित्र बन गये थे। राष्ट्रीय महत्व के काम न करनेवाले के लिये राशन-टिकट बन्द हो गया था, इसलिये बेचारे सिल्वोचिकस पर भारी विपता आयी। उनकी पत्नी और एक छोटा बच्चा था। तीनों को राशनविहीन खाद्य से गुजारा करना बहुत मुश्किल था। बड़ी दौड़-धूप लगायी, सब तैयार थे, पर हमारे विभाग का दल-सेक्रेटरी ऐसा मूर्ख मिला था, कि उसने इन्कार कर दिया। कहा--लंदन का पी० एच्०

डी० है, क्या जाने अंग्रेजों का गुप्तचर हो। उसकी इस राय के विरुद्ध किसी को जाने की हिम्मत नहीं थी। प्रो० स्टाइन हमारे डीन यहूदी थे, इसलिये वह भी कोई कदम उठाना नहीं चाहते थे। मालूम हुआ, थोड़ा बहुत जो खाना सिल्वोचिकस जमा कर पाते, वह अपने शिशु बच्चोंवाली पत्नी को दे देते, और खुद कोई बहाना करके भूखे रह जाते। सिल्वोचिकस का स्वास्थ्य बहुत अच्छा नहीं था। इस अनाहार में वह धीरे धीरे घुलने लगे। अन्त में एक दिन प्राणों ने उस शरीर को छोड़ दिया और एक प्रतिभाशाली भाषातत्वज्ञ से देश को वंचित हो जाना पड़ा। सिल्वोचिकस का खून किसी के सिरपर तो जरूर पड़ना चाहिये। लेकिन उसका दोषी हम साम्यवाद या रूस की कम्युनिस्ट पार्टी को नहीं कह सकते। लेनिनग्राद में कुछ मूर्ख उस समय पार्टी के सर्वेसर्वा हो गये थे, जिन्हें दो साल बाद दण्ड अवश्य मिला, लेकिन उस वक्त तो वह अपनी हरकतों से अनर्थ कर डालने में समर्थ थे। इसी तरह एक मंगोल विद्वान् भी उस समय अध्यापक का काम ढूंढने लेनिनग्राद आया था। वह पिछले षड्यंत्रों में जौ के साथ घुन की तरह पिस गया था और कुछ साल जेल में रहकर अभी अभी छूटा था। वैसे उसने युनिवर्सिटी में साइंस की शिक्षा पाई थी, लेकिन मंगोल बौद्ध होने के कारण पहिले अपनी धर्मभाषा तिब्बती को कुछ पढ़े हुए था, और जेल में उसे और पढ़ने का मौका मिला। ६ साल में उसने तिब्बती भाषा का बहुत अच्छा अध्ययन कर लिया था। आजकल प्राच्य-विभाग में तिब्बती भाषा के अध्यापक की आवश्यकता भी थी। विभागीय पुस्तकालय में ही एक ऐसे व्यक्ति की जरूरत थी। वह भी समय समय पर पुस्तकालय में बैठकर अध्ययन करता और प्रबन्धिकाओं की मदद करता था। उसे भी अध्यापक नियुक्त करना लोग चाहते थे, किन्तु सिल्वोचिकस के साथ अन्याय करनेवाला वही मूर्ख फिर बाधक हुआ। कहा—राजद्रोह में जिसको सजा हुई है, उसे कैसे नौकर रखा जा सकता है? लेकिन मंगोल विद्वान् को सिल्वोचिकस की हालत में पहुंचने की अवश्यकता नहीं पड़ी। कुछ मंगोल (बुरियत) लेनिनग्राद में रहते थे, जिनकी सहायता से रेल पर बैठकर वह फिर अपने देश को लौट गया। वह काले दाग हैं, जिनका

कि अत्यन्त उज्ज्वल वस्त्र पर रहना बहुत खटकता है। इसमें शक नहीं कि सोवियत के शासक इसके लिये जागरूक भी रहते हैं, और पता लगते ही बिना रियायत के अपराधी को दण्ड भी देते हैं।

पूर्वी भाषाओं के पढ़ाने में सबसे अधिक कठिनाई उच्चारण की थी। मैं अपने विद्यार्थियों के उच्चारण को ठीक करने का काफी प्रयत्न करता था। हमारे अध्यापकों ने जब सुना, कि मैं भारत लौट रहा हूं—यद्यपि उस वक्त मैंने दो वर्ष के लिये ही जाने की बात कही थी—तो उन्होंने कहा, कि मैं उच्चारण के लिये कुछ ग्रामोफोन रिकार्ड में बोल दूं। युनिवर्सिटी के साथ बड़ा-सा फोटोग्राफी का विभाग भी है। किनो-फिल्म और ग्रामोफोन जैसे विभागों को सुनकर हमारे यहां शायद आश्चर्य किया जाय, लेकिन रूस में साधन-सम्पन्न हुए बिना शिक्षण-संस्थाओं के कार्य में बाधा होती है, इसका ख्याल रखा जाता है। ग्रामोफोन रिकार्ड करने का विभाग हमारे प्राच्य-विभाग की इमारत के पास में ही था। मैंने वहां संस्कृत, प्राकृत, अपभ्रंश, हिन्दी, उर्दू, और तिब्बती भाषा के ग्रंथों के पाठ रिकार्ड कराये।

२४ मार्च को दिल्ली-रेडियो से भारत में हुई अन्तर्-एशिया-कान्फ्रेंस की रिपोर्ट सुनी। वक्ताओं ने अपनी भाषा में कितने ही भाषण दिये थे। सोवियत के प्रतिनिधियों में गुर्जी (स्तालिन की जाति), कज़ाक, और उजबेक प्रतिनिधि भी थे। एसिया का इतना बड़ा सम्मेलन बहुत दिनों बाद भारत की भूमि पर हुआ था। मुझे नालंदा का ख्याल आता था, जहांपर कि मध्यएसिया तथा सारे पूर्वी एसिया के छात्र पढ़ने के लिये आया करते थे। भारत को फिर एकबार अपने पुराने संबंधों को जाग्रत करने का अवसर मिला। यद्यपि उस समय भी बौद्धधर्म ने आक्रमणकारी संस्कृति का प्रचार नहीं किया था, बल्कि जिस देश में भी वह गया, वहां की संस्कृति की रक्षा करते हुए अपनी देन से उसे आगे बढ़ाने का प्रयत्न किया, तो भी आज के युग में तो भिन्न-भिन्न संस्कृतियों के संघर्ष का कोई कारण नहीं है। संघर्ष का कारण तो वस्तुतः आर्थिक शोषण होता है। आर्थिक शोषण हटा दीजिये, तो संस्कृतियों का समन्वय बड़ी मधुरता के साथ हो

जाता है। सोवियत रूस इसका उदाहरण है। मध्य-एसिया इस्लामिक संस्कृति में पला है, रूसी अपने इतिहास के आरम्भ ही से ईसाई संस्कृति को अपनी मानते आये हैं, मंगोल बौद्ध संस्कृति को अपनी जाति से अलग करके देख नहीं सकते। उनके अतिरिक्त यहूदी धर्म के अनुयायी सारे रूस में बिखरे हुए हैं, और जिनकी एक भौगोलिक इकाई स्थापित करने के लिये सुदूर-पूर्व में बीरोबिजान का एक स्वायत्त शासित भू-भाग स्थापित किया गया है। इन संस्कृतियों में काफी भेद है, और पिछले इतिहास को देखने पर मालूम होता है, कि उनका पारस्परिक संबंध कितना कटु था। धर्म-निर्भर संस्कृति के अतिरिक्त रक्त में भी परस्पर भेद था, जो कि ऊँच-नीच के भावों को उठाकर झगड़े का कारण बन जाता था। लेकिन आज सारी संस्कृतियां परस्पर नीरक्षीर हो गई हैं। एक दूसरे के भावों को लोग आदर की दृष्टि से देखते हैं और एक दूसरे के वीरों का सम्मान करने में पीछे नहीं रहते। संस्कृतियों का सुन्दर समन्वय कैसे हो सकता है, इसका रास्ता सोवियत रूस ने दिखलाया है, लेकिन उसके लिये आर्थिक शोषण का अन्त होना आवश्यक है।

तिफ्लीस में एक वृद्ध आर्मेनियन संगीतकार से मेरा परिचय हुआ था। वह लेनिनग्राद के गिने-चुने उस्तादों में से थे। ४ मास वह लेनिनग्राद की प्राचीन और प्रतिष्ठित कन्सर्वेतरी (संगीत-विद्यालय) में प्रोफेसर का काम करते, और ८ महीने अपनी जन्मभूमि की राजधानी येरवान नगरी में। उनके निमंत्रण पर २६ मार्च को हम उनके घर गये, जहां एक और ७० वर्षीया वृद्धा संगीताचार्या निमंत्रित थीं। वृद्धा के साथ उनका तरुण नाती (बेटी का लड़का) भी आया था। २० वर्षीय तरुण वैसे साइन्स का विद्यार्थी था, लेकिन संगीत तो उसके खून में था, इसलिये उसमें भी उसकी काफी गति थी। जन-संगीत को वह बहुत पसन्द करता था और इसके लिये अपनी छुट्टियों को एसिया और दूसरी जगहों की जातियों के जन-संगीतों के अभ्यास और संग्रह में बिताता था। भारतीय संगीत के बारे में मैं क्या बतला सकता था? मैंने पहिले ही कह दिया, कि संगीत और काव्य यह मेरे लिये दो सर्वथा अपरिचित से विषय हैं, उनकी

और न मेरी कोई विशेष रूचि है न गति। मैं तो शायद अपने को उनके संबंध में शून्य समझ सकता था, किन्तु कुछ संगीत— विशेष कर जनसंगीत और कुछ कविताओं-विशेषकर जनकविताएं और दूसरी कविताओं से मेरा हृदय आप्लावित हो जाता है, इसलिये अपने को सर्वथा शून्य नहीं कह सकता। भारतीय संगीत के बारे में कुछ न कह सकने की जगह मैंने अपने साथ लाये दो ग्रामोफोन रिकार्डों को रख दिया। उनमें से एक में मामूली चलता सिनेमा का गाना था, जिसे बड़ी अरुचिपूर्वक दोनों वृद्ध-वृद्धाओं ने सुना और अलग रखवा दिया। सौभाग्य से " तानसेन " फिल्म में गाये दो गाने के भी रिकार्ड थे, जिनमें भारतीय संगीत का ज्यादा शुद्ध रूप था, जिसे बहुत पसन्द किया गया। मैंने दोनों संगीत विशेषज्ञों से पूछा: भारतीय संगीत को अन्तर्राष्ट्रीय नोटेशन में लिखा जा सकता है? वृद्धा ने इसके जवाब में किसी अंग्रेजी शोधपत्रिका के पुराने दो-तीन अंक निकाल कर रख दिये। वहां हमारे रागों को यूरोपीय नोटेशन में बद्ध किया गया था। लेकिन छपे हुए नोटेशन तो मेरे लिये भैंस के आगे बीन बजाना था। इसपर वृद्धा के नाती ने कहा मैं नोटेशन में बांधकर सुनाता हूं। रिकार्ड फिर लगाया गया। उसने जल्दी जल्दी कागजपर नोटेशन लिख लिया। फिर "बरसो रे बरसो रे" के राग को पियानो पर बजाकर दिखा दिया। उन्होंने कहा: किसी भी वास्तविकता को रेखाओं में बाँधना संभव नहीं है, यह बात संगीतपर भी घटती है। नोटेशन का काम है स्वर और लय में वास्तविकता के समीप तक पहुँचने में सहायता करना। मैंने देखा, वह काम यहां हो गया था। फिर मुझे ख्याल आया— हमें भारतीय संगीत के लिये अन्तर्राष्ट्रीय नोटेशन को अपनाना चाहिये। न अपनाकर हम अपना ही नुकसान करेंगे। नोटेशन-बद्ध भारतीय संगीत की महिमा को दुनिया के वे लोग समझने लगेंगे, जिनके लिये यह बन्द हुई पुस्तक सा है। अन्तर्राष्ट्रीय नोटेशन का उद्गम चाहे यूरोप रहा हो, किन्तु आज वह जापान तक एसिया के सारे देशों में प्रचलित है। संकीर्ण राष्ट्रीयता के फेर में पड़कर उसका बायकाट करना हमारे लिये न श्रेयस्कर है, न वांछनीय ही। तरुण ने कई एसियायी जनगीतों को

गाकर सुनाया। संगीत के लिये शुष्क सा मेरा हृदय भी उस मंडली में सरस हो उठा था।

२७ मार्च को युनिवर्सिटी जाते समय रास्ते में पानी ही पानी दिखाई पड़ा। नेवा में भी बरफ के ऊपर पानी तैर रहा था। अबके साल हमारे लिये नेवा ने रास्ते का काम बहुत कम समय दिया। अब तो लोग उसकी जमी धार पर भी विश्वास नहीं करते थे—क्या जाने कहीं बरफ पतली हो और बोझ सह न सके, फिर गड़ाप से गिरकर समुद्र में पहुंचने की किसको इच्छा होती? आज हिन्दी-उर्दू की कविताएं, तथा यजुर्वेद के कुछ सस्वर मंत्रों का रिकार्ड करवाया।

२८ मार्च को मानवतत्व संग्राहालय में फिर गये और वहां के पुरातत्व विशेषज्ञ से देर तक बातें करते रहे। अर्थार्जन की कठिनाई से निश्चिंत होने के कारण सोवियत विद्वानों को शास्त्रचर्चा करने के लिए काफी समय मिलता है और उसकी तरफ उनकी रुचि भी होती है। अपने विषय में जिसकी रुचि नहीं वह उस विषय के अध्ययन और अध्यापन की ओर पैर ही नहीं बढ़ाता—यह सभी लोगों को काम मिलने की गारण्टी का परिणाम है। उक्त विद्वान् से मैं मध्यएसिया के प्रागैतिहासिक काल पर बातें कर रहा था। उन्होंने निम्न बातें बतलायीं—

उजबेकिस्तान—यहां मूस्तर (नियंडर्थल) मानव के शरीरावशेष तेशिक्ताश की गुफा में मिले हैं। पास में ही अमीर तैमूर गुफा में हड्डियाँ तो नहीं किन्तु उनके पाषाणास्त्र मिले हैं। तेरमिज़ के पास मचई गुफा में मूस्तर और मध्यापाषाणयुगीन हथियार मिले हैं। समरकन्द इलाके में ऊपरी पुरापाषाणयुग के हथियार प्राप्त हुए हैं।

ताजकिस्तान—यहां पर पाषाणयुग के अवशेषों वाली बहुत सी गुफायें हैं, मगर अभी खुदाई का काम नहीं हुआ है।

तुर्कमानिस्तान—में वक्षु नदी की पुरानी धार उज़बोयी के कास्पियन समुद्र से मिलन के स्थान पर मतकिश्लक में ऊपरी पुरापाषाण और मध्य-पुरा पाषाणयुगों के हथियार प्राप्त हुए हैं। यह स्मरण रखना चाहिये कि किसी समय वक्षु (आमूदरिया) आज की तरह अराल समुद्र में न गिरकर कास्पियन में

गिरती थी, पीछे वह अराल समुद्र में गिरने लगी। १२–१३ वीं शताब्दी के भीषण युद्धों में नहरों के लिये बने बांध टूट गये, तो एकबार फिर उज्जबोयी ने वक्षु का रूप लिया था। शताब्दियों से उज्जबोयी सूखी पड़ी थी। वर्षा के अत्यन्त कम होने से आस-पास की धरती वक्षु के पानी से वंचित रहकर कितने दिनोंतक हरी भरी रहती ? वहां की भूमि कराकुम के विशाल रेगिस्तान के रूप में परिणत हो गई। लेकिन अब फिर उसका समय लौटनेवाला है। इसी साल से दुनिया की सबसे बड़ी नहर—मुख्य तुर्कमान नहर—आधुनिकतम यांत्रिक साधन द्वारा खुदने लगी है। चंद ही सालों बाद आमू फिर कास्पियन में गिरने लगेगी। उसकी नहरों के जालों से कारकुम की भूमि फिर हरी भरी हो उठेगी। नहरों के खोदने के समय इस भूमि के भी पुराने मानव-अवशेषों का पता लगेगा, जिनसे बीते युग की सभ्यताओं पर अच्छा प्रभाव पड़ेगा।

कजाकस्तान—इर्तिश नदी के तटपर अल्ताई के पास यहां ऊपरी पुरापाषाणयुग के जो हथियार मिले हैं, उनका संबंध साइबेरिया से प्राप्त सामग्रियों के साथ है। कुस्तनइ जिले में केरिनकुल झील के किनारे अणुपाषाणयुग के हथियार मिले हैं, किन्तु उनके साथ मृतपात्र नहीं हैं।

किरगिजिस्तान—त्यान-शान पवर्तमाला में अवस्थित इस गणराज्य में भी ऊपरी पुरापाषाणयुग के अवशेष प्राप्त हुए हैं।

जिस तरह मध्य-एसिया के इतिहास की सामग्री के लिये हमें पुस्तकों का अध्ययन करना आवश्यक था, उसी तरह पुरातत्व-सामग्री के बारे में विद्वानों का सत्संग भी जरूरी था। मध्यएसिया की पुरातत्विक ऐतिहासिक सामग्री कई संग्रहालया में रखी हुई है, जिनमें से कुछ तो मध्य-एसिया के गणतंत्रों में थे, जहां हमारे जाने की अब संभावना नहीं रह गई थी। लेनिनग्राद और मास्को के संग्रहालयों के कमरों को धीरे धीरे सजाया जा रहा था, इसलिये विद्वान् ही इस बारे में ज्यादा सहायक हो सकते थे।

२९ मार्च को पता लगा, कि भारत सोवियतभूमि के साथ दौत्य-संबंध स्थापित करने जा रहा है। श्रीमती विजयलक्ष्मी पंडित भारत दूत बनकर आरही

है, और यहाँ से जूकोफ दिल्ली जा रहे हैं। हमारे रहने तक विजयलक्ष्मी जी नहीं आईं और पीछे जूकोफ नहीं, दूसरे दूत सोवियत की तरफ से दिल्ली भेजे गये। अप्रैल के पहिले हफ्ते से अब भारतीय अखबार भिन्न-भिन्न भाषाओं में काफी संख्या में मेरे पास पहुँचने लगे। यद्यपि सभी २-३ महीने के पुराने थे, किन्तु उनसे देश की बहुत सी बातें मालूम होती थीं। ताज़ी खबरों के लिए रेडियो पास था ही। हाँ, किसी अखबार के सारे अंक नहीं मिल रहे थे। मालूम होता था, कुछ को समाचारपत्र-प्रेमी रास्ते ही में झटक लेते हैं। लेकिन जो भी मिल जाते थे, हम तो उन्हें ही गनीमत समझते थे। काश, यदि यही बात डेढ़ वर्ष पहिले से हुई होती? ५ अप्रैल को एक और भी काम हमारे पास आया। वह था रूसी फिल्मों का हिन्दी भाषान्तर करना। "शपथ" फिल्म के सिनारियो को हमारे पास रूसी से हिन्दी में तर्जुमा करने के लिये भेजा गया था। इसमें जितना अभिनय था, उतना वार्तालाप नहीं था। कुल ७८ पृष्ठ की सामग्री रही होगी। फिल्म-विभाग ने इसके अनुवाद करने के लिये साढ़े चार हजार रूबल पारिश्रमिक देने के लिये लिखा था। खैर, रूबल बुरे तो नहीं थे, किन्तु मुझे उनकी उतनी परवाह नहीं थी। उन्होंने यह भी लिखा था, कि हम ऐसे बहुत से फिल्मों का अनुवादकार्य आपको देंगे। उधर पत्रों-पत्रिकाओं ने भी लेख लिख देने का आग्रह किया था और मैंने एक लेख लिखा भी था। अब भी आय के बारे में अकदमिक बरान्निकोफ का रास्ता कुछ छोटे आकार में सामने दिखाई पड़ने लगा था। रेडियो की भी मांग शुरू होगई थी। भारतीय इतिहास से संबंध रखनेवाली सामग्री एर्मीताज और मानवतत्व म्यूजियमों में थी, वहां पर विशेषज्ञ परामर्शदाता होने की बात चलने लगी। सोवियत में किसी विद्वान् से कोई काम मुफ्त नहीं लिया जाता। हर जगह काम करने के लिये पारिश्रमिक नियत था। इसलिये जहाँ तक पैसे का सवाल था, उसकी बाढ़ सी आने वाली थी। युनिवर्सिटी की ओर से तीन-चार कमरोंवाले अच्छे मकान की भी पूछताछ अब ज्यादा गंभीरता से होने लगी थी। हमारे सामने अब प्रश्न था —क्या यहां रह कर आराम का जीवन बितायें, या भारत लौटकर अपने साहित्यिक काम को जारी करें।

पहिला रास्ता मुझे जीवन-मृत्यु जैसा मालूम होता था। ऐसी आराम की जिन्दगी लेकर क्या करना था, जबकि वास्तविक काम को मैं यहां रहकर ठीक तरह से कर नहीं सकता था। भारत से आये ढाई वर्ष से अधिक हो गये थे। भारत में रहते इतने समय में दो-ढाई हजार पृष्ठ तो जरूर लिखा होता। इन ढाई वर्षों में मेरा दिमाग खाली बैठा नहीं था, कितनी ही पुस्तकों की कल्पना मन में तैयार हो रही थीं, जिनको यहां रहकर कागज पर उतारना बेकार था, क्योंकि इसमें बहुत संदेह था, कि सेंसरों की मार से बचकर वह प्रेस में पहुंचने में सफल होतीं। मुझे यह निश्चय करने में जरा भी कठिनाई नहीं हुई, कि मैं जीवन-मृत्यु को कभी पसन्द नहीं कर सकता। दिल में जो इसके कारण कसक होती थी, उसी को मिटाने के लिये ही मैंने "दाखुन्दा" "गुलामान" का अनुवाद करना शुरू किया था। "दाखुन्दा" समाप्त होकर ६ अप्रेल को "गुलामान" (जो दास थे) में भी ३६४ पृष्ठ तक पहुंच गया था। प्रति सप्ताह २०० पृष्ठ की गति थी। लेकिन जब उनके प्रकाशित होने का ख्याल आता, तो रास्ता नहीं दिखलायी पड़ता।

६ अप्रेल को ईसाइयों का ईस्टर-रविवार बहुत बड़ा त्यौहार आया। कैथलिक उसे आज मना रहे थे, लेकिन रूस में ग्रीकचर्च की प्रधानता है, जिसका त्यौहार अगले (१३ अप्रेल) रविवार को होनेवाला था। लोला के पितामह फ्रेन्च कैथलिक थे, जिसके कारण पिता और लोला भी कैथलिक रहे। आज वह इगर को लेकर कैथलिक चर्च में पूजा-प्रार्थना करने गयीं। घर में तो इगर रोज ही ईसामसीह की प्रार्थना कर लिया करता था, लेकिन चर्च के भीतर जाने का उसे यह पहिली ही बार मौका मिला था। बोजिन्का (भगवान्) के दर्शन के लिये बड़ा उतावला हो रहा था। समझता था, कि गिरजे में जरूर भगवान बिराज रहे होंगे। वहां मैं तो नहीं गया था, लेकिन उसकी मां के मुंह से सारी बातें सुनीं। वह सामने बैठा रो रहा था। एक भक्तिन बुढ़िया ने देखकर कहा—"कैसा सुन्दर-हृदय लड़का है, भगवान् की भक्ति में गद्गद होकर रो रहा है।" इगर बहुत चाहता था कि भगवान् के पास पहुंचे,

लेकिन त्योहार के कारण भीड़ बड़ी थी, वहां तक पहुंचने का मौका नहीं मिला। फिर वह जल्दी करने लगा—"मांमा, किनो (सिनेमा) खतम हो जायेगा। जल्दी करो।" यहां ईगर की भक्ति नंगी हो गई थी, उसे बोजिन्का के दर्शन से ज्यादा फिल्म अपनी ओर खींच रहा था। मालूम नहीं बुढ़िया ने इस भक्त हृदय शिशु के इस रूप को देखा या नहीं। रात के वक्त कभी कभी मैं भी बोजिन्का की बात करता, और दुनिया के सारे दुःख-सुख, अन्याय-पक्षपात का जिम्मेवार उस सर्वशक्तिमान को बतला कर ऐसा चित्रित करता, कि वह बोजिन्का (भगवान्) नहीं बल्कि चोर्त (शैतान) दीखने लगता। लोला को यह बात बहुत बुरी लगती, वह खीझकर कहती—बच्चों के सामने ऐसा नहीं कहना चाहिये। मैं कहता—बच्चों के हृदय को कोरी स्लेट की तरह रहने देना चाहिये। वह ईश्वर विश्वासी हो या नास्तिक, इस बात को उन्हीं के ऊपर छोड़ देना चाहिये।

यह बतला चुके हैं, कि रूस में भीख मांगना कानूनन् नहीं व्यवहारतः भी उठ गया है, लेकिन कुछ कामचोर इसे अच्छे लाभ का पेशा समझकर मौका पा करने से बाज नहीं आते। गिरजों के पास ऐसे भिखमंगे कभी कभी मिल जाते हैं। किसी बुढ़िया को लोला ने उस दिन पैसा दिया था, जिसपर क्रिस्तुस् के लिये कह कर बुढ़िया ने अपने दाहिने हाथ की अंगुलियों से सिर छाती और दोनों कंधों को छूकर क्रास बनाया। उस दिन घर लौटकर ईगर को जब मां ने मिठाई दी, तो उसने ठीक बुढ़िया की तरह ही "क्रिसतुस्" के लिये कहकर क्रास बनाया। क्रिसतुस् की भक्ति में आकर पड़ोसी तोस्या के ७-८ महीने के बच्चे कोल्या की हथेली में सुई चुभोने की कोशिश करते हुए ईगर पकड़ा गया था और वह बच्चे को क्रिसतुस् नहीं बना सका। उसका स्मरण दिला कर मैंने लोला से बहुत कहा कि अभी होश संभालने दो, इसे अभी से धर्म की भद्दी घुट्टी मत दो, लेकिन वह कहां होनेवाला था।

१० अप्रैल को मास्को की खबर से मालूम हुआ कि वहां नदी मुक्त-धार होकर बह रही है, यहां नेवा की नींद अभी भी नहीं खुली थी, हां कभी कभी पतली धार निकल कर टेढ़ी-मेढ़ी चाल से दूर तक जा बरफ में गुम हो

जाती थी।

हमारे विभाग में हिन्दी पुस्तकों की कमी थी, नयी पुस्तकें तो आती ही नहीं थीं। ११ अप्रेल को मेरी अपनी लिखी ११ पुस्तकें पहुंची, जिनमें "जीवनयात्रा", "मानव समाज", "दिमागी गुलामी", "सतमी के बच्चे", "नई समस्यायें", "इस्लाम की रूपरेखा", "विस्मृति के गर्भ में", "शैतान की आंख", "साम्यवाद ही क्यों", "बाईसवीं सदी" थीं। मैंने एक एक प्रति युनिवर्सिटी को दे दी। प्रकाशक ने यह देखने के लिये थोड़ी ही और हल्की हल्की पुस्तकें भेजी थीं, कि वह वहां पहुंचती हैं या नहीं, लेकिन अब दूसरी पुस्तकें मंगाने का अवसर नहीं रह गया था। मैंने कुछ हिन्दी संस्थाओं को कुछ नयी पुस्तकें मुफ्त भेजने के लिये लिख दिया। दाम भेजने में विदेशी विनिमय का झगड़ा इतना था, जिसके फेर में पड़कर काम होना मुश्किल था। हां, सोवियत के राजदूत के दिल्ली में पहुंच जाने पर यह कठिनाई दूर होने की संभावना थी।

१३ अप्रेल रविवार को ग्रीक-चर्च का पासख (ईस्टर) दिन था। ग्रीक चर्च के अनुयायियों की संख्या अधिक होने से आज सभी घरों में उत्सव मनाया जा रहा था। ईगर ने पूछा—मामा, उत्सव का दिन है तो झंडा, पताका क्यों नहीं?

लोला—यह सरकारी महोत्सव नहीं है, बेटा।

लड़के को बात समझ में नहीं आरही थी : सरकारी महोत्सव क्या और गैर सरकारी महोत्सव क्या। आज कई मेहमान घर में निमंत्रित थे, जिनमें तीन लोलायें और दो सिरियोजा थे। एक लोला, लोला की भतीजी थी, और दूसरी लोला उसके बहिन के लड़के सिरयोजा की बीबी। सिरियोजा के बहनोई का नाम भी सिरियोजा था। भोज में पान की छूट थी। भोज भी अच्छा था। दो सप्ताह के बछड़े के मांस का सूप उसके बाद भेड़ का मांस, बेकन, केक थीं। पनीर और दूसरी चीजों को मिलाकर बहुत स्वादिष्ट पासख बना था। सब लोग चषक उठा रहे थे, तो ईगर कैसे चुप बैठता। उसे शरबत में

नींबू का रस डालकर दिया गया। पहिले ही चषक में वह मतवाला होने लगा। जान पड़ता है, लड़के में अभिनेता बनने के कुछ गुण अवश्य हैं, शायद दूसरे ही चषक पीते-पीते वह लोट-पोट होजाता, किन्तु शरबत देते उसने देख लिया, इसलिये नशा बहुत नहीं चढ़ा। मान्या आज काफी पी गई थी, उसपर नशा का असर ज्यादा था। वैसे सभी की आखें लाल थीं। पीवा वहां साधारण पान को कहते हैं, जिसमें नशा नाम मात्र होता है, लेकिन वोदका बहुत मशहूर और कड़ी शराब है, जो आजकल अधिकतर आलू से बनाई जाती है। शब्दार्थ को लीजिये तो पीवा संस्कृत का पेय है, और वोदका संस्कृत का उदक। रूसी में वदा (उदा) पानी को कहते हैं, लेकिन क और जोड़ देने से वदका (वोदका) कड़ी शराब का वाचक हो जाती है। हमारी पड़ोसिन ने अपने सात मास के बच्चे को पीवा नहीं वदका का प्याला चखाया। आखिर उसे बचपन ही से तो आदत लगाना था। पासख त्यौहार ठहरा। त्यौहार में अगर इतनी चीजें न पकाई जायें, जो कि दो-तीन दिन चलें, तो वह त्यौहार ही क्या?

१६ अप्रैल से हफ्ते भर ईगर को बराबर बुखार पकड़े रहा। खैरियत यही थी, कि छूत की बीमारी नहीं थी, इसलिये वह घरपर ही रहा। दूसरे ही दिन डाक्टर बुलाया गया और फिर वह प्रतिदिन आता रहा। यदि फीस देनी होती, तो सारी बीमारी में हजारों रूबल खर्च होते। चिकित्सा के लिये सोवियत में किसी को एक पैसा भी खर्च करने की अवश्यकता नहीं है। बीमारी का कोई साफ पता नहीं लगता था, इसलिये हम डाक्टर की सलाह से ईगर को मुहल्ले के अस्पताल में ले गये, जो कि समीप में ही था। उसकी तिमंजिला विशाल और भव्य इमारत और कर्मचारियों की सेना को देखकर विश्वास नहीं होता था, कि यह मुहल्ले का अस्पताल है, वहां चिकित्सा का इंतिजाम सरकार ने मुफ्त कर रखा था। चाहे शिशुशाला हो या बालोद्यान, पाठशाला हो या चिकित्सा-स्थान, जितने बड़े पैमानेपर उनका इंतिजाम है, और उनका जो सालाना खर्च है, उसे देखकर तो हम भारत से तुलना करते वक्त निराश हो जाते थे। सोवियत सरकार जितना लेनिनग्राद के अस्पतालों पर खर्च करती है, उतना तो हमारे उत्तर-प्रदेश

का सारा बजट होगा। फिर उसका अनुसरण हमारे यहां कैसे हो सकता है? रोन्तगेन (एक्सरे) के कमरे में ले जाकर डाक्टर ने ईगर के फेफड़े आदि की अच्छी तरह परीक्षा की—हमारे यहां जिसे एक्सरे कहते हैं, उसके आविष्कारक जर्मन वैज्ञानिक रोन्तगेन के नाम से उसे रूस और दूसरे देशों में पुकारा जाता है। एक्सरे के डाक्टर ने कहा टी० बी० का असर नहीं है। दूसरे डाक्टर ने कहा: लगातार ज्वर है, इसलिये अस्पताल में रखें। लेकिन लोला की खोपड़ी में यह बात जल्दी आनेवाली नहीं थी, उसे डाक्टर और दवा से ज्यादा अपने हाथ के भोजन पर भरोसा था। फिर हम एक बड़े हाल में गये, जहां बीसों स्त्रियां काम कर रही थीं। चिट के देने पर एक महिला ने कई ट्यूबों और स्लाईडों पर ईगर का खून लिया। यह स्पष्ट ही है, कि यहां के डाक्टर अत्युग्र भौतिकवादी हैं और पूछा-ताछ पर उतना विश्वास नहीं रखते, जितना कि अपने यांत्रिक साधनों पर। लड़की ने एक दर्जन ट्यूबों में ईगर का खून ले ईगर का नम्बर चिपका दिया। अब वह कहीं दूसरे अपरिचित व्यक्ति के पास जांच करने के लिये जायेगा, जहां से वह अपने अपने विषय की बीमारियों के कीटाणुओं के होने या न होने की सूचना देगा। खून लेने में महिला बड़ी दक्ष थी और उसका औजार भी यंत्र-चालित था, जिसमें शायद सैकेन्ड के सैकड़े हिस्से में घाव होकर खून निकलने लगता था। दिमाग में घाव की सूचना पहुंचने से पहिले ही काम हो जाता था, फिर कष्ट मालूम क्यों होता? इस विशाल कार्यालय को देखते समय हमारे दिल में यह भी ख्याल आरहा था, कि यह लेनिनग्राद के एक मुहल्ले का चिकित्सालय है।

२४ अप्रेल को युनिवर्सिटी जाते वक्त देखा, नेवा अब पूरी तौर से जाग-कर मुक्तप्रवाह है। शायद दो एक दिन पहिले ही वह हिममुक्त हुई थी। अब बर्फ का कहीं पता नहीं था। आज गरमी भी मालूम होती थी। चमड़े के ओवरकोट और टोपी को घरपर रखकर गये थे, लेकिन जब शाम के वक्त लौटने लगे, तो सरदी भी लौट आई थी, इसलिये अपनी बेवकूफी पर हंसी आती थी।

पहिली मई को फिर मई का महोत्सव आया, फिर झंडे-पताके और

नेताओं के फोटो, योजनाओं के रेखाचित्र जगह जगह चिपकाये गये। मुझे मई-दिवस देखने की आवश्यकता नहीं थी, इसलिये घर में रेडियो से ही उत्सव की सारी बातें सुनता रहा। हां, उस दिन तीन लड़के लिये एक स्त्री भीख मांगती फिर रही थी। हमारा मुहल्ला एक कोने में था, पुलिस आस-पास में नहीं थी, इसलिये वह निडर हो अपने व्यवसाय को कर सकती थी, केवल एक लज्जा छोड़ देने की जरूरत थी, फिर ऐसा लज्जा-हीन कौन होगा, जो एक टुकड़ा रोटी या एक रूबल देने से इन्कार करे।

नेवा लदोगा नाम की एक बड़ी झील से निकलकर आती है, जिसकी बर्फ जल्दी खतम नहीं होती, इसलिये मुक्तप्रवाह नेवा की धारा में अब लदोगा से बहकर आते बर्फ के बड़े बड़े खण्ड आरहे थे। लोग कह रहे थे कि उन्हीं के कारण आजकल सर्दी बढ़ी हुई है, वैसे सूर्य का दर्शन बराबर हो रहा था। बहते हुए हिमखण्डों के साथ हवा ने भी कुछ सहायता कर दी थी, इसलिये हम बसन्त को पूरी तौर से अपने पास नहीं पा रहे थे। १० मई को एक जगह कुछ छोटी छोटी पत्तियां मैंने देखी, एक-दो जगह हरी घास भी निकली हुई थी। नगर में बसे बागोद्यानों के सिवाय हरियाली की कमी थी। पांच-पांच महीने तक हरियाली के लिये तरसती आंखें क्यों न हरी-पत्तियों और घासों की ओर एकटक लग जायें? बसन्त का मूल्य यहीं के लोग समझ सकते हैं।

लोला की बहन का लड़का सिरियोजा था मस्त-मौला, घर-फूंक तापनेवाला, शराब पीने-पिलाने में बिलकुल खुले हाथ। लेकिन, आदमी बहुत अच्छा था, कामचोर नहीं था। हां, किसी एक काम पर उसका मन नहीं लगता था। सेना से हटे काफी दिन हो गये थे, अब तक चाहता तो अच्छी स्थायी नौकरी मिल जाती, लेकिन उसे तो बराबर काम बदलते रहना पसंद था। लोग समझते हैं, सोवियत रूस में लोगों से जबर्दस्ती काम लिया जाता है, यह ख्याल कितना गलत है, इसका उदाहरण सिरियोजा था। वस्तुतः वहाँ भूखे मरने के लिये तैयार लोगों को कोई रुकावट नहीं थी, सरकार किसी को जबर्दस्ती कामपर नहीं लगाती। अबकी बार वह फिनलैंड की सीमा की ओर कामपर गया था, जहां से

एक सीधी-सादी ग्रामीण लड़की को ब्याह लाया। उनके पास न राशनकार्ड था और न पैसा ही। लेकिन सिरियोजा को कोई परवाह नहीं थी। वह हमारे यहां कुछ दिन रह जाते और कुछ दिन कहीं दूसरी जगह। लड़की बेचारी काम ढूंढ रही थी, लोला भी कोशिश कर रही थी।

यात्रा के रास्ते की फिर चिन्ता होनी जरूरी थी, क्योंकि अप्रैल का आधा महीना बीत रहा था और शायद जून में ही यहां से जाना हो। लंदन के एक मित्र को लिखा, तो मालूम हुआ वहां से बम्बई तक का जहाज का किराया ७२ पौंड है। जहाजों की कमी और यात्रियों की अधिकता के कारण कभी-कभी महीना भर इंतिजार करना पड़ता है। उन्होंने यह भी लिखा, कि लंदन में महीने भर के लिये ४० पौंड खर्च चाहिये। ११२ पौंड का सीधा हिसाब बन रहा था, और यहां अपने पास ६० ही पौंड का चेक रह गया था, इसलिये वहां होकर जाने का ख्याल छोड़ने का मन हो रहा था। कालासागर के रास्ते की ओर कभी कभी मन जाता था। पता लगाने पर मालूम हुआ कि ओदेस्सा बन्दर से सोवियत के जहाज बराबर जाया करते हैं। सोवियत जहाजों में सबसे बड़ा फायदा यह था, कि हम सोवियत के सिक्के को इस्तेमाल कर सकते थे, लेकिन और पूछने पर मालूम हुआ, कि सोवियत जहाज बम्बई की ओर नहीं जाता, वह फिलस्तीन के बन्दरगाह पर उतारकर अमेरिका की ओर चला जायेगा। फिलस्तीन से पोर्तसईद तक का पैसा कहां से आयेगा और पोर्तसईद से बम्बई के लिये भी तो किराया चाहिये। अगर लड़ाई नहीं होती, तो हमारे साठ पौंड के चेक पर रूस का नाम दर्ज होने की आवश्यकता नहीं थी, फिर तो हम आसानी से फिलस्तीन या पोर्तसईद में अपने चेक को भुना सकते थे, लेकिन यह तो होनेवाली बात नहीं थी। अभी हम यात्रा-मार्ग के बारे में किसी निश्चय पर नहीं पहुंच पाये, यही कह सकते थे, कि अब भारत जाना निश्चित है। ईगर इस साल दो-दो बार बीमार पड़ा, जिससे उसकी पढ़ाई में हर्ज हुआ। आखिर में परीक्षा के समय भी बीमार हो घरमें पड़ा रहा। लेकिन सोवियत के शिक्षा-विभाग को सिर्फ पढ़ाने की ही नहीं, बल्कि बच्चों को आगे बढ़ाने की भी फिकर रहती है, इसलिये

इगर की अध्यापिका ने घर आकर उसकी परीक्षा ली। गणित और रूसी भाषा की परीक्षा में उसे ५-५ अंक मिले, यानी शत-प्रतिशत। लिखना उतना अच्छा नहीं था, इसलिये ४ अंक मिले, चित्रण में भी ४ अंक। सबसे कम अंक उसे शारीरिक व्यायाम में मिले अर्थात् ३ जो कि पास-मार्क है। आज सभी मां-बाप अपने बच्चों की सफलता के बारे में जानने के लिये स्कूल में इकट्ठा हुए थे; अध्यापिकाओं ने साल भर का हिसाब दिया। इगर अपनी क्लास में प्रायः सभी विषयों में प्रथम रहता रहा, यह जान कर खुशी हुई।

* * *

१८ — अन्तिम महीने

सिनेमा कोई दुर्लभ नहीं था, मेरे लिये ही नहीं, बल्कि दूसरे नागरिकों के लिये भी यही बात थी। वह तो गांवों तक में सुलभ था, लेकिन नाटक दुर्लभ चीज थे, उसमें भी बैले (कथाकली) मेरी सब से प्रिय चीज थी। अब चलते-चलाते उसके देखने के किसी अवसर को मैं हाथ से छोड़ने के लिये तैयार नहीं था, तो भी प्रतिसप्ताह एक से ज्यादा देखना पसन्द नहीं करता था। इस वक्त "जोलुश्का" नामक बैले हो रही थी। रूस अपने बैले के लिये अद्वितीय है, सर्वोत्कृष्ट नृत्य और अभिनय देखना हो तो रूसी बैले को देखें। मैं सोच रहा था, सोवियत के अभिनेता यूरोप तक अपनी कला का प्रदर्शन करने जाते हैं, फिर क्या इन्हें भारत नहीं भेजा जा सकता। यहां भाषा का भी सवाल नहीं, उसके लिये जैसा लेनिनग्राद, वैसा ही लंदन और वैसा ही दिल्ली। लेकिन फिर ख्याल आता: अभिनय के सामान और कलाकारों के सम्बन्ध में जो साखर्ची यहां बरती जाती है, उसे ले जाना मुश्किल होगा। आधे हजार नटों और नटियों, वादकों और वादिकाओं को यहां से हिन्दुस्तान भेजना कितना व्यय-साध्य होगा। यदि उन्हें कम कर दिया जाय, जिसके लिये बैले

में भी काट-छांट करनी पड़ेगी, तो शायद भेजा जा सके। इसे देखकर भारतीय नागरिकों और कलाकारों की आंख खुल जायेगी और वह समझेंगे कि यह उन्हीं बोल्शेविकों के देश की चीज़ है, जिनको कला और संस्कृति का शत्रु समझा जाता है।

२० अप्रैल को लोला की बालसखी वेरा निकोलायेवना की खबर आयी: उसको कारबन्कल (ज़हरबाद) हो गया था। बेचारी बड़ी मुश्किल से बची थी। इधर कई महीनों से वह लेनिनग्राद और क्विविशियेफ को एक कर रही थी। अपने पिता की इकलौती बेटी थी। लोला और उसके पिता एक ही वर्ग के तथा मित्र थे, इसलिये उनकी पुत्रियों में भी बड़ी दोस्ती थी। वेरा का पिता एक मशहूर इंजीनियर तथा बहुत धनी आदमी था। उसके पास एक डब्बे भर चांदी-सोने और कीमती चीनी-मिट्टी के बर्तन तथा अन्य चीजें थीं जिन्हें साथ लिये बिना वह युद्ध के समय लेनिनग्राद छोड़ने के लिये तैयार नहीं था। जर्मन लेनिनग्राद के नजदीक पहुँच गये थे, इसलिये ऐसे दक्ष इञ्जीनियर को खोने के लिये सरकार तैयार नहीं थी। आखिर सोवियत सरकार अपने विशेषज्ञों की नाज़बरदारी के लिये तैयार तो रहती ही है, इसलिये वेरा के पिता को एक माल का डब्बा दिया गया, जिसमें बूढ़ा अपने सामान को लाद कर क्विविशिगेफ पहुँचा, जहाँ उस समय सोवियत की अस्थायी राजधानी थी। वेरा का पति लड़ाई के बाद लेनिनग्राद चला आया, इसलिये वेरा बराबर पिता के साथ नहीं रह सकती थी। पिता की कोई परिचारिका थी, जो मरने के समय उसके साथ रही। लड़की को खबर आयी। पहुँचते पहुँचते दो चार दिन लग ही गये, तब तक कितनी ही चीजें परिचारिका हटा चुकी थी। उसने यह भी दावा किया था, कि वह बूढ़े की पत्नी है, इसलिये बची-खुची सम्पत्ति — जो भी पचासों हजार की होगी — में उसका हिस्सा है। वेरा बेचारी को अब दीवानी अदालत का मुंह देखना पड़ा। यह ठीक था, विवाह की रजिस्ट्री नहीं हुई थी, इसलिये परिचारिका के पास विवाह का कोई प्रमाण-पत्र नहीं था, किन्तु सोवियत कानून विवाह के लिये रजिस्ट्री को अनिवार्य नहीं मानता। अब मामला गवाहों पर था। गवाह वेरा

के पक्ष में ही मिल रहे थे, इसलिये उसे उम्मीद थी, कि सारी सम्पत्ति उसे मिल जायेगी। उसे एक-कप बोर्ड (अलमारी) की बड़ी चिन्ता थी। कह रही थी, उसकी दराज के एक कोने में मेरे पिता ने अपने घर के पुराने रत्नों को छिपा रखा है, जिसका पता पिता और पुत्री के सिवा और किसी को नहीं है। वह किसी तरह से उस कपबोर्ड को अपने हाथ में करना चाहती थी, लेकिन अभी तक उसमें सफल नहीं हुई थी, बीच में बेचारी दो-तीन महीने से इस बुरी बीमारी में फँस गई थी और संकोच के मारे उसने अपनी बालसखी को भी अभी अभी सूचित किया। वेरा के इस उदाहरण से सोवियत के दीवानी मुकदमे की भी थोड़ी सी बानगी मिल जाती है। सोवियत में वैयक्तिक संपत्ति है, यद्यपि धरती और कल-कारखाने आदि उत्पादन के साधन किसी की वैयक्तिक संपत्ति नहीं हो सकते। दूसरे रूप में आदमी लाखों की संपत्ति रख सकता है। वस्त्राभूषण, बहु-मूल्य रत्न, बर्तन, चित्रपट, घरू सामान आदि आदि बहुत सी चीजें वहाँ वैयक्तिक हैं, जिन पर सोवियत सरकार स्त्री और बच्चों का उत्तराधिकार मानती है, और उस पर लालचभरी नजर नहीं डालती।

२२ अप्रैल को ईगर को लिये प्राणी संग्राहालय में गये। अबकी एक सिंह आगया था, बाकी करीब करीब वही जन्तु थे, जिन्हें हमने पिछले साल देखा था। हाँ, एक ऊँट और एक सफेद भालू भी शायद नये थे। ऊँट पर लड़कों को चढ़ाकर घुमाया जाता था। ईगर को देखने में बड़ी दिलचस्पी थी, किन्तु चढ़ने के लिये न वह ऊंट पर तैयार था न कठघोड़े पर।

इधर उधर घूमते रहे, इस ख्याल से कि अब चला-चलू की बेला है; लेकिन १५–२० पौंडों के बिना काम बिगड़ रहा था। सोचते थे यदि काबुल तक बिमान जाता, तो कितना अच्छा रहता, किन्तु अच्छा कहने से थोड़े ही ऐसा हो सकता था। तेहरान तक विमान जाता था, लेकिन भरसक हम ईरान के रास्ते लौटने के लिये तैयार नहीं थे। हम अपनी खिड़की पर बैठे इसी तरह की बातें सोच रहे थे, और लोग बाहर की पड़ी जमीन में आलू और दूसरी तरकारियाँ बो रहे थे। २५ अप्रैल को वर्षा हो गई थी, लोग अपने काम में

जुट गये थे। यहां साग-भाजी और गांवों में गेहूं आदि खेतों में बोये जा रहे थे, उसी समय तुर्कमानिया में अभी अभी फसल काटी गई थी। तुर्कमानियां यद्यपि सोवियत का सबसे गरम प्रदेश माना जाता है, लेकिन वहां भी ऐसा स्थान नहीं है, जहां पर साल में एक बार बर्फ न पड़ती हो।

२५ अप्रेल की दिल्ली रेडियो की खबरों को सुनकर मैं कहने लगा : क्या हो गया, जो अब हिन्दी शब्द भी आने लगे। दिल्ली रेडियो तो हिन्दुस्तानी के नाम से उर्दू का पृष्ठपोषक था। कभी कभी सिर दर्द पैदा करने वाला प्रोग्राम भी हमारे रेडियो पर चला आता था। २७ अप्रेल को अशोक के कलिंग-विजय का नाटक प्रसारित किया गया, जिसमें लेखक ने बाब्द का अभाको भी करवाया था। इन्हें देव-राजा का भी डर नहीं। ऐतिहासिक कहानी और नाटक खेलते वक्त तत्कालीन समाज के ज्ञान की बिलकुल आवश्यकता ही नहीं समझी जाती। दुनिया में कहां कहां और कैसे कैसे लोग ऐसे नाटकों को सुनते होंगे, वह हमारे उथलेपन पर कितना हंसते होंगे ?

२८ अप्रेल आया। अब विदेशी विनिमय और सोवियत से बाहर जाने का (निर्यात) विजा लेने की चिन्ता हुई। पढ़ाई का काम बस दो ही तीन दिन का रह गया था, जिसके बाद वार्षिक छुट्टी हो जाने वाली थी। सरकारी बैंक में गये। कहा गया — विदेशी चेक का विदेशी सिक्का नहीं मिल सकता, वह रूबल देने के लिये तैयार थे, लेकिन हमारे पास तो हजारों रूबल थे। यहीं दिखलाई पड़ने लगा कि और रास्ता न निकलने पर लंदन का रास्ता ही लेना पड़ेगा। लंदन और काबुल बस दो ही तरफ नजर थी। जल्दी जाने और कुछ नई चीजों को देखने के लिये तो काबुल का रास्ता अच्छा था, लेकिन निश्चिन्तता-पूर्वक जाना लंदन के रास्ते ही हो सकता था। इन्तूरिस्तवाले हमारी विशेष सहायता नहीं कर सकते थे। वह मास्को जाने की सलाह दे रहे थे। मैं सोच रहा था, अगर मास्को जाना हो तो फिर उधर से उधर ही जाना अच्छा होगा। तेहरान जाने में कोई दिक्कत नहीं थी, वहां इतने परिचित थे, कि भारत लौटने के लिये रुपया मिल सकता था, अथवा दो चार दिन रह कर

तार से रुपया मंगा सकता था, लेकिन चार मन किताबें जो साथ में थीं।

जून का महीना शुरू हो गया। ३ तारीख को लंदन में ९२° डिग्री फारेनहाइट तापमान था, लोग गरमी के मारे तड़फड़ा रहे थे। और यहां आज बादल नहीं था, तो भी सरदी साथ छोड़ने के लिये तैयार नहीं थी। मई के अन्तिम सप्ताह में ही सर्व-शुक्ला रात्रि शुरू हो गई थी, जिससे अब अखण्ड प्रकाश देखने को मिल रहा था। इस साल ज्यादा तैयारी मालूम होती थी। लड़ाई के दिनों में उदास हो गये लेनिनग्राद का एक विशाल उद्यान बाबुश्किन अब काफी सजा हुआ था। पान, भोजन आदि की दुकानें खुल गई थीं, लड़कों के झूलने का कठघोड़ा भी लग गया था। रंगाई और सफाई का काम भी हो चुका था। एक तरफ बाबुश्किन पर हिटलरी आक्रमण का चिन्ह नहीं रह गया था, जो घर से बहुत दूर नहीं था, इसलिये चाहते तो रोज बाबुश्किन उद्यान जा सकते थे,लेकिन हमको टहलने का और ईगर को परिश्रमवाला खेल खेलने का कम शौक था। ५ जून को जब हम वहां गये, तो ईगर की समवयस्का लड़कियां जितनी अच्छी तरह खेल रही थीं, वह उतना भी खेल नहीं सकता था। चार साल का बच्चा भी यदि भिड़क दे, तो वह डर जाता था। मैं सोचता था—इतना डरपोक क्यों ? क्या यह स्वाभाविक भीरुता है, या कागरूं मां के लालन-पालन का परिणाम। शायद दोनों का। पढ़ने में वह अच्छा रहेगा, इसमें शक नहीं। तीसरे दर्जे में पढ़ाई जाने वाली साहित्यिक पुस्तकों को वह घंटों अकेले में पढ़ता रहता था, कविताओं को भी समझता और रस लेता था; लेकिन जान पड़ता है, शारीरिक साहस के कामों में वह पीछे ही रहेगा। शायद पीछे बुद्धि के ताले जब पूरी तौर से खुल जायें, तो वह अपने ही कुछ सोचकर इतना डरना पसन्द न करें।

७ जून को वस्तुतः गरमी मालूम हुई। लेकिन गरमी का मतलब हमारे यहां का गरमी का मौसम नहीं। किसी वक्त अपनी स्कूली पाठ्य-पुस्तक में पढ़ा था—

"मई का आन पहुंचा है महीना। बहा चोटी से एड़ी तक पसीना।"

लेकिन यहां मई में तो अभी ऊनी कपड़ों को छोड़ने की हिम्मत नहीं

थी, लेकिन आज तापमान ३०° सेन्टीग्रेड से नीचे ही था। यह तो यहां का सर्वोच्च तापमान समझा जाता है। लेकिन प्रतिमास वही तापमान दुहराया जाये, यह कोई आवश्यक नहीं है। ८ तारीख को हम सांस्कृतिक उद्यान में गये। पिछले साल जून में मैं नदी में तैरा था, लेकिन अब के पानी ठंडा था, इसलिये लोग पिछले साल की तरह नहाने की हिम्मत कैसे कर सकते थे?

इन्तूरिस्त ने बतलाया कि आज (७ जून) यहां से लंदन का जहाज छूट रहा है और अब से हर पखवारे एक जहाज जायेगा। अगले महीने में ५ जुलाई के आस-पास उसके जाने की बात सुनकर मैंने उसी दिन को प्रस्थान-दिन मित्रों को बतलाया। जाने का समय निश्चित-सा हो रहा था। मन में विचित्र-सा भाव पैदा हो रहा था। २५ महीने लेनिनग्राद में रह कर उस स्थान को छोड़ना था। वहां के अनुभव अधिकतर मधुर थे, कटु अनुभवों की मात्रा बहुत कम थी, और उसमें भी जो बात दिलको खटकती थी, वह थी लेखनी का रुका रहना। ओदेस्सा चिट्ठी भेजकर इंतूरिस्त ने खबर मंगवायी थी, इतना ही मालूम हुआ कि वहां से अमेरिका जानेवाला जहाज जुलाई के प्रथम सप्ताह में जायेगा और हैफा (फिलस्तीन) में मुझे छोड़ देगा। आगे की समस्या का कोई हल नहीं था।

१५ जून (रविवार) को संस्कृति उद्यान में एक दिन की छुट्टी बिताने गये। सचमुच ही इस साल उसकी कायापलट हो गई थी। उद्यान बहुत साफ-सुथरा और सुव्यवस्थित था। इमारतों की भी मरम्मत होगई थी और उन पर रंग भी पुत गया था। भोजन की अब कोई शिकायत नहीं थी, और न मेज पर बैठे देर तक प्रतीक्षा करने की अवश्यकता थी। पिछले साल से भारी उन्नति हुई थी, इसमें शक नहीं। उतनी गरमी नहीं थी, इसलिये आज नदी में नहानेवाले कम थे। एक जगह मैदान में अमेरिकन जाज बज रहा था, वहां और दूसरी जगह वाद्य, गान और नृत्य हो रहे थे। आज यह देखकर प्रसन्नता हुई कि पिछले दो सालों में लोगों को जिन बातों की शिकायत थी, वह दूर हो गई। वस्तुतः सोवियत वाले प्रथम काम को प्रथम करना जानते हैं। पहले मकानों

और कारखानों को रहने और उत्पादन के लायक बनाने की अवश्यकता थी, इसलिये उनका सारा ध्यान उधर लगा था; अब वह बाकी चीजों पर भी ध्यान दे रहे थे। नेव्स्की राजपथ और दूसरी सड़कों पर गिरे पड़े, या टूट-फूटे मकान बिलकुल तैयार हो गये थे— मुख्य नगर में एक तरह से युद्ध का कोई चिन्ह बच नहीं रहा था। मकानों के निर्माण और मरम्मत की ओर ही ध्यान नहीं दिया गया था, बल्कि उन पर सुन्दर रंग भी पोता गया था। रंग के काम में छात्र-छात्राओं के संगठनों ने बड़ी सहायता की थी और इस तरह उन्होंने दूसरे मजदूरों को अन्य कामों के लिये मुक्त कर दिया था।

मैं पता लगा रहा था, कि कोई सुदूर-पूर्व की ओर जाने वाला जहाज जाता मिले। सोचा था शायद भारत समुद्र से ब्लादीवोस्तकोक का जहाज जाता हो, जिससे हम कोलम्बो में जाकर उतर सकते। बहुत ढूँढ़-ढाँढ़ करने पर भी ऐसा कोई जहाज नहीं मिला। अदेस्सा से ५ जुलाई को अमेरिका जाने वाला जहाज हैफा में छोड़ देगा, इतना मालूम हुआ। एक सहृदया महिला ने अपने पास देर से रखे १२ डालर मुझे दे दिये, लेकिन तीन साढ़े तीन पौंड से क्या हो सकता था? हां, इतने से बसु-तट से मजार शरीफ तो मैं पहुँच सकता था। लेकिन १८ जून को मेरे मित्र डा० बांके बिहारी मिश्र का पत्र लंदन से आया, जिससे फिर बिचार बदलना पड़ा। उन्होंने कहा, यहां से दूसरे दर्जे का बम्बई तक का किराया ५२ पौंड है और लंदन में रहने के लिये ४ पौंड सप्ताह से काम चल जायेगा। ६० पौंड का चेक मेरे पास था, इसलिये बिना किसी की ओर मुंह ताके यह बात होने लायक थी। बांकेजी मेरे पुराने सहयोगी मित्र थे। बिहार में किसान-सत्याग्रह करके मैं जेल चला गया, तो उन्होंने एक हाई स्कूल की प्रधानाध्यापकी छोड़कर किसान-सत्याग्रह को संभाला और बड़ी लगन से काम किया। इधर वह इतिहास में प० एच० डी० करने के लिये लंदन आये थे। उनकी सलाह थी, साथ ही भारत चलने की। मैंने उनको लिख दिया, कि पांच जुलाई के जहाज से यहां से चलूंगा और १८ जुलाई को लंदन पहुँच जाऊँगा।

खिड़की से देख रहा था २० जुलाई, को लोग खेतों से आलू निकाल रहे थे। निराई करके पानी देना भी शुरू कर दिया था, लेकिन हमारे आलू रामभरोसे चल रहे थे।

२१ जून से यात्रा की तैयारी की कुछ चीजें भी खरीदी जाने लगीं। कपड़ा-लत्ता हमें लेना नहीं था। १५ रूबल का एक टूथपेस्ट खरीद लाये। पोर्टफेल का दाम ११० रूबल था। हमने सोचा, बाहर और सस्ता मिल सकता है, इसलिये खरीदने की क्या अवश्यकता? हमारे पड़ौसी इंजीनियर-महिला से जब साग-सब्जी के बारे में पूछा, तो उसने कहा—हम में से कुछ ने लेनिनग्राद से ३० किलोमीतर पर अपनी तरकारी की खेती कर रखी है। छुट्टी के दिन हर सप्ताह चले जाते हैं। जब बीस-तीस रूबल किलोग्राम आलू खरीदना हो, तो लोग क्यों न २० मील तक का धावा बोलें। हां, ये खेत रेलस्टेशन के पास थे। युद्ध के कारण बहुत से गांव उजड़ गये, इसलिये खेतों के मिलने में कोई दिक्कत नहीं थी। पूंजीवादी देश में यह नहीं हो सकता था, चाहे खेत परती रहतीं किन्तु मालिक को बेदखल कैसे करते?

तिलाक के क़ानून के कड़ा करने से कैसी अवस्था हो सकती है, इसका उदाहरण हमारी पड़ोसन महिला तोस्या थी। वह बिजली-मिस्तिरी थी। उसने पहिला पति छोड़ दिया था, शराबखोरी और मार-पीट शायद कारण था, अब दूसरे पुरुष की पत्नी थी, जिसके साथ वह कई सालों से रह रही थी। पति लड़ाई के बाद सेना से मुक्त होकर घर आया था। दोनों का ७—८ महीने का बच्चा कोल्या था। चूंकि तिलाक लेना मुश्किल था, इसलिये पहिले पति से विवाह-विच्छेद नहीं हुआ था और अब कोल्या कागज-पत्र में अपने बाप का नहीं बल्कि अपनी मां के पहिले पति का पुत्र था। ईगर की मौसेरी बहिन लोला ने भी विवाह कर लिया था, लेकिन उसके पति की भी पहिली पत्नी मौजूद थी। तिलाक लेने के लिये दो हजार रूबल दण्ड देने पड़ते, इसलिये दोनों ने बिना रजिस्ट्री के ही विवाह करके साथ रहना शुरू किया था। यह विचित्र सी बात मालूम होती थी: एक स्वच्छन्द समाज में इतने कठोर वैवाहिक नियम क्यों रखे

जायें और क्यों पुत्र को अपने बाप को छोड़कर दूसरे का नाम रखने के लिये मजबूर किया जाय ? लेकिन इसके समाधान में कहा जाता था : "तिलाक को सुलभ करना अच्छा नहीं है। स्त्री पुरुष के संबंध का प्रभाव केवल उन्हीं तक सीमित नहीं है, बल्कि वह उनकी सन्तान पर भी लागू होता है। तिलाक को सुलभ कर देने पर कितने ही परिवार जल्दी जल्दी बनते बिगड़ते रहेंगे, जो कि संतान के लिये अच्छा नहीं होगा, यद्यपि तोस्या और कोल्या की स्थिति को हम अच्छा नहीं समझते ; तो भी पारिवारिक स्थायित्व को अधिक लाभदायक समझ कर हमें तिलाक के लिये कड़ा नियम बनाना ही पड़ा।"

२५ जून को हम निर्गम विज़ा (देश के बाहर जाने का आज्ञापत्र) के लिये आवेदनपत्र देने गये। अधिकारी ने कहा : यदि दक्षिणी सीमान्त (अफगानिस्तान के रास्ते) से जाते, तो हम दो दिन में विज़ा दे देते, लंदन के रास्ते जाने के लिये विज़ा मास्को की स्वीकृति से देना पड़ता है, जिसमें काफी दिन लग सकता है। जुलाई ५ का जाना फिर संदिग्ध होने लगा। फिर लंदन के रास्ते को छोड़ने का विचार मन में आने लगा। सोचने लगे, क्यों न अफ-गानिस्तान के रास्ते ही चलें।

अब बोरिया-बिस्तरा बंधना और देखने सुनने की बातें रह गई थीं। २७ जून को मैं फिर रूस म्युजियम देखने गया। अभी सारे कमरे तो नहीं सजाये जा चुके थे, किन्तु काफी चित्र और दूसरी चीजें देखने को मिलीं। चित्रों को देखने से मालूम हुआ, कि ग्यारहवीं से चौदहवीं सदी तक यहां भी पुराने ढंग के अधिकतर काल्पनिक और धार्मिक चित्र बनाये जाते थे। हमारे यहां की तरह वास्तविकता से उनका नजदीक का संबंध नहीं था। इसीलिये पोर्तरेत (व्यक्ति) चित्र नहीं बन सके थे। भारतीय कला गुप्तकाल में उन्नति के शिखर पर पहुँची थी। उस समय चित्र और मूर्त्तियां दोनों ही बड़ी सुन्दर और भावपूर्ण बनती थीं; लेकिन यहां तक पोर्तरेत का संबंध है, हमारे कलाकार बिलकुल बच्चों जैसे थे, यह गुप्त काल के सिक्कों को ग्रीकोबाख्तरी सिक्कों से मिलाने से साफ मालूम हो जाता है। १४ वीं सदी तक यही हालत रूस की भी थी। यह रूसने

की आवश्यकता नहीं, कि ईसाई होने से पहले के चित्र और देवमूर्त्तियां रूस में प्राप्य नहीं हैं। हाल में पुराने शिकों के कुछ पुराने नगरों की खुदाइयां हुई हैं, जिनमें कुछ मूर्तियां मिली हैं उनपर ग्रीक प्रभाव साफ है। विशाल शक-जाति —जो ईस्वी सन् के आरम्भ के समय चीन की सीमा से दन्यूब के तट तक फैली हुई थी— के पूर्वांचल पर जहाँ भारतीय संस्कृति अपना प्रभाव डाल रही थी, वहां पश्चिमांचल पर ग्रीक प्रभाव पड़ रहा था। १६ वीं शताब्दी में रूस की चित्रकला का जरा-जरा वास्तविकता की ओर खिंचाव होने लगा, लेकिन अभी भूतकाल के भूत ने पीछा नहीं छोड़ा था। १७ वीं में वह कुछ कुछ छूटा, १८ वीं सदी में प्रथम पीतर ने रूस को पश्चिमी यूरोप से मिलाना चाहा, जिसके कारण नये प्रकार के वस्तु-वादी चित्र बनने लगे, पोर्तरेत भी अच्छे खासे तैयार होने लगे, जिसमें पश्चिमी कला-गुरुओं की सहायता बहुत लाभदायक हुई। लेकिन अभी भी बहुत सी तस्वीरों में प्रत्येक मुख का पृथक व्यक्तित्व रेखाओं में अंकित करना बहुत कम हुआ था। यह काम १६ वीं सदी के शुरू से होने लगा। इवानोफ, रेपिन, सुरिकोफ जैसे महान् चित्रकारों के तूलिका पकड़ने पर रूसी चित्रकला विश्व की चित्रकला में सिर उठाकर खड़ी होने लायक हो गई।

उसी दिन "स्तारिन्नी वोदोविल" नामक सोवियत रंगीन फिल्म देखने गये। १९४६ में बनने से, यह बिलकुल नयी चीज थी। इसमें, १९१४ ई० के आस पास के रूसी समाज और मास्को का बड़ा ही वस्तुवादी चित्रण किया गया था। अभी तक सोवियत फिल्मों में युद्ध और वीरता अथवा आर्थिक योजनाओं की प्रधानता रहती थी, जिसके कारण जो अमेरिकन या ब्रिटिश फैशन और प्रेम के फिल्म आते थे, उनमें भीड़ लग जाती थी। "लेडी हेमिल्टन" चित्र को लोगों ने न जाने कितनी बार देखा, क्योंकि उसमें अंग्रेज सेनापति नेल्सन और उसकी प्रेमिका का रंगीला जीवन चित्रित किया गया था। शायद सोवियत-फिल्म-उत्पादक भी अपनी त्रुटि को समझने लगे थे— केवल रूखे सूखे ज्ञानवर्द्धक चित्रों के प्रति लोगों के मन में आकर्षण नहीं पैदा किया जा सकता, अतएव ऐतिहासिक

पृष्ठ भूमि पर बिलकुल वस्तुवाद के आधार पर बने इस फिल्म में प्रेम की मात्रा ज्यादा थी, इसलिये दर्शकों की भीड़ बहुत होती थी। क्रान्ति के पहिले कितने ही वर्षों तक या पहिली पंच वर्षीय योजना के समय में भी मुखचूर्ण, अधरराग जैसी विलाससामग्रियों का उत्पादन और व्यवहार सोवियत में अच्छा नहीं समझा जाता था, लेकिन उन्होंने देखा, कि स्त्रियों के इस स्वाभाविक आकर्षण को इस तरह हटाया नहीं जा सकता, इसका परिणाम यही होता है, कि घटिया और स्वास्थ्य के लिये हानिकारक वस्तुओं का उपयोग बढ़ जाता है। इसीलिये उन्होंने कितनी ही विलास-सामग्रियों के उत्पादन के लिये कारखाने खोल दिये।

२९ जून को अब हम साथ ले चलने की पुस्तकें छाँट रहे थे। दो साल में ६–७ मन पुस्तकें जमा हो गई थीं—वैसे जहाज द्वारा चलने के कारण सभी को ले चलने में किराये के अधिक होने का डर नहीं था, लेकिन डर लग रहा था : कहीं सोवियत कस्टमवाले कहने न लगें— "यह सारा पुस्तकालय यहाँ से उठाये लिये जा रहा है।" यह डर पीछे गलत साबित हुआ, लेकिन उस समय कितनी ही पुस्तकों को छोड़ देना पड़ा। हमारे बड़े चमड़े के सूटकेश और दूसरे बक्सों में भी सारी पुस्तकें नहीं आ सकती थीं। एक लकड़ी का पुराना मामूली बक्स हमने मन्च्या से खरीदा। लोला की भागिनेयी लोला कुज़मिना के पति ने जब सुना, तो वह एक बहुत बड़ा बक्स बना के ले आये। उनका पेशा बढ़ई का नहीं था, लेकिन सभी तरह के कामों का अभ्यास करना यहां वालों की शिक्षा और रुचि में सम्मिलित हो गया है। हमें पुस्तकों के रखने की चिन्ता नहीं रही।

३० जून को विज्ञा के लिये एक और झगड़ा पैदा हो गया। विज्ञा देनेवाले ने कहा : युनिवर्सिटी से छुट्टी-पत्र लाइये। मैंने सोचा था, साधारण ग्रीष्म की छुट्टियां दो महीना चलेगीं ही, चलते वक्त और आगे के लिये छुट्टी की दरख्वास्त देदूंगा। छुट्टी-पत्र में मुश्किल यह थी, कि उस पर रेक्तर का हस्ताक्षर होना चाहिये। दिन ५ रह गये थे, और रेक्तर बहुधंधी थे, भय था, शायद फिर मास्को का ही रास्ता लेना पड़े, क्योंकि सारी तैयारी करके दूसरे जहाज के लिये

पन्द्रह दिन और प्रतीक्षा करना मेरे बस की बात नहीं थी। लोला को मेरी यात्रा पसन्द नहीं थी, यह स्वाभाविक था।

पहली जुलाई को इसी अनिश्चित अवस्था में हुक्मनामे के फेर में पड़े, युनिवर्सिटी गये। लोला के कहने से पता लगा, कि शायद अब वह इतनी जल्दी न मिल सकेगा। दीना मार्कोव्नाने रूसी में आवेदन-पत्र लिख दिया। मैंने रेक्तर के सेक्रेतरी को दे दिया। उन्होंने कहा— शायद कल तैयार मिले। कुछ आशा बढ़ी, लेकिन अगले दिन तिरयोकी भी जाना था, ईगर से अन्तिम भेंट करने।

उस दिन हमारे विभाग की वार्षिक बैठक हुई। यह जानकर हमें और छात्राओं को भी प्रसन्नता हुई, कि पांचवें वर्ष की दोनों तरुणियां— वेर्या बल्तुक और तानिया शोगलोवा उत्तीर्ण हो गईं और पांच वर्ष की पढ़ाई के बाद, विश्वविद्यालय की स्नातिका बनीं। लड़ाई के समय उनका एक-दो वर्ष खराब हो गया था, नहीं तो पहले ही पढ़ाई समाप्त कर किसी काम में लगीं होतीं।

वार्षिक बैठक और मेरी विदाई थी, इसलिये अकदमिक बरान्निकोफ के यहां विशेष तैयारी थी। कितनी ही मिठाइयों और फलों के साथ उत्कृष्ट जाति का मद्य भी मौजूद था। हमारे सहकारियों में त्रिस्कोव्नी की तबियत ठीक नहीं थी, इसलिये वह नहीं आ सके, नहीं तो सभी वहां मौजूद थे। प्रो० कालियानोफ संस्कृत महाभारत के रूसी अनुवादक डा० श्चेर्बात्स्की के प्रिय शिष्यों में थे, जिसके कारण उनके साथ मेरी अधिक घनिष्टता होनी ही चाहिये थी। वह संस्कृत के विशेषज्ञ तथा उसमें विशेष रुचि रखते थे। वह मुझसे बहुत मिलते और संस्कृत की अपठित पुस्तकों को पढ़ते रहते थे। दीना मार्कोव्ना गोल्दमान हिन्दी पढ़ाती थीं। "सप्तसरोज" का उन्होंने रूसी में अनुवाद किया था। मुलेम्किन, अब्रामोफ भी आज की पान-गोष्ठी में सम्मिलित थे। अकदमिक बरान्निकोफ ने विदाई के समय अपने हार्दिक भाव प्रकट किये। अंगूरी शराब से मैं आज भी वंचित रहा, शायद जीवन भर वंचित रहूँ।

२ जुलाई को रेल से तिरयोकी गये। लोला ने देर करदी, ट्रेन छूट

गई, और डेढ़ घण्टा फिनलैंड स्टेशन पर प्रतीक्षा करनी पड़ी। दो घण्टे में उन्हीं परिचित दृश्यों के बीच में गुजरते ट्रेन ने हमें तिरयोकी पहुंचाया। साल भर में देश कितना आगे बढ़ा, इसको नाप के लिये आज स्टेशन से उपवन में ले जाने के लिये लारी नहीं बल्कि युनिवर्सिटी की बस खड़ी थी— खूब रंगी-पुती आरामदेह, नई बस। उपवन में देखा, वहां बहुत से नये घर बन गये थे, कमरे भी साफ थे, सभी घरों में बिजली लग गई थी। क्लब में रेडियो भी था। किनारे से समुद्र के जल तक लकड़ी के तख्तों का रास्ता तैयार हो गया था। भोजन भी पहिले से बहुत अच्छा था। कितना जल्दी युद्ध का प्रभाव लुप्त हो गया था! पिछले साल दावाग्नि स्वच्छन्दतापूर्वक कुछ ही मिल पर जल रही थी, और कोई उसकी खोज-खबर लेने वाला नहीं था; इस साल जगह जगह दावाग्नि से सावधान रहने के लिये नोटिसें टंगी थीं। हमारे पिछले परिचित चेहरे बहुत कम दिखाई पड़ रहे थे। पेरिस में शिक्षा-प्राप्त एक महिला अपनी दूसरी सखी के साथ समुद्र तट पर धूप और हवा लेने आई थीं। वह अपने साथ स्वास्थ्य-लाभ के लिये अपनी बिल्ली भी लाई थीं, जो एक बड़ी समस्या हो गई थी। अपरिचित नई जगह थी, बेचारी को वह पसन्द नहीं आती थी, और वह रात भर चिल्लाती रहती थी। शाम को टहलते वक्त अकदमिकों की नगरी में गये। अब वह अपने मेहमानों के स्वागत करने के लिये बहुत कुछ तैयार थी। घर सारे काठ के थे, लेकिन बहुत ही सुरुचिपूर्ण और सुखद थे। उस रात तिरयोकी में ही रह गये। अगले दिन भी चार बजे तक वहीं रहना था, इसलिये कितनी ही दूर तक घूमने गये! सभी जगह साल भर बेकार न रहने वाले हाथों की करामात का परिचय मिल रहा था। यह निश्चय था, कि अबकी साल आने वाले अतिथियों को बहुत सी बातों की शिकायत नहीं रह जायेगी!

४ बजे चलने के लिये तैयार हुये। ईगर थोड़ी दूर तक आया। ९ वर्ष का हो रहा था, उसी के अनुसार उसकी समझ भी बढ़ी थी। विदाई लेते वक्त वह फूट फूटकर रोने लगा। मैंने बहुत समझाया— लेकिन वह धैर्य धरने के लिये तैयार नहीं था। कहता था— तुम नहीं आओगे। क्या जाने

उसकी भविष्यवाणी ठीक निकले, यह ख्याल मेरे मन में भी आया, लेकिन जीवन-कर्तव्य किसी माया-मोह के फन्दे को मानने के लिये तैयार नहीं था। द्रवित हृदय को कुछ कड़ा करके उससे छुट्टी ली। लोला वहीं रह गई, और मैं पांच बजे शाम की गाड़ी पकड़ कर लेनिनग्राद की ओर चल पड़ा— किराया ४ रूबल था। ट्रेन शायद तिरयोकी से भी पीछे से आरही थी। उस वक्त उसमें खाली जगह बहुत थी, लेकिन नगर के पास के स्टेशनों से तरकारी वाले खेतों के नर-नारी शाम को लौट रहे थे, इसलिये भीड़ बहुत थी।

४ जुलाई को सवेरे उठने पर भी चिन्ता का बोझ हमारा बढ़ता ही जा रहा था। पुलिस में जाने पर विज़ा-सहित पास-पोर्ट मिल गया। जहाज में बड़ी भीड़ नहीं थी, इसलिये एक दिन पहले टिकट मिलने में कोई दिक्कत नहीं हो सकती थी। मैंने पासपोर्ट और लंदन तक का ४५१ रूबल किराया इंतूरिस्त को दे दिया। लोला उस दिन दोपहर को तिरयोकी से आयी। उसने बतलाया, कि कल मोहर लगवानी है, नहीं तो मेरे दो महीने के वेतन के पैसे नहीं मिलेंगे। वेतन साढ़े चार हजार रूबल मासिक था, लेकिन उसमें चन्दे, मजूर-सभा की मेम्बरी का शुल्क, इंश्योरेन्स तथा पंचवार्षिक योजना के ऋण आदि के लिये डेढ़ हजार के करीब निकला जाता था। खैर, पैसे न मिलने की दिक्कत से मैं कल की यात्रा को स्थगित करनेवाला नहीं था, तो भी यह जरूर चाहता था कि रुपये उसे मिल जायें।

५ जुलाई का दिन भी आ गया। आज मुझे लेनिनग्राद से प्रस्थान करना था। युनिवर्सिटी में जा यह देखकर प्रसन्नता हुई, कि दो महीने के वेतन के रूबल लोला को मिल गये। हमारे खर्च के लिये ४५१ रूबल जहाज का किराया और भोजन तथा मोटर-कुली आदि के लिये ११० रूबल खर्च हुए। लोला के पास कई हजार रूबल रह गये। मासिक दो हजार रूबल उसको मिलते ही रहेंगे, यदि मंगोल-भाषा की अध्यापकी पाकर उसने पुस्तकालय का काम नहीं छोड़ दिया। लंदन में पैसों की कमी होगी, इसलिये अपने प्रकाशक के पास रुपया भेजने के लिये तार दे दिया, वांकेजी को भी लंदन आने की सूचना तार

तारा दे दी, कितने ही मित्रों को चिट्ठियां लिख दीं। युनिवर्सिटी में दोस्तों से भी मुलाकात हो गई। सभी अफसोस प्रकट कर रहे थे, लेकिन मैं कहता था—दो वर्ष में मेरा लिखने का काम खतम हो जायेगा, फिर मैं यहां आजाऊंगा। लोला मेरी बात पर विश्वास नहीं करती थी। हम दोनों की प्रकृति में सामंजस्य नहीं था। मैं पुस्तकों का एकान्त प्रेमी था और वह उसे उतनी आवश्यक बात नहीं समझती थी। कितनी ही बार हमारा मन मुटाव भी हो जाता था, यद्यपि झगड़ा करने का स्वभाव न मेरा था न उसका ही; इसलिये बात दूर तक नहीं बढ़ती थी। मुझे कविरत्न सत्यनाराण की पंक्तियां याद आती थीं— "भयो क्यों अन-चाहत को संग।" तो भी मैं उसका कृतज्ञ अवश्य था, क्यों कि कुछ स्वभाव सी बन गई बातों को छोड़ देने पर उसमें गुण भी अनेक थे।

उस दिन रेक्तर के कार्यालय में मालूम हुआ, कि अभी भी छुट्टी-पत्र तैयार नहीं हुआ। इंतूरिस्तवालों ने ४७ दिन के मेरे विश्राम-पत्र को पाकर कह दिया, कि इससे काम चल जायेगा। मेरे सहकारी मित्र जहाज पर पहुँचाने आना चाहते थे, लेकिन इंतूरिस्तवालों ने बतलाया, कि पास बिना बन्दर के फाटक के भीतर जाने की इजाजत नहीं है। इंतूरिस्त की कार सामान लेने हमारे घर पर आयी। सवा दस बजे निकलकर हम पहिले इंतूरिस्त के आफिस में गये। सामान भेजने का काम उनका था। जहाज पांच बजे जानेवाला था, इसलिये अभी हमारे पास दो-तीन घंटे थे, जिन्हें हमने जाकर युनिवर्सिटी में अपने मित्रों के साथ बिताया। फिर कार पर लोला के साथ बन्दरगाह के फाटक पर पहुँचे। फाटक वाले ने रोका; इसलिये फाटक पर से ही लोला को विदा करना पड़ा। बेचारी निराश और विकल थी। हमने शोकातिरेक को अधिक दिखलाने की कोशिश नहीं की। वह वहां से चली गई। कार हमें समुद्र के तट पर पहुँचाने गई। मेरे साथ इंतूरिस्त के एजेन्ट थे। जहाज में चले जाने के बाद पानी बरसने लगा। मैंने समझा था, अब सबसे विदाई ले चुका, लेकिन कलियानोफ नहीं माने। भींगते हुए, पास की दिक्कतों को न जाने कैसे दूर करके जहाज तक पहुँचे।

जहाज में कस्टम वालों ने आकर चीजों की देखभाल की, लेकिन उससे बहुत दिक्कत नहीं हुई। एक पुरानी छपी हुई पुस्तक को उन्होंने निकाल लिया। इंतूरिस्त के आदमी ने जब मेरा परिचय दिया, तो उन्होंने उसे भी दे दिया और दो एक बक्सों को तो खुलवाया भी नहीं। "कैमरे में फिल्म तो नहीं है।" पूछने पर मैंने समझा था, नहीं है, लेकिन ३६ एक्सपोजर वाला सोवियत लाइका (फेद) फिल्म इतनी जल्दी थोड़े ही खतम होने वाला था। फिल्म वहां मौजूद था। खैर उसको निकाल दिया। अब मालूम हुआ, जैसे हृदय के ऊपर से भारी भार उतर गया। कलियानोव्स्की ने बहुत अभिवादन और अनुनय विनय के साथ विदाई ली, जरूर श्चेर्बात्स्की के बाद उनके साथ ही मेरा बहुत घनिष्ठ स्नेह था।

★ ★ ★

१९— लन्दन के लिये प्रस्थान

निश्चय और अनिश्चय के झूले में झूलते आखिर महीने भर पहिले निश्चय किये दिन (५ जुलाई) को मैं लेनिनग्राद से विदा हुआ। ९ जून १९४५ को मैं सोवियत सीमा में दाखिल हुआ था। ४ को लेनिनग्राद पहुँचा था। गोया २५ महीने तीन दिन रहने के बाद मैं सोवियत-भूमि छोड़ रहा था।

हमारे जहाज का नाम "बेलोस्त्रोफ" अर्थात "श्वेतद्वीप" था। पांच बजे वह रवाना हुआ। 'श्वेतद्वीप' बहुत सुन्दर नया पोत था। केबिन और शाला की सफाई और सजावट आदि में कमाल किया गया था। बिजली के लैम्प भी कलापूर्ण थे, और वही बात कुर्सियों और मेजों की थी। २२ नं० का केबिन मुझे मिला था, जिसमें एक ही आदमी के लिये स्थान था। चारपाई, बिछौना और केबिन की भीतरी स्थिति बहुत साफ सुथरी थी, भीतर ही गर्म-ठंडे पानी के नलों के साथ चीनी का प्रक्षालनपात्र भी चमक रहा था, छोटे से काष्ठ-फलक से ढांक देने पर वह छोटी सी मेज का काम देता था। केबिन में दो बत्तियाँ भी थीं। गवाक्ष समुद्र की तरफ खुलता था, जिसमें दूर तक का दृश्य हम चारपाई पर बैठे

बैठे देख सकते थे। सभ्यता और स्वच्छता की कसौटी, रहने का कमरा नहीं, बल्कि पाखाना होता है। हमारा शौचालय भी बहुत साफ था, शीशे का कमोद चम-चम चमक रहा था। पालिश की हुई लकड़ी की दीवारों में चेहरा देखा जा सकता था। सादगी को हाथ से न देते हुए भी काफी सजावट और सफाई हर जगह पाई जाती थी। मैं इसकी तुलना उस इरानी जहाज से कर रहा था, जिस पर चढ़ कर तेहरान से सोवियत-भूमि में आया था। शायद अगर दो वर्ष पहिले सामुद्रिक यात्रा करनी पड़ती, तो उस समय "श्वेतद्वीप" जैसा जहाज न मिलता। लड़ाई बन्द होने के दो वर्षों को सोवियत-राष्ट्र ने हर काम में बड़ी तत्परता के साथ इस्तेमाल किया। उसका ही हमारे सामने यह फल था। लेनिनग्राद का बन्दरगाह सीधे समुद्र के तट पर न होकर जरा भीतर की ओर है, लेकिन वह बहुत बड़ा है, उसमें दुनिया के बड़े से बड़े जहाज सैकड़ों की संख्या में लंगर डाल सकते हैं। जहाज के चलते वक्त किनारे पर हम देख रहे थे—मालगोदामों की पंक्तियां दूर तक चली गई। यहां लड़ाई का प्रभाव अब भी था। बहुत-सी पेट्रोल की टंकियां टूटी फूटी पड़ी थीं। युद्ध के समय पेट्रोल की टंकियों को सबसे पहिले लक्ष्य बनाया जाता है। उनके तेल को ही नष्ट करना आवश्यक नहीं समझा जाता, बल्कि भीषण आग की लपट पैदा करके शत्रु के नगर को भी तबाह करने की कोशिश की जाती है; यद्यपि तेल-टंकियों को नगर से दूर रखा जाता है।

कुछ ही समय में हमारा "श्वेतद्वीप" अब फिनलैंड-खाड़ी के खुले समुद्र में आ गया। समुद्र चंचल नहीं था। ७ बजे रात्रि-भोजन हुआ—कटलेट, मकरोनी, कोई मिठाई, रोटी-मक्खन और सेब। भोजन सुस्वादु था। हमारा जहाज उत्तर की ओर जा रहा था। साढ़े ग्यारह बजे रात्रि को अभी गोधूलि थी, रात केवल रूढ़िवश ही कह सकते थे। समुद्र हिलोरें लेने लगा था, किन्तु हमें तो प्रकुपित समुद्र भी विचलित नहीं कर सकता था।

हेलसिंकी—६ बजे सबेरे जब खिड़की से बाहर की तरफ देखा, तो सामने फिनलैंड की हरित-भूमि दिखलाई पड़ रही थी। देवदार वृक्षों से ढँकी

पहाड़ियां मानों समुद्र में डुबकी खेल रही थीं। बहुत से छोटे छोटे द्वीप थे, जिनमें से अधिकांश आदमियों के वास लायक नहीं थे। ८ बजे "श्वेतद्वीप" किनारे से जा लगा। मालूम हुआ, कि अब २४ घंटे जहाज को यहीं रहना है। हमारे जहाज में ४० से ज्यादा मुसाफिर नहीं थे। १६ घंटे में हम लेनिनग्राद से हेलसिंकी पहुँचे थे। अब अगले २४ घंटों में अठारह बीस घंटे तो हम घूमने फिरने में लगा सकते थे।

फिनलैंड के एक भूतपूर्व नगर — विपुरी को एक साल पहिले मैं देख चुका था, लेकिन विपुरी युद्ध-ध्वस्त और पुराने निवासियों से परित्यक्त था, उससे हम किसी फिन-नगरी का अच्छी तरह अन्दाजा नहीं लगा सकते थे। यहां हमारे सामने फिनलैंड की राजधानी थी— किला, विशाल घर और गिरजे दूर तक दिखाई पड़ रहे थे। जहाजों के ठहरने के डक एक नहीं, अनेक थे। समुद्र इतना गहरा था, कि जहाज किनारे जाकर लग सकता था। बन्दर पर कोई युद्ध चिन्ह नहीं दिखाई पड़ा। पास-पोर्ट देखते समय नगर देखने का आज्ञा-पत्र भी मिल गया, लेकिन बादल और वर्षा का डर था। मक्खन, गोभी, जाम, आमलेट, कोको का प्रातराश हुआ। १ बजे मध्यान्ह भोजन भी किया, फिर अपरान्ह चाय तक हमारा घूमना-फिरना अधिकतर बन्दरगाह के पास ही रहा। वस्तुतः यात्रा में दो सैलानियों की बहुत आवश्यकता होती है, नहीं तो आदमी आलस्यवश या अरुचिवश देखने-भालने में अपने समय का पूरा उपयोग नहीं कर सकता। हमारे लिये हैलसिंकी नई नगरी थी, लेकिन वह युरोप के दूसरे ही नगरों जैसी होने से कोई अधिक आकर्षण नहीं रखती थी। प्राकृतिक सौंदर्य को हमने ६ बजे से ही देखना और आनन्द लेना शुरू किया था। खैर पांच बजे शहर देखने के लिये निकले। यहां हमें कलकत्ते के धर्मतल्ला जैसा मालूम होता था— मकान चौमंजिले-पंचमंजिले ज्यादा थे, और उसमें भी अधिकांश १९१७ के बाद के बने थे। कितनों ही की छतें सीमेन्ट की थीं, और कुछ पर लाल टाइल भी दिखाई पड़ती थी— खास कर पास के द्वीपों में जो मकान थे, उनकी लाल टाईलवाली छतें, हरियाली के बीच में सुन्दर मालूम होती थीं। चौड़ी सड़कों के ऊपर छायादार

रुके लगे हुए थे। लेनिनग्राद से यहां की ट्राम और मोटरें कहीं अधिक साफ़-सुथरी थीं, लेकिन हेलसिंकी को लेनिनग्राद जैसी युद्ध की वैसी भयंकर भट्ठी से गुजरना नहीं पड़ा था। यहां वर्ग भेद का रूप स्पष्ट दिखाई पड़ता था। लेनिनग्राद में मजूरिनें भी बाजार या विनोदोद्यान में जाते समय मध्यवर्ग की महिलाओं जैसा कपड़ा पहिन कर निकलती थीं, वहां फटे पुराने कपड़े पहिने नर-नारी मिलते नहीं थे, किन्तु यहां मजूरों के ऊपर दरिद्रता की झलक स्पष्ट दिखाई पड़ रही थी, और उसके विरुद्ध उच्च और मध्यम वर्ग की फैशन में भरी नारियां सौंदर्य प्रदर्शन करती देखने में आती थीं। जरा सा आगे बढ़ने पर एक और बात ने दोनों संसारों के अन्तर को स्पष्ट कर दिया। एक आदमी ने आकर अंग्रेजी में कहा— "बहुत सुन्दर लड़कियां और बढ़िया अंगूरी शराब तैयार है, चलिये रात की मेहमानी कीजिये। मैंने कहा "धन्यवाद, मुझे दोनों नहीं चाहिये।" सोवियत भूमि में यह कभी सोचने की भी बात नहीं थी। रविवार के कारण आज दुकानें बन्द थीं, खुली रहने पर भी खरीदने के लिये हमारे पास पैसा कहां था? २२ डालर जो किसी सहृदयजन ने दिये थे, उन्हें इतनी जल्दी खतम कर देना अच्छी बात नहीं थी। नगर के घरों, कारखानों, सम्पत्ति, तथा नागरिकों की पोशाक और जीवनतल को देखकर मैं सोचता था— फिनलैंड हमारे एक गोरखपुर जिले के बराबर भी नहीं है, लेकिन क्या गोरखपुर जिले में हेलसिंकी और विपुरी जैसे नगरों की कल्पना की जा सकती है? क्या कारण है जो गोरख-पुर इतना दरिद्र है और यह इतना धनी? इसका उत्तर कोई मुश्किल नहीं था। यह तो साफ था कि गाँधीवाद गोरखपुर को हेलसिंकी के बराबर नहीं बना सकता। यहां के लोग अपने हाथ और मस्तिष्क का उपयोग करते हैं, साइंस के नये नये आविष्कारों को तुरन्त बर्तने के लिये तैयार रहते हैं। पूंजीवादी बाधा होने के बाद भी यह इतनी सम्पत्ति पैदा कर सके हैं। फिनलैंड के जंगल कागज की खान हैं। यहां कितनी ही खानें भी हैं। इनके कारण इसके उद्योगीकरण में बहुत सुभीता हुआ, लेकिन हमारे यहां भी तो गढ़वाल और कुमाऊं में इससे भी ज्यादा खनिज और वानस्पतिक सम्पत्ति है, फिर वहां दरिद्रता का क्यों अखण्ड

राज्य है। यदि फिनलैंड कागज की भूमि है, तो गोरखपुर चीनी की भूमि है। वह अपनी चीनी से देश भर की आवश्यकता को पूरा कर सकता है, फिर पैसा पैदा करने के लिये तम्बाकू, सिगरेट के कारखाने, कपास और सूती मिलें जैसे बहुत से उद्योग-धन्धे वहां चल सकते हैं, धन से उस भूमि को पाट सकते हैं। यही सोचते हुए स्थावर-जंगम वस्तुओं पर दृष्टि डाले हेलसिंकी की सड़कों पर पैरों को आगे बढ़ाता जा रहा था। किताब की दूकानें आयीं। शीशे के भीतर पचासों बहुत ही सुन्दर छपी नई नई पुस्तकें सजी हुई दिखाई पड़ रही थीं। एक नहीं, कई किताबों की दुकानें थीं। क्या गोरखपुर शहर में इस तरह की किताब की दुकानें देखी जा सकती थीं? क्या जिस भाषा के ३५ लाख बोलनेवाले हों, उस भाषा में इतनी पुस्तकें भारतवर्ष में छप सकती हैं? ३५ लाख क्या १५–१६ क्रोड़ नर-नारियों की भाषा होने पर भी हिन्दी को इतनी संख्या में ऐसी पुस्तकों के छापने का सौभाग्य प्राप्त नहीं है। इसके लिये शिक्षा-प्रचार इतना होना चाहिये, कि देश में कोई स्त्री-पुरुष अनपढ़ न रहे, साथ ही धन पैदा करने के आधुनिक साधनों के उपयोग से लोगों की जेबों में पैसे भर देने चाहिये। राज-धानी के दो तीन उद्यानों को भी हमने देखा। आज छुट्टी का दिन था इसलिये नर-नारी वहां मनोविनोद के लिये आये थे। दो रेस्तोरां खूब सजे हुए थे, जिनमें नर-नारी खचाखच भरे हुए थे। उनकी सजावट को देखकर पहले मालूम हुआ, कि फूलों का बाजार है। "किनो सवाय" मिला। उसके सामने टिकट खरीदनेवालों की इतनी लम्बी पांती थी, जिससे मालूम होता था, शायद इनमें से कितने ही आज तमाशा देखने से वंचित रह जायेंगे। लेनिनग्राद में सिनेमा-घरों की संख्या बहुत अधिक है, वहां दर्शकों से सीटें सदा भरी रहती हैं। लेकिन वहां सिनेमाघरों की अधिकता के कारण भीड़ नहीं होती, हरेक सिनेमाघर में एक और भी विशालशाला दर्शकों के प्रतीक्षा-गृह के तौर पर अवश्य होती है। टिकट न पानेवाले वहां जाकर बैठ जाते हैं। टिकट लेकर भी लोग प्रतीक्षा करने के लिये वहां चले जाते हैं। किन्हीं किन्हीं प्रतीक्षागृहों में तो गान-वाद्य का भी इंतजाम है। इसे हरेक पूंजीवादी देश फिजूलखर्ची समझेगा। सिनेमा का

टिकट आप ? रूबल में खरीदें, और मुफ्त में गान-वाद्य का आनन्द भी मिले। सोवियत के इन प्रतीक्षा-गृहों के साथ खाने पीने की चीजों की दुकानें होती हैं। प्रतीक्षकों के वहां रहने से चीजों की बिक्री भी होती है। शायद इन बिक्री से प्रतीक्षागृह का खर्च निकल आता हो। फिनलैंड के लोग उसी वंश से सम्बन्ध रखते हैं, जिससे हमारे देश के द्रविड़-मुंडा लोग। भाषातत्वज्ञों का विचार है, कि नव-पाषाण युग में द्रविड़ों की पूर्वज जाति की एक शाखा उत्तर की ओर फेंक दी गई। उसी की संतानें कोमी, इस्तोनिया, और फिनलैंड में आजकल रह रही हैं। हमारे यहां शुद्ध द्रविड़ की पहचान शरीर का काला होना है, लेकिन हेलसिंकी में काले बाल वाले नर-नारी भी मिलने बहुत मुश्किल थे। क्या ६–७ हजार वर्षों तक अतिशीतल प्रदेश में रहने के कारण इतना अन्तर हो गया ? हां, हेलसिंकी की गलियों में भी ऐसे नर-नारी बहुत थे, जिनका फोटो लेकर यदि किसी शुद्ध द्रविड पुरुष-स्त्री के फोटो से मिलाया जाता तो समानता साफ दिखलायी पड़ती— फरक रंग का ही था, नहीं तो नाक, चेहरे की हड्डी और बनावट, तथा शरीर की खर्वकायता एक ही जैसी थी।

हेलसिंकी को "श्वेतद्वीप" ने ७ जुलाई के सबेरे छोड़ा। रास्ते में कई जगह उसने थोड़ी थोड़ी देर तक रुककर, कहीं कोयला लिया और कहीं यात्री। अब जहाज में खाली स्थान नहीं रह गया था। मेरे दिमाग में अब भी फिनलैंड हलचल मचाये हुए था। ३५ लाख की आबादी वाले देश में हेलसिंकी जैसे नगर, ट्राम, रेल, जहाज, विमान, युद्ध के बहुव्ययसाध्य यंत्र और आदमियों का सारा लिफाफा। फिर वहां के सैकड़ों यात्री मनोविनोद या किसी और काम के लिये स्वीडन, और इंग्लैंड की यात्रा कर रहे थे। हमारे देश के लिये तो यह स्वप्न की-सी बात थी। पुराने रूस के पितरबुर्ग जैसे नगरों में भी अभिजात्यवर्ग की सुख-सम्पत्ति बहुत रही होगी, लेकिन जन-साधारण रूसी तथा पराधीन ऐसियायी दरिद्रता की क्रूर चक्की में पिस रहे थे। सोवियत शासन का बहुत बड़ा काम यह है— समाजवाद के आधार पर उसने अपने उद्योग-धन्धे को बहुत तेजी से अत्यन्त विशाल रूप में प्रस्तुत करना। समाजवाद ने इतनी शक्ति और

साधन पैदा किये, जिसके कारण रूस ने युद्ध में अपने को अजेय साबित कर दिया। संस्कृति और शिक्षा का जितना सार्वजनिक प्रसार वहाँ पर है, उतना कहीं पर भी देखने को नहीं मिलेगा। अभी भी उसको करने को बहुत काम है। अपनी कितनी ही त्रुटियों को दूर करने की आवश्यकता है, लेकिन जो काम सोवियत शासन ने किया, उसके लिये हम उसके सात खून नहीं हजार खून माफ करने के लिये तैयार हैं। समय के साथ सोवियत की नौकरशाही यांत्रिकता से अवश्य हटेगी, और उसके कार्यों में ज्यादा विकेन्द्रीकरण होगा। नगण्य से लोग जिनकी संख्या शायद हजार क्या लाख में एक हो, यदि चाहते हैं, कि सोवियत तंत्र और उसके नायकों के खिलाफ कुछ कहें, तो उन्हें भी पूरा मौका दिया जायगा क्योंकि उससे कोई हानि नहीं हो सकती। ऐसी कुछ त्रुटियाँ— जिनका असर बहुत ही नगण्य सी संख्या पर पड़ता है, वही हैं, जिनको लेकर सोवियत और समाजवाद के शत्रु दुनिया में तरह तरह का प्रोपेगण्डा करते हैं। केवल इस ख्याल से भी उन्हें हटाना होगा।

८ बज कर १० मिनट पर "श्वेतद्वीप" ने हेलसिंकी छोड़ा। यहाँ से हमने हवाई डाक से कई चिट्ठियाँ भेजीं।

स्टाकहाम— ८ जुलाई को सबेरे समुद्र कुछ तरंगित था। ५ बजे शाम को देवदारों से आच्छादित स्वीडन की पथरीली भूमि दिखाई पड़ी। ६ बजे "श्वेतद्वीप" फ्योर्ड में घुसा। स्वीडन और नार्वे अपने इन फ्योर्डों के लिये मशहूर हैं— समुद्र की मूछें फ्योर्ड के रूप में स्थल के भीतर घुसी चली गई हैं। इनके किनारे बालुकाहीन तथा पथरीले हैं, किन्तु मिट्टी अवश्य है, तभी तो इन पथरीली पहाड़ियों और द्वीपों पर सब जगह हरे भरे देवदार-जातीय वृक्ष दिखाई पड़ते हैं। एक एक फ्योर्ड से निकल कर हजारों टेढ़े-मेढ़े सोते दूर तक चले गये हैं। एक घूम-घुमौवे फ्योर्ड के भीतर हमारा जहाज चला जा रहा था। किनारे की पहाड़ियों पर जगह जगह लाल टाईल के लाल-गृह बने हुए थे, जिनमें यातायात का साधन नौकायें थीं, जो कि अधिकतर मोटर परिचालित थीं। हम राजधानी की ओर बढ़ रहे थे, इसलिये एकान्त किला-बन्दी न हो, तो

कैसे काम चलता ? लेकिन स्वीडन अपनी किला-बन्दी पर नहीं, बल्कि तटस्थता पर ज्यादा विश्वास रखता है। दो-दो महायुद्धों में वह तटस्थ बना रहा और हमारे देश के दो-तीन जिलों के बराबर के देश ने धन से अपने देश को माला-माल कर दिया। कभी यह छोटा-सा देश इतना शक्तिशाली था, कि इसके विजेता रूस तक धावा मारते थे। उन्होंने ही वहां के रोइरिक राजवंश को जन्म दिया। २४ घंटे की यात्रा के बाद ६ बजे सबेरे "श्वेतद्वीप" स्टाकहाम के तट पर जा लगा। शहर यहीं से शुरू हो जाता था। पास-पोर्ट देखने-दूखने में काफी देर लगी, शायद बोल्शेविकों के देश का जहाज था, इसलिये पूंजीवादी स्वीडन को बहुत भय था। मालूम हुआ, अब परसों शाम तक जहाज यहीं रहेगा। देखने के लिये बहुत समय था। काश, अगर पन्द्रह ही पौंड और हमारी जेब में होते, तो हम आधे स्वीडन को देख आते। केवल १२ डालरों पर क्या भरोसा कर सकते थे, जबकि लंदन में कुली और टैक्सी का पैसा भी इन्हीं में से चुकाना था। स्वीडन के अधिकारी ने पास-पोर्ट देख-दाख कर वहीं राशन का कार्ड भी दे दिया। लेकिन हमारा राशनकार्ड लेकर क्या करते, हमें तो "श्वेतद्वीप" के भोजन पर ही संतोष करना था। नगर भी सामुद्रिक धाराओं के किनारे ही बसा हुआ है। जन-संख्या में स्वीडन फिनलैंड से दूना बड़ा है, इसलिये उसकी राजधानी भी हेलसिंकी से अधिक विशाल और भव्य होनी चाहिये। कितने ही मकान पास की पहाड़ियों पर बने होने से और भी अधिक बड़े मालूम होते हैं। लोग प्रायः सभी पिंगल या पांडु-केश थे। खोपड़ियां उनकी लम्बी तथा कद ऊँचे थे। इन्हें असली हिन्दी-यूरोपीय (आर्य) जाति का नमूना माना जाता है। अपेक्षाकृत यहां के लोगों में सौंदर्य भी अधिक है यह मानना पड़ेगा।

६ जुलाई को सारे दिन स्टाक होम में रहना था। खर्च करने के लिये पैसे तो नहीं थे भूखे रहने का भी डर नहीं था, इसलिये चाय और भोजन के समय को छोड़कर बाकी समय हमने अपने पैरों चलाने में लगाया। टामस-कूक की यहां शाखा थी, हमारा यात्री चेक भी उसी का दिया हुआ था, किन्तु उसने उसे भनाने में अपनी असमर्थता प्रकट की, क्योंकि चैकों पर स्वीडन का नाम

नहीं था। १२ डालरों में से ७ डालरों को ३.६ क्रोनर प्रति डालर से भुना लिया, क्रोनर करीब करीब एक रुपये के बराबर था। देहात में सस्ती मालूम हो रही थीं। ४२ क्रोनर की अच्छी बरसाती मिल रही थी। सौ सवा सौ क्रोनर का गरम सूट अवश्य सस्ता था। किताबें उतनी सस्ती नहीं थीं। स्टाकहोम गाइड (अंग्रेजी) को ५ क्रोनर में खरीदना पड़ा। अन्न इफरात का पता इसी से मालूम होता था, कि एक बाग में चिड़ियों के लिये रोटी के टुकड़े नहीं बल्कि तीन-चार छोटी छोटी रोटियां फेंकी हुई थीं। कई डिपार्टमेन्ट स्टोर (महा दूकानें) थीं। फैशन भी खूब देखने में आता था। राजा का प्रासाद विशाल और बहुत दूर तक फैला हुआ था। पार्लियामेन्ट का भवन भी बहुत ही भव्य था। नगर के पास में ही कई विलास-गृह थे। मजूरों की वेश-भूषा देखने पर मालूम होता था, कि नगर और देश का सारा वैभव उनके लिये नहीं है, हालां कि सबसे कठोर काम उनसे ही लिया जाता है। यहां की भी ट्रामवे और बसें अधिक साफ थीं और भीड़ भी कम थी। लंदन के अखबार हवाई जहाज से यहां आते थे, हमने " टाइम्स " और दूसरे दो एक पत्र लिये। मालूम हुआ, कलकत्ता में फिर हिन्दू-मुसलमानों में झगड़ा हो गया, खून की नदी बह रही है। पाकिस्तान ने अनाज देना रोक दिया है। अब तक पाकिस्तान बन चुका था, यद्यपि अभी सीमा-कमीशन ने अपना कार्य नहीं खतम किया था।

१० जुलाई को फिर मेरे पैर स्टाकहोम की सड़कों पर थे। शहर पहाड़ी जगह में बसा हुआ है, लेकिन पहाड़ शिमले या मसूरी की तरह ऊँचे नहीं हैं, घरों और सड़कों के बनाने में अच्छी योजना से काम लिया है। नगर में जगह जगह कितने ही उद्यान हैं। मैं एक बड़े उद्यान में गया। यहां पता लगा, लोग विलासोपवनों में देवदारों को क्यों नहीं रखते। इनके पतझड़ का समय नियत न होने के कारण वह बराबर सूखे पत्ते गिराते रहते हैं, यदि नीचे घास भी हो, तब तो इन पत्तों का झाड़ना आसान नहीं है। उद्यान बड़ा मनोरम था।

९५ क्रोनर अर्थात् प्रायः एक रुपये में बाल बनाने का साबुन सस्ता

नहीं कहा जा सकता। पोशाक जरूर सस्ती थी, यदि सिलाई के मंहगे दाम को भी उसमें शामिल कर लिया जाय। उस दिन घूमते हुए मैंने लिखा था—"स्वीडिश नर-नारी कद में ही बड़े नहीं होते, बल्कि अपेक्षाकृत ज्यादा सुन्दर भी होते हैं। सभी दीर्घकपाल हैं।" स्वीडन हमारे दो बड़े जिलों के बराबर है और उसका यह वैभव! वह अपने लिये ही नहीं, सोवियत के लिये भी दर्जनों जहाज बना रहा है, जिसके लिये सारी सामग्री इसके कारखानों में तैयार होती है। हां, मोटर और विमान यहां भी अधिकतर बाहर से आते हैं। बाजार में दूसरी चीजें भी काफी विदेशी हैं। भारत की चीजों की एक दुकान थी, जिसमें हाथी दांत की चीजें रखी थीं।

६॥ बजे शाम को "श्वेतद्वीप" ने फिर लंगर उठाया। ११.४० बजे रात को अभी गोधूलि ही थी, फिर रात की क्या आशा की जा सकती थी! ११ जुलाई को हमने समुद्र में बिताया। आज समुद्र तरंगित था, किन्तु बहुत अधिक नहीं, तो भी लोगों ने खाना छोड़ दिया था, मुझे झूला झूलने का आनन्द आ रहा था। हमारा पोत समुद्रतट से नातिदूर चल रहा था। उसका मुंह दक्षिण और कभी कभी दक्षिण-पश्चिम की ओर होता था। मैं कभी शाला में जाकर वहां रखी सोवियत सम्बन्धी अंग्रेजी पुस्तकें पढ़ता और कभी बाहर की ओर समुद्र और तट-भूमि का दृश्य देखता। कुछ अंग्रेजी भाषा-भाषी लोग भी हमारे जहाज में थे, लेकिन मेरा किसी से अधिक परिचय नहीं हुआ।

१२ जुलाई को सवेरे से ही तटभूमि दिखाई देने लगी। पहिले दाहिनी ओर डेनमार्क की भूमि और बायीं तरफ जर्मनी की। सवा दो बजे दिन को "श्वेतद्वीप" कील नहर के मुख पर पहुँचा। इस नहर में हमें ६ घंटे चलना था। अगर नहर न होती, तो डेनमार्क और नार्वे के बीच से होते दो दिन से अधिक का चक्कर काटना पड़ता। तीन बजे से साढ़े नौ बजे तक "श्वेतद्वीप" चलता रहा। गति १५ किलोमीतर प्रति घंटा रही होगी। नहर के दोनों तरफ पहिला नगर आया। घरों की छतें अधिकतर लाल टाईल की थीं। कारखानों

की चिमनियां अधिकांश निर्धूम थीं। नहर में दो उलटे पड़े जहाज विगत महा-युद्ध का परिचय दे रहे थे। कारखाने भी जख्मी थे और तेल की टंकियां विदीर्ण पड़ी हुई थीं। वैसे युद्ध की ध्वंसलीला लेनिनग्राद की तुलना में बहुत ही कम थी। एक सहयात्रिणी अंग्रेज महिला कह रही थीं— "प्रदेश समृद्ध है।" इधर तो युद्ध केवल वैमानिक बमवर्षा तक ही सीमित था। कील नहर स्वेज से दुगनी से अधिक चौड़ी है, इसमें एक साथ दो नहीं तीन जहाज चल सकते हैं। कुछ दूर तक नहर आस पास की भूमि से ऊपर थी। नहर के आस-पास कुछ कारखाने वाले कस्बे भी थे। बहुत सी खेती लायक भूमि गोचर छोड़ दी गई थी, आखिर दूध और मांस की भी तो इस देश में अधिक जरूरत होती है। सारा प्रदेश हरा-भरा था। देवदार वन भी जहां-तहां थे। जर्मनी का यह भाग अंग्रेजों के हाथ में था, इसलिये कहीं कहीं अंग्रेजी सेना की छावनियां भी दिखाई पड़ती थीं। यह वह जर्मनी थी, जो संसार-विजय के लिये उठकर अब पराजित पड़ी हुई थी। यदि युद्ध का मद हिटलर के सिर पर सवार नहीं हुआ होता, तो आज उसकी यह दशा क्यों होती? लेकिन पूंजीवाद का तो मतलब ही है युद्ध। शांति के वक्त में वह अपनों का खून पीता है, और युद्ध के समय परायों का। यदि शोषण संभव न होता, तो देश के अधिकांश लोगों को दरिद्रता की मार न खानी पड़ती; यदि शोषण का लोभ न होता, तो दूसरे देशों से युद्ध करने की इच्छा न होती।

नहर के दूसरे छोर पर पहुँच कर घंटे से ज्यादा जहाज खड़ा रहा। और पौने दस बजे (लेनिनग्राद समय) वह फिर अतलांतिक-समुद्र की ओर बढ़ा।

बाहरी समाचार हमें जो कुछ मिला था, वह स्टाकहोम में खरीदे अंग्रेजी पत्रों द्वारा ही। अब फिर सन्नाटा था। रेडियो बहुत कम काम देता था। खेलों में शतरंज की दो जोड़ी के सिवाय और कुछ नहीं था। शतरंज के मोहरे को मैंने देवली की नजरबन्दी के समय हाथ लगाया तो था, लेकिन उसके लिये जितने समय की आवश्यकता है, उसे देने के लिये मैं कभी तैयार नहीं हुआ; इसलिये

पुस्तकों और प्रकृति-निरीक्षण के सिवाय मन-बहलाव का कोई साधन नहीं था। हां,इस समय मैं अपने ताजिक भाषा के अनुवाद के लिये "दाखुन्दा" और "गुलाम" की आवृत्ति जरूर कर लेता था।

१३ जुलाई (रविवार) को दिन भर तटभूमि दिखाई नहीं पड़ी। "श्वेतद्वीप" इतना तेजी दिखला रहा था, कि परसों शाम की जगह कल ही लंदन पहुंचने की उम्मीद थी। आज जहाज हिल-डुल ज्यादा रहा था। रेडियो की खबरों में पता लगा कि सिलहट ने ५० हजार के मताधिक्य से पाकिस्तान में जाने का निश्चय किया है।

१४ जुलाई (सोमवार) को सबेरे ८ बजे ही "श्वेतद्वीप" टेम्स के भीतर चल रहा था। लंदन की धुन्ध ने आगे बढ़कर हमारा स्वागत किया, लेकिन लंदन डॉक पर पहुंचते पहुंचते वह छंट गई। साढ़े दस बजे हम तट पर पहुँचे। पास-पोर्ट मामूली तौर से देखा गया। यात्रियों की सुख-सुविधा का ख्याल अंग्रेज बहुत ज्यादा रखते हैं। जो देश ऐसा करेगा, वही अपने यहां पाकेट खाली कराने के लिये अधिक यात्रियों को बुला भी सकेगा। मेरे बड़े बक्श का कस्टम-वालों ने मुंह भर खोला, बाकी हमारे यह कह देने पर, कि सभी पुस्तकें हैं, उन्होंने देखने की भी जरूरत नहीं समझी। यद्यपि वहीं मालूम हुआ, कि भारत से चेकोस्लोवाकिया जाने के लिये आयी एक भारतीय महिला के साथ की सब पुस्तकों को रखवा लिया गया था। उन पुस्तकों में शायद साम्यवाद के प्रचार की सामग्री हो, लेकिन मैं तो साम्यवाद की जन्म-भूमि से आ रहा था। जहाज समय से ३० घंटा पहिले आया था। मैंने समझा शायद बांके जी इसी कारण नहीं आ सके। अब भारत का जहाज मिलने तक के लिये लंदन में कहीं ठौर-ठिकाना ढूंढ़ने की जरूरत थी।

* * *

१०—इंगलैण्ड में

जहाजघाट से टैक्सी करके मैं टामसकुक के मुख्य कार्यालय में गया, क्योंकि पहिले अपने चैक के बारे में पूछना था। वहां तक पहुंचने में घंटा भर लगा। सोचा था, सामान रखने की जगह मिल जायेगी, किन्तु वहां उसके लिये कोई स्थान नहीं था। शायद होटल का इंतिजाम हो सकता था, किन्तु उसमें अपने पाकेट को देखना था। टैक्सी ड्राइवर ने सलाह दी कि सामान को स्टेशन में रख देना अच्छा होगा। मैंने वहां असबाब-घर में सामान रखा और भले मानुस टैक्सी ड्राइवर ने साढ़े तीन शीलिंग में १६ हिलग्रोव रोड में पहुँचा दिया, जहां पर बांकेजी का रहना होता था। पता लगा, बांकेजी तीन सप्ताह से एडिम्बरा की ओर चले गये हैं। हमारा तार आया था, जिसे वहां भेज दिया गया है। नहीं मालूम हो सका, वह भारत चलने के लिये तैयार हैं या नहीं, लेकिन अभी सबसे पहिले तो ठहरने का कोई सस्ता प्रबन्ध करना था। इस बोर्डिंग-हौस में बिहार के एक-दो विद्यार्थी थे। उन्होंने ३५ लौंगरिज रोड पर पेयरली होटल का नाम दिया। मैं उक्त होटल में पहुंचा। वहां बहुत से भारतीय

थे। तीन गिनी, ३ पौंड ३ शिलिंग या ४० रुपये के करीब प्रति सप्ताह में एक कमरे में जगह मिली, जिसमें पहिले से ही एक भारतीय छात्र रह रहे थे। इसी में दो वक्त का भोजन भी शामिल था। ७ शिलिंग खर्च पड़ा, स्टेशन से टैक्सी पर सामान लाने में। अब हाथ में ५५ पौंड रह गये थे। यह कहने की अवश्यकता नहीं, कि रूस के लिये दिये गये चैक को टामसकुक यहां भुनाने को तैयार था। अब पैर जमीन पर था, इसलिये बहुत भय नहीं लग रहा था। अभी यह नहीं मालूम था, कि कितने दिनों बाद जहाज मिलेगा। पहिली चिट्ठी से मैं एक महीना प्रतीक्षा करने के लिये तैयार था।

लंदन में जहां तहां अब भी गिरे हुए मकान पड़े थे। लेनिनग्राद में ऐसा दृश्य देखने के लिये नगर के छोर पर जाने की अवश्यकता होती। लेनिनग्राद उस तरह भी लंदन से बहुत सुन्दर था, उसकी सड़कें बड़ी प्रशस्त थीं। दोनों ओर के मकान भी बड़े भव्य थे। सफाई यहां भी कम नहीं थी। हरेक चौरस्ते पर बड़ी भीड़ दिखाई पड़ती थी, जो लेनिनग्राद में दिन के किसी किसी समय ही देखने को मिलती थी। लेनिनग्राद की सड़कें भी अधिक चौड़ी थीं, और यहां की संकरी, कुछ तो टेढ़ी-मेढ़ी थीं। आज पता लगा, पाकिस्तान डोमीनियन के गवर्नर-जनरल मुहम्मद अली जिन्ना हुए।

दूसरे दिन बांके जी के एक मित्र से मालूम हुआ, कि वह आपरेशन कराकर ग्लासगो में पड़े हुए हैं। यह भी मालूम हुआ, कि वहां उनके एक डाक्टर मित्र हैं। खैर, यह तो निश्चिन्तता हुई कि वह अपरिचित स्थान में नहीं पड़े हैं। टामसकुक और इंडिया आफिस में जाकर भारत की यात्रा के लिये कुछ करना था, सोचा उसके बाद ग्लासगो चलेंगे। मेरे पास के ५५ पौंड काफी नहीं थे।

शायद मैं अच्छी तरह सैर कर सकता था, लेकिन कुछ ऐसा बानक बना, कि दो हफ्ते और रहना पड़ा, लेकिन सैर उतनी नहीं हो सकी। इंडिया हाउस में अब भारत के उच्च आयुक्त मिस्टर मेनन का दरबार था। अंग्रेजों की तरह ही अब भी बेदर्दी से नौकर-चाकरों पर पैसा खर्च किया जा रहा था।

नौकरशाही मशीन भी उसी तरह चल रही थी, लेकिन वहां के अंग्रेज कर्मचारी मिस्टर हार्डिंग ने बहुत सहृदयता दिखलायी। पी० ओ० कम्पनी के दफ्तर में फोन कर के बी० दर्जे के टिकट का प्रबन्ध करा के चिट्ठी लिख दी। मैंने सोचा था, बांकेजी भी जायेंगे, इसलिये दो टिकटों का इंतिजाम करवाया। किराया ७४ पौंड देना था, अर्थात् किराया चुका देने के बाद हाथ खाली हो जाता था। इंडिया आफिस से कुछ कर्ज लेने के लिये प्रान्तीय सरकार से इजाजत मंगवाने की जरूरत थी। खैर इतना हो जाने से यह तो मालूम हुआ, कि चिट्ठियों में जिस तरह जहाज के न मिलने का डर दिखलाया गया था, वह बात नहीं थी।

अभी देखना सुनना था, प्रस्थान तिथि आदि के बारे में अभी कुछ तै नहीं हो पाया था। कम्युनिस्ट-पत्र "डेली वर्कर" से बोले कुछ पता लगेगा, इस ख्याल से मैं ढूंढ़ते-ढांढ़ते वहां पहुँचा। मालूम हुआ, कि मुरादाबाद के साथी शरफ अतहर यहीं पर हैं। मजूरों और किसानों की अवस्था देखने के लिये बतलाया गया, कि लंदन पार्टी-आफिस से उसका इंतिजाम हो जायगा। लंदन कोई छोटा शहर थोड़ा ही है। ७०–७५ लाख की आबादी के शहर को एक जिला ही समझिये, इसलिये एक जगह से दूसरी जगह जाने में समय काफी लगता था। पैसे खर्च कम करने का इंतिजाम लोगों ने कर रखा था : और भूगर्भी रेलों तथा बसों के द्वारा वह बहुत सस्ता पड़ता था। पार्टी आफिस ने परसों (१८ जुलाई) मजूरों की बस्तियों को दिखलाने का वचन दिया। साथी शरफ को भी टेलीफोन कर दिया था। वह मेरे पुराने परिचित थे। शाम को वह मेरे स्थान पर आगये और कहा कि किसानों और खेती हर मजदूरों की अवस्था को भी देखिये, उसका भी प्रबन्ध कर दिया जायेगा। १७ जुलाई को आस्मान पर बादल घिरा हुआ था, जब तब बूंदें पड़ती रहीं, शाम को तो अच्छी खासी वर्षा हो गई। उस दिन रीजेन्ट पार्क लंदन के बड़े उद्यान को देखने गये। दूसरी जगह के चिड़ियाघरों को युद्ध ने उजाड़ दिया था। कलकत्ता के चिड़ियाघर में सांपों का बहुत ही विशाल संग्रह था, लेकिन जापानी बम पड़ने से मुक्त हजारों सांप कहीं नगर में न घुस जायें, इसलिये उनमें से बहुत

को नष्ट और कितनों को स्थानांतरित कर देना पड़ा। लंदन का चिड़िया-घर अब भी अच्छी हालत में था। वानर, चिड़िया, चिम्पांजी, ऊँट, भालू, बाघ, सिंह सभी थे— सिंह-बाघ काफी संख्या में थे। लेनिनग्राद का चिड़िया-घर अच्छी हालत में रहते समय भी इससे छोटा ही था, अब तो वह उजड़-सा गया था। जार की सामन्तशाही सरकार चिड़िया-घर का महत्व केवल तमाशे के लिये समझती थी, लेकिन पूंजीवादी इंग्लैंड में उसको विज्ञान की प्रयोगशाला माना जाता था, इसलिये उसे समृद्ध रखने की पूरी कोशिश की गई थी। तभी अत्यन्त घने बसे हुए लंदन के गर्भ में इतनी पड़ी हुई जमीन कुछ जरूरत से अधिक मालूम होती थी। पर जब कि एक बार जगह, प्राणी-उद्यान के लिये छोड़ दी गई, तो फिर आबादी के लिये उसमें से काटा कैसे जा सकता था? आज कोई रविवार या छुट्टी का दिन नहीं था, लेकिन दर्शकों की संख्या भारी थी।

रीजेंट-पार्क के पास ही में कहीं पर ग्लौसिस्टर रोड था, जिसके एक मकान में पन्द्रह वर्ष पहिले मैं तीन महीना रह गया था। सोचा, चलो उसे भी देख लें। ढूंढते ढांढते वहां पहुँचा, किन्तु अब ग्लौसिस्टर रोड की जगह उसका नाम ग्लौसिस्टर एवेन्यू हो गया था। उसके ४१ नं० वाले मकान में अब कोई महाबोधि सभा नहीं थी। पुराने आदमी ने एक दूसरा घर बतलाया, जहां काम करते मजदूर से पूछने पर मालूम हुआ, कि अब लोग हैम्पस्टन रोड के पास २६ इग्लैंड स्क्वायर में चले गये हैं। खैर, आदमी तो मेरे परिचित नहीं होंगे, ऊपर से बूंदें भी पड़ने लगी थीं, इसलिये वहां जाने का ख्याल मैंने छोड़ दिया। आधुनिक युग के महान् बौद्ध मिशनरी अनागारिक धर्मपाल ने जिस मकान को खरीदा था, वह इसलिये कि इंग्लैंड में बौद्ध धर्म का एक अच्छा मंदिर और प्रचार-केन्द्र बने, अब वहां उसका कोई पता नहीं था। मकान लड़ाई की बम वर्षा से बच गया था। लेकिन मालूम नहीं अब भी वह महाबोधि सोसायटी का है। मेरे पहुँचने से कुछ ही समय पहिले भारत-स्वतंत्रता कानून को इंग्लैंड की कॉमन-सभा ने पास कर दिया था। आज लार्ड-सभा ने भी उसे पास कर दिया। भारत ने स्वतंत्रता अपने बलिदानों से नहीं प्राप्त की, बल्कि अंग्रेजों की

सदिच्छा से— यही इस का अभिप्राय था।

मजदूरों की बस्ती—पूर्व निश्चयानुसार १८ जुलाई को एक कम्यूनिस्ट तरुण हैरी वाटसन मुझे मजदूरों की बस्ती की ओर ले चले। ९ बजे से ३ बजे तक मैंने वेस्ट इंडिया डॉक, ईस्ट इंडिया डॉक, विक्टोरिया डॉक आदि का चक्कर काटा। डॉक अर्थात् जहाज-घाट इंग्लैंड के लिये बड़े महत्व रखते थे। एक गुमनाम सा छोटा राष्ट्र अपने व्यापार के बलपर ही विश्व की एक महान् शक्ति बना और वह व्यापार इन्हीं डॉकों से होता था। ईस्ट इंडिया से मतलब भारत और पूर्व के देश थे, जहां आने-जाने वाले जहाज इस घाट पर खड़े होते थे। गोया यह तीन शताब्दियों की इंग्लैंड की समृद्धि का कीर्ति स्तंभ था। वेस्ट इंडिया डॉक से अमेरिका की ओर जहाज जाते रहे होंगे। डॉक में जहाज से माल की उतराई-चढ़ाई का काम होता था, जिसमें मजदूरों के हाथ ही काम आ सकते थे। वहां के मजदूर यद्यपि अधिकतर अंग्रेज थे, लेकिन ब्रिटिश साम्राज्य और दूसरे देशों के कितने ही आदमी भी यहां दिखाई देते थे। चीनी और भारतीय रेस्तोरां भी थे। युद्ध के समय यहां बड़े जोर की बम वर्षा हुई, इसलिये अधिकतर मकान ध्वस्त हो गये थे। कुछ घरों को अस्थायी तौर से रहने लायक बना दिया गया था। वैसे जिस गति से लेनिनग्राद में पुनर्निमाण का काम हुआ, उसकी आधी गति से भी काम किया गया होता, तो यहां बहुत से मकान तैयार हो गये होते। सैकड़ों घर ऐसे थे, जिनकी छतें-खिड़कियां-दरवाजे नष्ट थे। उन्हें आसानी से मरम्मत करके आदमियों के रहने लायक बनाया जा सकता था लेकिन लेनिनग्राद और लंदन में बहुत अन्तर है। कहने को लंदन में मजदूरों की सोसलिस्ट गवर्मेन्ट शासन कर रही थी, लेकिन अब भी वैयक्तिक-सम्पत्ति बहुत पवित्र समझी जाती थी। मकानवाले इन दीवारों को न स्वयं रहने लायक बना सकते थे, न नगरपालिका को ही इसके लिये अधिकार देते थे। खरीदने पर जो पैसा देना पड़ता, वह नगरपालिका की शक्ति के बाहर था। यह भी मालूम हुआ, कि यहां के सारे मकानों के बनाने का काम ठेकेदार ही करते हैं। वह ऐसा ठेका लेने के लिये क्यों तैयार होंगे, जिसमें नफा कम हो। नये मकानों

के बनाने के लिये वह तैयार थे, किन्तु इन मजबूत दीवारों पर छत रखने के लिये नहीं। हैरी ने बतलाया, कि यहां पर सीधे बमों से मकानों को उतना नुकसान नहीं पहुँचा, जितना कि आग और हवा के धक्के से। एक पंचतल्ले मकान को दिखला कर हैरी ने बतलाया : इसपर बम गिरते समय मैं पास में था। एक चटियल सी पड़ी जगह को दिखला कर कहा : यहीं उड़न गोला (रॉकेट) गिरा था। पास में एक बड़ा जूट का गोदाम था, जो हफ्तें भर जलता रहा। स्कूल की एक चौमंजिला इमारत का अब ढाँचा भर खड़ा था। वैयक्तिक स्वार्थ और काम-चोरों के कारण, न जाने, कितने समय बाद का यह उजड़ा नगरोपान्त फिर आबाद हो सकेगा। और यह देश भी अभिमान कर रहा था कि उसके यहां समाजवादी मजदूर पार्टी का राज्य है। ऐसे समाजवाद से भगवान् बचाये, जिसको देखने के लिये बहुत शक्तिशाली अणुवीक्षण की जरूरत पड़ेगी। लेनिनग्राद और रूस से निश्चिय ही अभी लंदन और इंग्लैंड बहुत दूर है। लंदन नगरपालिका चाहती है : माल गोदामों ने यहां भारी जगह घेर रखी है उन्हें हटा कर नगर का विस्तार किया जाय, लोगों के लिये अच्छे-अच्छे घर बनाये जायें, किन्तु भूमि के मालिक इतना दाम मांग रहे हैं, कि जिसे दिया नहीं जा सकता।

एक जगह पर चीनी नाविकों के संघ का ऑफिस देखा। मुहल्ले में चीनियों की काफी संख्या थी। यद्यपि वह सारे शुद्ध चीनी न होकर अंग्रेज माताओं की संतान थे। चीनी मुखमुद्रा इतनी जबरदस्त होती है, कि एक पीढ़ी में जरा सा सम्पर्क हो जाने पर कई पीढ़ियों के लिये वह स्थिर हो जाती है, इसलिये चीनी मुखमुद्रावाले किसी पुरुष के जानने के लिये अंग्रेज माता के बारे में पूछना पड़ेगा। इस मुहल्ले में भयंकर ध्वंस-लीला हुई थी। जो भी आदमी रह गये थे, उनके घर द्वार बहुत ही मैले कुचैले थे। १ बजे वाटसन मुझे डाक-मजूरों की सभा में ले गये। व्याख्यान मुझे नहीं देना था। वाटसन के खड़े होते ही दो सौ मजदूर आसपास जमा हो गये। छोटा-सा व्याख्यान था, कोयला वाले मजदूर कम से कम ६ पौंड प्रतिसप्ताह मजूरी की मांग कर रहे हैं, उसका समर्थन करना चाहिये। अर्जन्तीन के तानाशाही की बीबी ईवा पेरोन

यदि लंदन आवे, तो उसके खिलाफ आम हड़ताल और प्रदर्शन होना चाहिये। ईस्ट इंडिया डॉक के फाटक पर सभा हुई, फिर घूमते हुए हम विक्टोरिया डॉक की तरफ गये। यहां भी ध्वंस-लीला उसी तरह थी। इंग्लैंड का आहार इन्हीं डॉकों पर उतरता था, इसलिये हिटलर ने चाहा, कि इनको नष्ट कर अंग्रेजों को भूखों मारा जाय। हम नगरपालिका के बनाये घरों की ओर गये। किराया २५ से ३० शिलिंग था, जो घरौंदे जैसे घरों के लिये जरूर अधिक था। निचले तले के घरों का किराया १०-११ शिलिंग था। सप्ताह में एक आदमी के भोजन पर २४ शिलिंग से कम खर्च नहीं होता था, यदि स्त्री-पुरुष और दो बच्चे हों, तो ३८ शिलिंग अपना तथा ३ शिलिंग प्रति बच्चा स्कूल में देने पर उन्हें एक समय का भोजन मिलता। ४ व्यक्तियों के परिवार के लिये प्रति सप्ताह ५ पौंड की आवश्यकता थी। पुस्तकों का दाम भी ज्यादा था। वह इतनी दुर्लभ हो गई थीं, कि लड़कों को पढ़ाने के लिये पुरानी पुस्तकों को काम में लाया जाता था। सबसे सस्ते (युटिलिटी) सूट का दाम ४ पौंड १० शिलिंग अर्थात् ६० रुपये से अधिक था। ओवर कोट २० पौंड, जूता ढाई से तीन पौंड मजूरों का जूता (वर्किंग बूट) २५ से अट्ठाईस शिलिंग अर्थात् १८ रुपया, जूते की मरम्मत पर १० शिलिंग (६ रुपया से ऊपर), एक सूट के धुलवाने में ३० शिलिंग, सिनेमा का टिकट १ से साढ़े चार शिलिंग तक, मामूली शराब एक पिन्ट का १ शिलिंग, २० सिगरेट का ढाई शिलिंग। जीवन इतना मंहगा था, जब कि हरेक आदमी के लिये काम का मिलना निश्चित नहीं था। घर में बीमार होने पर अस्पताल सेविंग ऐसोसियेशन की मेम्बरी का चन्दा देने वालों की ही मुफ्त चिकित्सा होती, नहीं तो साधारण डाक्टर के लिये भी ३-४ गिनी प्रति सप्ताह देना पड़ता। पिता के बेकार होने पर बच्चे को मुफ्त दूध नहीं तो पौन शिलिंग पर १ छटांक दूध-चूर्ण मिलता। वाटसन अपने एक परिचित घरमें ले गये। ज्येष्ठ अविवाहित पुत्र मां के साथ रहता था, और राज का काम करता था, जिससे उसे ४ पौंड ५ शिलिंग प्रति सप्ताह मिलता। दियासलाई के डब्बों की तरह के छोटे छोटे चार कमरे थे, जिसमें ३ शयन-कोष्टक और एक भोजन

कोष्टक, रसोई की कोठी ५ वीं थी। मकान का किराया १० शिलिंग प्रति सप्ताह था— यदि ऊपरी मंजिल पर होता, तो साढ़े ग्यारह शिलिंग देना पड़ता। बिजली का चार शिलिंग। चूल्हे की गैस का ५ या ६ शिलिंग प्रति सप्ताह अलग लगता। और कमाने वाला केवल साढ़े चार पौंड, यानी (८५ शिलिंग) प्रति सप्ताह पाता था। हम कह चुके हैं, ३ बच्चे और २ मियाँ-बीवी के भोजन का खर्च १०० शिलिंग होता था। अंग्रेज-मजदूर परिवारों की क्या अवस्था होती होगी, इसका अनुमान आप आसानी से कर सकते हैं। सोने की कोठरियों में लोहे की चारपाई पर ओढ़ने बिछौने और मेज तथा बिजली बत्ती थी। इन मजूरों के माल पर बैठे जमीन का मालिक, मकान का मालिक और किराया उगाहने वाला एजन्ट तीन-तीन काश-चोर मौज कर रहे थे। इनका नाम लेने पर लेनिनग्राद वाले हंस पड़ते। मजदूर सरकार इसमें कोई दखल देने के लिये तैयार नहीं थी। कभी तो लड़ाई और कभी कम्युनिज्म के हौवे के नाम पर अमरीका से रोटी मक्खन आ रहा था, मजदूर नेता समझते थे, इसी तरह उनकी नैया पार हो जायगी। लेकिन पहले से आज की स्थिति में इतना कम परिवर्तन होने के कारण लोग कहां तक मजदूर साम्राज्यवादियों की लम्बी लम्बी बातों पर विश्वास करते ? एक दिन जरूर वह उन्हें निकाल बाहर करके ही रहते। प्रश्न यही था— मजदूर साम्राज्यवादियों को हटाकर टोरी साम्राज्यवादियों के निकृष्टतम शासन में जायेंगे या ऐसे शासन-तंत्र में जो यहां से सारी दरिद्रताओं और दुःखों को सदा के लिये नष्ट कर दे।

लंदन में अब खबरों का कोई घाटा नहीं था। दुनिया भर की मोटी-मोटी खबरें बात की बात में यहां के अखबारों में छप जातीं, और अंग्रेजों की गुलामी के कारण हमें सुभीता था अंग्रेजी अखबारों को पढ़ सुन लेने का। २० जुलाई को पता लगा, बर्मा में ओंग-सांग और पांच दूसरे मंत्रियों को गोली का शिकार बनाया गया। विरोधी-पार्टी को तलवार से कुचलना अच्छा नहीं है, क्योंकि तलवार के बदले फिर तलवार उठने लगती है। भारत की अस्थायी सरकार बन गई, और सारे विभाग को दो में बांट कर नये मंत्रियों को सुपुर्द कर दिये।

गये। लंदन में अब भी भारतीय छात्रों का आगमन कम नहीं हुआ था, बल्कि जान पड़ता था इधर छात्रवृत्तियों के देने में अधिक उदारता दिखलायी जा रही थी। पौंड-पावना बहुत सा इकट्ठा हो गया था, इसलिये उसे बड़ी बेदर्दी से खर्च किया जा रहा था— आखिर बैरिस्टरी या संस्कृत की पी० एच० डी० कर आने के लिये पौंड को बराबर करने की क्या अवश्यकता थी? यदि छात्रवृत्ति देनी थी, तो वह साइंस और टेक्नीकल शिक्षा के लिये होनी चाहिये।

२१ जुलाई को बहुत सवेरे मैं घूमने निकला। सोचा पैसा कहीं खर्च न हो जाय, इसलिये पहले जहाज का टिकट ले आऊँ। पी० ओ० कम्पनी का जहाज स्ट्रैथमोर पहली अगस्त को यहां से चलकर १७ तारीख को बम्बई पहुँचने वाला था। मैंने ५४ पौंड देकर बम्बई का टिकट ले लिया। २१ जुलाई और १ अगस्त में १० दिनों का अन्तर था, जिसके लिये अब पास में पैसा नहीं रह गया था। २० पौंड कर्ज लेने से काम चल सकता था। लेकिन इंडिया-हाउस में तो प्रान्तीय सरकार से पूछ कर ही रुपया मिलता, जो कि नौ मन तेल पर राधा के नाचने की शर्त थी। किसी ने हाई कमिश्नर को लिखने को कहा। टामसकुक के पास इधर कई दिनों न जाकर मैंने गलती की थी। वहां जाने पर मालूम हुआ कि ५०-५० पौंड के दो बार दो ड्राफ्ट इम्पीरियल बैंक के नाम मेरे लिये आ चुके हैं। इम्पीरियल बैंक ग्राक-स्ट्रीट में था जहां सारे बैंक ही बैंक थे। लक्ष्मी का प्रताप जहाँ रात दिन विराज रहा हो, वहाँ की सड़कें, बनारस की कचौड़ी गली जैसी हों, यह कोई ठीक बात नहीं थी। सोचा अब तो पैसा काफी आ गया, और इसको पौंड के रूप में भारत लौटाना अच्छा नहीं है।

अब निश्चिन्त होकर सैर-सपट्टे की बात सोचने लगा। २२ तारीख को ब्रिटिश म्यूजियम गया। सिर्फ एक शाला खुली थी, जिसमें थोड़ा थोड़ा सभी चीजों का संग्रह था। उसके देखने में ३० मिनट भी नहीं लगे। बाकी के बारे में जो पता मालूम हुआ, उससे तो शायद सालों लगेंगे, ब्रिटिश म्यूजियम को फिर से सजाने में। इसकी तुलना लेनिनग्राद के एर्मिताज्ञ म्यूजियम से करने पर अंग्रेजों के सांस्कृतिक प्रेम की गति की मंदता साफ मालूम होती थी। एर्मिताज

में पिछले ही साल पच्चीसों हाल खुल गये थे और अब की साल तो सौ के करीब हाल सजाये जा चुके थे। मैंने वहां सिर्फ अपने काम की चीजों को देखा, फिर भी ६-७ घंटे पर्याप्त नहीं हुए। आज मैंने एक सफरी रेडियो खरीदा। यद्यपि अभी यह निश्चित नहीं था, कि मुझे भारत में बिजली वाले नगर में रहना पड़ेगा। कोशिश की, कि कोई बैटरी और बिजली दोनों वाला मिल जाता, किन्तु वैसा नहीं मिल सका। उस दिन ५—६ घंटे का चक्कर कहीं पैदल कहीं बस या भू-गर्भी ट्रेन से रहा। शामको बिहार के परिचित अध्यापक-छात्र डाक्टर ब्रह्मचारी, प्रो. दिवाकर विद्यार्थी आदि के साथ कई घंटों बातचीत होती रही। उन्होंने अपने आने से पहिले की भारत की स्थिति को बतलाया।

२३ जुलाई को कई म्युजियमों को देखा, जिसमें विक्टोरिया अल्बर्ट म्युजियम भूतत्व म्युजियम, और साइंस-म्युजियम भी थे। भूतत्त्व और साइंस म्यूजियमों को करीब करीब पूरी तौर से सजा दिया गया था, लेकिन ऐतिहासिक सामग्री तथा कला की चीजों के संग्रहालय विक्टोरिया अल्बर्ट म्यूजियम के सूक्ष्म चित्रों वाले कुछ ही कमरे तैयार हो पाये थे। एसियायी चीजों के संग्रह को अभी बिलकुल ही नहीं रखा गया था। मैं मध्य-एसिया से संबंध रखने वाली चीजों को देखने के लिये बड़ा उत्सुक था, लेकिन ब्रिटिश म्यूजियम की तरह इस म्यूजियम से भी हताश होना पड़ा। भूतत्त्व और साइंस के म्यूजियमों को इतनी जल्दी सजा देने से मालूम हो गया कि अंग्रेज कितने यथार्थ-वादी हैं। इंग्लैंड की भूमि में क्या क्या सम्पत्ति है, और उसकी भूमि का निर्माण कैसे हुआ, इसे बतलाने के लिये एक एक इलाके को भूतत्त्व म्यूजियम में अच्छी तरह दिखलाया गया था। वहां से निकलने वाली चीजों का जहां संग्रह करके रखा गया था, वहां साथ ही नक्शे और रेखाचित्र बनाकर उन्हें अच्छी तरह समझा दिया गया था। लेक्चर का भी प्रबन्ध था। उस समय भीतर बहुत सी छात्रायें घूम रहीं थीं। अणुबम के युग में अब उरानियम (उरान) धातु का महत्व ज्यादा था, इसलिये उसके डले भी वहां रखे हुए थे। मुझे ख्याल आ रहा था, भारत की भूमि भी रत्न-गर्भा है, कब वहां के भू गर्भ की सामग्री इस तरह दिल्ली आदि में इकट्ठा

की जायगी और उसे छात्रों और लोगों को जानने का मौका मिलेगा। साइंस म्यूजियम में रेल, मोटर, विमान, जहाज, प्रेस, सिलाई आदि सैकड़ों प्रकार की मशीनों के विकास का इतिहास दिखलाया गया था। कुछ मशीनें तो वहां ऐसी रखी हुई थीं, जिन्हें आविष्कारक पहिले पहल निर्माण किया था। अल्बर्ट म्यूजियम की चित्रशाला में देखने से मालूम होता था, कि इंग्लैंड पन्द्रहवीं सदी में ही वस्तुवादी हो गया था, जब कि रूस को वहां पहुँचने में १८ वीं सदी तक इंतिजार करना पड़ा। पोर्ट्रेतों में एक दो भारतीयों के भी चित्र थे।

अभी तो भारत की डोमीनियन-स्वतंत्रता का आरम्भ हुए समय ही कितना बीता था, तो भी दीख पड़ता था कि स्वतंत्रता के कारण देश की मनोवृत्ति में जो परिवर्तन होना चाहिये, उसका अभाव काफी समय तक रहेगा। भारतीय विद्यार्थियों की लंदन में भरमार थी, संख्या शायद पहिले से भी अधिक थी। आश्चर्य तो यह था कि अभी कानून और कला की डिगरियों के लिये लोग दौड़े आ रहे थे। इंडिया हाउस में अब भी अंग्रेज कर्मचारियों की अधिकता थी और भारतीय कर्मचारियों के मनोभावको देखकर काले साहब से अधिक नहीं कहा जा सकता था। इसी मुहल्ले में भारत विद्यार्थी संघ (इंडिया स्टूडेन्ट्स ब्यूरो) था, जहां भारतीय खाना मिल जाता था। हमारे होटल में दिल्ली के एक व्यवसायी जैन सज्जन ठहरे हुए थे। यद्यपि अब जैन होना असाधारण प्रमाण नहीं था, किन्तु उक्त सज्जन इस बात में ईमानदार थे। दिल्ली में उन्होंने स्टेशनरी का कारबार बीस वर्ष से अधिक हुए आरम्भ किया था। वह उन व्यवसायियों में नहीं थे, जिनको थोड़ा-सा लाभ हो जाने पर तेली के कोल्हू के बैल की तरह उतनी ही सीमा में घूमने और अधिक लाभ उठाने का ख्याल रहता है। उन्होंने स्टेशनरी तैयार करने में काफी तरक्की की थी, जो कि उनके पास की छपी हुई सूचियों से मालूम होता था। वह महीने भर से अधिक समय से लंदन में उसी संबंध में धूनी रमाये थे, और इंगलैंड की कई जगहों में घूम-घूम कर वहां से सीखने और लेने की चीजें ले रहे थे। पीछे वह इसी सिलसिले में जर्मनी और अमेरिका में भी घूमे। दिल्ली-निवासी होने से दिल्ली की वह खिचड़ी मुसलमानी पोशाक उनके

लिये अपरिचित नहीं की, जिसे कि नेहरूजी ने भारत की राष्ट्रीय पोशाक बनाने का बीड़ा उठाया है। पैर से सटा हुआ पतला पाजामा, शेरवानी और ऊपर किश्तीनुमा टोपी— दुबले पतले नहीं थे, नहीं तो " शंकर " को कार्टून बनाने के लिये कलाकार को अधिक पैसा देने की आवश्यकता नहीं होती और फोटो से ही काम चल जाता। खैर, जैन भाई से पता लगा कि यहां पर भारतीय खाना भी मिलता है। इसी लालच से वह दसों मील का चक्कर काटकर ब्यूरो की भोजनशाला में जाते थे। यद्यपि यहां होटल में उनको निरामिष भोजन मिलने में कोई दिक्कत नहीं थी— यूरोप के किसी देश में रूस में भी— निरामिष भोजन मिलने में कोई कठिनाई नहीं होती, क्योंकि रोटी, मक्खन, दूध, फल वहां काफी मिलते हैं, उबले आलू, गोभी के खाने का तो वहाँ रिवाज है। हाँ, निरामिषाहारियों को तली हुई चीजों से परहेज करना चाहिये, क्योंकि वहाँ तली हुई चीजों में चर्बी इस्तेमाल की जाती है। पाव रोटी में कोई अंडा डालनेवाला बेवकूफ वहाँ नहीं मिलेगा, क्योंकि अंडा बहुत मंहगी चीज है। पर अच्छे बिस्कुट और केक में उसके होने का डर अवश्य है। जैन भाई भारतीय भोजनशाला में जाया करते थे। २५ को हम भी गये। वहां घास-मांस दोनों तरह का प्रबन्ध था। मिर्च बहुत तेज मालूम हुई! मैं ऐसे देश से २५ महीने बाद आया था, जहां के आदमी मिर्च का नाम भी मुंह से निकलने पर तीखापन अनुभव करते हैं, जहां मसाले देखने को भी नहीं मिलते। मेरे पास कुछ काली मिर्च थी। एक दिन मैंने कपड़े की पोटली में चार-पांच मिर्चें डाल कर मांस सूपमें रख दिया। ईगर और लोला दोनों ही शिकायत कर रहे थे, कि उनका हलक जल गया। आखिर मेरा हलक भी दो वर्ष से मिर्च की मार से मुक्त था। वैसे मैं मिर्च का बायकाट तो नहीं करता, लेकिन बहुत कम मिर्च खाता हूँ। बहुत दिनों से परित्यक्त होने से उस दिन मेरा भी हलक भारतीय भोजनालय के भोजन से जलने लगा और मैं फिर वहां नहीं गया। भारत में आने के बाद छः महीने तक मिर्च से अभ्यस्त होने के लिये गलनाली को तैयार करना पड़ा। विद्यार्थियों और व्यापारियों की इतनी भीड़ रहती थी, कि लोगों को इंतिजार

करना पड़ता था। उस रेस्तोरां के लिये जगह भी छोटी थी। दूसरी जगह कमरा घर किराये का मिल सकता था, लेकिन वह इंडिया हौस से दूर नहीं जाना चाहते थे, क्योंकि इंडिया के कर्मचारी, भारतीय व्यापारी, विद्यार्थी इधर आसपास अधिक रहते थे। व्यापारी काफी संख्या में लंदन में रहते हैं। हमने देखा, स्यालकोट के बने खेल का सामान बेचनेवाले व्यापारी अपनी मजबूत, सुन्दर, और सस्ती खेल की चीजों से अपने और देश को काफी लाभ पहुँचा रहे हैं। विद्यार्थियों की यह बाढ़ तो बन्द होनी चाहिये। लेकिन वह बन्द कैसे हो सकती है, जबकि हरेक मंत्री और उच्च भारतीय कर्मचारी अपने भाई-भतीजों को यहां की डिग्री दिलाकर बाजी मारना चाहता है, और उच्च नौकरियों के देने में अभी भी अंग्रेजी भाषा का अंग्रेजों जैसा परिचय आवश्यक समझा जाता है। अंग्रेजों की टकसाल में ढली खोपड़ी अभी भी अंग्रेजी को उसके स्थान से पदच्युत करने के लिये तैयार नहीं है। इंडिया-हौस को पढ़ने से भी इसी का प्रमाण मिलता था। वहां पत्र-पत्रिकाएं बहुत थीं। किन्तु सरकारी पत्र "आजकल" और "फौजी अखबार" के अतिरिक्त सभी अंग्रेजी के थे। भारतीय खबरों के देने के लिए भी मेनन साहब और उनके अनुचरों को कोई परवाह नहीं थी। रूटर की मशीन से जो स्वयं मुद्रित खबरें निकलती रहती थीं, उन्हें वहां खड़े होकर आप पढ़ लीजिये। सप्ताह में एक बार बुलेटिन निकलता, उसमें भी मंत्रियों की कीर्त्ति और सरकार के कामों की ही बातें भरी रहतीं।

उस दिन मन में आया : इंग्लैंड में आये हैं, तो यहां की चीजों को भी खाना चाहिये, इसके लिये फल से शुरू किया। फलों की दुकानों से सेव और काले अंगूर खरीद लाये। अंगूर अच्छे नहीं तो बुरे भी नहीं थे, लेकिन सेव तो इतने खट्टे थे कि उनकी चटनी ही खाई जा सकती थी, सो भी चीनी डालकर। इंग्लैंड के लोग जब अपने कारखानों की उपज और साम्राज्य की लूट से मक्खन, रोटी, मांस और अच्छे अच्छे फल बाहर से सस्ते मंगाकर खा सकते हैं, तो उन्हें क्या आवश्यकता है, अच्छी जाति के फलों के उत्पादन की।

२६ जुलाई को अब पांच ही दिन रह गये थे। इसमें शक नहीं, कि इतने

दिनों को हमने लंदन में बेकार नहीं खोया था, लेकिन स्काटलैंड तक के घूमने की जो आकांक्षा थी, वह पूरी होती दिखाई नहीं पड़ी। मैं तो कहूँगा सैलानियों के लिये एक से दो रहना आवश्यक है, क्योंकि दोनों की रुचि के समन्वय के लिये यात्रा ज्यादा अच्छी होती है। यदि मेरे साथ कोई और सैलानी होता, तो इतने दिनों में मैं इंग्लैंड, स्काटलैंड ही नहीं आयरलैंड की भी सैर कर आता। उत्तरी स्काटलैंड और वेल्श के बारे में मैंने जो पढ़ा था, उसके कारण वहां जाने की बड़ी इच्छा थी। खैर भाई अतहर की कृपा से लंदन के बाहर जाकर दो-तीन दिन बिताने का अवसर मुझे मिल गया। मैं २६ जुलाई को ९ बजे अपने स्थान से चला। अर्लकोर्ट स्टेशन हमारे पास था, वहां से विक्टोरिया स्टेशन तक भू-गर्भी रेल से गया। लंदन की भू-गर्भी रेल बहुत पुरानी और बहुत कार्यक्षम भी है। यदि यह रेल न होती तो लंदन में यातायात करना मुश्किल हो जाता। हर पांच-पांच मिनट पर ट्रेनें छूटती रहती हैं, और रास्ते में कोई डर न होने के कारण हवा से बातें करती चलती हैं। लंदन की भू-गर्भी रेल और उसके स्टेशन मास्को का कभी मुकाबिला नहीं कर सकते, क्योंकि मास्को में वहां के शासकों ने कार्योपयोगी ट्रेन नहीं बनाई है, बल्कि हर स्टेशन को ताजमहल का रूप देने की कोशिश की है, बहुत रंग के संगमरमर के पत्थर बड़ी कलापूर्ण रीति से लगाये गये हैं। प्रकाश दीपों को भी बड़े कमनीय रूप में रखा गया है। भला पूंजीवादी लदन अपनी भूगर्भी-रेल पर इतना श्रम और धन क्यों खर्च करने लगा। विक्टोरिया स्टेशन पर हमने भूगर्भी रेल छोड़ी और ऊपरवाली रेल पकड़ी। बीच में क्लैपहैम में ट्रेन बदल कर टेम्सडिक्टन पहुँचे।

इंग्लैंड का ग्राम— टेम्सडिक्टन लंदन के बाहर है, लेकिन उसके घरों और सड़कों, बिजली और पानी के इंतिजाम को देखकर उसे गांव नहीं कह सकते। निवासी भी खेती का काम नहीं, बल्कि अधिकतर लंदन या आसपास के कारखानों और कार्यालयों में काम करते हैं। अतहर भाई ने शायद सूचना दे दी थी, लेकिन समय नहीं बतलाया था। मुझे मिस्टर जान कोमर के घर का पता लगाने में दिक्कत नहीं हुई। वहां तक पहुँचने में एक घंटा लगा होगा।

यहां अधिकतर निम्न मध्यम-वर्ग के लोग रहते थे। उच्च मध्यम-वर्ग के लोगों के घर सर्रा में थे, जहां बहुत से पेन्शनर भारतीय आई० सी० एस० परिवार भी रहा करते थे। जान कोमर और उसकी पत्नी मार्गरेट कोमर ने स्वागत किया। वहीं कम्बरले (कार्लाइल) के एक साथी मिले। उन्होंने केम्बरलैंड के बारे में बहुत सी बातें बतलायीं। इस द्वीप के उत्तरी अंचल में यह बहुत पिछड़ा हुआ प्रदेश है। लोग ज्यादातर भेड़ पालते हैं। अधिकतर किसानों के अपने खेत हैं जो अच्छी हालत में हैं। उनके नौकर खेत-मजदूरों की हालत बड़ी बुरी है। वह अपने मालिक के साथ रहते हैं। उनके पास न अपनी जमीन होती है, न अपना मकान। हमारे यहां के खेत-मजदूर कम से कम अपनी झोंपड़ी तो रखते हैं। किसान अपने मजूरों के लिये चाहे बाहर झोंपड़े बना देता है, या अपने साथ रखता है। झोपड़ों में बंधे हुए यह दास-से हैं, इसीलिये इस प्रथा को वहां "टाइट काटेज" (बंधा झोपड़ा) कहते हैं। सचमुच खेत-मजदूर घर के बंधुए हैं। वह काम छोड़ने की हिम्मत नहीं कर सकते, क्योंकि उसका अर्थ है, परिवार-सहित बेकाम ही नहीं, बेघर हो पथ का बटोही बनना। मजदूर सरकार ने कानून बनाया है, जिससे उन्हें ४ पौंड १० शिलिंग (६० रुपया) प्रति सप्ताह मजूरी देनी पड़ेगी। लेकिन बेघर तथा जगह जगह बिखरे हुए लोग अपने अधिकार को पूरी तरह इस्तेमाल कैसे कर सकेंगे। उक्त मित्र ने बतलाया कि कैंबरलैंड में "टाइट काटेज" प्रथा बहुत ही सख्त है। इस इलाके में सात हजार खेत-मजदूर होंगे। अब भी वहां पर मजदूर-हाट लगती है, जहां पर मजूर अपना श्रम बेचने, और किसान उन्हें खरीदने के लिये आते हैं। यह दास-हाट का अवशेष है। पुराने काल की तरह ही मालिक मजूर को खरीदते वक्त उनके हाथ-पैर टटोलकर देखते हैं : वह काम करने की कितनी शक्ति रखता है। पहिले इंग्लैंड की बहुत सी देहातों में यह हाट (हायरिंग मार्केट) लगती थी। अब उसके अवशेष केम्बरलैंड जैसे पिछड़े इलाकों में ही हैं इस पर भी अंग्रेज दुनिया को सभ्यता सिखलाने का दम भरते हैं। वस्तुतः अंग्रेज पूंजीपतियों साम्राज्य-वादियों की लूट से इंग्लैंड की साधारण जनता को बहुत फायदा नहीं हुआ है।

कुछ फायदा न होता, तो वहां पर कब का बोल्शेविज्म आ गया होता और एटली की साम्राज्यशाही मजदूर पार्टी राज्य नहीं करने पाती। केन्टरबरी का वर्णन सुन करके मेरे मुंह में पानी भर आता था, लेकिन अब दिन कहां था। जब दिन था, तो हाथ में पैसा नहीं था, और जब हाथ में पैसा है, तो दिन नहीं। रिचार्ड-लेम्ब एक किसान था। किसान कहने से भारतीय किसान नहीं समझना चाहिये। इंग्लैंड का किसान (फार्मर) अब छोटा किसान नहीं है। छोटे किसान पीढ़ियों पहिले अपना सब कुछ बेचकर या तो कारखानों के मजदूर बन गये या " टाइट काटेज " वाले खेत मजदूर। लेम्ब ने २५ जुलाई के टाइम्स में लिखा था—"खेत मजदूरों की मजदूरी को बढ़ाया जायेगा, तो गजब हो जायेगा, यदि मजूरी की वृद्धि के अनुसार खेत की उपज के दाम में वृद्धि न की गई।" इंग्लैंड की खेती में विज्ञान का भी बहुत उपयोग नहीं किया जाता, इसलिये वहां की उत्पादित चीजें महंगी होती हैं। इससे भी और मंहगा करने पर बाहर से मँगाई चीजें बहुत सस्ती हो जायेंगी। देश की चीजों को कौन खरीदेगा, यदि विदेशी मुकाबले को दबाने के लिये भारी कर की दीवार नहीं खड़ी की गई। पिछली शताब्दी में दीवार खड़ी की गई थी, जिसका परिणाम अच्छा नहीं निकला था, क्योंकि इंग्लैंड स्वयं अपनी चीजों को दुनिया के बाजारों में निर्बाध रूप से बेचने का हिमायती था।

उक्त मित्र बतला रहे थे कि वहां १२–१४ साल के विद्यार्थी भी खेतों में आलू चुनने के लिये जाते हैं। किसान खाने पीने का प्रबन्ध करता है और कुछ पैसे दे देता है। बेचारे लड़के चाहते हैं, कि कुछ पैसा कमा कर परिवार के खर्च में मदद करें। खेत मजदूरों में इधर संगठन हुआ है, उनके लिये पत्र भी निकाले गये हैं, लेकिन वह कारखानों की तरह एक जगह नहीं रहते, कि कारखाने के फाटक पर खड़े होकर आप उन्हें व्याख्यान दे संगठित कर सकें। उस पर से किसान अपने झोंपड़ी में बसाये मजूरों पर काफी निगाह रखता है, जिसमें उस पर बाहरी प्रभाव न पड़े। कम्युनिस्ट सारी दुनिया की तरह इंग्लैंड में भी सबसे अधिक मेहनती और स्वार्थ-त्यागी हैं। वह इन खेतिहर मजूरों को संगठित करने

की कोशिश कर रहे हैं, लेकिन इंग्लैंड की सारी संख्या में यह इतने कम हैं, कि अपने संगठन और वोट द्वारा यह गवर्नमेंट पर प्रभाव नहीं डाल सकते। मजूरों पर अभी मजूर-पार्टी का प्रभाव है। खेतिहर मजदूरों के ऊपर हर वक्त भूख और विपत्ति की तलवार लटकती रहती है। बीमार होने पर मालिक घर छोड़ने को मजबूर करता है। किसानों का संगठन— नेशनल फार्मर्स यूनियन (राष्ट्रीय किसान संघ) बहुत मजबूत है, कृषि खेतिहर-मजूर राष्ट्रीय-संघ उतना मजबूत नहीं है, तब भी वह इस बात पर जोर दे रहा है कि सरकार अपनी ओर से खेतिहर मजदूरों के लिये जगह-जगह मकान बनवादे, सस्ते किराये पर उन्हें दे दे। लेकिन फार्मर इसका कड़ा विरोध कर रहे हैं, अगर उनकी झोपड़ी से वह निकल गये, तो अपनी मजूरी के लिये उसी तरह लड़ेंगे, जिस तरह कारखानों के मजदूर। यह किसान टोरियों के सबसे अधिक समर्थक हैं। १९५१ के ब्रिटिश चुनाव में चर्चिल को जितानेवालों में सबसे बड़ा हाथ इन्हीं देहाती फार्मर किसानों का रहा।

मिस्टर कोमर ने बतलाया— पश्चिमी इलाकों में यहां छोटे छोटे किसान हैं, और पूर्व में बड़े बड़े। नार्फोक में कोमर की अपनी १५० एकड़ की खेती है, जिसमें एक हजार एकड़ एक जगह और पांच एकड़ दूसरी जगह है। २० एकड़ बेकार और २५ एकड़ घास की जमीन छोड़कर बाकी में गेहूँ, जौ, मकई, गोभी, चुकन्दर तरकारी बोयी जाती है। उन्होंने अपने खेत को ह्वाट नाम के एक किसान को दे रखा है। १९४५ ई० में हजार पौंड से यह खेती उन्होंने खरीदी, ५०० पौंड और लगाया, फिर ९५ पौंड माल-गुजारी पर दे दिया, जिसमें २५ पौंड सरकार को आयकर २० पौंड टाई (टिथे, धर्म-कर) सरकार के पास देना पड़ता है। जिस किसान ने ठेके पर खेती संभाली है, उसके स्त्री-पुरुष और बेटा-बहू चार प्राणी खेत में काम करते हैं। कानून के मुताबिक खेत का मालिक तभी अपने असामी को हटा सकता है, जब कि वह खुद खेती करना चाहे। यदि कोमर स्वयं खेती करना चाहें, तो भी उन्हें एक साल पहिले नोटिस देना होगा और दो साल की मालगुजारी अर्थात् १९० पौंड खेती करनेवाले को क्षति-पूर्ति के तौर पर लौटाना पड़ेगा। उस वक्त जो कानून पार्लियामेंट में पेश

होने वाला था, उसके पास हो जाने पर जोतदार का हटाना और भी मुश्किल हो जायगा। कोमर बतला रहे थे कि हमारे ठेकेदार के पास १२ गायें, २ छोटे-बड़े ट्रेक्टर, एक दुहने की मशीन, एक मोटर, एक लोरी, दो घोड़े, दो सूअर, १२ सुअरियां और बहुत-सी मुर्गियां हैं। उसे अपनी गायों का दूध बेचने के लिये चिन्ता करने की आवश्यकता नहीं, दुग्धशाला की लोरी घर पर आकर दूध ले जाती है।

उस खेतिहर की प्रगति के इतिहास को बतलाते हुए कोमर ने कहा—पहिले पहल वह १६२० में एक आटा मिल का मजूर था। १६२० से १६४५ तक वह एक छोटी दुकान के साथ पोस्टमास्टर भी था, जिसको तीन पौंड सप्ताह वेतन मिलता था। पहिले उसने एक एकड़ भूमि लेकर तरकारी की खेती शुरू की, तरकारियां काफी मंहगी बिक रही थीं, उसके लाभ को देखकर उसने ५० एकड़ जमीन में खेती शुरू की। १६४५ में कोमर की १५० एकड़ की खेती ठेके पर ले ली, और उसी साल उसने पोस्टमास्टरी छोड़ दी। कोमर को हजार पौंड (१३ हजार रुपया) खरीद पर खर्च करने के अतिरिक्त १०० पौंड लगाकर पानी का रास्ता ठीक कराना पड़ा, जिसमें से आधा सरकार ने लौटा दिया। सीमेन्ट कराई, एक कमरा और रसोई घर तैयार कराने में ५०० सौ पौंड और लगे। सबसे अच्छी जमीन चचेरे भाई को २० पौंड प्रति एकड़ पर बेच दी, जिससे बाकी जमीन १२ पौंड प्रति एकड़ पड़ी। जमीन में खलिहान-शाला, डेरी, अश्वशाला, पशुशाला के अतिरिक्त नीचे ३ और ऊपर ३ कमरे तथा एक रसोई घर है। भूमि बहुत उपजाऊ नहीं है। यदि १६३० का सन् होता तो ६५ की जगह २५ पौंड की मालगुजारी मिलती। डेढ़ हजार पौंड हर पचास पौंड का लाभ। कोमर दम्पति अपनी खेती को इस तरह दूसरे के हाथ में देकर अपने आप अब यहां नौकरी कर रहे थे। शायद यह अधिक शिक्षा का परिणाम हो। हमारे यहां भी यह बला फैल रही है। लेकिन दोनों पति-पत्नी कम्युनिज़म के समर्थक हैं, इसलिये यह नहीं कहा जा सकता, कि वह जीवन से भागना चाहते हैं।

फलवाला इलाका इंग्लैंड में दक्षिण की ओर है। हिमालय में भी सात हजार फुट से ऊपर की जगहों में सरदी की अधिकता के कारण सेब और दूसरे फल खट्टे होते हैं और उनको फलों की भूमि में परिणत नहीं किया जा सकता। उत्तरी इंग्लैंड की यही हालत है। दक्षिणी इंग्लैंड कार्नवाल में इस बार पहिला बार बरफ पड़ी। वह बतला रहे थे, कि नार्थरोड से पूरब में उपजाऊ भूमि है। मालूम नहीं दक्षिणी इंग्लैंड के सेब भी वैसे ही होते हैं जैसे कि मैंने उस दिन खरीदे।

इंग्लैंड और वेल्श के दुग्ध का व्यवसाय एक बड़ी डेरी संस्था के हाथ में है, जिसका हेडक्वारटर टेम्सडिट्टन में है। केवल उसके ऑफिस में ८५० कर्मचारी हैं। कोमर वहीं अफसर हैं। हिसाब करना व लिखना आदि सभी मशीनों से होता है, नहीं तो कर्मचारियों की संख्या और भी अधिक होती। कार्यालय की इमारत देखने गये। वह बहुत विशाल थी। दूध का रोजगार ज्यादातर वेल्शवालों के हाथ में है। उपडाइरेक्तर भी इस संस्था का एक वेल्श जन था। कार्यालय का मकान बहुत साफ और हवादार था। कोमर हमें शाम के वक्त रायल आर्सनल कोपरेटिव डेरी के कारखाने को दिखाने के लिये ले गये। यहां सौ सौ मील दूर से लोरियों पर ढोकर हजारों मन दूध प्रतिदिन आता है। दूध एक सौ साठ डिगरी की भारी गरमी में तपाकर निष्क्रमित बनाया जाता है, फिर मशीनों में ठंडा करके बिना हाथ लगाये ही बोतलों में भर दिया जाता है, भरी हुई बोतलें छोटे छोटे खुले ढाचों में रख कर लोरियों में पहुँच जाती हैं जहां से वह ग्राहकों के दरवाजों की ओर जाती हैं। सवेरे के वक्त हरेक ग्राहकों के दरवाजे पर दूध से भरी बोतलें मौजूद रहती हैं। दूध में मिलावट का वहां कोई सवाल नहीं है। कारखाने के कर्मचारी ने एक एक चीज को घुमाकर दिखलाया और हम रात को १२ बजे घर लौटे।

कोमर परिवार को देखकर हम साधारण अंग्रेजी परिवार का अनुमान नहीं कर सकते थे। कम से कम स्वभाव में तो भारी अन्तर था। कोमर दम्पति कम्युनिज्म के भक्त होने से बनियापन को भूल चुके थे। उनके यहां मैं ही नहीं,

बल्कि एक और भी उत्तरी इंग्लैंड में काम करनेवाले पुरुष मेहमान थे, साथ ही एक महिला भी परिवार में रहती थीं। हम दोनों मेहमानों को पैसा देने का मौका देने के लिये वह तैयार नहीं थे, वैसे मैं प्राचीन भारतीय प्रथा को पसन्द करता हूँ कि मेहमानी में जाने पर आदमी को खाली हाथ नहीं जाना चाहिये, आज के भारत में तो उस प्रथा की ओर भी आवश्यकता है। भरसक ऐसा करना चाहिये, जिसमें गृहपति को मेहमान का बोझ हल्के से हल्का मालूम हो। हरी मटर की फलियों को उबाल या तलकर खाना वहां भी अच्छा समझा जाता है। श्रीमती कोमर छिलकों को फेंक रही थीं। मैंने उन्हें बतलाया कि इन छिलकों का भी उपयोग हो सकता है, केवल उनके भीतर के कड़े चमड़े को निकाल देना चाहिए। मैंने उनको दबाकर निकाल कर दिखला भी दिया। उन्हें मेरे इस आविष्कार पर बड़ा आश्चर्य हुआ। मैंने कहा— यह मेरा आविष्कार नहीं है, तिब्बत में मैंने नरम फलियों के छिलकों को इसी तरह छीलकर कच्चा खाते देखा था, और इसकी तरकारी बनाकर स्वयं इसके स्वाद की परीक्षा की है। मंहगी सब्जी में छिलकों का भी उपयोग लाभदायक है, यह गृहिणी को मालूम था, क्या जाने देखा-देखी पीछे और गृहिणियों ने भी छिलकों को फेंकना छोड़ दिया हो।

टेम्सडिट्टन एक नदी के किनारे बसा हुआ है, जिसके परले पार हैम्प्टन कोर्ट का प्रसिद्ध ऐतिहासिक प्रासाद है। १७३२ ई० में कार्डिनल (रोमन कैथलिक पादरी) वोल्जेली ने इस प्रासाद को बनवाया था। सामने एक छोटा सा सरोवर, वाटिका, हरे भरे विशाल उपवन और मैदान हैं। २७ को रविवार का दिन था, इसलिये हजारों लोग उस वक्त हैम्प्टन-कोर्ट में मनोविनोद के लिये आये थे। इसके बनाने में फ्रान्स के मशहूर प्रासाद वर्साई की नकल करने की कोशिश की गई है। आजकल यह प्रासाद विनोद-वाटिका का रूप ले चुका है, लेकिन पहले यहां भुक्खड़ लार्ड-परिवार के लोग रहा करते थे। पूर्वाह्न में हमने आकर हैम्प्टन कोर्ट को देखा।

अपराह्न में ३० मील दूर की एक खेती (फार्म) को दिखलाने के लिये लोगों में हमें मि०कोमर ले गये। यह फार्म जंगल के बीच में है। इंग्लैंड

की शस्य श्यामला भूमि का सौंदर्य यहां दिखलायी पड़ रहा था। प्रकृति ने इंग्लैंड को दरिद्र नहीं बनाया, यदि वह दुनियां का शोषण नहीं करता, तो भी समृद्ध जीवन बिता सकता था। हाँ, भूमि सारी नीची ऊँची है। यह फार्म किसी लार्ड का था, लेकिन उसके पास लंदन में बहुत सी जमीन और मकान हैं, शायद कम्पनियों में भागीदार भी था, इसलिये उसे फार्म की क्यों चिन्ता होने लगी? किसी खेतिहर परिवार को यहां बसा दिया था जो कि कोमर के भूतपूर्व पोस्टमास्टर की तरह अपनी खेती समझ कर काम नहीं करता—शायद उसके पास उतने शक्तिशाली हाथ भी नहीं थे। खेती शायद डेढ़ दो सौ एकड़ की होगी, लेकिन एक तिहाई के करीब खेतों में बोये आलू को छोड़कर सारी खेती बेकार थी। मशीनें उपेक्षित पड़ी थीं, जई, गेहूं, और गोभी के खेतों को देखकर यह कहना मुश्किल था, कि वह घास के खेत हैं, या फसल के। जहां अन्न का इतना कष्ट हो, राशनिंग इतनी कड़ी रखनी पड़ती हो, वहां सौ-दो-सौ एकड़ जमीन की इस तरह की बरबादी!. सोवियत रूस में तो इसे भारी अपराध समझा जाता। फार्म के आस-पास दूर तक जंगल था, जिसमें लोमड़ी जैसे जानवर थे। इग्लैंड के लार्डों को लोमड़ी के शिकार का बहुत शौक है, और जगह-जगह हजारों एकड़ जंगल केवल इस शिकार की शौक मिटाने के लिये छोड़ रखे गये हैं। इग्लैंड वस्तुतः खाद्य में स्वावलम्बी हो सकता है, यदि इन शिकार के शौकीनों को खतम करके बहुत से जंगलों को खेत के रूप में परिणत कर दिया जाय, और विज्ञान के आधुनिकतम साधनों को व्यापक पैमाने पर इस्तेमाल किया जाय। हम भी जंगल में दूर तक घूमते रहे। इतवार के दिन के सैलानी नर-नारी हजारों की संख्या में आये हुए थे। यातायात का हर जगह सुभीता होने के कारण लोग लंदन की गलियों और उदासीन वातावरण को छोड़कर दिल बहलाव के लिये ऐसी जगहों में आ जाते हैं। एपिंग्हैम में हमने लौटते वक्त रेल पकड़ी। लंदन के आस-पास दूर तक रेलों का बिजलीकरण हुआ है, लेकिन बम्बई या दूसरे देशों की तरह बिजली के तार आदमियों की पहुँच से दूर खम्भों पर नहीं टांगे गये हैं, बल्कि दो रेलों के बीच में एक और रेल लगा दी गई है, जिसमें बिजली भरी रहती है।

यदि प्राणी का पर जरा सा उससे छू जाय, तो एक सेकण्ड में मौत अपना काम कर सकती है। मैंने पूछा— तब तो पशुओं और जंगली जानवरों में बहुत मरते होंगे। कोमर ने कहा— पहिले पहल बहुत मरे, लेकिन अब वह भी जानते हैं, कि यहां पर मौत खड़ी है। पालतू पशुओं के रोकने के लिये तो किनारे तार भी लगे ही हुए थे।

दो दिन पूरा बिता, इग्लैंड के ग्रामीण जीवन का थोड़ा-सा परिचय प्राप्त कर २८ जुलाई को मैं कोमर-दम्पति को बहुत बहुत धन्यवाद दे साढ़े दस बजे लंदन लौट आया।

मालूम हुआ था कि उत्तरी इग्लैंड में घूमने के लिये मासिक टिकट मिल सकता है, जिसमें कहीं पर भी उतर कर हम देख-भाल कर सकते हैं। लेकिन अब समय कहां था? आकर्षण तो बहुत हुआ, किन्तु मजबूरी। उस दिन अधिकतर अखबार और साथ लायी चीजें पढ़ते रहे। रेडियो को कम्पनी ने घर पर भेज दिया था। देखा उसमें सुदूर देशों की खबरें नहीं आ रही हैं। भारत के बारे में इतना मालूम हुआ कि मजदूर साम्राज्यवादियों ने भारत छोड़ते वक्त जो षडयंत्र किया था, वह अब फल लानेवाला है। भारत को हिन्दुस्तान और पाकिस्तान में बांटकर ही अंग्रेजों को संतोष नहीं हुआ, बल्कि उन्होंने पुराने संधि-पत्रों का बहाना करके हमारे यहां के छत्रधारियों को बिलकुल स्वतंत्र कर दिया था। त्रावनकोर, हैदराबाद, भोपाल आदि कितने ही रजुल्लों ने अब अपने को सर्वतंत्र स्वतंत्र घोषित करने का संकल्प किया था और नवस्थापित राष्ट्रीय सरकार परेशान थी। लेकिन इन रजुल्लों को पता नहीं था, कि अब भारतीय जनता सामन्तशाही युग से दूर हो चुकी है। अब वह अंग्रेजों की संरक्षित गुड़ियों को अधिक दिनों तक छाती पर कोदों दलने नहीं देगी।

लंदन में राशन की कड़ाई थी। किसी भोजनालय में जाने पर तीन चीजें ही खाने को मिलती थीं। लेकिन अगर पास में पैसा हो, तो आपको भूखे रहने की अवश्यकता नहीं। आप एक रेस्तोरां से उठकर दूसरे रेस्तोरां में जाकर खा सकते थे, क्योंकि रूस की तरह राशन-कार्ड का कड़ा नियम नहीं था।

हां, गरीबों व कम वेतन पाने वालों के लिये जरूर आफत थी। मजदूर सरकार का कैसा अच्छा समाजवाद चल रहा था। वहां की सारी व्यवस्था देखने से ही पता लग जाता था, कि मजदूर-दल से गरीबों का हित नहीं हो सकता। वह लम्बी-लम्बी बातों में लोगों को फँसाना चाहती है, और निराश जनता को टोरियों की गोद में जाने के लिये तैयार कर रही है। वह इस बात में भाग्यवादी है कि शासक पार्टियां बारी-बारी से शासन की बागडोर अपने हाथ में संभालती रहें। पांच साल मजूर पार्टी राज्य करे, फिर पांच साल टोरी। यह निश्चय है, कि जब तक इग्लैंड के आर्थिक ढांचे को आमूल बदलकर शोषण को नहीं खतम किया जाता, तब तक जनता कभी मजूर-दल को अपना स्थायी शासक नहीं बना सकती। झूठे वादों की कलई खुलते ही नये निर्वाचन में वह विरोधी पार्टी को अपना वोट देगी। यह आंख-मिचौनी वहां के राजनीतिज्ञों के लिये विनोद की चीज हो सकती है, लेकिन साधारण जनता तो उसमें बराबर पिसती रहेगी। हमारे देश के समाजवादी दोस्त भी इसी आदर्श को भारत में कायम करना चाहते हैं और चाहते हैं कि एटली और चर्चिल की तरह यहां भी जयप्रकाश और नेहरू की अदला-बदली होती रहे। लेकिन हिन्दुस्तान इग्लैंड से बहुत अन्तर रखता है। उद्योग प्रधान होने से इग्लैंड दरिद्र देश नहीं है, भारत की दरिद्रता और भुखमरी के बारे में कुछ कहने की आवश्यकता नहीं है। हमारे यहां ऐसी आंख-मिचौनी से करोड़ों आदमी मृत्यु की बलि पर चढ़ जायेंगे।

२६ तारीख को मैं नहाने के साबुन की खोज में निकला। कई दूकानों में ढूंढ़ने के बाद एक जगह स्नानीय साबुन था लेकिन दूकानदार ने कहा कि इसके लिये राशनबुक की जरूरत है। मेरे पास वह नहीं थी। धोनेके साबुन के बारे में भी ऐसी दिक्कत थी। मैंने सोचा था, कि कुछ कपड़ों को धोलें तो अच्छा, लेकिन वह नहीं हो सका। इसी तरह किताबों का भी अकाल सा था। हां, अखबारों की कमी नहीं थी।

अब एक ही दिन हमारे लंदन के निवास का रह गया था। मुझे एक दोस्त के लिए प्लाट की हिन्दी-अंग्रेजी डिक्शनरी की अवश्यकता थी। ३ पौंड

३ शिलिंग में वह मिल गई और मैंने ५ पौंड के बीमा के साथ उसे लेनिनग्राड भेज दिया। सात्तमें पीछे देखा कि यहां से सोवियत रूस में पुस्तकों को भेजना जितना मुश्किल है उतना लंदन से नहीं था। यहां तो उसके लिये विशेष अनुमति लेने की आवश्यकता पड़ती है, इसी कारण मैं अपनी पुस्तकों को रूस नहीं भेज सका। लंदन में कुछ विशेष प्रकार के बहुत सस्ते रेस्तोरां हैं। ए. बी. सी. की भोजनालय की सैकड़ों शाखायें नगर के भिन्न-भिन्न भागों में फैली हुई हैं। भोजनशाला में मेज-कुर्सियां पड़ी रहती हैं, परसने वाले नौकरों की अवश्यकता नहीं होती, भोजन करने वाले स्वयं प्लेटें उठाकर परोसने वालों के पास जा खाने की चीजों को लेकर अपनी मेज पर बैठते हैं। दूसरी भोजनशालाओं से इनका भोजन बुरा नहीं होता, और कम पैसा रखने वाला आदमी भी मजे से खा लेता है। भोजनशाला की संचालिका कम्पनी हरेक वस्तु को थोक दाम पर खरीदती है, इसीलिये वह रुपया-डेढ़-रुपया में आदमी को भोजन करा सकती है।

२१ जुलाई का अखिरी दिन आया। अपने तीन बक्सों को पहिले वाटरलू स्टेशन पर सौथम्प्टन के लिये दे आया। अपनी चीजों को रेलवे कम्पनियों या दूसरी यात्रा एजेंसियों को दे आइये, फिर चिन्ता करने की जरूरत नहीं, वह आपके गन्तव्य स्थान पर पहुंची रहेंगी। डिपार्टमेन्ट स्टोर (महा दूकान) की तरह रेलवे एजेन्सियां भी सामान को घर पहुंचा दिया करती हैं।

प्रथम श्रेणी का टिकट लेकर सामान को सौथम्प्टन के लिये बुक कराने का किराया ६ शिलिंग के करीब पड़ा। टैक्सीवाले को सवा चार शिलिंग देना था, ५ शिलिंग देने पर भी उसने इनाम मांगा। मालूम हुआ कि अब इनाम और बखसीस का सार्वजनिक व्यवहार इंग्लैंड में भी होने लगा। मध्यान्ह-भोजन के लिये मैं एक रेस्तोरां में गया, जहां ३ रुपये में आधपेट भोजन मिला। २८ आना सेर नासपाती, १२-१२ आने का एक एक आड़ू, खरीदते वक्त पता लगा कि फल भी यहां कितने मंहगे हैं। आज पार्लियामेन्ट-भवन को देखा और पास में वेस्टमिनिस्टर एबे को भी। पार्लियामेन्ट भवन को युद्ध के समय कुछ क्षति

पहुँची थी, किन्तु अब उसकी मरम्मत हो चुकी थी। वेस्ट मिनिस्टर एबे इंग्लैंड के सम्माननीय मुर्दों के कब्रिस्तान का भी काम देती है। पहिले यह एक मठ था, और आज भी इंग्लैंड के राजा का अभिषेक इसी में होता है। वीर पूजा सभी देशों और कालों में पाई जाती है। वेस्ट मिनिस्टर एबे में शरीर या शरीरा-वशेष का गाड़ा जाना, अथवा नाम की तख्ती का लग जाना बड़े सम्मान की बात है।

☆ ☆ ☆

२१—भारत के लिये प्रस्थान

लंदन से नजदीक के समुद्री बन्दरगाह सौथम्प्टन में पहिली अगस्त को "स्ट्रैथमोर" जहाज को पकड़ना था। चाय पीकर तैयार हो गया, लेकिन टैक्सी मिलने में देर हुई। ६ शिलिंग (४ रुपया) पर वाटरलू स्टेशन के लिये टैक्सी मिली, जहां मैं सवा ग्यारह बजे पहुँचा, लेकिन जहाज सौथम्प्टन के लिये सवा बजे रवाना हुई। २ घंटे का रास्ता था। यह कहने की आवश्यकता नहीं, कि इस ट्रेन में सभी सामुद्रिक यात्री थे, जिनमें बहुत से भारतीय भी थे। ट्रेन बहुत बड़ी थी। ५ शिलिंग में हमें मध्यान्ह भोजन मिल गया और दो घंटे की यात्रा के बाद ट्रेन जहाज के पास लगी। टिकट, पासपोर्ट देखा गया। स्टीमर में गये। बी० क्लास में काफी भीड़ थी, बल्कि "श्वेतद्वीप" से मुकाबिला करने पर दोनों में स्वर्ग और नरक का अन्तर था। कहां श्वेतद्वीप की सफाई, बढ़िया सजावट, सुख-सुविधा का हर तरह का ध्यान और कहां यह जानवरों का पिंजड़ा। ए. क्लास में केबिन (कोठरी) था, किन्तु बी. क्लास तो नीचे ऊपर मचान बंधा नील का गोदाम था। मुझे ३८ वर्ष पहिले की बात याद आई। अपर प्राइमरी स्कूल पास कर मैं मिडिल स्कूल में पढ़ने के लिये निजामाबाद, आजमगढ़

गया था। निजामाबाद से प्लेग होने के कारण स्कूल उठकर टेमनदी के पाले पार एक परित्यक्त नील-गोदाम में हो रहा था। नील का व्यवसाय तब तक जर्मनी के कृत्रिम-रङ्ग (एनीलाइट) द्वारा खतम हो चुका था, लेकिन अभी भी लोग आशा लगाये थे, इसलिये गोदाम खतम नहीं हो पाया था। नील की टिकियों को सुखाने के लिये नीचे ऊपर कई तरह के मचान बन्धे हुये थे। यहीं विद्यार्थियों का बोर्डिंग था। लेकिन वह इतना महँगा नहीं था। यहीं मचान अब १७ दिन के लिये हमारा घर था। भीड़ भी काफी थी। यदि केबिन का इंतिजाम नहीं कर सकते थे, तो किराया कम करना चाहिये था, लेकिन युद्ध ने हरेक चीज की दर बढ़ा दी थी। युद्ध के समय अधिक से अधिक सैनिकों को भर कर एक जगह से दूसरी जगह ले जाना पड़ता था, इसलिये केबिन तोड़ कर मचान स्थापित हुये। कह रहे थे, मचान तोड़कर फिर केबिन बनेगा, लेकिन तब किराया ७०–७२ पौंड हो जायेगा। युद्ध ने केवल मुसाफिरों के किराये को ही नहीं बढ़ाया था बल्कि मजदूरों की मजदूरी भी बढ़ा दी थी। सबसे कम वेतन कोयला वाले का था, युद्ध के पहिले २३ रुपया मासिक था, अब वह ९० रुपया हो गया था, ५० रुपया पानेवाला सारंग अब २०० पा रहा था। 'स्ट्रैथमोर' में दूसरे जहाजों की तरह हिन्दुस्तानी मल्लाहों को रखा जाता था। अंग्रेज मजदूर इतने वेतन पर नहीं मिलते, इसलिये अंग्रेज सेठ हिन्दुस्तानियों को भर्ती कर चौगुना नफा कमाने की फिकर में थे।

१९४० से १९४२ तक के ढाई वर्षों के जेल-जीवन में मैंने सिगरेट पीना सीख लिया था। बाहर निकलने पर भी वह जारी रहा। ईरान के सात महीने में भी वह दिल-बहलाव का साधन था। लेकिन मुझे सिगरेट में कभी रस नहीं आया। मेरे सिगरेटची-दोस्त कहते थे, कि ५० सिगरेट रोज पीने पर किसी किसी समय रस आता है। मेरी वहां तक पहुँचने की सामर्थ्य नहीं थी। मुझे तो ऐसा ही मालूम होता था, मानो आदत पड़ जाने से कोई लकड़ी मुँह में दे ली हो, इसलिये जिस दिन तेहरान से सोवियत जाने के लिये विमानपर पैर रखा, उसी दिन (३ जून १९४५) सिगरेट पीना छोड़ दिया। सारे सोवियत और

लंदन प्रवास में सिगरेट नहीं पिया। वैसे बढ़िया सिगरेट कौन होती है और घटिया कौन, नरम कौन होती है, और कड़ी कौन, इसकी परख मालूम हो गई थी। कर का कोई झगड़ा न होने के कारण "स्ट्रैथमोर" पर बहुत बढ़िया सिगरेट सस्ते दाम पर बिक रही थी। १७ दिन के जहाजी सफर में अब मुझे कोई गंभीर काम करने का मौका मिलने वाला नहीं था। भला मचानों में एक दूसरे के साथ लेटे लोग क्या पढ़-लिख सकते थे? बाहर डेक पर कपड़े की कुर्सियां पड़ी थीं, जिनकी संख्या इतनी नहीं थी, कि हरेक मुसाफिर बैठ सके। बैठने पर फिर गप-शप शुरू हो जाती थी। एक तो बहुत सालों बाद भारतीयों से भेंट हुई थी, इसलिये मुझे भी बहुत सी बातें जानने की उत्सुकता थी, दूसरे रूस में २५ महीने रहकर मैं लौट रहा था इससे हमारे भारतीय बन्धु भी उस रहस्यमय देश के बारे में बहुत सी बातें जानना चाहते थे। यह कह सकता हूँ कि १७ दिनों में प्रायः प्रतिदिन ६-७ घंटों के लिये कहने की बातों का मेरे पास टोटा नहीं था। वैसे श्रोता बदलते रहते थे, और उनकी जिज्ञासायें भी बदलती रहती थीं। बात करने में सिगरेट का कश अगर बीच-बीच में लिया जाय, तो रस जरूर कुछ अधिक आने लगता है, चाहे यह कारण समझिये, या सस्ते बढ़िया सिगरेटों का सुलभ होना समझिये, जिस दिन मैंने "स्ट्रैथमोर" पर पैर रखा, उसी दिन से सिगरेट को फिर शुरू कर दिया, जिसका अन्त गांधीजी की अस्थियों के प्रयाग में प्रवाह के दिन ही हुआ।

ए. और बी. क्लास का निवास अलग अलग था। ए. क्लास के केबिन अच्छे थे, लेकिन खाना दोनों क्लासों का एक ही जैसा था। स्नानागार पाखाना भी ए. का बेहतर था। बी. क्लास में सारे भारतीय थे, जिनमें अधिकांश विद्यार्थी थे, जो बैरिस्टर, डाक्टर या और कोई डिगरी प्राप्त कर लंदन से भारत लौट रहे थे। ग्वालियर के शंकरराव पिसाल दर्जी का डिपलोमा लेने आये थे, और दो मास रहकर सफल लौट रहे थे। उनके ग्राहकों पर लंदन से डिपलोमा प्राप्त दर्जी का रोब जरूर पड़ेगा। लेकिन सीवन-कला पर उनकी पुस्तकें पहिले से ही चलती थीं कितने ही समय से वह सीवन-कला पर अपना पत्र भी

निकाल रहे थे। क्या यह पर्याप्त नहीं था? खैर लंदन में उन्हें बहुत अधिक सीखना नहीं था। डिप्लोमा देने वाले भी उनकी योग्यता को जानते थे, इसलिये दो महीने से अधिक ठहरने की जरूरत नहीं पड़ी। हमारे साथियों में एक भारतीय मेजर थे, जो बलिया की हैलटशाही में सैनिक अफसर रह चुके थे। वह बलिया के लोगों पर सैनिकों के अत्याचार से बिलकुल इन्कार करते थे। कहते थे—"वह सब काम पुलिस का था, जिसे सैनिकों के मत्थे मढ़ा गया।" "स्ट्रैथमोर" का खाना बुरा नहीं था, और कभी-कभी भारतीय भोजन भी मिल जाता था।

"स्ट्रैथमोर" कल शाम को किसी वक्त चला था। २ अगस्त को साढ़े तेईस हजार टन का यह भारी जहाज अब तट से इतना दूर चल रहा था, कि हमें किनारा दिखलायी नहीं पड़ता था। जहाज की गति काफी तेज थी। २४ घंटा मचान में रहने के बाद तो हम कहने लगे, कि यह तीसरे दरजे से भी बुरा है। वहां सब से असह्य चीज थी गंदा पाखाना। पीछे कुछ परिचय प्राप्त हो जाने पर स्नान का प्रबन्ध हमने ए. क्लास में कर लिया। उस वक्त सभी भारतीयों में १५ अगस्त (१९४७) की चर्चा थी। हमारे लिये क्यों यह हमारे देश के लिये सबसे बड़ी घटना थी, क्योंकि उस दिन तलवार के जोर पर दखल करनेवाली अंग्रेजों की सेनाएं भारत को छोड़ जाने वाली थीं, हमारा देश अपने भाग्य का विधाता होने वाला था। मैंने हमेशा इसको इस रूप में लिया, यद्यपि इसका यह मतलब नहीं कि अपनी स्वतंत्रता को मैं परिसीमित नहीं समझता था। लेकिन यह परिसीमन अंग्रेजों के हाथों से नहीं हो रहा था, बल्कि उनके चेले-चांटे जो भारत में पैदा हुए, अमेरिका के मुक्त हब्शी गुलाम की तरह अपने बेरा को मालिक के अस्तबल में ही रखना चाहते थे, और अब भी चाह रहे हैं। देश में स्वतंत्रता के लिये कितनी बार बड़े बड़े बलिदान सामूहिक और वैयक्तिक रूप में हुए, उन्हीं बलिदानों और राष्ट्र की नवजागृति के कारण अंग्रेजों ने समझा, कि अब इस देश पर शासन करना बहुत मंहगा पड़ेगा, जिसके लिये हमारे पास साधन और शक्ति दोनों नहीं हैं। भारतीय नौ-

सैनिकों के विद्रोह ने खतरे की घंटी बजा दी और दिवालिया ब्रिटिश सरकार को जल्दी जल्दी अपना बोरिया-बंधना बांध कर भारत छोड़ने के लिये मजबूर होना पड़ा।

यह कैसे हो सकता था कि "स्ट्रैथमोर" के भारतीय १५ अगस्त मनाने के लिये लालायित न होते? हम १७ अगस्त से पहिले बम्बई नहीं पहुंच सकते थे, इसलिये उस महोत्सव को देश में नहीं बल्कि जहाज में ही मना सकते थे। लेकिन जहाज में भारतीय और पाकिस्तान दोनों के नागरिक थे और जिस मनोवृत्ति के कारण एक देश के दो देश बने, वह वहां पर मौजूद थी, इसलिये महोत्सव को इस तरह मनाना था, जिसमें भारतीय और पाकिस्तानी दोनों सम्मिलित हो सकें। तै हुआ दोनों देशों के झंडे फहराये जायें। भारत और पाकिस्तान के महामंत्रियों के पास शुभ संदेश भेजे जांय, बच्चों को मिठाइयां खिलाई जांय, और इसके साथ ही कुछ मनोविनोद और मनोरंजन के प्रोग्राम रखे जांय।

महोत्सव कमीटी जहाज पर चढ़ने के दूसरे ही दिन बनाली गयी थी। चौबीस घंटे ही में भारतीयों में मेरा कुछ अधिक परिचय शायद रूस से आने के कारण हो गया, उसका परिणाम यह हुआ कि मैं भी कमीटी का मेम्बर बना दिया गया— राजनीतिक जीवन के बाहर इस तरह के सार्वजनिक परिदर्शन के पदों पर रहना मैं कभी पसन्द नहीं करता था।

३ अगस्त को परिचय बढ़ने का और परिणाम यह हुआ, कि अब मैं कुछ पढ़ नहीं सकता था और जिन अनुवादों (गुलामान) को मैं आवृति करना चाहता था, वह भी नहीं हो सकता था। अधिकतर समय बात-चीत में लगता था। पाकिस्तान के हिन्दू घबड़ाये हुये थे, यह हमारे साथ के यात्रियों की बातों से मालूम हो रहा था। एक सिंधी व्यापारी कह रहे थे: हमारी पूंजी तो द्रव होती है, इसलिये हम अपने हैड-क्वार्टर को भारत में परिवर्त्तित कर देंगे। देश के भीतर पंजाबियों के पराक्रम और अध्यवसाय का बहुत से लोगों को परिचय है, लेकिन सिंधियों के बारे में बहुत कम लोग जानते हैं। दुनिया का कोई देश नहीं जहां सिन्धी दुकानदार न पहुँचे हों। क्रान्ति के पहिले वह रूस के बहुत से

नगरों में भी थे, और बाकू के सिन्धी व्यापारियों ने तो वहां की बड़ी ज्वाला-माई को अपनी श्रद्धा भक्ति से खूब जागृत कर रखा था। ज्वालामाई के मठ में हमेशा भारतीय साधु रहा करते थे। दूसरे देशों में, चाहे जापान को ले लीजिये, या कोरिया को, मंचूरियाको ले लीजिये या मिश्र को, अफ्रिका के उत्तर-दक्षिण, पश्चिम के भिन्न-भिन्न देशों को ले लीजिये या दक्षिणी अमेरिका को; कहीं भी रेशमी तथा दूसरे बढ़िया कपड़े के व्यापारी सिन्धियों को अवश्य पायेंगे। इन व्यापारियों के घर करांची-हैदराबाद-शिकारपुर में हैं, लेकिन वह घर पर कभी दो तीन वर्ष बाद ही आते हैं। वह अपने गुमाश्तों और मुनीमों को अपने देश ले जाते हैं, जिन्हें देश की अपेक्षा काफी अधिक वेतन मिलता है, और दुनिया की सैर करने का सुभीता भी, यद्यपि सभी नौकर सैलानी तबियत के नहीं होते। पाकिस्तान के कारखानों में जिनकी पूंजी लगी है, उन हिन्दुओं के लिए भारी दिक्कत थी, और वह बहुत परेशान थे।

अभी जहाज के हिन्दू-मुसलमानों को आगे आनेवाले संकट का पता नहीं था। वह समझते थे, जैसे कागज पर आसानी से देश का बँटवारा हो गया वैसे ही आदमियों के मनों का भी परिवर्तन हो जायेगा। एक लाहौर के सरदार साहब हमारे सहयात्री थे। अभी सीमा कमीटी ने अपनी रिपोर्ट नहीं दी थी। लेकिन उनका पूरा विश्वास था, कि लाहौर पाकिस्तान को नहीं, भारत को मिलकर रहेगा, क्योंकि लाहौर में मुसलमानों की नहीं गैरमुसलमानों की संख्या अधिक है। मैंने कहा—"कोई बहुत भूभाग किसी देश में द्वीप की तरह दूसरे देश के अधीन नहीं रह सकता और यह आप जानते हैं कि लाहौर के आस पास के गांवों में मुसलमान ही सबसे अधिक हैं।" इस पर उन्होंने कितने ही सिक्खों के मनोभावों को प्रकट करते हुए कहा— "खून की नदियां बह जायेंगी, यदि लाहौर को पाकिस्तान के हाथ में दिया गया।" मेरा कहना था— "खून की नदियां बह सकती हैं, लेकिन उसका परिणाम जो आप चाहते हैं वह नहीं होगा। असल में पिछले २५ सालों में जब हिन्दुओं और सिक्खों के लिये मुसलमान-प्रधान पंजाबी इलाकों में अपनी सूद सवाई और दुकानदारी का उतना सुभीता

गांवों में नहीं रहा, न गांव वालों की जमीन ही तिकड़म से अपने हाथ में करके उससे खूब फायदा उठाया जा सकता था। तब वह भाग-भाग कर शहरों की ओर आने लगे। लाहौर का आकर्षण उनके लिये बहुत अधिक था। मैं पहिले-पहिल १९१६ में लाहौर गया था। उस समय मैंने जो लाहौर देखा था, उससे १९४३-१९४४ के लाहौर में बहुत अन्तर पाया। सिख-हिन्दुओं की बदौलत शहर बहुत बढ़ गया था, और रामनगर, कृष्णनगर, सन्तनगर जैसे कितने ही लाहौर के शाखानगर आबाद हो गये थे। वहां लोगों ने अपनी कमाई लगा कर पक्के प्रासाद और मकान खड़े कर दिये थे। उन्हें अपने इस धन और श्रम का मोह था, जिससे उनको पूरी आशा थी कि लाहौर को अंग्रेज पाकिस्तान के हाथ में नहीं देंगे। वह भूल जाते थे, कि अंग्रेज किसी सदिच्छा से प्रेरित होकर हिन्दुस्तान का परित्याग या बँटवारा नहीं कर रहे हैं। यदि बँटवारे के परिणामस्वरूप देश में खून की नदियां बहें, तो उन्हें बड़ी प्रसन्नता होगी और वह कहेंगे—देखा हमारे रहने से देश की क्या हालत थी और अब निकलने से क्या हालत हुई। जितना अधिक से अधिक झगड़े का कारण हिन्दुस्तान में रहे, उतनी ही अंग्रेजों को प्रसन्नता होगी और उतना ही हिन्दुस्तान के दोनों देश अपने पुराने प्रभुओं की खुशामद के लिये तैयार रहेंगे। रियासतों को वह ऐसी अवस्था में रख गये थे, जिसके कारण तरह तरह का भय होने लगा था। हमारे साथियों में से कुछ का विश्वास था कि छोटी-छोटी रियासतें न सही, हैदराबाद, मैसूर, ट्रावनकोर, बड़ौदा, कश्मीर जैसी १५–२० बड़ी रियासतें अवश्य स्वतंत्र राज्य का रूप धारण करेंगी। मैं कहता था— वह तभी जबकि हमारे वर्तमान शासक नेताओं की अक्ल मारी जायेगी। अभी यह गुड़िया राजा अंग्रेजों के साथ की गुलामी की संधियों पर कूद-फांद रहे हैं! वह समझते हैं, जैसे किसी अदालत में विजय के लिये कागजी सबूत काफी होता है वैसे ही जातियों का भाग भी कागज के पुरजों पर सदा के लिये बेचा-खरीदा जा सकता है। वह नहीं जानते, कि तोपें जब रक्षा के लिये नहीं रह गईं, तो निपटारा कागज नहीं करेगा, बल्कि अब फैसला उनकी मूक बहुसंख्यक प्रजा के हाथों में होगा। अभी इस छिपी हुई

शक्ति को वह देख नहीं रहे हैं, लेकिन जब गुड़िया राजा महान् मुगल का अनुकरण करने चलेंगे, तब यह नये पंजे चारों ओर से नोचने के लिये उठेंगे और इन्हें लेने के देने पड़ जायेंगे।

हमारे साथियों में हैदराबाद (सिन्ध) के शर्माजी भी थे, जो साहसी और उदार आदमी थे। अफ्रीका के किसी कोने में उनकी या उनके मालिक की दूकान थी, व्यापारियों के सम्बन्ध में ही वह लंदन आये थे, और अब भारत लौट रहे थे। व्यापार में कर उगाहनेवालों को धोखा देना, चोरबाजारी करना, सट्टे-बाजी की तरह कोई अधर्म की बात नहीं समझी जाती, इसलिये जो भी आदमी इस तरह का काम करता हो, उसे हम जन्म-सिद्ध अपराधी नहीं मान सकते। उनमें अच्छे भी हो सकते हैं। बाजार में जब देखते हैं, कि अगर दूसरों का रास्ता हम नहीं स्वीकार करते, तो टाट उलटना पड़ेगा और अपने ही नहीं बल्कि अपने परिवार को भूखे मारना पड़ेगा। इसलिये वह भी गतानुगतिक हो जाते हैं। शर्माजी के पास कई ट्रंकों में कीमती रेशम के कपड़े थे। कस्टमवाले उस पर भारी टैक्स लेते, इसलिये उनको बड़ी फिकर थी, कि कैसे कस्टम को चकमा देकर अपने सामान को उतारा जा सके। हो सकता है सोना भी उनके पास हो। हमारे देश में सोने के आयात पर भारी कर लगाकर उसे अवश्यकता से अधिक मंहगा बना दिया गया था, इसलिये चोरी-छुपे सोने को लाना भी एक बड़े नफे का व्यवसाय था। शर्माजी से बहुत बातें हुआ करती थीं। हैदराबाद में उनका घर भर था, जिसकी उन्हें बहुत परवाह नहीं थी।

तीसरे दिन दोपहर के करीब हमारा जहाज जिबराल्टर के पास से गुजरा। उस समय अफ्रीका और यूरोप दोनों के तट हमारे दाहिने बायें थे। शर्माजी ने बतलाया : जिबराल्टर में हमारे सिन्धियों की एक दर्जन से अधिक दूकानें हैं। मुझे ख्याल आ रहा था जिबराल्टर के असली नाम जबलअल-तारिक अर्थात् (तारिक-पर्वत) का। जिबराल्टर एक पहाड़ के किनारे बसा हुआ है, इसलिये अरबी में इसका जब नाम होना ही चाहिये, लेकिन तारिक कौन था? उमैय्या खलीफोंके मशहूर सेनापति तारिक, जो इस्लाम के प्रचार तथा साम्राज्य के विस्तार

के लिये अपनी अरब सेना के साथ आज से १२ सदी पहिले इसी जगह अफ्रीका से यूरोप की भूमि पर पैर रख कर उसने अपनी नावों को तोड़ते हुए सैनिकों से कहा था— "जीतो या मरो, अब तुम्हारे लिये तीसरा रास्ता नहीं है।" उसके बाद की ५-६ शताब्दियों में स्पेन मुसलमानी देश हो गया था, और खतरे के मारे सारा ईसाई यूरोप अपनी खैरियत मना रहा था। उत्तरी स्पेन की एक बड़ी लड़ाई में ईसाई सेना ने मुसलमानी सेना पर भारी विजय प्राप्त की, जिससे इस्लाम फ्रान्स के भीतर घुस कर आगे नहीं बढ़ सका। उसी जबल्-तारिक को अपने वाणिज्य सम्बन्धी महा अभियानों में अंग्रेजों ने स्पेन से छीन लिया और अपने व्यापारी मार्ग की रक्षा के लिये उसे एक सुदृढ़ दुर्ग और व्यापारिक नगर का रूप दे दिया। सदियां बीत गईं। २० वीं सदी में भी दो दो विश्व युद्ध हो गये, लेकिन अंग्रेजों का पंजा जबल्-तारिक से नहीं उठा। उन्होंने दूसरे देशों के शब्दों और नामों की तरह इसका भी नाम बिगाड़कर जिबराल्टर बना दिया। पूरब में स्वेज और पश्चिमी में जिबराल्टर को अपने हाथों में रखकर अंग्रेज भूमध्यसागर को अपनी झील बनाये हुए हैं। भूमध्यसागर के तट के यूरोपीय देश— स्पेन, फ्रान्स, इताली, ग्रीस, तुर्की मुंह ताकते ही रह गये, और वहाँ तूती बोल रही है अंग्रेजी नौ-सेना की। मैं सोच रहा था, द्वितीय महायुद्ध ने इंग्लैंड का दिवाला निकाल दिया है। वह अमेरिका के दिये टुकड़ों पर पेट पाल रहा है। उसकी सारी किलाबन्दियां अब अमेरिका की किला बन्दियां हैं। अब तो ऐंठ की भी बात नहीं है, जबकि एटली के बाद फिर इंग्लैंड का प्रधान मंत्री बनने वाला चर्चिल ब्रिटेन को अमेरिका की ४९ वीं रियासत बनाने के लिये तैयार है। जब तक पराई भूमि पर इस तरह जबरदस्ती कब्जा रहेगा, तब तक कैसे विश्व में शान्ति रह सकती है।

हमें जहाज में अब रेडियो से टाइप की हुई खबरें पढ़ने को मिलती थीं। उस दिन मालूम हुआ गांधी जी इसके लिये नाराज हैं, कि भारत के डोमिनियन रहते तक राष्ट्रीय झंडे के साथ यूनियन जैक (अंग्रेजी झंडे) के रखने के उनके सुझाव को लोगों ने ठुकरा दिया, अब भारत की सरकारी इमारतों पर यूनियन

झंडा नहीं फहरायेगा। मैंने उस दिन लिखा था—"बूढ़ा सठिया गया है, इसमें तो संदेह नहीं।" क्या ६० वर्ष की अवस्था को पार कर जाने पर शरीर की तरह आदमियों की बुद्धि भी क्षीण हो जाती है? हो सकता है, कितनी ही बार यह बात सच्ची हो, लेकिन सठियाने का एक और कारण है: आदमी समय के साथ आगे नहीं बढ़ता। हमने २५ साल पहिले बच्चे को नंगा देखा था, २५ साल बाद भी उसे वही समझना चाहते हैं। नहीं समझते, कि अब वह शिशु नहीं बल्कि शरीर और मस्तिष्क दोनों से प्रौढ़ मानव है। तरुण होने से हरेक नवीन ग्राह्यक चीज को ग्रहण करने के लिये तैयार है, इसलिये उसको ६० वर्ष के बूढ़े से अधिक सक्षम मानना चाहिये। साइंस के बड़े बड़े आविष्कारों के बारे में हम इसी बात की सच्चाई को अच्छी तरह जानते हैं। आविष्कारकों में सबसे अधिक संख्या तरुणों की मिलेगी। यदि ६० की ओर तेजी से बढ़ते दिमाग तरुणों की क्षमता पर विश्वास करने के लिये तैयार हो जायें और सदा अपने ही पथ-प्रदर्शक बनने की लालसा को छोड़कर उन्हें भी पथ-प्रदर्शन करने की आज्ञा दें, उस पर चलने के लिये तैयार हों, तो किसी को सठियाने की अवश्यकता नहीं पड़ेगी।

महोत्सव के लिये चन्दा जमा हो रहा था। ५ अगस्त तक वह ८० पौंड के करीब पहुँच गया था। पंजाब के एक पेन्शनर पोस्टमास्टर जनरल अंग्रेज भारत लौट रहे थे। कह रहे थे—"इंग्लैंड में हमारी पेन्शन खर्च के लिये अपर्याप्त है, क्योंकि वहां जीवनोपयोगी चीजें बहुत मंहगी हैं। साथ ही हमें भारत में नौकर-चाकर रखने की आदत थी, और इंग्लैंड में वह बहुत मंहगे हैं। टैक्स भी यहां अधिक है, जब भारत से आने वाली पेन्शन पर ही जीना है, तो क्यों न भारत में ही चलकर आराम से रहें।" बूढ़ा ७० वर्ष का था। बहुत स्वस्थ भी नहीं मालूम होता था। उसके ऊपर परिवार का बोझ भी नहीं था, इसलिये हिन्दुओं के काशीवास की तरह वह भारतवास के लिये आ रहा था। पाकिस्तान वास पर उसका विश्वास नहीं था। अंग्रेजों ने यद्यपि हिन्दुओं के मुकाबले में मुसलमानों को हमेशा प्रोत्साहन दिया, लेकिन अपने मन के भीतर वह इस्लाम पर विश्वास नहीं करते थे। शायद इसके पीछे शताब्दियों पीछे गुजरे सलीबी

जंगों (धार्मिक युद्धों) के युग का अनुभव काम कर रहा था, जब कि इस्लाम के गाज़ी और ईसाइयत के क्रुसेडर धर्म के नाम पर एक दूसरे के ऊपर हर तरह के अत्याचारों को उचित समझते थे। उक्त वृद्ध अंग्रेज ने जब सुना, कि स्वतंत्रता-महोत्सव के लिये चन्दा जमा हो रहा है, तो उसने शिकायत की--"हमसे क्यों नहीं चन्दा मांगा गया, हमने भारत का नमक खाया है और जीवन की अन्तिम घड़ियां हम वहीं बिताने की इच्छा रखते हैं।" खैर वृद्ध ने एक पौंड चन्दा दिया। हमारे जहाज में वह अकेले ऐसे पेन्शनर अंग्रेज नहीं थे, जो भारत में अपना शेष जीवन बिताने के लिये लौट रहे थे।

कमीटी को प्रोग्राम ठीक करना था। वहां दो तरह के विचार के लोग थे। कुछ हमारे परिचित शर्माजी की तरह बहुत कुछ पुराने विचारों का प्रतिनिधित्व करते थे, जिसे वह शुद्ध भारतीयता का नाम देते थे, और कुछ अल्ट्रा मोडर्न (चरम आधुनिक पंथी) थे, जो चाहते थे कि उत्सव ऐसी शान से मनाया जाय, जिसमें यूरोपी यूरोपियन यात्रियों पर अच्छा प्रभाव पड़ सके। ए० क्लास में यूरोपियन यात्रियों की संख्या अधिक थी, जहां पर कि हमारे अल्ट्रामोडर्न भद्र पुरुष और भद्र महिलायें रहती थीं, और जिनसे उनका संभाषण और नृत्य आदि में घनिष्ठ सम्बन्ध स्थापित हो गया था। वह समझते थे, कि जब तक पान और नृत्य हो, तब तक उसे सभ्य दुनिया में महोत्सव नहीं माना जा सकता। कमीटी के कुछ लोग अपने यूरोपीय मित्रों को शराब पिलाना चाहते थे--- पैसे का सवाल नहीं था, वह शायद अपनी जेब से शराब खरीदकर भी पिला सकते थे; लेकिन कुछ लोग सिद्धान्ततः इसके विरोधी थे। उनका कहना था -- गांधी जी के नेतृत्व में हमने स्वतंत्रता को प्राप्त किया, हमारे गांधीवादी शासक धर्मेण शराब बन्दी के पक्षपाती हैं, इसलिये इस महोत्सव में शराब पीना महान् पाप है। मैंने जीवन में कभी शराब नहीं पी, लेकिन शराब को कोई महापाप की बात वैसे ही नहीं समझता, जैसे कि अपने मांस-भक्षण को। असंयम सभी जगह बुरा होता है, यह नियम शराब पर भी लागू हो सकता है। हमारे शर्माजी को अन्धा पुराण-पंथी नहीं माना जा सकता था। अपनी तरुणाई से अब ५०-६० के बीच में

पहुँचते समय तक ऐसिया, यूरोप, अफ्रीका के भिन्न भिन्न जगहों की खाक छानते उन्होंने भी शराब पी थी, लेकिन वह समझते थे, इस पवित्र महोत्सव के समय कमीटी की ओर से पान का प्रबन्ध उचित नहीं है। ५ अगस्त को इस पर बहुत गरमागरम बहस हुई, लेकिन उसका निर्णय उस दिन नहीं हो सका।

६ अगस्त को हम भूमध्य सागर में चल रहे थे। गरमी बहुत बढ़ गई थी, या शायद मुझे ही अधिक मालूम होती थी। बी. क्लास के केबिनों को तोड़कर मचान बनाते समय कुप्पियों को उखाड़ नहीं फेंका गया था, यही खैरियत थी, इसलिये हमें कुप्पियां हवा की पिचकारी छोड़ते प्राण-दान कर रही थीं। दिन में वैसे डेक पर बैठने से खुली हवा मिल जाती थी, लेकिन रात के वक्त तो यह वायु-कुप्पियाँ ही प्राणाधार थीं। भोजन के लिये जहाज का नियम था— सबेरे बिस्तर पर चाय, आठ बजे प्रातराश, १ बजे मध्यान्ह भोजन (लंच), साढ़े चार बजे ब्यालू। भोजन को अच्छा ही कहना चाहिये और वह पेट भर मिलता था। ता० ६ का उत्सव के लिये ६० पौंड चन्दा हो गया था। उसदिन बहुमत में भोजन में शराब शामिल करने के प्रस्ताव को ठुकरा दिया गया। यह भी निश्चय हुआ, कि भारतीय नाविकों को भोजन दिया जाय और बच्चों को मिठाईयां।

६ को कुछ टापू जब-तब दिखाई भी पड़ रहे थे। किन्तु ७ अगस्त को कोई स्थल-चिन्ह नहीं दिखाई पड़ा। हां, जब-तब एकाध जहाज उल्टी दिशा की ओर जाते हमें देखकर भोंपू बजा देते थे। अपने सामने तो विस्तृत नील सागर और अनन्त नील नभ ही दिखाई पड़ते थे। हां, हमारी जहाज की भी एक दुनिया थी, जिसे हम ए. बी. क्लास के अधिकांश यात्रियों के लिये हंसी-खुशी की दुनिया कह सकते थे। अस्सी भारतीय यात्रियों में बड़ी बड़ी उमंगे लेकर कोई डाक्टरी या दूरी डिगरी प्राप्त कर देश लौट रहा था, कोई व्यापार के धन्धे को करके और कुछ सैलानी भी अपना मौजी जीवन बिता देश को जा रहे थे।

८ अगस्त को भी पहिले की तरह मौसिम अच्छा था, लेकिन भूमि का कहीं दर्शन नहीं होता था। अगले दिन ६ बजे सबेरे ही हमारा जहाज पोर्तसईद में पहुँच कर मिश्र की भुमि से लग गया। कमीटी ने तै किया था, कि भोजकी

सामग्री पोर्तसईद में खरीदी जाय । उससे आगे जहाज के खड़े होने का कोई ऐसा स्थान नहीं था, जहाँ सभी चीजें सस्ती और आसानी से मिल सकें। "स्ट्रेथमोर" ने नहर के मुंह के पास लंगर डाला । आस-पास बहुत से देशों के जहाज पड़े थे, जिनमें तुर्की और अमेरिका के काफी थे । कुछ उतरनेवाले यहाँ उतर गये । सैर करनेवालों के पासपोर्टों पर मिश्री अफसर ने मुहर लगा दी और हमारी तरह वह भी पोर्तसईद की सैर करने के लिये निकले । पोर्तसईद अन्तर्राष्ट्रीय नगर है । है यह अफ्रीका के उत्तर-पूर्वी छोर पर बसा, लेकिन इसके उत्तर तरफ भूमध्य सागर के परले तट पर यूरोप है, ऐसिया तो यहाँ अफ्रीका से मिल गया है । इसको ही बाधा समझकर स्वेज नहर बनाई गई, जिसमें भारती-महासागर या अरब समुद्र-लाल सागर से भूमध्य सागर को मिलाया जा सके । तीन महाद्वीपों का सम्मिलन स्थान होने से तीनों महाद्वीपों की जातियों के समागम का यह स्थान है, वहाँ तीनों महाद्वीपों के गुंडे, गिरहकट और वेश्याओं का भी यह भारी अड्डा है । दिनमें भी गली कूचे में अकेले निकलना खतरे से खाली नहीं है । हमारे एक सहयात्री किसी गली में जा रहे थे । एक बदमाश ने उन्हें " हीरे " की अंगूठी खरीदने के लिये कहा । उनको संदेह हो गया, लेकिन " हीरा " बेचने वाले ने छुरा दिखला कर एक पौंड में अंगूठी उनके मत्थे मढ़ दी । दूसरे जोशी महाशय को भी छुरा दिखलाया गया था । बात यह है जहाज कुछ घंटों के लिये ठहरनेवाला था, यदि कोई दुर्घटना हो गई, तो भी जहाज किसी यात्री के लिये निश्चित समय से अधिक ठहर नहीं सकता । यात्री भी अपने गन्तव्य स्थान पर पहुँचने की धुन में रहता है, इसलिये वह छुरे का जवाब न छुरे-से दे सकता है और न पुलिस तथा अदालत की शरण लेने के लिये तैयार हो सकता है । इस कमजोरी को पोर्तसईद के गुंडे अच्छी तरह जानते हैं । हम चार आदमी एक साथ शहर घूमने गये । ढाई घंटे तक घूमते रहे । रमजान का महीना होने से रोजे का दिन था, लेकिन इस्लामिक देश में किसी को उसकी परवाह नहीं थी— सारे रेस्तोराँ खुले हुए थे । गरमागरम तंदूरी रोटियां बिक रही थीं । शासक तो मुसलमान गाजी होने पर भी किसी देश और

किसी काल में इस्लाम के साधारण नियमों की भी पाबन्दी करना अपने लिये आवश्यक नहीं समझते थे। इस्लाम के नाम पर भारत के लाखों लोगों का खून बहानेवाले, मंदिरों और नगरों को ध्वस्त करनेवाला महमूद गज़नवी, रात-रात भर अपनी शराब की महफिलें लगाता था। भला शासकों को रोजा, नमाज की उतनी पाबन्दी की क्या आवश्यकता थी। यदि उनकी देखादेखी अब पोर्तसईद या कहीं की मुसलिम जनता रमजान को धता बतलाये, तो इसमें आश्चर्य करने की क्या आवश्यकता? यहाँ पर नंगी और बहुत ही अश्लील तस्वीरों का तो, जान पड़ता था, बाकायदा रोजगार होता है। कितने ही आदमी इन तस्वीरों को हाथ में रखे चुपके से दिखाकर बेच रहे थे। इसमें कभी-कभी लोग बुरी तौर से फंस जाते हैं। सीलोन के एक भिक्षु यूरोप से लौट रहे थे, उन्होंने यह तस्वीरें खरीद ली थीं, जब कोलम्बो में जहाज पर से उतरे और उनकी चीजों की देखभाल हुई, तो वह तस्वीरें निकल आईं। उनकी बड़ी भद्द हुई। पिछली यूरोप-यात्रा से जब मैं लौट रहा था, तो एक चीनी छात्र ने इस तरह की बहुत सी तस्वीरें यहाँ खरीद ली थीं। जब मैंने उसे कोलम्बो वाली घटना सुनायी, तो कोई परवाह न करते वह कह रहा था— हमारे बन्दरगाहों में कोई नहीं पूछता। वेश्या नगरी के दलालों का निमंत्रण तो पग-पग पर था— "बड़ी सुन्दर ग्रीक-तरुणी है," या और कुछ कहकर उस रास्ते के लिये पथ-प्रदर्शन करनेवाले दर्जनों आदमी घाटपर मौजूद थे। मैंने डेढ़ पौंड में एक चमड़े का थैला बक्स खरीदा। शर्माजी हैदराबादी हमारे साथ थे, इसलिये दाम-काम करने में कोई दिक्कत नहीं हुई। दो तीन पौंड के कपड़े और कागज उत्सव के लिये खरीदे गये, और १९ पौंड की मिठाइयां भी। इसी तरह कुछ और चीजें खरीदी गईं। लौटकर जहाज की ओर जाते समय कस्टम वालों ने रोका। खरीदी हुई चीजों पर भारी टैक्स मांग रहा था, पर शायद १०–१५ पौंड और खर्च करना पड़ता। शर्माजी साथ थे। उन्होंने समझाने की कोशिश की कि हम भारतीय स्वतंत्रता-दिवस के उत्सव के दिन के लिये यह चीजें खरीद कर लेजा रहे हैं। लेकिन भावुकतापूर्ण अपील करने में सफलता नहीं हुई, फिर उन्होंने रोकनेवाले के हाथ में २ पौंड

थमा दिये और सारा किस्सा मिट गया। उसने इकट्ठी की हुई चीजों के अलग अलग भाग कर दिये और कह दिया, थोड़ा थोड़ा हाथ में लेकर जाओ। थोड़ा थोड़ा ले आने के लिये हमारी संख्या कम नहीं थी, लेकिन इस बाधा को हमने पहिले समझा नहीं था, इसलिये बहुत से लोग पहिले ही चले आये थे। खैर, दो पौंड में काम चल गया। पोर्तसईद और आगे स्वेजनहर के पास आनेवाले स्थानों में हमने देखा, मिश्री लोग अंग्रेजों को बड़ी भद्दी-भद्दी गालियां दे रहे थे। यह १९५१ का अन्त नहीं बल्कि १९४७ का अगस्त था। उस समय भी मिश्री अंग्रेजों को अपना भारी शत्रु समझते थे और अपने गुस्से को गन्दी गालियों द्वारा उतारना चाहते थे। स्वेज नहर में रातको भी जहाँ-तहाँ यह गालियां दुहरायी जा रही थीं — घृणा-प्रदर्शन का उन्होंने यह अच्छा तरीका निकाला था। मिश्री मुसलमान औरतें पर्दा रखती हैं, लेकिन मुंहपर नाक को ढांके आंखें खुली रखने के लिये जाली रखती हैं। इन जालियों के भीतर से उनके ओठ और कपोल भी दिखलायी पड़ते हैं। इग्लैंड की अपेक्षा पोर्तसईद में चीजे बहुत सस्ती थीं। जिस बेग को हमने डेढ़ पौंड में लिया था, वह इग्लैंड में चार-पांच पौंड से कम में नहीं मिलता।

१० अगस्त को "स्ट्रैथमोर" लाल सागर में चल रहा था। लाल सागर, जान पड़ता है, हर समय ही गुस्से में लाल रहता हैं। अपने यात्रियों को परेशान करना वह अपना काम समझता है। पिछली यात्रा का भी मेरा ऐसा ही अनुभव था। अबकी बार भी जब हवा चल पड़ती, तो जान में जान आती, नहीं तो बड़ी परेशानी होती। उसदिन पता लगा, कि जहाज के कप्तान ने १५ अगस्त के महोत्सव मनाने के प्रोग्राम में स्वतंत्रता के शहीदों के लिये २ मिनट मौन रखने पर एतराज किया। फिर क्या था, लाल-सागर का प्रभाव हमारे लोगों पर भी पड़ा, लोग लाल-पीले होने लगे।

११ अगस्त को भी हम लाल सागर ही में थे। घंटों शरीर से पसीना चूता रहा। हवा बन्द-सी दीख पड़ रही थी। यात्री हवा की तलाश में एक डेक से दूसरे डेक की ओर डोल रहे थे, यह जानकर सन्तोष हुआ, कि कप्तान ने

सारे प्रोग्राम को मान लिया। सारे अंग्रेजों पर शीतल जल पड़ गया। लोग विरोध-प्रदर्शन के तरह तरह के तरीके सोच रहे थे। डेक पर बैठे पसीना बर्दाश्त किसी तरह दिन का समय तो कट गया, लेकिन रात को पसीने में तर शरीर के कारण नींद कैसे आती? अब सर्वशीतला-रूस-भूमि के गुण याद आ रहे थे। १२ अगस्त को भी गरमी की परेशानी पहिले ही जैसी रही।

१३ अगस्त को अरब-सागर में दाखिल होते ही, तरंगित समुद्र आ गया। हवा के बिना समुद्र तरंगित नहीं हो सकता है, उसीने अब गरमी को कम कर दिया— भूमध्य रेखा के समीप तथा गरमी के मौसम के कारण हवा भी गरमी से बिलकुल छुट्टी देने के लिये समर्थ नहीं थी।

१४ अगस्त को समुद्र अति तरंगित था। कितने ही लोग लुढ़क पड़े थे, जिनमें महोत्सव के दिन खेले जानेवाले "विलायत से लौटा" नाटक के अभिनेता भी शामिल थे। जल्दी जल्दी उत्सव-कमीटी में परिवर्तन कर लिया गया। कमीटी की अध्यक्षा महोदया के विचार में सभ्यता का स्वरूप वही ठीक है, जो कि यूरोप में देखा जाता है। ऐसे विचारों से सहमत होना ऐसे भारतीयों के लिये मुश्किल था, जो कि बर्षों इंग्लैंड में बिता कर लौट रहे थे। मेहमानों को शराब पिलाने की बात तो खैर समाप्त कर दी गई थी, लेकिन प्रोग्राम में कमीटी से बगैर पूछे ही नृत्य रख दिया गया था। विरोध का कोई उचित कारण नहीं था— भारतीय नृत्यों पर कोई उज्र नहीं और यूरोपीय नृत्यों पर विरोध, इसमें क्या तत्व था? समुद्र के उद्वेग के कारण बहुत से लोग आज खाने पर नहीं आये कुछ लोगों को कै भी हुई। हम अचल-अटल रहे। साढ़े तेईस हजार टन का भारी भरकम "स्ट्रैथमोर" उत्ताल तरंगों पर कागज की नाव की तरह ऊंचे-नीचे उछल रहा था, लेकिन मुझे झूले का आनन्द आ रहा था। यही नहीं, मैंने तरंगों के बल को नापने के लिये डेक के किनारे की रेलिंग का इस्तेमाल शुरू किया— हमारी दृष्टि, रेलिंग और पानी की एक रेखा में मिलाकर जब पांचवी रेलिंग तक पहुँच जाती, तब हम समझते थे कि समुद्र पूरे वेग से उछल रहा है।

१५ अगस्त— आखिर पन्द्रह अगस्त का दिन आया, लेकिन आज तो क्षितिज आठवीं रेलिंग तक उठ जाता था। उत्सव का काम अच्छी तरह नहीं हो सकता था। खड़ा होना भी लोगों के लिये मुश्किल था, क्योंकि जब जहाज एक तरफ खड़ा होने लगता, तो आदमी दूसरी तरफ लुढ़कने लगते। खैर, उत्सव तो करना ही था। १० बजे झंडा फहराया गया। चारों तरफ भारतीय और अभारतीय यात्री खड़े थे। अध्यक्षा महोदया बम्बई की एक गुम नाम से अंग्रेजी पत्र की सम्पादिका भी थीं, उन्होंने वाही-तबाही जो भी मनमें आया कह डाला। भाषण की गम्भीरता तो उसमें थी नहीं, पूरा छछूंदरी भाषण था। खैरियत यही थी, कि हवा के मारे भाषण पांच-सात आदमियों से आगे जा नहीं सकता था। पाकिस्तान और हिन्दुस्तान के झंडों को दो बहिन-भाई बच्चों ने ऊपर उठाया था। भारत के लिये राष्ट्रीय गान "जन गण मन" हुआ और पाकिस्तान के लिये "पाकिस्तान हमारा"। शहीदों की स्मृति में दो मिनट का मौन भी रहा। इकबाल के बनाये पाकिस्तानी राष्ट्रगीत में— "चीनी अरब हमारा, सारा जहां हमारा।" "तलवारों की साया में हम पले हैं।" अन्तमें नारये तकबीर कह कर "अल्लाहो अकबर" जैसा पुराने इस्लामिक गाजियों का नारा बुलन्द किया गया— कितनी खोखली सी बात थी! एक युग में अगर जहाद के नाम पर इस्लामी गाजियों ने विशृंखलित काफिरों के भीतर सफलता प्राप्त करली, तो सदियों से एक इस्लामिक देश पश्चिमी काफिरों के पैरों के नीचे रौंदे भी जा रहे हैं, यह भी बात सत्य है। जहाद का युग बीत गया, अब साइंस का युग है, लेकिन पाकिस्तानी मुसलमान समझते थे, कि उन्होंने इस्लामी छुरा-बाजों के बलपर पाकिस्तान कायम किया, और जिन्ना ने अपनी अक्ल का चमत्कार दिखला कर पाकिस्तान बनाने में सफलता पाई। वह यह मानने के लिये तैयार नहीं थे, कि अंग्रेजों ने अपना नाक कटाकर अशगुन पैदा करने के लिये पाकिस्तान को बनाया। खैर, उत्सव और तरह से सानन्द समाप्त हुआ। यदि समुद्र देवता और वायु देवता ने प्रकोप न किया होता, तो जो लोग सामुद्रिक बीमारी के कारण स्वस्थ नहीं थे, वह भी आनन्दभागी होते।

लड़कों में मिठाई बांटी गई। लश्कर के आदमियों ने पताकोत्तोलन में न बुलाये जाने के कारण मिठाई लेने से इन्कार कर दिया। लश्कर एक पारिभाषिक शब्द है, जो कि यूरोपीय जहाजों के हिन्दुस्तानी मल्लाहों के लिये उपयुक्त होता है। किसी जहाज से नौकरी छोड़कर वह इस जहाज द्वारा देश भेजे जा रहे थे, उनमें से अधिकांश चटगांव, अतः पाकिस्तान के थे। जान-बूझकर उन्हें न बुलाने की बात नहीं की गई थी। सभी लोग जानते थे, कि अमुक समय अमुक स्थान पर पताकोत्तोलन होगा। लोग अपने आप चले आये थे। लश्कर को मालूम हुआ, कि औरों को निमंत्रित किया गया था, और हमें नहीं। उनको समझाने की कोशिश की गई, किन्तु वह न माने।

साढ़े चार बजे बच्चों का "फैन्सी ड्रेस" हुआ। दो लड़के गांधी और जिन्ना की शकल बनाकर आये। लोगों ने बहुत पसन्द किया। भोजन में विशेषता लाने के लिये जहाजवालों ने भी सहयोग दिया था और कुछ भारतीय भोजन भी तैयार हुआ था। रात के ६ बजे से मनोरंजन की दूसरी बातें हुई। "विलायत से लौटा" नाटक हुआ। किसी ने जादू का खेल भी दिखाया और किसी ने और कुछ। हम भारत भूमि से दो दिन के रास्ते पर अरब समुद्र में थे, लेकिन हमने भी आजके महान् दिवस को अच्छी तरह मनाया।

अगले दिन (१६ अगस्त) जहाज में रहने का आखिरी अहोरात्र था। आज हवा भी चल रही थी और वर्षा भी हो रही थी।

१७ अगस्त रविवार का दिन आया। प्रातः १० बजे से भारतीय तट दिखलायी पड़ने लगा, ३४-३५ महीने बाद मैं फिर भारत भूमि की झांकी कर रहा था। रह रह कर "जननी जन्मभूमिश्च स्वर्गादपि गरीयसी" याद आ रहा था और साथ ही यह भी कि अब हमारी मातृभूमि अंग्रेजों के हाथ से मुक्त है। १२ बजे के करीब जहाज समुद्र तट से लगा। मानो मातृभूमि का स्पर्श हो गया, इसलिये हृदय और आह्लादित हो उठा। अफसर ने आकर जहाज ही पर पासपोर्ट पर मुहर लगा दी। पास के पौंडों में से, कुछ भुनाये। जहाज का अन्तिम भोजन भी हो गया। जहाज के नीचे लाल झंडा लिये हुये कुछ कमकर नारे

लगा रहे थे । मुझसे पूछने पर मैंने कहा— शायद आदिल साहिब के लिये । आदिल साहब मजदूरों के नेता थे, शायद कांग्रेस या सोशलिस्ट पार्टी से संबंध रखते थे । मुझको यह ख्याल नहीं आया, कि यह मेरे स्वागत में हो सकता है । लेकिन जब साथ साथ कामरेड राहुल का नाम सुनाई देने लगा, तो इन्कार करने से काम नहीं चलता । जो लोग १७ दिन तक मेरे साथ बातचीत करते रहते थे, उनको इतना ही मालूम था कि मैं लेनिनग्राद में संस्कृत का अध्यापक था । अब नारे ने बतला दिया, कि नहीं यह तो कोई नेता है, जिसके लिये बम्बई के मजूर भी नारे लगा रहे हैं । फिर तो कितने ही सहयात्री "गुस्ताखी माफ" की बात करने लगे । इसमें कोई आत्मगोपन की बात नहीं, यदि मैं कहूं कि कम से कम अपने लिये प्रदर्शन मुझे पसन्द नहीं है । एकान्त में चुपचाप काम करने में जितना आनन्द मुझे आता है, प्रदर्शन से उतना ही चित्त को विक्षोभ होता है । हमारे सहयात्री न इंडोलोजी के विद्वान थे, न भाषातत्त्व या इतिहास के । उनकी जो जिज्ञासायें सोवियत के बारे में थीं, उतने ही तक बोलने पर मैं संतोष करता था । मैं मुल्लामशाही मार्क्सवादी प्रचारक नहीं था, कि हरेक को कन्वर्ट (मत परिवर्तन) करने के नशे में २४ घंटे चूर रहूँ । अपने जीवन में मुझे ऐसा करने की आवश्यकता इसलिये भी नहीं थी, कि मौके-बेमौके बोलने से जितना काम नहीं हो सकता था, उतना मेरी किताबें कर रही थीं ।

कम्युनिस्ट नेता कामरेड मिरजकर, अधिकारी, रमेश, ओमप्रकाशसंगल, महेन्द्र आचार्य आदि पुराने मित्र जहाज पर आ मिले । किसी ने डरा दिया, कि कस्टमवाले किताबों के लिये बहुत तंग करेंगे । उनका कहना गलत नहीं था, लेकिन मैं १५ अगस्त के दो ही दिन बाद आया था । १५ अगस्त के ऐतिहासिक दिन के सामने पुरानी नौकरशाही सहम गयी थी । सचमुच ही उस समय यदि बुद्धिमानी से काम लिया जाता, तो उसका रुख बहुत कुछ बदल जाता, लेकिन जब पीछे उन्होंने अपने मालिकों के असली रूप-रंग को देखा, तो "वही रफ्तार बेढ़ंगी, जो पहिले थी सो अब भी है" को स्वीकार कर लिया । हमारे पास सबसे बड़ा धन रूस में संगृहीत पुस्तकें थीं, जिनमें कम्युनिज्म के बारे में

दो-चार ही होंगी, नहीं तो अधिकतर मध्य-एसिया के इतिहास से संबंध रखनेवाली थीं तो भी वह रूसी में थीं, इसलिये कस्टम वालों को क्या पता था, यदि अड़ंगा लगाना चाहते, तो वह वैसा कर सकते थे; लेकिन १५ अगस्त की आँधी के कारण बड़ी आसानी से छुटकारा मिल गया । मामूली तौर से देखा, एक दो बक्सों को तो खोला ही नहीं, हाँ रेडियो के ऊपर १५० रुपया टैक्स जरूर लग गया । शायद इससे कम में ही हमें वैसा रेडियो भारत में मिल सकता था । कस्टम से छुट्टी लेते-लेते चलकर अपने निवास-स्थान में पहुंचने में ४ बज गया । आज भी बम्बई की सड़कों पर अभी १५ अगस्त की तैयारी दिखलाई पड़ रही थी । आज भी महोत्सव-संबंधी दीपमाला हुई । तिरंगे झंडे और बन्दनवार-पताकायें सभी जगह फहरा रही थीं सभी जगह उत्साह दिखाई पड़ रहा था । मुझे भी नये भारत में लौट आने का बड़ा आनन्द हुआ ।

—:०:—